吉林人民出版社

简体字本二十六史

元史

卷一五八——卷二一○

（五）

〔明〕 宋 濂等 撰

余大钧 标点

元史卷一五八
列传第四五

姚枢　许衡　窦默 李俊民

　　姚枢，字公茂，柳城人，后迁洛阳。少力学，内翰宋九嘉识其有王佐略，杨惟中乃与之偕觐太宗。岁乙未，南伐，诏枢从惟中即军中求儒、道、释、医、卜者。会破枣阳，主将将尽坑之，枢力辨非诏书意，他日何以复命，乃蘟数人逃入篁竹中脱死。拔德安，得名儒赵复，始得程颐、朱熹之书。辛丑，赐金符，为燕京行台郎中。时牙鲁瓦赤行台，惟事货赂，以枢幕长，分及之。枢一切拒绝，因弃官去。携家来辉州，作家庙，别为室奉孔子及宋儒周惇颐等象，刊诸经惠学者，读书鸣琴，若将终身。时许衡在魏，至辉，就录程、朱所注书以归，谓其徒曰："曩所授受皆非，今始闻进学之序。"既而尽室依枢以居。

　　世祖在潜邸，遣赵璧召枢至，大喜，待以客礼。询及治道，乃为书数千言，首陈二帝三王之道，以治国平天下之大经，汇为八目，曰：修身，力学，尊贤，亲亲，畏天，爱民，好善，远佞。次及救时之弊，为条三十，曰："立省部，则庶政出一，纲举纪张，令不行于朝而变于夕。辟才行、举逸遗、慎铨选、汰职员，则不专世爵而人才出。班俸禄，则赃秽塞而公道开。定法律、审刑狱，则收生杀之权于朝，诸侯不得而专，丘山之罪不致苟免，毫发之过免罹极法，而冤抑有伸。设监司，明黜陟，则善良奸窳可得而举刺。阁征敛，则部族不横于诛求。简驿传，则州郡不困于需索。修学校、崇经术、旌节孝，以为育人才、厚风俗、美教化之基，使士不媮于文华。重农桑、宽赋税、省徭役、禁游惰，则民力纾，不趋于浮伪，且免习工技者岁加富溢，勤耕织者日就饥寒。肃军政，使田里不知行营□□之扰攘。周匮乏，恤鳏寡，使颠连无告者有养。布屯田以实边戍，通漕运以廪京都。倚债负，则贾胡不得以子为母，破称贷之家。广储畜、复常平以待凶荒，立平准以权物估，却利便以塞幸涂，杜告讦以绝讼源。”各疏弛张之方，其下本末兼该，细大不遗。世祖奇其才，动必召问，且使授世子经。

宪宗即位，诏凡军民在赤老温山南者，听世祖总之。世祖即奉诏，宴群下，罢酒将出，遣人止枢问曰：“顷者诸臣皆贺，汝独默然何耶？”对曰：“今天下土地之广、人民之殷、财赋之阜，有加汉地者乎？军民吾尽有之，天子何为？异时廷臣间之，必悔而见夺。不若惟持兵权，供亿之需取之有司，则势顺理安。”世祖曰：“虑所不及者。”乃以闻，宪宗从之。枢又请置屯田经略司于汴以图宋，置都运司于卫，转粟于河。宪宗大封同姓，敕世祖于南京、关中自择其一。枢曰：“南京河徙无常，土薄水浅，舄卤生之，不若关中厥田上上，古名天府陆海。”于是世祖愿有关中。

壬子夏，从世祖征大理，至曲先脑儿之地。夜宴，枢陈宋太祖遣曹彬取南唐不杀一人，市不易肆事。明日，世祖据鞍呼曰：“汝昨夕言曹彬不杀者，吾能为之，吾能为之！”枢马上贺曰：“圣人之心，仁明如此，生民之幸，有国之福也。”明年，师及大理城，饬枢裂帛为旗，书止杀之令，分号街陌，由是民得相完保。

丙辰，枢入见。或谗王府得中土心，宪宗遣阿蓝答儿大为钩考，置局关中，以百四十二条推集经略、宣抚官吏，下及征商无遗，曰：“俟终局日，入此罪者惟刘黑马、史天泽以闻，余悉诛之。”世祖闻之不乐。枢曰：“帝，君也，兄也；大王为皇弟，臣也。事难与较，远将受祸。莫若尽王邸妃主自归朝廷，为久居谋，疑将自释。”及世祖见宪宗，皆泣下，竟不令有所白而止，因罢钩考局。

世祖即位，立十道宣抚使，以枢使东平。既至郡，置劝农、检察二人以监之，推物力以均赋役，罢铁官。二年，拜太子太师。枢曰：

"皇太子未立,安可先有太师?"以所受制还中书。事见《许衡传》。改大司农。枢奏曰:"在太宗世,诏孔子五十一代孙元措仍袭封衍圣公,卒,其子与族人争求袭爵,讼之潜藩,帝时曰:'第往力学,俟有成德达才,我则官之。'又曲阜有太常雅乐,宪宗命东平守臣辇其歌工舞郎与乐色俎豆至日月山,帝亲临观,饬东平守臣,员阙充补,无辍肄习。且陛下闵圣贤之后,《诗》、《书》不通,与凡庶等,既命洛士杨庸选孔、颜、孟三族诸孙俊秀者教之,乞真授庸教官,以成国家育材待聘风动四方之美。王镛练习故实,宜令提举礼乐,使不致崩坏。"皆从之。诏赴中书议事,及讲定条格,且勉谕曰:"姚枢辞避台司,朕甚嘉焉。省中庶务,须赖一二老成同心图赞,其与尚书刘肃往尽乃心,其尚无隐。"及修条格成,与丞相史天泽奏之,帝深嘉纳。

李璮谋叛,帝问:"卿料何如?"对曰:"使璮乘吾北征之衅,濒海捣燕,闭关居庸,惶骇人心,为上策。与宋连和,负固持久,数扰边,使吾罢于奔救,为中策。如出兵济南,待山东诸侯应援,此成擒耳。"帝曰:"今贼将安出?"对曰:"出下策。"初,帝尝论天下人材,及王文统,枢曰:"此人学术不纯,以游说干诸侯,他日必反。"至是,文统果因璮伏诛。

四年,拜中书左丞,奏罢世侯,置牧守。或言中书政事大坏,帝怒,大臣罪且不测者。枢上言:

> 太祖开创,跨越前古,施治未遑。自后数朝,官盛刑滥,民困财殚。陛下天资仁圣,自昔在潜,听圣典,访老成,日讲治道。如邢州、河南、陕西,皆不治之甚者,为置安抚、经略、宣抚三使司。其法,选人以居职,颁俸以养廉,去污滥以清政,劝农桑以富民。不及三年,号称大治。诸路之民望陛下之拯己,如赤子之求母。先帝陟遐,国难并兴,天开圣人,缵承大统。即用历代遗制,内立省部,外设监司。自中统至今五六年间,外侮内叛,继继不绝。然能使官离债负,民安赋役,府库粗实,仓廪粗完,钞法粗行,国用粗足,官吏迁转,政事更新,皆陛下克保祖宗之基,信用先王之法所致。

今创始治道,正宜上答天心,下结民心,睦亲族以固本,建储副以重祚,定大臣以当国,开经筵以格心,修边备以防虞,蓄粮饷以待歉,立学校以育才,劝农桑以厚生。是可以光先烈,成帝德,遗子孙,流远誉。以陛下才略,行此有余。迩者伏闻聪听日烦,朝廷政令日改月异,如木始栽而复移,屋既架而复毁。远近臣民不胜战惧,惟恐大本一废,远业难成,为陛下之后忧,国家之重害。

帝怒为释。

十年,拜昭文馆大学士,详定礼仪事。其年,襄阳下,遂议取宋。枢奏如求大将,非右丞相安童、知枢密院伯颜不可。十一年,枢言:"陛下降不杀人之诏,伯颜济江,兵不逾时,西起蜀川,东薄海隅,降城三十,户逾百万,自古平南未有如此之神捷者。今自夏徂秋,一城不降,皆由军官不思国之大计,不体陛下之深仁,利财剽杀所致。扬州、焦山、淮安,人殊死战,我虽克胜,所伤亦多。宋之不能为国审矣,而临安未肯轻下,好生恶死,人之常情,盖不敢也,惟惧吾招徕止杀之信不坚耳。宜申止杀之诏,使赏罚必立,恩信必行,圣虑不劳,军力不费矣。"又请禁宋鞭背、黥面及诸滥刑。

十三年,拜翰林学士承旨。十七年,卒,年七十八,谥曰文献。

枢天质含弘而仁恕,恭敏而俭勤,未尝疑人欺己。有负其德,亦不留怨。忧患之来,不见言色。有来即谋,必反复告之。

子炜,仕为平章政事;从子燧,官至翰林学士承旨,以文章大家知名,卒谥曰文。

许衡,字仲平,怀之河内人也。世为农。父通,避地河南,以泰和九年九月生衡于新郑县。幼有异质,七岁入学,授章句,问其师曰:"读书何为?"师曰:"取科第耳!"曰:"如斯而已乎?"师大奇之。每授书,又能问其旨义。久之,师谓其父母曰:"儿颖悟不凡,他日必有大过人者,吾非其师也。"遂辞去,父母强之不能止。如是者,凡更三师。稍长,嗜学如饥渴,然遭世乱,且贫无书。尝从日者家见

《书》疏义，因请寓宿，手抄归。既逃难岨崃山，始得《易》王辅嗣说。时兵乱中，衡夜思昼诵，身体而力践之，言动必揆诸义而后发。尝暑中过河阳，渴甚，道有梨，众争取啖之，衡独危坐树下自若。或问之，曰："非其有而取之，不可也。"人曰："世乱，此无主。"曰："梨无主，吾心独无主乎？"

转鲁留魏，人见其有德，稍稍从之。居三年，闻乱且定，乃还怀。往来河、洛间，从柳城姚枢得伊洛程氏及新安朱氏书，益大有得。寻居苏门，与枢及窦默相讲习。凡经传、子史、礼乐、名物、星历、兵刑、食货、水利之类，无所不讲，而慨然以道为己任。尝语人曰："纲常不可一日而亡于天下，苟在上者无以任之，则在下之任也。"凡丧祭娶嫁，必征于礼，以倡其乡人，学者寝盛。家贫躬耕，粟熟则食，粟不熟则食糠核菜茹，处之泰然。讴诵之声闻户外如金石。财有余，即以分诸族人及诸生之贫者。人有所遗，一毫弗义弗受也。枢尝被召入京师，以其雪斋居衡，命守者馆之，衡拒不受。庭有果熟烂堕地，童子过之，亦不睨视而去，其家人化之如此。

甲寅，世祖出王秦中，以姚枢为劝农使，教民耕植。又思所以化秦人，乃召衡为京兆提学。秦人新脱欲兵，于学无师，闻衡来，人人莫不喜幸来学。郡县皆建学校，民大化之。世祖南征，乃还怀。学者攀留之不得，从送之临潼而归。

中统元年，世祖即皇帝位，召至京师。时王文统以言利进为平章政事，衡、枢辈入侍，言治乱休戚，必以义为本。文统患之。且窦默日于帝前排其学术，疑衡与之为表里，乃奏以枢为太子太师，默为太子太傅，衡为太子太保，阳为尊用之，实不使数侍上也。默以屡攻文统不中，欲因东宫以避祸，与枢拜命，将入谢。衡曰："此不安于义也，姑勿论。礼，师傅与太子位东西乡，师傅坐，太子乃坐。公等度能复此乎？不能，则师道自我废也。"枢以为然，乃相与怀制立殿下，五辞乃免。改命枢大司农，默翰林侍讲学士，衡国子祭酒。未几，衡亦谢病归。

至元二年，帝以安童为右丞相，欲衡辅之，复召至京师，命议事中书省。衡乃上疏曰：

臣性识愚陋，学术荒疏，不意虚名偶尘圣德。陛下好贤乐善，舍短取长，虽以臣之不才，自甲寅至今十有三年，凡八被诏旨，中怀自念，何以报塞。又日者面奉德音，叮咛恳至，中书大务，容臣尽言。臣虽昏愚，荷陛下知待如此其厚，敢不罄竭所有，裨益万分。孟子以"责难于君谓之恭，陈善闭邪谓之敬"，孔子谓"以道事君，不可则止"。臣之所守，大意盖如此也。伏望陛下宽其不佞，察其至怀，则区区之愚，亦或有小补云。

其一曰：自古立国，皆有规模。循而行之，则治功可期。否则心疑目眩，变易分更，未见其可也。昔子产相衰周之列国，孔明治西蜀之一隅，且有定论，终身由之。而堂堂天下，可无一定之说而妄为之哉？考之前代，北方之有中夏者，必行汉法乃可长久。故后魏、辽、金历年最多，他不能者，皆乱亡相继。史册具载，昭然可考。使国家而居朔漠，则无事论此也。今日之治，非此奚宜？夫陆行宜车，水行宜舟，反之则不能行。幽燕食寒，蜀汉食热，反之则必有变。以是论之，国家之当行汉法无疑也。然万世国俗，累朝勋旧，一旦驱之下从臣仆之谋，改就亡国之俗，其势有甚难者。切尝思之，寒之与暑，固为不同。然寒之变暑也，始于微温，温而热，热而暑，积百有八十二日而寒始尽。暑之变寒，其势亦然。是亦积之之验也。苟能渐之摩之，待以岁月，心坚而确，事易而常，未有不可变者。此在陛下尊信而坚守之，不杂小人，不责近效，不恤流言，则致治之功庶几可成矣。

二曰：中书之务不胜其烦，然其大要在用人、立法二者而已矣。近而譬之：发之在首，不以手理，而以栉理；食之在器，不以手取，而以匕取。手虽不能，而用栉与匕，是即手之为也。上之用人，何以异此。然人之贤否，未知其详，固不可得而遽用也。然或已知其孰为君子，孰为小人，而复患得患失，莫敢进退，徒曰知人，而实不能用人，亦何益哉！人莫不饮食也，独膳夫为能调五味之和；莫不睹日月也，独星官为能步亏食之数者；诚以得其法故也。古人有言曰："为高必因丘陵，为下必因川泽，为政必因先王之道。"今里巷之谈，动以古为诟戏，不知今日口之所食、身之所衣，皆古人遗法而不可违者。岂天下之大，国家之重，而古之成法反可违邪？其亦弗思甚矣！夫治人者法也，守法者人也。人法相维，上安下顺，而宰执优游于廊庙之上，不烦不劳，此所谓省也。

夫立法用人，今虽未能遽如古昔。然已仕者当给俸以养其廉，未仕者当宽立条格，俾就叙用，则失职之怨少可舒矣。外设监司以察污滥，内专吏部以定资历，则非分之求渐可息矣。再任三任，抑高举下，则人才爵位略可平矣。至于贵家之世袭，品官之任子，版籍之数，续当议之，亦不可缓也。

其三曰：民生有欲，无主乃乱。上天眷命，作之君师，此盖以至难任之，非予之可安之地而娱之也。是以尧、舜以来，圣帝明王莫不兢兢业业、小心畏慎者，诚知天之所畀至难之任，初不可以易心处之也。知其为难，而以难处，则难或可为；不知为难，而以易处，则他日之难有不可为者矣。孔子曰："为君难，为臣不易。"为臣之道，臣已告之安童矣。至为君之难，尤陛下所当专意也。臣请言其切而要者。

夫人君不患出言之难，而患践言之难。知践言之难，则其出言不容不慎矣。昔刘安世行一不妄语，七年而后成。夫安世一士人也，所交者一家之亲、一乡之众也，同列之臣不过数十百人而止耳，而言犹若此，况天下之大，兆民之众，事有万变，日有万机，人君以一身一心而酬酢之，欲言之无失，岂易能哉？故有昔之所言而今日忘之者，今之所命而后日自违者，可否异同，纷更变易，纪纲不得布，法度不得立，臣下无所持循，奸人因以为弊，天下之人疑惑惊眩，且议其无法、无信一至于此也。此无他，至难之地不以难处，而以易处故也。苟从《大学》之道，以修身为本，凡一言一动，必求其然与其所当然，不牵于爱，不蔽于憎,不因于喜,不激于怒,虚心端意,熟思而审处之,虽有不中者盖鲜矣。奈何为人上者多乐舒肆,为人臣者多事容悦。容悦本为私也,私心盛则不畏人矣;舒肆本为欲也,欲心盛则不畏天矣。以不畏天之心,与不畏人之心,感合无间,则其所务者皆快心事耳。快心则口欲言而言,身欲动而动,又安肯兢兢业业,以修身为本,一言一动,熟思而审处之乎?此人君践言之难,而又难于天下之人也。

人之情伪有易有险,险者难知,易者易知,此特系夫人之险易者然也。然又有众寡之分焉,寡则易知,众则难知,故在上者难于知下,而在下者易于知上,其势然也。处难知之地,御难知之人,欲其不见欺也难矣。昔包拯刚严峭直,号为明察,然一小吏而能欺之。然拯一京尹耳,其见欺于人,不过误一事、害一人而已。人君处亿兆之上,操予夺进退赏罚生杀之权,不幸见欺,则以非为是,以是为非,其害有不可胜既也。人君惟无喜怒也,有喜怒,则赞其喜以市恩,鼓其怒以张势。人君惟无爱憎也,有爱憎,则假其爱以济私,藉其憎以复怨。甚至本无喜也,诳之使喜,本无怒也,激之使怒,本不足爱也,而诳誉之使爱,本无可憎也,而强短之使憎。若是,则进者未必为君子,退者未必为小人。予者未必为有功,夺者未必为有罪。以至赏之、罚之、生之、杀之,鲜有得其正者。人君不悟其受欺也,而反任之以防天下之欺。欺而至此,尚可防邪?大抵人君以知人为贵,以用人为急。用得其人,则无事于防矣。既不出此,则所近者争进之人耳,好利之人耳,无耻之人耳。彼挟其诈术,千蹊万径,以蛊君心。欲防其欺,虽尧、舜不能也。

夫贤者以公为心,以爱为心,不为利回,不为势屈,置之周行,则庶事得其正,天下被其泽。其于人国,重固如此也。夫贤者遭时不偶,务自韬晦,世固未易知也。虽或知之,而无所援引,则人君无由知也。人君知之,然召之之命,泛如厮养,贤者有不屑也。虽或接之以貌,待之以礼,然而言不见用,贤者不处也。或用其言也，而复使小人参之，责小利，期近效，有用贤之名，无用贤之实，贤者亦岂肯尸位素餐以取讥于天下哉！此特难进者也，而又有难合者焉。人君处崇高之地，大抵乐闻人过，而不乐于闻己之过，务快己之心，而不务快民之心，贤者必欲匡而正之，扶而安之，如尧、舜之正，尧、舜之安而后已，故其势恒难合。况夫奸邪佞幸，丑正而恶直，肆为诋毁，多方以陷之，将见罪戾之不免。又可望其庶事得其正，而天下被其泽邪？自古及今，端人雅士所以重于进而轻于退者，盖以此耳。大禹圣人，闻善即拜，益犹戒之以“任贤勿贰，去邪勿疑”，后世人主宜如何也？此任贤之难也。

奸邪之人，其为心也险，其用术也巧。惟险也，故千态万状而人莫能知；惟巧也，故千蹊万径而人莫能御。其谄似恭，其讦似直，其欺似可信，其佞似可近，务以窥人君之喜怒而迎合之，窃其势以立己之威，济其欲以结主之爱。爱隆于上，威擅于下，大臣不敢议，近亲不敢言，毒被天下而上莫之知，至是而求去之亦已难矣。虽然，此特人主之不悟者也，犹有说焉。始宇文士及之佞，太宗灼见其情而不能斥；李林甫妒贤嫉能，明皇洞见其奸而不能退。邪之惑人，有如此者，可不畏哉！

夫上以诚爱下，则下以忠报上，感应之理然也。然考之往昔，有不可以常情论者。禹抑洪水以救民，启又能敬承继禹之道，其泽深矣，然一传而太康失道，则万姓仇怨而去者，何邪？汉高帝起布衣，天下影从，荥阳之难，纪信至捐生以赴急，则人心之归可见矣。及天下已定，而沙中有谋反者，又何邪？窃尝思之，民之戴君，本于天命，初无不顺之心。特由使之失望，使之不平，然后怨怒生焉。禹、启爱民如赤子，而太康逸豫以灭德，是以失望；汉高以宽仁得天下，及其已定，乃以爱憎行诛赏，是以不平。古今人君，凡有恩泽于民，而民怨且怒者，皆类此也。夫人君有位之初，既出美言而告天下矣，既而实不能副，故怨生焉。等人臣耳，无大相远，人君特以己之私而厚一人，则其薄者已疾之矣，况于薄有功而厚有罪，人得不怒于心邪？必如古者《大学》之道，以修身为本，一言一动，举可以为天下之法，一赏一罚，举可以合天下之公，则亿兆之心将不求而自得，又岂有失望不平之累哉！

三代而下称盛治者，无如汉之文、景，然考之当时，天象数变，山崩地震未易遽数，是将小则有水旱之灾，大则有乱亡之应，非徒然而已也。而文、景克承天心，一以养民为务，今年劝农桑，明年减田租，恳爱如此，宜其民心得而和气应也。臣窃见前年秋孛出西方，彗出东方，去年冬彗见东方，复见西方。议者谓当除旧布新，以应天变。臣以为曷若直法文、景之恭俭爱民，为理明义正而可信也。天之树君，本为下民。故孟子谓"民为重，君为轻"，《书》亦曰"天视自我民视，天听自我民听"。以是论之，则天之道恒在于下，恒在于不足也。君人者，不求之下而求之高，不求之足而求之有余，斯其所以召天变也。其变已生，其象已著，乖戾之几已萌，犹且因仍故习，抑其下而损其不足，谓之顺天，不亦难乎？

此六者，皆难之目也。举其要，则修德、用贤、爱民三者而已。此谓治本。本立，则纪纲可布，法度可行，治功可必。否则爱恶相攻，善恶交病，生民不免于水火。以是为治，万不能也。

其四曰：语古之圣君，必曰尧、舜语，古之贤相，必曰稷、契。盖尧、舜能知天道而顺承之，稷、契又知尧、舜之心而辅赞之，此所以为法于天下，可传于后世也。夫天道好生而不私，尧与舜亦好生而不私。若"克明俊德"，至于"黎民于变"，"敬授人时"，至于"庶绩咸熙"，此顺承天道之实也。稷播百谷以厚民生，契敷五教以善民心，此辅赞尧、舜之实也。臣尝复熟推衍，思之又思，参之往古圣贤之言无不同，验之历代治乱之迹无不合。盖此道之行，民可使富，兵可使强，人才可使盛，国势可使重，夙夜念之至熟也。今国家徒知敛财之巧，而不知生财之由，徒知防人之欺，而不欲养人之善，徒患法令之难行，而不患法令无可行之地。诚能优重农民，勿扰勿害，驱游惰之人而归之南亩，课之种艺，恳喻而督行之，十年之后，仓府之积，当非今日之比矣。自都邑而至州县，皆设学校，使皇子以下至于庶人之子弟，皆入于学，以明父子君臣之大伦，自洒扫应对以至平天下之要道，十年已后，上知所以御下，下知所以事上，上下和睦，又非今日之比矣。二者之行，万目斯举，否则他皆不可期也。是道也，尧、舜之道也。孟子曰："我非尧、舜之道，不敢以陈于王前。"臣愚区区，窃亦愿学也。

其五曰：天下所以定者，民志定，则士安于士，农安于农，工商安于为工商，则在上之人有可安之理矣。夫民不安于白屋，必求禄仕；仕不安于卑位，必求尊荣。四方万里，辐辏并进，各怀无厌无耻之心，在上之人可不为寒心哉！臣闻取天下者尚勇敢，守天下者尚退让。取也守也，各有其宜，君人者不可不审也。夫审而后发，发无不中，否则触事而遽喜怒之色见于貌，言出于口，人皆知之。徐考其故，知其无可喜者则必悔其喜之失，无可怒者则必悔其怒之失，甚至先喜而后怒，先怒而后喜，号令数变，喜怒不节之故也。是以先王潜心恭默，不易喜怒，其未发也，虽至近莫能知其发也，虽至亲莫能移，是以号令简而无悔，则无不中节矣。夫数变，不可也；数失信，尤不可也。周幽无道，故不恤此。今无此，何苦使人之不信也。

书奏，帝嘉纳之。衡自见帝，多奏陈，及退，皆削其草。故其言多秘，世罕得闻，所传者特此耳。衡多病，帝听五日一至省，时赐尚方名药美酒以调养之。四年，乃听其归怀。五年，复召还，奏对亦秘。

六年，命与太常卿徐世隆定朝仪。仪成，帝临观，甚悦。又诏与太保刘秉忠、左丞张文谦定官制。衡历考古今分并统属之序，去其权摄增置冗长侧置者，凡省部、院台、郡县与夫后妃、储藩、百司所联属统制，定为图。七年，奏上之。翌日，使集公卿杂议中书、院台行移之体。衡曰："中书佐天子总国政，院台宜具呈。"时商挺在枢密，高鸣在台，皆不乐，欲定为咨禀，因大言以动衡曰："台院皆宗亲大臣,若一忤,祸不可测。"衡曰:"吾论国制耳,何与于人。"遂以其言质帝前,帝曰:"衡言是也,吾意亦若是。"

未几,阿合马为中书平章政事,领尚书省六部事,因擅权,势倾朝野,一时大臣多阿之。衡每与之议,必正言不少让。已而其子又有佥枢密院之命,衡独执议曰:"国家事权,兵、民、财三者而已。今其父典民与财,子又典兵,不可。"帝曰:"卿虑其反邪?"衡对曰:"彼虽不反,此反道也。"阿合马由是衔之,亟荐衡宜在中书,欲因以事中之。俄除左丞,衡屡入辞免,帝命左右掖衡出。衡出及阈,还奏曰:"陛下命臣出,岂出省邪?"帝笑曰:"出殿门耳。"从幸上京,乃论列阿合马专权罔上、蠹政害民若干事,不报。因谢病请解机务。帝恻然,召其子师可入,谕旨,且命举自代者。衡奏曰:"用人,天子之大柄也。臣下泛论其贤否则可,若授之以位,则当断自宸衷,不可使臣下有市恩之渐也。"

帝久欲开太学,会衡请罢益力,乃从其请。八年,以为集贤大学士,兼国子祭酒,亲为择蒙古弟子俾教之。衡闻命,喜曰:"此吾事也。国人子大朴未散,视听专一,若置之善类中涵养数年,将必为国用。"乃请征其弟子王梓、刘季伟、韩思永、耶律有尚、吕端善、姚燧、高凝、白栋、苏郁、姚燉、孙安、刘安中十二人为伴读。诏驿召之来京师,分处各斋,以为斋长。时所选弟子皆幼稚,衡待之如成人,爱之如子,出入进退,其严若君臣。其为教,因觉以明善,因明以开蔽,相其动息以为张弛。课诵少暇,即习礼,或习书算。少者则令习拜跪、揖让、进退、应对,或射,或投壶,负者罚读书若干遍。久之,诸生人人自得,尊师敬业,下至童子,亦知三纲五常为生人之道。

十年,权臣屡毁汉法,诸生廪食或不继,衡请还怀。帝以问翰林学士王磐,磐对曰:"衡教人有法,诸生行可从政,此国之大体,宜勿听其去。"帝命诸老臣议其去留,窦默为衡恳请之,乃听衡还,以赞善王恂摄学事。刘秉忠等奏,乞以衡第子耶律有尚、苏郁、白栋为助教,以守衡规矩,从之。

国家自得中原,用金《大明历》,自大定是正后六七十年,气朔加时渐差。帝以海宇混一，宜协时正日。十三年，诏王恂定新历。恂以为历家知历数而不知历理，宜得衡领之，乃以集贤大学士兼国子祭酒，教领太史院事，召至京。衡以为冬至者历之本，而求历本者在验气；今所用宋旧仪，自汴还至京师已自乖舛，加之岁久，规环不叶。乃与太史令郭守敬等新制仪象圭表，自丙子之冬日测晷景，得丁丑、戊寅、己卯三年冬至加时，减《大明历》十九刻二十分，又增损古岁余岁差法，上考春秋以来冬至，无不尽合。以月食冲及金木二星距验冬至日躔，校旧历退七十六分。以日转迟疾中平行度验月离宿度，加旧历三十刻。以线代管阕测赤道宿度。以四正定气立损益限，以定日之盈缩。分二十八限为三百三十六，以定月之迟疾。以赤道变九道定月行。以迟疾转定度分定朔，而不用平行度。以日月实合时刻定晦，而不用虚进法。以躔离朓朒定交食。其法视古皆密，而又悉去诸历积年月日法之傅会者，一本天道自然之数，可以施之永久而无弊。自余正讹完阙，盖非一事。十七年，历成，奏上之。赐名曰《授时历》，颁之天下。

六月，以疾请还怀。皇太子为请于帝，以子师可为怀孟路总管以养之，且使东宫官来谕衡曰："公毋以道不行为忧也，公安则道行有时矣，其善药自爱。"十八年，衡病革，家人祠，衡曰："吾一日未死，宁不有事于祖考。"扶而起，奠献如仪。既撤，家人馂，怡怡如也。已而卒，年七十三。是日，大雷电，风拔木。怀人无贵贱少长，皆哭于门。四方学士闻讣，皆聚哭。有数千里来祭哭墓下者。

衡善教，其言煦煦，虽与童子语，如恐伤之。故所至，无贵贱贤不肖皆乐从之，随其才昏明大小皆有所得，可以为世用。所去，人皆哭泣，不忍舍，服念其教如金科玉条，终身不敢忘。或未尝及门，传其绪余，而折节力行为名世者，往往有之。听其言，虽武人俗士异端之徒，无不感悟者。丞相安童一见衡，语同列曰："若辈自谓不相上下，盖十百与千万也。"翰林承旨王磐气概一世，少所与可，独见衡曰："先生，神明也。"大德二年，赠荣禄大夫、司徒，谥文正。至大二年，加正学垂宪佐运功臣、太傅、开府仪同三司，封魏国公。皇庆二

年,诏从祀孔子庙廷。延祐初,又诏立书院京兆以祀衡,给田奉祠
事,名鲁斋书院。鲁,衡居魏时所署斋名也。子师可。

　　窦默,字子声,初名杰,字汉卿。广平肥乡人。幼知读书,毅然
有立志。族祖旺,为郡功曹,令习吏事,不肯就。会国兵伐金,默为
所俘。同时被俘者三十人,皆见杀,惟默得脱归其乡。家破,母独存,
惊怖之余,母子俱得疾。母竟亡,扶病藁葬。而大兵复至,遂南走渡
河,依母党吴氏。医者王翁妻以女,使业医。转客蔡州,遇名医李浩,
授以铜人针法。金主迁蔡,默恐兵且至,又走德安。孝感令谢宪子
以伊洛性理之书授之,默自以为昔未尝学,而学自此始。适中书杨
惟中奉旨招集儒、道、释之士,默乃北归,隐于大名,与姚枢、许衡朝
暮讲习,至忘寝食。继还肥乡,以经术教授,由是知名。
　　世祖在潜邸,遣召之,默变姓名以自晦。使者俾其友人往见,而
微服踵其后,默不得已乃拜命。既至,问以治道,默首以三纲五常为
对。世祖曰:"人道之端,孰大于此。失此,则无以立于世矣。"默又
言:"帝王之道,在诚意正心。心既正,则朝廷远近莫敢不一于正。"
一日凡三召与语,奏对皆称旨。自是敬待加礼,不令暂去左右。世
祖问今之明治道者,默荐姚枢,即召用之。俄命皇子真金从默学,赐
以玉带钩,谕之曰:"此金内府故物,汝老人,佩服为宜,且使我子见
之如见我也。"久之,请南还,命大名、顺德各给田宅,有司岁具衣物
以为常。
　　世祖即位,召至上都,问曰:"朕欲求如唐魏徵者,有其人乎?"
默对曰:"犯颜谏诤,刚毅不屈,则许衡其人也。深识远虑,有宰相
才,则史天泽其人也。"天泽时宣抚河南,帝即召拜右丞相,以默为
翰林侍讲学士。时初建中书省,平章政事王文统颇见委任,默上书
曰:

　　　臣事陛下十有余年,数承顾问,与闻圣训,有以见陛下急
于求治,未尝不以利生民、安社稷为心。时先帝在上,奸臣擅
权,总天下财赋,操执在手,贡进奇货,炫耀纷华,以娱悦上心。

其扇结朋党、离间骨肉者,皆此徒也。此徒当路,陛下所以不能尽其初心。救世一念,涵养有年矣。

今天顺人应,诞登大宝,天下生民莫不欢忻踊跃,引领盛治。然平治天下,必用正人端士。唇吻小人一时功利之说,必不能定立国家基本,为子孙久远之计。其卖利、献勤,乞怜取宠者,使不得行其志,斯可矣。若夫钩距揣摩,以利害惊动人主之意者,无他,意在摈斥诸贤,独执政柄耳。此苏、张之流也,惟陛下察之。伏望别选公明有道之士,授以重任,则天下幸甚。

他日,默与王鹗、姚枢俱在帝前,复面斥文统曰:"此人学术不正,久居相位,必祸天下。"帝曰:"然则谁可相者?"默曰:"以臣观之,无如许衡。"帝不悦而罢。文统深忌之,乃请以默为太子太傅。默辞曰:"太子位号未正,臣不敢先受太傅之名。"乃复以为翰林侍讲学士,详见《许衡传》。默俄谢病归。未几,文统伏诛,帝追忆其言,谓近臣曰:"曩言王文统不可用者,唯窦汉卿一人。向使更有一二人言之,朕宁不之思耶?"召还,赐第京师,命有司月给廪禄,国有大政辄以访之。

默与王磐等请分置翰林院,专掌蒙古文字,以翰林学士承旨撒的迷底里主之。其翰林兼国史院,仍旧纂修国史,典制诰,备顾问,以翰林学士承旨兼修起居注和礼霍孙主之。帝可其奏。默又言:"三代所以风俗淳厚、历数长久者,皆设学养士所致。今宜建学立师,博选贵族子弟教之,以示风化之本。"帝嘉纳之。默尝与刘秉忠、姚枢、刘肃、商挺侍上前,默言:"君有过举,臣当直言,都俞吁咈,古之所尚。今则不然,君曰可,臣亦以为可,君曰否,臣亦以为否,非善政也。"明日,复侍帝于幄殿。猎者失一鹘,帝怒,侍臣或从旁大声谓宜加罪。帝恶其迎合,命杖之,释猎者不问。既退,秉忠等贺默曰:"非公诚结主知,安得感悟至此。"

至元十二年,默年八十,公卿皆往贺。帝闻之,拱手曰:"此辈贤者,安得请于上帝,减去数年,留朕左右,共治天下,惜今老矣!"怅然者久之。默既老,不视事。帝数遣中使以珍玩及诸器物往存问焉。

十七年,加昭文馆大学士,卒,年八十五。讣闻,帝深为嗟悼,厚加赗赐,皇太子亦赙以钞二千贯,命有司护送归葬肥乡。

默为人乐易,平居未尝评品人物。与人居,温然儒者也。至论国家大计,面折廷诤,人谓汲黯无以过之。帝尝谓侍臣曰:"朕求贤三十年,惟得窦汉卿及李俊民二人。"又曰:"如窦汉卿之心,姚公茂之才,合而为一,斯可谓全人矣。"后累赠太师,封魏国公,谥文正。子履,集贤大学士。

李俊民,字用章,泽州人,得河南程氏传受之学。金承安中举进士第一,应奉翰林文字。未几,弃官不仕。以所学教授乡里,从之者甚盛,至有不远千里而来者。金源南迁,隐于嵩山,后徙怀州,俄复隐于西山。既而变起仓猝,人服其先知。俊民在河南时,隐士荆先生者授以邵雍《皇极》数。时之知数者,无出刘秉忠之右,亦自以为弗及也。

世祖在潜藩,以安车召之,延访无虚日。遽乞还山,世祖重违其意,遣中贵人护送之。又尝令张仲一问以祯祥,及即位,其言皆验。而俊民已死,赐谥庄静先生。

元史卷一五九
列传第四六

宋子贞　商挺　赵良弼
赵璧

宋子贞，字周臣，潞州长子人也。性敏悟好学，工词赋。弱冠，领荐书试礼部，与族兄知柔同补太学生，俱有名于时，人以大、小宋称之。

金末，潞州乱，子贞走赵、魏间。宋将彭义斌守大名，辟为安抚司计议官。义斌殁，子贞率众归东平行台严实。实素闻其名，招置幕府，用为详议官，兼提举学校。先是，实每令人请事于朝，托近侍奏决，不经中书，因与丞相耶律楚材有违言。子贞至，劝实致礼丞相，通殷勤，凡奏请，必先咨禀。丞相喜，自是交欢无间，实因此益委信子贞。

太宗四年，实戍黄陵，金人悉力来攻。与战不利，敌势颇张，曹、濮以南皆震。有自敌中逃归者，言金兵且大至，人情恟惧。子贞请于实，斩扬言者首以令诸城，境内乃安。汴梁既下，饥民北徙，饿殍盈道。子贞多方赈救，全活者万余人。金士之流寓者，悉引见周给，且荐用之。拔名儒张特立、刘肃、李昶辈于羁旅，与之同列。四方之士闻风而至，故东平一时人材多于他镇。

七年，太宗命子贞为行台右司郎中。中原略定，事多草创，行台所统五十余城，州县之官或擢自将校，或起由民伍，率昧于从政。甚者专以掊克聚敛为能，官吏相与为贪私以病民。子贞仿前代观察采访之制，命官分三道纠察官吏，立为程式，与为期会，黜贪堕，奖廉勤，官府始有纪纲，民得苏息。东平将校占民为部曲户，谓之脚寨，擅其赋役，几四百所。子贞请罢归州县。实初难之，子贞力言，乃听。人以为便。

实卒，子忠济袭爵，尤敬子贞。请于朝，授参议东平路事，兼提举太常礼乐。子贞作新庙学，延前进士康晔、王磐为教官，招致生徒几百人，出粟赡之，俾习经艺。每季程试，必亲临之。齐鲁儒风，为之一变。

岁己未，世祖南伐，召子贞至濮，问以方略。对曰："本朝威武有余，仁德未洽。所以拒命者，特畏死尔。若投降者不杀，胁从者勿治，则宋之郡邑可传檄而定也。"世祖善其言。

中统元年，授益都路宣抚使。未几，入觐，拜右三部尚书。时新立省部，典章制度多子贞裁定。李璮叛，据济南，诏子贞参议军前行中书省事。子贞单骑至济南，观璮形势，因说丞相史天泽曰："璮拥众东来，坐守孤城，宜增筑外城，防其奔突。彼粮尽援绝，不攻自破矣。"议与天泽合，遂擒璮。

子贞还，上书陈便宜十事，大略谓："官爵，人主之柄，选法宜尽归吏部。律令，国之纪纲，宜早刊定。监司总统一路，用非其材，不厌人望，乞选公廉有才德者为之。今州县官相传以世，非法赋敛，民穷无告，宜迁转以革其弊。"又请建国学教胄子，敕州郡提学课试诸生，三年一贡举。有旨命中书次第施行之。至元二年，始罢州县官世袭。遣子贞与左丞相耶律铸行山东，迁调所部官。还，授翰林学士、参议中书省事。奏请班俸禄，定职田。从之。俄拜中书平章政事。复陈时务之切要者十二策。帝颇悔用子贞晚。

未几，以年老求退。帝曰："卿气力未衰，勉为朕留，措置大事，俟百司差有条理，听卿自便。"三年十一月，恳辞，乃得请。特敕中书，凡有大事，即其家访问。子贞私居，每闻朝廷事不便，必封疏上奏，爱君忧国，不以进退异其心。卒，年八十一。始病，家人进医药，却之曰："死生有命，吾年逾八十，何以药为？"病危，诸子请遗言，子贞曰："吾平昔教汝者不少,今尚何言耶?"子渤,字齐彦,有才名,官至集贤学士。

商挺,字孟卿,曹州济阴人。其先本姓殷氏,避宋讳改焉。父衡,金陕西行省员外郎,以战死。挺年二十四,汴京破,北走,依冠氏赵天锡,与元好问、杨奂游。东平严实聘为诸子师。实卒,子忠济嗣,辟挺为经历。出为曹州判官。未几,复为经历,赞忠济兴学养士。

癸丑,世祖在潜邸,受京兆分地,闻挺名,遣使征至盐州。入对称旨,字而不名。间陪宴语,因曰:"挺来时,李璮城朐山,东平当馈米万石。东平至朐山,率十石致一石,且车淖于雨必后期,后期罪死。请输沂州,使璮军取食,便。"世祖曰:"爱民如此,忍不卿从。"

杨惟中宣抚关中,挺为郎中。兵火之余,八州十二县,户不满万,皆惊忧无聊。挺佐惟中,进贤良,黜贪暴,明尊卑,出淹滞,定规程,主簿责,印楮币,颁俸禄,务农薄税,通其有无,期月,民乃安。诛一大猾,群吏咸惧。且请减关中常赋之半。

明年,惟中罢,廉希宪来代,升挺为宣抚副使。丙辰,征京兆军需布万匹、米三千石、帛三千段,械器称是,输平凉军。期迫甚,郡人大恐。挺曰:"他易集也,运米千里,妨我蚕麦。"鄠长王姓者,平凉人也,挺召与谋。对曰:"不烦官运,仆家有积粟,请以代输。"挺大悦,载价与之,他输亦如期。复命兼治怀孟,境内大治。丁巳,宪宗命阿蓝答儿会计河南、陕右。戊午,罢宣抚司,挺还东平。

宪宗亲征蜀,世祖将趋鄂、汉,军于小濮,召问军事。挺对曰:"蜀道险远,万乘岂宜轻动。"世祖默然久之,曰:"卿言正契吾心。"宪宗崩,世祖北还,道遣张文谦与挺计事。挺曰:"军中当严符信,以防奸诈。"文谦急追及言之。世祖大悟,骂曰:"无一人为我言此,非商孟卿几败大计。"速遣使至军立约。未几,阿里不哥之使至军中,执而斩之。召挺北上至开平,挺与廉希宪密赞大计。

世祖既即位,挺奏曰:"南师宜还扈乘舆,西师宜军便地。"从之。以廉希宪及挺宣抚陕、蜀。中统元年夏五月,至京兆。哈剌不花者，征蜀时名将也，浑都海尝为之副，时驻六盘山，以兵应阿里不哥。挺谓希宪曰："为六盘，有三策：悉锐而东，直捣京兆，上策也；聚兵六盘，观衅而动，中策也；重装北归，以应和林，下策也。"希宪曰："彼将何从？"挺曰："必出下策。"已而果然。于是与希宪定议，令八春、汪良臣发兵御之，事具《希宪传》。六盘之兵既北，而阿蓝答儿自和林引兵南来，与哈剌不花、浑都海遇于甘州。哈剌不花以语不合，引其兵北去，阿蓝答儿遂与浑都海合军而南。时诸王合丹率骑兵与八春、汪良臣兵合，乃分为三道以拒之。既阵，大风吹沙，良臣令军士下马，以短兵突其左，绕出阵后，溃其右而出，八春直捣其前，合丹勒精骑邀其归路，大战于甘州东，杀阿蓝答儿、浑都海。事闻，帝大悦，曰："商孟卿，古之良将也。"改宣抚司为行中书省，进希宪为右丞，挺为金行省事。

二年，进参知政事。宋将刘整以泸州降，系前降宋者数百人来归，军吏请诛以戒，挺尽奏而释之。兴元判官费寅有罪惧诛，以借兵完城事讼挺与希宪于朝。帝召挺便殿，问曰："卿在关中、怀孟，两著治效，而毁言日至，岂同寅有沮卿者耶？抑位高而志怠耶？比年论王文统者甚众，卿独无一言。"挺对曰："臣素知文统之为人，尝与赵璧论之，想陛下犹能记也。臣在秦三年，多过，其或从权以应变者有之。若功成以归己，事败分咎于人，臣必不敢，请就戮。"挺既出，帝顾驸马忽剌出、枢副合答等，数挺前后大计，凡十有七，因叹曰："挺有功如是，犹自言有罪。若此，谁复为朕戮力耶！卿等识之。"四年，赐金符，行四川行枢密院事。

至元元年，入拜参知政事。建议史事，附修辽、金二史，宜令王鹗、李冶、徐世隆、高鸣、胡祗遹、周砥等为之，甚合帝意。二年，分省河东，俄召还。三年，帝留意经学，挺与姚枢、窦默、王鹗、杨果纂《五经要语》凡二十八类以进。六年，同金枢密院事。七年，迁金书。八年，升副使。数军食，定军官品级，给军吏俸。使四千人屯田，开垦三万亩，收其获以饷亲军。汰不胜军者户三万户，一丁者亦汰去；丁多业寡，业多丁寡，财力相资，合出一军。

九年，封皇子忙阿剌为安西王，立王相府，以挺为王相。十四年，诏王北征，王命挺曰："关中事有不便者，可悉更张之。"挺曰："延安民兵数千，宜使李忽兰吉练习之，以备不虞。"未几，秃鲁叛，以延安兵应敌，果获其力。挺进十策于王，曰：睦亲邻，安人心，敬民时，备不虞，厚民生，一事权，清心源，谨自治，固本根，察下情。王为置酒嘉纳。王薨，王妃使挺请命于朝，以子阿难答嗣。帝曰："年少，祖宗之训未习，卿姑行王相府事。"

初，运使郭琮、郎中郭叔云，与王相赵炳构隙。或告炳不法，妃命囚之六盘狱以死。朝廷疑擅杀之，执琮、叔云鞫问，伏辜，事具《赵炳》传。初无一毫及挺。惟王府女奚彻彻，以预二郭谋。临刑，望以求生，始有暧昧语连挺及其子巏。帝怒，召挺，拘炳家，巏下狱。帝命赵氏子曰："商孟卿，老书生，可与诸儒谳其罪。"吏部尚书青阳梦炎以议勋奏曰："臣宋儒，不知挺向来之功可补今之过否？"帝不悦曰："是同类相助之辞也。"符宝郎董文忠奏曰："梦炎不知挺何如人，臣以曩时推戴之功语之矣。"帝良久曰："其事果何如？"对曰："臣目未睹，耳固闻之，杀人之谋，挺不与也。"帝默然。十六年春，有旨：挺不可全以无罪释之，籍其家。是冬，始释挺及巏。二十年，复枢密副使，俄以疾免。二十一年，赵氏子复讼父冤，挺又被系，百余日乃释。二十五年，帝问中丞董文用曰："商孟卿今年几何？"对曰："八十。"帝甚惜其老，而叹其康强。是岁冬十有二月，卒。有诗千余篇，尤善隶书。延祐初，赠推诚协谋佐运功臣、太师、开府仪同三司、上柱国、鲁国公，谥文定。子五人：琥、璘、璕、巏、琦。

琥，字台符。至元十四年，以姚枢、许衡荐，拜江南行御史台监察御史。建康戍卒有利汤氏财者，投戈于其家，诬为反具。琥知其冤，罪诬者而释之。华亭蟠龙寺僧思月谋叛被擒，其党纵火来劫，民大扰，琥亟诛其魁。文法吏责琥擅诛，行台中丞张雄飞曰："江南残毁之余，盗贼屡起，顾尚循常例，安用宪台为哉！"吏议遂屈。都昌妖贼杜辛一，僭号倡乱，行台檄琥按问。械系胁从者盈狱，琥悉以诖误纵遣之。党与窜伏者犹众，琥揭榜招徕，不三日云集。

二十七年,征拜中台监察御史。属地震,琥上书言:"昔汉文帝有此异,而无其应,盖以躬行德化而弭也。"因条陈汉文时政以进。又言:"为国之道,在立法、任人二者而已。法不徒立,须人而行,人不滥用,惟贤是择。"因举天下名士十余人。帝从之。皆召用,待以不次。三十年,迁国子司业。卒。有《彝斋文集》。

瑭,字礼符。仕为右卫屯田千户。岁余,谢病侍亲,时年才三十二。后还乡里,筑室曰晦道堂,盖取七世祖宗弼,宋仁宗时为太子中舍人,年五十挂冠所筑堂名也。

琦,字德符。大德八年,成宗召备宿卫。仁宗在东宫,奏授集贤直学士。调大名路治中,不赴。皇庆元年,授集贤侍讲学士。延祐四年,升侍读官、通奉大夫,赐钞二万五千贯。泰定元年,迁秘书卿。病归,卒。琦善画山水。尝使蜀,持平守法,秋毫无私。

赵良弼,字辅之,女直人也。本姓术要甲,音讹为赵家,因以赵为氏。父愻,金威胜军节度使,谥忠闵。愻长子良贵,嵩汝招讨使。良贵子说,许州兵官。愻从子良材,守太原。俱死事。

良弼,明敏多智略。初举进士,教授赵州。世祖在潜藩,召见,占对称旨。会立邢州安抚司,擢良弼为幕长。邢久不得善吏,且当要冲,使者旁午,民多逃去。良弼区画有方,事或掣制,则请诸藩邸。再阅岁,凡六往返,所请无不从。脱兀脱以断事官镇邢,其属要结罪废者,交构嫌隙,动相沮挠。世祖时征云南,良弼驰驿白其事,遂黜脱兀脱,罢其属,邢大治,户口增倍。世祖在潜藩时,分地在关陕,奏以廉希宪、商挺宣抚陕西,以良弼参议司事。阿蓝答儿当国,惮世祖英武,谮于宪宗。遂以阿蓝答儿为陕西省左丞相,刘太平参知政事,钩校京兆钱谷,煅炼群狱,死者二十余人,众皆股栗。良弼力陈大义,词气恳款,二人卒不能诬,故宣抚司一无所坐。

己未七月,世祖南征,召参议元帅事,兼江淮安抚使。亲执桴鼓,率先士卒,五战皆捷,禁焚庐舍、杀降民,所至宣布恩德,民皆按堵。既渡江,攻鄂州,闻宪宗崩,世祖北还,良弼陈时务十二事,言皆有征。至卫,遣如京兆察访秦、蜀人情事宜,不逾月,具得实还报,曰:"宗王穆哥无他心,宜以西南六盘悉委属之。浑都海屯军六盘,士马精强,咸思北归,恐事有不意。纽邻总秦、川蒙古诸军,多得秦、蜀民心,年少鸷勇,轻去就,当宠以重职,疾解其兵柄。刘太平、霍鲁怀,今行尚书省事,声言办集粮饷,阴有据秦、蜀志。百家奴、刘黑马、汪惟正兄弟,蒙被德惠,俱悉心俟命。"其言皆见采用。

庚申,良弼凡五上言劝进,曰:"今中外皆愿大王早进正宸,以安天下,事势如此,岂容中止,社稷安危,间不容发。"世祖嘉之。既即位,立陕西四川宣抚司,复以廉希宪、商挺为使、副,良弼为参议。良弼先行,谋诸断事官八春曰:"今浑都海日夜思北归,纽邻迁延不即行,当先遣使奉上旨促纽邻入朝,刘太平速还京兆。"八春从其议。至则纽邻果移营将入泾,刘太平将趋六盘,闻命乃止。

后浑都海果叛北归,良弼与汪惟正、刘黑马二宣抚决议,执浑都海之党元帅乞台不花、迷立火者诛之。希宪及挺虑有擅杀名,遣使入奏待罪。良弼具密状授使者,言:"始遣捕二帅时,止令囚以俟报,臣窃以为张惶不便,宜急诛之。擅杀在臣,实不在宣抚司。若上怒希宪等,愿使者即出此奏。"帝竟不问,使者以奏白政府,咸以良弼为长者。升参议陕西省事。蜀人费寅以私憾诬廉希宪、商挺在京兆有异志者九事,以良弼为征。帝召良弼诘问,良弼泣曰:"二臣忠良,保无是心。愿剖臣心以明之。"帝意不释。会平李璮,得王文统交通书,益有疑二臣意,切责良弼,无所不至,至欲断其舌。良弼誓死不少变,帝意乃解。费寅卒以反诛。

至元七年,以良弼为经略使,领高丽屯田。良弼言屯田不便,固辞,遂以良弼奉使日本。先是,至元初,数遣使通日本,卒不得要领。于是良弼请行,帝悯其老,不许。良弼固请,乃授秘书监以行。良弼奏:"臣父兄四人,死事于金,乞命翰林臣文其碑。臣虽死绝域,无憾矣。"帝从其请。给兵三千以从,良弼辞,独与书状官二十四人俱。

舟至金津岛,其国人望见使舟,欲举刃来攻,良弼舍舟登岸喻旨。金津守延入板屋,以兵环之,灭烛大噪,良弼凝然自若。天明,其国太宰府官,陈兵四山,问使者来状。良弼数其不恭罪,仍喻以礼意。太宰官愧服,求国书。良弼曰:"必见汝国王,始授之。"越数日,复来求书,且曰:"我国自太宰府以东,上古使臣未有至者,今大朝遣使至此,而不以国书见授,何以示信!"。良弼曰:"隋文帝遣裴清来,王郊迎成礼,唐太宗、高宗时遣使,皆得见王,王何独不见大朝使臣乎?"复索书不已,诘难往复数四,至以兵胁良弼。良弼终不与,但颇录本示之。后又声言,大将军以兵十万来求书。良弼曰:"不见汝国王,宁持我首去,书不可得也。"日本知不可屈,遣使介十二人入觐,仍遣人送良弼至对马岛。

十年五月,良弼至自日本,入见。帝询知其故,曰:"卿可谓不辱君命矣。"后帝将讨日本,三问,良弼言:"臣居日本岁余,睹其民俗,狠勇嗜杀,不知有父子之亲、上下之礼。其地多山水,无耕桑之利,得其人不可役,得其地不加富。况舟师渡海,海风无期,祸害莫测。是谓以有用之民力,填无穷之巨壑也,臣谓勿击便。"帝从之。

十一年十二月,以良弼同金书枢密院事。丞相伯颜伐宋,良弼言:"宋重兵在扬州,宜以大军先捣钱唐。"后讫如其计。又言:"宋亡,江南士人多废学,宜设经史科,以育人材,定律令,以戢奸吏。"卒皆用其议。帝尝从容问曰:"高丽,小国也,匠工弈技,皆胜汉人,至于儒人,皆通经书,学孔、孟。汉人惟务课赋吟诗,将何用焉!"良弼对曰:"此非学者之病,在国家所尚何如耳。尚诗赋,则人必从之;尚经学,则人亦从之。"

良弼屡以疾辞,十九年,得旨居怀孟。良弼别业在温县,故有地三千亩,乃析为二,六与怀州,四与孟州,皆永隶庙学,以赡生徒。自以出身儒素,示不忘本也。或问为治,良弼曰:"‘必有忍,乃其有济。’人性易发而难制者,惟怒为甚。必克己,然后可以制怒,必顺理,然后可以忘怒。能忍所难忍,容所难容,事斯济矣。"二十三年,卒,年七十。赠推忠翊运功臣、太保、仪同三司,追封韩国公,谥文正。子训,陕西平章政事。

赵璧,字宝仁,云中怀仁人。世祖为亲王,闻其名召见,呼秀才而不名。赐三僮,给薪水,命后亲制衣赐之,视其试服不称,辄为损益,宠遇无与为比。命驰驿四方,聘名士王鹗等。又令蒙古生十人,从璧受儒书。敕璧习国语,译《大学衍义》,时从马上听璧陈说,辞旨明贯,世祖嘉之。

宪宗即位,召璧问曰:“天下何如而治?”对曰:“请先诛近侍之尤不善者。”宪宗不悦。璧退,世祖曰:“秀才,汝浑身是胆耶!吾亦为汝握两手汗也。”一日,断事官牙老瓦赤持其印,请于帝曰:“此先朝赐臣印也,今陛下登极,将仍用此旧印,抑易以新者耶?”时璧侍旁,质之曰:“用汝与否,取自圣裁,汝乃敢以印为请耶!”夺其印,置帝前。帝为默然久之,既而曰:“朕亦不能为此也。”自是牙老瓦赤不复用。

壬子,为河南经略使。河南刘万户贪淫暴戾,郡中婚嫁,必先赂之,得所请而后行,咸呼之为翁。其党董主簿尤恃势为虐,强取民女有色者三十余人。璧至,按其罪立斩之,尽还民女。刘大惊,时天大雪,因诣璧相劳苦,且酌酒贺曰:“经略下车,诛锄强猾,故雪为瑞应。”璧曰:“如董主簿比者,尚有其人,俟尽诛之,瑞应将大至矣。”刘屏气不复敢出语,归卧病而卒。时人以为惧死。

己未,伐宋,为江淮荆湖经略使。兵围鄂州,宋贾似道遣使来,愿请行人以和,璧请行。世祖曰:“汝登城,必谨视吾旗,旗动,速归可也。”璧登城,宋将宋京曰:“北兵若旋师,愿割江为界,且岁奉银、绢匹两各二十万。”璧曰:“大军至濮州时,诚有是请,犹或见从。今已渡江,是言何益!贾制置今焉在耶?”璧适见世祖旗动,乃曰:“俟他日复议之。”遂还。

宪宗崩,世祖即位。中统元年,拜燕京宣慰使。时供给蜀军,府库已竭,及用兵北边,璧经画馈运,相继不绝。中书省立,授平章政事,议加答剌罕之号,力辞不受。二年,从北征,命还燕,以平章政事兼大都督领诸军。是年,始制太庙雅乐。乐工党仲和、郭伯达以知音律在选中,为造伪钞者连坐系狱。璧曰:“太庙雅乐,大飨用之,圣上所以昭孝报本也,岂可系及无辜,而废雅乐之成哉!"奏请原之。三年,李璮反益都,从亲王合必赤讨之。璮已据济南,诸军乏食,璧从济河得粟及羊豕以馈军,军复大振。

至元元年,官制行,加荣禄大夫。帝欲作文檄宋,执笔者数人,不称旨,乃召璧为之。文成,帝大喜曰:"惟秀才曲尽我意。"改枢密副使。六年,宋守臣有遣间使约降者,帝命璧诣鹿门山都元帅阿术营密议。命璧同行汉军都元帅府事。宋将夏贵率兵五万,馈粮三千艘,自武昌溯流入援襄阳。时汉水暴涨,璧据险设伏待之。贵果中夜潜上,璧策马出鹿门,行二十余里,发伏兵,夺其五舟,大呼曰:"南船已败,我水军宜速进。"贵慑不敢动。明旦,阿术至,领诸将渡江西追贵骑兵,璧率水军万户解汝楫等追贵舟师。遂合战于虎尾洲,贵大败走,士卒溺死甚众,夺战舰五十,擒将士三百余人。

高丽王植为其臣林衍所逐,帝召璧还,改中书左丞,同国王头辇哥行东京等路中书省事,聚兵平壤。时衍已死,璧与王议曰:"高丽迁居江华岛有年矣,外虽卑辞臣贡,内恃其险,故使权臣无所畏忌,擅逐其主。今衍虽死,王实无罪,若朝廷遣兵护归,使复国于古京,可以安兵息民,策之上者也。"因遣使以闻,帝从之。时同行者分高丽美人,璧得三人,皆还之。

师还,迁中书右丞。冬,祀太庙,有司失黄幔,索得于神庖灶下,已甚污弊。帝闻大怒曰:"大不敬,当斩!"璧曰:"法止杖断流远。"其人得不死。十年,复拜平章政事。十三年,卒,年五十七。大德三年,赠大司徒,谥忠亮。

子二人:仁荣,同知归德府事;仁恭,集贤直学士。孙二人:崇,郊祀署令;弘,左藏库提点。

元史卷一六〇
列传第四七

王磐　王鹗　高鸣　李冶
李昶　刘肃　王思廉　李谦
徐世隆　孟祺　阎复

　　王磐，字文炳，广平永年人。世业农，岁得麦万石，乡人号万石王家。父禧，金末入财佐军兴，补进义副尉。国兵破永年，将屠其城，禧复罄家赀以助军费，众赖以免。金人迁汴，乃举家南渡河，居汝之鲁山。

　　磐年方冠，从麻九畴学于郾城，客居贫甚，日作麋一器，画为朝暮食。年二十六，擢正大四年经义进士第，授归德府录事判官，不赴。自是大肆力于经史百氏，文辞宏放，浩无涯涘。及河南被兵，磐避难转入淮、襄间。宋荆湖制置司，素知其名，辟为议事官。丙申，襄阳兵变，乃北归，至洛西。会杨惟中被旨招集儒士，得磐，深礼遇之，遂寓河内。东平总管严实兴学养士，迎磐为师，受业者常数百人，后多为名士。

　　中统元年，即拜益都等路宣抚副使。居顷之，以疾免。李璮素重磐，以礼延致之，磐亦乐青州风土，乃买田溵河之上，题其居曰鹿庵，有终焉之意。及璮谋不轨，磐觉之，脱身至济南，得驿马驰去，入京师，因侍臣以闻。世祖即日召见，嘉其诚节，抚劳甚厚。璮据济南，大军讨之，帝命磐参议行台事。璮平，遂挈妻子至东平。召拜翰林直学士,同修国史。

出为真定、顺德等路宣慰使。邢水县达鲁花赤忙兀觫,贪暴不法,县民苦之。有赵清者发其罪,既具伏矣,适初置监司,其妻惧无以灭口,召家人饮酒至醉,以利啖之,使夜杀清。清逃获免,乃尽杀其父母、妻子。清诉诸官,权要蔽忙兀觫,不为理,又欲反其具狱。磐竟奏置诸法,籍其家赀,以半给清。郡有西域大贾,称贷取息,有不时偿者,辄置狱于家,拘系榜掠。其人且恃势干官府,直来坐厅事,指麾自若。磐大怒,叱左右捽下,箠之数十。时府治寓城上,即挤诸城下几死,郡人称快。未几,蝗起真定,朝廷遣使者督捕,役夫四万人以为不足,欲牒邻道助之。磐曰:“四万人多矣,何烦他郡。”使者怒,责磐状,期三日尽捕蝗。磐不为动,亲率役夫走田间,设方法督捕之,三日而蝗尽灭,使者惊以为神。

复入翰林为学士,入谒宰相,首言:“方今害民之吏,转运司为甚,至税人白骨,宜罢去之,以苏民力。”由是运司遂罢。阿合马讽大臣,请合中书、尚书两省为一,拜右丞相安童为三公,阴欲夺其政柄。有诏会议,磐言:“合两省为一,而以右丞相总之,实便。不然,则宜仍旧,三公既不预政事,则不宜虚设。”其议遂沮。迁太常少卿,乞致仕,不允。

时宫阙未建,朝仪未立,凡遇称贺,臣庶杂至帐殿前,执法者患其喧扰,不能禁。磐上疏曰:“按旧制:天子宫门,不应入而入者,谓之阑入。阑入之罪,由第一门至第三门,轻重有差。宜令宣徽院籍两省而下百官姓名,各依班序,听通事舍人传呼赞引,然后进。其越次者,殿中司纠察定罚,不应入而入者,准阑入罪,庶朝廷之礼,渐可整肃。”于是仪制始定。

曲阜孔子庙,历代给民百户,以供洒扫,复其家。至是,尚书省以括户之故,尽收为民。磐言:“林庙户百家,岁赋钞不过六百贯,仅比一六品官终年俸耳。圣朝疆宇万里,财赋岁亿万计,岂爱一六品官俸,不以待孔子哉。且于府库所益无多,其损国体甚大。”时论韪之。帝以天下狱囚滋多,敕诸路自死罪以下,纵遣归家,期秋八月悉来京师听决。囚如期至，帝恻然怜之，尽原其罪。他日命词臣作诏，戒喻天下，皆不称旨意。磐独以纵囚之意命辞，帝喜曰："此朕所欲言而不能者，卿乃能为朕言之。"嘉奖不已，取酒赐之。

再乞致仕，不允。国子祭酒许衡将告归，帝遣近臣问磐。磐言："衡素廉介，意其所以求退者，得非生员数少，坐縻廪禄，有所不安耶？宜增益生员，使之施教，则庶几人材有成，衡之受禄亦可少安矣。"诏从之。

磐移疾家居，帝遣使存问，赐以名药。磐尝于会集议事之际，数言："前代用人，二十从政，七十致仕，所以资其材力，闵其衰老，养其廉耻之心也。今入仕者不限年，而老病者不能退，彼既不自知耻，朝廷亦不以为非，甚不可也。"至是，以疾请断月俸毋给，自秋及春，坚乞致仕。帝遣使慰谕之曰："卿年虽老，非任剧务，何以辞为。"仍诏禄之终身，并还所断月俸。磐不得已，复起。

时方伐宋，凡帷幄谋议，有所未决，即遣使问之，磐所敷陈，每称上意。帝将用兵日本，问以便宜。磐言："今方伐宋，当用吾全力，庶可一举取之。若复分力东夷，恐旷日持久，功卒难成。俟宋灭，徐图之未晚也。"江南既下，磐上疏，大略言："禁戢军士，选择官吏，赏功罚罪，推广恩信，所以抚安新附，销弭寇盗。"其言要切，皆见施行。

朝议汰冗官，权近私以按察司不便，欲并省之。磐奏疏曰："各路州郡，去京师遥远，贪官污吏，侵害小民，无所控告，惟赖按察司为之申理。若指为冗官，一例罢去，则小民冤死而无所诉矣。若曰京师有御史台纠察四方之事，是大不然。夫御史台，纠察朝廷百官、京畿州县，尚有弗及，况能周遍外路千百城之事乎？若欲并入运司，运司专以营利增课为职，与管民官常分彼此，岂暇顾细民之冤抑哉？"由是按察司得不罢。

朝廷录平宋功，迁至宰相执政者二十余人，因议更定官制。磐奏疏曰："历代制度，有官品，有爵号，有职位。官爵所以示荣宠，职位所以委事权。臣下有功有劳，随其大小酬以官爵，有才有能，称其所堪处以职。此人君御下之术也。臣以为有功者,宜加迁散官,或赐五等爵号,如汉、唐封侯之制可也,不宜任以职位。"

日本之役,师行有期。磐入谏曰:"日本小夷,海道险远,胜之则不武,不胜则损威,臣以为勿伐便。"帝震怒,谓非所宜言,且曰:"此在吾国法,言者不赦,汝岂有他心而然耶?"磐对曰:"臣赤心为国,故敢以言。苟有他心,何为从叛乱之地冒万死而来归乎?今臣年已八十,况无子嗣,他心欲何为耶?"明日,帝遣侍臣以温言慰抚,使无忧惧。后阅内府珍玩,有碧玉宝枕,因出赐之。

磐以年老,累乞骸骨。丞相和礼霍孙为言,诏允其请,进资德大夫致仕,仍给半俸终身。皇太子闻其去,召入宫,赐食,慰问良久。行之日,公卿百官皆设宴以饯。明日,皇太子赐宴圣安寺,公卿百官出送丽泽门外,缙绅以为荣。磐无子,命其婿著作郎李稚宾为东平判官,以便养。每大臣燕见,帝数问磐起居状,始终眷顾不衰。

磐资性刚方,闲居不妄言笑,每奏对必以正,不肯阿意承顺,帝尝以古直称之,虽权幸侧目,弗顾也。阿合马方得权,致重币求文于碑,磐拒弗与。所荐宋衟、雷膺、魏初、徐琰、胡祗遹、孟祺、李谦,后皆为名臣。年至九十二,卒之夕,有大星陨正寝之东。赠端贞雅亮佐治功臣、太傅、开府仪同三司,追封洺国公,谥文忠。

王鹗,字百一,曹州东明人。曾祖成,祖立,父琛。鹗始生,有大鸟止于庭,乡先生张澍曰:"鹗也。是儿其有大名乎!"因名之。幼聪悟,日诵千余言,长工词赋。

金正大元年,中进士第一甲第一人出身,授应奉翰林文字。六年,授归德府判官,行亳州城父令。七年,改同知申州事,行蔡州汝阳令,丁母忧。天兴二年,金主迁蔡,诏尚书省移书恒山公武仙进兵。金主览书,问谁为之。右丞完颜仲德曰:"前翰林应奉王鹗也。"曰:"朕即位时状元耶?"召见,惜擢用之晚。起复,授尚书省右司都事,升左右司郎中。三年,蔡陷,将被杀。万户张柔闻其名,救之,辇归,馆于保州。

甲辰冬，世祖在藩邸，访求遣逸之士，遣使聘鹗。及至，使者数辈迎劳，召对。进讲《孝经》、《书》、《易》，及齐家治国之道，古今事物之变，每夜分，乃罢。世祖曰："我虽未能即行汝言，安知异日不能行之耶！"岁余，乞还，赐以马，仍命近侍阔阔、柴祯等五人从之学。继命徙居大都，赐宅一所。尝因见，请曰："天兵克蔡，金主自缢，其奉御绛山焚葬汝水之傍。礼为旧君有服，愿往葬祭。"世祖义而许之。至则为河水所没，设具牲酒，为位而哭。

庚申，世祖即位，建元中统。首授翰林学士承旨，制诰典章，皆所裁定。至元元年，加资善大夫。上奏："自古帝王得失兴废可考者，以有史在也。我国家以神武定四方，天戈所临，无不臣服者，皆出太祖皇帝庙谟雄断所致，若不乘时纪录，窃恐久而遗亡。宜置局纂就实录，附修辽、金二史。"又言："唐太宗始定天下，置弘文馆学士十八人，宋太宗承太祖开创之后，设内外学士院。史册烂然，号称文治。堂堂国朝，岂无英才如唐、宋者乎！"皆从之，始立翰林学士院，鹗遂荐李冶、李昶、王磐、徐世隆、高鸣为学士。复奏立十道提举学校官。

有言事者，谓宰执非其人。诏儒臣廷议可任宰相者。时阿合马巧佞，欲乘隙取相位，大臣复助之，众知其非，莫敢言。鹗奋然掷笔曰："吾以衰老之年，无以报国，即欲举任此人为相，吾不能插驴尾矣。"振袖而起，奸计为之中止。五年，乞致仕。诏有司岁给廪禄终其身，有大事则遣使就问之。十年，卒，年八十四，谥文康。

鹗性乐易，为文章不事雕饰。尝曰："学者当以穷理为先，分章析句，乃经生举子之业，非为己之学也。"著《论语集义》一卷，《汝南遗事》二卷，诗文四十卷，曰《应物集》。无子，以婿周铎子之纲承其祀。之纲，官至翰林侍讲学士。

高鸣，字雄飞，真定人，少以文学知名。河东元裕上书荐之，不报。诸王旭烈兀将征西域，闻其贤，遣使者三辈召之，鸣乃起，为王陈西征二十余策，王数称善，即荐为彰德路总管。

世祖即位，赐诰命金符，已而召为翰林学士，兼太常少卿。至元五年，立御史台，以鸣为侍御史，风纪条章，多其裁定。寻立四道按察司，选任名士，鸣所荐居多，时论咸称其知人。天下初定，中书、枢密事多壅滞，言者请置督事官各二人，鸣曰：“官得人，自无滞政，臣职在奉宪，愿举察之，毋为员外置人也。”

七年，议立三省，鸣上封事曰：“臣闻三省，设自近古。其法由中书出政，移门下，议不合，则有驳正，或封还诏书；议合，则还移中书；中书移尚书，尚书乃下六部、郡国。方今天下大于古，而事益繁，取决一省，犹曰有壅，况三省乎！且多置官者，求免失政也，但使贤俊萃于一堂，连署参决，自免失政，岂必别官异坐，而后无失政乎！故曰：政贵得人，不贵多官。不如一省便。”世祖深然之，议遂罢。川、陕盗起，省臣患之，请专戮其尤者以止盗，朝议将从之，鸣谏曰：“制令天下上死囚，必待论报，所以重用刑、惜民生也。今从其请，是开天下擅杀之路，害仁政甚大。”世祖曰“善”，令速止之。

鸣每以敢言被上知。尝入内，值大风雪，帝谓御史大夫塔察儿曰：“高学士年老，后有大政，就问可也。”赐太官酒肉慰劳之，其见敬礼如此。九年，迁吏礼部尚书。十一年，病卒，年六十六，有文集五十卷。

李冶，字仁卿。真定栾城人。登金进士第，调高陵簿，未上，辟知钧州事。岁壬辰，城溃，冶微服北渡，流落忻、崞间，聚书环堵，人所不堪，冶处之裕如也。

世祖在潜邸，闻其贤，遣使召之，且曰：“素闻仁卿学优才赡，潜德不耀，久欲一见，其勿他辞。”既至，问河南居官者孰贤，对曰：“险夷一节，惟完颜仲德。”又问完颜合答及蒲瓦何如，对曰：“二人将略短少，任之不疑，此金所以亡也。”又问魏征、曹彬何如，对曰：“征忠言谠论，知无不言，以唐净臣观之，征为第一。彬伐江南，未尝妄杀一人，拟之方叔、召虎可也。汉之韩、彭、卫、霍，在所不论。”又问今之臣有如魏征者乎，对曰：“今以侧媚成风，欲求魏征之贤，实难其人。"又问今之人材贤否,对曰:"天下未尝乏材,求则得之,舍则失之,理势然耳。今儒生有如魏璠、王鹗、李献卿、兰光庭、赵复、郝经、王博文辈,皆有用之材,又皆贤王所尝聘问者,举而用之,何所不可,但恐用之不尽耳。然四海之广,岂止此数子哉。王诚能旁求于外,将见集于明廷矣。"

又问天下当何以治之,对曰:"夫治天下,难则难于登天,易则易于反掌。盖有法度则治,控名责实则治,进君子退小人则治,如是而治天下,岂不易于反掌乎。无法度则乱,有名无实而乱,进小人退君子则乱,如是而治天下,岂不难于登天乎。且为治之道,不过立法度、正纪纲而已。纪纲者,上下相维持;法度者,赏罚示惩劝。今则大官、小吏,下至编氓,皆自纵恣,以私害公,是无法度也。有功者未必得赏,有罪者未必被罚,甚则有功者或反受辱,有罪者或反获宠,是无法度也。法度废,纪纲坏,天下不变乱,已为幸矣。"

又问昨地震何如,对曰:"天裂为阳不足,地震为阴有余。夫地道,阴也,阴太盛则变常。今之地震,或奸邪在侧,或女谒盛行,或谗慝交至,或刑罚失中,或征伐骤举,五者必有一于此矣。夫天之爱君,如爱其子,故示此以警之耳。苟能辨奸邪,去女谒,屏谗慝,省刑罚,慎征讨,上当天心,下协人意,则可转咎为休矣。"世祖嘉纳之。

冶晚家元氏,买田封龙山下,学徒益众。及世祖即位,复聘之,欲处以清要。冶以老病恳求还山。至元二年,再以学士召,就职期月,复以老病辞去,卒于家,年八十八。所著有《敬斋文集》四十卷,《壁书丛削》十二卷,《泛说》四十卷,《古今𪢮》四十卷,《测圆镜海》十二卷,《益古衍疑》三十卷。

李昶,字士都。东平须城人。父世弼,从外家受孙明复《春秋》,得其宗旨。金贞祐初,三赴廷试不第,推恩授彭城簿,志壹郁不乐,遂复求试。一夕,梦在李彦榜下及第,阅计偕之士,无之。时昶年十六,已能为程文,乃更其名曰彦。兴定二年,父子廷试,昶果以《春秋》中第二甲第二人,世弼第三甲第三人,父子褒贬各异,时人以比向、歆，而世弼遂不复仕，晚乃授东平教授以卒。

昶颖悟过人，读书如夙习，无故不出户外，邻里罕识其面。初从父入科场，侪辈少之，讥议纷纭，监试者远其次舍，伺察甚严。昶肆笔数千言，比午，已脱藁。释褐，授征事郎、孟州温县丞。正大改元，超授儒林郎、赐绯鱼袋、郑州河阴簿。三年，召试尚书省掾，再调漕运提举。

国兵下河南，奉亲还乡里。行台严实辟授都事，改行军万户府知事。实卒，子忠济嗣，升昶为经历。居数岁，忠济怠于政事，贪佞抵隙而进。昶言于忠济曰：“比年内外裘马相尚，饮宴无度，库藏空虚，百姓匮乏，若犹循习故常，恐或生变。惟阁下接纳正士，黜远小人，去浮华，敦朴素，损骑从，省宴游，虽不能救已然之失，尚可以弭未然之祸。”时朝廷裁抑诸侯，法制寝密，忠济纵侈自若，昶以亲老求解，不许。俄以父忧去官，杜门教授，一时名士，若李谦、马绍、吴衍辈，皆出其门。

岁己未，世祖伐宋，次濮州，闻昶名，召见，问治国用兵之要。昶上疏：论治国，则以用贤、立法、赏罚、君道、务本、清源为对；论用兵，则以伐罪救民、不嗜杀为对。世祖嘉纳之。明年，世祖即位，召至开平，访以国事，昶知无不言，眷遇益隆。

时征需烦重，行中书省科征税赋，虽逋户不贷。昶移书时相，其略曰：“百姓困于弊政久矣，圣上龙飞，首颁明诏，天下之人如获更生，拭目倾耳以俟太平，半年之间人渐失望，良以渴仰之心太切，兴除之政未孚故也。侧闻欲据丁巳户籍，科征租税，比之见户或加多十六七，止验见户，应输犹恐不逮，复令包补逃故，必致艰难。苟不以抚字安集为心，惟事供亿，则诸人皆能之，岂圣上擢贤更化之意哉？”于是省府为蠲逋户之赋。

中统二年春，内难平，昶上表贺，因进讽谏曰：“患难所以存儆戒，祸乱将以开圣明，伏愿日新其德，虽休勿休，战胜不矜，功成不有，和辑宗亲，抚绥将士，增修庶政，选用百官，俭以足用，宽以养民，安不忘危，治不忘乱，恒以北征宵旰之勤，永为南面逸豫之戒。”

世祖称善久之。世祖尝燕处，望见昶，辄敛容曰："李秀才至矣。"其见敬礼如此。会严忠济罢，以其弟忠范代之，忠范表请昶师事之，特授翰林侍讲学士，行东平路总管军民同议官。昶条十二事，划除宿弊。

至元元年，迁转之制行，减并路、府、州、县官员，于是谢事家居。五年，起为吏礼部尚书，品格条式、选举礼文之事，多所裁定。凡议大政，宰相延置上座，倾听其说。六年，奸臣阿合马议升制国用使司为尚书省，昶请老以归。七年，诏授南京路总管兼府尹，不赴。八年，授山东东西道提刑按察使，务持大体，不事苛细。未几致仕。二十二年，昶年已八十二，复遣使征之。以老疾辞，赐田千亩。二十六年卒，年八十有七。

昶尝集《春秋》诸家之说折中之，曰《春秋左氏遗意》二十卷。早年读《语》、《孟》，见先儒之失，考订成编。及得朱氏、张氏解，往往吻合。其书遂不复出。独取《孟子》旧说、新说矛盾者，参考归一，附以己见，为《孟子权衡遗说》五卷。

刘肃，字才卿。威州洛水人。金兴定二年词赋进士。尝为尚书省令史。时有盗内藏官罗及珠，盗不时得，逮系货珠牙侩及藏吏，诬服者十一人。刑部议皆置极刑，肃执之曰："盗无正赃，杀之冤。"金主怒。有近侍夜见肃，具道其旨。肃曰："辨析冤狱，我职也。惜一己而戕十一人之命，可乎？"明日，诣省辨愈力。右司郎中张天纲曰："吾为汝具奏辨析之。"奏入，金主悟，囚得不死。

调新蔡令。先时，县赋民以牛多寡为差，民匿不耕。肃至，命树畜繁者不加赋，民遂殷富。濒淮民有窜入宋境，籍为兵而优其粮，间有归者，颇艰于衣食，时出怨言曰："不如渡淮。"告者以谋叛论，肃曰："淮限宋境，一水耳，果欲叛，不难往也，口虽言而心无实，准律当杖八十。"奏可。继擢户部主事。

金亡，依东平严实，辟行尚书省左司员外郎，又改行军万户府经历。东平岁赋丝银，复输绵十万两、色绢万户，民不能堪。肃赞实奏罢之。庚子,世祖居潜邸,以肃为邢州安抚使,肃兴铁冶及行楮币,公私赖焉。

中统元年,擢真定宣抚使。时中统新钞行,罢钞银不用。真定以银钞交通于外者,凡八千余贯,公私嚣然,莫知所措。肃建三策:一曰仍用旧钞,二曰新旧兼用,三曰官以新钞如数易旧钞。中书从其第三策,遂降钞五十万贯。二年,授左三部尚书,官曹典宪,多所议定。未几,兼商议中书省事。三年,致仕,给半俸。四年,卒,年七十六。

肃性舒缓,有执守。尝集诸家《易》说,曰《读易备忘》。后累赠推忠赞治功臣、荣禄大夫、上柱国、大司徒、邢国公,谥文献。

子宪,礼部侍郎;悫,大名路总管。孙赓,翰林学士承旨。

王思廉,字仲常。真定获鹿人。幼师太原元好问。既冠,张德辉宣抚河东,辟掌书记,复谢归。至元十年,董文忠荐之。世祖问文忠曰:“汝何由知王思廉贤?”对曰:“乡人之善者称之也。”遂召见,授符宝局掌书。十三年,姚枢举为昭文馆待制。迁奉训大夫、符宝局直长。

十四年,改翰林待制,掌进读《通鉴》,至唐太宗有杀魏征语及长孙皇后进谏事,帝命内官引至皇后阁,讲衍其说。后曰:“是诚有益于宸衷。尔宜择善言进讲,慎勿以渎辞烦上听也。”每侍读,帝命御史大夫玉速帖木儿、太师月赤察儿、御史中丞撒里蛮、翰林学士承旨掇立察等,咸听受焉。帝尝御延春阁,大赍群臣,俾十人为列以进,思廉偶在卫士之列。帝责董文忠曰:“思廉儒臣,岂宜列卫士。”

十八年,进中顺大夫、典瑞少监。十九年,帝幸白海,时千户王著矫杀奸臣阿合马于大都,辞连枢密副使张易。帝召思廉至行殿,屏左右问曰:“张易反,若知之乎?”对曰:“未详也。”帝曰:“反已反已,何未详也?”思廉徐奏曰:“僭号改元谓之反,亡入他国谓之叛,群聚山林贼害民物谓之乱。张易之事,臣实不能详也。”帝曰:“朕自即位以来,如李璮之不臣,岂以我若汉高帝、赵太祖,遽陟帝位者

乎?"思廉曰:"陛下神圣天纵,前代之君不足比也。"帝叹曰:"朕往
者有问于窦默,其应如响,盖心口不相违,故不思而得。朕今有问
汝,能然乎? 且张易所为,张仲谦知之否?"思廉即对曰:"仲谦不
知。"帝曰:"何以明之?"对曰:"二人不相安,臣故知其不知也。"

二十年,升太监。思廉以儒素进,帝眷注优渥。尝疾,赐御药,
顾问安否。扈跸,失所乘马,给内厩马五匹。盗窃所赐玉带,更以玉
带赐之。裕宗居东宫,思廉进曰:"殿下府中,宜建学官。俾左右近
侍,尝亲正学,必能裨辅明德。"裕宗然之。裕宗尝欲买甲第赐思廉,
思廉固辞。二十三年,改嘉议大夫、同知大都留守,兼少府监事。藩
王乃颜叛,帝亲征,思廉间谓留守段贞曰:"藩王反侧,地大故也,汉
晁错削地之策,实为良图,盍以上言之。"贞见帝,遂以闻。帝曰:"汝
何能出是言也?"贞以思廉对,帝嘉之。二十九年,迁正议大夫、枢密
院判官。

大德元年,成宗即位,迁中奉大夫、翰林学士,仍枢密院判官,
以病归。三年,起为工部尚书,拜征东行省参知政事。七年,总管大
名路。八年,召为集贤学士。十一年,授正奉大夫、太子宾客。

仁宗即位,以翰林学士承旨、资善大夫致仕。延祐七年,卒,年
八十三。赠翰林学士承旨、资德大夫、河南江北等处行中书省右丞、
上护军,追封恒山郡公,谥文恭。

李谦,字受益。郓之东阿人。祖元,以医著名。父唐佐,性恬退,
不喜仕进。

谦幼有成人风,始就学,日记数千言,为赋有声,与徐世隆、孟
祺、阎复齐名,而谦为首。为东平府教授,生徒四集。累官万户府经
历。复教授东平。先时教授无俸,郡敛儒户银百两备束修,谦辞曰:
"家幸非甚贫者,岂可聚货以自殖乎!"

翰林学士王磐以谦名闻,召为应奉翰林文字;一时制诰,多出
其手。至元十五年,升待制。扈驾至上都,赐以银壶、藤枕。十八年,
升直学士,为太子左谕德,侍裕宗于东宫。陈十事:曰正心,曰睦亲,

曰崇俭,曰几谏,曰戢兵,曰亲贤,曰尚文,曰定律,曰正名,曰革弊。裕宗崩,世祖又命傅成宗于潜邸,所至以谦自随。转侍读学士。世祖深加器重。尝赐坐便殿,饮群臣酒,世祖曰:"闻卿不饮,然能为朕强饮乎?"因赐蒲萄酒一锺,曰:"此极醉人,恐汝不胜。"即令三近侍扶掖使出。二十六年,以足疾辞归。

三十一年,成宗即位,驿召至上都。既见,劳曰:"朕知卿有疾,然京师去家不远,且多良医,能愈疾。卿当与谋国政,余不以劳卿也。"升学士。元贞初,引疾还家。大德六年,召为翰林承旨。以年七十一,乞致仕。九年,又召。至大元年,给半俸。仁宗为皇太子,征为太子少傅,谦皆力辞。

仁宗即位,召十六人,谦居其首。乃力疾见帝于行在,疏言九事,其略曰:"正心术以正百官,崇孝治以先天下,选贤能以居辅相之位,广视听以通上下之情,恤贫乏以重邦家之本,课农桑以丰衣食之源,兴学校以广人材之路,颁律令使民不犯,练士卒居安虑危。至于振肃纪纲、纠察内外,台宪之官尤当选素著清望、深明治体、不事苛细者为之。"帝嘉纳焉。迁集贤大学士、荣禄大夫,致仕,加赐银一百五十两,金织币及帛各三匹。归,卒于家,年七十九。

谦文章醇厚有古风,不尚浮巧,学者宗之,号野斋先生。子侃,官至大名路总管。

徐世隆,字威卿。陈州西华人。弱冠,登金正大四年进士第,辟为县令。其父戒世隆曰:"汝年少,学未至,毋急仕进,更当读书多识往事,以益智识。俟三十入官,未晚也。"世隆遂辞官,益笃于学。

岁壬辰,父殁。癸巳,世隆奉母北渡河,严实招致东平幕府,俾掌书记。世隆劝实收养寒素,一时名士多归之。宪宗即位,以为拘榷燕京路课税官,世隆固辞。壬子,世祖在潜邸,召见于日月山。时方图征云南,以问世隆。对曰:"孟子有言:'不嗜杀人者能一之。'夫君人者,不嗜杀人,天下可定。况蕞尔之西南夷乎?"世祖曰:"诚如卿言,吾事济矣。"实时得金太常登歌乐,世祖遣使取之观。世隆典领以行。既见，世祖欲留之，世隆以母老辞。实子忠济以世隆为东平行台经历，于是益赞忠济兴学养士。

中统元年，擢燕京等路宣抚使，世隆以新民善俗为务。中书省檄诸路养禁卫之羸马，数以万计，刍秣与其什器，前期戒备。世隆曰：“国马牧于北方，往年无饲于南者。上新临天下，京畿根本地，烦扰之事，必不为之。马将不来。”吏曰：“此军需也，其责勿轻。”世隆曰：“责当我坐。”遂弗为备，马果不至。清沧盐课，前政亏不及额，世隆综核之，得增羡若干，赐银三十锭。二年，移治顺天，岁饥，世隆发廪贷之，全活甚众。三年，宣抚司罢，世隆还东平，请增宫县大乐、文武二舞，令旧工教习，以备大祀，制可。除世隆太常卿以掌之，兼提举本路学校事。四年，世祖问尧、舜、禹、汤为君之道，世隆取《书》所载帝王事以对。帝喜曰：“汝为朕直解进读，我将听之。”书成，帝命翰林承旨安藏译写以进。

至元元年，迁翰林侍讲学士，兼太常卿。朝廷大政诸访而后行，诏命典册多出其手。世隆奏曰：“陛下帝中国，当行中国事。事之大者，首惟祭祀，祭必有庙。”因以图上，乞敕有司以时兴建。从之。逾年而庙成。遂迎祖宗神御，奉安太室，而大飨礼成。帝悦，赏赐优渥。

俄兼户部侍郎，承诏议立三省，遂定内外官制上之。时朝仪未立，世隆奏曰：“今四海一家，万国会同，朝廷之礼，不可不肃，宜定百官朝会仪。”从之。七年，迁吏部尚书，世隆以铨选无可守之法，为撰《选曹八议》。

九年，乞补外。佩虎符，为东昌路总管。至郡，专务以德率下，不事鞭箠。吏不忍欺，民亦化服。期年而政成，郡人颂之。十四年，起为山东提刑按察使。时有妖言狱，所司逮捕凡数百人。世隆剖析诖误者十八九，悉纵遣之。十五年，移淮东。宋将许琼家童，告琼匿官库财，有司系其妻孥征之。世隆曰：“琼所匿者，故宋之物，岂得与今盗官财者同论耶？”同僚不从，世隆独抗章辩明，行台是之，释不问。会征日本，世隆上疏谏止，语颇剀切，当路者不即以闻。已而帝意悟，其事亦寝。十七年，召为翰林学士，又召为集贤学士，皆以疾辞。

世隆仪观魁梧，襟度宏博，慈祥乐易。人忤之，无愠色。喜宾客，乐施与。明习前代典故，尤精律令，善决疑狱。二十二年，安童再入相，奏世隆虽老，尚可用。遣使召之，仍以老病辞，附奏便宜九事。赐田十顷。时年八十，卒。所著有《瀛洲集》百卷、文集若干卷。

孟祺，字德卿。宿州符离人。世以财雄乡里。父仁，业儒，有节行。壬辰，北渡，寓济州鱼台，州帅石天禄礼之，辟兼详议府事。

祺幼敏悟，善骑射，早知问学，侍父徙居东平。时严实修学校，招生徒，立考试法。祺就试，登上选，辟掌书记。廉希宪、宋子贞皆器遇之，以闻于朝。擢国史院编修官。迁从仕郎、应奉翰林文字，兼太常博士。一时典册，多出其手。

至元七年，持节使高丽。还，称旨，授承事郎、山东东西道劝农副使。

十二年，丞相伯颜将兵伐宋。诏选宿望博学、可赞画大计者与俱行，遂授祺承直郎、行省谘议。久之，迁郎中，伯颜雅信任之。时军书填塞，祺酬应剖决，略无凝滞。师驻建康，伯颜以兵事诣阙，政无大小，祺与执政并裁决之。及战焦山，宋军下流。祺曰："不若乘势速进，以夺彼气。"如其言，遂大破之。伯颜闻之，喜曰："不意书生乃能知兵若是！"诸将利房掠，争趋临安。伯颜问计，祺对曰："宋人之计，惟有窜闽尔。若以兵迫之，彼必速逃。一旦盗起临安，三百年之积，焚荡无遗矣。莫若以计安之，令彼不惧，正如取果，稍待时日耳。"伯颜曰："汝言正合吾意。"乃草书，遣人至临安，以安慰之。宋乃不复议迁闽。

先是，宋降表称侄，称皇帝，屡拒不纳。祺自请为使，征降表。至则会宋相于三省。夜三鼓，议未决。祺正色曰："国势至此，夫复何待。"遂定议。书成，宋谢太后内批用宝，携之以出，复起谢太后于内殿，取国玺十二枚出。伯颜将亲封之，祺止之曰："管钥自有主者，非所宜亲，一有不谨，恐异时奸人妄相染污，终不可明。"遂止。

江南平，伯颜奏祺前后功多，且言祺可任重。有旨褒升，授少中大夫、嘉兴路总管，佩虎符。祺至，首以兴学为务，创立规制。在官未久，竟以疾解官，归东平。至元十八年，擢太中大夫、浙东海右道提刑按察使，疾不赴。卒。年五十一。赠宣忠安远功臣、中奉大夫、参知政事、护军、鲁郡公，谥文襄。子二人：遵，通。

阎复，字子靖。其先平阳和州人。祖衍，仕金，殁王事。父忠，避兵山东之高唐，遂家焉。

复始生，有奇光照室。性简重，美丰仪。七岁读书，颖悟绝人。弱冠入东平学，师事名儒康晔。时严实领东平行台，招诸生肄进士业，迎元好问校试其文。预选者四人，复为首，徐琰、李谦、孟祺次之。

岁己未，始掌书记于行台，擢御史掾。至元八年，用王磐荐，为翰林应奉，以才选充会同馆副使，兼接伴使。扈驾上京，赋应制诗二篇，寓规讽意，世祖顾和礼霍孙曰：“有才如此，何可不用！”十二年，升翰林修撰。十四年，出佥河北河南道提刑按察司事，阶奉训大夫。十六年入为翰林直学士，以州郡校官多不职，建议定铨选之法。十九年，升侍讲学士。明年，改集贤侍讲学士，同领会同馆事。

二十三年，升翰林学士。帝屡召至榻前，面谕诏旨，具草以进，帝称善。二十八年，尚书省罢，复立中书省，帝励精图治，急于择相。一日，召入便殿，谕之曰：“朕欲命卿执政，何如？”复屡谢不足胜任。帝谓侍臣曰：“书生识义理，存谦让，是也。勿强。”御史台改提刑按察司为肃政廉访司，首命复为浙西道肃政廉访使。先是，奸臣桑哥当国，尝有旨命翰林撰《桑哥辅政碑》。桑哥既败，诏有司踣其碑，复等亦坐是免官。

三十一年，成宗即位，以旧臣召入朝，赐重锦、玉环、白金，除集贤学士，阶正议大夫。元贞元年，上疏言：“京师宜首建宣圣庙学，定用释奠雅乐。”从之。又言：“曲阜守冢户，昨有司并入民籍，宜复之。”其后诏赐孔林洒扫二十八户，祀田五千亩，皆复之请也。三年，因星变,又上疏言:"定律令,颁封赠,增俸给,通调内外官"。且曰:"古者刑不上大夫,今郡守以征租受杖,非所以厉廉隅。江南公田租重,宜减,以贷贫民。"后多采用。大德元年,仍迁翰林学士。二年,诏赐楮币万贯。四年,帝召至榻前,密谕之曰:"中书庶务繁重,左相难其人,卿为朕举所知。"复以哈剌哈孙对,帝大喜,即遣使召入,相之。复亦拜翰林学士承旨,阶正奉大夫。

十一年春,武宗践祚,复首陈三事:曰"惜名器,明赏罚,择人材",言皆剀切。未几,进阶荣禄大夫,遥授平章政事,余如故。复力辞,不许。上疏乞骸骨,诏从其请,给半俸终养。时仁宗居东宫,赐以重锦,俾公卿祖道都门外。及即位,遣使召复,复以病辞。皇庆元年三月卒,年七十七,谥文康。有《靖轩集》五十卷。

元史卷一六一
列传第四八

杨大渊 文安　刘整

杨大渊,天水人也。与兄大全、弟大楫,皆仕宋。大渊总兵守阆州。岁戊午,宪宗兵至阆州之大获城,遣宋降臣王仲入招大渊,大渊杀之。宪宗怒,督诸军力攻。大渊惧,遂以城降。宪宗命诛之,汪田哥谏止,乃免。命以其兵从,招降蓬、广安诸郡,进攻钓鱼山。擢大楫为管军总管,从诸王攻礼义城。己未冬,拜大渊侍郎、都行省,悉以阃外之寄委之。

世祖中统元年,诏谕大渊曰:“尚厉忠贞之节,共成康义之功。”大渊拜命踊跃,即遣兵进攻礼义城,掠其馈运,获总管黄文才、路钤、高坦之以归。二年秋,调兵出通川,与宋将鲜恭战,获统制白继源。秦蜀行省以大渊及青居山征南都元帅钦察麾下将校六十三人有功,言于朝。诏给虎符一、金符五、银符五十七,令论功定官,以名闻。三年春,世祖命出开、达,与宋兵战于平田,复战于巴渠,擒其知军范燮、统制魏兴、路分黄迪、节干陈子润等。

先是,大渊建言,谓取吴必先取蜀,取蜀必先据夔。乃遣其侄文安攻宋巴渠。至万安寨,守将卢填降。复使文安相夔、达要冲,城蟠龙山。山四面岩阻,可以进攻退守。城未毕,宋夔路提刑郑子发曰:“蟠龙,夔之咽喉,使敌得据之,则夔难守矣。此必争之地也。”遂率兵来争。文安悉力备御,大渊闻有宋兵,即遣侄安抚使文仲将兵往援。宋兵宵遁,追败之。秋七月,诏以大渊麾下将士有功,赐金符十、银符十九,别给海青符二,俾事亟则驰以闻。其后赏合州之功,复赐白金五十两。大渊欲于利州大安军以盐易军粮,请于朝。从之。

冬,大渊入觐,拜东川都元帅,俾与征南都元帅钦察同署事。大渊还,复于渠江滨筑虎啸城,以逼宋大良城,不逾时而就。四年,宋贾似道遣杨琳赍空名告身及蜡书、金币,诱大洲南归。文安擒之以闻,诏诛琳。五月,世祖以大渊及张大悦复神山功,诏奖谕,仍赐蒙古、汉军钞百锭。

至元元年,大渊进花罗、红边绢各百五十段。诏曰:"所贡币帛,已见忠勤,卿守边陲,宜加优恤。今后以此自给,俟有旨乃进。"既而大渊擅杀其部将王仲,诏戒敕之,令免籍仲家。冬十月,大渊谍知宋总统祁昌由间道运粮入得汉城,并欲迁其郡守向良及官吏亲属于内地,乃自率军掩袭,遇之于椒坪,连战三日,擒祁昌、向良等,俘获辎重以数千计。明日,宋都统张思广引兵来援,复大破之,擒其将盛总管及祁昌之弟。二年,大渊遣文安,以向良等家人,往招得汉城,未下。四月,大渊以疾卒。八年,追封大渊阆中郡公,谥肃翼。

子文粲,袭为阆蓬广安顺庆夔府等路都元帅。兄子文安。

文安,字泰叔。父大全,仕宋守叙州。壬寅,国兵入蜀,大全战死,赠武节大夫、眉州防御使,谥愍忠,官其长子文仲。文安方二岁,母刘氏鞠之,依叔父大渊于阆州。戊午,宪宗以兵攻大获,大渊以郡降,授侍郎、都行省,文仲亦授安抚使。

中统元年,授文安监军。攻礼义城,杀伤甚众。夺其粮船,绕出通川,获宋将黄文才、高坦之。二年,复出通川,与宋将鲜恭大战,擒统制白继源。三年,出开、达,战屡胜,擒知军范燮、统制魏兴、黄迪、陈子闰等。授文安开、达、忠、万、梁山等处招讨使。军于巴渠,万安寨主卢植降。遂筑蟠龙城,以据夔、达要路。宋兵来争,相持半月,文仲以兵为援,宋兵宵遁。文安追击,大败之。四年,佩银符,升千户,监军如故。进筑虎啸城,以困大良。

至元元年,宋都统张喜引兵攻蟠龙。大战,败之。喜潜师宵遁,出得汉城,文安遣兵追袭,又败之,擒裨将陈亮。复筑方斗城,为蟠龙声援,令裨将高先守之。宋兵攻潼川,行省命文安赴援,败宋师于射洪之纳坝,斩获甚众。宋都统祁昌以重兵运粮饷得汉,且迁其官属于内地。大渊命文安先邀之,昌立栅椒原以守。合兵攻之,连战三日,获祁昌,俘得汉守臣向良家属,以招良。良以城降。以所俘献阙下。

二年,改授金符,仍前职。还攻宋开、达等州,擒其统制张刚、总管伏林。八月,宋兵由开州运粮饷达,文安率奇兵,间道邀击之,获总管方富等。行省上其功,命充夔东路征行元帅,令以前后所俘入见。诏赐黄金、鞍马有差。还,攻夺宋金州断虎隘,杀其将梁富,擒路钤、赵贵等。

三年春,与千户李吉等略开州之大通,与宋将硬弓张大战,获统制陈德等。冬,总帅汪惟正遣其将李木波等由间道袭开州,文安遣千户王福引兵助之。福先登,破其城,宋将庞彦海投崖死,擒副将刘安仁,留兵戍其地。宋诸路兵来救,围城三匝,筑垒城外。文安密遣人入城,谕以坚守。四年春,行省命文安往援,即率兵断其粮道。宋兵战甚力,飞矢中文安面。拔矢力战,大破之,杀其将张德等。二月,文安以创甚,还蟠龙。宋兵遂复开州。文安乃遣总把马才、杨彪掠达州卢滩峡,与宋兵遇,擒其将蒲德。

五年,文仲卒,诏文安就佩金虎符,充阆州夔东路安抚使军民元帅,仍相副都元帅府事。阆州累遭兵变,户口凋耗,文安乃教以耕桑。鳏寡不能自存,愿相酬偶者,并为一户充役。民始复业。冬,遣千户马才、张琪略达州,擒宋将范伸、王德、解明等。六年,遣蔡邦光、李吉、嵇永兴,略达州之朱师郑市,擒总管周德新、裨将王迁。秋,遣总把王显略达州之泥坝,擒总管张威。冬,遣兵掠大宁之曲水,擒副将王仁。

七年,从严金省攻重庆,大战于龙坎,败宋兵。攻铧铁寨,擒其将袁宜、何世贤等。捷闻,诏赐白金、宝钞、币帛有差。秋,攻达州之圣耳城,擒宋将杨普、时仲,芟其禾而还。又遣元帅蔡邦光略开州,擒宋将陈俊。冬，文粲入见，帝谕之曰："汝兄弟宣力边陲，朕所知也。"进文安阶为明威将军。

八年春，遣蔡邦光攻达州，战于圣耳城下，擒其将蒲桂。又战开州之沙平，擒其将王顺。时宋以朱祀孙帅蜀，祀孙，阆人也，数遣间谍，动摇人心。文安屡获其谍，阆州竟无虞。秋八月，文安会东川统军匣剌攻达州，三战三捷。寻遣千户稽永兴攻开州，战于平燉、曲水，擒总管王道等。军还，以所俘入见，帝深加奖谕，擢昭勇大将军、东川路征南招讨使，赐金银、宝钞、鞍马、弓矢、币帛有差。

九年秋，领军出小宁，措置屯田，遣韩福攻达州九君山，擒宋将张俊。遣元帅蔡邦儿会蓬州兵，邀宋师于永睦，战胜之。复遣稽永兴、杨彪追袭宋裨将刘威等，破圣耳外城，获寨主杨桂，纵兵焚掠而还。九月，筑金汤城，以积屯田之粮，且以逼宋龙爪城。虑宋兵必来争，遣韩福出兵通川，以牵制之。与宋兵遇于锉耳山，败之，俘总管蔡云龙等。出达州牛门，断宋兵回路，擒总管李佺、李德。宋兵输粮达州，遣兵于卢滩峡邀击之，擒统制孙聪、张顺等。

夏，遣元帅李吉略开州，战于泻油坡，擒其提举李贵及石笋寨主雍德。宋兵复由罗顶山输粮开、达，遣蔡邦光、李吉伏遮之，擒裨将吴金等，覆其粮船。闰十月，蓬州兵攻拔龙爪城，东川统军司命文安兼领之。时蓬州兵已去，宋都统赵章复来据之，且出兵迎敌。文安与战，破之，擒总管王元而还。秋，宋都统阎国宝、监军张应庚，运粮于达州。文安邀之于泻油坡，夺其粮，并擒二将。宋开州守将鲜汝忠邀遮归路，与战败之，获总辖秦兴祖、谭友孙。

十一年春三月，文安率军屯小宁，得俘者言，鲜汝忠等将取蟠龙之麦，即遣千户王新德、杨彪等散掠宋境，文安自戍蟠龙以备之。李吉略由山，战于城下，擒其将叶胜。遣蔡邦光、杨彪掠竹山寨，与赵统制战，擒其将郑桂、庄俊。秋，与蒙古汉军万户怯必烈等，攻宋夔东，拔高阳、夔、巫等寨，擒守将严贵、窦世忠、赵兴，因跨江为桥，以断宋兵往来之路。宋兵来争，战却之。还攻牛头城，以火箭焚其官舍民居。十一月，遣蔡邦光略九君山，擒其将孙德、柳荣、赵威。

　　时宋以鲜汝忠、赵章易镇开、达二州,而汝忠家属尚留开。文安曰:"达未易攻,若先拔开州,俘其家属,以招汝忠,则达可不烦兵而下矣。"乃遣蔡邦光率千户呼延顺等,往攻开州,而盛兵驻蟠龙,以为声援。十二年正月,诸军夜衔枚,薄开州城下,遣死士先登,斩关以入。及城中人知,则千户景畴已立旗帜于城之绝顶矣。宋军溃散,擒赵章。而守将韩明父子犹率所部兵巷战,力屈,亦就擒。文安迁汝忠家属于蟠龙,遣元帅王师能持檄往达州招之曰:"降则家属得全,不降则阖城涂炭。汝宜早为计。"汝忠遂遣赵荣来约降,王师能以兵入据其城。汝忠率所部将士诣文安军门降,悉还其妻孥财物。赵章子桂楫守师姑城,遣兵招之,亦降。独洋州龙爪城守将谢益固守,并力攻之,擒统制王庆,益弃城走。于是遣元帅李吉、嵇永兴,千户王新德等,将兵以鲜汝忠在招由山等处八城,皆望风迎降,凯还。遣经历陈德胜以鲜汝忠、赵桂楫等十余人,献捷京师。帝悦,加授文安骠骑卫上将军兼宣抚使,赐钞一千锭;文粲加授镇国上将军。

　　文安寻遣其兄子应之,往招都胜、茂竹、广福三城,自将大军以为声援。皆降之。秋七月,兵至乐胜城,宋将蒲济川降。进攻梁山,宋将袁世安坚守。文安焚其外城,梁山军恃忠胜军为固。力攻拔之,杀守将王智,擒部辖景福。围梁山四十日,世安随方备御,竟不降。文安乃移兵攻万州之牛头城,杀守将何威,迁其民。进围万州,守将上官夔战守甚力。文安乃遣监军杨应之、镇抚彭福寿,会东川行院兵,出小江口以牵制援兵。果与之遇,战败之,擒总管李皋、花茂实等。万州固守不下,文安乃解围去。攻石城堡,谕降守将谭汝和。攻鸡冠城,谕降守将杜赋。又招石马、铁平、小城、三圣、油木、牟家、下隘等城。冬,进白帝城,夔帅张起岩坚守不出。文安以师老,乃还。宋都统弋德复据开州,文安乃筑城神仙山以逼之,令元帅蔡邦光、万户纪天英屯守。

　　十三年,进阶金吾卫上将军,赐玉带一。夏,朝廷遣安西王相李德辉经画东川课程。宋梁山守将袁世安遣使约降,文安以白德辉。德辉大喜,即遣文安将兵奉王旨往招之,世安遂降。秋七月,进军攻万州。遣经历徐政谕守臣上官夔降，夔不从。围之数匝，逾月，攻拔外城。夔守张起岩来救，遣镇抚彭福寿迎击，破之，尽杀其舟师，俘其将宋明。万州夺气，文安复传王旨，谕夔使降，夔终不屈。文安尽锐攻城，潜遣勇士梯城宵登，斩关而入，夔巷战而死。万州既定，遣使招铁襶、三宝两城守将杨宜、黎拱辰降。分兵略施州，擒统制薛忠。会大雪，遣蔡邦光夜攻，杀守帅何昆，夺其城。

　　十四年夏，进兵攻咸淳府。时宋以六郡镇抚使马塈为守，文安与塈同里闬，谕之使降。塈不从，乃列栅攻城。冬十二月，潜遣勇士蹑云梯宵登，斩关纳外兵，塈悉力巷战，达州安抚使鲜汝忠与宋兵力战死。比晓，宋兵大败，塈力屈就擒。十五年，进兵攻绍庆，守将鲜龙迎敌。二月，潜遣勇士，夜以梯冲攻破其北门，鲜龙大惊，收散卒力战，兵败就擒。

　　蜀境已定，独夔坚守不下。朝廷命荆湖都元帅达海由巫峡进兵取夔州，而西川刘金院挟夔守将亲属往招之。文安乃遣元帅王师能，将舟师与俱，张起岩竟以城降。夏，入觐，文安以所得城邑绘图以献。帝劳之曰：“汝攻城略地之功，何若是多也！”擢四川南道宣慰使，解白貂裘以赐之。

　　十七年，遣辩士王介谕降散毛诸洞蛮，以散毛两子入觐。因进言曰：“元帅蔡邦光，昔征散毛蛮而死，可念也。”帝曰：“散毛既降而杀之，其何以怀远！”乃擢蔡邦光之子，升为管军总管，佩虎符。赐散毛两子金银符各一，并赐其酋长以金虎符。遥授文安参知政事，行四川南道宣慰使。十九年春，入觐，擢龙虎卫上将军、中书左丞，行江西省事。至官逾月，以疾卒。

　　子艮之，袭佩虎符、昭勇大将军、管军万户，历湖南宣慰副使、岳州路总管，卒。

　　刘整，字武仲。先世京兆樊川人，徙邓州穰城。整沉毅有智谋，善骑射。金乱，入宋，隶荆湖制置使孟珙麾下。珙攻金信阳，整为前锋，夜纵骁勇十二人渡堑登城，袭擒其守，还报。珙大惊，以为唐李存孝率十八骑拔洛阳，今整所将更寡，而取信阳，乃书其旗曰赛存孝。累迁潼川十五军州安抚使，知泸州军州事。

整以北方人，捍西边有功，南方诸将皆出其下，吕文德忌之，所画策辄摈沮，有功辄掩而不白，以俞兴与整有隙，使之制置四川以图整。兴以军事召整，不行，遂诬构之。整遣使诉临安，又不得达。及向士璧、曹世雄二将见杀，整益危不自保，乃谋款附。

中统二年夏，整籍泸州十五郡、户三十万入附。世祖嘉其来，授夔府行省，兼安抚使，赐金虎符，仍赐金银符以给其将校之有功者。俞兴攻泸州，整出宝器分士卒，激使战，战数十合，败之。复遣使以宋所赐金字牙符及佩印入献，请益屯兵、厚储积为图宋计。

三年，入朝，授行中书省于成都、潼川两路，赐银万两分给军士之失业者，仍兼都元帅，立寨诸山，以扼宋兵。同列嫉整功，将谋陷之。整惧，请分帅潼川。七月，改潼川都元帅，宣课茶盐以饷军。四年五月，宋安抚高达、温和进逼成都，整驰援之。宋兵闻赛存孝至，遁去，将捣潼川，又与整遇于锦江而败。至元三年六月，迁昭武大将军、南京路宣抚使。

四年十一月，入朝，进言："宋主弱、臣悖，立国一隅。今天启混一之机，臣愿效犬马劳，先攻襄阳，撤其捍蔽。"廷议沮之。整又曰："自古帝王，非四海一家，不为正统。圣朝有天下十七、八，何置一隅不问，而自弃正统邪！"世祖曰："朕意决矣。"五年七月，迁镇国上将军、都元帅。九月，偕都元帅阿术督诸军围襄阳，城鹿门堡及白河口，为攻取计。率兵五万，钞略沿江诸郡，皆婴城避其锐，俘人民八万。六年六月，擒都统唐永坚。七年三月，筑实心台于汉水中流，上置弩炮，下为石囤五，以扼敌船。且与阿术计曰："我精兵突骑，所当者破，惟水战不如宋耳。夺彼所长，造战舰，习水军，则事济矣。"乘驿闻，制可。既还，造船五千艘，日练水军，虽雨不能出，亦画地为船而习之，得练卒七万。八月，复筑外围，以遏敌援。

八年五月，宋帅范文虎遣都统张顺、张贵，驾轮船，馈襄阳衣甲；邀击，斩顺，独贵得入城。九月，升参知河南行中书省事。九年三月，加诸翼汉军都元帅。襄阳帅吕文焕登城观敌，整跃马前曰：
"君昧于天命，害及生灵，岂仁者之事！而又龌龊不能战，取羞于勇
者，请与君决胜负。"文焕不答，伏弩中整。三月，破樊城外郭，斩首
二千级，擒裨将十六人。谍知文焕将遣张贵出城救援，乃分部战舰。
缚草如牛状，傍汉水，绵亘参错，众莫测所用。九月，贵果夜出，乘轮
船，顺流下走。军士舰知之，傍岸爇草牛如昼，整与阿术麾战舰转战
五十里，擒贵于柜门关，余众尽杀之。

十一月，诏统水军四万户。宋荆湖制置李庭芝以金印牙符，授
整汉军都元帅、卢龙军节度使，封燕郡王，为书使永宁僧持送整所，
期以间整。永宁令得之，驿以闻于朝。敕张易、姚枢杂问。适整至
自军，言宋怒臣画策攻襄阳，故设此以杀臣，臣实不知。诏令整复书
谓："整受命以来，惟知督庁戎兵，举垂亡孤城耳。宋若果以生灵为
念，当重遣信使，请命朝廷。顾为此小数，何益于事。"

时围襄阳已五年，整计樊、襄唇齿也，宜先攻樊城。樊城人以栅
蔽城，斩木列置江中，贯以铁索。整言于丞相伯颜，令善水者断木沉
索，督战舰趋城下，以回回炮击之，而焚其栅。十年正月，遂破樊城，
屠之。遣唐永坚入襄阳，谕吕文焕，乃以城降。上功，赐整田宅、金
币、良马。

整入朝，奏曰："襄阳破，则临安摇矣。若将所练水军，乘胜长
驱，长江必皆非宋所有。"遂改行淮西枢密院事，驻正阳，夹淮而城，
南逼江，断其东西冲。十一年，升骠骑卫上将军、行中书左丞。宋夏
贵悉水军来攻。破之于大人洲。十二年正月，诏整别将兵出淮南，
整锐欲渡江，首将止之，不果行。丞相伯颜入鄂，捷至，整失声曰：
"首帅止我，顾使我成功后人，善作者不必善成，果然！"其夕，愤惋
而卒，年六十三。赠龙虎卫上将军、中书右丞，谥武敏。

子垣，尝从父战败督万寿于通泉；埏，管军万户；均，榷茶提举；
垓，都元帅。孙九人，克仁，知房州。

元史卷一六二
列传第四九

李忽兰吉　李庭　史弼
高兴　刘国杰

　　李忽兰吉，一名庭玉，陇西人。父节，仕金，岁乙未，自巩昌石门山从汪世显以城降。

　　忽兰吉隶皇子阔端为质子，从攻西川。辛丑，以功为管军总领，兼总帅府知事，从征西番南涧有功。癸丑，世祖在潜邸，用汪德臣言，承制命忽兰吉佩银符，为管军千户、都总领，佐汪惟正立利州。乙卯正月，将兵三万，取合江大获山。宋刘都统率众谋焚利州、沙市，次青山，忽兰吉以伏兵取之，俘获甚众。都元帅阿答忽以闻，升本帅府经历，兼军民都弹压。丙辰，宪宗更赐金符，仍命为千户、都总领。戊午，忽兰吉以兵先趋剑门觇伺。宋兵运粮于长宁；追至运曲坝，夺之，俘将校五人而还。

　　宪宗南征，忽兰吉掌桥道馈饷之事，有功，赐玺书。从攻苦竹隘山寨，先登，斩守将杨立，获都统张实，招降长宁、清居、大获山、运山、龙州等寨。十一月，大获山守臣杨大渊纳款，已而逃归。宪宗怒，将屠其城，众不知所为。德臣谕忽兰吉曰："大渊之去，事颇难测，亟追之！"乃单骑至城下，门未闭，大呼入城曰："皇帝使我来抚汝军民。"一卒引入，甲士环立，忽兰下马，执大渊手谓之曰："上方宣谕赐赏，不待而来，何也？"大渊曰："诚不知国朝礼体，且久出，恐城寨有他变，是以亟归，非敢有异谋也。"遂与偕来，一军皆喜。忽兰吉入奏,宪宗曰:"杨安抚反乎?"对曰:"无也。"宪宗曰:"汝何以知之?"
对曰:"军马整肃,防内乱也;城门不闭,无他心也。一闻臣言,即抚
绥军民,从臣以出,以是知之。"宪宗曰:"汝不惧乎?"对曰:"臣恐上
劳圣虑,下苦诸军,又为一郡生灵命脉所寄,故不知其惧。"宪宗悦,
赐蒲萄酒。大渊遂以故官侍郎、都元帅听命,而民得生全。

宪宗命忽兰吉与怯里马哥领战船二百艘,掠钓鱼山,夺其粮船
四百艘。宪宗次钓鱼山,忽兰吉作浮梁,以通往来。己未,与怯里马
哥、扎胡打、鲁都赤、阔阔术领蒙古、汉军二千五百略重庆。六月,总
帅汪德臣没于军,命忽兰吉以其军殿后。宋兵水陆昼夜接战,皆败
之。部军皆青居人,赏赉独厚。遂与蒲察都元帅守青居,治城壁,储
刍粮,招纳降附。宗王穆哥承制命忽兰吉佩金符,为巩昌元帅。

中统元年,德臣子惟正袭总帅,至青居。五月,忽兰吉等赴上
都。时浑都海据六盘山以叛,世祖遣忽兰吉亟还,与汪良臣发所统
二十四州兵追袭之。十月,从宗王哈必赤等次合纳忽石温之地,力
战,杀浑都海等于阵,余党悉平。二年六月,以功授巩昌后元帅,赐
金币、鞍马、弓矢。

九月,火都叛于西蕃点西岭,汪惟正帅师袭之,至怯里马之地,
火都以五百人遁入西蕃。诏宗王只必铁木儿,以答剌海、察吉里、速
木赤将蒙古军二千,忽兰吉将总帅军一千,追袭火都于西蕃。十月,
擒之。四年,首将答剌海言忽兰吉功高,诏赐虎符。忽兰吉不受,问
其故,对曰:"臣闻国制,将万军者佩虎符。若汪氏将万军,已佩之,
臣何可复佩。"帝是其言,命于总帅汪惟正下充巩昌路元帅,所属官
悉听节制。六月,答机叛于西蕃,帝命好里燕纳与惟正追之松州,忽
兰吉以千骑先往,执答机。

至元元年,入觐。命与同金总帅汪良臣还蜀,守青居。是时,国
兵犹与宋兵相持于钓鱼山。三年,宋兵陷大梁平山寨。平章赛典赤
令忽兰吉领兵千余骑,掠其境,先以七百人觇之。闻寨中拥老幼西
去,追击之,斩首三百级,得马二百八十。都元帅钦察等家属百余
口,先为宋兵所得,亦夺还之。四年,以本职充阆、蓬、广安、顺庆、夔

府等处蒙古汉军都元帅参议。六年，赐虎符，授昭勇大将军、夔东路招讨使。以军三千立章广平山寨，置屯田，出兵以绝大梁平山两道。

十年正月，成都失利。帝遣人问所以失之之故，及今措置之方。忽兰吉附奏曰："初立成都，惟建子城，军民止于外城，别无城壁。宋军乘虚来攻，失于不备，军官皆年少不经事之人，以此失利。西川地旷人稀，宜修置城寨，以备不虞。选任材智，广畜军储，最为急务。今蒙古、汉军多非正身，半以驱奴代，宜严禁之。所谓修筑城寨、练习军马、措画屯田、规运粮饷、创造舟辑、完缮军器，六者不可缺一。又当任贤远谗，信赏必罚，修内治外，战胜攻取，选用良将，随机应变，则边陲无虞矣。"六月，将兵赴成都，与察不花同权省事。十一月，复还守章广平山寨。前后七年，每战辄胜。

十三年，引兵略重庆，复取简州。十四年，承制授延安路管军招讨使。十五年，秃鲁叛于六盘山，忽兰吉以延安路军，会别速台、赵炳及总帅府兵于六盘，败秃鲁于武川，俘其孥还。承制授京兆、延安、凤翔三路管军都尉，兼屯田守卫事。十月，改同知利州宣抚使，夔东招讨如故。入觐，赐虎符，授四川北道宣慰使。忽兰吉请以先受巩昌元帅之职及虎符，与其弟庭望。二十年，改四川南道宣慰使。

二十一年，奉旨与参政曲里吉思、金省巴八、左丞汪惟正，分兵进取五溪洞蛮。时思、播以南，施、黔、鼎、澧、辰、沅之界，蛮獠叛服不常，往往劫掠边民，乃诏四川行省讨之。曲里吉思、惟正一军出黔中，巴八一军出思、播，都元帅脱察一军出澧州，忽兰吉一军自夔门会合。十一月，诸将凿山开道，绵亘千里，诸蛮设伏险隘，木弩竹矢伺间窃发，亡命迎敌者，皆尽杀之。遣谕诸蛮酋长率众来降，独散毛洞潭顺走避岩谷，力屈始降。

二十三年，入觐，以老病乞归田里。帝悯之，得还巩昌。二十六年，行省列奏忽兰吉之功，请用范殿帅故事，商议本省军事。二十七年，拜资善大夫，遥授陕西等处行尚书省左丞，商议军事，食左丞之禄。元贞二年，入觐，授资德大夫、陕西等处行中书省右丞，议本省公事，卒。泰定元年，谥襄敏。

李庭，小字劳山。本金人蒲察氏。金末来中原，改称李氏，家于济阴，后徙寿光。

至元六年，以材武选隶军籍，权管军千户。从伐宋，围襄阳。宋将夏夏贵率战船三千艘来援，泊鹿门山西岸。诸翼水军攻之，相持七日。庭时将步骑，自请与水军万户解汝辑击之，斩其裨将王玘、元胜。河南行省承制授庭益都新军千户。宋襄阳守将吕文焕以万五千人来攻万山堡，万户张弘范方与接战，庭单骑横枪入阵，杀二人，枪折，倒持回击一人坠马。庭亦被二创，复夺后军枪，裹创力战，败之。

八年春，真除益都新军千户，赐号拔都儿。与宋兵战襄阳城下，追奔逐北，直抵城门，流矢中左股而止。九年春，攻樊城外郭，炮伤额及左右手，夺其土城。遂进攻襄阳东堡，炮伤右肩，焚其楼，破一字城。文焕麾下有胖山王总管者，骁将也，庭设伏诱擒之，以功授金符。十年春，大军攻樊城，庭运薪刍土牛填城壕，立云梯，城上矢石如雨，庭屡中炮，坠城下，绝而复苏，裹创再登，如是者数四，杀获甚多。樊城破，襄阳降，以功授金虎符，为管军总管。

十一年九月，从伯颜发襄阳，次郢州。郢在汉水东，宋人复于汉水西筑新郢，以遏我军。黄家湾有溪通藤湖，至汉水数里，宋兵亦筑堡设守备焉。庭与刘国杰先登，拔之。遂荡舟而进，攻沙洋、新城，炮伤左胁，破其外堡，复中炮，坠城下，矢贯于胸，气垂绝。伯颜命剖水牛腹，纳其中，良久乃苏。以功加明威将军，授益都新军万户。师次汉口，宋将夏贵锁战舰，横截江面，军不得进。乃用庭及马福等计，由沙芜口入江。武矶堡四面皆水，庭决其水而攻之，大军渡江，武矶堡亦破。遂从阿术转战至鄂州，顺流而东。十二年春，与宋将孙虎臣战丁家洲，夺船二十余，宋军溃，以功加宣威将军。宋兵断真州江路，庭焚其船二百余，击斩其护岸军。闻夏贵欲由太湖援临安，亟出兵逆战裕溪口，败之。诸军攻常州，庭鏖战，夺北门而入。

十三年春，至临安，宋主降。伯颜命庭等护其内城，收集符印珍宝。仍令庭与唐兀台等防护宋主赴燕。世祖嘉其劳,大宴,命坐于左手诸王之下、百官之上,赐金百锭,金、珠衣各一袭。仍谕之曰:"刘整在时,不曾令坐于此,为汝有功,故加以殊礼,汝子孙宜谨志之勿忘。"继有旨:"汝在江南,多出死力,男儿立功,要在西北上也。今有违我太祖成宪者,汝其往征之。"乃别降大虎符,加镇国上将军、汉军都元帅,仍命其次子大椿袭万户职。庭至哈剌和林、晃兀儿之地,越岭北,与撒里蛮诸军大战,败之。移军河西,击走叛臣霍虎,追至大碛而还。诸王昔里吉、脱脱木儿反,庭袭击,生获之,启皇子只必帖木儿赐之死。复引兵会诸王纳里忽,渡塔迷儿河,击走其余党兀斥末台、要术忽儿等,河西悉平。

十四年,入朝,世祖劳之,赐以益都居第、单河官庄,钞万五千贯及弓矢诸物,拜福建行中书省参知政事。改福建道宣慰使。召赴阙,备宿卫。

十七年,拜骠骑卫上将军、中书左丞,东征日本。十八年,军次竹岛,遇风,船尽坏,庭抱坏船板,漂流抵岸,下收余众,由高丽还京师,士卒存者十一二。继以父殁,归益都。召拜中书左丞、司农卿,不赴。

二十四年,宗王乃颜叛,驿召至上都,统诸卫汉军,从帝亲征。塔不台、金家奴来拒战,众号十万,帝亲麾诸军围之。庭调阿速军继进,流矢中胸贯肋,裹创复战,帝遣止之,乃已。令军中备百弩,俟敌列阵,百弩齐发,乃不复出。帝问庭:"彼今夜当何如?"庭奏:"必遁去。"乃引壮士十人,持火炮,夜入其阵,炮发,果自相杀,溃散。帝问何以知之,庭曰:"其兵虽多,而无纪律,见车驾驻此而不战,必疑有大军在后,是以知其将遁。"帝大喜,赐以金鞍良马。庭奏:"若得汉军二万,从臣便宜用之,乃颜可擒也。"帝难之,命与月儿鲁蒙古军并进,遂缚乃颜以献。帝既南还,庭又亲获塔不台、金刚奴,以功加龙虎卫上将军,遥授中书省左丞。

二十五年,乃颜余党哈丹秃鲁干复叛于辽东。诏庭及枢密副使哈答讨之,大小数十战,弗克而还。既而庭整军再战,流矢中左胁及右股，追至一大河，选锐卒，潜负火炮，夜溯上流发之，马皆惊走，大军潜于下流毕渡。天明进战，其众无马，莫能相敌，俘斩二百余人，哈丹秃鲁干走高丽死。拜资德大夫、尚书左丞，商议枢密院事，官其长子大用，仍赐钞二万五千贯。庭因奏："今汉军之力困于北征，若依江南军，每岁二八放散，以次番上，甚便。"帝可其奏，令著为令。宗王海都将犯边，伯颜以闻。帝命月儿鲁与庭议所以为备，庭请下括马之令，凡得马十一万匹，军中赖其用。拜荣禄大夫、平章政事，商议枢密院事，提调诸卫屯田事。

三十一年春，世祖崩，月儿鲁与伯颜等定策立成宗，庭翊赞之功居多。成宗与太后眷遇甚至，每进食，必分赐之，大宴仍命序坐于左手诸王之下、百官之上，赐以珠帽、珠半臂、金带各一、银六铤，庄田诸物称是。奉旨整点江浙军马五百三十二所，还，入见，成宗亲授以衣慰劳之。

初，武宗出镇北边，庭请从行。成宗悯其老，不许，赐钞五万贯，依前荣禄大夫、平章政事，商议枢密院事，提调诸卫屯田，兼后卫亲军都指挥使。奉旨北征怀都，至野马川而还。俄有中使传旨拘汉军之马，以济北军，且令焚其鞍辔、行粮诸物。庭因感疾，诏内医二人诊视之，疾稍间，扈从上都，特降旨存护其家。大德八年二月卒。至大二年，赠推忠翊卫功臣、仪同三司、太保、上柱国，追封益国公，谥武毅。

子大用，同知归德府事，以哀毁卒；大椿，袭职佩金虎符，为宣武将军、益都新军万户，戍建康；大诚，袭职后卫新军都指挥使。

史弼，字君佐，一名塔剌浑。蠡州博野人。曾祖彬，有胆勇。太师、国王木华黎兵南下，居民被虏，蠡守闭城自守，彬谓诸子曰："吾所恃者郡守也。今弃民自保，吾与其束手以死，曷若死中求生。"乃率乡人数百家诣木华黎请降，木华黎书帛为符，遣还。既而州破，独彬与同降者得免。

弼长通国语，膂力绝人，能挽强弓。里门凿石为狮，重四百斤，弼举之,置数步外。潼关守将王彦弼奇其才,妻以女,又荐其材勇于左丞相耶律铸。弼从铸往北京,近侍火里台见弼所挽弓,以名闻世祖。召之,试以远垛,连发中的,令给事左右,赐马五匹。

中统末,授金符、管军总管,命从刘整伐宋。攻襄樊,尝出挑战,射杀二人,因横刀呼曰:"我史奉御也!"宋兵却退。至元十年,诸将分十二道围樊城,弼攻东北隅,凡十四昼夜,破之,杀其将牛都统。襄阳降,上其功,赐银及锦衣、金鞍,升怀远大将军、副万户。遂从丞相伯颜南征,攻沙洋堡,飞矢中臂,城拔,凝血盈袖。事闻,赐金虎符。军至阳罗堡,伯颜誓众曰:"先登南岸者为上功。"弼率健卒直前,宋兵逆战,奋呼击走之。伯颜登南岸,论弼功第一,进定远大将军。鄂州平,进军而东,至大孤山,风大作。伯颜命弼祷于大孤山神,风立止。

兵驻瓜洲,阿塔海言:"扬子桥乃扬州出入之道,宜立堡,选骁将守之"。伯颜授弼三千人,立木堡,据其地。弼遽以数十骑抵扬州城,或止之曰:"宋将姜才倔强,未可易也。"弼曰:"吾栅扬子桥,据其所必争之地。才乘未固,必来攻我,则我之利也。"才果以万众,乘夜来攻,人挟束薪填堑。弼戒军中无诈,俟其至,下檑木,发炮石击之,杀千余人,才乃退。弼出兵击之,会相威、阿术兵继至,大战,才败走,擒其将张都统。

十三年六月,才复以兵夜至,弼三战三胜。天明,才见弼兵少,进迫围弼。弼复奋击之,骑士二人挟火枪刺弼,弼挥刀御之,左右皆仆,手刃数十百人。及出围,追者尚数百骑,弼殿后,敌不敢近。会援兵至,大破之,才奔泰州。及守将朱焕以扬州降,使麦术受其降于南门外,而弼从数骑,由保城入扬州,出南门,与之会,以示不疑。制授昭勇大将军、扬州路总管府达鲁花赤,兼万户。冬,迁黄州等路宣慰使。

十五年,入朝,升中奉大夫、江淮行中书省参知政事,行黄州等路宣慰使。盗起淮西司空山,弼平之。十七年,南康都昌盗起,弼往讨,诛其亲党数十人,胁从者宥之。江州宣课司税及民米,米商避去，民皆闭门罢市，弼立罢之。十九年，改浙西宣慰使。二十一年，黄华反建宁，春复霖雨，米价涌贵，弼即发米十万石，平价粜之，而后闻于省。省臣欲增其价，弼曰："吾不可失信，宁辍吾俸以足之。"省不能夺，益出十万石，民得不饥。改淮东宣慰使。弼凡三官扬州，人喜，刻石颂之，号《三至碑》。迁金书沿江行枢密院事，镇建康。

二十六年，平台州盗杨镇龙，拜尚书左丞，行淮东宣慰使。冬，入朝，进世祖欲征爪哇，谓弼曰："诸臣为我腹心者少，欲以爪哇事付汝。"对曰："陛下命臣，臣何敢自爱！"二十七年，遥授尚书左丞，行浙东宣慰使，平处州盗。

二十九年，拜荣禄大夫、福建等处行中书省平章政事，往征爪哇，以亦黑迷失、高兴副之，付金符百五十、币帛各二百，以待有功。十二月，弼以五千人合诸军，发泉州，风急涛涌，舟掀簸，士卒皆数日不能食。过七洲洋、万里石塘，历交趾、占城界，明年正月，至东董西董山、牛崎屿，入混沌大洋橄榄屿，假里马答、勾阑等山，驻兵伐木，造小舟以入。

时爪哇与邻国葛郎构怨，爪哇主哈只葛达那加剌已为葛郎主哈只葛当所杀，其婿土罕必阇耶攻哈只葛当，不胜，退保麻喏八歇。闻弼等至，遣使以其国山川、户口及葛郎国地图迎降，求救。弼与诸将进击葛郎兵，大破之，哈只葛当走归国。高兴言："爪哇虽降，倘中变，与葛郎合，则孤军悬绝，事不可测。"弼遂分兵三道，与兴及亦黑迷失各将一道，攻葛郎。至答哈城，葛郎兵十余万迎敌，自旦至午，葛郎兵败，入城自守，遂围之。哈只葛当出降，并取其妻子官属以归。

土罕必阇耶乞归易降表及所藏珍宝入朝，弼与亦黑迷失许之，遣万户担只不丁、甘州不花，以兵二百人护之还国。土罕必阇耶于道杀二人以叛，乘军还，夹路攘夺。弼自断后，且战且行，行三百里，得登舟，行六十八日夜，达泉州，士卒死者三千余人。有司数其俘获金宝香布等，直五十余万，又以没理国所上金字表，及金银犀象等物进，事具高兴及爪哇国传。于是朝廷以其亡失多，杖十七，没家赀三之一。

元贞元年,起同知枢密院事。月儿鲁奏:"弼等以五千人,渡海二十五万里,入近代未尝至之国,俘其王及谕降傍近小国,宜加矜怜。"遂诏以所籍还之,拜荣禄大夫、江西等处行中书省右丞。三年,升平章政事,加银青荣禄大夫,封鄂国公。卒于家,年八十六。

高兴,字功起,蔡州人也。其先,自蓟徙汴。曾祖拱之,祖子洵,世以农为业。金末兵乱,父青又徙蔡而生兴。

兴少慷慨,多大节。力挽二石弓。尝步猎南阳山中,遇虎跳踉大吼,众皆惊走,兴神色自若,发一矢毙之。至元十一年冬,挟八骑诣黄州,谒宋制置陈奕。奕使隶麾下,且奇兴相貌,以甥女妻之。

十二年,丞相伯颜伐宋,至黄州,兴从奕出降。伯颜承制授兴千户,从破瑞昌之乌石堡、张家寨,进拔南陵。行省上其功,世祖命兴专将一军,常为先锋。宋张濡杀使者严忠范等于独松关,伯颜使兴讨之。师次溧阳,再战,斩其将三人,士卒三人,虏四十二人,遂破溧阳,斩首七千级,授金符,为管军总管。从战银墅,斩宋将三人,士卒二千人。拔建平,斩其总制二人,虏知县事黄君濯,由间道夺独松关,进至武康,擒张濡。

十三年春,宋降,伯颜北还,留兴以兵取郡县之未下者。降建德守方回、婺州安刘怡。衢、婺二州已降复叛,章焴自为婺守,兴以五千人讨之,七战,至破溪,相持四十余日。兴兵少不敌,力战溃围出,至建德境,与援兵合。复进战兰溪,斩首三千级,复取婺州,擒章焴斩之。进战衢城下,斩首五百级,连战赤山、陈家山园、江山县,斩首三千级,虏五百人,献魏福兴等七人于行省,余尽戮之,衢州平。追宋嗣秀王与择入闽,与择据桥,阵水南,兴率奇兵夺桥进战,杀其观察使李世达,斩首三千余级,擒与择父子及其小王二、裨将二,获印五、马五百匹。下兴化,降宋参知政事陈文龙、制置印德传等百四十人,军三千,水手七千,获海舶七千余艘。迁镇国上将军、管军万户。

十四年春,还镇婺州,佩元降虎符,充衢婺招讨使。东阳、玉山群盗张念九、强和尚等杀宣慰使陈祐于新昌,兴捕斩之。复从都元帅忙古台平福、建、漳三州,破敏阳寨,屠福成寨。十五年夏,诏忙古台立行省于福建,兴立行都元帅府于建宁,以镇之。政和人黄华,邵武人高日新、高从周,聚众叛,皆讨降之,以招讨使行右副都元帅。

十六年秋,召入朝,侍燕大明殿,悉献江南所得珍宝。世祖曰:"卿何不少留以自奉。"对曰:"臣素贫贱,今幸富贵,皆陛下所赐,何敢隐俘获之物!"帝悦,曰:"直臣也。"兴因奏所部士卒战功,乞官之,帝命自定其秩,颁爵赏有差。迁兴浙东道宣慰使,赐西锦服、金线鞍辔。奉省檄,讨处州、福建及温、台海洋群盗,平之。

十七年,漳州盗数万据高安寨,官军讨之,二年不能下。诏以兴为福建等处征蛮右副都元帅。兴与都元帅完者都等讨之,直抵其壁,贼乘高瞰下击之。兴命人挟束薪蔽身,进至山半,弃薪而退。如是六日,诱其矢石殆尽,乃燃薪焚其栅,遂平之,斩贼魁及其党首二万级。十八年,盗陈吊眼聚众十万,连五十余寨,扼险自固。兴攻破其十五寨,吊眼走保千壁岭,兴上至山半,诱与语,接其手,掣下擒斩之,漳州境悉平。

十九年,入朝,赐银五百两、钞二千五百贯及锦服、鞍辔、弓矢,改浙西道宣慰使。降人黄华复叛,有众十万,兴与战于铅山,获八千人。华急攻建宁,兴疾趋,与福建军合,获华将二人,华走江山洞。追至赤岩,华败走,赴火死。二十一年,改淮东道宣慰使。二十三年,拜江淮行中书省参知政事,平婺州盗施再十。改浙东道宣慰使。

二十四年,尚书省立,拜行尚书省参知政事,捕斩柳分司于婺州。丁母忧。诏起复,讨处州盗詹老鹞、温州盗林雄。兴潜由青田捣其巢穴,战叶山,擒老鹞及雄等二百余人,斩于温州市。又奉省檄平徽州盗汪千十等。二十八年,罢福建行省,以参知政事行福建宣慰使,谕漳州盗欧狗降之。召入朝,拜江西行省左丞。

二十九年,复立福建行省,拜右丞。爪哇黥使者孟琪,诏兴为平章政事,与史弼、亦黑迷失帅师征之,赐玉带、锦衣、甲胄、弓矢、大都良田千亩。三十年春,浮海抵爪哇。亦黑迷失将水军,兴将步军,会八节涧,爪哇主婿土罕必阇耶降。进攻葛郎国,降其主哈只葛当,事见弼传。又谕降诸小国。哈只葛当子昔剌八的、昔剌丹不合,逃入山谷,兴独帅千人深入,虏昔剌丹不合。还至答哈城,史弼、亦黑迷失已遣使护土罕必阇耶归国,具入贡礼。兴深言其失计。土罕必阇耶果杀使者以叛,合众来攻,兴等力战,却之,遂诛哈只葛当父子以归。诏治纵爪哇者,弼与亦黑迷失皆获罪,兴独以不预议,且功多,赐金五十两。

成宗即位,复拜福建行省平章政事,赐玉带。大德三年,汀州总管府同知阿里挟怨告兴不法,召入对,尽得其诬状,阿里伏诛。改江浙行省平章政事,赐海东青鹘,命其子伯颜入宿卫。四年,遣使赐海东白鹘、蒲萄酒、良药。八年,授枢密副使。十年,进同知枢密院事,皆兼平章。改河南行省平章政事。

武宗即位,召见,拜左丞相,商议河南省事,赐以先朝御服。仁宗宠眷勋旧,赐与尤厚。皇庆二年秋九月,卒,年六十九。赠太师、开府仪同三司、上柱国,追封梁国公,谥武宣。元统三年,加封南阳王。

子久住,泉州总管;长寿,同知建宁路总管府事;忙古台,袭万户;伯颜,同知宁国路总管府事;完者都,辰州路总管;宝哥,治书侍御史。

刘国杰,字国宝。本女真人也,姓乌古伦,后入中州改姓刘氏。父德宁,为宗王斡臣必阇赤,授管领益都军民公事。

国杰貌魁雄,善骑射,胆力过人。少从军涟、海,以材武为队长。至元六年,,选其兵取襄阳,以益都新军千户从张弘范戍万山堡。宋兵窥伺,众出取薪,大出兵来攻堡。国杰等以数百人败之,斩首四千余级。由是有名。从略荆南,抵归峡,转战数千里,还。破宋兵襄阳下。从攻樊城,破外城,火炮伤股,裹创复战,平其外城,授武略将军,佩金符。从破张贵兵柜门关,战甚力。再攻樊城,被伤数处,血战,竟破之。襄阳降。世祖闻其勇,召见,迁武德将军、管军总管,赐银百两、锦衣、弓矢以宠之。

从伯颜南征。十一年，次鄂州。宋兵扼汉水，不得下，伯颜谋取黄家湾堡以入汉，国杰先登，拔之，加武节将军。从破沙洋、新城、败孙虎臣丁家洲，战甚力，进万户。复从阿术取淮南，别军扬子桥，扼宋兵道。宋以万众夜夺堡；击走之，擒其都统张林。宋将张世杰盛兵出焦山来御师，施铁绳，联战船，碇江中，以示必死。阿术率诸军进战，万户刘琛由江南绕其后，国杰与董文炳左右夹击之，焚其战船，世杰军大溃，追奔圌山，夺黄鹄船数百艘。帝壮之，诏加怀远大将军，赐号霸都。国杰行第二，因呼之曰刘二霸都而不名。霸都，华言敢勇之士也。

宋亡，入朝。加金书西川行枢密院事，选淮南兵使将之平蜀。未行，会北边有警，加镇国上将军、汉军都元帅，将卫兵定北方。冬，召还，帝亲解衣加玉带赐之。十五年，复将左、右、中三卫兵戍北边，诏"有不用命者，斩之以闻"。十六年，诸王脱脱木反，寇和林。国杰度其众悉至，营中必虚，选轻骑袭之，获其众万计。脱脱木屡战不利，又残暴，失众心，众杀之来降。十八年，加辅国上将军。

十九年，征东兵无功而还。帝怒，将尽罢大小将校，召国杰为征东行省左丞。既至，帝语之故。国杰曰："罪在元帅耳。倘蒙圣慈，复诸将之职，彼必人人思奋，以雪前耻矣。"帝从之。尽复其官，以属国杰征日本。会黄华反建宁，乃命国杰以征东兵会江淮参政伯颜等讨之。国杰破赤岩寨，黄华自杀，余众皆溃。福建行省左丞忽剌出将兵来会梧桐川，欲搜贼溃去者尽杀之，国杰曰："首乱者华也，余皆胁从，招谕不归，诛之未晚。"未几，众果出降。二十二年，罢征东省，除金书沿江行枢密院，改金院。

二十三年，朝廷以湖广重地，且多盗，拜本省左丞。国杰至，首平湖南盗李万二。明年，广东盗起，寇肇庆，其魁邓太獠居前寨，刘太獠居后寨，相依以为固。国杰趋捣后寨，破之，遂拔前寨，擒斩二人，捕民结盗者，皆杖杀之。加资德大夫。

二十五年，湖南盗詹一仔诱衡、永、宝庆、武冈人，啸聚四望山，官军久不能讨。国杰破之，斩首盗，余众悉降。将校请曰："此辈久乱，急则降，降而有衅，复反矣，不如尽坑之。"国杰曰："多杀不可，况杀降耶！吾有以处之矣。"乃相要地为三屯：在衡曰清化，在永曰乌符，在武冈曰白仓，迁其众守之，每屯五百人以备贼，且垦废田榛棘，使贼不得为巢穴。降者有故田宅，尽还之，无者，使杂耕屯中，后皆为良民。

有诏讨江西诸盗，国杰趋赴之。十一月，破萧太獠于陈古水，斩数百人，进平怀集诸寨贼。二十六年春，东入肇庆，攻闫太獠于清远，还攻萧太獠于怀集，擒之，复攻走严太獠。四月，攻曾太獠于金林，又破走之。贼深入保险，国杰凿山而入，贼众五千人，掩杀略尽。七月，次贺州，兵士冒瘴，皆疫，国杰亲抚视之，疗以医药，多得不死。会国杰亦病，乃移军道州。广东盗陈太獠寇道州，国杰讨擒之，遂攻拔赤水贼寨。

二十七年，江西盗起龙泉，下令往击之。诸将交陈曰："此他省盗也。"国杰曰："纵寇生患，患将难图，岂可以彼此言耶！"乃选轻兵，弃旗鼓，去缨饰，一日夜趋贼境。贼众数千逆战，望见军容不整，曰："此乡丁也。"易之。国杰以数十骑陷阵，众从之，贼大败，斩首五百余级，夺所掠男女。日暮，忽收兵去。堡中民望见，怪之，莫知其谁。明日，又忽至，召堡民，归其男子曰："吾刘二霸都也。"民皆惊以为神，因告别盗鍾太獠居南安十八耒。国杰乘雾，突入其巢，贼众惊乱，自相蹂践。官军搏之，自旦至午，所擒杀甚众。还兵桂东。二月，龙泉盗复寇酃县，国杰遂还酃。贼退保大井山，乃分军三道趋之，道险，弃马而入。时天大雨，贼不为备，尽掩杀之，还镇道州。八月，永州盗李末子千七寇全州，败官兵，杀郡长官土鲁。国杰进讨，擒之，枭首而还。以前后功，加湖广右丞。

二十八年，置湖广等处行枢密院，迁副使，还军武昌。秋，广东盗再起，国杰复出道州。时知上思州黄胜许恃其险远，与交趾为表里，寇边。二十九年，诏国杰讨之。贼众劲悍，出入岩洞篁竹中如飞鸟，发毒矢，中人无愈者。国杰身率士奋战，贼不能敌，走象山。山近交趾，皆深林，不可入。乃度其出入，列栅围之，徐伐山通道，且战且进。二年，拔其寨。胜许挺身走交趾，擒其妻子杀之。国杰三以书责交趾索胜许，交趾竟匿不与。夏，师还，尽取贼巢地为屯田，募度远诸撞人耕之，以为两江蔽障。后蛮人谓屯为省地，莫敢犯者。诏遣使即军中以玉带赐之。

三十年，入朝。帝谓朝臣曰："湖广重地，惟刘二霸都足以镇此，他人不能也。"命无迁他官。俄议问罪交趾，加湖广安南行平章事，以诸王亦吉列台为监军征之。未行，会帝崩，乃止。

成宗即位，复置行枢密院于衡州，仍除副使。初，黔中诸蛮酋既内附复叛，又巴洞何世雄犯澧州，洎崖洞田万顷、楠木洞孟再师犯辰州，朝廷尝讨降之。升洎崖为施溶州，以万顷知州事，三十一年，万顷复叛，攻之，不能下。至是，帝即位，赦天下，并赦万顷等，亦不降，帝以命国杰。

九月，国杰驰至辰，进攻明溪贼鲁万丑，拥众自上流而下，千户崔忠、百户马孙儿战死。十月，进兵桑木溪，万丑复以千人拒战，击却之。明日，万丑倍众来攻，国杰鼓之，百户李旺率死士陷阵，众军齐奋，贼败，遂破其巢，焚之。进攻施溶，部将田荣祖请曰："施溶，万顷之腹心，石农次、三羊峰，其左右臂也，宜先断其臂，而后腹心乃可攻。"国杰曰："甚善。"麾诸军攻石农次，贼不能支，弃寨遁，遂拔施溶，擒万顷，斩之。复穷捕其党，攀崖缘木而进，凡千余里。元贞元年，即军中加荣禄大夫、湖广行省平章政事。辰、澧地接溪洞，宋尝选民立屯，免其徭役，使御之，在澧者曰隘丁，在辰者寨兵。宋亡，皆废，国杰悉复其制，班师。继又经画茶陵、衡、郴、道、桂阳，凡广东、江西盗所出入之地，南北三千里，置戍三十有八，分屯将士以守之。由是东尽交广，西亘黔中，地周湖广，四境皆有屯戍，制度周密，诸蛮不能复寇，盗贼遂息。

六月，入朝，赐玉带、锦衣、弓矢。台臣言国杰在军中每以家赀赏将士，帝命倍偿之。部曲有功者，各迁官。

大德五年，罗鬼女子蛇节反，乌撒、乌蒙、东川、芒部诸蛮从之皆叛,陷贵州。诏国杰将诸翼兵,合四川、云南、思播兵以讨之。贼兵劲利,且多健马,官军战失利。国杰令人持一盾,布钉其上,俟阵合,即弃盾伪遁。贼果逐之,马奋不能止,遇盾皆倒。国杰鼓之,贼大败。既而复合众请战,国杰不应。数日,度其气衰,一鼓破走之,追战数千里。七年春,擒斩蛇节、宋隆济、阿女等,西南夷悉平。诏领其将士入见,张宴享之,赏赐甚厚。进光禄大夫,偿其赏士金一千九百两、钞万五千锭,将士迁官有差,命还益都上冢。

八年,还镇。国杰久行边,患瘴,至是病笃。平章卜邻吉台率僚属问之,国杰曰:"交贼不臣,若病幸小愈,得灭此虏,则死无憾矣。"问以家事,不言。二月卒,年七十二。

国杰性雄猛,视死如归,尝语人曰:"吾为国宣力,虽身弃草野不恨,何必马革裹尸还葬哉!"且善推诚得士心,故能立功如此。讣闻,帝深悼惜,赠推忠效力定远功臣、光禄大夫、司徒、柱国,封齐国公,谥武宣。

子脱欢,湖广行省平章政事,尚宪宗孙女。

元史卷一六三
列传第五〇

李德辉　张雄飞　张德辉
马亨　程思廉　乌古孙泽
赵炳

　　李德辉，字仲实，通州潞县人。生五岁，父且卒，指德辉谓其家人曰："吾为吏，治狱不任苛刻，人蒙吾力者众，天或报之，是儿其大吾门乎！"及卒，德辉号恸如成人。适岁凶，家储粟才五升，其母舂蓬稗、炊藜苋而食之。德辉天性孝悌，操履清慎，既就外傅，嗜读书，束于贫，无以自资，乃辍业。年十六，监酒丰州，禄食充足甘旨，有余则市笔札录书，夜诵不休。已乃厌糟曲，叹曰："志士顾安此耶！事不足以匡君福民，隐不足以悦亲善身，天地之间，人寿几何，恶可无闻，同腐草木也！"乃谢绝所与游少年，求先生长者讲学，以卒其业。

　　时世祖在潜藩，用刘秉忠荐，使侍裕宗讲读，乃与窦默等皆就辟。癸丑，宪宗封宗亲，割京兆隶世祖潜藩，择廷臣能理财赋者俾调军食，立从宜府，以德辉与孛得乃为使。时汪世显宿兵利州，扼四川衿喉，以规进取，数万之师仰哺德辉。乃募民入粟绵竹，散钱币，给盐券为直，陆挽兴元，水漕嘉陵，未期年而军储充羡，取蜀之本基于此矣。

　　中统元年，为燕京宣抚使。燕多剧贼，造伪钞，结死党杀人。德辉悉捕诛之，令行禁止。然事多不白中书，由是忤平章王文统意，去位。三年，文统以反诛，德辉遂起为山西宣慰使。权势之家籍民为奴者，咸按而免之，复业近千人。

至元元年，罢宣慰司，授太原路总管。时潜藩故傅相无有出为二千石者，帝以太原难治，故以德辉为守。至郡，崇学校，表孝节，劝耕桑，立社仓，一权度，凡可以阜民者，无不为之。嘉禾瑞麦，六出其境。五年，征为右三部尚书。人有讼财而失其兄子者，德辉曰："此叔杀之无疑。"遂竟其狱。权贵人为请者甚众，德辉不应，罪状既明，请者乃惭服。七年，帝以蝗旱为忧，命德辉录囚山西、河东。行至怀仁，民有魏氏发得木偶，持告其妻挟左道为厌胜，谋不利于己。移数狱，词皆具。德辉察其冤，知其有爱妾，疑妾所为，将构陷其妻也。召妾鞫之，不移时而服，遂杖其夫而论妾以死。

皇子安西王镇关中，奏以德辉为辅，遂改安西王相。至则视濒泾营牧故地，可得数千顷，起庐舍，疏沟浍，假牛、种、田具与贫民二千家，屯田其中，岁得粟麦刍稿万计。十二年，诏以王相抚蜀。时重庆犹城守不下，朝廷各置行枢密院于东、西川，合兵万人围之。德辉至成都，两府争遣使咨受兵食方略，德辉戒之曰："宋已亡矣，重庆以弹丸之地，不降何归。政以公辈利其剽杀，民不得有子女，惧而不来耳。响日兵未尝战，中使奉玺书来赦，公辈既不能正言明告，严备止攻，以须其至，反购得军吏杖之，伪为得罪，使惧而叛去，水陆之师雷鼓继进，是坚其不下也。中使不谕诈计，竟以不奉明诏复命。如是者，非玩寇而何！况复军政不一，相訾纷纷，朝夕败矣，岂能成功哉！"德辉出，未至秦，泸州叛，而重庆围果溃，再退守泸州。

十四年，诏以德辉为西川行枢密院副使，仍兼王相。诸军既发，德辉留成都给军食。是年，复泸州。十五年，再围重庆，逾月拔之。绍兴、南平、夔、施、思、播诸山壁水栅皆下。而东川枢府，犹故将也，惩前与西川相观望致败，恶相属，愿独军围合州。德辉乃出合俘系顺庆狱者纵之，使归语州将张珏，以天子威德远著，宋室既亡，三宫皆北，我朝含弘，录功忘过，能早自归，必取将相，与夏、吕比。又为书以礼义祸福反复譬解之，以为："汝之为臣，不亲于宋之子孙，合之为州，不大于宋之天下，彼子孙已举天下而归我，汝犹偃然负阻穷山，而曰吾忠于所事，不亦惑哉！且昔此州之人不自为谋者，以国有主，耻被不义之名，故尔得制其死命。主今亡矣，犹欲以是行之，则戏下盗遇君，窃君首以徼福一旦，不难也。"珏未及报，而德辉还王邸。

既而合州遣李兴、张却十二人诇事成都，皆获之，释不杀，复为书纵归，使谕其将王立如谕珏者，而辞益削切。立亦计夙与东府有深怨，惧诛，即使兴等导帅千杨獬怀蜡书，间至成都降。德辉从兵才数百人赴之，东府害其来，皆曰："公昔为书招珏，诚亦极矣，竟无功而还。今立，珏牙校也，习狙诈不信，特以计致公来，使与吾争垂成之功，延命晷刻耳，未必诚降。"德辉曰："昔合以重庆存，故力可以同恶，今已孤绝，穷而来归，亦其势然。吾非攘人之功者，诚惧公等愤其后服，诬以尝抗踶先朝，利其剽夺，而快心于屠城也。吾为国活此民，岂计汝嫌怒为哉！"即单舸济江，薄城下，呼立出降，安集其民，而罢置其吏，合人自立而下，家绘事之。川蜀平，复以王相还邸。

十七年，置行中书省，以德辉为安西王行省左丞。是年，西南夷罗施鬼国既降复叛，诏云南、湖广、四川合兵三万人讨之。兵且压境，德辉适被命在播，乃遣安珪驰驿止三道兵勿进，复遣张孝思谕鬼国趣降。其酋阿察熟德辉名，曰："是活合州李公耶，其言明信可恃。"即身至播州，泣且告曰："吾属百万人，微公来，死且不降。今得所归，蔑有二矣。"德辉以其言上闻，乃改鬼国为顺元路，以其酋为宣抚使。其后有以受鬼国马千数谮德辉于朝者，帝曰："是人朕所素知，虽一羊不妄受，宁有是耶！"

德辉卒，年六十三，蛮夷闻讣，哭之哀如私亲，为位而祭者动辄千百人。合州安抚使王立衰绖率吏民拜哭，声震山谷，为发百人护丧兴元。播州安抚使何彦清率其民立庙祀之。

张雄飞，字鹏举，琅琊临沂人。父琮，仕金，守盱眙。金人疑之，罢其兵柄，徙居许州。寻复命守河阴，仍留家人于许。雄飞幼失母，琮妾李氏养之。国兵屠许，惟工匠得免。有田姓者，琮故吏也，自称能为弓，且诈以雄飞及李氏为家人，由是获全。遂徙朔方，雄飞时方十岁。至霍州，李欲逃，恐其累己，雄飞知之，顷刻不去左右，李乃变服与俱还，寓潞州。雄飞既长，往师前进士王宝英于赵城。金亡，雄飞不知父所在，往来泽、潞，求之十余年，常客食僧舍。已而入关陕，历怀、孟、潼、华，终求其父弗得，遂入燕。居数岁，尽通国言及诸部语。

至元二年，廉希宪荐之于世祖。召见，陈当世之务，世祖大悦。授同知平阳路转运司事，搜抉蠹弊悉除之。帝问处士罗英，谁可大用者，对曰："张雄飞真公辅器。"帝然之。命驿召雄飞至，问以方今所急。对曰："太子，天下本，愿早定以系人心。闾阎小人有升斗之储，尚知付托。天下至大，社稷至重，不早建储贰，非至计也。向使先帝知此，陛下能有今日乎？"帝方卧，矍然起，称善者久之。

他日，与江孝卿同召见。帝曰："今任职者，多非材，政事废弛，譬之大厦将倾，非良工不能扶，卿辈能任此乎？"孝卿谢不敢当。帝顾雄飞，雄飞对曰："古有御史台，为天子耳目，凡政事得失，民间疾苦，皆得言；百官奸邪贪秽不职者，即纠劾之。如此则纪纲举、天下治矣。"帝曰："善。"乃立御史台，以前丞相塔察儿为御史大夫，雄飞为侍御史。且戒之曰："卿等既为台官，职在直言。朕为汝君，苟所行未善，亦当极谏，况百官乎！汝宜知朕意。人虽嫉妒汝，朕能为汝地也。"雄飞益自感励，知无不言。

参议枢密院事费正寅素悍狡，有告其罪者，诏丞相线真等与雄飞杂治之。请托交至，雄飞无所顾，尽得其罪状以闻，正寅与其党管如仁等皆伏诛。会议立尚书省，雄飞力争于帝前，忤旨，左迁同知京兆总管府事。宗室公主有家奴逃渭南民间为赘婿。主适过临潼，识之，捕其奴与妻及妻之父母，皆械系之，尽没其家赀。雄飞与主争辨，辞色俱厉。主不得已，以奴妻及妻之父母、家赀还之，惟挟其奴以去。

入为兵部尚书。平章阿合马在制国用司时，与亦麻都丁有隙，至是,罗织其罪,同僚争相附会。雄飞不可曰:"所犯在制国用时,平章独不预耶?"众无以答。秦长卿、刘仲泽亦以忤阿合马,皆下吏,欲杀之,雄飞亦持不可。阿合马使人啖之,曰:"诚能杀此三人,当以参政相处。"雄飞曰:"杀无罪以求大官,吾不为也。"阿合马怒,奏出雄飞为澧州安抚使,而三人竟死狱中。

时澧州初下,民怀反侧。雄飞至,布宣德教以抚绥之,民遂安。有巨商二人犯匿税及殴人事,僚佐受赂,欲宽其罪,雄飞绳之益急。或曰:"此细事,何执之坚?"雄飞曰:"吾非治匿税殴人者,欲改宋弊政,惩不畏法者尔。"细民以乏食,群聚发富家廪,所司欲论以强盗,雄飞曰:"此盗食,欲救死,非强也。"宽其狱,全活者百余人。澧西南接溪洞,徭人乘间抄掠居民,雄飞遣杨应申等往谕以威德,诸徭悉感服。

十四年,改安抚司为总管府,命雄飞为达鲁花赤,迁荆湖北道宣慰使。有告常德富民十余家,与德山寺僧将为乱,众议以兵讨之。雄飞曰:"告者必其仇也。且新附之民,当以静镇之,兵不可遽用,苟有他,吾自任其责。"遂止。徐察之,果如所言。先是,荆湖行省阿里海牙以降民三千八百户没入为家奴,自置吏治之,岁责其租赋,有司莫敢言。雄飞言于阿里海牙,请归其民于有司,不从。雄飞入朝奏其事,诏还籍为民。

十六年,拜御史中丞,行御史台事。阿合马以子忽辛为中书右丞,行省江淮,恐不为所容,奏留雄飞不遣,改陕西汉中道提刑按察使。未行,阿合马死,朝臣皆以罪去。拜参知政事。阿合马用事日久,卖官鬻狱,纪纲大坏,雄飞乃先自降一阶,于是侥幸超躐者皆降之。忽辛有罪,鞫中贵人及中书杂问。忽辛历指宰执曰:"汝曾使我家钱物,何得问我!"雄飞曰:"我曾受汝家钱物否?"曰:"惟公独否。"雄飞曰:"如是,则我当问汝矣。"忽辛遂伏辜。二十一年春,册上尊号,议大赦天下。雄飞谏曰:"古人言:无赦之国,其刑必平。故赦者,不平之政也。圣明在上,岂宜数赦!"帝嘉纳之,语雄飞曰:"大猎而后见善射,集议而后知能言。汝所言者是,朕今从汝。"遂止降轻刑之诏。

　　雄飞刚直廉慎,始终不易其节。尝坐省中,诏趣召之,见于便殿,谓雄飞曰:"若卿,可谓真廉者矣。闻卿贫甚,今特赐卿银二千五百两、钞二千五百贯。"雄飞拜谢,将出,又诏加赐金五十两及金酒器。雄飞受赐,封识藏于家。后阿合马之党以雄飞罢政,诣省乞追夺赐物,裕宗在东宫闻之,命参政温迪罕谕丞相安童曰:"上所以赐张雄飞者,旌其廉也,汝岂不知耶?毋为小人所诈。"塔即古阿散请检核前省钱谷,复用阿合马之党,竟矫诏追夺之。塔即古阿散等俄以罪诛,帝虑校核失当,命近臣伯颜阅之。中书左丞耶律老哥劝雄飞诣伯颜自辨,雄飞曰:"上以老臣廉,故赐臣,然臣未尝敢轻用,而封识以俟者,政虞今日耳,又可自辨乎?"二十一年,卢世荣以言利进用,雄飞与诸执政同日皆罢。二十三年,起为燕南河北道宣慰使,决壅滞,黜奸贪,政化大行。卒于官。

　　子五人:师野,师谔,师白,师俨,师约。师野宿卫东宫时,荆湖行省平章政事阿里海牙入觐,言之宰相,欲白皇太子,请以师野为荆南总管,雄飞固止之。归谓师野曰:"今日欲有官汝者,汝宿卫日久,固应得官。然我方为执政,天下必以我私汝。我一日不去此位,汝辈勿望有官也。"其介慎如此。

　　张德辉,字辉卿,冀宁交城人。少力学,数举于乡。金贞祐间兵兴,家业殆尽,试掾御史台。会盗杀卜者,有司踪迹之,获僧匿一妇人,榜掠诬服,狱具。德辉疑其冤,其后果得盗。赵秉文、杨愷咸器其材。金亡,北渡,史天泽开府真定,辟为经历官。岁乙未,从天泽南征,筹画调发,多出德辉。天泽将诛逃兵,德辉救止,配令穴城。光州荤山农民为寨以自固,天泽议攻之,德辉请招之降,全活甚众。

　　岁丁未,世祖在潜邸,召见,问曰:"孔子殁已久,今其性安在?"对曰:"圣人与天地终始,无往不在。殿下能行圣人之道,性即在是矣。"又问:"或云,辽以释废,金以儒亡,有诸?"对曰:"辽事臣未周知,金季乃所亲睹。宰执中虽用一二儒臣,余皆武弁世爵,及论军国大事,又不使预闻。大抵以儒进者三十之一,国之存亡,自有任其责者,儒何咎焉!"世祖然之。因问德辉曰:"祖宗法度具在,而未尽设施者甚多,将如之何?"德辉指银桨,喻曰:"创业之主,如制此器,精选白金良匠,规而成之,畀付后人,传之无穷。当求谨厚者司掌,乃永为宝用。否则不惟缺坏,亦恐有窃而去之者矣。"世祖良久曰:"此正吾心所不忘也。"又访中国人材,德辉举魏璠、元裕、李冶等二十余人。又问:"农家作劳,何衣食之不赡?"德辉对曰:"农桑,天下之本,衣食之所从出者也。男耕女织,终岁勤苦,择其精者输之官,余粗恶者将以仰事俯育。而亲民之吏复横敛以尽之,则民鲜不有冻馁者矣。"

岁戊申春,释奠,致胙于世祖。世祖曰:"孔子庙食之礼何如?"对曰:"孔子为万代王者师,有国者尊之,则严其庙貌,修其时祀。其崇与否,于圣人无所损益,但以此见时君崇儒重道之意何如耳。"世祖曰:"今而后,此礼勿废。"世祖又问:"典兵与宰民者,为害孰甚?"对曰:"军无纪律,纵使残暴,害固非轻。若宰民者,头会箕敛以毒天下,使祖宗之民如蹈水火,为害尤甚。"世祖默然,曰:"然则奈何?"对曰:"莫若更遣族人之贤如口温不花者,使掌兵权,勋旧则如忽都虎者,使主民政。若此,则天下均受赐矣。"

是年夏,德辉得告,将还,更荐白文举、郑显之、赵元德、李造之、高鸣、李槃、李涛数人。陛辞,又陈先务七事:敦孝友,择人才,察下情,贵兼听,亲君子,信赏罚,节财用。世祖以字呼之,赐坐,锡赉优渥。有顷,奉旨教胄子孛罗等。壬子,德辉与元裕北觐,请世祖为儒教大宗师。世祖悦而受之。因启:"累朝有旨蠲儒户兵赋,乞令有司遵行。"从之。仍命德辉提调真定学校。

世祖即位,起德辉为河东南北路宣抚使。下车,击豪强,黜赃吏,均赋役。耆耋不远数千里来见曰:"六十年不复见此太平官府矣。"戴之若神明。西川帅纽邻重取兵千余人,守吏畏其威,莫敢申理,隶凤翔屯田者八百余人,屯罢,兵不归籍。会金防戍兵,河中浮梁故有守卒,不以充数。悉条奏之,帝可其请。兵后孱民多依庇豪右，及有以身佣藉衣食，岁久掩为家奴，悉遣还之为民。

二年，考绩为十路最。陛见，帝劳之，命疏所急务，条四事：一曰严保举以取人材，二曰给俸禄以养廉能，三曰易世官而迁都邑，四曰正刑罚而勿屡赦。帝嘉纳焉。迁东平路宣慰使。春旱，祷泰山而雨。东平赋夥狱繁，视河东相倍蓰，凡遇赃奸，悉穷之，不少贷。奏免远输豆粟二十万斛，和籴粟十万斛。宝合丁议赋茧丝，令民税而后输。德辉曰："是诬上以毒下也，且后期之责执任之！"遂罢其事。媵妇马氏将鬻其女以代纳逋赋，分己俸代偿之，仍蠲其额。

至元三年秋，参议中书省事。五年春，擢侍御史，辞不拜。有言沿边将校冒代军士、虚糜廪币者，敕按之。奏曰："在昔将校，备尝艰阻，与士卒同甘苦，今年少子弟袭爵，或以微劳进用，岂知军旅之事乎！致使朝廷遣使覆按，此省院素失约束耳。痛绳之，则人不自安，第易其部署，选武毅才略者任之，庶使军政自新。又时委司宪者体究，庶革其弊。"有旨命德辉议御史台条例，德辉奏曰："御史，执法官。今法令未明，何据而行？此事行之不易，陛下宜慎思之。"有顷，复召曰："朕虑之熟矣，卿当力行之。"对曰："必欲行之，乞立宗正府以正皇族，外戚得以纠弹，女谒毋令奏事，诸局承应人皆得究治。"帝良久曰："其徐行之。"德辉请老，命举任风宪者，疏乌古伦贞等二十人以闻。

初，河东歉，请于朝，发常平贷之，并减其秋租有差。赋役不均，官吏并缘为奸，赋一征十年，不胜其困苦，民率流亡。德辉阅实户编，均其等第，出纳有法，数十年之弊一旦革去。

德辉天资刚直，博学有经济器，毅然不可犯，望之知为端人，然性不喜嬉笑。与元裕、李冶游封龙山，时人号为龙山三老云。卒年八十。

马亨，字大用，邢州南和人。世业农，以赀雄乡里。亨少孤，事母孝。金季习为吏。庚寅，太宗始建十路征收课税使，河北东西路使王晋辟亨为掾，以才干称。甲午，晋荐于中书令耶律楚材，授转运司知事，寻升经历，擢转运司副使。

庚戌，太保刘秉忠荐亨于世祖，召见潜邸，甚器之。既而籍诸路户口，以亨副八春、忙哥抚谕西京、太原、平阳及陕西五路，俾民弗扰。既还，图山川形势以献，余使者多以贿败，惟亨等各赐衣九袭。癸丑，从世祖征云南，留亨为京兆榷课所长官。京兆，藩邸分地也，亨以宽简治之，不事掊克，凡五年，民安而课裕。

丁巳，宪宗遣阿蓝答儿等核藩府钱谷，亨时辇岁办课银五百铤，输之藩府，道出平阳，适与之遇。亨策曰："见之，则银必拘留，不见，则必以罪加我，与其银弗达王府，宁获罪焉。"避而过之，阿蓝答儿果怒，遣使逮之王府。世祖询亨曰："汝往，得无摭汝罪耶？"对曰："无害，愿一行。"乃慰遣亨。既至，拘系之，穷治百端，竟无所得，惟以支竹课分例钱充公用，及儌公廨辇运脚价为不应，勒偿其直而已。世祖知其诬，更赐银三十二铤。己未，从世祖攻鄂州，洎北还，遣亨驰驿往西京等处，罢所签军，并抚谕山西、河东、陕右、汉中。既还，复遣转饷江上军实。

中统元年，世祖即位，陕西、四川立宣抚司，诏亨议陕西宣抚司事。寻赐金符，迁陕西四川规措军储转运使。时阿蓝答儿等叛，亨与宣抚使廉希宪、商挺合谋，诛刘太平等，悉定关辅。寻建行省，命亨兼陕西行省左右司郎中。时兴元畜粮五万石，欲转饷大安军，计佣直万缗，众推亨往，时丁内艰，以摄省府事强起之。至则以兵官丁产均其役，不阅月而事集，无劳民伤财之叹。兴元判官费正寅狡悍不法，莫有能治之者。亨白省府，欲以法绳之，反诬构行省前保关中有异谋，诏台丞粘合珪谳之，亨力辨之，冤构释然。

四年，迁陕西五路西蜀四川廉访都转运使。未几，朝廷以考课檄诸路转运司，至则并转运司入总管府，咸夺其制书，授亨工部侍郎、解盐副使。亨乃上言："以考课定赏罚，其人甫集，而一切罢之，则是非安在？宜还其命书，俾仕者有所劝勉。"从之。亨复上便宜六事：一曰东宫保傅当用正人，以固国本；二曰中书大政，择任儒臣，以立朝纲；三曰任相惟贤，官不必备，今宰相至十七员，宜加裁汰；

四曰左右郎署毗赞大政，今用豪贵子弟，岂能赞襄；五曰六曹之职
分理万机，今止设左右二部，事何由办；六曰建元以来，便民条画已
多，有司往往视为文具，宜令宪司纠举，务在必行。疏闻，帝即召见。
有旨："卿比安在，胡不早言？"亨对曰："新自陕西来觐。"帝谕曰：
"卿久著忠勤，自今不令卿远出矣。"

至元三年，进嘉议大夫、左三部尚书，寻改户部尚书，金谷出
纳，有条不紊。时有贾胡，恃制国用使阿合马，欲贸交钞本，私平准
之利，以增岁课为辞。帝以问亨，对曰："交钞可以权万货者，法使然
也。法者，主上之柄，今使一贾擅之，废法从私，将何以令天下？"事
遂寝。亨又建言立常平、义仓，谓备荒之具，宜亟举行。而时以财用
不足，止设义仓。

七年，立尚书省，仍以亨为尚书，领左部。亨上言："尚书省专领
金谷百工之事，其铨选宜归中书，以示无滥。"寻为平章阿合马所
忌，以诬免官。会国兵围襄、樊，廷议河南行省调发军饷，诏以阿里
为右丞、姚枢为左丞、亨为佥省，任其事，水陆供馈，未尝有阙，亨之
力为多。十年，还京师，帝方欲柄用之，遽婴末疾。十四年，卒，年七
十一。

子绍庭，云南诸路肃政廉访司副使。

程思廉，字介甫。其先洛阳人，元魏时以豪右徙云中，遂家东胜
州。父恒，国初佩金符，为沿边监榷规运使、解州盐使。

思廉用太保刘秉忠荐，给事裕宗潜邸，以谨愿闻。命为枢密院
监印，平章政事哈丹行省河南，署为都事。丞相史天泽尤器之。时
方规取襄樊，使任转饷，筑城置仓以受粟，转输者与民争门，不时
至，思廉令行者异路。粟至，多露积，一夕大雨，思廉安卧不起，省中
诏诘之。思廉曰："此去敌近，中夜骚动，众必惊疑，或致他变。纵有
漂湿，不过军中一日粮耳。"闻者韪之。

至元十二年，调同知淇州。徙东平路判官。入为监察御史，以
劾权臣阿合马系狱。其党巧为机阱，思廉居之泰然，卒不能害。累

迁河北河南道按察副使,道过彰德,闻两河岁饥,而征租益急。欲止之。有司谓法当上请,思廉曰:"若然,民已不堪命矣。"即移文罢征,后果得请。二十年,河北复大饥,流民渡河求食。朝廷遣使者,集官属,绝河止之。思廉曰:"民急就食,岂得已哉!天下一家,河北、河南皆吾民也。"亟令纵之。且曰:"虽得罪,死不恨。"章上,不之罪也。卫辉、怀孟大水,思廉临视赈贷,全活甚众。水及城不没者数板,即修堤防,露宿督役,水不为患,卫人德之。迁陕西汉中道按察使,以母老不赴。俄丁母忧。

二十六年,立云南行御史台,起复思廉为御史中丞。始至,蛮夷酋长来贺,词若逊而意甚倨。思廉奉宣上意,绥怀远人,且明示祸福,使毋自外,闻者慑服。云南旧有学校,而礼教不兴。思廉力振起之,始有从学问礼者。

成宗即位,除河东山西廉访使。太原岁饲诸王驼马一万四千余匹,思廉为请,止饲千匹。平阳诸郡岁输租税于北方,民甚苦之,思廉为请,得输河东近仓。旧法、决事咸有议札,权归曹吏,思廉自判牍尾,某当某罪,吏皆束手。

思廉累任风宪,刚正疾恶,言事剀切,如请早建储贰、访求贤俊、辨车服、议封谥、养军力、定律令,皆急务也。与人交有终始,或有疾病死丧,问遗周恤,往返数百里不惮劳,仍为之经纪家事,抚视其子孙。其于家族,尤尽恩意。好荐达人物,或者以为好名,思廉曰:"若避好名之讥,人不复敢为善矣。"卒,年六十二,谥敬肃。

乌古孙泽,字润甫,临潢人。其先女真乌古部,因以为氏。

祖璧,仕金为明威将军、资用库使,从金主迁汴。汴城陷,转徙居大名。

父仲,倜傥有奇节,遭金季世,愤无所施,用高言危行,亲交避之,遂纵酒阳狂以自晦,然教泽特严。

泽性刚毅,读书举大略,一切求诸己,不事章句,才干过人。世祖将取江南,泽以选输钞至淮南饷军。丞相阿术见而奇之,补淮东大都督府掾。

　　至元十四年，元帅唆都下兵闽、越，见泽，与语而合，即辟元帅府提控案牍。时宋广王据福州，改元炎兴，度我军且至，遂入于海，复聚兵甲子门。其将张世杰攻泉州，兴化守臣陈瓒举郡应之。文天祥置都督府于南剑州，守臣张清行都督府事，谋复建宁。闽中郡县往往复从宋，江东大扰。唆都时军浙东，建、信告急。唆都谋于众曰："我军当何先？"泽曰："彼据闽、广，而我往浙右，非策之善。譬之伐木，务除其根，当先向南。"会行省檄唆都，与左丞塔出会兵甲子门，遂度兵闽关，八战而至南剑，杀其守臣张清，宋师遂退。

　　冬十月，收福州，进攻兴化，拔之。唆都怒其民反复，下令屠城。泽屡谏不听，复前说曰："世杰不虞我军遽至，方急攻泉州，谋固其植。我新得泉州，民志未固，且暮且失守。比我定兴化，整兵而南，彼树植将日固矣。莫若开其遗民，使走泉南扇动之，世杰将胆落而走。是我不战而完泉州，捷于吾兵之驰救也。"唆都喜，开南门纵民去，因得脱死者甚众。世杰得逃民，知兴化已破，乃解泉州围去。唆都至泉州，部署别将，装大舰趣甲子门，自将下漳州，军于海丰，引精骑与塔出会。十二月，入广州。

　　十五年春正月，还击潮州，守将马发备御甚固。泽曰："潮人所以城守不下者，以外多壁垒，为之援应也。第翦其外应，潮必覆矣。"乃分兵攻其一大垒，破之，余垒尽散走，二旬而潮拔，马发死焉。既而文天祥军溃于江西，广王暨张世杰死于海中，唆都还军福建。

　　夏五月，诏立行中书省于福建，以唆都行参知政事，泽行省都事。从朝京师，命知兴化军，赐金织衣，赏其善谋也。继改兴化军为路，授泽行总管府事。民歌舞迎候于道曰："是吾民复生之父母也。"喜极而继以泣。郡新残于兵，白骨在野，首下令掩埋之。又衣食其流离之民，有弃子于道者，置慈幼曹籍而抚育之。郡中恶年少喜为不义，以资求窜名卒伍，翼后得计功版授。官吏恐激变，不敢诘，泽悉追毁所授，诛其尤无良者，贪暴始戢。

　　始陈瓒以郡应张世杰，民多战死者。至是，吏援例将籍其产，泽语吏曰：“国家至仁，诛止陈瓒，从瓒者犹蒙宥，民奈何连坐！”亟为令曰：“民不幸违误从陈瓒诛，及斗死无后者，其田庐赀产并给其族姻，有司无所与。”吏不能逆，乃止。当江南未定，盗贼所在有之，民自相什伍，保卫乡里。及时平，行省议籍为兵，上下汹汹，泽白行省曰：“国兵非少，今籍民以示少，非所以安反侧也。且当籍者众，民或有他心。”议遂格。泽又兴学校，召长老及诸生讲肄经义，行乡饮酒礼。旁郡闻而慕之。兴化故号多士，士咸知响慕，以泽与常衮、方仪，并肖像祠于学官。

至元二十一年，调永州路判官。湖广平章政事要束木贪纵淫虐，诛求无厌。或妄言初归附时，州县长吏及吏胥富人比屋敛银，将输之官，银已具而事遂中止。要束木即下令，责民自实，使者旁午，随地置狱，株连蔓引，备极惨酷，民以考掠瘐死者载道，所获不赀，要束木尽掩有之。有使至永，泽戒吏美供帐，丰酒食，务顺适其意。使者感愧，无所发其毒，因间以利害晓之，一郡由是获安。是岁，盗起宝庆、武岗，皆永旁郡也。行省遣泽讨平之，俘获五百余人，简出其违误者百有五十人。上书言状，诛其首恶者三十一人，余得减死。

二十六年，丞相桑哥建议考校钱谷，天下骚动。泽叹曰：“民不堪命矣。”即自上计行省，要束木怒曰：“郡国钱粮无不增羡，永州何为独不然！此直孙府判倚其才辨慢我，亟拘系之，非死不释也。”明年，桑哥败，要束木伏诛，泽始得释。

二十九年，湖广平章政事阔里吉思荐泽才堪将帅，以行省员外郎从征海南黎。黎人平，军还，上功。授广南西道宣慰副使。秋七月，并左右两道归广西宣慰司，置元帅府，泽为广西两江道宣慰副使、金都元帅府事。两江荒远瘴疬，与百夷接，不知礼法。泽作司规三十有二章，以渐为教，其民至今遵守之。又省厩置二十二所，以纾民力。岁饥，上言蠲其田租，发象州、贺州官粟三千五百石以赈饥者，既发，乃上其事。时行省平章哈剌哈孙，察其心诚爱民，不以专擅罪之。邕管徼外蛮数为寇，泽循行并徼，得陇塞处，布画远迩，募民伉健者四千六百余户，置雷留那扶十屯，列营堡以守之。陂水垦田，筑八堨以节潴泄，得稻田若干亩，岁收谷若干石为军储，边民赖之。海北元帅薛赤干赃利事觉，行省檄泽验治。泽驰至雷州，尽发其奸赃，纵所掠男女四百八十二口、牛数千头，金银器物称是，海北之民欣忻相庆。

御史台言："乌古孙泽奉使知大体，如汲长孺；为将计万全，如赵充国。可属大任。"诏擢为海北海南廉访使。故例，圭田至秋乃入租，后遂计月受之，泽视事三月，民输租计米五百石。泽曰："夫子有言，事君者先其事，后其食。吾莅政日浅，而受禄四倍，非情所安。"量食而入，余悉委学官，给诸生以劝业。常曰："士非俭无以养廉，非廉无以养德。"身一布袍数年，妻子朴素无华，人皆言之，泽不以为意也。

雷州地近海，潮汐啮其东南，陂塘碱，农病焉。而西北广衍平袤，宜为陂塘。泽行视城阴，曰："三溪徒走海，而不以灌溉，此史起所以薄西门豹也。"乃教民浚故湖，筑大堤，堨三溪潴之，为斗门七，堤堨六，以制其赢耗，酾为渠二十有四，以达其注输。渠皆支别为闸，设守视者，时其启闭，计得良田数千顷，濒海广泻并为膏土。民歌之曰："鸟卤为田兮，孙父之教。渠之泱泱兮，长我粳稻。自今有年兮，无旱无涝。"

至大元年，改福建廉访使。泽宿有德于闽，闽人安之。有芝五色产于宪司之澄清堂，士民以为泽之所致。以母年逾八十，求归养长沙。岁余，母丧，泽以哀毁卒。妻杜，以夫死，饮食不入口者十有三日，不死，乃复食。泽积官自承直郎至中大夫，谥正宪。

子良祯，仕至中书右丞，以功名终。

赵炳，字彦明，惠州滦阳人。父弘，有勇略，国初为征行兵马都元帅，积阶奉国上将军。炳幼失怙恃，鞠于从兄。岁饥，往平州就食，遇盗，欲杀之，兄解衣就缚。炳年十二，泣请代兄，盗惊异，舍之而去。甫弱冠，以勋阀之子，侍世祖于潜邸，恪勤不息，遂蒙眷遇。世祖次桓、抚间，以炳为抚州长，城邑规制，为之一新。己未，王师伐宋。未几，北方有警，括兵敛财，燕、蓟骚动。王师北还，炳远迓中途，具以事闻，追所括兵及横敛财物悉归于民，世祖嘉其忠。

中统元年，命判北京宣抚司事。北京控制辽东，番夷杂处，号称难治。时参知政事杨果为宣抚使，闻炳至，喜曰："吾属无忧矣。"三年，括北京鹰坊等户丁为兵，蠲其赋，令炳总之。时李璮叛，据济南，炳请讨之。国兵围城，炳将千人独当北面，有所俘获，即纵遣去，曰："胁从之徒，不足治也。"

济南平，入为刑部侍郎，兼中书省断事官。时有携妓登龙舟者，即按之以法。未几，其人死，其子犯跸诉冤。诏让之，炳曰："臣执法尊君，职当为也。"帝怒，命之出，既而谓侍臣曰："炳用法太峻，然非循情者。"改枢密院断事官。济南妖民作乱，赐金虎符，加昭勇大将军、济南路总管。炳至，止罪首恶，余党解散。岁凶，发廪赈民，而后以闻，朝廷不之罪也。迁辽东提刑按察使。辽东闻其来，豪猾屏迹。

至元九年，帝念关中重地，风俗强悍，思得刚鲠旧臣以临之。授炳京兆路总管，兼府尹。皇子安西王开府于秦，诏治宫室，悉听炳裁制。王府吏卒横暴扰民者，即建白，绳以法。王命之曰："后有犯者，勿复启，请若自处之。"自是，豪猾敛戢，秦民以安。有旨以解州盐赋给王府经费，岁久，积逋二十余万缗，有司追理，仅获三之一，民已不堪。炳密启王曰："十年之逋，责偿一日，其孰能堪！与其哀敛病民，孰若惠泽加于民乎！"王善其言，遽命免征。会王北伐，诏以京兆一年之赋充军资。炳复请曰："所征逋课足佐军用，可贷岁赋以苏民力。"令下，秦民大悦。

十四年，加镇国上将军、安西王相。王府冬居京兆，夏徙六盘山，岁以为常。王既北伐，六盘守者构乱，炳自京兆率兵往捕，甫及再旬，元恶授首。十五年春，六盘再乱，复讨平之。王还自北，嘉赏战功，赉赐有加。是岁十一月，王薨。

十六年秋，被旨入见便殿，帝劳之曰："卿去数载，衰白若此，关中事烦可知已。"询及民间利病，炳悉陈之，因言王薨之后，运使郭琮、郎中郭叔云窃弄威柄，恣为不法。帝卧听，遽起曰："闻卿斯言，使老者增健。"饮以上尊马湩。改中奉大夫、安西王相,兼陕西五路西蜀四川课程屯田事,余职如故。即令乘传偕敕使数人往按琮等。至则琮假嗣王旨,入炳罪,收炳妻孥囚之。时嗣王之六盘,徙炳等于平凉北崆峒山,囚闭益严。炳子仁荣诉于上,即诏近侍二人驰驿而西,脱炳且械琮党偕来。琮等留使者,醉以酒,先遣人毒炳于平凉狱中。其夜星陨,有声如雷。年五十九,实十七年三月也。帝闻之,抚髀叹曰:"失我良臣!"俄械琮等百余人至,帝亲鞫问,尽得其情,既各伏辜,命仁荣手刃琮、叔云于东城,籍其家以付仁荣。仁荣曰:"不共戴天之人所蓄之物,皆取于民,何忍受之。"帝善之,别赐钞二万二千五百缗,为治丧具。国朝旧制,无赙臣下礼,盖殊恩也。六月,诏雪炳冤,特赠中书左丞,谥忠愍。

　　子六人:仁显,早亡;次仁表,仁荣,仁旭,仁举,仁轨。仁荣,仕至中书平章政事;余俱登显仕。

元史卷一六四
列传第五一

杨恭懿　王恂　郭守敬
杨桓　杨果　王构　魏初
焦养直　孟攀鳞　尚野
李之绍

　　杨恭懿,字元甫,奉元人。力学强记,日数千言。虽从亲逃乱,未尝废业。年十七,西还。家贫,服劳为养。暇则就学,书无不读,尤深于《易》、《礼》、《春秋》。后得朱熹集注《四书》,叹曰:"人伦日用之常,天道性命之妙,皆萃此书矣。"父没,水浆不入口者五日,居丧尽礼。宣抚司、行省以掌书记辟,不就。

　　至元七年,与许衡俱被召,恭懿不至。衡拜中书左丞,日于右相安童前称誉恭懿之贤,丞相以闻。十年,诏遣使召之,以疾不起。十一年,太子下教中书,俾如汉惠聘四皓者以聘恭懿,丞相遣郎中张元智为书致命,乃至京师。既入见,世祖遣国王和童劳其远来,继又亲询其乡里、族氏、师承、子姓,无不周悉。十二年正月二日,帝御香殿,以大军南征,使久不至,命筮之,其言秘。侍读学士徒单公履请设取士科,诏与恭懿议之。恭懿言:"明诏有谓:士不治经学孔孟之道,日为赋诗空文。斯言诚万世治安之本。今欲取士,宜敕有司,举有行检、通经史之士,使无投牒自售,试以经义、论策。夫既从事实

学，则士风还淳，民俗趋厚，国家得才矣。"奏入，帝善之。会北征，恭
懿遂归田里。

十六年，诏安西王相敦遣赴阙。入见，诏于太史院改历。十七
年二月，进奏曰："臣等遍考自汉以来历书四十余家，精思推算，旧
仪难用，而新者未备，故日行盈缩，月行迟疾，五行周天，其详皆未
精察。今权以新仪木表，与旧仪所测相较，得今岁冬至晷景及日躔
所在，与列舍分度之差，大都北极之高下，昼夜刻长短，参以古制，
创立新法，推算成《辛巳历》。虽或未精，然比之前改历者，附会元历
更日立法，全踵故习，顾亦无愧。然必每岁测验修改，积三十年，庶
尽其法。可使如三代日官，世专其职，测验良久，无改岁之事矣。"又
《合朔议》曰：

> 日行历四时一周，谓之一岁。月逾一周，复与日合，谓之一
> 月。言一月之始，日月相合，故谓合朔。自秦废历纪，汉太初止
> 用平朔法，大小相间，或有二大者。故日食多在晦日或二日，测
> 验时刻亦鲜中。宋何承天测验四十余年，进《元嘉历》，始以月
> 行迟速定小余以正朔望，使食必在朔，名定朔法，有三大二小，
> 时以异旧法，罢之。梁虞𬇙造《大同历》，隋刘焯造《皇极历》，皆
> 用定朔，为时所阻。唐傅仁均造《戊寅历》，定朔始得行。贞观
> 十九年，四月频大，人皆异之，竟改从平朔。李淳风造《麟德
> 历》，虽不用平朔，遇四大则避人言，以平朔间之，又希合当世，
> 为进朔法，使无元日之食。至一行造《大衍历》，谓"天事诚密，
> 四大二小何伤。"诚为确论，然亦循常不改。

> 臣等更造新历，一依前贤定论，推算皆改从实。今十九年
> 历，自八月后，四月并大，实日月合朔之数也。

详见《郭守敬传》。是日，方列跪，未读奏，帝命许衡及恭懿起，曰：
"卿二老，毋自劳也。"授集贤学士，兼太史院事。

十八年，辞归。二十年，以太子宾客召；二十二年，以昭文馆学
士、领太史院事召；二十九年，以议中书省事召。皆不行。三十一年，
卒，年七十。

王恂,字敬甫,中山唐县人。

父良,金末为中山府掾。时民遭乱后,多以讹误系狱,良前后所活数百人。已而弃去吏业,潜心伊洛之学及天文律历,无不精究。年九十二卒。

恂性颖悟,生三岁,家人示以书帙,辄识风、丁二字。母刘氏授以千字文,再过目即成诵。六岁就学,十三学九数,辄造其极。岁己酉,太保刘秉忠北上,途经中山,见而奇之,及南还,从秉忠学于磁之紫金山。

癸丑,秉忠荐之世祖,召见于六盘山,命辅导裕宗,为太子伴读。中统二年,擢太子赞善,时年二十八。三年,裕宗封燕王,守中书令,兼判枢密院事,敕两府大臣,凡有咨禀,必令王恂与闻。初,中书左丞许衡集唐、虞以来嘉言善政,为书以进。世祖尝令恂讲解,且命太子受业焉。又诏恂于太子起居饮食,慎为调护,非所宜接之人,勿令得侍左右。恂言:"太子,天下本,付托至重,当延名德与之居处。况兼领中书、枢密之政,诏条所当遍览,庶务亦当屡省,官吏以罪免者毋使更进,军官害人,改用之际尤不可非其人。民至愚而神,变乱之余,吾不之疑,则反覆化为忠厚。"帝深然之。

恂早以算术名,裕宗尝问焉。恂曰:"算数,六艺之一。定国家,安人民,乃大事也。"每侍左右,必发明三纲五常、为学之道及历代治忽兴亡之所以然。又以辽、金之事近接耳目者,区别其善恶,论著其得失,上之。裕宗问以心之所守,恂曰:"许衡尝言:人心如印板,惟板本不差,则虽摹千万纸皆不差;本既差,则摹之于纸,无不差者。"裕宗深然之。诏择勋戚子弟,使学于恂,师道卓然。及恂从裕宗抚军称海,乃以诸生属之许衡,及衡告老而去,复命恂领国子祭酒。国学之制,实始于此。

帝以国朝承用金《大明历》,岁久浸疏,欲厘正之,知恂精于算术,遂以命之。恂荐许衡能明历之理,诏驿召赴阙,命领改历事,官属悉听恂辟置。恂与衡及杨恭懿、郭守敬等,遍考历书四十余家,昼夜测验,创立新法,参以古制,推算极为精密,详在《守敬传》。十六年,授嘉议大夫、太史令。十七年,历成,赐名《授时历》,以其年冬颁行天下。

十八年,居父丧,哀毁,日饮勺水。帝遣内侍慰谕之。未几,卒,年四十七。初,恂病,裕宗屡遣医诊治,及葬,赙钞二千贯。后帝思定历之功,以钞五千贯赐其家。延祐二年,赠推忠守正功臣、光禄大夫、司徒、上柱国、定国公,谥文肃。

子宽、宾,并从许衡游,得星历之传于家学。裕宗尝召见,语之曰:"汝父起于书生,贫无赀蓄。今赐汝钞五千贯,用尽可复以闻。"恩恤之厚如此。宽由保章正历兵部郎中,知蠡州。宾由保章副累迁秘书监。

郭守敬,字若思,顺德邢台人。生有异操,不为嬉戏事。大父荣,通五经,精于算数、水利。时刘秉忠、张文谦、张易、王恂,同学于州西紫金山,荣使守敬从秉忠学。

中统三年,文谦荐守敬习水利,巧思绝人。世祖召见,面陈水利六事:其一,中都旧漕河,东至通州,引玉泉水以通舟,岁可省雇车钱六万缗。通州以南,于蔺榆河口径直开引,由蒙村跳梁务至杨村还河,以避浮鸡淀盘浅风浪远转之患。其二,顺德达泉引入城中,分为三渠,灌城东地。其三,顺德澧河东至古任城,失其故道,没民田千三百余顷。此水开修成河,其田即可耕种,自小王村径滹沱,合入御河,通行舟筏。其四,磁州东北滏、漳二水合流处,引水由滏阳、邯郸、洺州、永年下经鸡泽,合入澧河,可灌田三千余顷。其五,怀、孟沁河虽浇灌犹有漏堰余水,东与丹河余水相合。引东流,至武陟县北,合入御河,可灌田二千余顷。其六,黄河自孟州西开引,少分一渠,经由新、旧孟州中间,顺河古岸下,至温县南复入大河,其间亦可灌田二千余顷。每奏一事,世祖叹曰:"任事者如此人,不为素餐矣。"授提举诸路河渠。四年,加授银符、副河渠使。

至元元年,从张文谦行省西夏。先是,古渠在中兴者,一名唐来,其长四百里,一名汉延,长二百五十里,它州正渠十,皆长二百里,支渠大小六十八,灌田九万余顷。兵乱以来,废坏淤浅。守敬更立闸堰,皆复其旧。

二年,授都水少监。守敬言:"舟自中兴沿河四昼夜至东胜,可通漕运,及见查泊、兀郎海古渠甚多,宜加修理。"又言:"金时,自燕京之西麻峪村,分引卢沟一支东流,穿西山而出,是谓金口。其水自金口以东,燕京以北,灌田若干顷,其利不可胜计。兵兴以来,典守者惧有所失,因以大石塞之。今若按视故迹,使水得通流,上可以致西山之利,下可以广京畿之漕。"又言:"当于金口西预开减水口,西南还大河,令其深广,以防涨水突入之患。"帝善之。十二年,丞相伯颜南征,议立水站。命守敬行视河北、山东可通舟者,为图奏之。

初,秉忠以《大明历》自辽、金承用二百余年,浸以后天,议欲修正而卒。十三年,江左既平,帝思用其言。遂以守敬与王恂,率南北日官,分掌测验推步于下,而命文谦与枢密张易为之主领裁奏于上,左丞许衡参预其事。守敬首言:"历之本在于测验,而测验之器莫先仪表。今司天浑仪,宋皇祐中汴京所造,不与此处天度相符,比量南北二极,约差四度。表石年深,亦复欹侧。"守敬乃尽考其失而移置之。既又别图高爽地,以木为重棚,创作简仪、高表,用相比覆。又以为天枢附极而动,昔人尝展管望之,未得其的,作候极仪。极辰既位,天体斯正,作浑天象。象虽形似,莫适所用,作玲珑仪。以表之矩方,测天之正圜,莫若以圜求圜,作仰仪。古有经纬,结而不动,守敬易之,作立运仪。日有中道,月有九行,守敬一之,作证理仪。表高景虚,阆象非真,作景符。月虽有明,察景则难,作阙几。历法之验,在于交会,作日月食仪。天有赤道,轮以当之,两极低昂,标以指之,作星晷定时仪。又作正方案、九表、悬正仪、座正仪,为四方行测者所用。又作《仰规覆矩图》、《异方浑盖图》、《日出入永短图》,与上诸仪互相参考。

十六年,改局为太史院,以恂为太史令,守敬为同知太史院事,给印章,立官府。及奏进仪表式,守敬当帝前指陈理致,至于日晏,帝不为倦。守敬因奏："唐一行开元间令南宫说天下测景，书中见者凡十三处。今疆宇比唐尤大，若不远方测验，日月交食分数时刻不同，昼夜长短不同，日月星辰去天高下不同，即目测验人少，可先南北立表，取直测景。"帝可其奏。遂设监候官一十四员，分道而出，东至高丽，西极滇池，南逾朱崖，北尽铁勒，四海测验，凡二十七所。

十七年，新历告成，守敬与诸臣同上奏曰：

臣等窃闻帝王之事，莫重于历。自黄帝迎日推策，帝尧以闰月定四时成岁，舜在璇玑玉衡以齐七政。爰及三代，历无定法，周、秦之间，闰余乖次。西汉造《三统历》，百三十年而后是非始定。东汉造《四分历》，七十余年而仪式方备。又百二十一年，刘洪造《乾象历》，始悟月行有迟速。又百八十年，姜岌造《三纪甲子历》，始悟以月食冲检日宿度所在。又五十七年，何承天造《元嘉历》，始悟以朔望及弦皆定大小余。又六十五年，祖冲之造《大明历》，始悟太阳有岁差之数，极星去不动处一度余。又五十二年，张子信始悟日月交道有表里，五星有迟疾留逆。又三十三年，刘焯造《皇极历》，始悟日行有盈缩。又三十五年，傅仁均造《戊寅元历》，颇采旧仪，始用定制。又四十六年，李淳风造《麟德历》，以古历章蔀元首分度不齐，始为总法，用进朔以避晦晨月见。又六十三年，一行造《大衍历》，始以朔有四大三小，定九服交食之异。又九十四年，徐昂造《宣明历》，始悟日食有气、刻、时三差。又百三十六年，姚舜辅造《纪元历》，始悟食甚泛余差数。以上计千一百八十二年，历经七十改，其创法者十有三家。

自是又百七十四年，圣朝专命臣等改治新历，臣等用创造简仪、高表，凭其测实数，所考正者凡七事：

一曰冬至。自丙子年立冬后，依每日测到晷景，逐日取对，冬至前后日差同者为准。得丁丑年冬至在戊戌日夜半后八刻半。又定丁丑夏至在庚子日夜半后七十刻。又定戊寅冬至在癸卯日夜半后三十三刻。己卯冬至在戊申日夜半后五十七刻。

庚辰冬至在癸丑日夜半后八十一刻。各减《大明历》十八刻,远近相符,前后应准。

二曰岁余。自《大明历》以来,凡测景、验气,得冬至时刻真数者有六,用以相距,各得其时合用岁余。今考验四年,相符不差,仍自宋大明壬寅年距至今日八百一十年,每岁合得三百六十五日二十四刻二十五分,其二十五分为今历岁余合用之数。

三曰日躔。用至元丁丑四月癸酉望月食既,推求日躔,得冬至日躔赤道箕宿十度,黄道箕九度有奇。仍凭每日测到太阳躔度,或凭星测月,或凭月测日,或径凭星度测日,立术推算。起自丁丑正月至己卯十二月,凡三年,共得一百三十四事,皆躔于箕,与日食相符。

四曰月离。自丁丑以来至今,凭每日测到逐时太阴行度推算,变从黄道求入转极迟、疾并平行处,前后凡十三转,计五十一事。内除去不真的外,有三十事,得《大明历》入转后天。又因考验交食,加《大明历》三十刻,与天道合。

五曰入交。自丁丑五月以来,凭每日测到太阴去极度数,比拟黄道去极度,得月道交于黄道,共得八事。仍依日食法度推求,皆有食分,得入交时刻,与《大明历》所差不多。

六曰二十八宿距度。自汉《太初历》以来,距度不同,互有损益。《大明历》则于度下余分,附以太半少,皆私意牵就,未尝实测其数。今新仪皆细刻周天度分,每度为三十六分,以距线代管窥,宿度余分并依实测,不以私意牵就。

七曰日出入昼夜刻。《大明历》日出入昼夜刻,皆据汴京为准,其刻数与大都不同。今更以本方北极出地高下,黄道出入内外度,立术推求每日日出入昼夜刻,得夏至极长,日出寅正二刻,日入戌初二刻,昼六十二刻,夜三十八刻。冬至极短,日出辰初二刻,日入申正二刻,昼三十八刻,夜六十二刻。永为定式。

所创法凡五事:

一曰太阳盈缩。用四正定气立为升降限,依立招差求得每日行分初末极差积度,比古为密。

二曰月行迟疾。古历皆用二十八限,今以万分日之八百二十分为一限,凡析为三百三十六限,依垛叠招差求得转分进退,其迟疾度数逐时不同,盖前所未有。

三曰黄赤道差。旧法以一百一度相减相乘,今依算术句股弧矢方圜斜直所容,求到度率积差,差率与天道实吻合。

四曰黄赤道内外度。据累年实测,内外极度二十三年度九十分,以圜容方直矢接句股为法,求每日去极,与所测相符。

五曰白道交周。旧法黄道变推白道以斜求斜,今用立浑比量,得月与赤道正交,距春秋二正黄赤道正交一十四度六十六分。拟以为法,推逐月每交二十八宿度分,于理为尽。

十九年,恂卒。时历虽颁,然其推步之式,与夫立成之数,尚皆未有定稿。守敬于是比次篇类,整齐分秒,裁为《推步》七卷,《立成》二卷、《历议拟藁》三卷、《转神选择》二卷、《上中下三历注式》十二卷。二十三年,继为太史令,遂上表奏进。又有《时候笺注》二卷、《修改源流》一卷。其测验书,有《仪象法式》二卷、《二至晷景考》二十卷、《五星细行考》五十卷、《古今交食考》一卷、《新测二十八舍杂坐诸星入宿去极》一卷、《新测无名诸星》一卷、《月离考》一卷,并藏之官。

二十八年,有言滦河自永平挽舟逾山而上,可至开平;有言泸沟自麻峪可至寻麻林。朝廷遣守敬相视,滦河既不可行,泸沟舟亦不通。守敬因陈水利十有一事。其一,大都运粮河不用一亩泉旧原,别引北山白浮泉水,西折而南,经瓮山泊自西水门入城,环汇于积水潭,复东折而南,出南水门,合入旧运粮河。每十里置一闸,比至通州,凡为闸七,距闸里许,上重置斗门,互为提阏,以过舟止水。帝览奏,喜曰:"当速行之。"于是复置都水监,俾守敬领之。帝命丞相以下皆亲操畚锸倡工,待守敬指授而后行事。

先是,通州至大都,陆运官粮岁若干万石,方秋霖雨,驴畜死者不可胜计，至是皆罢之。三十年，帝还自上都，过积水潭，见舳舻蔽水，大悦，名曰通惠河。赐守敬钞万二千五百贯，仍以旧职兼提调通惠河漕运事。守敬又言："于澄清闸稍东，引水与北坝河接，且立闸丽正门西，令舟辑得环城往来。志不就而罢。三十一年，拜昭文馆大学士、知太史院事。

大德二年，召守敬至上都，议开铁幡竿渠。守敬奏："山水频年暴下，非大为渠堰，广五七十步不可。"执政吝于工费，以其言为过，缩其广三之一。明年大雨，山水注下，渠不能容，漂没人畜庐帐，几犯行殿。成宗谓宰臣曰："郭太史神人也，惜其言不用耳。"七年，诏内外官年及七十，并听致仕，独守敬不许其请。自是翰林太史司天官不致仕，定著为令。延祐三年卒，年八十六。

杨桓，字武子，兖州人。幼警悟，读《论语》至《宰予昼寝》章，慨然有立志，由是终身非疾病未尝昼寝。弱冠，为郡诸生，一时名公咸称誉之。中统四年，补济州教授，后由济宁路教授召为太史院校书郎，奉敕撰《仪表铭》、《历日序》，文辞典雅，赐楮币千五百缗，辞不受。迁秘书监丞。

至元三十一年，拜监察御史。有得玉玺于木华黎曾孙硕德家者，桓辨识其文，曰"受天之命，既寿永昌"，乃顿首言曰："此历代传国玺也，亡之久矣。今宫车晏驾，皇太孙龙飞，而玺复出，天其彰瑞应于今日乎！"即为文述玺始末，奉上于徽仁裕圣皇后。

成宗即位，桓疏上时务二十一事：一曰郊祀天地，二曰亲享太庙，备四时之祭，三曰先定首相，四曰朝见群臣，访问时政得失，五曰诏儒臣以时侍讲，六曰设太学及府州儒学，教养生徒，七曰行诰命以褒善叙劳，八曰异章服以别贵贱，九曰正礼仪以肃宫庭，十曰定官制以省内外冗员，十一曰讲究钱谷以裕国用，十二曰访求晓习音律者以协太常雅乐，十三曰国子监不可隶集贤院，宜正其名，十四曰试补六部寺监及府州司县吏，十五曰增内外官吏俸禄，十六曰禁父子骨肉、奴婢相告讦者，十七曰定婚姻聘财，十八曰罢行用官钱营什一之利,十九曰复笞杖以别轻重之罪,二十曰郡县吏自中统前仕宦者宜加优异,二十一曰为治之道宜各从本俗。疏奏,帝嘉纳之。

未几,升秘书少监,预修《大一统志》。秩满归兖州,以赀业悉让弟楷,乡里称焉。大德三年,以国子司业召,未赴,卒,年六十六。

桓为人宽厚,事亲笃孝,博览群籍,尤精篆籀之学。著《六书统》、《六书溯源》、《书学正韵》,大抵推明许慎之说,而意加深,皆行于世。

杨果,字正卿,祁州蒲阴人。幼失怙恃,自宋迁亳,复徙居许昌,以章句授徒为业,流寓辗轲十余年。金正大甲申,登进士第。会参政李蹊行大司农于许,果以诗送之。蹊大称赏,归言于朝,用为偃师令。到官,以廉干称,改蒲城,改陕,皆剧县也。果有应变材,能治烦剧,诸县以果治效为最。

金亡,岁己丑,杨奂征河南课税,起果为经历。未几,史天泽经略河南,果为参议。时兵革之余,法度草创,果随宜赞画,民赖以安。世祖中统元年,设十道宣抚使,命果为北京宣抚使。明年,拜参知政事。及例罢,犹诏与左丞姚枢等日赴省议事。至元六年,出为怀孟路总管,大修学庙。以前尝为中书执政官,移文申部,特不署名。以老致政,卒于家,年七十五,谥文献。

果性聪敏,美风姿。工文章,尤长于乐府。外若沉默,内怀智用,善谐谑,闻者绝倒。微时避乱河南,娶羁旅中女,后登科,历显仕,竟与偕老,不易其初心,人以是称之。有《西庵集》行于世。

王构,字肯堂。东平人。

父公渊,遭金末之乱,其兄三人挈家南奔,公渊独誓死守坟墓,伏草莽中,诸兄呼之不出,号恸而去。卒得存其家,而三兄不知所终。

构少颖悟,风度凝厚。学问该博,文章典雅。弱冠以词赋中选,为东平行台掌书记。参政贾居贞一见器重,俾其子受学焉。

至元十一年,授翰林国史院编修官。时遣丞相伯颜伐宋,先下诏让之,命构属草以进,世祖大悦。宋亡,构与李槃同被旨,至杭取三馆图籍、太常天章礼器仪仗,归于京师。凡所荐拔,皆时之名士。十三年秋,还,入觐。迁应奉翰林文字,升修撰。丞相和礼霍孙由翰林学士承旨拜司徒,辟构为司直。时丞相阿合马为盗击死,世祖亦悟其奸,复相和礼霍孙,更张庶务,构之谋画居多。历吏部、礼部郎中,审囚河南,多所平反。改太常少卿,定亲享太庙仪注。擢淮东提刑按察副使,召见便殿,亲授制书,赐上尊酒以遣之。寻以治书侍御史召。属桑哥为相,俾与平章卜忽木检核燕南钱谷,而督其逋负。以十一月晦行,期岁终复命。明年春还,宿卢沟驿,度逾期,祸且不测,谓卜忽木曰:"设有罪,构当以身任之,不以累公也。"会桑哥死,乃免。有旨出铨选江西。入翰林,为侍讲学士。世祖崩,构撰谥册。

成宗立,由侍讲为学士,纂修实录。书成,参议中书省事。时南士有陈利便请搜括田赋者,执政欲从之。构与平章何荣祖共言其不可,辨之甚力,得不行。以疾归东平。久之,起为济南路总管。诸王从者怙势行州县,民莫敢忤视,构闻诸朝,徙之北境。学田为牧地所侵者,理而归之。官贷民粟,岁饥而责偿不已,构请输以明年。武宗即位,以纂修国史,趣召赴阙,拜翰林学士承旨。未几,以疾卒,年六十三。

构历事三朝,练习台阁典故,凡祖宗谥册册文皆所撰定,朝廷每有大议,必咨访焉。喜荐引寒士,前后省台、翰苑所辟,无虑数十人,后居清要,皆有名于时。

子士熙,仕至中书参政,卒官南台御史中丞;士点,淮西廉访司佥事。皆能以文学世其家。

魏初,字大初,弘州顺圣人。

从祖璠,金贞祐三年进士,补尚书省令史。金宣宗求直言,璠首论将相非人,及不当立德陵事,疏奏,不报。后复上言:"国势危逼,四方未闻有勤王之举,陇右地险食足,其帅完颜胡斜虎亦可委仗,宜遣人往论大计。"大臣不悦而止。阅数月,胡斜虎兵来援,已无及,金主悔焉。

金将武仙军次五垛山不进,求使仙者。或荐璠,即授朝列大夫、翰林修撰,给骑四人以从。至则仙已遁去。部曲亦多散亡,璠抚循招集,得数千人,推其中材勇者为帅长,仍制符印予之。以矫制自劾,金主谓其处置得宜。继闻仙率余众保留山,璠直趣仙所宣谕之。或谮于仙,谓璠欲夺其军。仙怒,命士拔刃若欲枭璠然,且引一吏与璠辨。璠不为动,大言曰:"王人虽微,序于诸侯之上,将军纵不加礼,奈何听谗邪之言,欲以小吏置对耶!且将军跳山谷,而左右无异心者,以天子大臣故也。苟不知尊天子,安知麾下无如将军者。不然,吾有死,无辱命。"仙不能屈。璠复激使进兵,不应。比还,金主已迁归德,复迁蔡州。金亡,璠无所归,乃北还乡里。

庚戌岁,世祖居潜邸,闻璠名,征至和林,访以当世之务。璠条陈便宜三十余事,举名士六十余人以对。世祖嘉纳,后多采用焉。以疾卒于和林,年七十,赐谥靖肃。

初,其从孙也。璠无子,以初为后。初好读书,尤长于《春秋》,为文简而有法。比冠,有声。中统元年,始立中书省,辟为掾史,兼掌书记。未几,以祖母老,辞归,隐居教授。会诏左丞许衡、学士窦默及京师诸儒,各陈经史所载前代帝王嘉言善政,选进读之士。有司以初应诏。帝雅重璠名,方之古直,询知初为璠子,叹奖久之,即授国史院编修官。寻拜监察御史,首言:"法者,持天下之具,御史台则守法之司也。方今法有未定,百司无所持循,宜参酌考定,颁行天下。"

帝宴群臣于上都行宫,有不能酹大卮者,免其冠服。初上疏曰:"臣闻君犹天也,臣犹地也,尊卑之礼,不可不肃。方今内有太常、有史官、有起居注,以议典礼、记言动;外有高丽、安南使者入贡,以观中国之仪。昨闻锡宴大臣,威仪弗谨,非所以尊朝廷、正上下也。"疏入,帝欣纳之,仍谕侍臣自今毋复为此举。时襄樊未下,将括民为兵，或请自大兴始。初言："京师天下之本，要在殷盛。建邦之初，讵宜骚动！"遂免括大兴兵。

初又言："旧制，常参官诸州刺史，上任三日，举一人自代。况风纪之职与常员异，请自今监察御史、按察司官，在任一岁，各举一人自代。所举不当，有罚。不惟砥砺风节，亦可为国得人。"遂举劝农副使刘宣自代。出佥陕西四川按察司事，历陕西河东按察副使，入为治书侍御史。又以侍御史行御史台事于扬州。擢江西按察使。寻征拜侍御史。行台移建康，出为中丞。卒，年六十一。

子必复，集贤侍讲学士。

焦养直，字无咎，东昌堂邑人。凤以才器称。至元十八年，世祖改符宝郎为典瑞监，思得一儒者居之。近臣有以养直荐者，帝即命召见，敷对称旨，以真定路儒学教授超拜典瑞少监。二十四年，从征乃颜。二十八年，赐宅一区。入侍帷幄，陈说古先帝王政治，帝听之，每忘倦。尝语及汉高帝起自侧微，诵所旧闻，养直从容论辨，帝即开纳，由是不薄高帝。

大德元年，成宗幸柳林，命养直进讲《资治通鉴》，因陈规谏之言，诏赐酒及钞万七千五百贯。二年，赐金带、象笏。三年，迁集贤侍讲学士，赐通犀带。七年，诏傅太子于宫中，启沃诚至，帝闻之，大悦。八年，代祀南海。九年，进集贤学士。十一年，升太子谕德。至大元年，授集贤大学士，谋议大政悉与焉。告老归而卒，赠资德大夫、河南等处行中书省右丞，谥文靖。

子德方，以荫为兴国路总管府判官。

孟攀鳞，字驾之，云内人。曾祖彦甫，以明法为西北路招讨司知事。有疑狱当死者百余人，彦甫执不从，后三日得实，皆释之。祖鹤、父泽民，皆金进士。

攀鳞幼日诵万言，能缀文，时号奇童。金正大七年，擢进士第，仕至朝散大夫、招讨使。岁壬辰，汴京下，北归居平阳。丙午，为陕西帅府详议官,遂家长安。世祖中统三年,授翰林待制、同修国史。

至元初,召见,条陈七十事,大抵劝上以郊祀天地,祠太庙,制礼乐,建学校,行科举,择守令以字民,储米粟以赡军,省无名之赋,罢不急之役,百司庶府统于六部,纪纲制度悉由中书,是为长久之计。世祖悉嘉纳之,咨问谆谆。后论王百一、许仲平优劣,对曰:"百一文华之士,可置翰苑;仲平明经传道,可为后学矜式。"帝深然之。又尝召问宗庙、郊祀仪制,攀鳞悉据经典以对。时帝将亲祀,诏命攀鳞会太常议定礼仪。攀鳞夜画郊祀及宗庙图以进,帝皆亲览焉。复以病请西归,帝令就议陕西五路四川行中书省事。四年,卒,年六十四。延祐三年,赠翰林学士承旨、资德大夫、上护军、平原郡公,谥文定。

尚野,字文蔚。其先保定人,徙满城。野幼颖异,祖母刘,厚资之使就学。至元十八年,以处士征为国史院编修官。二十年,兼兴文署丞。出为汝州判官,廉介有为。宪司屡荐之。二十八年,迁南阳县尹。初至官,狱讼充斥,野裁决无留滞,涉旬,遂无事。改怀孟河渠副使。会遣使问民疾苦,野建言:"水利有成法,宜隶有司。不宜复置河渠官。"事闻于朝,河渠官遂罢。

大德六年,迁国子助教。诸生入宿卫者,岁从幸上都,丞相哈剌哈孙始命野分学于上都,以教诸生,仍铸印给之。上都分学,自野始。俄升国子博士,诲人先经学而后文艺。每谓诸生曰:"学未有得,徒事华藻,若持钱买水,所取有限。能自凿井及泉而汲之,不可胜用矣。"时学舍未备,野密请御史台,乞出帑藏所积,大建学舍以广教育。仁宗在东宫,野为太子文学,多所裨益。时从宾客姚燧、谕德萧㪍入见,帝为加礼。

至大元年,除国子司业。近臣奏分国学西序为大都路学,帝已可其奏,野谓国学、府学混居,不合礼制,事遂寝。四年,拜翰林直学士、知制诰同修国史。诏野赴吏部,试用荫补官,野多所优假,或病其太宽,野曰:"今初设此法,冀将来者习诗书、知礼义耳,非必责效目前也。"众乃服。

皇庆元年,升翰林侍讲学士。延祐元年,改集贤侍讲学士,兼国子祭酒。二年夏,移疾归满城,四方来学者益众。六年,卒于家,年七十六。赠通奉大夫、太常礼仪院使、护军,追封上党郡公,谥文懿。

野性开敏,志趣正大。事继母以孝闻。文辞典雅,一本于理。

子师易,蕲州路总管府判官;师简,中奉大夫、奎章阁侍书学士、同知经筵事。

李之绍,字伯宗。东平平阴人。自幼颖悟聪敏,从东平李谦学。家贫,教授乡里,学者咸集。至元三十一年,纂修《世祖实录》,征名儒充史职,以马绍、李谦荐,授将仕佐郎、翰林国史院编修官。直学士姚燧欲试其才,凡翰林应酬之文,积十余事,并以付之。之绍援笔立成,并以稿进。燧惊喜曰:"可谓名下无虚士也。"

大德二年,闻祖母疾,辞归。复除编修官,升将仕郎。六年,迁应奉翰林文字。七年,迁太常博士。九年,丁母忧。累起复,终不能夺。至大三年,仍授太常博士,阶承事郎。四年,升承直郎、翰林待制。皇庆元年,迁国子司业。延祐三年,升奉政大夫、国子祭酒。夙夜孳孳,惟以教育人材为心。四年十二月,升朝列大夫、同金太常礼仪院事。六年,改翰林直学士,复以疾还。七年,召为翰林直学士。至治二年,升翰林侍讲学士、知制诰同修国史。三年,告老而归。泰定三年八月卒,年七十三。

子勖,荫父职,同知诸暨州事。

之绍平日自以其性遇事优游少断,故号果斋以自励。有文集藏于家。

元史卷一六五
列传第五二

张禧 弘纲 贾文备 解诚
管如德 赵匣剌 周全
孔元 朱国宝 张立
齐秉节 张万家奴 郭昂
綦公直 杨赛因不花
鲜毕仲吉 完颜石柱

张禧,东安州人。

父仁义,金末徙家益都。及太宗下山东,仁义乃走信安。时燕蓟已下,独信安犹为金守,其主将知仁义勇而有谋,用之左右。国兵围信安,仁义率敢死士三百,开门出战,围解,以功署军马总管。守信安逾十年,度不能支,乃与主将举城内附。率其部曲从宗王合丑平定河南,授管军元帅。后攻归德,飞矢入口,折其二齿,镞出项后,卒,赐爵县侯。

禧年十六,从大将阿术鲁南攻徐州、归德,复从元帅察罕攻寿春、安丰、庐、滁、黄、泗诸州,皆有功。禧素峭直,为主将所忌,诬以他罪,欲置之法。时王鹗侍世祖于潜邸,禧密往依之,鹗请左丞阔阔荐禧与其子弘纲俱入见。

　　岁己未，从世祖南伐。济江，与宋兵始接战，即擒其一将。进攻鄂州，诸军穴城以入，宋树栅为夹城于内，入战者辄不利，乃命以厚赏募敢死士。禧与子弘纲俱应募，由城东南入战，将至城下，帝悯其父子俱入险地，遣阿里海牙谕禧父子，止一人进战。禧所执枪，中弩矢而折，取弘纲枪以入，破其东南角。有逗留不进者十余人，立城下，弘纲复夺其枪入。转战良久，禧身中十八矢，一矢镞贯腹，闷绝复苏，曰："得血竭饮之，血出可生。"世祖亟命取血竭，遣人往疗之。疮既愈，复从大将纳剌忽与宋兵战于金口、李家洲，皆捷。

　　世祖即位，赐金符，授新军千户。三年，从征李璮。时宋乘璮叛，遣夏贵袭取蕲县、宿州等城。禧移兵攻之，贵走，尽复诸城。

　　至元元年，升唐邓等州卢氏保甲丁壮军总管。宋侵均州，总管李玉山败走，帝命禧代之。三年，与宋将吕文焕战于高头赤山，乘胜复均州。四年，改水军总管，益其军二千五百，令习水战。五年，从攻襄樊。六年七月，夏贵率兵援襄阳，禧从元帅阿术战，却之。八年，江水暴溢，宋遣范文虎以战舰千余艘来援。元帅阿术命禧率轻舟，夜衔枚入其阵中，插苇以识水之深浅。及还，阿术即命禧率四翼水军进战，宋兵溃，追至浅水，夺战舰七十余艘。九年，攻樊城，焚其串楼，败宋将张贵于鹿门山。

　　十年，行省集诸将问破襄阳之策，禧言："襄樊夹汉江而城，敌人横铁锁、置木橛于水中。今断锁毁橛，以绝其援，则樊城必下。樊城下，则襄阳可图矣。"行省用其计，乃破樊城，而襄阳继降。帝遣使录诸将功，授宣武将军、水军万户，佩金虎符。丞相伯颜因命禧为水军先锋。

　　十二年，败宋将孙虎臣于丁家洲。寻移屯黄池，以断宋救兵。九月，从阿术与宋都统姜才战，有功，加信武将军。十三年，从下温、台、福建。十四年，加怀远大将军、江阴路达鲁花赤、水军万户。十六年，入朝，进昭勇大将军、招讨使。

　　十七年，加镇国上将军、都元帅。时朝廷议征日本，禧请行。即日拜行中书省平章政事，与右丞范文虎、左丞李庭同率舟师，泛海东征。至日本,禧即舍舟,筑垒平湖岛,约束战舰,各相去五十步止泊,以避风涛触击。八月,飓风大作,文虎、庭战舰悉坏,禧所部独完。文虎等议还,禧曰:"士卒溺死者半,其脱死者,皆壮士也。曷若乘其无回顾心,因粮于敌以进战。"文虎等不从,曰:"还朝问罪,我辈当之,公不与也。"禧乃分船与之。时平湖岛屯兵四千,乏舟,禧曰:"我安忍弃之!"遂悉弃舟中所有马七十匹,以济其还。至京师,文虎等皆获罪,禧独免。子弘纲。

弘纲,字宪臣。年十八,父禧为主将所诬,系狱,将杀之。弘纲直入狱中,狱卒并系之。弘纲佯狂谑笑,守者易之,既寝,遂与其父逸去。后从其父攻城徇地,屡有功,自昭信校尉、管军总把,佩银符,换金符,为千户,升总管、广威将军、招讨副使,加定远大将军、招讨使,袭镇江阴。

盗起安吉,弘纲率兵往捕。未逾旬,擒之。从参政高兴破建德溪寨诸贼,后赐三珠虎符,授昭勇大将军、河南诸翼征行万户。从右丞刘深征八百媳妇国,师次八番,与叛蛮宋隆济等力战而殁。赠宣忠秉义功臣、资善大夫、湖广等处行中书省左丞、上护军,追封齐郡公,谥武宣。

子汉,当袭职,让其弟鼎。汉后为监察御史,累官至集贤直学士。鼎,袭江阴水军万户。

贾文备,字仲武。祁州蒲阴人。

父辅,仕金为祁州刺史。武仙惮辅胆略,密令所亲图之。辅以众归太祖,诏隶张柔。以兵攻蠡州、庆都、安平、束鹿诸县,皆下之。柔开帅府于满城,命辅行元帅府事于祁州。从定山东,迁左副元帅。柔将兵在外,辅常居守,累功,改行军千户,赐金符。寻领顺天河南等路军民万户,卒。

文备,袭父千户职。张柔命屯三汊口,备宋兵。宋以云梯二十余来攻,文备率兵鏖战,却之。宪宗赐弓矢、银盂。岁乙卯,复令袭父左副元帅职,兼领顺天路。中统三年,升开元府路女真水达达等处宣抚使,佩金虎符。三年,迁开元东京懿州等处宣慰使。四年,改授万户,领张柔所部军屯亳州。宋兵时钞掠淮甸,文备战却之。

至元二年,加昭勇大将军、真定路总管,兼府尹。六年,调卫辉路总管。七年,授西蜀成都统军,以疾不赴。八年,授宿州万户。寻改河南等路统军,围襄樊。九年,移蔡州,兼水陆漕运。宋兵时掠粮饷,文备败之,并夺其船。诏罢统军,文备入觐,赐弓矢、金鞍、锦衣、白金。十一年,复授万户、汉军都元帅,领刘整军,驻亳州。宋将夏贵知亳无备,盛引兵来袭,文备出奇邀击,大破之。帝赐金鞍、金织、文段、白金。

丞相伯颜伐宋,文备领左翼诸军以从,抵郢州。宋筑二城夹江,布战舰数千艘于江中,陈兵两岸,军不得进。文备泛舟,由沦河径出大江,攻武矶堡。乃从阿术先渡江,大军继之,遂取鄂、汉。以功赐白金,加昭毅大将军,守鄂州。

十二年,从平章政事阿里海牙趣湖南,至潭州城下。文备冒锋镝,炮伤右手,流矢中左臂,攻战愈急,宋臣李芾死之,转运判官钟蜚英等以城降。十三年,加昭武大将军,守潭州。十四年,衡、永、郴等郡寇发,文备悉讨平之。十五年,进镇国上将军、湖南道宣慰使,徇琼崖等州及广东濒海诸城,追宋卫王昺。

十六年,召还,拜淮东宣慰使,加金吾上将军,镇庆元。十八年,复授都元帅。二十年,改江东宣慰使,讨建宁盗黄华。二十二年,拜荆湖占城行中书省参知政事。二十三年,改湖广行省参知政事。二十四年,致仕。后十七年,以疾卒。延祐四年,赠江西等处行中书省左丞,追封武威郡公,谥庄武。

解诚,易州定兴人。善水战,从伐宋,设方略,夺敌船千计,以功授金符、水军万户,兼都水监使。焦湖之战,获战舰三百艘。宋以舟师来援,诚据舟厉声呵之,援兵不敢动,急移舟抵岸,乘势追杀之,夺其军饷三百余斛。既又从攻安丰、寿、复、泗、亳诸州,俱有功。又从下云南大理国,以功赐金虎符。从攻鄂,夺敌舰千余艘,杀溺敌军甚众。世祖嘉其功,尝降制奖之。

至元三十年,卒。赠推忠宣力功臣、龙虎卫上将军、同知枢密院事、上护军,追封易国公,谥武定。

子汝楫袭。从讨李璮,平宋,累获功赏,卒,赠推忠效节功臣、资德大夫、中书右丞、上护军,追封易国公,谥忠毅。

子帖哥袭,从征广西,下静江府,改授水军招讨使。寻复为万户,从征交趾,有功,升广东道宣慰使。卒,赠资德大夫、河南江北等处行中书省左丞、上护军、平阳郡公,谥武宣。

子世英,由监察御史迁山南江北道佥事。

管如德,黄州黄陂县人。父景模,为宋将,以蕲州降,授淮西宣抚使。如德为江州都统制,至元十二年亦以城降。先是,如德尝被俘虏,思其父,与同辈七人间道南驰,为逻者所获,械送于郡。如德伺逻者怠,即引械击死数十人,各破械脱走,间关万里达父所。景模喜曰:“此真吾儿也。”至是,入觐,世祖笑曰:“是孝于父者,必忠于我矣。”一日,授以强弓二,如德以左手兼握,右手悉引满之。帝曰:“得无伤汝臂乎? 后毋复然!”尝从猎,遇大沟,马不可越,如德即解衣浮渡。帝壮之,由是称为拔都,赏赉优渥。帝问:“我何以得天下,宋何以亡?”如德对曰:“陛下以福德胜之。襄樊,宋咽喉也,咽喉被塞,不亡何恃!”帝曰:“善。”帝又命习国书,曰:“习成,当为朕言之。”一日,帝语如德曰:“朕治天下,重惜人命。凡有罪者必令面对再四,果实也,而后罪之,非如宋权奸擅权,书片纸数字即杀人也。汝但一心奉职,毋惧忌嫉之口。”授湖北招讨使,总管本部军马,佩金虎符。

是年六月,丞相阿术南攻宋。如德以军为前锋,至扬州扬子桥,与宋战,昼夜不息。如德先登陷阵,擒其帅张都统等,宋军遂溃。七月,进军佳山江上,复大战,夺宋帅夏都统牌印衣甲及饷军海船。悉送阿术所。事闻,帝命赏之。军至镇江,如德招安诸郡,守将皆望风降附。丞相伯颜取临安，复选能招诸郡者，众推如德。如德衔命往谕，绍兴诸郡皆下。初，世祖以宝刀赐如德，及与敌战，刀刃尽缺。宋平，入觐，如德以刀上呈，曰："陛下向所赐刀，从军以来，刀缺如是矣。"帝嘉其朴。

十二年，迁浙西宣慰使，上时政五条：一曰立额薄征；二曰息兵怀远；三曰立法用人；四曰省役恤民；五曰设官制禄。时法制未备，仕多冗员，又方用兵日本倭国，而军民之官廪禄未有定制，故如德言及之，权臣抑不得上。二年，丞相阿塔海命驰驿奏出征事，入见，世祖问曰："江南之民，得无有二心乎？"如德对曰："往岁旱涝相仍，民不聊生，今累岁丰稔，民沐圣恩多矣，敢有贰志！使果有贰志，臣曷敢饰辞以欺陛下乎！"帝善其言，且喻之曰："阿塔海有未及者，卿善辅导之。有当奏闻者，卿勿惮劳，宜驰捷足之马，来告于朕。"

二十四年，迁江西行省参知政事。破豪猾，去奸吏，居民大悦。是时，赣、汀二州盗起，如德指挥诸将讨平之，其胁从者多所全宥。二十六年，迁江西行尚书省左丞。时钟明亮以循州叛，杀掠州县，千里丘墟。帝命如德统四省兵讨之。诸将欲直捣其巢穴，如德曰："嘻！今田野之氓，疲于转输，介胄之士，病于暴露，重困斯民，而自为功，吾不为也。"于是遣使喻以祸福，贼感如德诚信，即拥十余骑诣赣州石城县降。平章政事奥鲁赤怒其跋扈不臣，欲以事杀明亮。如德闻之，曰："皇元仁厚，未尝杀降。明亮叛人，何足惜。所重者信不可失耳！"年四十有四，卒于军。赠江西行省左丞、平昌郡公，谥武襄。

子九，淳祖，积官中顺大夫、龙兴路富州尹。

赵匣剌者，始以父任为千户，佩金符。中统三年，守东川。四年，宋夏贵以兵侵虎啸山寨，元帅钦察遣匣剌率兵往御之。贵败走，追至新明县，斩首三十余级。宋刘雄飞以兵犯青居山旧府，匣剌与战于都尉坝，败之，斩首二十余级。钦察攻钓鱼山，遣匣剌以兵千五百人略地至南坝，击败宋军，生获军士五十七人，老幼三百四十人。从攻大良平，宋昝万寿运粮至渠江之鹅滩，匣剌邀击之，斩首五十余级,宋兵大败。匣剌亦被三创,矢镞中左肩不得出。钦察惜其骁勇,取死囚二人,刲其肩,视骨节浅深,知可出,即为凿其创,拔镞出之,匣剌神色不为动。

至元三年,为东川路先锋使。四年,元帅拜答攻开州,至万宝山,遣匣剌以兵五百人击宋军,生获四十人。五年,兼管京兆、延安两路新军,戍东安、虎啸山两城。宋杨立以兵护粮,送大良平,匣剌察知之,遂率所部兵与立战于三重山,斩首百五十级,擒获四十余人。立败走,弃其粮千余石,因尽夺其甲仗旗帜而还。

六年,行院遣匣剌攻钓鱼山之沙市,焚其敌楼。从左丞曲力吉思等入朝,诏赏白金五十两,细甲一注。九年,统军合剌攻钓鱼山,时匣剌为先锋,领兵千人,略地至葛树坪,与宋兵遇,生获二十余人,斩首四十级。十年三月,复从行院合答攻钓鱼山之沙市,匣剌乘夜蚁附而登,杀其守兵,烧其积聚,生获二十余人以归。又击败宋将张珏兵于武胜军。行院新拔礼义山寨,命匣剌守之。

十二年,率舟师会攻钓鱼山,战数有功。进围重庆,宋将赵安勒兵出战,匣剌迎击之,夜至二鼓,敌众大溃。行院以其功上闻,未报而疾作,乃遣往泸州治疾。至之夕,泸州复叛,匣剌舆疾出战,遂为其所获,与从者二十人皆死之。子世显,船桥副万户。

周全,其先汝宁光州人。仕宋为武翼大夫、广南西路马步军副总管。至元十二年,丞相伯颜总兵下江南,全率众来归,遂以行省檄遥授衡州知州。是年秋七月,入觐,赐金符,授明威将军,遥授泉州知州,兼管军千户。冬十月,从元帅宋都觯下江西诸城邑。明年,进兵福建,宋制置使黄万石降。冬十月,从大军征广东。十一月,至韶州城下,严攻具,率勇士先登,与宋兵合战,斩馘甚众,杀其安抚使熊飞。十二月,以游骑巡广中,过灵星海石门。敌势甚张,全奋戈杀敌,乘胜夺其旗鼓,火其船,及诸军下广州,全功居多。

十四年,从攻广西静江府,宋安抚李梦龙率众来降。其有负固不下者,悉战败之。夺敌舰以千计,杀敌溺死者无算,两广以平。第功,赐虎符,授管军总管。十五年,盗据赣州崖石山寨,全率兵讨平之,焚其寨。十七年,进广威将军、管军副万户,镇守龙兴。二十年,以疾去官。

大德九年,卒,赠怀远大将军、南安寨兵万户府万户、轻车都尉,追封汝南郡侯。子祖瑞袭职。

孔元,字彦亨,真定人。骁勇有智略。岁丁酉,弃家从军,隶丞相史天泽麾下。戊戌,从取焦湖,围寿春,先登,拔其西堡。己亥,从征安丰,力战却敌。己酉,从围泗州,拔之。辛亥,从攻五堂山寨,俘其众以归。戊午,从攻樊城,亲王塔察儿命取樊西堡。元率死士挺枪大呼,击杀数百人,斩首十九级以献。中统元年,扈驾北征。二年,宣授管军总把。

至元十一年,从伐宋,为前锋,所向克捷。十四年,进武略将军、管军千户。明年,还军北征,进武义将军、侍卫亲军千户,赐佩金符。又明年,国兵讨叛王失里木等,从行院别乞里迷失追其众至兀速洋而还。分军之半,扼其要害地,余众遂溃,获辎重牛马。帝大悦,赏赉甚厚,加宣武将军、右卫亲军总管。十九年,以疾卒。

子鹰扬袭,授昭信校尉、右卫亲军弩军千户,仍佩金符。至大元年,以疾卒。子成祖袭,延祐二年卒。子那海袭。

朱国宝,其先徐州人,后徙宝坻。父存器,历官至修内司使。尝夜行卢沟桥,获金一囊,坐而待其主以付之。其人请中分,存器笑而遣之。

宪宗将攻宋,募兵习水战。国宝以职官子从军,隶水军万户解诚麾下。己未,世祖以兵攻鄂,国宝摄千户,率锐卒于中流与宋师鏖战,凡十七战,诸军毕济。中统二年,授千户,佩银符。三年,围李璮于济南,佩金符,镇戍海东。从征襄阳,摄四翼镇抚,督造战舰,筑万山堡。至元十一年,拔沙洋,隳新城,皆与有力焉。初,师次江上,国宝请于丞相伯颜,愿当前锋,既而夺船二十艘以献,伯颜壮之。宋据上流，方船数百，结为堡栅，伯颜指示曰："复能夺取是乎？"国宝即奋往破栅。既渡江，下鄂、汉。

十二年，进兵临岳州，与宋兵战于岳之桃花滩，获其将高世杰，进昭信校尉、管军总管。既降湖右，加宣武将军，统蒙古诸军镇常德府，知安抚司事。时宋诸郡邑多坚守不下，国宝传檄招谕，逾月悉平，惟辰、沅、靖、镇远未下。宋将李信、李发结武冈洞蛮，分据扼寨，国宝击败之，其众退保飞山、新城。思、播蛮来援，国宝复与战，破之，擒张星、沈举等三百余人。进攻新城，获信、发等，献俘江陵。行省奏功，赐金虎符。十四年，会诸道兵攻广西静江，拔之，进秩管军万户，镇守梧州，领安抚司事。

十五年，加怀远大将军。初，宋临安之破也，张世杰挟二王由闽蹈海，众复滋蔓。时南恩、新州何华、张翼举兵兴复，军势甚盛。国宝选精锐，击杀华、翼，擒其党二人，斩首万余级，俘五百余人、船七百艘，夺其兵器无算，降其将十余、军士二百、民三万余户。十六年，迁定远大将军、海北海南道宣慰使。蜒贼连结郁林、廉州诸洞，恣任剽掠，国宝悉平之，磔尸高化，以惩反侧。任龙光等率所部五千户降。移琼州，立官程，更弊政，训兵息民，具有条制。南宁谢有奎负固不服，国宝开示信义，有奎感悟，以其属来归。于是黎民降者三千户，蛮洞降者三十所。十八年，破临高蛮寇五百人，招降居亥、番亳、铜鼓、博吐、桐油等十九洞。遣部将韩旺率兵略大黎、密塘、横山，诛首恶李实，火其巢，生致大钟、小钟诸部长十有八人。加镇国上将军、海北海南道宣慰使都元帅。供给占城军饷，事集而民不扰。二十三年，迁广南西道宣慰使。

二十四年，入觐，帝慰劳之。二十五年，进辅国上将军、都元帅、参知政事，行尚书省事。以军事至赣州，得疾卒于传舍，年五十九。

子斌，袭职，累官加赐金虎符、海北海南宣慰使都元帅；赟，上副万户，佩金虎符，镇福州；次鼎；次铉。

张立，泰安长清人。初隶严实麾下，略江淮有功，署为百户。岁戊午，宪宗征蜀，征诸道兵，立从行。次大获山，宋人阻山为城，带江为池，恃以自固，立统锐卒，攻陷外堡，夺战船百余艘。复从攻钓鱼山，有功，赐金帛。中统初，从世祖北征，还，授管军总把，赐银符。进侍卫军镇抚，换金符，改侍卫军千户。寻迁左卫亲军副都指挥使，赐金虎符。

十四年春，率步卒千人转粟赴和林，道出应昌。会酋帅畔换谋不轨，以射士三千踵其后，欲乘间夺其资粮。立觉其有异，急命环车为栅以备之。贼众已合，矢如雨下。初，立之发上都也，每车载二板，以备不虞。至是，建板于军，矢不能入，骑卒稍前，即以戈撞之，强弩继发，贼不得近，相持连日，乃解去。是岁，增置前后卫兵，进明威将军、后卫亲军都指挥使，赐双珠虎符，加昭勇大将军，以老乞退。

子珪袭。珪卒，子伯潜袭。

齐秉节，字子度。滨州蒲台人。

父珪，从严实攻归德、庐州，有功，授无棣县尹，摄征行千户，后兼总管，镇枣阳。中统三年，李璮以益都叛，征诸道兵进讨，枣阳精锐尽行，仅留赢卒千余。珪时摄万户府事，与宋襄、郢对垒。敌来觇虚实，珪城守周密，以东门外壕狭小可越，命浚之为备。宋将聂都统、陈总管果率兵万余，抵城东门，以板渡壕，壕广，板不能及，珪率众力战，敌退走，城赖以完。事闻，赐金符，真授千户。至元三年，告老，举秉节自代。

秉节魁伟沉毅，涉猎书史，稍知兵法，袭父爵，仍镇枣阳。五年，从伐宋，筑新城白河口堡鹿门山，略地郢州大洪山黄仙洞，数著战功。七年，升上千户，权万户。十一年，从丞相伯颜至郢，荡舟由陆入江，攻武矶堡，擒宋将阎都统。

十二年，国兵败宋贾似道、孙虎臣舟师于丁家洲，命秉节屯建康。与宋将赵淮战于西离山，追至溧阳，自辰及午，宋军乃退。八月，迁武义将军。十二月，从定太平、安庆诸郡。与宋将张咨议战于昆山，杀之。十四年，授宣武将军、管军总管。时黄州复叛，令秉节往讨,斩余总辖于阵。十七年,授明威将军。二十三年,移镇饶州。安仁剧贼蔡福一叛,秉节与有司会兵讨之,擒福一,余党悉平。二十五年,升广威将军、枣阳万户府副万户。二十八年,卒,年六十二。子英袭。

张万家奴。父札古带,事睿宗于潜邸。从破金有功,赐虎符,授河东南北路船桥随路兵马都总管万户。从西征,下兴元,围嘉定,殁于军。

万家奴数从都元帅大答火鲁征讨,有功。中统二年,从都元帅纽璘入朝,授以父官。宋兵入成都,从行院阿脱击破之。至元四年,帅师会立眉、简二州。从也速答儿攻泸州,大败宋军,杀伤过半,俘四十余人以归。

七年,率诸军城张广平,与宋人战,斩首三百余级,获都统一人。从攻重庆,破朝阳寨。围嘉定,栅平康、太和、怀远诸寨,分兵以守之,且日出师,水陆接战,功居多。而诸将攻泸州,往往失利,乃诣阙请自任以攻取之效,许之。遂率舟师百五十艘,自桃行滩至折鱼滩,分守江面,谨风火,严号令,约日进攻。先据神臂门,为梯冲登城,杀二百余人,斩关而入,遂拔之,加昭勇大将军。会围重庆,将其众断马湖江,分兵水陆往来为游徼,加昭毅大将军。以所部转饷成都及下流诸屯,寻迁招讨使。与都元帅药刺海讨亦奚不薛蛮,平之,进副都元帅。诏其子孝忠为船桥万户。以万家奴将四川、湖南兵征哈刺章。时云南恶昌、多兴、罗罗诸蛮皆叛,杀掠使者,劫夺人民,州郡莫能制。遂以其兵讨之,剿其众,民为之立祠。二十年,从征缅,战死之。

云南王命其子保童,将其军从征,入太公城,有功,袭副都元帅。又从征至甘州山丹,亦战死。

孝忠,少从父军中,好攻战。至元十九年,从都元帅也速答儿讨亦奚不薛蛮,遇其众于会灵关,追至沙溪,败之。进攻龙家寨阿那关,克之。遂攻亦奚不薛营,大破之。又以八百人败阿永蛮于鹿札河,乘胜至打鼓寨,连破之。诸蛮平,以功赐金帛、弓矢、鞍辔,还军成都。二十二年,从讨乌蒙蛮。复击降大坝都掌、蚁子诸蛮,加明威将军。二十七年,诏从西征,至沙、瓜诸州,还,赐虎符,金书四川等处行枢密院事。院罢,以本军万户镇成都,卒。

郭昂,字彦高。彰德林州人。习刀矟,能挽强。稍通经史,尤工于诗。至元二年,上书言事,平章廉希宪材之,授山东统军司知事。寻改经历,迁襄阳总军司,转沅州安抚司同知,佩金符,招降溪洞八十余栅。播州张华聚众容山,昂率兵屠之,山徭、木猫、土獠诸洞尽降。十六年,以诸洞酋入朝,帝赐金绮衣、鞍辔,进安远大将军。徇沅州西南界,复新化、安仁二县,擒剧贼张虎,纵之曰:"汝非吾敌,愿降即来,不然,吾复擒汝不难也。"明日,虎降,并其众三千余人,悉使归民籍。军还,众敛白金以献,一无所受。行至江陵,众复从致金而去,昂悉上之行省,宰臣令藏于库,以示诸将。

二十六年,江西盗起,昂讨之,进逼南安明扬、上龙、岩湖、绿村、石门、雁湖、赤水、黑风峒诸蛮,立太平寨而还。会大饥,以贼酋家资分赈之。授万户,赐金虎符,镇抚州。未几,省檄昂赴广东监造战船。行至广东界,遇盗,移檄谕以祸福。广东素服其威信,及见其檄,即俱降。授广东宣慰使,卒,年六十一,

子震,杭州路镇守万户;惠,佥江西廉访司事;豫,知宁都州。

綦公直,益都乐安人,世业农。至元五年,为益都劝农官。九年,为沂、莒、胶、密、宁海五州都城池所千户。十年,赐金符,命造征日本战船于高丽。时宋未下,世祖知其勇,遣使召见,俾与乎不烈拔都等领兵,同行荆南等处招讨司事。抵峡州青草滩,霖雨,不进,还屯玉泉山。率兵三千攻安进下寨,破之,杀宋军百余人,获牛马七百。还至襄阳,枢密院命督造战舰、运舟。

襄阳既下,奉旨领邓州、光化、唐州汉军,及郢、复熟券军九千二百人,从诸军南伐。二十年冬,至隆兴。宋军突出城门逆战,公直

败之,追抵城下。遂逾壕拔木,焚其楼橹,斩首万余级,生擒七百人,隆兴降。由是南安、吉、赣皆望风款附,平堡栅六百余所。公直又令第三子忙古台攻梅关,破淮德山寨,入广东,至南海,皆下之。诏授公直武毅将军、管军上千户。召入,加昭勇大将军、管军万户,佩金虎符,领侍卫亲军。时伯延伯答罕、秃忽鲁叛于西夏,命公直率军讨平之。

十八年五月,升辅国上将军、都元帅、宣慰使,镇别十八里。初,帝诏以长子泰袭万户;公直自陈,父年老,乞以泰为乐安县尹,就养其父。制可,乃终身勿徙他职。至是,乃以忙古台袭万户,佩金虎符,从之镇。公直陛辞,曰:“臣父丧五年,愿葬以行。”帝许之。至家,葬事毕,遂计乐安税课及贫民逋负,悉以赐金代输之,乃行。二十三年,诸王海都叛,侵别十八里,公直从丞相伯颜进战于洪水山,败之,追击浸远,援兵不至,第五子瑗力战而死,公直与妻及忙古台俱陷焉。

二十四年,忙古台奔还,授定远大将军、中侍卫亲军副都指挥使,改湖州炮手军匠万户。讨衢州山贼,有功,加昭勇大将军。泰后终于知宁海州。

杨赛因不花,初名汉英,字熙载。赛因不花,赐名也。其先,太原人。唐季,南诏陷播州,有杨端者,以应募起,竟复播州,遂使领之。五代以来,世袭其职。五传至昭,无子,以族子贵迁嗣。又八传至粲,粲生价,价生文,文生邦宪,皆仕宋,为播州安抚使。至元十三年,宋亡,世祖诏谕之,邦宪奉版籍内附,授龙虎卫上将军,绍庆、珍州、南平等处沿边宣慰使,播州安抚使。卒,年四十三。赠推忠效顺功臣、平章政事,追封播国公,谥惠敏。

汉英,邦宪子也。生五岁,而父卒。二十二年,母田氏携至上京,见世祖于大安殿。帝呼至御榻前,熟视其眸子,抚其顶者久之。乃谕宰臣曰:“杨氏母子孤寡,万里来庭,朕甚悯之。”遂命袭父职,锡金虎符,因赐名赛因不花。及陛辞,诏中书锡宴,赐金币彩缯,赍其从者有差。二十五年,再入觐,时年十二,帝见其应对明敏,称善者三。复因宰臣奏安边事,帝益嘉之。是年,改安抚司为宣抚司。授宣抚使。寻升侍卫亲军都指挥使。

成宗即位,赛因不花两入见,赠谥二代。大德五年,宋隆济及折节等叛,诏湖广行省平章刘二拔都、指挥使也先忽都鲁,率兵偕赛因不花讨之。六年秋九月,师出播境,连与贼遇,破之。前驻蹉泥,贼骑猝至,赛因不花奋击先进,大军继之,贼遂溃。乘胜逐北,杀获不可胜计。遂降阿苴,下笮笼,望尘送款者相继。七年正月,进屯暮窝,贼众复合,又与战于墨特川,大破之。折节惧,乞降,斩之。又擒斩隆济等。西南夷悉平。八年,赛因不花复入见,进资德大夫。

至大四年,加勋上护军,诏许世袭。播南卢崩蛮内侵,诏赛因不花暨恩州宣慰使田茂忠,率兵讨之,以疾卒于军,年四十。赠推诚秉义功臣、银青荣禄大夫、平章政事、柱国,追封播国公,谥忠宣。子嘉贞嗣。

鲜卑仲吉,中山人。岁乙亥,国兵定中原,仲吉首率平滦路军民诣军门降,太祖命为滦州节度使。从阿术鲁南征,充右副元帅,攻取信安、关州诸城,以功赐虎符,授河北等路汉军兵马都元帅。岁壬辰,平蔡有功,加金吾卫上将军、兴平路都元帅、右监军、永安军节度使,兼滦州管内观察使、提举常平仓事、开国侯。寻卒。

子准,充管军千户,从札台火儿赤东征高丽。中统元年,赐金符。扈驾征阿里不哥,以功受上赏。三年,从征李璮。至元十年,授侍卫亲军千户、昭武大将军、大都屯田万户,佩虎符。卒。

子诚袭,授宣武将军、高邮上万户府副万户,佩虎符,改授怀远大将军、金武卫亲军都指挥使司事。领兵征爪哇,攻八百媳妇国,使广东,克勤于役。寻以疾卒。子忽笃土袭。

完颜石柱。祖德住,仕金为管军千户。父拿住,归太祖,从征西域、河西。又从太宗攻下凤翔、同州,有功,赐号八都儿,佩银符,为同州管民达鲁花赤。改赐金符，兼征行千户，总管八都军。宪宗以拿住年老，命石柱袭其职。

己未，石柱从世祖征合剌章还，都元帅纽璘攻马湖江，石柱夺浮桥，与宋兵战，有功，赏白金七百五十两。军龙化县，与宋兵战，大败之。中统二年，授征行万户，佩金符。三年，从都元帅帖哥攻嘉定，有功，改赐金虎符。至元四年，败宋兵于九顶山，生获四十余人。五年，攻泸州之水寨，击五获寨，渡马湖江，迎击宋兵，败之。从行省也速带儿攻建都，建都降，从攻嘉定，复泸州，取重庆，石柱之功居多。十四年，迁昭勇大将军。十六年，授四川东道宣慰使。十七年，改镇国上将军、四川西道宣慰使，总管随路八都万户。二十年，拜四川行省参知政事，卒。弟真童袭为路八都万户。

元史卷一六六
列传第五三

王綧　隋世昌　罗璧　刘恩
石高山　巩彦晖　蔡珍
张泰亨　贺祉　孟德　郑义
张荣实 玉　石抹狗狗　楚鼎
樊楫　张均　信苴日
王昔刺　赵宏伟

　　王綧,高丽王曔之犹子也。美容仪,慷慨有志略,善骑射,读书
通大义。以质子入朝。
　　岁癸丑,高丽权臣高令公叛,宪宗命耶虎大王东征。綧奉旨为
使讲和,仍镇守其地,时高丽人户新附者,就命綧总之。中统元年,
授金符总管,升佩虎符,兼领军民。三年,率兵征济南李璮。至元七
年,高丽臣林衍叛,世祖遣头辇哥国王讨之,綧签领部民一千三百
户与国王同行。是年十一月,以疾辞还,家居。二十年九月,卒,寿
六十一。子三人。
　　阿剌怗木儿袭,授虎符,总管高丽人户。至元八年,将兵讨叛贼
金通精,贼败走耽罗。十一年,进昭勇大将军,从都元帅忽都征日本
国,预有战功。五年,加镇国上将军、安抚使、高丽军民总管。寻升

辅国上将军、东征左副都元帅。十八年,复征日本,遇风涛,遂没于军。

阔阔帖木儿,入侍武宗潜邸,积劳授太中大夫、管民总管。

兀爱,袭兄阿剌帖木儿职,佩金虎符,授安远大将军、安抚使、高丽军民总管、东征日本左副都元帅。二十四年,乃颜叛,力战屡捷。复从月鲁儿那演讨塔不歹、朵欢大王于蒙可山、那江,统兵五千余众,与八剌哈赤脱欢相拒,绝流战黑龙江,箭中右臂,忍伤复战,敌大败。二十五年,征哈丹秃鲁,隶平章阔里帖木儿麾下,论功居多。冬十二月,贼军古都秃鲁干次于斡秃鲁塞,平章率兀爱讨降之。明年,加授昭武大将军、辽阳等处行中书省事。又明年,哈丹等入寇高丽国境,遣兀爱镇守,仍修城壁,严卒伍,军威大振,贼遂潜遁。九月,哈丹秃鲁干复寇缠春,兀爱引兵击却之。

二十八年,入觐世祖于内殿,嘉其战功,赐尚方玉带及银酒器。二十九年,改东征左副都元帅府,立总管高丽女直汉军万户府,乃授兀爱三珠虎符,升镇国上将军,总管高丽女直汉军万户府,兼沈阳安抚使、高丽军民总管。

隋世昌,其先登州栖霞人。

父宝,徙居莱阳,金末,隶军伍,主帅奇其貌,以为管军谋克,俄授怀远大将军、管军都总领,镇行村海口。太宗下山东,宝遂来归,授莱阳令。历莱州节度判官,终高密令。

世昌,其第四子也。涉猎书史,善骑射。身长八尺,锻浑铁为枪,重四十余斤,能左右击刺。岁癸丑,选充队长。宋兵来攻海州,世昌战却之。壬戌,克东海,世昌先登,升马军队官。己未,攻涟水城,世昌树云梯攀缘而上,身被数枪,众从之,遂克其城。升马军千户。

中统元年,宋将夏贵军淮南新城,世昌夜乘艨艟抵城下,宋兵出战,斩首数百级,刺杀其守将二人。未几,涟水复叛归宋,世昌军于东马寨城外,宋兵来攻,世昌击走之。三年,改步军千户,还镇行村海口。至元元年,朝议分拣正军奥鲁,授莱阳县诸军奥鲁长官。

　　六年,伐宋。七年,以世昌为淄莱万户府副都镇抚,守万山堡,建言修一字城以围襄樊,升管军千户。九年,败宋兵于鹿门山。元帅刘整筑新门,使世昌总其役。樊城出兵来争,且拒且筑,不终夜而就。整授军二百,令世昌立炮帘于樊城栏马墙外,夜大雪,城中矢石如雨,军校多死伤,达旦而炮帘立。宋人列舰江上,世昌乘风纵火,烧其船百余。樊城出兵鏖战栏马墙下,世昌流血满甲,勇气愈壮,而樊城竟破,襄阳亦下。迁武略将军。引兵由黄浣堡入汉江,破沙洋。攻新城,世昌坎其城而先登,中数矢,伤臂,兜鍪皆裂,昏眩坠地,少苏复进,遂下新城。明日丞相伯颜视所坎城,高一丈五尺余,论功为上。从诸军渡江,抵南岸。宋兵联舟来拒,世昌舍舟师,率蒙古哈必赤军步战,斩其将一人。宋师溃,世昌追之,复与战,大败之。

　　十二年,从战于丁家洲,以功升管军千户,佩金符。十三年,围扬州,世昌绝其粮道,兼搜湖泊,宋兵闻铁枪名,不敢近。扬州平,充四城兵马使,从平章阿术入见,授宣武将军、管军总管。十四年,戍扬州,击野人原、司空山等七寨,皆下之。进安抚使,佩金虎符,镇澉浦。十七年,拜定远大将军、管军万户。寻以获海贼功,进阶安远大将军。二十三年,改沂郯上副万户。

　　世昌前后数百战,体皆金疮,竟以是疾卒,年六十一。封定海郡侯,谥忠勇。子国英嗣。

　　罗璧,字仲玉。镇江人。父大义,为宋将。璧年十三而孤,长从朱祀孙入蜀,累官武翼大夫、利州西路马步军副总管。祀孙移荆湖,璧从之至江陵。右丞阿里海牙领军下江陵,璧从祀孙降,授宣武将军、管军千户,隶丞相阿术麾下。招收淮军,讨歙寇有功,领本州安抚事。至元五年,从元帅张弘范定广南,赐金符,升明威将军、管军总管,镇金山。居四年,海盗屏绝。徙镇上海,督造海舟六十艘,两月而毕。

　　至元十二年,始运江南粮,而河运弗便。十九年,用丞相伯颜言,初通海道漕运,抵直沽以达京城,立运粮万户三,而以璧与朱清、张瑄为之。乃首部漕舟,由海洋抵杨村,不数十日入京师。赐金虎符,进怀远大将军、管军万户,兼管海道运粮。二十四年,乃颜叛,璧复以漕舟至辽阳,浮海抵锦州小凌河,至广宁十寨,诸军赖以济。加昭勇大将军。二十五年,督漕至直沽仓,潞河决,水溢,几及仓,璧树栅,率所部畚土筑堤捍之。升昭毅大将军、同知淮西道宣慰司事。请两淮荒闲之田给贫民耕垦,三年而后量收其入,从之。岁得粟数十万斛,升镇国上将军、海北海南道宣慰使都元帅。

大德三年,除饶州路总管,改广东道宣慰使都元帅。山海獠夷不沾王化,负固反侧,乃诱致诸洞蛮夷酋长,假以官位,晓以祸福,由是咸率众以归。除都水监,改正奉大夫。通州复多水患,凿二渠以分水势;又浚阜通河而广之,岁增漕六十余万石。奉命括两淮屯田,得疾,归镇江而卒,年六十六。子坤载。

刘恩,字仁甫。洺之洺水人,后徙威州。父辛,归国,署贝州长。恩幼知读书,勇而有谋,以材武隶军籍,累功为百户。俄迁管军总管,佩银符,太傅府经历。从入蜀,数有战功。宋刘整将兵守泸州,中统三年都元帅纽璘遣恩谕整降,以功易赐金符。至元三年,宋将以战船五百艘载甲士三万人,夹江上游,先以一万人据云顶山,欲取汉州。恩率千人渡江与战,杀其将二人,士卒三千余人,溺死者不可胜计。授成都路管军副万户。六年,从平章赛典赤攻嘉定,过九顶山,与宋军遇,生擒其部将十八人,械送京师,赏赉甚厚。

九年,从皇子西平王、行省也速带儿征建都,恩将游兵为先锋。师次其地,一日三战,皆捷。建都兵夜来犯围,恩御之,死者千余人。时师久驻,食且尽,恩画策招谕沿江诸蛮,得粮三万石、牛羊二万头,士气益振。建都因山为城,山有七巅,恩夺其五,断其汲道。建都穷蹙,乃降。入朝,升管军万户,戍眉州。

十二年,昝万寿以嘉定降,恩移戍嘉定。安西王遣使召恩至六盘山,问曰:“江南已平,四川未下奈何?”恩曰:“若以重臣之不徇私者奉诏督责之,则半年可下矣。”王即遣恩与府僚术儿赤乘传以闻,帝以为然,命丞相不花等行枢密院于西川,授恩同金院事。十五年,重庆降,守将张万走夔府,以兵固守。不花遣恩招之,万以城降。旬月之间,得其大小州邑六十四。

十六年,入朝,赏赉有加,授四川西道宣慰使,改副都元帅。率蒙古、汉军万人征斡端,进都元帅,宣慰使如故,赐宿烈孙皮衣一、锦衣一,及弓刀诸物。师次甘州,奉诏留屯田,得粟二万余石。十八年,命恩进兵斡端,海都将玉论亦撒率兵万人迎战,游骑先至。恩设伏以待,大败之。海都又遣八把率众三万来侵,恩以众寡不敌,成师而还。二十二年,金行枢密院事,卒。子德禄,袭成都管军万户。

石高山,德兴府人。父忽鲁虎,以侍卫军从太祖定中原,太宗赐以东昌、广平四十余户,遂徙居广平之洺水。

中统三年,高山因平章塔察儿入见世祖,因奏曰:“在昔太祖皇帝所集按察儿、孛罗、窟里台、孛罗海拔都、阔阔不花五部探马赤军,金亡之后,散居牧地,多有入民籍者。国家土宇未一,宜加招集,以备驱策。”帝大悦。曰:“闻卿此言,犹寐而觉。”即命与诸路同招集之。既籍其数,仍命高山佩银符领之。

四年,授管军总管,镇息州,军令严肃,寇不敢窥。居四年,边境晏然,赐金符以奖之。至元八年,从取光州,克枣阳,进攻襄樊,皆有功。十年,从阿术略地淮上。十一年,从下江南,以功升显武将军。十二年冬,丞相伯颜命以所部兵取宁国,下令无虏掠。既至城下,喻以祸福,宁国开门迎降,秋毫无犯。复令兵从至焦山,与宋将孙虎臣、张世杰转战百余里,杀获甚多,以功赐金虎符,进信武将军,镇高邮。

宋平,伯颜等朝京师,帝问:“有瘦而善战者,朕忘其名。”伯颜以高山对,且盛称其功。帝即召见,命高山自择一大郡以佚老,而以所部军俾其子领之。高山辞曰:“臣筋力尚壮,犹能为国驱驰,岂敢为自安计。”帝从之,进显武将军。领兵北征,屯亦脱山。十六年,命同忽都鲁领三卫军戍和林,因屯田以给军储,岁不乏用。乃颜叛,督战有功,赐三珠虎符、蒙古侍卫亲军都指挥使,守卫东宫。

成宗悯其老,以其子阔阔不花袭职,赐钞三百锭。大德七年,卒于家,年七十六。

巩彦晖,易州人,与兄彦荣俱以武勇称。初,彦荣以百夫长隶千户何伯祥麾下,累有战功,后告老,以彦晖代之。

诸军伐宋,彦晖从破枣阳,斩首甚众。万户张柔之驻曹武也,彦晖与伯祥别将一军破大洪诸寨。宋人出荆、鄂,选兵二万救之,彦晖与伯祥逆战,斩首五百级,生擒曹路分等一十六人。是夜,宋兵来攻,彦晖率甲士三十人,追击于曹武镇,敌溃走,擒其主将以归。战光州,柔军于东北,夜二鼓,命彦晖率劲卒二百伏西南。五鼓,东北声振天地,彦晖植梯先登,众继之,破其外城。遂急攻,并其子城破之。战滁州,彦晖率浮浑脱者十人,夜渡池水,入栏马墙,杀守军三铺,焚其东南角排寨木帘。大军继之,比明拔其城。

会大军攻黄州,诸将壁垒未定,有舟来觇。柔遣彦晖伏甲二百于赤壁之下,敌军夜半果水陆并至。彦晖等曳枪俟其半过而击之,敌大挠,死者无算,生擒十七人。师还,又破张家寨,以守将献。从攻寿州,夺其门,生擒三人以出。泗州之役,诸将自四鼓集城下,为堑水所阻,黎明无敢渡者。两军交射如雨,彦晖被重甲径渡。敌将来御,彦晖刺其胸搏杀之。众毕渡,至晡得其外城,寻登其月城。彦晖将下,顾伯祥失所在,乃与王进反求之。敌复追袭,彦晖力战,翼伯祥以出。由是伯祥与彦晖如亲昆弟然。事闻,赐彦晖银符牌,俾兼镇抚事。

岁己未十一月,兵渡江,次武昌。宋援兵四集,彦晖逆战,有舟数十来挑战,颜晖逐之入湖中,伏出,围彦晖数匝,左右莫能近。彦晖矢尽,短兵接,身被重伤,度不可免,遂投水中。敌援之出,载归江州,见宋官不屈,问以事不对,竟死。年五十六。

长子信,袭授银符,易州等处管军总把。中统三年,从征李璮。至元四年,从元帅阿术南征。九年,从攻樊城,先登,夺其土城,焚西南角楼,杀敌军十人,擒五人。宋将矮张以舟兵来援,自高头堡战斗八十余里,抵襄阳城下,夺战舰二,获其裨将二人、军八人。

十一年,从丞相伯颜攻沙阳堡,率勇士五十,纵火焚其寨,敌军大乱,遂破之。是年,从渡江,与宋兵战,俘生口十一,夺战舰二。继又领军由陆进,直抵鄂城下,杀宋兵数十人,擒江路分一人以归。十二年,战丁家洲,杀宋兵七十余人,夺战舰二。江南平,以功升武略将军、管军千户,镇太平州。十六年,以疾辞。

子思明、思温、思恭。思明初患目疾,以思温袭。及思温卒,而思明疾愈,复以思明袭。思明卒,以思恭袭怀孟万户府管军下千户,佩金符。

蔡珍,彰德安阳人。

父兴,幼隶军籍,从宗王口温不花出征,权管军百户。兴告老,以珍代之。

珍素骁勇,岁戊午,从宪宗攻宋合州钓鱼山。中统元年,从世祖征阿里不哥。三年,从征李璮。后从镇襄阳,徇安庆,攻五河,所至有功。

南方平,遂入备宿卫。十四年,授忠显校尉、管军总把。寻命权千户。是年冬,扈驾驻黑城。珍遣兵士储刍稿,筑土室,军府赖其用。道遇冻者,必扶入密室温煦之。军粮必为撙节,不使顿绝以致饥困。十五年,充本卫都镇抚。十七年,升忠武校尉、中卫亲军总把。俄改属后卫,赐银符。

时白海初建行营,命珍督役。卒事,民不知扰,虽草木无纤介损。帝临幸,问其故,近臣以蔡珍号令严肃为对,帝嘉之,赏以钞若干。二十一年,改授胶东海道都漕运司丁壮万户府都镇抚。二十七年,进后卫亲军千户,佩金符。元贞元年,进阶武略。俄告老而归。子恕袭。

张泰亨,堂邑县人。父山,为管军百户。泰亨袭职,从攻宋钓鱼山及樊城,征女儿阿塔,有功。中统二年,授银符,侍卫军总把。三年,从围李璮,有功。至元四年,赐金符,升京东归德等处新军千户。从征西川有功,授元帅府镇抚。六年,改省都镇抚。七年,从攻襄阳,矢中右臂。十年,从攻樊城。十二年,进武略将军、管军总管。寻进明威将军。从攻潭州,矢中鼻,拔矢奋战,却敌兵。十三年,赐虎符,进阶武德。从征广西,破静江府。十四年,还军潭州,金疮发,卒。

子继祖袭,移镇鄂州,舟过洞庭,溺死。

子震幼,以兄显祖代之。二十四年,从征交趾,陷没。震袭职,授金符、昭信校尉、管军上千户。延祐二年,覃恩加武略将军,寻进阶武德。五年,升武节将军、颍州万户府副万户。天历二年,卒,子瑄袭。

贺祉,益都人。

父进,尝平涟水有功,为元帅左监军,守淄州。改千户,守胶州。祉,初以质子入宿卫。至元六年,袭父职为千户,仍守胶州。七年,宋兵攻胶州,祉固守,战退之。十年,领舟师五百艘为先锋,攻五河口城。军还,殿后。时宋兵以巨索横截淮水,号混江龙,祉用大刀断之,却其救兵,清河城遂降。攻高邮、宝应,战淮安城下,尸填壕中。丞相伯颜以其功上闻,授武节将军。攻泗州,获战船五百艘还。

从右丞别乞里迷失入朝,帝赐以弓矢、锦衣、鞍勒,加宣武将军。镇新城,绝淮安、宝应粮道,降之,得战船六百艘及器械,上于行枢密院,遂命领宝应军民事。十四年,特赐金虎符、怀远大将军。

二十年,建宁路黄华反,以所领军捕之,有功。二十四年,以征交趾请行,湖广行省檄令守辎重,屯思明州。军还,至建康卒。

孟德,济南人。国初由邹平县令、淄州节度使累官至同知济南路事。太宗即位之八年,诸王阔端命德为元帅,佩金符,领济南军攻宋徐州、光州,降其众而有其地。岁甲辰,定宗母六皇后称制,大王按只台以德为万户,攻濠、蕲、黄等州,积有战功。宪宗即位之三年,命德守睢州。五年，移守海州，宋安抚吕文德以兵扰边，德败之，俘其太尉刘海。丁巳，从伯颜攻襄樊。己未，与子义从世祖攻鄂州，先登。中统三年，从征李璮。璮平，德以老告归。

义袭为万户，领兵守沂、郯。四年，赐虎符。至元元年，城郯。六年，从山东统军帖赤如五河，宋军拒南岸，义率兵渡河击之，凡数战有功。九年，授怀远大将军，迁宿州万户。十一年，宋制置夏贵攻正阳，义夺战舰数艘，遂败之。十二年，掠地至安庆等处，攻扬子桥获功。十三年三月，改守杭州。九月，从下福建、温、台等处。十四年四月，授昭勇大将军、瑞州路达鲁花赤。十月，徙镇闽州。十六年，授昭勇大将军、招讨使。二十二年，复为沂、郯万户。元贞元年，以老辞职。

子智袭职，授三珠虎符、宣武将军，为万户。延祐二年，进明威将军，以病去职。子安世袭。

郑义，河间人也。初，事太宗，佩金符，山东路都元帅，兼景州军民人匠长官。从伐金，岁壬辰，与敌战于归德，死之。

弟德温袭，甲午，从攻徐州，陷阵而死。

子泽袭，从万户史天泽出征，多立战功。

年老，弟江代其职。世祖北征，赐金符，授侍卫亲军副都指挥使，判武卫军事，兼景州军民人匠长官。

中统三年，李璮据济南叛，世祖令各州县长官子弟充千户。于是以江子郇为千户，领景州新签军千余，败贼众于王马桥，诸王哈必赤赏银五十两。璮平，郇以例罢。江升为武卫亲军都指挥使，赐虎符，寻改属左卫。至元八年，从攻襄阳，殁于阵。郇袭其职。

张荣实，霸州保定县人。

父进，金季封平北公，守信安城。壬辰岁，率所部兵民降，太宗命为征行万户。甲午，征河南，与金将国用安战徐州，死焉。

荣实，始以质子入宿卫，继授金符，充征行水军千户。丁酉，改雄州保定新城长官。庚子，复命统领水军。甲辰，从大将察罕军至淮上，遇宋将吕文德，与战，俘五十余人，赏银碗、战马。从攻江陵，略襄阳，宋以舟师横截汉水，兵不得渡。荣实战却之，获人百余，战船数十艘，察罕以闻，赐锦袍及银十五斤。又破宋军于太湖，赏银百两。己未，从世祖南征，驻阳罗渡。宋兵十万、舟二千迎战，横截江水。帝以荣实习于水，命居前列，遂取轻舟率麾下水校鏖战北岸，获宋大船二十，俘二百，溺死不可胜计，斩宋将吕文信。中统元年，帝即位，录其勋劳，授金虎符、水军万户，仍以其子颜代为霸州七处管民万户。三年，李璮叛，荣实从史天泽讨平之，赏金碗及银二百五十两、马一匹，命镇胶西。

至元五年，从丞相阿术攻襄阳，败夏贵，擒张顺。又攻樊城，俘其二将，赏银百两及弓矢、鞍勒。十一年，增领新军，从丞相伯颜南征，荣实以所部军先进，诸将飞渡，鄂、汉皆降，论功授昭毅大将军。从阿里海牙攻岳州，降宋将高世杰，破沙洋、新市，降江陵，以功加昭武大将军。偕元帅宋都台征江西隆兴，擒宋将密佑，抚州降。十三年，授同知江西道宣慰使司事，未旬日，升镇国上将军、福建道宣慰使。进兵广东，破降韶州。十四年，改江东宣慰使、行省参知政事。帝以广东余党未附，命与右丞塔出抚定之。

十五年，入觐，帝赐酒慰劳，授湖北道宣慰使、诸路水军万户。是年，以疾卒，年六十一。子颜、玉、珪。

玉袭父职，为怀远大将军、诸路水军万户。十六年，讨吉安叛贼有功，入朝，赐金织文衣、弓矢、佩刀，加辅国上将军、都元帅、兼水军万户，镇黄州。继奉旨与元帅唐兀台改立蕲黄等路都元帅府，仍管领本道镇守军马。二十年，广东盗起，遏绝占城粮运。二十一年，玉率兵讨平之。从参知政事也的迷失入朝，赐金织文衣、鞍勒、弓刀。

会元帅罢，命玉充保定水军上万户。二十二年，番阳湖贼起，诏徙水军万户府于南康。二十四年，从参知政事乌马儿征交趾，累战有功。二十五年，师还，安南以兵迎战，大战连日，水涸舟不能行，玉死焉。子辅袭万户。辅卒，子道重袭。

石抹狗狗，契丹人。

其先曰高奴。岁辛未，太祖至威宁，高奴与刘伯林、夹谷常哥等以城降。会置三万户、三十六千户以总天下兵，遂以高奴为千户，遥授青州防御使，佩金符。己丑，从太宗伐金，为征行千户，卒于军。

子常山，袭为千户。癸丑，升总管，领兴元诸军奥鲁屯田，并宝鸡驿军，权都总管万户。岁余卒。

子乞儿袭，领本万户诸翼军马，从都元帅纽璘攻重庆、泸、叙诸城，数有战功。时忽都叛于临兆，乞儿等以蒙古、汉军从往讨之。至元二年，从都元帅按敦移镇潼川。四年九月，从攻蓬溪寨，死焉。子狗狗袭。

狗狗少从征伐，以壮勇称。八年，从金省严忠范以兵围重庆，攻朝阳寨，先登。九年，宋将昝万寿率众袭成都，狗狗以蒙古军二千击败之。十六年，朝廷录其前后功，赐金虎符，授宣武将军、管军总管，戍遂宁。十七年，进明威将军、管军副万户。

亦奚不薛蛮叛，从招讨使药剌海讨平之。行省也速带儿讨都掌、乌蒙、蚁子诸蛮，战于鸭楼关，狗狗最有功。二十一年，以蒙古军八百从征散猫蛮，战于菜围坪、渗水溪，皆败之，壁守石寨，月余散猫降，大盘诸蛮亦降。二十四年，迁怀远大将军、夔路万户，移戍重庆。二十六年，卒，子安童袭。

楚鼎，安丰蒙城人。

父玠，仕金为镇国上将军、寿春府防御使。金亡，归宋，命守宿州。岁己亥，以州降，阿术鲁命玠守之。宋兵来攻宿州，城破，玠死之。

宋人囚鼎于镇江府，凡十有四年，会赦免。至元十二年，师渡江，鼎从知太平州孟之缙降。行省遣鼎谕宁国府守将孙世贤，下之，承制授鼎管军总管。制下,加怀远大将军,领兵镇宁国。平建平、南湖、广德诸盗。鼎与权万户孛罗台护送徽州招抚使李铨男汉英归徽州,谕铨下其城。十三年,汉英与李世达叛,旌德、太平两县附之,鼎与兀忽纳进兵,用徽人郑安之策,按兵而入,兵不血刃而乱定。十五年,鼎始受符印。

十八年,东征日本,鼎率千余人从左丞范文虎渡海。大风忽至,舟坏,鼎挟破舟板漂流三昼夜,至一山,会文虎船,因得达高丽之金州。合浦海屯驻散兵亦漂泛来集,遂领之以归。

樊楫,冠州人。初为军吏,从参政阿里海牙下鄂、江陵有功,以行省命为都事。宋平,从入朝,改员外郎。从定广西,升郎中。从攻崖山,进参议行中书省事、同知湖南宣慰司事。二十一年,擢金荆湖占城行中书省事。从阿里海牙征交趾,无功而还。

二十四年,复征交趾,进行中书省参知政事。时三道进兵,皇子镇南王与右丞程鹏飞分二道,一入永平,一入女儿关。楫与参政乌马儿将舟师入海,与贼舟遇安邦口,楫击之,斩首四千余级,及生擒百余人,获船百余艘,兵仗无算,遂至万劫山,合镇南王兵。十二月,进攻交趾,陈日烜弃城走敢喃堡。二十五年正月,王攻敢喃堡,破之,日烜走入海中。交人皆匿其粟而逃,张文虎馈饷不至。二月,天暑,食且尽,于是王命班师。楫与乌马儿将舟师还,为贼邀遮白藤江。潮下,楫舟胶,贼舟大集,矢下如雨,力战,自卯至酉,楫被创,投水中,贼钩执毒杀之。至顺元年,赠推忠宣力效节功臣、资德大夫、江浙行省右丞、上党郡公,谥忠定。

张均,济南人也。

父山,从军伐宋,以功为百户,俄升总把,战死。

均袭百户,从亲王塔察儿攻鄂州,面中流矢。中统三年,从征李璮有功,以总帅命升千户,领兵守淄州。至元六年,从左丞董文炳攻宋五河口,转战濠州北,遇其伏兵,均率众力战,败之。十年,攻连州,夺孙村堡。十二年,赐金符,授忠翊校尉、沂郯翼千户。从攻芜湖,夺宋战船,俘四十余人。又从丞相阿塔海战有功,加武略将军。十四年,赐虎符,加宣武将军。二十二年,升松江万户。二十四年,从镇南王征交趾。二十六年,从北征,擢明威将军、前卫亲军副都指挥使。三十年,世祖亲征乃颜,以扈从受赏。

成宗即位,命屯田和林,规画备悉有法。诸王药木忽儿北征,给饷赖之,未尝乏绝。帝嘉其能,赐予有加。大德元年,改和林等处副元帅。历宣尉司同知,升都元帅,加镇国上将军。延祐元年,卒。子世忠,袭前卫亲军副都指挥使。

信苴日,僰人也,姓段氏。

其先世为大理国王,后累为权臣高氏所废。岁癸丑,当宪宗朝,世祖奉命南征,诛其臣高祥,以段兴智主国事。乙卯,兴智与其季父信苴福入觐,诏赐金符,使归国。丙辰,献地图,请悉平诸部,并条奏治民立赋之法。宪宗大喜,赐兴智名摩诃罗嵯,命悉主诸蛮白爨等部,以信苴福领其军。兴智遂委国任其弟信苴日,自与信苴福率僰、爨军二万为前锋,导大将兀良合台讨平诸郡之未附者,攻降交趾。入朝,兴智在道上卒。

中统二年,信苴日入觐,世祖复赐虎符,诏领大理、善阐、威楚、统矢、会川、建昌、腾越等城,自各万户以下皆受其节制。至元元年,舍利畏结威楚、统矢、善阐及三十七部诸爨各杀守将以叛,善阐屯守官不能御,遣使告急。信苴日率众进讨,大败之于威楚宝满裔。复遣孛罗攻贼于统矢城,又大破之,遂定统矢。其秋,舍利畏又以众十万谋攻大理,诏都元帅也先与信苴日讨之。师至安宁,遇舍利畏,击破走之。遂复善阐,降威楚,定新兴,进攻石城、肥腻皆下之,爨部平。三年,信苴日入觐,录功赐金银、衣服、鞍勒、兵器。

十一年,赛典赤为云南行省平章政事,更定诸路名号,以信苴日为大理总管。未几,舍利畏复叛,信苴日遣石买等诡为商旅,执贽往见,挺矛撞杀之,及其党一人,枭首于市。行省以闻,复赐金一锭及金织纹衣。于是置郡县,署守令,行赋役,施政化;与中州等。十三年,缅国拥象骑数万,掠金齿南甸,欲袭大理,行省遣信苴日与万户忽都领骑兵千人御之。信苴日以功授大理、蒙化等处宣抚使。

十八年,信苴日与其子阿庆复入觐,帝嘉其忠勤,进大理、威楚、金齿等处宣慰使、都元帅,留阿庆宿卫东宫。及陛辞,复拜为云南诸路行中书省参知政事。十九年,诏同右丞拜答儿迎云南征缅之师,行至金齿,以疾卒。信苴日治大理,凡二十三年。

子阿庆袭爵,累授镇国上将军,大理金齿等处宣慰使都元帅,佩金虎符。

王昔剌,保定人。初事世祖,以其有勇略,遂赐名昔剌拔都。从攻钓鱼山及阿里不哥,累功赐金符,授武卫亲军千户。中统三年,从征李璮于济南,屡捷。四年春,元帅阿术驻兵河南,遣昔剌将蒙古、汉军复立宿州。至元六年,赐虎符,升海州万户。引兵攻盐林山寨,多所俘获。十年,授东川行枢密院同佥。十五年,征爨府有功。十六年,徙镇万州,卒于军。

子二:曰宏,曰宁。宏先佩金符,为左卫千户。及枢密院拟宁袭武职,宁让其兄宏,于是授宏中卫都指挥使,佩父虎符,而以宁代宏为千户,佩金符。宁从阿剌台、憨合孙北征,追击脱脱木儿之军于阿纳秃阿之地。师还,又从别急里迷失等击贼外剌,斩首百余级。复从忽鲁忽孙北征有功。升右卫亲军总管。复改前卫都指挥使司佥事。子处恭袭宏职,仕至侍御史。

赵宏伟,字子英,甘陵人,后徙颍川。至元十三年,国兵攻宋,宏伟以书谒元帅宋都䚟于军中,奇之,俾紧兵略地临江。至吉州,宋主将管忠节、路分邹超悉众出战,宏伟败之,追北二十余里,薄其城,示以祸福,知州周天骥以城降。宋都䚟嘉宏伟有功,赏银三十两,署为吉州参佐官。吉民有为乱者,宏伟设伏桥下,以火攻之,贼战退走,伏发,众蹂践几尽。乘胜捣其巢穴,余党悉出拒战。宏伟旋兵袭其背，斩其渠魁，一州遂安。

宋厢禁军总管王昌、勇敢军总管张云诱新附五营军为乱。事觉，昌就擒，宏伟夜袭云，斩首以献，俘其党五百人。宋都觯欲尽诛之，宏伟曰："此属讹误，非得已也。今悉就诛，何以安反侧？"众得免死。以功授太和县尹。宋相文天祥署其将罗开礼、叶良臣，集众谋复吉、赣、临江，宏伟斩良臣，俘开礼，释其余众。十五年，以功赐金符，迁瓜州河渡提举。十七年，改衡州路总管府治中。群盗出没其境，宏伟计其地，兴屯田。民既足食，盗亦为农，郡遂宁谧。

大德五年，用中丞董士恒荐，起金浙西道肃政廉访司事。镇江旱，蠲民租九万余石。吏畏飞语，复征于民，民无所出。行台令宏伟核实，卒蠲之。大风海溢，润、常、江阴等州庐舍多荡没，民乏食。宏伟将发廪以赈，有司以未得报为辞，宏伟曰："民旦暮饥，擅发有罪，我先坐。"遂发之，全活者十余万。迁江南行台都事。十一年，江南大饥，宏伟请以赃罚钱赈之，民赖以生。

至大二年，召为内台都事。仁宗在东宫时，闻其名，遇之甚厚，常以字呼之。及出为浙东廉访副使，陛辞之日，仁宗出币帛，俾择所欲者即赐之。宏伟至浙东，闻郡人许谦得朱熹道学之传，延致为师，于是人知向慕。未几，擢江南行台治书侍御史。皇庆二年，致仕。延祐三年，复起为福建道肃政廉访使。未几，以疾辞。泰定三年，卒，年四十四。赠嘉议大夫、礼部尚书、上轻车都尉，追封天水郡侯，谥贞献。

子思恭，追封天水郡侯；思敬，以处士征为教授。赵琏别有传。

元史卷一六七
列传第五四

张立道　张庭珍 庭瑞　张惠
刘好礼　王国昌 通　姜彧
张础　吕堙　谭资荣　王恽

张立道,字显卿。其先陈留人,后徙大名。

父善,登金进士第。岁壬辰,国兵下河南,善以策干太弟拖雷,命为必阇赤。

立道,年十七以父任备宿卫。世祖即位,立道从北征,未尝去左右。至元四年,命立道使西夏,给所部军储,以干敏称。皇子忽哥赤封云南王,往镇其地,诏以立道为王府文学。立道劝王务农以厚民,即署立道大理等处劝农官,兼领屯田事,佩银符。寻与侍郎宁端甫使安南,定岁贡之礼。

云南三十七部都元帅宝合丁专制岁久,有窃据之志,忌忽哥赤来为王,设宴置毒酒中,且赂王相府官无泄其事。立道闻之,趋入见,守门者拒之。立道怒与争,王闻其声,使人召立道,乃得入,为王言之。王引其手,使探口中,肉已腐矣。是夕,王薨。宝合丁遂据王座,使人讽王妃索王印。立道潜结义士,得十三人,约共讨贼,刺臂血和金屑饮之,推一人走京师告变。事颇露,宝合丁乃囚立道,将杀之。人匠提举张忠者,燕人也,于立道为族兄,结壮士夜劫诸狱出之,共亡至土蕃界,遇帝所遣御史大夫博罗欢、王傅别帖与告变人俱来。二人者遂与立道俱还，按宝合丁及王府官尝受赂者，皆伏诛。有旨召立道等入朝，问王薨时状。帝闻立道言，泣数行下，歔欷久之，曰："汝等为我家事甚劳苦，今欲事朕乎，事太子乎，事安西王乎？惟汝意所向。"立道等奏愿留事陛下，于是赐立道金五十两，以旌其忠，张忠等亦皆授官有差。

八年，复使安南，宣建国号诏。立道并黑水，跨云南，以至其国，岁贡之礼遂定。十年三月，领大司农事，中书以立道熟于云南，奏授大理等处巡行劝农使，佩金符。其地有昆明池，介碧鸡、金马之间，环五百余里，夏潦暴至，必冒城郭。立道求泉源所自出，役丁夫二千人治之，泄其水，得壤地万余顷，皆为良田。爨、僰之人虽知蚕桑，而未得其法，立道始教之饲养，收利十倍于旧，云南之人由是益富庶。罗罗诸山蛮慕之，相率来降，收其地悉为郡县。

十五年，除忠庆路总管，佩虎符。先是云南未知尊孔子，祀王逸少为先师。立道首建孔子庙，置学舍，劝士人子弟以学，择蜀士之贤者，迎以为弟子师，岁时率诸生行释菜礼。人习礼让，风俗稍变矣。行省平章赛典赤表言于朝，有旨进官以褒之。

十七年，入朝，力请于帝以云南王子也先帖木儿袭王爵，帝从之。遂命立道为临安广西道宣抚使，兼管军招讨使，仍佩虎符。陛辞，赐以弓矢、衣服、鞍马。始赴任，会禾泥路大首领必思反，扇动诸蛮夷。亟发兵讨之，拔其城邑，鼓行而前，徇金齿甸七十城，越麻甸，抵可蒲，皆下之。有遗以驯象、金凤异物者，悉献诸朝。二十二年，又籍两江侬士贵、岑从毅、李维屏所部户二十五万有奇，以其籍归有司。迁临安广西道军民宣抚使。复创庙学于建水路，书清白之训于公廨，以警贪墨，风化大行。入朝，值权臣用事，遂退居散地。条陈十二策，皆功当世之务，帝嘉纳焉。

二十七年，北京地陷，人民震惊，命立道为本路总管。未行。安南世子陈日燇遣其臣严仲罗、陈子良等诣京师告袭爵。先是，其国主陈日烜累召不至，仅遣其族父遗爱入贡，朝廷因封为安南王。遗爱还，日烜阴害之。遣使问罪，日烜拒使者不受命，遂遣将讨之，失利而还。帝怒，欲再发兵，丞相完泽、平章不忽木言："蛮夷小邦，不足以劳中国。张立道尝再使安南有功，今复使往，宜无不奉命。"帝召至香殿，谕之曰："小国不恭，今遣汝往谕朕意，宜尽乃心。"立道对曰："君父之命，虽蹈水火不敢辞，臣愚恐不足专任，乞重臣一人与俱，臣为之副。"帝曰："卿朕腹心臣，使一人居卿上，必败卿谋。"遂授礼部尚书，佩三珠虎符，赐衣段、金鞍、弓矢以行。

至安南界，谓郊劳者曰："语尔世子，当出郭迎诏。"日烜乃率其属，焚香伏谒道左。既抵府，日烜拜跪，听诏如礼。立道传上命，数其罪，为书晓之。日烜曰："比三世辱公使，公大国之卿，小国之师也，何以教我？"立道曰："昔镇南王奉词致讨，汝非能胜之也，由其不用向导，率众深入，不见一人，迟疑而还，曾未出险，风雨骤至，弓矢尽坏，众不战而自溃，天子亦既知之。汝所恃者，山海之险、瘴疠之恶耳。且云南与岭南之人，习俗同而技力等，今发而用之，继以北方之劲卒，汝复能抗哉？汝战不利，不过遁入海中。岛夷乘衅，必来寇抄汝，汝食少不能支，必为彼屈，汝为其臣，孰若为天子臣乎？今海上诸夷，岁贡于汝者，亦畏我大国之尔与也。圣天子有德于汝甚厚。前年之师，殊非上意，边将谗汝尔。汝曾不悟，不能遣一介之使，谢罪请命，辄称兵抗拒，逐我使人，以怒我大国之师，今祸且至矣，惟世子计之。"

日烜拜，且泣涕而言曰："公之言良是也，为我计者，皆不知出此。前日之战，救死而已，宁不知惧天子使，公来必能活我。"北面再拜，誓死不敢忘天子之德。遂迎立道入，出奇宝为贿，立道一无所受，但要日烜入朝。日烜曰："贪生畏死，人之常情。诚有诏贷以不死，臣将何辞。"乃先遣其臣阮代之、何惟岩等随立道上表谢罪，修岁贡之礼如初，且言所以愿朝之意。廷臣有害其功者，以为必先朝而后赦。日烜惧，卒不敢至，议者惜之。

二十八年，遣立道奉使按行两浙。寻以为四川南道宣慰使，迁陕西汉中道肃政廉访使。三十年，皇曾孙松山封梁王，出镇云南。大德二年，廷议求旧臣可为梁王辅行者，立道遂以陕西行台侍御史拜云南行省参政。视事期月,卒于官。

立道凡三使安南,官云南最久,颇得土人之心,为之立祠于鄯善城西。

立道所著诗文,有《效古集》、《平蜀总论》、《安南录》、《云南风土记》、《六诏通说》若干卷。

子元,云南行省左右司郎中。

张庭珍,字国宝。临潢全州人。

父楫,金商州南仓使。岁壬辰,籍其民数千来降,太宗命监榷北京等路赋课。俄改北京都转运使,因家北京。

岁辛亥,宪宗即位,以庭珍为必阇赤。高丽不请命,擅徙居海中江华岛,遣庭珍往问之。其王言:“臣事本朝,未尝不谨,而大军岁入侵掠,避而走险,不得已也。”且赂庭珍金银数千两,庭珍却之而归,以状闻。帝为禁戍兵无擅入其地,高丽以安。帝伐宋至阆州,授安抚使。

世祖即位,自将北伐。以庭珍熟知西京入漠南路,遣立沙井诸驿,兼给粮运。俄授同金土蕃经略使。

至元六年,安南入贡不时。以庭珍为朝列大夫、安南国达鲁花赤,佩金符,由吐蕃、大理诸蛮至于安南。世子光昞立受诏,庭珍责之曰:“皇帝不欲以汝土为郡县,而听汝称藩,遣使谕旨,德至厚也。王犹与宋为唇齿,妄自尊大。今百万之师围襄阳,拔在旦夕,席卷渡江,则宋亡矣,王将何恃?且云南之兵不两月可至汝境,覆汝宗祀不难者,其审谋之。”光昞惶恐,下拜受诏,既而语庭珍曰:“圣天子怜我,而使者来多无礼。汝官朝列,我王也,相与抗礼,古有之乎?”庭珍曰:“有之。王人虽微,序于诸侯之上。”光昞曰:“汝过益州,见云南王拜否?”庭珍曰:“云南王,天子之子,汝蛮夷小邦,特假以王号,岂得比云南王。况天子命我为安南之长,位居汝上耶。”光昞曰:“既称大国,何索吾犀象?”庭珍曰:“贡献方物,藩臣职也。”光昞无以对,益惭愤,使卫兵露刃环立以恐庭珍。庭珍解所佩弓刀坦卧室中曰："听汝何为！"光昞及群下皆服。明年，遣使随庭珍入贡。庭珍见帝，以所对光昞之言闻。帝大悦，命付翰林承旨王磐纪之。

授襄阳行省郎中。与阿里海牙从数骑抵襄阳南门，呼宋将吕文焕语曰："我师所攻，无不取者，汝孤城路绝，外无一兵之援，而欲以死守求空名，如阖郡之人何！汝宜早图之。"文焕帐前将田世英、曹彪执其总管武荣来降，文焕益孤，明日遣黑杨都统来议纳款。将遣之还报，庭珍曰："彼来，或以计觇我，未能必其果降。此人吕氏腹心，不如留之，以伐其谋。"元帅阿术然之，乃留不遣。又明日，文焕举城降。以功迁中顺大夫，遥授知归德府，行枢密院经历。诸军南渡，复为行省郎中。俄授金虎符、襄阳总管，兼府尹，改郢、复二州达鲁花赤。

宋平，迁平江路达鲁花赤，改同知浙东宣慰使司事。未行，拜大司农卿。连居亲忧，起复南京路总管，兼开封府尹。开封有控鹤军士十余人，赁大宅聚居，纵横街陌，庭珍始至，察其必为盗，急捕之，得宝玩、器服、子女满室，穷索其党俱杀之，民以为神。河决，灌太康，漂溺千里，庭珍括商人渔子船及缚木为筏，载糗粮四出救之，全活甚众。水入善利门，庭珍亲督夫运薪土捍之，不能止，乃颓城为堰。水既退，即发民增外防百三十里，人免水忧。俄卒于官。

庭珍，性清慎。丞相伯颜尝语人曰："诸将渡江，无不荒贪，唯我与国宝始终自守。"闻者以为知言。弟庭瑞。

庭瑞，字天表，幼以功业自许，兵法、地志、星历、卜筮无不推究，以宿卫从宪宗伐蜀为先锋。中统二年，授元帅府参议，留戍青居。

诸军攻开州、达州，庭瑞将兵筑城虎啸山，扼二州路。宋将夏贵以师数万围之，城当炮，皆穿，筑栅守之。栅坏，乃依大树张牛马皮以拒炮。贵以城中人饮于涧，外绝其水。庭瑞取人畜溲沸煮之，泻土中以泄臭，人日饮数合，唇皆疮裂，坚守逾月，援兵不敢进。庭瑞度宋兵稍懈，三分其兵，夜劫贵营。宋兵惊溃，杀都统栾俊、雍贵、胡世雄等五人,斩千余级,庭瑞亦被伤数处。以功授奉议大夫、知高唐州。改濮州尹,迁陕西四川道按察副使。政治过于猛,上官弗便,陷以罪,徙四川屯田经略副使。东西川行枢密院发兵围重庆,朝廷知庭瑞练习军事,换成都总管,佩虎符,舟楫、兵仗、粮储皆倚以办。

蜀平,升诸蛮夷部宣慰使,甚得蛮夷心。碉门羌与妇人老幼入市,争价杀人,碉门鱼通司系其人。羌酋怒,断绳桥,谋入劫之。鱼通司来告急,左丞汪惟正问计,庭瑞曰:“羌俗暴悍,以斗杀为勇。今如蜂毒一人,而即以门墙之寇待之,不可。宜遣使往谕祸福,彼悟,当自回矣。”惟正曰:“使者无过于君。”遂从数骑,抵羌界。

羌陈兵以待,庭瑞进前语之曰:“杀人偿死,羌与中国之法同,有司系诸人,欲以为见证耳。而汝即肆无礼,如行省闻于朝,召近郡兵空汝巢穴矣。”其酋长弃枪弩罗拜曰:“我近者生裂羊脾卜之,视肉之文理何如,则吉其兆,曰:‘有白马将军来,可不劳兵而罢。’今公马果白,敢不从命。”乃论杀人者,余尽纵遣之。遂与约,自今交市者,以碉门为界,无相出入。

官买蜀茶,增价鬻于羌,人以为患。庭瑞更变引法,使每引纳二缗,而付文券与民,听其自市于羌,羌、蜀便之。先时,运粮由杨山溯江,往往覆陷,庭瑞始立屯田,人得免患。都掌蛮叛,蛮善飞枪,联松枝为牌自蔽,行省命庭瑞讨之。庭瑞所射矢,出其牌半簳,蛮惊曰:“何物弓矢,如此之力!”即请服。惟斩其酋兰德酋等十余人,而招复其余民。

授叙州等处蛮夷部宣抚使,改潭州路总管。时湖广省臣方剥民为功,庭瑞知不可拒,乃辞归关中。三年,思成都,遂从汉中分家奴往居焉。以疾卒。

庭瑞初屯青居,其土多橘,时中州艰得蜀药,其价倍常。庭瑞课闲卒,日入橘皮若干升储之,人莫晓也。贾人有丧其资不能归者,人给橘皮一石,得钱以济,莫不感之。家有爱妾,一日见老人与之语,乃其父也。妾以告庭瑞,召视之,其貌甚似,问:“欲得汝女归耶?”其人以为幸侍左右,非敢求与归。庭瑞曰:“汝女居吾家,不过群婢,归嫁则良人矣。"尽取奁装书券还之,时人以为难。

张惠,字廷杰。成都新繁人。宋尚书右仆射商英之裔孙也。其先徙居青河,后徙蜀。岁丙申,惠年十四,兵入蜀,被俘至杭海。居数年,尽通诸国语。丞相蒙速速爱而荐之,入侍世祖藩邸。以谨敏称,赐名兀鲁忽讷特。世祖即位,授燕京宣慰副使。为政宽简,奏免分数钱,罢硝碱局。俄迁侍中。

至元元年冬,拜参知政事,行省山东。以银赎俘囚二百余家为民,其不能归者,使为僧,建寺居之。李璮之乱,山东民被军士虏掠者甚众,惠至,大括军中,悉纵之。又奏选良吏,去冗官,以苏民瘼。迁制国用司副使。会改制国用司为尚书省,拜参知政事,迁中书左丞,进右丞。伯颜帅师伐宋,十二年夏,诏惠主其馈饷,凡江淮钱谷皆领之。

十二年春,宋降,伯颜命惠与参知政事阿剌罕等入城,按阅府库版籍,收其太庙及景灵宫礼乐器物、册宝、郊天仪仗。籍江南民为工匠凡三十万户,惠选有艺业者仅十余万户,余悉奏还为民。伯颜以宋主北还,俾惠居守。惠不待命,辄启府库封钥。伯颜以闻,诏左丞相阿术、平章政事阿塔海诘之,征还京师。

二十年,拜荣禄大夫、平章政事,行省扬州。二十二年,入朝,复命以平章政事行省杭州。至无锡卒,年六十二。惠所至有能声,及老,颇以沉浮取讥。子遵海。

刘好礼,字敬之,汴梁祥符人。父仲泽,金大理评事,遥授同知许州,徙家保定之完州。

好礼幼有志,知读书,通国言。宪宗时廉访府辟为参议。岁乙卯,改永兴府达鲁花赤。至元元年,以侍仪廉希逸荐召见,言举人材数事,称旨。五年,应诏建言:"凡有司奏请,宜先启皇太子,俾得阅习庶政,以为社稷生民之福。陕西重地,宜封皇子诸王以镇之。创筑都城,宜给直以市民地。选格不宜以中统三年为限,后是者不录。"帝是其言,敕中书施行。

七年,迁益兰州等五部断事官,以比古之都护,治益兰。其地距京师九千余里,民俗不知陶冶,水无舟航。好礼请工匠于朝,以教其民,迄今称便。或言榷盐酒可以佐经费,好礼曰:"朝廷设官要荒,务以绥远,宁欲夺其利耶!"言者惭服。

十年,北方诸王叛,执好礼军中,几死。其大将以好礼善应对,释之。十六年春,叛王召好礼至欠欠州曰:"皇帝疑我,致有今日。"好礼曰:"不疑。果疑王,召王至京师,肯还之耶?"十七年春,好礼率众走别部,守厄以待兵至。遇叛王军,迫好礼西逾雪峨岭。好礼自度,逾是则无望其还,遂以衣服赂叛王千户,始获东出铁壁山口,间道南走数日,从者继至且千人。中道粮绝,捕猎以为食。七月,至菊海,始与戍兵接,得乘传至昌州。入见,帝赐之食与钞。

十八年,授嘉议大夫、澧州路总管。十九年,入为刑部尚书,俄改礼部,又改吏部。好礼建言中书:"象力最巨,上往还两都,乘舆象驾,万一有变,从者虽多,力何能及。"未几,象惊几伤从者。二十一年,出为北京路总管。再入为户部尚书。二十五年六月,卒,年六十二。

子聂,为河西陇右道肃政廉访使。

王国昌,胶州高密人。初为胶州千户。中统元年,入觐,世祖察其能,迁左武卫亲军千户,佩金符。召问军旅之事,国昌奏对甚悉。帝嘉之,赐白金、锦袍。

至元五年,人有上书言高丽境内黑山海道至宋境为近,帝命国昌往视之。泛海千余里,风涛汹涌,从者恐,劝还。国昌神色自若,徐曰:"奉天子威命,未毕事而遽返,可乎?"遂至黑山乃还,帝延见慰劳。而东夷皆内属,惟日本不受正朔,帝知隋时曾与中国通,遣使谕以威德,令国昌率兵护送,道经高丽。时高丽有叛臣据珍岛城,帝因命国昌与经略使卯突、史枢等攻拔之。八年,复遣使入日本,乃命国昌屯于高丽之义安郡以为援。冬十月,卒于军。子通嗣。

通,初袭爵为左卫亲军千户。十二年从诸军伐宋,渡江,镇鄂州。时潭州不下,兵薄其城,通以所将千人破其栅,宋兵遁去。通纵兵追击,杀获甚众。以功进武节将军。从攻静江,下之。十四年,改侍卫亲军千户。明年,通上书言:"今南方已定,而北陲未安。请屯田于和林,率所部自效。"帝慰劳遣之。从破敌兵于金山,俘获生口及马羊牛驼不可胜计,进显武将军,赐金虎符,升金左卫亲军都指挥使。从讨叛王乃颜,迁副都指挥使。明年,屯田瓜、沙诸州,进阶明威将军。

武宗即位,命总京城卫兵。枢密院复奏通摄左丞,领诸卫屯田兵。寻迁屯储卫亲军都指挥使,镇海口。以疾卒。

子燕出不花,袭武德将军、左卫亲军副都指挥使。

姜彧,字文卿,莱州莱阳人也。父椿,避乱往依济南张荣,因家焉。彧幼颖悟好学,荣守济南,辟为掾。升左右司知事,寻迁郎中,进参议官。

中统三年,彧与荣孙宏入朝,因言益都李璮反状已露,宜先其未发制之。末报。明年春,璮果反。时诸郡不为兵备,璮即袭据济南。彧弃家从荣,招集散亡,迎诸王哈必赤进兵讨之。秋七月,捕得生口,言城中粮尽势蹙。彧乃昏夜请见王曰:"闻王陛辞时,面受诏曰:'发兵诛璮耳,毋及无辜。'今旦夕城且破,王宜日谕诸将分守城门,勿令纵兵,不然城中无噍类矣。"王曰:"汝言城破,解阴阳耶?"彧曰:"以人事知之,若待城破言于王,晚矣。"王悟。明日,贼众开门出降,王下令诸军,敢入城者论以军法。璮就擒,城中按堵如故。彧以功授大都督府参议,改知滨州。

时行营军士多占民田为牧地,纵牛马坏民禾稼桑枣。彧言于中书,遣官分画疆畔,捕其强猾不法者置之法。乃课民种桑,岁余,新桑偏野,人名为太守桑。及迁东平府判官,民遮请留,马为之不行。

至元五年,召拜治书侍御史。出为河北河南道提刑按察使,赐

金虎符,改信州路总管。后累迁陕西汉中、河东山西道提刑按察使,
拜行台御史中丞。后以老病归济南,寻擢燕南河北道提刑按察使。
三十年二月,以疾卒,年七十六。子迪吉。

张础,字可用,其先渤海人。金末,曾祖琛徙燕之通州。祖伯达,
从忽都忽那颜略地燕、蓟,金守其蒲察斥以城降。忽都忽承制以伯
达为通州节度判官,遂知通州。父范,为真定劝农官,因家焉。

础业儒。丙辰岁,平章廉希宪荐于世祖潜邸。时真定为诸王阿
里不哥分地,阿里不哥以础不附己,衔之,遣使言于世祖曰:"张础,
我分地中人,当以归我。"世祖命使者复曰:"兄弟至亲,宁有彼此之
间。且我方有事于宋,如础者,实所倚任。待天下平定,当遣还也。"
己未,从世祖伐宋,凡征发军旅文檄,悉出其手。

中统元年,立中书省,以础权左右司事。寻出为彰德路拘榷官,
复入为三部员外郎,赐金符,为平阳路同知转运使,改知献州,同知
东平府事,又改知威州。有妇人乘驴过市者,投下官暗赤之奴引鸣
镝射妇人坠地,奴匿暗赤家。础将以其事闻,暗赤惧,乃出其奴论如
法。

至元十四年,立诸道提刑按察司,以础为江南浙西道提刑按察
副使,佩金符。宣慰使失里贪暴,掠良民为奴,础劾黜之。遂安县民
聚众负险为乱,命础与同知浙西道宣慰使刘宣领兵捕之。宣即欲进
兵,础曰:"江南新附,守吏或失抚字,宜遣人招谕,以全众命。"宣不
可,础曰:"谕之不来,加诛未晚。"遂遣人谕之,逆党果自缚请罪,础
释之,宣乃叹服。

迁岭南广西道提刑按察使。广西宣慰使也里脱强夺民财,础按
其罪。迁岭北湖南道提刑按察副使,授宾州路总管,不赴,拜国子祭
酒,寻出为安丰路总管。三十一年,卒于官,年六十三。赠昭文馆大
学士、正奉大夫,封清河郡公,谥文敏。子淑,卫辉路推官。

吕垫,字伯充,河内人。七世祖公绪,与宋丞相公著为从昆弟。

祖庭，金末避乱去乡里。父佑，归附，初隶兵籍，转徙北郡，复至关中，家焉。廉希宪宣抚京兆，聘许衡教授生徒，鲲从衡学。衡为国子祭酒，举鲲为伴读，辅成教养，鲲之功为多。

至元十三年，擢陕西道按察司知事，未行。会宋降者言，襄、汉新附，民情未安，有吕子开者，向为襄阳制置司参谋官，今退居鄂，其人悉知宋事，宜征用之。朝廷议遣使而难其人。或言子开旧名伟，金乱入宋，更名文蔚，字子开，于鲲为从叔父，宜遣鲲行。时江淮兵犹未戢，鲲闻之，慨然请行。子开既入觐，陈安抚襄、汉便宜，诏以子开为翰林直学士，辞不就。

十四年，授鲲四川行枢密院都事。时宋制置使张珏守重庆，安抚使王立守合州，诏枢府分兵取之。李德辉行西院事于成都，获立侦卒张郜等数人，将杀之。鲲曰："彼不即降者，以昔尝抗命，城降，惧诛耳。今宜释郜等，俾归谕立。"未几，立果遣郜等赍蜡书至成都，德辉请与东院同受降，后期不至，德辉承制授立仍为安抚使，知合州，开仓赈民，禁戢剽掠。而泸、叙、崇庆、思、播、夔、万等郡闻之，相继送款。巴、黔民感鲲与德辉之惠，并祠事之。东院耻其无功，诬德辉越境邀功，械立于长安狱，将诛之。鲲适以事至京师，言于许衡。衡白留守贺仁杰，遂奏释立，赐金虎符，仍旧官。鲲亦以平定四川功，诏赐金织衣、弓刀、鞍勒、白金，升奉训大夫、四川行省左右司郎中。

十九年，调同知顺庆路总管府事，以疾辞。二十年，征为国子司业，以未终丧辞。三十年，改华州知州，劝农兴学，具有成效。及代，民争留之。

大德中，河东、关陇地震，月余不止，鲲与集贤学士萧𣂏，各设问答数千言，以究其理，且移书庙堂，陈救灾弭患之道。仁宗即位，召拜翰林侍读学士。时方议行科举，鲲曰："经明行修，质而少华，非惟士有实行，国家当得真才，以登治平。"未几致仕。延祐元年，遣使给驿送还关中。十二月，以疾卒，年七十八。赠陕西行省参知政事，追封东平郡公，谥文穆。

子三人：呆、果、桢，皆显仕。孙鲁，济宁路总管。

谭资荣字茂卿，德兴怀来人。敦厚寡言，颇知读书，仕金为县令。岁己卯，河朔归版图，资荣率众款附。主帅稔闻其名，即日以金符授元帅左都监，为县令如故。后从征，以功赐金虎符，升行元帅府事，复以其弟资用代充元帅左监军。

岁壬辰，资荣从攻汴梁有功。既而举资用自代，退而耕田读书，以为逸老计，时年四十。子二人：曰澄，曰山阜。

澄好读书，又习国语，为监县，多善政。世祖在潜邸时，澄入见，世祖嘉其容止安详，留居藩府，称其官而不名，以其弟山阜代为县。遣迩臣出使，必以澄偕。中统元年，制书褒美，以为怀孟路总管。明年，入觐，赐金符。四年，易虎符。居官时，讼至立决，教民力田务本。历彰德同知，迁河南路总管，兼府尹。明年，奔父丧。中书不听其终制，奏起复莅职。

后历司农少卿，迁陕西四川提刑按察使。逾年，西南夷罗罗斯内附，帝以澄文武兼资，可使镇抚新国，以为副都元帅、同知宣慰使司事。至其境，谕之曰："皇元一视同仁，不间远近，特置大帅，安集招怀，以捍外侮，非利征求于汝也。"夷人大悦。寻以疾卒。

子克修，事裕宗于东宫，出为江南湖北、河北河南、陕西汉中三道提刑按察使。孙男三人：曰忠，曰质，曰文。

王恽，字仲谋，卫州汲县人。曾祖经。祖宇，仕金，官敦武校尉。父天铎，金正大初以律学中首选，仕至户部主事。

恽有材干，操履端方，好学善属文，与东鲁王博文、渤海王旭齐名。史天泽将兵攻宋，过卫一见，接以宾礼。中统元年，左丞姚枢宣抚东平，辟为详议官。时省部初建，令诸路各上儒吏之能理财者一人，恽以选至京师，上书论时政，与渤海周正并擢为中书省详定官。二年春，转翰林修撰、同知制诰，兼国史院编修官，寻兼中书省左右司都事。治钱谷，擢材能，议典礼，考制度，咸究所长，同僚服之。

至元五年,建御史台,首拜监察御史。知无不言,论列凡百五十余章。时都水刘晸交结权势,任用颇专,陷没官粮四十余万石。恽劾之,暴其奸利,权贵侧目。又言:"晸监修太庙毕功,特转官锡赏,今才数年,梁柱摧朽,事涉不敬,宜论如法。"晸竟以忧卒。秩满,陈天祐、雷膺交荐于朝。

九年,授承直郎、平阳路总管府判官。初,绛之太平县民有陈氏者杀其兄,行赂缓狱,蔓引逮系者三百余人,至五年不决。朝廷委恽鞠之,一讯即得其实,乃尽出所逮系者。时绛久旱,一夕大雨。十三年,奉命试儒人于河南。十四年,除翰林待制。拜朝列大夫、河南北道提刑按察副使。寻改置诸道,制下,迁燕南河北道,按部诸郡,赃吏多所罢黜。十八年,拜中议大夫、行御史台治书侍御史,不赴。

裕宗在东宫,恽进《承华事略》,其目曰:广孝、立爱、端本、进学、择术、谨习、听政、达聪、抚军、崇儒、亲贤、去邪、纳诲、几谏、从谏、推恩、尚俭、戒逸、知贤、审官,凡二十篇。裕宗览之,至汉成帝不绝驰道,唐肃宗改服绛沙为朱明服,心甚喜,曰:"我若遇是礼,亦当如是。"又至邢峙止齐太子食邪蒿,顾侍臣曰:"一菜之名,遽能邪人耶?"詹事丞孔九思从旁对曰:"正臣防微,理固当然。"太子善其说,赐酒慰喻之。令诸皇孙传观,称其书弘益居多。

十九年春,改山东东西道提刑按察副使。在官一年,以疾还卫。二十二年春,以左司郎中召。时右丞卢世荣以聚敛进用,屡趣之不赴。或问其故,恽曰:"力小任大,剥众利己,未闻能全者。远之尚恐见浼,况可近乎!"既而果败,众服其识。

二十六年,授少中大夫、福建闽海道提刑按察使。黜官吏贪污不法者,凡数十人;察系囚之冤滞者,决而遣之;戒戍兵无得寓民家,而创营屋以居之。每谓为治之本在于得人,乃进言于朝曰:"福建所辖郡县五十余,连山距海,实为边徼重地。而民情轻诡,由平定以来官吏贪残,故山寇往往啸聚,愚民因而蚁附,剥掠村落,官兵致讨,复柔践之甚,非朝廷一视同仁之意也。今虽不能一一择任守令,而行省官僚如平章、左丞尚缺,宜特选清望素著、简在帝心、文足以抚绥黎庶、武足以折冲外侮者,使镇静之,庶几治安可期矣。"

时行省讨剧贼钟明亮无功,恽复条陈利害曰:"福建归附之民户几百万,黄华一变,十去四五。今剧贼猖獗,又酷于华,其可以寻常草窃视之?况其地有溪山之险,东击西走,出没难测,招之不降,攻之不克,宜选精兵,申明号令,专命重臣节制,以计讨之,使彼势穷力竭,庶可取也。"

二十八年,召至京师。二十九年春,见帝于柳林行宫,遂上万言者,极陈时政。授翰林学士、嘉议大夫。

成宗即位,献《守成事鉴》一十五篇,所论悉本诸经旨。元贞元年,加通议大夫、知制诰同修国史,奉旨纂修《世祖实录》,因集《圣训》六卷上之。大德元年,进中奉大夫。二年,赐钞万贯。乞致仕,不许。五年,再上章求退,遂授其子公孺为卫州推官,以便养,仍官其孙筍秘书郎。大德八年六月,卒。赠翰林学士承旨、资善大夫,追封太原郡公,谥文定。其著述有《相鉴》五十卷、《汲郡志》十五卷、《承华事略》、《中堂事记》、《乌台笔补》、《玉堂嘉话》,并杂著诗文,合为一百卷。

元史卷一六八
列传第五五

陈祐 天祥　　刘宣　　何荣祖
陈思济　　秦长卿　　赵与栗
姚天福　　许国桢

　　陈祐，一名天祐，字庆甫，赵州宁晋人。世业农。祖忠，博究经史，乡党皆尊而师之。既殁，门人谥曰茂行先生。

　　祐少好学。家贫，母张氏尝剪发易书使读之，长遂博通经史。时诸王得自辟官属。岁癸丑，穆王府署祐为其府尚书，赐其父母银十铤、锦衣一袭。王既分土于陕、洛，表祐为河南府总管。下车之日，首礼金季名士李国维、杨杲、李微、薛玄，咨访治道，商议古今，奏免征西军数百家及椒竹诸税、粮料等钱，又上便民二十余事，朝廷皆从之。

　　世祖即位，分陕、洛为河南西路。中统元年，真除祐为总管。时州县官以未给俸，多贪暴。祐独以清慎见称，在官八年，如始至之日。至元二年，调官法行，改南京路治中。适东方大蝗，徐、邳尤甚，责捕至急。祐部民丁数万人至其地，谓左右曰："捕蝗虑其伤稼也，今蝗虽盛，而谷已熟，不如令早刈之，庶力省而有得。"或以事涉专擅，不可。祐曰："救民获罪，亦所甘心。"即谕之使散去，两州之民皆赖焉。

　　三年，朝廷以祐降官无名，乃赐虎符，授嘉议大夫、卫辉路总管。卫当四方之冲，号为难治。祜申明法令，创立孔子庙，修比干墓，且请于朝著于祀典。及去官，民为立碑颂德。尝上书世祖，言树太平之本有三：一曰太子国本，建立宜早；二曰中书政本，责成宜专；三曰人材治本，选举宜审。事虽未能尽行，时论称之。

六年，置提刑按察司，首以祜为山东东西道提刑按察使。时中书、尚书二省并立，世祖厌其烦，欲合为一，集大臣杂议之，祜还朝，特命预其议。阿合马为尚书平章政事，欲奏升中书右丞相安童为太师，因罢中书省，惧祜有异议，许进祜为尚书参知政事以啖之。及入议，祜极言中书政本，祖宗所立，不可罢；三公古官，今徒存其虚位，未须设。事遂罢。阿合马怒其忤己，除祜金中兴等路行尚书省事。西凉隶永昌王府，其达鲁花赤及总管为人诬构，家各百余口，王欲悉致之法，祜力辨其冤。王怒甚，祜执议弥固，王亦寻悟，二人皆获免，持祜泣曰："公再生父母也。"

朝廷大举伐宋，遣祜金军，山东民多逃匿，闻祜来，皆曰："陈按察来，必无私。"遂皆出，应期而办。十二年，授南京总管，兼开封府尹。吏多震慑失措，祜因谓曰："何必若是！前为盗跖，今为颜子，吾以颜子待之；前为颜子，今为盗跖，吾以盗跖待之。"由是吏知修饬，不敢弄法。许、蔡间有臣盗，聚人劫掠，祜捕之急，逃入宋境。宋亡，随制置夏贵过汴，祜斥下马，挝杀之于市，民间帖然。

十四年，迁浙东道宣慰使。时江南初附，军士俘虏温、台民男女数千口，祜悉夺还之。未几，行省榷民商酒税，祜请曰："兵火之余，伤残之民，宜从宽恤。"不报。遣祜检复庆元、台州民田。及还至新昌，值玉山乡盗，仓猝不及为备，遂遇害，年五十六。诏赠推忠秉义全节功臣、江浙等处行中书省左丞，追封河南郡公，谥忠定。父老请留葬会稽，不得，乃立祠祀之。祜能诗文，有《节斋集》。

子夔，芍陂屯田万户，初在扬州，闻祜遇盗死，泣请于行省，愿复父仇，擒其贼魁，戮于绍兴市；皋，昌国州知州；奭，侍仪司通事舍人。孙思鲁，袭芍陂屯田万户；思谦，湖广行省参知政事。弟天祥。

天祥,字吉甫。因兄祐仕河南,自宁晋徙家洛阳。天祥少隶军籍,善骑射。中统三年,李璮叛据济南,结宋为外援。河北河南宣慰司承制以天祥为千户,屯三汊口,防遏宋兵。事平罢归,居偃师南山,有田百余亩,躬耕读书,从之游者甚众。其居近缑氏山,因号曰缑山先生。初,天祥未知学,祐未之奇也。别去数岁,献所为诗于祐。祐疑假手它人,及与语,出入经史,谈辨该博,乃大称异。

至元十一年,起家从仕郎、郢复州等处招讨司经历,从国兵渡江。因论军中事,深为行省参政贾居贞所器重。

十三年,兴国军以籍兵器致乱,行省命天祥权知本军事。天祥领军士才十人,入其境,去城近百里,止二日,乃至城中。父老来谒,天祥谕之曰:“捍卫乡井,诚不可无兵,任事者籍之过当,故致乱尔。今令汝辈,权置兵仗以自卫,何如?”民皆称便。乃条陈其事于行省曰:“镇遏奸邪,当实根本,若内无备御之资,则外生窥觎之衅,此理势必然者也。推此军变乱之故,正由当时处置失宜,疏于外而急于内。凡在军中者,寸铁尺杖不得在手,遂使奸人得以窃发,公私同被其害。今军中再经残破,单弱至此,若犹相防而不相保信,岂惟外寇可忧,第恐舟中之人皆敌国矣。莫若布推赤心于人,使戮力同心,与均祸福,人则我之人,兵则我之兵,靖乱止奸,无施不可。惟冀少加优容,然后责其必成之效。”行省许以从便处置。

天祥凡所设施,皆合众望。由是流移复业,以至邻郡之民来归者相继,伐茅斩木,结屋以居。天祥命以十家为甲,十甲有长,弛兵禁以从民便。人心即安,军势稍振,用土兵收李必聪山寨,不戮一人。他寨闻之,各自散去,境内悉平。

时州县官吏未有俸禄,天祥从便规措而月给之,以止其贪,民用弗扰。邻邑分宁为变,谍者时至,吏请捕之。天祥曰:“彼以官吏贪暴故叛,今我一军三县,官无侵渔,民乐其业,使之归告其党,则谋者反为我用矣。”遂一无所问。及败逃入兴国境者数千人,天祥命验口给粮,仍戒土人勿侵陵。事定,皆得保全而归,莫不服其威信。

居岁余,诏改本军为路。有代天祥为总管者,务变更旧政,治隐匿兵者甚急。天祥去未久而兴国复变,邻郡寿昌府及大江南北诸城邑,多乘势杀守将以应之。时方改行省为宣慰司,参政忽都帖儿、贾居贞,万户郑鼎臣为宣慰使。鼎臣帅兵讨之,至樊口,兵败死。黄州遂声言攻阳罗堡,鄂州大震。时忽都帖木儿恇怯不敢出兵,天祥言于居贞曰:"阳罗堡依山为垒,素有严备。彼若来攻,我之利也。且南人浮躁,轻进易退,官军凭高据险,而区区乌合之众与之相敌,不二三日死伤必多,遁逃者十八九,我出精兵以击之,惟疾走者乃始得脱。乘此一胜,则大势已定。然后取黄州、寿昌如摧枯拉朽耳。"居贞深然之,而忽都帖木儿意犹未决。闻至阳罗堡,居贞力趣之,乃引兵宿于青山,明日大败其众,皆如天祥所料。

初,行省闻变,尽执鄂州城中南人将杀之,以防内应。居贞救之不能得,天祥曰:"是州之人,与彼势本不相接,欲杀之者,利其财耳。"力止之。至是被执者皆纵去。复遣天祥权知寿昌府事,授兵二百余人。为乱者闻官军至,皆弃城依险而自保。天祥以众寡不敌,非可以力服,乃遣谕其徒使各归田里,惟生擒其长毛遇顺、周监斩于鄂州市。得金二百两,询知为鄂州贾人之物,召而还之。其党王宗一等十三人,继亦就擒,以冬至日放令还家,约三日来归狱。皆如期而至,白宣慰司尽纵之。由是无复叛者。百姓为立生祠。

二十一年三月,拜监察御史。会右丞卢世荣以掊克聚敛骤升执政,权倾一时。御史中丞崔彧言之,帝怒,欲致之法,世荣势焰益张。左司郎中周戬,因议事微有可否,世荣诬以沮法,奏令杖一百,然后斩之。于是臣僚震慑,无敢言者。二十二年四月,天祥上疏,极言世荣奸恶,其略曰:

卢世荣素无文艺,亦无武功,惟以商贩所获之赀,趋附权臣,营求入仕,舆赃辇贿,输送权门,所献不充,又别立欠少文券银一千锭,由白身擢江西榷茶转运使。于其任,专备贪饕,所犯赃私,动以万计。其隐秘者固难悉举,惟发露者乃可明言,凡其掊取于人及所盗官物,略计:钞以锭计者二万五千一百一十九,金以锭计者二十五,银以锭计者一百六十八,茶以引计者一万二千四百五十有八，马以匹计者十五，玉器七事，其余繁杂物件称是。已经追纳及未纳见追者，人所共知。

今竟不悔前非，狂悖愈甚，以苛刻为自安之策，以诛求为干进之门，既怀无厌之心，广畜攘掊之计，而又身当要路，手握重权，虽位在丞相之下，朝省大政，实得专之。是犹以盗蹠而掌阿衡之任，不止流殃于当代，亦恐取笑于将来。朝廷信其虚诳之说，俾居相位，名为试验，实授正权。校其所能，败阙如此；考其所行，毫发无称。此皆既往之真迹，可谓已试之明验。若谓必须再试，止可叙以他官，宰相之权，岂宜轻授。夫宰天下，譬犹制锦。初欲验其能否，先当试以布帛，如无能效，所损或轻。今捐相位以试验贤愚，犹舍美锦以校量工拙，脱致隳坏，悔将何追！

国家之与百姓，上下如同一身，民乃国之血气，国乃民之肤体。血气充实则肤体康强，血气损伤则肤体羸病。未有耗其血气，能使肤体丰荣者。是故民富则国富，民贫则国贫，民安则国安，民困则国困，其理然也。昔鲁哀公欲重敛于民，问于有若，对曰："百姓足，君孰与不足；百姓不足，君孰与足。"以此推之，民必须赋轻而后足，国必待民足而后丰。《书》曰："民为邦本，本固邦宁。"历考前代，因百姓富安以致乱，百姓困穷以致治，自有天地以来，未之闻也。夫财者，土地所生，民力所集，天地之间岁有常数，惟其取之有节，故其用之不乏。

今世荣欲以一岁之期，将致十年之积；危万民之命，易一世之荣；广邀增羡之功，不恤颠连之患；期锱铢之诛取，诱上下以交征。视民如仇，为国敛怨。果欲不为国家之远虑，惟取速效于目前，肆意诛求，何所不得。然其生财之本既已不存，敛财之方复何所赖？将见民间由此凋耗，天下由此空虚，安危利害之机，殆有不可胜言者。

计其任事以来，百有余日，验其事迹，备有显明。今取其所行与所言而已不相副者，略举数端：始言能令钞法如旧，钞今愈虚;始言能令百物自贱,物今愈贵;始言课程增添三百万锭,不取于民而办,今却迫胁诸路官司增数包认;始言能令民快乐,凡今所为,无非败法扰民者。若不早有更张,须其自败,正犹蠹虽除去,木病亦深,始嫌曲突徙薪,终见焦头烂额,事至于此,救将何及?

臣亦知阿附权要则荣宠可期,违忤重臣则祸患难测;缄默自固,亦岂不能!正以事在国家,关系不浅,忧深虑切,不得无言。

世祖闻其语,遣使召天祥与世荣,俱至上都面质之。既至,即日有内官传旨,缚世荣于宫门外。明日入对,天祥于帝前再举其所言与未及尽言者,帝皆称善。世荣遂伏诛。五月,朝廷录天祥从军渡江及平兴国、寿昌之功,进秩五品,擢吏部郎中。

二十三年四月,除治书侍御史。六月,命理算湖北湖南行省钱粮。天祥至鄂州,即上疏劾平章岳㪟木凶暴不法。时桑哥窃国柄,与岳㪟木姻党,为其爪牙羽翼,诬天祥以罪,欲致之死,系狱几四百日。二十五年春正月,遇赦得释。二十八年,擢行台侍御史。未几,以疾辞归。三十年,授燕南河北道廉访使。

元贞元年,改山东西道廉访使。时盗贼群起,山东居多。诏求弭盗方略,天祥上奏曰:“古者盗贼之起,各有所因。除岁凶饥馑,诿之天时,宜且勿论。他如军旅不息,工役荐兴,聚敛无厌,刑法紊乱之类,此皆群盗所起之因。中间保护存恤长养之者,赦令是也。赦者,小人之幸,君子之不幸,一岁再赦,善人暗哑,前人言之备矣。彼强梁之徒,各执兵杖,杀人取后,不顾其生,有司尽力以擒之,朝廷加恩以释之;且脱缧囚,暮即行劫,又复督勒有司,结限追捕。贼皆经惯,习以为常,既不感恩,又不畏法,凶残悖逆,性已顽定。诚非善化能移,惟以严刑可制。”所拟事条,皆切于时用。于是严督有司,捕得盗贼甚众,皆杖杀之。其亡入他境者,揣知所向,选捕盗官及弓兵,密授方略,示以赏罚,使追捕之。南至汉、江,二千余里,悉皆就擒,无得免者。由是东方群盗屏息。

　　平阴县女子刘金莲,假妖术以惑众,所至官为建立神堂,愚民皆奔走奉事之。天祥谓同僚曰:"此妇以神怪惑众,声势如此,若复有狡猾之人辅翼之,仿汉张角、晋孙恩之为,必成大害。"遂命捕系而杖于市,自此神怪屏息。天祥言山东宣慰司官冗宜罢,因劾奏其使贪暴不法,事格不行,遂以任满辞去。

　　大德三年六月,迁河北河南廉访使,以疾不起。人有冤抑,往往就天祥家求直,天祥以不在其位,却去之。六年,升江南行台御史中丞,上章论征西南夷事曰:

　　　　兵有不得已而不已者,亦有得已而不已者。惟能得已则已,可使兵力永强,以备不得已而不已之用,是之谓善用兵者也。去岁,行省右丞刘深远征八百媳妇国,此乃得已而不已之兵也。彼荒裔小邦,远在云南之西南又数千里,其地为僻陋无用之地,人皆顽愚无知。取之不足以为利,不取不足以为害。

　　　　深欺上罔下,帅兵伐之,经过八番,纵横自恣,恃其威力,虐害居民,中途变生,所在皆叛。深既不能制乱,反为乱众所制,军中乏粮,人自相食,计穷势蹙,仓黄退走,土兵随击,以致大败。深弃众奔逃,仅以身免,丧兵十八九,弃地千余里。朝廷再发陕西、河南、江西、湖广四省诸军,使刘二霸都总督,以图收复叛地。湖北、湖南大起丁夫,运送军粮,至播州交纳,其正夫与担负自己粮食者,通计二十余万。正当农时,兴此大役,驱愁苦之人,往回数千里中,何事不有。或所负之米尽到,固为幸矣。然数万之军,止仰今次一运之米,自此以后,又当如何?

　　　　比问西征败卒及其将校,颇知西南远夷之地,重山复岭,陡涧深林,竹木丛茂,皆有长刺。军行径路在于其间,窄处仅容一人一骑,上如登天,下如入井,贼若乘险邀击,我军虽众,亦难施为也。又其毒雾烟瘴之气,皆能伤人。群蛮既知大军将至,若皆清野远遁,阻其要害,以老我师。或进不得前,旁无所掠,士卒饥馁,疫病死亡,将有不战自困之势,不可不为深虑也。

　　　　且自征伐倭国、占城、交趾、爪哇、缅国以来,近三十年,未尝见有尺土一民内属之益,计其所费钱财,死损军数,可胜言哉!去岁西征,及今此举,亦复何异。前鉴不远,非难见也。军劳民扰,未见休期,只深一人,是其祸本。

又闻八番罗国之人,向为征西之军扰害,捐弃生业,相继逃叛,怨深入于骨髓,皆欲得其肉而分食之。人心皆恶,天意亦憎。惟须上承天意,下顺人心,早正深之罪,续下明诏,示彼一方以圣朝数十年抚养之恩,仍谕自今再无远征之役。以此招之,自有相续归顺之日,使其官民上下,皆知未须远劳王师,与区区小丑争一旦之胜负也。昔大舜退师而苗氏格,充国缓战而羌众安,事载经传,为万世法。

为今之计,宜且驻兵近境,使其水路远近得通,或用盐引、茶引,或用实钞,多增米价,和市军粮。但法令严明,官不失信,可使米船蔽江而上,军自足食,民亦不扰,内安根本,外固边陲。以我之镇静,御彼之猖狂,布恩以柔其心,畜威以制其力,期之以久,渐次服之。此王者之师,万全之利也。若谓业已如此,欲罢不能,亦当虑其关系之大,审详成败,算定而行。彼溪洞诸蛮,各有种类。今之相聚者,皆乌合之徒,必无久能同心敌我之理。但急之则相救,缓之则相疑,以计使之互相仇怨,待彼有可乘之隙,我有可动之时,徐命诸军数道俱进。服从者恩之以仁,拒敌者威之以武,恩威相济,功乃易成。若舍恩任威,以蹈深之覆辙,恐他日之患,有甚于今日也。

不报,遂谢病去。

七年,召拜集贤大学士,商议中书省事。八月,地震,河东尤甚,诏问弭灾之道。天祥上章,极言阴阳不和,天地不位,皆人事失宜所致。执政者以其言切直,抑不以闻。

天祥自被召还京,至是且一岁,未尝得见帝言事,输忠无地,常郁郁不自释,又不欲苟靡廪禄,八年正月,移疾谢去。至通州,中书遣使追留,不还。帝闻之,赐钞五千贯,仍命给传,专官护送至其家。

天祥望阙拜谢,辞所赐钞而行。九年五月,拜中书右丞,议枢密院事,提调诸卫屯田,使者五致诏,以年老不能辞。十一年,仁宗在怀州,遣使赐币帛、上尊酒。至大四年,仁宗即位,复遣使召之,辞以老疾不起。延祐三年四月,卒于家,年八十。累赠推忠正义全德佐理功臣、河南江北等处行中书省平章政事,追封赵国公,谥文忠。

刘宣,字伯宣。其先潞人也,因出戍留居忻,金末避地于陕,后徙太原。宣沉毅清介,居家孝友。自幼喜读书,有经世之志。宣抚张德辉至河东,见而器重之,还朝,荐为中书省掾。宣暇则往从国子祭酒许衡讲明理学。初命为河北河南道巡行劝农副使。

至元十二年,入为中书户部郎中,改行省郎中。从丞相伯颜、平章阿术统军平江南,赞画居多。伯颜尝命宣诣阙上捷书,世祖召见,亲问以南征事,应对称旨,赐器服宠嘉之。江南平,命宣沙汰江淮冗官,其所存革,悉合公论。除知松江府,未几同知浙西宣慰司事。在官五年,威惠并著,升江淮行省参议,擢江西湖东道提刑按察使。

二十三年,入为礼部尚书,遂迁吏部。时将伐交趾,宣上言曰:

连年日本之役,百姓愁戚,官府扰攘。今春停罢,江浙军民欢声如雷。安南小邦,臣事有年,岁贡未尝愆期。边帅生事兴兵,彼因避窜海岛,使大举无功,将士伤残。今又下令再征,闻者莫不恐惧。

自古兴兵,必须天时,中原平土,犹避盛夏,交广炎瘴之地,毒气害人,甚于兵刃。今以七月,会诸道兵于静江,比至安南病死必众,缓急遇敌何以应之。

又交趾无粮,水路难通,无车马牛畜驮载,不免陆运。一夫担米五斗,往还自食外,官得其半。其十万石,用四十万人,止可供一二月。军粮搬载,船料军须,通用五六十万众。广西、湖南调度频数,民多离散,户令供役,亦不能办。

况湖广密迩,溪洞寇盗常多,万一奸人伺隙,大兵一出,乘虚生变,虽有留后,人马疲弱衰老,卒难应变。

何不与彼中军官深知事体者,论量万全方略。不然将复蹈前辙矣。

及再征日本，宣又上言，其略曰：

近议复置征东行省，再兴日本之师。此役不息，安危系焉。

唆都建伐占城，海牙言平交趾，三数年间，湖广、江西供给船只、军须粮运，官民大扰，广东群盗并起，军兵远涉江海瘴毒之地，死伤过半，即目连兵未解。且交趾与我接境，蕞尔小邦，遣亲王提兵深入，未见报功。唆都为贼所杀，自遗羞辱。况日本海洋万里，疆土阔远，非二国可比。今次出师，动众履险，纵不遇风，可到彼岸，倭国地广，徒众猥多，彼兵四集，我师无援，万一不利，欲发救兵，其能飞渡耶？

隋伐高丽，三次大举，数见败北，丧师百万。唐太宗以英武自负，亲征高丽，虽取数城而还，徒增追悔。且高丽平壤诸城，皆居陆地，去中原不远，以二国之众加之，尚不能克。况日本僻在海隅，与中国相悬万里哉！

帝嘉纳其言。

二十三年十二月，中书传旨，议更钞用钱，宣献议曰：

原交钞所起，汉、唐以来，皆未尝有。宋绍兴初，军饷不继，造此以诱商旅，为沿边籴买之计，比铜钱易于赍擎，民甚便之。稍有滞碍，即用见钱，尚存古人子母相权之意。日增月益，其法浸弊，欲求目前速效，未见良策。新钞必欲创造，用权旧钞，只是改换名目，无金银作本称提，军国支用不复抑损，三数年后亦如元宝矣。宋、金之弊，足为殷鉴。

铸造铜钱，又当详究。秦、汉、隋、唐、金、宋利病，著在史策，不待缕陈。国朝废钱已久，一旦行之，功费不赀，非为远计。大抵利民权物，其要自不妄用始，若欲济丘壑之用，非惟铸造不敷，抑亦不久自弊矣。

属桑哥谋立尚书省，以专国柄，钱议遂罢。

二十五年，由集贤学士除行台御史中丞。时江浙行省丞相忙古台，悍戾纵恣，常虑台臣纠言其罪，而尤忌宣。一日御史大夫与中丞出建康城点视军船，群御史从。有以军船载苇者，御史张谅诘之，知为行省官所使，诣扬州覆实。忙古台盛怒，即图报复。时大夫之父，官于属郡，随被按劾。遣其党造建康，伺台中违失，台官皆竦惧，阴往恳求自解，惟宣屹然不动。忙古台怨宣愈甚，罗织宣之子，系扬州狱。又令建康酒务、淘金等官及录事司官以罪免者，诬告行台沮坏钱粮，以闻子朝，必欲置宣死地。朝廷为遣官二员，置狱于行省，鞠问其事。宣及御史六人俱就逮，既登舟，行省以军船列兵卫驱迫之，至则分异各处，不使往来。九月朔，宣自刭于舟中。

始宣将行时，书后事缄付从子自诚，令勿启视。宣死，视其书，辞云："触怒大臣，诬构成罪，岂能与经断小人交口辩讼、屈膝为容于怨家之前。身为台臣，义不受辱，当自引决，但不获以身殉国为恨耳。呜呼！天乎，实鉴此心。"且别有公文言忙古台罪状，后得其稿，涂注勾抹，辞句难辨。前治书侍御史霍肃为叙次其文，读者悲愤。

宣既引决，行省白于朝，以为宣知罪重自杀。前后构成其事者，郎中张斯立也。然宣忠义节操，为世所重，闻者莫不嗟悼。延祐四年，从子自持上宣行实，御史台以闻，制赠资善大夫、御史中丞、上护军、追封彭城郡公，谥忠宪。

何荣祖，字继先。其先太原人。父瑛，金贞祐间试文法入优等补吏，后授明威将军，守钜鹿尹，权军器监主事。金亡，徙家广平。

荣祖状貌魁伟，额有赤文如双树，背负隆起。有相者谓曰："子位极人臣，且寿相也。"何氏世业吏，荣祖尤所通习，遂以吏累迁中书省掾，擢御史台都事。始折节读书，日记数千言。阿合马方用事，置总库于其家，以收四方之利，号曰和市。监察御史范方等斥其非，论甚力。阿合马知荣祖主其谋，奏为左右司都事以隶己。未几，御史台除治书侍御史，升侍御史，又出为山东按察使，而阿合马莫逞其志矣。

有帖木剌思者，以贪墨为金事李唐卿所劾。帖木剌思计无所出，适济南有上变告者，唐卿察其妄，取讼牒焚之。帖木剌思乃摭取为辞，告唐卿纵反者，逮系数十人。狱久不决，诏荣祖与左丞郝祯、参政耿仁杰鞫之。荣祖得其情，欲抵告者罪。祯、仁杰议以失口乱言之罪坐之，荣祖不可。俄迁河南按察使，二执政竟以失口乱言杖其人，而株连者俱得释，唐卿之诬遂白。

平凉府言，有南人二十余辈叛归江南。安西行省欲上闻。会荣祖来为参政，止之曰：“何必上闻朝廷，此辈去者皆人奴耳，今闻江南平，遄往求其家，移文召捕之可也。”已而逃者俱获，果人奴也，治以本罪而付其主。其于事明决多类此。除云南行省参知政事，以母老辞。又拜御史中丞，

复出为山东东西道按察使。时宣慰使乐实、姚演开胶州海道，有制禁载诸人沮挠粮舶遇暴风多漂覆。乐实弗信，督诸漕卒偿之，捞掠惨毒，自杀者相继。按察官惧违制，莫敢言。荣祖曰：“第言之，若朝廷见谴，吾自当之。”即草辞以奏，诏免其徵，

召入为尚书参知政事。时桑哥专政，亟于理算钱谷，人受其害。荣祖数请罢之，帝不从。屡恳请不已，乃稍缓之。而畿内民苦尤甚，荣祖每以为辞，同僚曰：“上既为免诸路，惟未及在京，可少止勿言也。”荣祖执愈坚，至于忤旨不少屈，竟不署其牍。未逾月，而害民之弊皆闻，帝乃思荣祖言，召问所宜。荣祖请于岁终立局考校，人以为便，立为常式。诏赐以钞万一千贯。荣祖条中外有官规程，欲矫时敝，桑哥抑不为通。荣祖既与之异议，乃以病告，特授集贤大学士。未几，起为尚书右丞。

桑哥败，改中书右丞。奏行所定《至元新格》，请改提刑按察司为肃政廉访司，而立监治之法。又上言：“国家用度不可不足，天下百姓不可不安。今理财者弗顾民力之困，言治者弗图国计之大。且当用之人恒多，而得用之人恒少。要之，省部实为根本，必择材而用之。按察司虽监临一道，其职在于除蠹弊、安斯民，苟有弗至，则省台又当遣官体察之，庶有所益。”帝深然之。屡以老疾乞解机务，诏免署事，惟预议中书而食其禄。寻拜昭文馆大学士，预中书省事，又加平章政事。以水旱请罢，不允。

　　先是,荣祖奉旨定《大德律令》,书成已久,至是乃得请于上,诏元老大臣聚听之。未及颁行,适子秘书少监惠没,遂归广平,卒,年七十九。赠光禄大夫、大司徒、柱国,追封赵国公,谥文宪。

　　荣祖身至大官,而僦第以居,饮器用青瓷杯。中宫闻之,赐以上尊及金五十两、银五百两、钞二万五千贯,俾置器买宅,以旌其廉。所著书,有《大畜》十集,又有《学易记》、《载道集》、《观物外篇》等书。

　　陈思济字,济民,柘城人也。幼读书,即晓大义,以才器见称于时辈间。世祖在潜邸,闻其名,召之以备顾问。既即位,始建省部,俾掌敷奏。世祖以京兆为国重镇,命廉希宪等行中书省于陕西。思济实与偕行,多所赞画。中统三年,诏诛王文统,召廉希宪入中书,思济还,仍掌敷奏。事无巨细,悉就准绳。姚枢、许衡皆器重之。

　　会阿合马入省,耻其位在希宪左,每欲肆意而行,希宪守正不从。及希宪去位,省臣晨集,掾属皆惮阿合马,莫敢前。思济独先以文牍进,阿合马辄于希宪位署押,思济遽掩以手曰:“此非君相署位也。”阿合马怒目视之,众为之惧,思济神色自若。除右丞都事,从希宪行省山东,未几召还。

　　至元五年,分命中书省总百揆,御史台正百官,一时黜陟登庸,宪章程式,多出其手。迁承务郎、同知高唐州事,以绩最闻,拜监察御史。时阿合马立尚书省,权在中书右。思济与魏初等劾其不法,帝命近臣正之。御史各以次对,思济独厉声曰:“御史,言官也,非为辨讼设!”拂袖而出。授奉训大夫、知沁州,为政简要,不务苛察。迁中顺大夫、同知绍兴路总管府事,承檄谳狱。桐庐有囚羸瘠将死,纵遣还家,候期来决,囚拜请曰:“闻公名久矣,若不早决,恐终不可保。”为阅其案而释之。转同知两浙都转运司事,胥吏侵渔,民苦都尉,追封颍川郡侯,谥文肃。

　　子诚,袭荫入官,拜监察御史、朝列大夫、佥广西道肃政廉访司事。

秦长卿,洛阳人也。姿貌魁特,性倜傥,有大志。世祖在京兆潜藩,已闻其名,既即位,务收揽时才,以布衣征于京师。长卿尚风节,好论事,与刘宣同在宿卫,以气岸相高。

是时尚书省立,阿合马专政,长卿上书曰:“臣愚戆,能识阿合马。其为政擅生杀人,人畏惮之,固莫敢言,然怨毒亦已甚矣。观其禁绝异议,杜塞忠言,其情似秦赵高,私蓄逾公家赀,觊觎非望,其事似汉董卓。《春秋》人臣无将,请及其未发诛之为便。”事下中书。阿合马为人便佞,善伺人主意,又其赀足以动人,中贵人力为救解,事遂寝。然由是大恨长卿。除兴和宣德同知铁冶事,竟诬以折阅课额数万缗,逮长卿下吏,籍其家产偿官,又使狱吏杀之。狱吏濡纸塞其口鼻,即死。未几,王著聚徒杀阿合马。帝后悟,亦追罪之,斫棺戮尸并诛其子,而长卿冤终不白。

长卿从子山甫为建康府判官,闻长卿冤状,即日弃官去,累荐不起以卒。山甫子从龙,仕至南台治书侍御史;从德,江浙行省参知政事。

赵与𤤴,字晦叔,宋宗室子。尝登进士第,为鄂州教授。至元十一年,丞相伯颜既渡江,与𤤴率其宗人之在鄂州者,诣军门上书,力陈不嗜杀人可以一天下,且乞全其宗党。后伯颜朝京师,世祖问宋宗室之贤者,伯颜首以与𤤴对。

十三年秋九月,遣使召至上京,幅巾深衣以见,言宋败亡之故,悉由误用权奸,词旨激切,令人感动。世祖念之,即授翰林待制,朝廷立法多所谘访,与𤤴忠言谠论,无所顾惜。进直学士,转侍讲。疏陈江南科敛急督,移括大姓,宋世丘垄暴露,皆大臣擅易明诏所为。二十七年,京师雾四塞。明年正月甲寅,虎入南城。与𤤴又疏言权臣专政之咎,退而家居待罪。未几,桑哥败。平章不忽木奏与𤤴贫婆有守,有抱负,世祖曰:“得非指权臣为虎者邪?”赐钞万三千贯,岁给其妻子衣粮。后累迁翰林学士。其伯祖师渊,尝从朱熹学,家庭受授,具有端绪。于是与许衡论伊洛阃奥,衡雅敬之。

与𤩴既老,成宗命特官其子孟实以终养。大德七年,以疾卒。家贫无以为葬,成宗命有司赙钞五千贯,给舟车,还葬台州之黄岩。赠通议大夫、礼部尚书、上轻车都尉、天水郡侯,谥文简。

姚天福,字君祥,绛州人。父居实,避兵徙雁门。天福幼读《春秋》,通大义。及长,以材辟怀仁丞。至元五年,诏立御史台,以天福为架阁管勾。寻拜监察御史,每廷折权臣。帝嘉其直,锡名巴儿思,谓其不畏强悍,犹虎也。仍厚赐以旌其忠。天福曰:"臣职居抨弹,惟负爵禄是惧,敢贪厚赏,以重臣罪?"

时御史台置二大夫,纲纪无统。天福言于世祖曰:"古称一蛇九尾,首动尾随。一蛇二首,不能寸进。今台纲不张,有一蛇二首之患。陛下不急拯之,久则𤺺不可理。"帝诏玉速帖木儿及孛罗谕之,孛罗以年幼自劾。天福时按行畿内,有出使者凌民取贿,天福乃易服间行得其状,奏戮之以徇,豪右慑服。

十二年,诏罢各道按察司,天福白大夫玉速帖木儿曰:"是司之设,所以广视听、虞非常,虑至深远,不但绳有司而已也。"大夫骇然曰:"微公言,几失之。"夜入帝卧内,奏其言。帝大悟,诏复立之。权臣不悦,左迁天福朝列大夫、衡州路同知,不就,起为河东道提刑按察副使。时北鄙兵兴,转输烦急,河东民苦徭役。天福以反侧为忧,劝执政失计,奏罢其役。征拜中顺大夫、治书侍御史。

十六年,江南既平,授嘉议大夫、淮西道按察使。淮甸当兵冲,将吏有豪猾为民害者,悉铲除之,民大悦。转湖北道按察使。发省臣赃事数十以闻。帝以其尝有勋劳,特原之,而流其党与,州郡称治。二十年,迁山北道按察使,其民鲜知稼穑,天福教以树艺,皆致蕃富。民为建祠,而刻石以纪之。二十二年,入为刑部尚书,寻出为扬州路总管。二十六年,复为淮西按察使,按钜奸一人,没其家赀,政化大行。

二十八年,桑哥败,考讯党援,平阳为多,以天福为平阳总管,

俾穷治其事。俄拜甘肃行省参知政事,以母老辞。三十一年,授陕
西中道肃政廉访使。寻除真定路总管。真定驿传之需,多为民害,
天福更议措置之方,使不扰民,宪长争之。省臣以其事闻,诏从之,
颁其制为天下式。

大德二年,授江西行省参政,以疾辞。四年,拜参知政事、大都
路总管,兼大兴府尹,畿甸大治。后之尹京者,以天福为称首。六年,
以疾卒,所七十三。

初,天福拜御史时,其母戒之曰:"古称公尔忘私,委质为臣,当
罄所衷,以塞其职。勿以未亡人为恤,俾吾追踪陵母,死之日犹生之
年也。"天福亦请于宪府曰:"监察责当言路,有犯无隐,苟获谴,乞
不为亲累。"或以闻,帝叹曰:"巴儿思母子虽生今世,其义烈之言当
于古人中求之。"

子祖舜,秘书监著作郎;侃,内藏库副使。

许国祯,字进之,绛州曲沃人也。祖济,金绛州节度使。父日严,
荣州节度判官。皆业医。

国祯博通经史,尤精医术。金乱,避地嵩州永宁县。河南平,归
寓太原。世祖在潜邸,国祯以医征至翰海,留守掌医药。庄圣太后
有疾,国祯治之,刻期而愈,乃张宴赐坐。太后时年五十三,遂以白
金铤如年数赐之。伯撒王妃病目,治者铖误损其明。世祖怒,欲坐
以死罪,国祯从容谏曰:"罪固当死,然原其情乃恐怖失次所致。即
诛之,后谁敢复进。"世祖意解,且奖之曰:"国祯之直,可作谏官。"
宗王昔班屡请以国祯隶帐下,世祖重违其请,将遣之。辞曰:"国祯
蒙恩拔擢,誓尽心以报,不敢易所事。"乃不果遣。

世祖过饮马湩,得足疾,国祯进药味苦,却不服。国祯曰:"古人
有言,良药苦口利于病,忠言逆耳利于行。"已而足疾再作,召国祯
入视。世祖曰:"不听汝言,果因斯疾。"对曰:"良药苦口既知之矣,
忠言逆耳愿留意焉。"世祖大悦,以七宝马鞍赐之。

宪宗三年癸丑,从征云南,机密皆得参与,朝夕未尝离左右。或

在告,帝辄为之不悦。九年己未,世祖帅师围鄂州,获宋人数百族,诸将欲尽坑之,国祯力请止诛其凶暴,余皆获免。及师还,招降民数十万口,疲饿颠仆者满道,国祯白发蔡州军储粮赈之,全活甚众。

世祖即位,录前劳,授荣禄大夫、提点太医院事,赐金符。至元三年,改授金虎符。十二年,迁礼部尚书。国祯尝上疏言:慎财赋、禁服色、明法律、严武备、设谏官、均卫兵、建学校、立朝仪。事多施行。凡所荐引,皆知名士,士亦归重之。帝与近臣言及勋旧大臣,因谓国祯曰:“朕昔出征,同履艰难者,惟卿数人在尔。”遂拜集贤大学士,进阶光禄大夫。每进见,帝呼为许光禄而不名,于是内外诸王大臣皆以许光禄呼之。升翰林集贤大学士。卒年七十六。时大臣非有勋德为帝所知者,罕得赠谥。特赠国祯金紫光禄大夫,谥忠宪,人以为荣。后加赠推诚广德协恭翊亮功臣、翰林学士承旨、上柱国,追封蓟国公。

初,国祯母韩氏,亦以能医侍庄宪太后,又善调和食味,称旨,凡四方所献珍膳旨酒,皆命掌之。太后闵其劳,赐以真定宅一区,岁给衣廪终身,国祯由是家焉。子扆。

扆,字君黼,一名忽鲁火孙。从其父国祯事世祖于潜邸,进退庄重。世祖喜之,赐今名,俾从许衡学。入备宿卫,忠慎小心。尝因事忤旨,欲罪之。帝后悔,谓近侍帖哥曰:“朕欲罪忽鲁火孙,汝何不言?汝二人,自今结为兄弟,有所谴责,则更相进谏。”乃置金酒中,赐二人饮,以为盟。时裕宗居东宫,帝又谕忽鲁火孙曰:“若太子罪汝,将谁谏耶?”命东宫臣庆山奴亦同饮金酒。俄除礼部尚书、提点太医院事,赐日月龙凤纹绮衣二袭。每外国使至,必命与之语。辞理明辨,莫不倾服。改尚医太监。帝尝命画工写其像赐之。转正议大夫,仍提点太医院事。

有窃大安阁礼神之币者,将诛之,群臣莫敢言。忽鲁火孙独谏曰:“敬神,善事也。因置人于死地,臣恐神不享所祭。”帝即命释之。忽鲁火孙与丞相安童善,国政多所赞益,桑哥忌之,数谮于上,帝不之信。桑哥败，系于左掖门，帝命忽鲁火孙往唾其面，辞不可。帝称其仁厚，赐以白玉带。且谕之曰："以汝明洁无瑕，有类此玉，故以赐汝也。"

成宗即位，迁中书右丞，行太常卿。力辞，乃命以中书右丞署太常事。俄改陕西行中书省右丞。时关中饥，议发仓粟赈之，同列以未得请于朝不可。忽鲁火孙曰："民为邦本，今饥馁如此，若俟命下，无及矣。擅发之罪，吾当独任之，不以累公等。"遂大发粟，不数日命亦下。明年旱，祷于终南山而雨，岁以大熟，民皆画像祀之。

忽鲁火孙不事生业，田宅皆上所赐。有足疾，不能行，仁宗以为先朝老臣，特敕乘小舆入禁中，访以旧事。后足益弱，不可出。每国有大政，诏使近侍即其家问之。特授荣禄大夫、大司徒，食其禄终身。赠推忠守正佐理功臣、光禄大夫、陕西等处行中书省平章政事、柱国，追封赵国公，谥僖简。

元史卷一六九
列传第五六

贺仁杰　贾昔剌
刘哈剌八都鲁　石抹明里
谢仲温　高觿　张九思
王伯胜

　　贺仁杰,字宽甫。其先河东隰州人,祖种德徙关中,遂为京兆鄠人。

　　父贲,有材略,善攻战,数从军有功。关中兵后,积尸满野,贲买地金天门外,为大冢收瘗之。远近闻者,争辇尸来葬,复以私钱劳之。尝治室于毁垣中,得白金七千五百两,谓其妻郑曰:“语云:匹夫无故获千金,必有非常之祸。”时世祖以皇太弟受诏征云南,驻军六盘山,乃持五千两往献之。世祖曰:“天以赐汝,焉用献!”对曰:“殿下新封秦,金出秦地,此天以授殿下,臣不敢私,愿以助军。”且言其子仁杰可用状。即召入宿卫。其军帅怒贲不先白己,而专献金,下贲狱。世祖闻之,大怒,执帅将杀之,以勋旧而止。世祖即位,赐贲金符,总管京兆诸军奥鲁。卒,赠输忠立义功臣、银青荣禄大夫、大司徒。追封雍国公,谥贞献。

　　仁杰从世祖南征云南,北征乃颜,皆著劳绩。后与董文忠居中事上,同志协力,知无不言,言无不听,多所裨益,而言不外泄,帝深爱重之。

至元十三年，宋平，惟川蜀久不下。四川制置使张珏守重庆，合州安抚使王立守钓鱼山，相拒二十余年。诏建东西行枢密院，督兵进伐。合丹、阔里吉思领东院，攻钓鱼山；不花、李德辉领西院，攻重庆。德辉分守成都，获王立钞卒张合，纵之使谕立降。立复遣张合等奉蜡书告德辉，能自来，即降。德辉遂从五百骑至钓鱼山，与东院同受立降。东院复奏诛立，并言德辉越境邀功，下立长安狱。西院从事吕埜至都，以兵事告许衡，许衡告仁杰，仁杰为言于帝。帝召枢密臣责之曰："汝等以人命为戏耶！今召王立，立生则已，死则汝等亦从之。"立至，赐金虎符，仍以为合州安抚使。

帝一日召仁杰至榻前，出白金，谓之曰："此汝父六盘所献者，闻汝母来，可持以归养。"辞，不许，乃归白母，尽散之宗族。帝欲选民间童女充后宫；及有司买物，多非其土产；山后盐禁，久为民害；皆奏罢之。民为之立祠。

十七年，上都留守阙，宰相拟廷臣以十数，皆不纳。帝顾仁杰曰："无以易卿者。"特授正议大夫、上都留守，兼本路总管、开平府尹。明年，赐三珠虎符，进资德大夫，兼虎贲亲军都指挥使。寻加荣禄大夫、中书右丞，留守如故。尚书省立，桑哥用事，奏上都留守司钱谷多失实。召留守忽剌忽耳及仁杰廷辨，仁杰曰："臣汉人，不能禁吏戢奸，致钱谷多耗伤，臣之罪。"忽剌忽耳曰："臣为长，印在臣手，事未有不关白而能行者，臣之罪。"帝曰："以爵让人者有之，未有争引咎归己者。"置勿问。

仁杰在官五十余年，为留守者居半，车驾春秋行幸，出入供亿，未尝致上怒。其妻刘没，帝欲为娶贵族，固辞，乃娶民间女。已而丧明，夫妻相敬如初，未尝置媵妾。

大德九年，年七十二，请老。拜光禄大夫、平章政事，商议陕西行中书省事，赐白金、楮币、锦袍、玉带，归第。以子胜袭上都留守、虎贲指挥使。后成宗崩，仁宗入清内难，念世祖旧臣，欲有所咨访，召赴阙，行至樊桥而卒。赠恭勤竭力功臣、仪同三司、太保、上柱国，追封雍国公,谥忠贞。延祐六年,加赠推诚宣力翊运功臣、太师、开府仪同三司、上柱国,追封奉元王。子胜,自有传。

贾昔剌,燕之大兴人也。本姓贾氏,其父仕金为庖人。昔剌体貌魁硕,有志于当世。岁甲申,因近臣入见庄圣太后,遂从睿宗于和林,典司御膳。以其须黄,赐名昔剌,俾氏族与蒙古人同,甚亲幸之。又虑其汉人,不习于风土,令徙居濂州。帝复思之曰:"昔剌在吾左右,饮食殊安适。"促召入供奉,诸庖人皆隶焉。

世祖在潜邸,知其重厚,使从迎皇后于弘吉剌之地,自是预谋帷幄,动中机会。内出银三千两,使买珍膳,乘传上太官,恣其出入不问。又赐以牝马及驹三十匹,并牧户与之。是时兵余,数以所赐分遗乡里。世祖即位,立尚食、尚药二局,赐金符,提点局事,兼领进纳御膳生料。年老,谢事,病笃,索所赐衣衣之而卒。追封闻喜郡侯,谥敬懿。

子丑妮子,方幼时,世祖爱之,尝坐之御席傍。从征云南,跃马入水,斫战船,破其军。帝奇其勇敢,而戒其轻锐。己未,从伐宋,还自鄂州,卒。追封临汾郡公,谥显毅。

子虎林赤,智勇绝人。阿里不哥之叛,出其家名马以助官军。从幸和林,中道值大风,昼晦,敌猝至,击走之。还,佩其大父金符,提点尚食、尚药二局,历尚膳使,兼司农。尝入侍,帝问治天下何为本,曰:"重农为本。"何为先,曰:"用贤为先。用贤则天下治,重农则百姓足。"帝深善之,超拜宣徽使,辞,改金院事,仍领尚膳使,卒。

子秃坚不花,袭世职为尚药、尚食局提点。世祖以故家子,独奇之,谓他日可大用,使在左右。从征乃颜,军次杭海,敌猝至,帝令急击之。诸近侍见其势盛,多畏避,秃坚不花即驰入其阵,疾战,破走之,擒其首将以归。移军哈罕,大风,昼晦,敌兵千人鼓噪以进,秃坚不花奋击,身被十余疮,犹力战,复大破之。帝奇其勇。杭海叛者请降,众议以为亲犯王师,宜诛之。秃坚不花独曰:"杭海本吾人,或诱之以叛,岂其本心哉。且兵法,杀降不祥,宜赦之。"帝曰:"秃坚不花议是。"以此益知其可用,升同金宣徽院事。每论政帝前,言直而气不慑,帝亦知其直。令察宿卫之士,有才器者以名闻,所论荐数十人,用之皆称职,时论归之。

成宗即位,诸侯王会于上京,凡匄饩宴享之节、赐予多寡、疏戚之分,无一不当其意。帝喜曰:"宣徽得秃坚不花足矣。"进同知宣徽院事。四年,帝弗豫,召入侍疾,一食一饮,必尝乃进。帝体既安,赐钱,不受,解衣赐之。尝从巡幸,禁中卫士感奋有所欲言,帝命进而问之,皆曰:"臣等宿卫有年矣,日膳充、岁赐以时者,诚荷陛下厚恩,亦由宣徽有能官秃坚不花其人也。"帝悦,赐珠袍,超拜宣徽使。辞曰:"先世服勤于兹三世矣,位不过金佐,臣何敢有加于先臣乎!"帝嘉其退让,乃允其请。九年,北方乞禄伦部大雪,奏买驼马补其死损,出衣币于内府,身往给之,全活者数万人。还,赐七宝笠。十年,帝病甚,入侍疾愈谨。及大渐,内难将作,揆以正义,无所回挠。

武宗入即位,深嘉其忠,进阶荣禄大夫,遥授平章政事,商议宣徽院事,行金、复州新附军万户府达鲁花赤。至大二年,诏出金帛,大赉北边诸军,以秃坚不花明习事宜,能不惮劳苦,使即军中,与其帅月赤察儿定议而给之,诸部大悦。帝深器之,拜宣徽使,出内藏兼金带赐之,为同官贾廷瑞所嫉。廷瑞请以宣徽院为门下省,尚书省奏廷瑞擅易官制。帝大怒,欲杀之。秃坚不花力谏不可,帝曰:"贾廷瑞毁卿不直一钱,卿何力言邪?"对曰:"廷瑞所坐不当死,不敢以臣私隙,误陛下失刑。"廷瑞遂得免。帝访群臣以治道,秃坚不花以为治国安民之实在于生财节用。帝嘉纳焉。转光禄大夫。

仁宗即位,加金紫光禄大夫。延祐四年,朔方又被风雪为灾,秃坚不花请赈之如大德时,且出私家马二百匹以为助。赐钱酬其价,不受,解御衣赐之。托恩幸以求尝者,辄抑弗予。帖失、王廷显,皆同官也。帝赐帖失海舶,秃坚不花曰:"此军国之所资,上不宜赐,下不宜受。"帝赐廷显玉带,廷显欲取太官羊钱一万五千缗充其价,又执不可。于是怨之者众。七年,以疾去官。

英宗即位,帖失竟潜杀之。后帖失以大逆伏诛,事乃白,赠推忠宣力守谅功臣、太傅、开府仪同三司、上柱国,追封冀国公,谥忠隐。后进封冀安王;加赠其曾祖昔剌推忠翊运功臣、金紫光禄大夫、太保,进封绛国公;祖丑妮子崇德效节功臣、仪同三司、太傅、柱国,追封绛国公;父虎林赤推诚宣力守德功臣、太师、开府仪同三司、上柱国,进封临汾王。

子班卜、忽里台、也速古、秃忽赤,皆至显官。

刘哈剌八都鲁,河东人。本姓刘氏。家世业医。至元八年,世祖驻跸白海,以近臣言,得召见。世祖谓其目有火光,异之,遂留侍左右,初赐名哈剌斡脱赤。十七年,擢太医院管勾。昔里吉叛,宗王别里铁穆而奉命往征之,帝谕哈剌八都鲁曰:“当行者多避事,汝善医,复习骑射,能从行乎?”对曰:“事君不辞难,臣不行将何为!”即请授甲,帝曰:“汝安用甲?”对曰:“臣愿备一战士。”帝曰:“医,汝事也,甲不可得。”惟赐以环刀、弓矢、裘马等物。将行,闻母疾,请归省,帝命给驿而归。既见母,不敢以远役告,母亦微知之,谓曰:“汝第行,我疾安矣。”遂即辞去,忍泪不下,而鼻血暴出,数里弗止,驰至王所。

一日,猎于野,有狐窜草中,王射之,不中。哈剌八都鲁一发中之,王大喜。王妃有疾,与药即愈,王又喜,奏为其府长史。及将战,从王请甲,王曰:“上不与汝,我何敢与!”因留之,使领辎重。哈剌八都鲁不肯,曰:“大丈夫当效命行阵,乃守营帐如妇人耶!”见有甲者,饮以酒,高价取之。明日,被以往。王望见其介而驰走,使人问之,免胄曰:“我也。”因慨然曰:“一人兴善,万人可激,我为万人激耳!”中道三遇贼,贼射之皆不中。王喜甚,解衣衣之曰:“此所以识也。”

师次金山,路隘,顿兵未能进。有使者云自脱忽王所来,曰:“我受太祖分地,守此不敢失。凡上所使与昔里吉之过我者,吾并饮食供给之,无异心也。且愿见天子,而道远无援,今闻王来甚喜,得一见可乎?”王以为信,左右曰:“此诈也,脱忽所居要害,殆与昔里吉为耳目,愿勿听。"乃羁其人,遣兵间道窥之,获其骑三十人,讯之得其情,知脱忽方饮酬。遂出其不意,进击,大败之,因获昔里吉所遣使。知其不为备,又乘势进击,大破擒之。王乃命哈剌八都鲁献俘行宫。帝见其瘠甚,辍御膳羊臶以赐,既拜受,先割其美者怀之。帝问其故,对曰:"臣始与母诀,今归,母幸存,请以君赐遗之。"帝嘉其志,命自今凡赐之食,必先赐其母。以功授和林等处宣慰副使,赐与甚厚。二十三年,升同知宣慰司事。二十四年,又升宣慰使。

二十五年,海都犯边。尚书省以和林屯粮,当得知缓急轻重者,掌其出纳,奏用怯伯。帝曰:"钱谷非怯伯所知,哈剌斡脱赤可使也。"进阶嘉议大夫,职如故,使怯伯与俱。

二十六年,海都兵至,皇子北安王使报怯伯,率其民避去。怯伯与哈剌八都鲁南行六日,止八儿不剌,钜海都军五六十里。怯伯大惧曰:"事急矣,不如顺之。"哈剌八都鲁语其弟钦祖、荣祖曰:"怯伯有二心矣。"遂潜遁。与探马赤千户忽剌思遇,从骑百余人。问之,忽剌思曰:"吾在海都军中,闻怯伯反,宣慰脱身归报天子,我故追以来。"哈剌八都鲁察其诚,与之谋,结阵乘高立于西南,令之曰:"吾将往责怯伯,汝曹勿动,见吾执弓而起,即相应也。"既见怯伯,怯伯盛言海都之令以威之。哈剌八都鲁诡辞自解,得间,疾趋。忽剌思整阵以出,怯伯遣骑来追,屡拒却之。道遇送军装者,因护之至盐海。及入见,帝嘉曰:"人言汝陷贼,乃能来耶!"命与酒馔。顾谓侍臣曰:"譬诸畜犬,得美食而弃其主,怯伯是也。虽未得食而不忘其主,此人是也。"更其名曰察罕斡脱赤,赐以钞五千贯,顿首辞谢,乞以所赐与同来者。帝特命受之,而令中书定其同来者之赏有差。

二十七年,迁正奉大夫、河东山西道宣慰使。奏曰:"臣累战而归,衣裘尽弊。河东,臣故乡也,愿乞锦衣以为荣。"帝以金织文衣赐之。居二年,召还。帝谕之曰:"自此而北,乃颜故地曰阿八剌忽者,产鱼,吾今立城,而以兀速、憨哈纳思、乞里吉里三部人居之,名其城曰肇州。汝往为宣慰使,仍别赐汝名曰小龙儿,或曰哈剌八都鲁,汝可自择之。"对曰:"龙非臣下所敢承。"帝曰:"然则哈剌八都鲁可也。"复赐以绣衣、玉带及钞五千贯。其为人主所眷注如此。既至，定市里，安民居。一日，得鱼九尾，皆千斤，遣使来献。俄召还。

三十一年春，世祖崩。太傅伯颜奉皇太后旨命之曰："东方汝尝镇之，今以属汝，勿俟制命。"乃以为咸平宣慰使。元贞元年，召为御史中丞，行至懿州，病卒。

石抹明里，契丹人，姓石抹，世典内膳。国制，内膳为近臣，非笃敬素著者不得为。明里祖曷鲁，事太祖。睿宗尝求之于帝，帝听以其僚十人往，敕之曰："皇子方总兵辟地，朕辍尔以事之。能以事朕之恭事之，将用黄金覆周汝身矣。"显懿庄圣皇后语宪宗、世祖曰："曷鲁事太祖，圣躬或小不豫，其烹庖之精，百倍平日，汝兄弟当终始遇之。"睿宗尝从太宗西征，在道绝汲，曷鲁晨起，聚草上霜，煮羹以进。睿宗问曰："何从得水？"因告之故，师还，赐金帛甚厚。年八十卒。

中统初，明里入见。世祖令侍臣送明里于裕宗，且曰："明里，朕亲臣之子也。今以事汝，令典膳事。"已而世祖尝命裕宗：令从人十人来，朕将行赏焉。十人者至帝前，四人列于明里上，帝曰："第五人非明里耶？"对曰："然。"帝曰："上之。"明里越一人立，帝又曰："更上之。"明里又越一人立，帝曰："止。"赐金纹衣一袭。明里出，侍臣以明里后来反居上，相与耳语。帝闻之曰："明里之祖曷鲁事太祖、睿宗以及朕兄弟，尔时汝辈安在？顾谓后来耶！"帝亲讨反者于北方，明里请备持矛，师还第功，赐白金百两。至元二十八年，为典膳令。

成宗即位，加朝列大夫，赐金带，又赐御衣一袭、钞万五千贯。诏曰："明里旧臣，其令诸子入宿卫，可假礼部尚书，进阶嘉议大夫，食尚书禄以老。"

武宗即位，诏曰："明里夫妇，历事帝后，保抱朕躬，朕甚德之。可特令明里荣禄大夫、司徒，其妻梅仙封顺国夫人。赐黄金二百五十两、白金千五百两、衣一袭。"

仁宗在东宫，语宫人曰：“昔朕有疾甚危，徽仁裕圣皇后忧之，梅仙守视，不解带者七十日。今不敢忘，其赐明里宝带、锦衣、舆及四骡。”至大三年二月卒，年六十有九。子皆显贵。

谢仲温，字君玉，丰州丰县人。

父睦欢，以赀雄乡曲间，大兵南下，转客兀剌城。太祖攻西夏，过其城，睦欢与其帅迎降。从攻西京，睦欢力战，先登，连中三矢，仆城下。太宗见而怜之，命军校拔其矢，缚牛，刳其肠，裸而纳诸牛腹中，良久乃苏。誓以死报，每遇敌必身先之。官至太原路金银铁冶达鲁花赤。

仲温丰颐广颡，声音洪亮，略涉书史。壬子岁，见世祖于野狐岭，命备宿卫。凡所行幸，必在左右。丙辰，城上都，仲温为工部提领，董其役。帝曰：“汝但执梃，虽百千人，宁不惧汝耶！”己未，大军围鄂，令督诸将。时守江军士乏食，仲温教之罾鱼，以充其食。帝喜谓侍臣曰：“朕思不及此。饮以驼乳，他日不忘汝也。”一夕，帝闻敌军欢噪，命警备，仲温奉绳床，帝凭其肩以行，至旦不能寐。

中统元年，擢平阳、太原两路宣抚使。二年，改西京。至元九年，迁顺德路总管。时方用兵江淮，有寡妇鬻子以偿转输之直，仲温出俸金赎还之。十六年，为湖南宣慰使。二十二年，改淮东。岁旱，仲温导白水塘溉民田，公私赖焉。

三十年春，入见，帝曰：“汝非谢仲温乎？朕谓汝死矣！”从容语及攻鄂时事，帝喜甚，谕曰：“汝将复官乎？朕当为卿择之。”对曰：“臣老矣，无能为也。一子早亡，惟有孙孛完，幸陛下怜之。”即日命备宿卫。大德六年卒，年八十。

子兰，江州达鲁花赤，先卒。孙孛完，承事郎、冀宁等路管民提举司达鲁花赤。

高觿，字彦解，渤海人。世仕金。祖彝，徙居上党。父守忠，国初为千户。太宗九年，从亲王口温不花攻黄州，殁于兵。

　　觿事世祖,备宿卫,颇见亲幸。至元初,立燕王为皇太子,诏选才俊士充官属,以觿掌艺文,兼领中酝、宫卫监门事。又监作皇太子宫,规制有法。帝嘉之,锡以金币、厩马,因赐名失剌。十八年,授中议大夫、工部侍郎,行同知王府都总管府事。十九年春,皇太子从帝北幸。时丞相阿合马留守大都,专权贪恣,人厌苦之。益都千户王著与高和尚等,因构变,谋杀之。

　　三月十七日,觿宿卫宫中,西蕃僧二人至中书省,言今夕皇太子与国师来建佛事。省中疑之,俾尝出入东宫者,杂识视之。觿等皆莫识也,乃作西蕃语询二僧曰:"皇太子及国师今至何处?"二僧失色。又以汉语诘之,仓皇莫能对,遂执二僧属吏。讯之皆不伏。觿恐有变,乃与尚书忙兀儿、张九思,集卫士及官兵,各执弓矢以备。顷之,枢密副使张易,亦领兵驻宫外。觿问:"果何为?"易曰:"夜后当自见。"觿固问,乃附耳语曰:"皇太子来诛阿合马也。"夜二鼓,忽闻人马声,遥见烛笼仪仗,将至宫门。其一人前呼启关,觿谓九思曰:"他时殿下还宫,必以完泽、赛羊二人先,请得见二人,然后启关?"觿呼二人不应,即语之曰:"皇太子平日未尝行此门,今何来此也。"贼计穷,趋南门。觿留张子政等守西门,亟走南门伺之。但闻传呼省官姓名,烛影下遥见阿合马及左丞郝祯已被杀。觿乃与九思大呼:"此贼也!"叱卫士急捕之,高和尚等皆溃去,惟王著就擒。黎明,中丞也先帖木儿与觿等驰驿往上都,以其事闻。帝以中外未安,当益严武备,遂劳使遣亟还。高和尚等寻皆伏诛。

　　二十二年,迁嘉议大夫,同知大都留守司事,兼少傅监。久之,迁中奉大夫、河南等路宣慰使。卒,年五十三。

　　张九思,字子有,燕宛平人。父滋,蓟州节度使。至元二年,九思入备宿卫。裕皇居东宫,一见奇之,以父荫当补外,特留不遣。江南既平,宋库藏金帛输内府,而分授东宫者多,置都总管府以主之,九思以工部尚书兼府事。

　　十九年春,世祖巡幸上都,皇太子从,丞相阿合马留守。妖僧高和尚、千户王著等谋杀之,夜聚数百人为仪卫,称太子,入健德门,直趋东宫,传令启关甚遽。九思适直宿宫中,命主者不得擅启关,语在《高觿传》。贼知不可绐,循垣趋南门外,击杀丞相阿合马、左丞郝祯。时变起仓卒,且昏夜,众莫知所为,九思审其诈,叱宿卫并力击贼,尽获之。贼之入也,矫太子命,征兵枢密副使张易,易不加审,遽以兵与之。易既坐诛,而刑官复论以知情,将传首四方。九思启太子曰:“张易应变不审,而授贼以兵,死复何辞!若坐以与谋,则过矣,请免传首。”皇太子言于帝,遂从之。九思讨贼时,右卫指挥使颜进在行,中流矢卒,怨家诬为贼党,将籍其孥。九思力辩之,得不坐。

阿合马既败,和礼霍孙拜右丞相,中书庶务更新,省部用人,多所推荐。是年冬,立詹事院,以九思为丞,遂举名儒上党宋道、保定刘因、曹南夹谷之奇、东平李谦,分任东宫官属。二十二年,皇太子薨,朝议欲罢詹事院。九思抗言曰:“皇孙,宗社人心所属;詹事,所以辅成道德者也,奈何罢之!”众以为允。

三十年,进拜中书左丞,兼詹事丞。明年,世祖崩,成宗嗣位,改詹事院为徽政,以九思为副使。十一月,进资德大夫、中书左丞。会修世祖、裕宗实录,命九思兼领史事。大德二年,拜荣禄大夫、中书平章政事。五年,加大司徒。六年,进阶光禄大夫。薨,年六十一。子金界奴,光禄大夫、河南省右丞。

王伯胜,霸州文安人。兄伯顺,给事内廷,为世祖所亲幸,因以伯胜入见,命使宿卫。时伯胜年十一,广颡巨鼻,状貌屹然。帝顾谓伯顺曰:“此儿当胜卿,可名伯胜。”帝尝沃盥,水温冷甚称旨,问进水为谁,内侍李邦宁曰:“伯胜。”帝曰:“此儿他日必知为政,达人情矣。”

至元二十五年,从征乃颜,以功授朝列大夫、拱卫直都指挥使。元贞元年,赐金虎符,进阶嘉议大夫。成宗即位,复进通议大夫。初,拱卫直隶教坊,卫卒多市井无赖,窜名宿卫,及伯胜为指挥使,乃尽募良家子易之。五年,扈从上都,天久雨,夜间城西北有声如战鼙然，伯胜率卫卒百人出视之，乃大水暴至，立具畚锸，集土石、毡罽以塞门，分决壕隍以泄其势，至旦始定，而民弗知。丞相完泽以闻，帝嘉之。九年，以侍成宗疾，忤安西王，出为大宁路总管，伯顺亦出为梁王傅。

武宗即位，召拜通奉大夫、也可扎鲁花赤、刑部尚书。至大二年，加右丞。明年，进银青荣禄大夫、大都留守，兼少府监。初，大都土城，岁必衣苇以御雨，日久土益坚，劳费益甚，伯胜奏罢之。

仁宗立，正百官品秩，降授资德大夫，寻复升荣禄大夫，拜辽阳等处行中书省平章政事。辽阳省治懿州，州弊陋，民不知学。伯胜始至，为增郡学弟子员，择贤师以教之。使客至，无所舍，皆馆于民，民苦之，伯胜乃择隙地为馆厩，度闲田百顷，募民耕种，以廪饩之。岁大旱，伯胜斋戒以祷，禳毕即雨，人谓之平章雨。延祐二年，召为大都留守，辽阳民状其行事，言于中书，乞留伯胜，不报。民涕泣而去。三年，特授银青荣禄大夫。

至治二年，赐金虎符，授武卫亲军都指挥使，兼大都屯田事，仍大都留守。奉诏监修文武楼，创咸宁殿，建太庙。泰定三年冬，以疾卒。赐翊忠宣力保惠功臣、太保、金紫光禄大夫、上柱国，追封蓟国公，谥忠敏。

长子恪，初名安童，累官至兵部尚书，南台治书侍御史，佥宣徽院事；次马儿，以宣武将军袭武卫亲军都指挥使。孙善果袭。

伯顺官至大司徒。

元史卷一七〇
列传第五七

尚文　申屠致远　雷膺
胡祗遹　王利用　畅师文
张炤　袁裕　张昉　郝彬
高源　杨湜　吴鼎　梁德珪

尚文,字周卿。世为祁州深泽人,后徙保定,遂占籍焉。文幼颖悟,负奇志。张文谦宣抚河东,参政王椅荐其才,遂辟掌书记。未几,西夏行中书省复辟之。至元六年,始立朝仪,太保刘秉忠言于世祖,诏文与诸儒,采唐《开元礼》及近代礼仪之可行于今者,斟酌损益,凡文武仪仗、服色差等,皆文掌焉。七年春二月,朝仪成,百官肄习,帝临观之,大悦,遂为定制。冬十一月,立侍仪司,擢右直侍仪使,转司农都事。

十七年,出守辉州。时河朔大旱,辉独以祷得雨,境内大稔。怀孟民马氏、宋氏,诬伏杀人,积岁狱不能决。提刑使者命文谳以论报。文推迹究情,得狱吏、狱卒罗织状,两狱皆释。十九年,进户部郎中,奏罢怀、卫竹税提举司,民便之。

二十二年,除御史台都事。行台御史上封事,言上春秋高,宜禅位皇太子,太子闻之惧,中台秘其章不发。答即古阿散等知之,请收内外百司吏案,大索天下埋没钱粮,而实欲发其事,乃悉拘封御史台吏案。文拘留秘章不与。答即古闻于帝，命宗正薛彻干取其章。文曰："事急矣！"即白御史大夫曰："是欲上危太子，下陷大臣，流毒天下之民，其谋至奸也。且答即古乃阿合马余党，赃罪狼籍，宜先发以夺其谋。"大夫遂与丞相议，即入言状，帝震怒曰："汝等无罪耶？"丞相进曰："臣等无所逃罪，但此辈名载刑书，此举动摇人心，宜选重臣为之长，庶靖纷扰。"帝怒稍解，可其奏。既而答即古受人金，与其党竟坐奸赃论死，其机实自文发之。升大司农丞，转少卿，迁吏部侍郎，改江南湖北道肃政廉访使。三十一年，召为刑部尚书。

元贞初，拜中台侍御史。时行台御史及浙西宪司，劾江浙行省平章不法者十七事，制遣文往诘之。左验明著，犹力争不服，文以上闻。平章乃言御史违制取会防镇军数。成宗命省台大臣杂议，咸曰："平章勋臣之后，所犯者轻，事宜宥；御史取会军数，法当死。"文抗言："平章罪状明白，不受簿责，无人臣礼，其罪非轻。御史纠事之官，因兵卒争诉，责其帅如籍均役，情无害法，即有罪亦轻。"廷辩数四，与省台入奏，帝意始悟，平章、御史各杖遣之。其守正不阿类如此。

元贞二年，建言："治平之世，不宜数赦；不急之役，宜且停罢。"咸为成宗所嘉纳。授河北河南肃政廉访使。大德元年，河决蒲口，台檄令文按视防河之策。文建言：

长河万里西来，其势湍猛，至盟津而下，地平土疏，移徙不常，失禹故道，为中国患，不知几千百年矣。自古治河，处得其当，则用力少而患迟；事失其宜，则用力多而患速。此不易之定论也。今陈留抵睢，东西百有余里，南岸旧河口十一，已塞者二，自涸者六，通川者三，岸高于水，计六七尺，或四五尺；北岸故堤，其水比田高三四尺或高下等，大概南高于北约八九尺，堤安得不坏，水安得不北也！

蒲口今决千有余步，迅疾东行，得河旧渎，行二百里，至归德横堤之下，复合正流。或强湮遏，上决下溃，功不可成。揆今之计，河西郡县，顺水之性，远筑长垣，以御泛滥；归德、徐、邳，

民避冲溃，听从安便。被患之家，宜于河南退滩地内，给付顷亩
以为永业；异时河决他所者，亦如之。信能行此，亦一时救荒之
良策也。蒲口不塞便。

朝廷从之。会河朔郡县、山东宪部争言：“不塞则河北桑田尽为鱼鳖
之区，塞之便。”帝复从之。明年，蒲口复决。塞河之役，无岁无之。
是后水北入复河故道，竟如文言。

　　三年，调山东宪使，历行省参知政事、行御史台中丞。七年，召
拜资善大夫、中书左丞。浙西饥，发廪不足，募民入粟补官以赈之。
山东岁凶，盗贼窃发，出钞八百五十余万贯以籴之。选十道使者，奏
请巡行天下，问民疾苦。又奏斥罢南方白云宗，与民均事赋役。西
域贾人有奉珍宝进售者，其价六十万锭，省臣平章顾谓文曰：“此所
谓押忽大珠也，六十万酬之不为过矣。”一坐传玩。文问何所用之，
平章曰：“含之可不渴，熨面可使目有光。”文曰：“一人含之，千万人
不渴，则诚宝也。若一宝止济一人，则用已微矣。吾之所谓宝者，米
粟是也。一日不食则饥，三日则疾，七日则死。有则百姓安，无则天
下乱。以功用较之，岂不愈于彼乎！”平章固请观之，文竟不为动。年
六十九，因疾告老而归。十年，拜昭文馆大学士、中书右丞、商议中
书省事，召不起。

　　武宗、仁宗之世，屡延致，访以国事，赐燕及金帛有加，进阶自
光禄大夫，转银青荣禄大夫，仍中书左丞，丐还田里。延祐六年，拜
太子詹事，使三往，乃起。仁宗命尽言以教太子，待以殊礼。泰定三
年，以中书平章政事致仕。明年，卒于家，年九十二。

　　申屠致远，字大用。其先汴人。金末，从其父义徙居东平之寿
张。致远肄业府学，与李谦、孟祺等齐名。世祖南征，驻兵小濮，荆
湖经略使乞实力台荐为经略司知事。军中机务，多所谟画。师还至
随州，所俘男女，致远悉纵遣之。

　　至元七年，崔斌守东平，聘为学官。十年，御史台辟为掾，不就，
授太常太祝，兼奉礼郎。帝遣太常卿孛罗问毛血之荐，致远对曰：

"毛以告纯,血以告新,礼也。"宋平,焦友直、杨居宽宣慰两浙,举为都事,首言:"宋图籍,宜上之朝。江南学田,当仍以赡学。"行省从之。转临安府安抚司经历。临安改为杭州,迁总管府推官。宋驸马杨镇从子玠节,家富于赀,守藏吏姚溶窃其银,惧事觉,诬玠节阴与宋广、益二王通,有司榜笞,诬服,狱具。致远谳之,得其情,溶服辜,玠节以赂为谢,致远怒绝之。杭人金渊者,欲冒籍为儒,儒学教授彭宏不从,渊诬宏作诗有异志,揭书于市,逻者以上。致远察其情,执渊穷诘,罪之。属县械反者十七人,讯之,盖因寇作,以兵自卫,实非反者,皆得释。西僧杨琏真加,作浮图于宋故宫,欲取高宗所书《九经》石刻以筑基,致远力拒之,乃止。改寿昌府判官。时寇盗窃发,加之造征日本战船,远近骚然,致远设施有方,众赖以安。

二十年,拜江南行台监察御史。江淮行省宣使郄显、李兼诉平章忙兀台不法,有诏勿问,仍以显等付忙兀台鞫之,系于狱,必抵以死。致远虑囚浙西,知其冤状,将纵之。忙兀台胁之以势,致远不为动,亲脱显等械,使从军自赎。桑哥当国,治书侍御史陈天祥使至湖广,劾平章要束木,桑哥摘其疏中语,诬以不道,奏遣使往讯之,天祥就逮。时行台遣御史按部湖广,咸惮之,莫敢往,致远慨然请行。比至,累章极论之,桑哥方促定天祥罪,会致远章上,桑哥气沮。江西行省平章马合谋于商税外横加征取,忽辛籍乡民为匠户,转运使卢世荣榷茶牟利,致远并劾之。又言占城、日本,不可涉海远征,徒费中国,铨选限以南北,优苦不均,宜考其殿最,量地远近,定为立制,则铨衡平而吏弊革。他如罢香莎米,弛竹课禁,设司狱官医学职员,皆致远发之。

二十八年,丁父忧。起复江南行台都事,以终制辞。二十九年,佥江东建康道肃政廉访司事,未至,移疾还。元贞元年,纂修《世祖实录》,召为翰林待制,不赴。大德二年,佥淮西江北道肃政廉访司事,行部至和州,得疾卒。

致远清修苦节,耻事权贵,聚书万卷,名曰墨庄。家无余产,教诸子如师友。所著《忍斋行稿》四十卷,《释奠通礼》三卷,《杜诗纂例》十卷,《集验方》十二卷,《集古印章》三卷。

　　子七人:伯骐,征事郎、岭北湖南道肃政廉访司知事;骥,骊,俱
为学官;骊,奉政大夫、兵部员外郎。

　　雷膺,字彦正,浑源人。父渊,金监察御史。膺生七岁而孤。金
末,母侯氏挈膺北归浑源,艰险备尝,织纴以为业,课膺读书。膺笃
志于学,事母以孝闻。太宗时,诏郡国设科选试,凡占儒籍者复其
家,膺年甫弱冠,得与其选,愈自砥砺,遂以文学称。丞相史天泽镇
真定,辟为万户府掌书记。

　　世祖即位,初置十路宣抚司,诏选耆旧使副子弟为僚属,授膺
大名路宣抚司员外郎。中统二年,翰林承旨王鹗、王磐荐膺为翰林
修撰、同知制诰,兼国史院编修官。五年,调陕西、西蜀四川按察司
参议。至元二年,改陕西五路转运司谘议。四年,用兵于蜀,佩金符,
参议左壁总帅府事。师还,升承务郎、同知恩州事。宪府表荐其能,
遂入拜监察御史,首以“正君心、正朝廷百官”为言,又斥聚敛之臣
不宜作相。十一年,加奉议大夫,金河东山西道提刑按察司事,以称
职闻。

　　十四年,进朝列大夫、山南湖北道提刑按察副使。是时,江南新
附,诸将市功,且利俘获,往往滥及无辜,或强籍新民以为奴隶。膺
出令,得还为民者以数千计。十八年,转淮西江北道提刑按察副使,
以母老辞。二十年,迁行台侍御史,奉母之官,分司湖广、江西,奏劾
按察使二人及行省官吏之不法者。二十二年,丁母忧,去官。明年,
起复,授中议大夫、江南浙西道提刑按察使。时苏、湖多雨伤稼,百
姓艰食,膺请于朝发廪米二十万石赈之。江淮行省以发米太多,议
存三之一,膺曰:“布宣皇泽,惠养困穷,行省臣职耳,岂可效有司出
纳之吝耶!”行省不能夺,悉给之。时年六十二,即致仕,归老于山
阳。二十九年,征拜集贤学士。

　　成宗即位,朝会上都,召诸故老谘询国政,膺为称首,多所建
白。一日,延见便殿,奏对称旨,赐白玉带环一。明年,赐钞五千贯,

进秩二品。大德元年夏六月,以疾卒于京师,年七十三。赠通奉大夫、河南江北等处行中书省参知政事、护军,追封冯翊郡公,谥文穆。

子肇,顺德路总管府判官。孙豫,南阳府穰县尹。

胡祗遹,字绍开。磁州武安人。少孤。既长读书,见知于名流。中统初,张文谦宣抚大名,辟员外郎。明年,入为中书详定官。至元元年,授应奉翰林文字。寻兼太常博士,调户部员外郎,转右司员外郎,寻兼左司。时阿合马当国,进用群下,官冗事烦。祗遹建言:"省官莫如省吏,省吏莫如省事。"以是忤权奸,出为太原路治中,兼提举本路铁冶,将以岁赋不办责之。及其莅职,乃以最闻。改河东山西道提刑按察副使。

宋平,为荆湖北道宣慰副使。有佃民诉其田主谋为不轨者,祗遹察其冤,坐告者。十九年,为济宁路总管,上八事于枢府言军政:曰役重,曰逃户,曰贫难,曰正身入役,曰伪署文牒,曰官吏保结,曰有名无实,曰合并偏颇。枢府是之,以其言著为定法。济定移治钜野县,自国初经兵戈,其废已久,民居未集,风俗朴野。祗遹选郡子弟,择师教之,亲为讲论,期变其俗,久之治效以最称。升山东东西道提刑按察使。所至抑豪右,抚寡弱,以敦教化,以厉士风。民有父子兄弟相讼者,必恳切谕以天伦之重,不获已,则绳之以法。召拜翰林学士,不赴,改江南浙西道提刑按察使,未几,以疾归。

二十九年,朝廷征耆德者十人,祗遹为之首,以疾辞。三十年,卒,年六十七。廷祐五年,赠礼部尚书,谥文靖。子持,太常博士。

王利用,字国宾,通州潞县人。辽赠中书令、太原郡公籍之七世孙,高祖以下皆仕金。

利用幼颖悟。弱冠与魏初同学,遂齐名,诸名公交口称誉之。初事世祖于潜邸,中书辟为掾,辞不就。

中统初,命监铸百司印章。历太府内藏官,出为山东经略司详议官。迁北京奥鲁同知，历安肃、汝、蠡、赵四州知州，入拜监察御史。蓟州有禁地，民不得射猎其中，逻者诬州民冒禁，籍其家，利用纠之。逻者诉于上，利用辨愈力，得以所没入悉归之民。擢翰林待制，兼兴文署，奉旨程试上都、隆兴等路儒士。升直学士，与耶律铸同修实录。出为河东、陕西、燕南三道提刑按察副使，四川提刑按察使。四川土豪有持官府长短者，问得其实，而当以罪，民赖以安。都元帅塔海抑巫山县民数百口为奴，民屡诉不决，利用承檄核问，尽出为民。

大德二年，改安西、兴元两路总管。其在兴元，减职田租额，站户之役于他郡者悉除之，民甚便焉。有妇毒杀其夫，问药所从来，吏教妇指为富商所货。狱上，利用曰：“家富而货毒药，岂人情哉？”讯之，果冤也。未几，致仕，居汉中。

成宗朝，起为太子宾客。首以切于时政者，疏上十七事：曰谨畏天戒，取法祖宗，孝事母后，敬奉至尊，抚爱百姓，敦本抑末，清心听政，寡欲养身，酒宜节饮，财宜节用，有功必赏，有罪必罚，杜绝谗言，求纳直谏，官职量材而授，工役相时而动，俾近侍时赴经筵讲读经史。帝及太子嘉纳之。皇后闻之，命录别本以进。利用以老病不能朝，帝遣医珍视之。利用谓弟利贞、利享曰：“吾受国厚恩，愧不能报，死生有命，药不能为也。”遂卒，年七十七。

利用每自言，平生读书，于恕字有得焉。廉希宪当时名相，简重，慎许可，尝语人曰：“方今文章政事兼备者，王国宾其人也。”武宗即位，以官僚旧臣，制赠荣禄大夫、柱国、中书平章政事，封潞国公，谥文贞。

畅师文，字纯甫，南阳人。祖渊，赠中顺大夫、上骑都尉、魏郡伯。父讷，有诗名，注《地理指掌图》，仕为汴幕官，赠太中大夫、上轻车都尉、魏郡侯。

师文幼警悟，家贫无书，手录口诵，过目辄不忘。弱冠，谒许衡，与衡门人姚燧、高凝皆相友善。至元五年，陈时政十六策，丞相安童奇其才，辟为右三部令史。十二年，丞相伯颜攻宋，选为掾属，从定江南。及归，舟中惟载书籍而已。十三年，编《平宋事迹》上之。十四年，除东川行枢密院都事，尽心赞画，多所裨益。十六年，安西王承制改四川北道宣慰司经历。寻除承直郎、潼川路治中。修府舍，发地得银五十锭，同僚分师文十锭，不受，用以修庙学及传舍，余作酒器给公用。十九年，承制改同知保宁路事，治尚平简，反侧以安。二十二年，金西蜀四川道提刑按察司事。

二十三年，拜监察御史，纠劾不避权贵，上所纂《农桑辑要》书。二十四年，迁陕西汉中道巡行劝农副使，置义仓，教民种艺法。二十八年，改金陕西汉中道提刑按察司事。时更提刑按察司为肃政廉访司，就金本道肃政廉访司事，黜奸举才，咸服其公。三十一年，徙山南道。松滋、枝江有水患，岁发民防水，往返数百里，苦于供给，师文以江水安流，悉罢其役。驸马亦都护家人怙势不法，师文治其甚恶者，流之。

大德二年，改山东道。入为国子司业。七年，出为陕西行中书省理问官，决滞狱，不少阿徇。顷之，以疾家居。九年，擢陕西汉中道肃政廉访副使，又以疾不赴。十年，改太常少卿，转翰林侍读学士、朝请大夫、知制诰同修国史。

至大元年，修《成宗实录》，赐钞壹百锭，不受。时制作多出其手。二年，加少中大夫。三年，请补外任，除太平路总管。时大旱，师文损俸致祷，不数日，澍雨大降，遂为丰年。当涂人坐杀牛祈雨，囚系者六十余人，师文悯而出之。公田米积之盈屋，曰：“我家几人，能尽食此乎！”呼贫士及细民，恣其取去。廉访分司官前后至者，必先谒师文，称为先生。师文在任未久，境内晏然。

皇庆二年，复召为翰林侍读学士、中奉大夫、知制诰、同修国史，奉旨撰《王勃成道记序》等文，赐银贰铤，不受。除燕南河北道肃政廉访使，以病去官。延祐元年，征拜翰林学士、资德大夫，行至河南，复以病归襄阳。四年秋八月，考河南乡试归，次襄县，卒于传舍，年七十一。葬襄阳岘山。奉定二年，赠资政大夫、河南江北等处行中书省左丞、上护军,追封魏郡公,谥文肃。后至元八年,加赠推忠守正亮节功臣。

三子:长曰笃,仕至太中大夫、江东道肃政廉访副使。

张焕,字彦明,济南人。父信,以商贾起家,赀雄于乡。壬辰,岁饥,出粟赈贷,乡人赖以全活。

焕幼颖悟力学。始补吏济南,上计寿阳,行省有积年勾考未输银一十万五千两,焕条陈利害切至,遂获免征,民得无扰。中统元年,辟为中书省掾。俄迁右司提控案牍。四年,出为山东东路大都督府员外郎。至元四年,转陕西五路西蜀四川行中书省左右司员外郎。八年,进阶奉训大夫、知兖州事。时州境亢旱,吏民恳祷不雨,焕始至,甘雨霑足。闻属邑有桀黠吏,挟官府肆为暴横,焕绳之以法,杖出境外,民害遂息。

十一年,改授淮西等路行中书省左右司郎中。丞相阿塔海领军进攻瓜洲、镇江,焕运粮储,给战具,凡二年,赞画之力居多。

十三年,扬州未下,丞相阿术提兵攻之。五月,宋将李庭芝弃城遁泰州,焕领兵迫扬州城下,躬往招谕,制置朱焕以城降,庭芝亦就擒。焕传檄未下州郡,皆望风款附。从阿术入觐,世祖赐锦衣、鞍勒。

十三年,升太中大夫、扬州路总管府达鲁花赤,商议行中书省事,佩金虎符。时行省在扬州,据南北要津,焕抚绥劳来,上下安之。十六年,改镇江路总管府达鲁花赤,谢病归。购书八万卷,以万卷送济南府学资教育。二十一年,起为东昌路总管,莅政二年,吏民畏服,以治最称。二十五年卒,年六十四。延祐五年,赠太中大夫、东昌路总管,追封清河郡侯,谥敬惠。子用中,沂州山场同提举。

袁裕,字仲宽,洛阳人。幼孤,从兄避难聊城,因家焉。稍长,嗜学。中统初,由聊城县丞,辟中书右司掾,始建言“给重囚衣粮医药,免籍其孥、产,止令出焚瘗钱”,后著为令。顺天路民王住儿,因斗误杀人,其母年七十,言于朝曰:“妾寡且老,恃此儿以为生,儿死,则妾亦死矣。"裕言于执政曰："囚误杀人,情非故犯,当矜其母,乞宥之。"执政以闻,帝从之,囚得免死。南京总管刘克兴掠良民为奴隶,后以矫制获罪,当籍孥、产之半,裕言于中书,止籍其家,奴隶得复为民者数百。

至元六年,迁开封府判官。洧川县达鲁花赤贪暴,盛夏役民捕蝗,禁不得饮水,民不胜忿,击之而毙,有司当以大逆置极刑者七人,连坐者五十余人。裕曰："达鲁花赤自犯众怒而死,安可悉归罪于民!"议诛首恶者一人,余各杖之有差,部使者录囚至县,疑其太宽,裕辨之益力,遂陈其事状于中书,刑曹竟从裕议。

八年,拜监察御史,俄有旨授西夏中兴等路新民安抚副使,兼本道巡行劝农副使、奉直大夫,佩金符。时徙鄂民万余于西夏,有司虽与廪食,而流离颠沛犹多。裕与安抚使独吉请于朝,计丁给地,立三屯,使耕以自养,官民便之。又言："西夏羌、浑杂居,驱良莫辨,宜验已有从良书者,则为良民。"从之,得八千余人,官给牛具,使力田为农。十三年,进甘州等路宣抚副使,兼西夏中兴等路新民安抚副使。明年,移镇甘州。

十八年,调南阳知府。明年,召拜刑部侍郎。出为顺德路总管。郡有铁冶提举张鉴,无子买妾,其妻妒而杀之。裕捕其妻,讯之服辜。裕用法平允,而疾恶不少贷如此。二十一年,卒于官,年五十九。裕以其兄有鞠育之恩,令其子师愈推荫兄子仁,师愈后仕至侍御史。

张昉,字显卿,东平汶上人。父汝明,金大安元年经义进士,官至治书侍御史。

昉性缜密,遇事敢言,确然有守。以任子试补吏部令史。金亡,还乡里。严实行台东平,辟为掾。乡人有执左道惑众谋不轨者,事觉逮捕,违误甚众,诸僚佐莫敢言,昉独别白出数百人,实才之,进幕职。时兵后,吏曹杂进,不习文法。东平辖郡邑五十四,民众事繁,簿书填委,漫无统纪。昉坐曹,躬阅案牍,左酬右答,咸得其当,事无留滞。初，有将校死事，以弟袭其职者，至是革去，昉辨明，复之，持金夜馈昉，昉却之，惭谢而去。同里张氏，以丝五万两寄昉家而他适，俄而昉家被火，家人惶骇走避，赀用悉焚，惟力完所寄丝，付张氏。

乙卯，权知东平府事，以疾辞，家居养母。中统四年，参知中书省事。商挺镇巴蜀，表为四川等处行枢密院参议。至元元年，入为中书省左右司郎中，甄别能否，公其黜陟，人无怨言。三年，迁制国用使司郎中。制司专职财赋，时宰领之，倚任集事，尤号烦重，昉竭诚赞画，出纳惟谨，赋不加敛，而国用以饶。

四年，丁内忧，哀毁逾制。寻诏起复，录囚东平，多所平反。七年，转尚书省左右司郎中。九年，改中书省左司郎中。昉有识虑，损益古今，裁定典宪，时皆宜之，名为称职。十一年，拜兵刑部尚书，上疏乞骸骨，致其事，卒。赠中奉大夫、参知政事，追封东平郡公，谥庄宪。

子克通，平阴县尹。孙振，秘书著作郎；掾，中书省左司都事；拱，常德路蒙古学教授。

郝彬，字景文，霸州信安人也。世祖初，年十六，充太子宿卫，擢扬州路治中。宋末，鄞县贼顾闰，聚众海岛，时出攻剽，宋羁縻以官，内附后益横，侵扬州境，彬讨禽之。泰兴人有被杀二年而捕贼不获者，吏诬平人，狱已具。彬疑其诬，谳之，果得真贼。

御史荐彬同知淮西道宣慰司事，核户版，理屯田，诸废修举。江淮财赋总管府掌东宫田赋，其官属皆从詹事院奏授，不隶中书，往往为奸利，诛求无厌。彬为总管，入见，请受宪司纠察以革私弊，罢所隶六提举司以苏民瘼。从之，遂罢其四。国家经费，盐利居十之八，而两淮盐独当天下之半，法日以坏，以彬行户部尚书经理之。彬请度舟楫所通、道里所均，建六仓，煮盐于场，运积之仓。岁首，听群商于转运司探仓筹定其所，乃买券，又定河商、江商市易之不如法者，著为法。入为工部尚书，改户部尚书，拜中书参知政事。俄免归。

尚书省立,拜参知政事,辞不获命。同列务生事要功,杀无罪之人,彬积诚意开引,或从或违,横不可制。命兼大司徒,不拜。仁宗在东宫,彬恳辞至力,因称疾笃。时相强起之,至奏重赐以饵之,彬不为动。议罪之,罪无从得,彬坚卧一榻至数月,尚书省臣皆得罪,彬不与焉。家居七年,足迹未尝一出门外。仁宗思之,以为大司农卿,未几,谢病。延祐七年三月,卒。

高源,字仲渊,晋州人。高祖撝,为州法吏,用法公平。父汝霖,为真定廉访司照磨,使东平,道高唐,遇盗死。

源幼力学,事母孝。补县吏。中统初,擢卫辉路知事。累升齐河县尹,有遗爱,去官十年,民犹立碑颂之。迁行台都事,佥江南浙西道提刑按察司事。劾常州路达鲁花赤马恕夺民田及他不法事。恕惧,走赂权臣阿合马,以他事诬源。既系狱,一日忽释之,莫知所由。先时,源所居邻里,多阿合马姻戚,素知源事母至孝。至是,闻源坐非辜,悉诣阿合马曰:"源,孝子也,非但我知之,天必知之。况媒孽之罪非实,若妄杀源,悖天不祥,"阿合马感悟,得不死。寻迁河间等路都转运副使,抚治有条,灶户逃者皆复业,常赋外,羡余几十万缗。

至元二十四年,为江东道劝农营田使。二十八年,迁都水监。开通惠河,由文明门东七十里,与会通河接,置闸七、桥十二,人蒙其利。授同知湖北道宣慰司事。卒,年七十七。子梦弼、良弼、公弼。

杨湜,字彦清,真定藁城人。习章程学,工书算,始以府吏迁检法。中统元年,辟为中书掾,与中山杨珍、无极杨卞齐名,时人以三杨目之。中书省初立,国用不足,湜论钞法宜以权货制国用,朝廷从之,因俾掌其条制。四年,授益都路宣慰司谘议,迁左司提控掾,请严赃吏法。

至元二年,除河南大名诸处行中书省都事。三年,立制国用司,总天下钱谷,以湜为员外郎,佩金符。改宣徽院参议。湜计帑立籍,具其出入之算，每月终上之，遂定为令。加诸路交钞都提举，上钞法便宜事，谓平准行用库白金出入，有偷滥之弊，请以五十两铸为锭，文以元宝，用之便。

七年，改制国用司为尚书省，拜户部侍郎，仍兼交钞提举。时用壬子旧籍定民赋役之高下，湿言："贫富不常，岁久浸易，其可以昔时之籍，而定今之赋役哉！"廷议善之，因俾第其轻重，人以为平。湿心计精析，时论经费者，咸推其能焉。

子克忠，安丰路总管。孙贞。

吴鼎，字鼎臣，燕人。至元十七年，见裕宗于东宫，命入宿卫。二十五年，授织染杂造局总管府副总管。后积官至礼部尚书、宣徽副使。大德十一年，山东诸郡饥，诏鼎往赈之。朝廷议发米四万石，钞折米一万石，鼎谓同使者曰："民得钞，将何从易米？"同使者曰："朝议已定，恐不可复得。"鼎曰："人命岂不重于米耶！"言于朝，卒从所请。

至大元年，改正奉大夫、保定路总管。时皇太后欲幸五台，言者请开保定西五回岭，以取捷径。遣使即鼎，使视地形，计工费。鼎言："荒山斗入，人迹久绝，非乘舆所宜往。"还报，太后喜，为寝其役。三年，召授资善大夫、同知中政院事。两浙财赋隶中政者钜万计，前往者率多取其赢。鼎治之，一无私焉。浙有两富豪，曰朱、张家，多贷与民钱，其后两家诛没，而券之已偿者，亦入于官。官唯验券征理，民不能堪。鼎力为辨白，始获免。四年，改京畿漕运使。

皇庆二年，特旨复金宣徽院事。四月，进资政大夫、崇祥院使。延祐三年，卒，年五十有三。赠荣禄大夫、平章政事、柱国，追封蓟国公，谥孝敏。

梁德珪，字伯温，大兴良乡人。初给事昭睿顺圣皇后宫，令习国语，通奏对。年十一，见世祖。至元十六年，为中书左司员外郎。俄升郎中，六迁至参议尚书省事。至元三十一年，执政入奏事，帝询其曲折,不能对。德珪从旁辩析,明白通畅,帝大悦,拜参知政事。在省日久,凡钱谷出纳之制,铨选进退之宜,诸藩赐予之节,命有骤至,不暇阅简牍,同列莫知措辞,德珪数语即定。间遇疑事,则曰某事当如某律,某年尝有此旨,验之皆然。北京地震,帝阅州郡报囚之数,怪其过多,德珪方在右司,诏问焉。对曰:"当国者急于征索,蔓延收系,以致此尔。"帝感悟,为大赦中外逋负,民赖以苏。

　　大德间,成宗即位,一遵祖武,庙堂以安静为治,求进者不得逞其志,朋聚兴怨,摭事中伤德珪。会帝有疾,言者盛气致诘,德珪以位居执政,不受凌轹,慷慨引咎,遂安置湖广。帝疾愈,问知之,召使复位。既至,帝问:"卿安在?"德珪涕泣不能语,赐酒馔,使往拜其母,因以气疾,乞骸骨归。大德八年九月,卒于家,年四十有六。

元史卷一七一
列传第五八

刘因　吴澄

　　刘因，字梦吉，保定容城人。世为儒家。五世祖琮，生敦武校尉、临洮府录事判官昉。昉生奉议大夫、中山府录事侯。侯生秉善，金贞祐中南徙。其弟国宝，登兴定进士第，终奉直大夫、枢密院经历。秉善生述，述因之父也。岁壬辰，述始北归，刻意问学，邃性理之说，好长啸。中统初，左三部尚书刘肃宣抚真定，辟武邑令，以疾辞归。年四十未有子，叹曰：“天果使我无子则已，有子必令读书。”因生之夕，述梦神人马载一儿至其家，曰：“善养之。”既觉而生，乃名曰骃，字梦骥，后改今名及字。

　　因天资绝人，三岁识书，日记千百言，过目即成诵。六岁能诗，七岁能属文，落笔惊人。甫弱冠，才器超迈，日阅方册，思得如古人者友之，作《希圣解》。国子司业砚弥坚教授真定，因从之游，同舍生皆莫能及。初为经学，究训诂疏释之说，辄叹曰：“圣人精义，殆不止此。”及得周、程、张、邵、朱、吕之书，一见能发其微，曰：“我固谓当有是也。”及评其学之所长，而曰：“邵，至大也；周，至精也；程，至正也；朱子，极其大，尽莫精，而贯之以正也。”其高见远识率类此。

　　因早丧父，事继母孝。有父、祖丧未葬，投书先友翰林待制杨恕，怜而助之，始克襄事。因性不苟合，不妄交接，家虽甚贫，非其义，一介不取。家居教授，师道尊严，弟子造其门者，随材器教之，皆有成就。公卿过保定者众，闻因名，往往来谒，因多逊避，不与相见，不知者或以为傲，弗恤也。尝爱诸葛孔明静以修身之语，表所居曰静修。

不忽木以因学行荐于朝，至元十九年，有诏征因，擢承德郎、右赞善大夫。初，裕皇建学宫中，命赞善王恂教近侍子弟。恂卒，乃命因继之。未几，以母疾辞归。明年，丁内艰。二十八年，诏复遣使者，以集贤学士、嘉议大夫征因，以疾固辞，且上书宰相曰：

因自幼读书，接闻大人君子之余论，虽他无所得，至如君臣之义，自谓见之甚明。如以日用近事言之，凡吾人之所以得安居而暇食，以遂其生聚之乐者，是谁之力与？皆君上之赐也。是以凡我有生之民，或给力役，或出知能，亦必各有以自效焉。此理势之必然，亘万古而不可易，而庄周氏所谓无所逃于天地之间者也。

因生四十三年，未尝效尺寸之力，以报国家养育生成之德，而恩命连至，因尚敢偃蹇不出，贪高尚之名以自媚，以负我国家知遇之恩，而得罪于圣门中庸之教也哉！且因之立心，自幼及长，未尝一日敢为崖岸卓绝、甚高难继之行。平昔交友，苟有一日之雅者，皆知因之此心也。但或者得之传闻，不求其实，止于踪迹之近似者观之，是以有高人隐士之目。惟阁下亦知因之未尝以此自居也。

向者，先储皇以赞善之命来召，即与使者俱行，再奉旨令教学，亦即时应命。后以老母中风，请还家省视，不幸弥留，竟遭忧制，遂不复出。初岂有意于不仕邪。今圣天子选用贤良，一新时政，虽前日隐晦之人，亦将出而仕矣，况因平昔非隐晦者邪。况加以不次之宠，处之以优崇之地邪。是以形留意往，命与心违，病卧空斋，惶恐待罪。

因素有羸疾，自去年丧子，忧患之余，继以痁疟，历夏及秋。后虽平复，然精神气血，已非旧矣。不意今岁五月二十八日，疟疾复作，至七月初二日，蒸发旧积，腹痛如刺，下血不已。至八月初，偶起一念，自叹旁无期功之亲，家无纪纲之仆，恐一

　　且身先朝露,必致累人,遂遣人于容城先人墓侧,修营一舍,傥病势不退,当居处其中以待尽。遣人之际,未免感伤,由是病势益增,饮食极减。至二十一日,使者持恩命至,因初闻之,惶怖无地,不知所措。徐而思之,窃谓供职虽未能扶病而行,而恩命则不敢不扶病百拜。因又虑,若稍涉迟疑,则不惟臣子之心有所不安,而踪迹高峻,已不近于人情矣。是以即日拜受,留使者,候病势稍退,与之俱行。迁延至今,服疗百至,略无一效,乃请使者先行,仍令学生李道恒,纳上铺马圣旨,待病退,自备气力以行。望阁下俯加矜悯,曲为保全。因实疏远微贱之臣,与帷幄诸公不同,其进与退,苦非难处之事,惟阁下始终成就之。书上,朝廷不强致。帝闻之,亦曰:“古有所谓不召之臣,其斯人之徒欤!”三十年夏四月十有六日卒,年四十五。无子。闻者嗟悼。延祐中,赠翰林学士、资善大夫、护军,追封容城郡公,谥文靖。

　　欧阳玄尝赞因画像曰:“微点之狂,而有沂上风雩之乐;资由之勇,而无北鄙鼓瑟之声。于裕皇之仁,而见不可留之四皓;以世祖之略,而遇不能致之两生。乌乎!麒麟凤凰,固宇内之不常有也。然而一鸣而《六典》作,一出而《春秋》成。则其志不欲遗世而独往也明矣,亦将从周公、孔子之后,为往圣继绝学,为来世开太平者邪!”论者以为知言。因所著有《四书精要》三十卷。诗五卷,号《丁亥集》,因所自选。又有文集十余卷及《小学四书语录》,皆门生故友所录。惟《易系辞说》,乃因病中亲笔云。

　　吴澄,字幼清,抚州崇仁人。高祖晔,初居咸口里,当华盖、临川二山间,望气者徐觉言其地当出异人。澄生前一夕,乡父老见异气降其家,邻媪复梦有物蜿蜒降其舍旁池中,且以告于人,而澄生。三岁,颖悟日发,教之古诗,随口成诵。五岁,日受千余言,夜读书至旦。母忧其过勤,节膏火,不多与,澄候母寝,燃火复诵习。九岁,从群子弟试乡校,每中前列。既长,于《经》、《传》皆习通之,知用力圣贤之学,尝举进士不中。

至元十三年，民初附，盗贼所在蜂起。乐安郑松招澄居布水谷，乃著《孝经章句》，校定《易》、《书》、《诗》、《春秋》、《仪礼》及《大、小戴记》。侍御史程钜夫，奉诏求贤江南，起澄至京师。未几，以母老辞归。钜夫请置澄所著书于国子监，以资学者，朝廷命有司即其家录上。元贞初，游龙兴，按察司经历郝文迎至郡学，日听讲论，录其问答，凡数千言。行省掾元明善以文学自负，尝问澄《易》、《诗》、《书》、《春秋》奥义，叹曰："与吴先生言，如探渊海。"遂执子弟礼，终其身。左丞董士选延之于家，亲执馈食，曰："吴先生，天下士也。"既入朝，荐澄有道，擢应奉翰林文字。有司敦劝，久之乃至，而代者已到官，澄即日南归。未几，除江西儒学副提举，居三月，以疾去官。

至大元年，召为国子监丞。先是，许文正公衡为祭酒，始以朱子小学等书授弟子，久之，渐失其旧。澄至，且燃烛堂上，诸生以次受业，日昃，退燕居之室，执经问难者，接踵而至。澄各因其材质，反复训诱之，每至夜分，虽寒暑不易也。

皇庆元年，升司业。用程纯公《学校奏疏》、胡文定公《六学教法》、朱文公《学校贡举私议》，约之为教法四条：一曰经学，二曰行实，三曰文艺，四曰治事。未及行。又尝为学者言："朱子于道问学之功居多，而陆子静以尊德性为主。问学不本于德性，则其蔽必偏于言语训释之末，故学必以德性为本，庶几得之。"议者遂以澄为陆氏之学，非许氏尊信朱子本意，然亦莫知朱、陆之为何如也。澄一夕谢去，诸生有不谒告而从之南者。俄者集贤直学士，特授奉议大夫，俾乘驿至京师。次真州，疾作，不果行。

英宗即位，超迁翰林学士，进阶太中大夫。先是，有旨集善书者，粉黄金为泥，写浮屠《藏经》。帝在上都，使左丞速速，诏澄为序。澄曰："主上写经，为民祈福，甚盛举也。若用以追荐，臣所未知。盖福田利益，虽人所乐闻，而轮回之事，彼习其学者，犹或不言。不过谓为善之人，死则上通高明，其极品则日月齐光；为恶之人，死则下沦污秽，其极下则与沙虫同类。其徒遂为荐拔之说，以惑世人。今列圣之神，上同日月，何庸荐拔！且国初以来，凡写经追荐，不知几举。若未效,是无佛法矣;若已效,是诬其祖矣。撰为文辞,不可以示后世,请俟驾还奏之。"会帝崩而止。

泰定元年,初开经筵,首命澄与平章政事张珪、国子祭酒邓文原为讲官。在至治末,诏作太庙,议者习见同堂异室之制,乃作十三室。未及迁奉,而国有大故,有司疑于昭穆之次,命集议之。澄议曰:"世祖混一天下,悉考古制而行之。古者,天子七庙,庙各为宫。太祖居中,左三庙为昭,右三庙为穆。昭穆神主,各以次递迁。其庙之宫,颇如今之中书六部。夫省部之设,亦仿金、宋,岂以宗庙叙次,而不考古乎!"有司急于行事,竟如旧次云。时澄已有去志,会修《英宗实录》,命总其事。居数月,实录成,未上,即移疾不出。中书左丞许师敬奉旨赐宴国史院,仍致朝廷勉留之意。宴罢,即出城登舟去。中书闻之,遣官驿追,不及而还,言于帝曰:"吴澄,国之名儒,朝之旧德。今请老而归,不忍重劳之,宜有所褒异。"诏加资善大夫,仍以金织文绮二及钞五千贯赐之。

澄身若不胜衣,正坐拱手,气融神迈,答问亹亹,使人涣若冰释。弱冠时,尝著说曰:"道之大原出于天,神圣继之,尧、舜而上,道之元也;尧、舜而下,其亨也;洙、泗、邹、鲁,其利也;濂、洛、关、闽,其贞也。分而言之,上古则羲、黄其元,尧、舜其亨,禹、汤其利,文、武、周公其贞乎!中古之统:仲尼其元,颜、曾其亨乎,子思其利,孟子其贞乎!近古之统:周子其元,程、张其亨也,朱子其利也,孰为今日之贞乎?未之有也。然则,可以终无所归哉!"其早以斯文自任如此。故出登朝署,退归于家,与郡邑之所经由,士大夫皆迎请执业,而四方之士不惮数千里,蹑屩负笈来学山中者,常不下千数百人。少暇,即著书,至将终,犹不置也。于《易》、《春秋》、《礼记》各有纂言,尽被传注穿凿,以发其蕴,条归纪叙,精明简洁,卓然成一家言。作《学基》、《学统》二篇,使人知学之本,与为学之序,尤有得于邵子之学。校定《皇极经世书》,又校正《老子》、《庄子》、《太玄经》、《乐律》及《八阵图》、郭璞《葬书》。

初,澄所居草屋数间,程钜夫题曰草庐,故学者称之为草庐先生。天历三年，朝廷以澄耆老，特命次子京为抚州教授，以便奉养。明年六月，得疾，有大星坠其舍东北，澄卒，年八十五。赠江西行省左丞、上护军，追封临川郡公，谥文正。

长子文，终同知柳州路总管府事；京，终翰林国史院典籍官。孙当，自有传。

元史卷一七二
列传第五九

程钜夫　赵孟𫖯　邓文原
袁桷　曹元用　齐履谦

　　程钜夫,名文海。避武宗庙讳,以字行。其先,自徽州徙郢州京
山,后家建昌。叔父飞卿,仕宋,通判建昌。世祖时,以城降。钜夫
入为质子,授宣武将军、管军千户。他日,召见,问贾似道何如人,钜
夫条对甚悉。帝悦,给笔札书之,乃书二十余幅以进。帝大奇之,因
问今居何官,以千户对。帝谓近臣曰:“朕观此人相貌,已应贵显;听
其言论,诚聪明有识者也。可置之翰林。”丞相火礼霍孙传旨至翰
林,以其年少,奏为应奉翰林文字。帝曰:“自今国家政事得失,及朝
臣邪正,宜皆为朕言之。”钜夫顿首谢曰:“臣本疏远之臣,蒙陛下知
遇,敢不竭力以报陛下!”寻进翰林修撰。屡迁集贤直学士,兼秘书
少监。

　　至元十九年,奏陈五事:一曰取会江南仕籍,二曰通南北之选,
三曰立考功历,四曰置贪赃籍,五曰给江南官吏俸。朝廷多采行之。
赐地京师安贞门,以筑居室。二十年,加翰林集贤学士,同领会同馆
事。二十三年,见帝,首陈:“兴建国学,乞遣使江南搜访遗逸;御史
台、按察司,并宜参用南北之人。”帝嘉纳之。

　　二十四年,立尚书省,诏以为参知政事,钜夫固辞。又命为御史
中丞,台臣曰:“钜夫南人,且年少。”帝大怒曰:“汝未用南人,何以
知南人不可用! 自今省、部、台、院,必参用南人。”遂以钜夫仍为集

贤直学士,拜侍御史,行御史台事,奉诏求贤于江南。初,书诏令皆用蒙古字。及是,帝特命以汉字书之。帝素闻赵孟蓈、叶李名,钜夫临当行,帝密谕必致此二人。钜夫又荐赵孟頫、余恁、万一鹗、张伯淳、胡梦魁、曾晞颜、孔洙、曾冲子、凌时中、包铸等二十余人,帝皆擢置台宪及文学之职。还朝陈民间利病五事。拜集贤学士,仍还行台。

二十六年,时相桑哥专政,法令苛急,四方骚动。钜夫入朝,上疏曰:

　　臣闻天子之职,莫大于择相。宰相之职,莫大于进贤。苟不以进贤为急,而惟以殖货为心,非为上为德、为下为民之意也。昔文帝以决狱及钱谷问丞相周勃,勃不能对。陈平进曰:"陛下问决狱,责廷尉;部钱谷,责治粟内史。宰相,上理阴阳,下遂万物之宜,外镇抚四夷,内亲附百姓。"观其所言,可以知宰相之职矣。

　　今权奸用事,立尚书钩考钱谷,以剥割生民为务,所委任者,率皆贪饕邀利之人,江南盗贼窃发,良以此也。臣窃以为宜清尚书之政,损行省之权,罢言利之官,行恤民之事,于国为便。

桑哥大怒,羁留京师不遣,奏请杀之,凡六奏,帝皆不许。钜夫既还行台,二十九年又召钜夫与胡祇遹、姚燧、王恽、雷膺、陈天祥、杨恭懿、高凝、陈俨、赵居信等十人,赴阙赐对。三十年,出为闽海道肃政廉访使,兴学明教,吏民畏爱之。

大德四年,迁江南湖北道肃政廉访使。至官,首治行省平章家奴之为民害者,上下肃然。八年,召拜翰林学士,商议中书省事。十年,以亢旱、暴风、星变,钜夫应诏陈弭灾之策,其目有五:曰敬天,曰尊祖,曰清心,曰持体,曰更化。帝皆然之。云南省臣言:"世祖亲平云南,民愿刻石点苍山,以纪功德。"诏钜夫撰其文。

十一年,拜山南江北道肃政廉访使,复留为翰林学士。至大元年,修《成宗实录》。二年,召至上都。三年,复拜山南江北道肃政廉访使。四年，与李谦、尚文等十六人同赴阙，赐对便殿。拜浙东海右道肃政廉访使，留为翰林学士承旨。皇庆元年，修《武宗实录》。二年，旱，钜夫应诏陈桑林六事，忤时宰意。明日，帝遣近侍赐上尊，劳之曰："中书集议，惟卿所言甚当，后临事，其极言之。"于是诏钜夫偕平章政事李孟、参知政事许师敬议行贡举法，钜夫建言："经学当主程颐、朱熹传注，文章宜革唐、宋宿弊。"命钜夫草诏行之。

三月，以病乞骸骨归田里。不允，命尚医给药物，官其子大本郊祀署令，以便侍养。时令近臣抚视，且劳之曰："卿，世祖旧臣，惟忠惟贞，其勉加餐粥，少留京师，以副朕心。"钜夫请益坚，特授光禄大夫，赐上尊，命廷臣以下饮饯于齐化门外，给驿南还。敕行省及有司常加存问。居五年而卒，年七十。泰定二年，赠大司徒、柱国，追封楚国公，谥文宪。

赵孟頫，字子昂，宋太祖子秦王德芳之后也。五世祖秀安僖王子偁，四世祖崇宪靖王伯圭。高宗无子，立子偁之子，是为孝宗。伯圭，其兄也，赐第于湖州，故孟頫为湖州人。曾祖师垂，祖希永，父与訔，仕宋，皆至大官。入国朝，以孟頫贵，累赠师垂集贤侍读学士，希永太常礼仪院使，并封吴兴郡公，与訔集贤大学士，封魏国公。

孟頫幼聪敏，读书过目辄成诵，为文操笔立就。年十四，用父荫补官，试中吏部铨法，调真州司户参军。宋亡，家居，益自力于学。

至元二十三年，行台侍御史程钜夫奉诏搜访遗逸于江南，得孟頫，以之入见。孟頫才气英迈，神采焕发，如神仙中人。世祖顾之喜，使坐右丞叶李上。或言孟頫宋宗室子，不宜使近左右，帝不听。时方立尚书省，命孟頫草诏颁天下。帝览之，喜曰："得朕心之所欲言者矣。"诏集百官于刑部议法，众欲计至元钞二百贯赃满者死，孟頫曰："始造钞时，以银为本，虚实相权。今二十余年间，轻重相去至数十倍，故改中统为至元。又二十年后，至元必复如中统。使民计钞抵法，疑于太重。古者，以米、绢民生所须，谓之二宝，银、钱与二物相权，谓之二虚。四者为直，虽升降有时，终不大相远也，以绢计赃，最为适中。况钞,乃宋时所创,施于边郡,金人袭而用之,皆出于不得已。乃欲以此断人死命,似不足深取也。"或以孟頫年少,初自南方来,讥国法不便,意颇不平,责孟頫曰:"今朝廷行至元钞,故犯法者以是计赃论罪,汝以为非,岂欲沮格至元钞耶?"孟頫曰:"法者,人命所系,议有重轻,则人不得其死矣。孟頫奉诏与议,不敢不言。今中统钞虚,故改至元钞,谓至元钞终无虚时,岂有是理!公不揆于理,欲以势相陵,可乎!"其人有愧色。帝初欲大用孟頫,议者难之。

二十四年六月,授兵部郎中。兵部总天下诸驿。时使客饮食之费,几十倍于前,吏无以供给,强取于民,不胜其扰,遂请于中书,增钞给之。至元钞法滞涩不能行,诏遣尚书刘宣与孟頫驰驿至江南,问行省丞相慢令之罪,凡左右司官及诸路官,则径笞之。孟頫受命而行,比还,不笞一人,丞相桑哥大以为谴。

时有王虎臣者,言平江路总管赵全不法,即命虎臣往按之。叶李执奏不宜遣虎臣,帝不听。孟頫进曰:"赵全固当问。然虎臣前守此郡,多强买人田,纵宾客为奸利。全数与争,虎臣怨之。虎臣往,必将陷全,事纵得实,人亦不能无疑。"帝悟,乃遣他使。桑哥钟初鸣时即坐省中,六曹官后至者,则笞之。孟頫偶后至,断事官遽引孟頫受笞。孟頫入诉于都堂右丞叶李曰:"古者,刑不上大夫,所以养其廉耻,教之节义,且辱士大夫,是辱朝廷也。"桑哥亟慰孟頫使出,自是所笞,唯曹史以下。他日,行东御墙外,道险,孟頫马跌堕于河。桑哥闻之,言于帝,移筑御墙稍西二丈许。帝闻孟頫素贫,赐钞五十锭。

二十七年,迁集贤直学士。是岁地震,北京尤甚,地陷,黑沙水涌出,人死伤数十万,帝深忧之。时驻跸龙虎台,遣阿剌浑撒里驰还,召集贤、翰林两院官,询致灾之由。议者畏忌桑哥,但泛引经、传,及五行灾异之言,以修人事、应天变为对,莫敢语及时政。先是,桑哥遣忻都及王济等理算天下钱粮,已征入数百万,未征者尚数千万,害民特甚,民不聊生,自杀者相属,逃山林者,则发兵捕之,皆莫敢沮其事。孟頫与阿剌浑撒里甚善,劝令奏帝赦天下,尽与蠲除,庶几天变可弭。阿剌浑撒里入奏，如孟頫所言，帝从之。诏草已具，桑哥怒谓必非帝意。孟頫曰："凡钱粮未征者，其人死亡已尽，何所从取？非及是时除免之，他日言事者，倘以失陷钱粮数千万归咎尚书省，岂不为丞相深累耶！"桑哥悟，民始获苏。

帝尝问叶李、留梦炎优劣，孟頫对曰："梦炎，臣之父执，其人重厚，笃于自信，好谋而能断，有大臣器；叶李所读之书，臣皆读之，其所知所能，臣皆知之能之。"帝曰："汝以梦炎贤于李耶？梦炎在宋为状元，位至丞相，当贾似道误国罔上，梦炎依阿取容；李布衣，乃伏阙上书，是贤于梦炎也。汝以梦炎父友，不敢斥言其非，可赋诗讥之。"孟頫所赋诗，有"往事已非那可说，且将忠直报皇元"之语，帝叹赏焉。

孟頫退谓奉御彻里曰："帝论贾似道误国，责留梦炎不言，桑哥罪甚于似道，而我等不言，他日何以辞其责！然我疏远之臣，言必不听。侍臣中读书知义理、慷慨有大节、又为上所亲信、无逾公者。夫捐一旦之命，为万姓除残贼，仁者之事也。公必勉之！"既而彻里至帝前，数桑哥罪恶。帝怒，命卫士批其颊，血涌口鼻，委顿地上。少间，复呼而问之，时如初。时大臣亦有继言者，帝遂按诛桑哥，罢尚书省，大臣多以罪去。

帝欲使孟頫与闻中书政事，孟頫固辞，有旨令出入宫门无禁。每见，必从容语及治道，多所裨益。帝问："汝赵太祖孙耶？太宗孙耶？"对曰："臣太祖十一世孙。"帝曰："太祖行事，汝知之乎？"孟頫谢不知，帝曰："太祖行事，多可取者，朕皆知之。"孟頫自念，久在上侧，必为人所忌，力请补外。二十九年，出同知济南路总管府事。时总管阙，孟頫独署府事，官事清简。有元掀儿者，役于盐场，不胜艰苦，因逃去。其父求得他人尸，遂诬告同役者杀掀儿，既诬服。孟頫疑其冤，留弗决，逾月，掀儿自归，郡中称为神明。金廉访司事韦哈剌哈孙素苛虐，以孟頫不能承顺其意，以事中之。会修《世祖实录》，召孟頫还京师，乃解。久之，迁知汾州，未上，有旨书金字《藏经》，既成，除集贤直学士、江浙等处儒学提举，迁泰州尹，未上。

　　至大三年，召至京师，以翰林侍读学士与他学士撰定祀南郊祝文，及拟进殿名，议不合，谒告去。仁宗在东宫，素知其名，及即位，召除集贤侍讲学士、中奉大夫。延祐元年，改翰林侍讲学士，迁集贤侍讲学士、资德大夫。三年，拜翰林学士承旨、荣禄大夫。帝眷之甚厚，以字呼之而不名。帝尝与侍臣论文学之士，以孟頫比唐李白、宋苏子瞻。又尝称孟頫操履纯正，博学多闻，书画绝伦，旁通佛、老之旨，皆人所不及。有不悦者间之，帝初若不闻者。又有上书言国史所载，不宜使孟頫与闻者，帝乃曰：“赵子昂，世祖皇帝所简拔，朕特优以礼貌，置于馆阁，典司述作，传之后世，此属呶呶何也！”俄赐钞五百锭，谓侍臣曰：“中书每称国用不足，必持而不与，其以普庆寺别贮钞给之。”孟頫尝累月不至官中，帝以问左右，皆谓其年老畏寒，敕御府赐貂鼠裘。

　　初，孟頫以程钜夫荐，起家为郎，及钜夫为翰林学士承旨，求致仕去，孟頫代之，先往拜其门，而后入院，时人以为衣冠盛事。六年，得请南归。帝遣使赐衣币，趣之还朝，以疾，不果行。至治元年，英宗遣使即其家，俾书《孝经》。二年，赐上尊及衣二袭。是岁六月卒，年六十九。追封魏国公，谥文敏。孟頫所著，有《尚书注》，有《琴原》、《乐原》，得律吕不传之妙；诗文清邃奇逸，读之，使人有飘飘出尘之想。篆、籀、分、隶、真、行、草书，无不冠绝古今，遂以书名天下。天竺有僧，数万里来求其书归，国中宝之。其画山水、木石、花竹、人马，尤精致。前史官杨载称孟頫之才颇为书画所掩，知其书画者，不知其文章，知其文章者，不知其经济之学。人以为知言云。

　　子雍、奕，并以书画知名。

　　邓文原，字善之，一字匪石。绵州人。父漳，徙钱塘。文原年十五，通《春秋》。在宋时，以流寓试浙西转运司，魁四川士。至元二十七年，行中书省辟为杭州路儒学正。大德二年，调崇德州教授。五年，擢应奉翰林文字。九年，升修撰，谒告还江南。至大元年，复为修撰，预修《成宗实录》。三年，授江浙儒学提举。

皇庆元年，召为国子司业。至官，首建白更学校之政，当路因循，重于改作，论不合，移病去。科举制行，文原校文江浙，虑士守旧习，大书朱熹《贡举私议》，揭于门。延祐四年，升翰林待制。

五年，出佥江南浙西道肃政廉访司事，平江僧有憾其府判官理熙者，赂其徒，告熙赃，熙诬服。文原行部，按问得实，杖僧而释熙。吴兴民夜归，巡逻者执之，系亭下。其人遁去，有追及之者，刺其肋，仆地。明旦，家人得之以归，比死，其兄问杀汝者何如人，曰："白帽、青衣、长身者也。"其兄诉于官，有司问直初更者曰张福儿，执之，使服焉。械系三年，文原录之曰："福儿身不满六尺，未见其长也；刃伤右胁，而福儿素用左手，伤宜在左，何右伤也！"鞫之，果得真杀人者，而释福儿。桐庐人戴汝惟家被盗，有司得盗，狱成送郡；夜有焚戴氏庐者，而不知汝惟所之。文原曰："此必有故也。"乃得其妻叶氏与其弟谋杀汝惟状，而于水涯树下，得尸与渍血斧俱在焉，人以为神。

六年，移江东道。徽、宁国、广德三郡，岁入茶课钞三千锭，后增至十八万锭，竭山谷所产，不能充其半，余皆凿空取之民间，岁以为常。时转运司官听用乡里哗狡，动以犯法诬民，而转运司得专制有司，凡五品官以下皆杖决，州县莫敢如何。文原请罢其专制，俾郡县领之，不报。徽民谢兰家僮汪姓者死，兰侄回赂汪族人诬兰杀之，兰诬服。文原录之，得其情，释兰而坐回。时久旱不雨，决狱乃雨。

至治二年，召为集贤直学士，地震，诏议弭灾之道。文原请决滞囚，置仓廪河北，储羡粟以赈饥，复申前议，请罢榷茶转运司。又不报。明年，兼国子祭酒，江浙省臣赵简请开经筵。泰定元年，文原兼经筵官，以疾乞致仕归。二年，召拜翰林侍讲学士，以疾辞。四年，拜岭北湖南道肃政廉访使，以疾不赴。天历元年卒，年七十一。

文原内严而外恕，家贫而行廉。初客京师，有一书生病笃，取橐中金嘱文原以归其亲。既死，而同舍生窃金去，文原买金偿死者家，终身不以语人。有文集若干卷，内制集若干卷，藏于家。子衍，荫授江浙等处儒学副提举，未任，卒。至顺五年，制赠文原江浙行省参知政事,谥文肃。

袁桷,字伯长,庆元人。宋同知枢密院事韶之曾孙。为童子时,已著声。部使者举茂才异等,起为丽泽书院山长。

大德初,阎复、程文海、王构荐为翰林国史院检阅官。时初建南郊,桷进十议曰:"天无二日,天既不得有二,五帝不得谓之天,作《昊天五帝议》。祭天岁或为九,或为二,作《祭天名数议》。圜丘不见于《五经》,郊不见于《周官》,作《圜丘非郊议》。后土,社也,作《后土即社议》。三岁一郊,非古也,作《祭天无间岁议》。燔柴见于古经,《周官》以禋祀为天,其义各有旨,作《燔柴泰坛议》。祭天之牛角茧栗,用牲于郊,牛二,合配而言之,增群祀而合祠,非周公之制矣,作《郊不当立从祀议》。郊,质而尊之义也,明堂,文而亲之义也,作《郊明堂礼仪异制议》。郊用辛,鲁礼也,卜不得常为辛,作《郊非辛日议》。北郊不见于《三礼》,尊地而遵北郊,郑玄之说也,作《北郊议》。"礼官推其博,多采用之。升应奉翰林文字、同知制诰,兼国史院编修官,请购求辽、金、宋三史遗书,历两考,迁待制。又再任,拜集贤直学士。久之,移疾去官。复仍以直学士召入集贤。未几,改翰林直学士、知制诰、同修国史。至治元年,迁侍讲学士。泰定初,辞归。

桷在词林,朝廷制册、勋臣碑铭,多出其手。所著有《易说》、《春秋说》、《清容居士集》。泰定四年,卒,年六十一。赠中奉大夫、江浙等处行中书省参知政事、护军,追封陈留郡公,谥文清。

曹元用,字子贞,世居阿城,从徙汶上。祖义,不仕。父宗辅,德清县主簿。

元用资禀俊爽,幼嗜书,一经目,辄成诵。每夜读书,常达曙不寐。父忧其致疾,止之,辄以衣蔽窗默观之。

始以镇江路儒学正,考满,游京师。翰林承旨阎复于四方士少所许可,及见元用,出所为文示之。元用辄指其疵,复大奇之,因荐为翰林国史院编修官。即论史院僚属非材，请较试，取其优者用之。御史台辟为掾史。元用初不习吏事，而见事明决，吏反师之。转中书省右司掾，与清河元明善、济南张养浩，同时号为三俊。除应奉翰林文字，迁礼部主事。时累朝皇后既崩者，犹以名称，而未有谥号。元用言：“后为天下母，岂可直称其名。宜加徽号，以彰懿德。”改尚书省右司都事，转员外郎。及尚书省罢，退居任城，久之，齐、鲁间从学者甚众。

延祐六年，授太常礼仪院经历，属英宗躬修祀事，锐意礼乐，其亲祀仪注、卤簿舆服之制，率所裁定。初，太庙九室合飨于一殿，仁宗崩，无室可祔。乃于武宗室前，结彩为次。英宗在上京，召礼官集议，元用言：“古者，宗庙有寝、有室，宜以今室为寝，当更营大殿于前，为十五室。”帝嘉其议，授翰林待制，升直学士。

至治三年八月，铁失之变，贼党赤斤铁木儿遽至京师，收百司印，趣召两院学士北上。元用独不行，曰：“此非常之变，吾宁死，不可曲从也。”未几，贼果败，人皆称其有先见之明。

泰定二年，授太子赞善，转礼部尚书，兼经筵官，及大朝会，为纠仪官，申卷班之令，俾以序退，无争门而出之扰。又谓太医、仪凤、教坊等官，不当序正班，当自为一列，后皆行之。时宰执有欲罢科举法者，元用以为“国家文治，正在于此，胡可罢也。”又有欲损太庙四时之享、止存冬祭者，元用谓：“禘祠尝蒸，四时之享，不可阙一，乃经礼之大者，其可惜费而废礼乎！”

三年夏，帝以日食、地震、星变，诏议所以弭灾者，元用谓：“应天以实不以文，修德明政，应天之实也。宜撙浮费，节财用，选守令，恤贫民，严禋祀，汰佛事，止造作以纾民力，慎赏罚以示劝惩。”皆切中时弊。又论科举取士之法，当革冒滥，严考核，俾得真才之用。议上，朝廷咸是之。拜中奉大夫、翰林侍讲学士，兼经筵官，预修仁宗、英宗两朝实录。又奉旨纂集甲令为《通制》，译《唐贞观政要》为国语。书成，皆行于时。凡大制诰，率元用所草。文宗时，草宽恤之诏。帝览而善之，赐金织文锦。

天历二年,代祀曲阜孔子庙。还,以司寇像及代祀记献,帝甚喜。值太禧宗禋院副使缺,中书奏以元用为之。帝不允,曰:"此人翰林中所不可无者,将大用之矣。"会卒,帝嗟悼久之,谓侍臣曰:"曹子贞尽忠宣力,今亡矣,可赐赙钞五千缗。"赠正奉大夫、江浙等处行中书省参知政事、护军,追封东平郡公,谥文献。诗文四十卷,号《超然集》。二子:伟,仪。

齐履谦,字伯恒。父义,善算术。履谦生六岁,从父至京师。七岁读书,一过即能记忆。年十一,教以推步星历,尽晓其法。十三,从师,闻圣贤之学。自是以穷理为务,非洙、泗、伊、洛之书不读。

至元十六年,初立太史局,改治新历,履谦补星历生。同辈皆司天台官子,太史王恂问以算数,莫能对。履谦独随问随答,恂大奇之。新历既成,复预修《历经》、《历议》。二十九年,授星历教授。都城刻漏。旧以木为之,其形如碑,故名碑漏,内设曲筒,铸铜为丸,自碑首转行而下,鸣铙以为节。其漏经久废坏,晨昏失度。大德元年,中书俾履谦视之,因见刻漏旁有宋旧铜壶四,于是按图考定莲花、宝山等漏制,命工改作。又请重建鼓楼,增置更鼓并守漏卒。当时遵用之。

二年,迁保章正,始专历官之政。三年八月朔,时加巳,依历,日蚀二分有奇。至其时,不蚀。众皆惧,履谦曰:"当蚀不蚀,在古有之,矧时近午,阳盛阴微,宜当蚀不蚀。"遂考唐开元以来当蚀不蚀者凡十事以闻。六年六月朔,时加戌,依历,日蚀五十七钞。众以涉交既浅,且复近浊,欲匿不报。履谦曰:"吾所掌者,常数也,其食与否,则系于天"。独以状闻,及其时,果食。众尝争没日不能决,履谦曰:"气本十五日,而间有十六日者,余分之积也。故历法以所积之日,命为没日,不出本气者为是。"众服其议。

七年八月戊申夜,地大震,诏问致灾之由,及弭灾之道,履谦按《春秋》言:"地为阴而主静,妻道、臣道、子道也,三者失其道,则地为之弗宁。弭灾之道,大臣当反躬责己,去专制之威,以答天变,不可徒为禳祷也。”时成宗寝疾,宰臣有专威福者,故履谦言及之。九年冬,始立南郊,祀昊天上帝,履谦摄司天台官。旧制,享祀,司天虽掌时刻,无钟鼓更漏,往往至旦始行事。履谦白宰执,请用钟鼓更漏,俾早晏有节,从之。

至大二年,太常请修社稷坛,及浚太庙庭中井。或以岁君所直,欲止其役,履谦曰:“国家以四海为家,岁君岂专在是!”三年,升授时郎秋官正,兼领冬官正事。四年,仁宗即位,嘉尚儒术。台臣言履谦有学行,可教国学子弟。擢国子监丞,改授奉直大夫、国子司业,与吴澄并命,时号得人。每五鼓入学,风雨寒暑,未尝少怠,其教养有法,诸生皆畏服。未几,复以履谦佥太史院事。

皇庆二年春,彗生出东井。履谦奏宜增修善政以答天意,因陈时务八事。仁宗为之动容,顾宰臣命速行之。自履谦去国学,吴澄亦移病归,学制稍为之废。延祐元年,诏择善教者,于是复以履谦为国子司业。履谦律己益严,教道益张,每斋置伴读一人为长,虽助教阙员,而诸生讲授不绝。时初命国子生岁贡六人,以入学先后为次第,履谦曰:“不考其业,何以兴善而得人!”乃酌旧制,立升斋、积分等法:每季考其学行,以次递升,既升上斋,又必逾再岁,始与私试;孟月仲月试经疑、经义,季月试古赋、诏诰、章表、策,蒙古、色目试明经策问;辞理俱优者一分,辞平理优者为半分,岁终积至八分者充高等,以四十人为额;然后集贤、礼部定其艺业及格者六人,以充岁贡;三年不通一经,及在学不满一岁者,并黜之。帝从其议,自是人人励志,多文学之士。五年,出为滨州知州,丁母忧,不果行。

至治元年,拜太史院使。泰定二年九月,以本官奉使宣抚江西、福建,黜罢官吏之贪污者四百余人,蠲免括地虚加粮数万石,州县有以先贤子孙充房夫诸役者悉罢遣之。福建宪司职田,每亩岁输米三石,民不胜言。履谦命准令输之,由是召怨,及还京,宪司果诬以他事。未几,诬履谦者皆坐事免,履谦始得直,复为太史院使。天历二年九月卒。

履谦笃学勤苦,家贫无书。及为星历生,在太史局。会秘书监辇亡宋故书留置本院，因昼夜讽诵，深究自得，故其学博洽精通，自《六经》、诸史、天文、地理、礼乐、律历，下至阴阳、五行、医药、卜诬，无不淹贯，尤精经籍。著《大学四传小注》一卷，《中庸章句续解》一卷，《论语言仁通旨》二卷，《书传详说》一卷，《易系辞旨略》二卷，《易本说》四卷，《春秋诸国统纪》六卷。以皇极之名，见于《洪范》，皇极之数，始于邵氏《经世书》，数非极也，特寓其数于极耳，著《经世书入式》一卷。《经世书》有内外篇，内篇则因极而明数，外篇则由数而会极，著《外篇微旨》一卷。《授时历》行五十年，未尝推考，履谦日测晷景，并晨昏五星宿度，自至治在三年冬至至泰定二年夏至，天道加时真数，各减见行历书二刻，著《二至晷景考》二卷。《授时历》虽有经、串，而经以著定法，串以纪成数，然求其法之所以然、数之所从出，则略而不载，作《经串演撰八法》一卷。

元立国百有余年，而郊庙之乐沿袭宋、金，未有能正之者。履谦谓乐本于律，律本于气，而气候之法具载前史，可择僻地为密室，取金门之竹及河内葭莩，候之，上可以正雅乐、荐郊庙、和神人，下可以同度量、平物货、厚风俗。列其事之上。又得黑石古律管一，长尺有八寸，外方，内为圆空，中有隔，隔中有小窍，盖以通；隔上九寸，其空均直，约径三分，以应黄钟之数；隔下九寸，其空自小窍迤逦杀至管底，约径二寸余，盖以聚其气而上之。其制与律家所说不同，盖古所谓玉律者是也。适迁他官，事遂寝。有志者深惜之。至顺三年五月，赠翰林学士、资善大夫、上护军，追封汝南郡公，谥文懿。

元史卷一七三
列传第六〇

崔斌　　崔彧　　叶李　　燕公楠
马绍

　　崔斌,字仲文。马邑人。性警敏,多智虑。魁岸雄伟,善骑射。尤攻文学,而达政术。世祖在潜邸召见,应对称旨,命佐卜怜吉带将游骑戍淮南。斌负才略,卜怜吉带甚敬礼之。兵驻扬州西城,俾斌领骑兵觇敌形势。斌视敌兵乱,潜出袭之,多所杀获。俄丁父忧,袭授金符为总管。中统元年,改西京参议宣慰司事。世祖尝命安童举汉人识治体者一人,安童举斌。入见,敷陈时政得失,曲中宸虑。

　　时世祖锐意图治,斌危言谠论,直指面斥,是非立判,无有所讳。帝幸上都,尝召斌,斌下马步从。帝命之骑,因问为治大体,今当何先。斌以任相对。帝曰:"汝其为我举可为相者。"斌以安童、史天泽对,帝默然良久。斌曰:"陛下岂以臣猥鄙,所举未允公议,有所惑欤?今近臣咸在,乞采舆言,陛下裁之。"帝俞其请,斌立马扬言曰:"有旨问安童为相,可否?"众欢然呼万岁。帝悦,遂以二人并为相。除斌左右司郎中。每论事帝前,群言终日不决者,斌以数言决之。进见,必与近臣偕,其所献替,虽密近之臣,有不得与闻者,以此人多忌之。会阿合马立制国用使司,专总财赋,一以掊克为事,斌曰:"与其有聚敛之臣,宁有盗臣!"于帝前屡斥其奸恶。

　　至元四年,出守东平。五年,大兵南征,道寿张。卒有撤民席,投其赤子于地以死,诉于斌。斌驰谓主将曰:"未至敌境,而先杀吾民,国有常刑,汝亦当坐。"于是下其卒于狱,自是莫敢犯。岁大侵,征赋如常年,斌驰奏以免。复请于朝,得楮币十万缗,以赈民饥。六年,除同金枢密院事。

襄樊之役,命斌金河南行省事。方议攻鹿门山,斌曰:"自岘山西抵万山,北抵汉江,筑城浚堑,以绝饷援,则襄阳可坐制矣。"时调曹、濮民丁,屯田南阳。斌议罢曹、濮屯民,以近地兵多者补之,民以为便。又议户部给滨、棣、青、沧盐券,付行省,募民以米贸之,仍增价和籴。远近输贩者辐辏,馈饷不劳而集。有旨:河南四路,籍兵二万,以益襄樊。斌即驰奏曰:"河南户少,而调度繁多,实不堪命,减其半为宜。"从之。襄阳既下,转嘉议大夫,仍金行中书省。

十年,诏丞相伯颜总兵南征,改行省为河南宣慰司,加中奉大夫,赐金虎符,充宣慰使。是时,襄阳、正阳诸军,悉道河南,供亿虽繁,而事无缺失。伯颜既渡江,分阿里海牙定湖南,诏斌贰之,拜行中书省参知政事。

十月,围潭州,斌攻西北铁坝。阿里海牙中流矢,不能军,斌以军夜集栅下,黎明毕登,不利。斌曰:"彼军小捷而骄驰,吾今焚其角楼,断其援道,堑城为三周,如此则城可得。"诸将然之。乃誓师,衔枚潜登铁坝,人赍刍稭梯其楼火之,且竖木栅城上。诘旦,布云梯鼓噪而上,斌挟盾先登。阿里海牙持酒劳曰:"取此城,公之力也。"斌自语阿里海牙曰:"潭人胆破矣。若敛兵不进,许其来降,则土地人民皆我有。自重湖以南,连城数十,可传檄而定。若纵兵急攻,彼无噍类,得一空城何益。"从之。明日,即遣开示祸福,城中争出降。诸将怒其抗敌持久,咸欲屠之。斌喻以兴师本意,诸将曰:"编民当如公说,敌兵必诛之。"斌曰:"彼各为其主耳,宜旌之,以劝未附者,且杀降不祥。"诸将乃止。捷闻,帝嘉之,进资善大夫、行中书省左丞,潭人德之,为立生祠。

十一年,奉旨抚谕广西,寻命还治湖南。潭属邑安化、湘乡、衡山以南,贼周龙、张唐、张虎等,所在蜂起,斌驻兵南岳。凡来降者,同僚议欲尽戮,以惩反侧。斌但按诛其首恶,胁从者尽释之。

　　十五年，被召入覲。时阿合马擅权日甚，廷臣莫敢谁何。斌从帝至察罕脑儿。帝问江南各省抚治如何。斌对以治安之道在得人，今所用多非其人，因极言阿合马奸蠹。帝乃令御史大夫相威、枢密副使孛罗按问之，汰其冗员，黜其亲党，检核其不法，罢天下转运司，海内无不称快。适尚书留梦贤、谢元昌言："江淮行省事至重，而省臣无一人通文墨者。"用命斌迁江淮行省左丞。既至，凡前日蠹国渔民不法之政，悉厘正之，仍条具以闻。阿合马虑其害己，捃摭其细事，遮留使不获上见，因诬构以罪，竟为所害。裕宗在东宫，闻之，方食，投箸恻然，遣使止之，已不及矣。天下冤之。年五十六。至大初，赠推忠保节功臣、太傅、开府仪同三司，追封郑国公，谥忠毅。

　　子三人，良知、威、恩。孙一人，敬。皆为大官。

　　崔彧，字文卿，小字拜帖木儿。弘州人。负才气，刚直敢言，世祖甚器重之。至元十六年，奉诏偕牙纳木至江南，访求艺术之人。明年，自江南回，首言忽都带儿根索亡宋财货，烦扰百姓，身为使臣，乃挈妻子以往，所在取索鞍马争刍粟。世祖虽听其言，然虚实竟不辨决也。

　　十九年，除集贤侍读学士。彧言于世祖，谓："阿合马当国时，同列皆知其恶，无一人执何之者；及既诛，乃各自以为洁，诚欺罔之大者。先有旨，凡阿合马所用之人皆革去，臣以为，守门卒隶，亦不可留。如参知政事阿里，请以阿散袭父职，倘使得请，其害又有不可胜言者。赖陛下神圣，灼知其奸，拒而不可。臣已疏其奸恶十余事，乞召阿里廷辩。"帝曰："已敕中书，凡阿合马所用，皆罢之，穷治党与，纤悉无遗。事竟之时，朕与汝别有言也。"又请以郝祯剖棺戮尸，从之。

　　寻奉旨钩考枢密文牍，遂由刑部尚书拜御史中丞。彧言："台臣于国家政事得失，生民休戚，百官邪正，虽王公将相，亦宜纠察。近唯御史得有所言，臣以为台官皆当建言，庶于国家有补。选用台察官，若由中书，必有偏徇之弊。御史宜从本台选择。初用汉人十六员,今用蒙古十六员,相参巡历为宜。"皆从其言。

二十年,复以刑部尚书上疏,言时政十八事:一曰开广言路,多选正人,番直上前,以司喉舌,庶免党附雍塞之患。二曰当阿合马擅权,台臣莫敢纠其非,迨其事败,然后拉踵随声,徒取讥笑。宜别加选用,其旧人除蒙古人取圣断外,余皆当问罪。三曰枢密院定夺军官,赏罚不当,多听阿合马风旨。宜择有声望者为长贰,庶几号令明而赏罚当。四曰翰苑亦颂阿合马功德,宜博访南北耆儒硕望,以重此选。五曰郝祯、耿仁等虽在典刑,若是者尚多,罪同罚异,公论未伸。合次第屏除。六曰贵游子弟,用即显官,幼不讲学,何以从政。得如左丞许衡教国子学,则人才辈出矣。七曰今起居注所书,不过奏事检目而已。宜择蒙古人之有声望、汉人之重厚者,居其任,分番上直,帝主言动必书,以垂法于无穷。八曰宪曹无法可守,是以奸人无所顾忌。宜定律令,以为一代之法。九曰官冗,若徒省一官员,并一衙门,亦非经久之策。宜参众议,而立定成规。十曰官僚无以养廉,责其贪则苛。乞将诸路大小官,有俸者量增,无俸者特给。然不取之于官,惟赋之于民,盖官吏既有所养,不至病民,少增岁赋,亦将乐从。十一曰内地百姓流移江南避赋役者,已十五万户。去家就旅,岂人之情,赋重政繁,驱之致此。乞特降诏旨,招集复业,免其后来五年科役,其余积欠并蠲,事产即日给还。民官满替,以户口增耗为黜陟,其徙江南不归者,与土著一例当役。十二曰凡丞相安童迁转良臣,悉为阿合马所摈黜,或居散地,或在远方,并令拔擢。十三曰簿录奸党财物,本国家之物,不可视为横得,遂致滥用。宜以之实帑藏、供岁计。十四曰大都非如上都止备巡幸,不应立留守司,此皆阿合马以此位置私党。今宜易置总管府。十五曰中书省右丞二,而左丞缺。宜改所增右丞置诸左。十六曰在外行省,不必置丞相、平章,止设左右丞以下,庶几内重,不致势均。彼谓非隆其名不足镇压者,奸臣欺罔之论也。十七曰阿剌海牙掌兵民之权,子侄姻党分列权要,官吏出其门者十之七八,其威权不在阿合马下。宜罢职理算,其党虽无污染者,亦当迁转他所,勿使久居湖广。十八曰铨选类奏,

贤否莫知。自今三品已上，必引见而后授官。疏奏，即日命中书行
其数事，余命与御史大夫玉昔帖木儿议行之。

又言：“江南盗贼，相挺而起，凡二百余所，皆由拘刷水手与造
海船，民不聊生，激而成变。日本之役，宜姑止之。又江西四省军需，
宜量民力，勿强以土产所无。凡给物价与民者，必以实，召募水手，
当从其所欲，伺民气稍苏，我力粗备，三、二年后，东征未晚也。”世
祖以为不切，曰：“尔之所言如射然，挽弓虽可观，发矢则非是矣。”
或又言：“昨中书奉旨，差官度量大都州县地亩，本以革权势兼并之
弊，欲其明白，不得不于军民诸色人户通行核实。又因取勘畜牧数
目，初意本非扰民，而近者浮言胥动，恐失农时。乞降旨省谕诏中书
即行之。”又言：“建言者多，孰是孰否，中书宜集议，可行者行之；不
可，则明谕言者为便。”又言：“各路每岁选取室女，宜罢。”又言：“宋
文思院小口斛，出入官粮，无所容隐，所宜颁行。”皆从之。

二十一年，或劾奏卢世荣不可居相职，忤旨，罢。二十三年，加
集贤大学士、中奉大夫、同金枢密院事。寻出为甘肃行省右丞。召
拜中书右丞。与中书平章政事麦术丁奏曰：“近者，桑哥当国四年，
中外诸官鲜有不以贿而得者。其昆弟故旧妻族皆授要官美地，唯以
欺蔽九重、朘削百姓为事。宜令两省严加考核，凡入其党者，皆汰逐
之。其出使之臣，及按察司官受赇者，论如律，仍追宣敕，除名为
民。”又奏：“桑哥所设衙门，其闲冗不急之官，徒费禄食，宜令百司
集议汰罢，及自今调官宜如旧制，避其籍贯，庶不害公。又大都高赀
户，多为桑哥等所容庇，凡百徭役，止令贫民当之。今后徭役，不以
何人，宜皆均输。有敢如前以贿求人容庇者，罪之。又，军、站诸户，
每岁官吏非名取索，赋税倍蓰，民多流移。请自今非奉旨及省部文
字，敢私敛及役军、匠者，论如法。又，忽都忽那颜籍户之后，各投下
毋擅招集，太宗既行之，江南民为籍已定，乞依太宗所行为是。”皆
从之。

二十八年，由中书右丞迁御史中丞。或奏：“太医院使刘岳臣，
尝仕宋，练达政事。比者命其参议机务，众皆称善。乞以为翰林学

士，俾议朝政。”又言：“行御史台言：‘建宁路总管马谋，因捕盗延及平民，搒掠至死者多；又俘掠人财，迫通处女，受民财积百五十锭。狱未具，会赦。如臣等议，马谋以非罪杀人，不在原例。’宜令行台诘问，明白定罪。”又言：“昔行御史台监察御史周祚，劾尚书省官忙兀带、教化的、纳速剌丁灭里奸赃。纳速剌丁灭里反诬祚以罪，遣人诣尚书省告桑哥。桑哥暧昧以闻，流祚于憨答孙，妻子家财并没入官。祚至和林遇乱，走还京师。桑哥又遣诣云南理算钱谷，以赎其罪。今自云南回，臣与省臣阅其伏词，为罪甚微，宜复其妻子。”皆从之。

二十九年，彧偕御史大夫玉昔帖木儿等奏：“四方之人来聚阙下，率言事以干进。国家名器，资品高下，具有定格。臣等以为，中书、枢密，宜早为铨定。应格者与之，不当与者，明语其故使去。又，言事有是非当否，宜早与详审之。当者，即议施行，或所陈有须诘难条具者，即令其人讲究，否则罢遣。”帝嘉纳之。

又奏：“纳速剌丁灭里、忻都、王巨济，党比桑哥，恣为不法，楮币、铨选、盐课、酒税，无不更张变乱之。衔命江南，理算积久逋赋，期限严急，胥卒追逮，半于道路。民至嫁妻卖女，殃及亲邻。维扬、钱唐受害最惨，无故而殒其生五百余人。近者，阎里按问，悉皆首实请死。士民乃知圣天子仁爱元元，而使之至比极者，实桑哥及其凶党之为也，莫不愿食其肉。臣等共议：此三人者，既已伏辜，宜令中书省、御史台从公论罪，以谢天下。”从之。

又言：“河西人薛阇干领兵为宣慰，其吏诣廉访司告其三十六事，檄令事簿问。而薛阇干率军人禽问者辱之，且夺告者以去。臣议：从行台选御史往按问薛阇干，仍先夺其职。”又言：“行台官言：去岁桑哥既败，使臣至自上所者，或不持玺书口传圣旨，纵释有罪，擅籍人家，真伪莫辨。臣等请，自今凡使臣，必降玺书，省、台、院诸司必给印信文书，以杜奸欺。”帝曰：“何人乃敢尔耶？”对曰：“咬剌也奴、伯颜察儿，比尝传旨纵罪人。”帝悉可其奏。

又奏：“松州达鲁花赤长孙，自言不愿为钱谷官，愿备员廉访司，令木八剌沙上闻。传旨至台，特令委用，台臣所宜奉行。但径自

陈献,又且尝有罪,理应区别。"帝曰:"此自卿事,宜审行之。"又奏:
"江南李淦言叶李过愆,被旨赴京以辩,今叶李物故,事有不待辩
者。李淦本儒人,请授以教官,旌其直言。"又奏:"鄂州一道,旧有按
察司,要束木恶其害己,令桑哥奏罢之。臣观鄂州等九郡,境土亦
广,宜复置廉访司。行御史台旧治扬州,今扬州隶南京,而行台移治
建康,其淮东廉访司旧治淮安,今宜移治扬州。"又奏:"诸官吏受
赇,在朝,则诣御史台首告;在外,则诣按察司首告;已有成宪。自桑
哥持国,受赇者不赴宪台宪司,而诣诸司首,故尔反覆牵延,事久不
竟。臣谓宜如前旨,惟于本台、行台及诸道廉访司首告,诸司无得辄
受。又监察御史塔的失言:女直人教化的去岁东征,妄言以米千石
饷阇里铁木儿军万人,奏支钞四百锭。宜令本处廉访司究问,与本
处行省追偿议罪。"皆从之。

三月,中书省臣奏,请以彧为右丞。世祖曰:"崔彧不爱于言,惟
可使任言责。"闰六月,又同御史大夫玉昔帖木儿奏:"近耿熙告:河
间盐运司官吏盗官库钱,省台遣人同告者杂问,凡负二万二千余
锭,已征八千九百余锭,犹欠一万三千一百余锭。运使张庸尝献其
妹于阿合马,有宠。阿合马既没,以官婢事桑哥,复有宠。故庸夤缘
戚属,得久居漕司,独盗三千一百锭。臣等议:宜命台省遣官,同廉
访司倍征之。"又言:"月林伯察江西廉访司官术儿赤带、河东廉访
司官忽儿赤擅纵盗贼,抑夺民田,贪污不法。今月林伯以事至京,宜
就令诘问。"又言:"扬州盐运司受财,多付商贾盐,计直该钞二万二
千八百锭,臣等以谓追征足日,课以归省,赃以归台,斟酌定罪,以
清蠹源。"并从之。又奏:"江西詹玉,始以妖术致位集贤。当桑哥持
国,遣其掊核江西学粮,贪酷暴横,学校大废。近与臣言:撒里蛮、答
失蛮传旨,以江南有谋叛者,俾乘传往鞫。明日,访知为秃速忽、香
山欺罔奏遣。玉在京师,犹敢诳诞如此,宜亟追还讯问。"帝曰:"此
恶人也,遣之往者,朕未尝知之。其亟禽以来。"

三十年,彧言:"大都民食唯仰客粜,顷缘官括商船载递诸物,
致贩鬻者少,米价翔踊。臣等议:勿令有司括船为便。"从之。宝泉

提举张简及子乃蛮带,告或尝受邹道源、许宗师银万五千两;又其子知微讼或不法十余事。有旨就辩中书。或已书简等所告,与己宜对者为胈袖之,视而后对。简父子所告皆无验,并系狱,简瘐死,仍籍其家一女入官,乃蛮带、知微皆坐杖罪除名。

三十一年,成宗即位。先是,或得玉玺于故臣扎剌氏之家,其文曰"受命于天、既寿永昌",即以上之徽仁裕圣皇后。至是,皇后手以授于成宗。或以久任宪台,乞迁他职,不许。成宗谕之曰:"卿若辞避,其谁抗言哉!"或言:"肃政廉访司案牍,而令总管府检劾,非宜。"成宗曰:"朕知难行,当时事由小人擅奏耳,其改之。"

大德元年,或又条陈台宪诸事,皆见于施行。于是或居御史台久,又守正不阿,以故人疾之,监察御史斡罗失剌劾奏"中丞崔或,兄在先朝尝有罪,还其所籍家产非宜"等事。成宗怒其妄言,笞而遣之。十一月,御史台奏:"大都路总管沙的,盗支官钱,及受赃计五千三百缗,准律当杖百七,不叙,以故臣子从轻论。"而成宗欲止权停其职,或与御史大夫只而合郎执不可。已而御史又奏:"或任中丞且十年,非所宜。"或遂以病辞,成宗谕之曰:"卿之辞退,诚是已,然勉为朕少留之。"

闰十二月,兼领侍仪司事,与太常卿刘无隐奏:"新正朝贺,岁常习仪大万安寺。"成宗曰:"去岁兀都带以雪故来后,今而复然。诸不至及失仪者,殿中司、监察御史同纠之。"二年,加荣禄大夫、平章政事,寻与御史大夫秃赤奏:"世祖圣训,凡在籍儒人,皆复其家。今岁月滋久,老者已矣,少者不学,宜遵先制,俾廉访司常加勉励。"成宗深然之,命或与不忽木、阿里浑撒里同翰林、集贤议、特降诏条,使作成人材,以备选举。或以是岁九月卒。至大元年七月,赠推诚履正功臣、太傅、开府仪同三司,追封郑国公,谥忠肃。

叶李,字太白,一字舜玉,杭州人。少有奇质,从学于太学博士义乌施南学,补京学生。宋景定五年,彗出于柳,理宗下诏罪己,求直言。是时,世祖南伐,驻师江上。宋命贾似道领兵御之。会宪宗崩，世祖班师，鄂州围解。似道自诡以为己功，因复入相，益骄肆自颛，创置公田关子，其法病民甚。中外毋敢指议。李乃与同舍生康棣而下八十三人，伏阙上书，攻似道。其略曰："三光舛错，宰执之愆。似道缪司台鼎，变乱纪纲，毒害生灵，神人共怒，以干天谴。"似道大怒，知书稿出于李，嗾其党临安尹刘良贵，诬李僭用金饰斋扁，锻练成狱，窜漳州。似道既败，乃得自便。会宋亡，归隐富春山。江淮行省及宣、宪两司争辟之，署苏、杭、常等郡教授，俱不应。

至元十四年，世祖命御史大夫相威行台江南，且求遗逸，以李姓名上。初，李攻似道书，其末有"前年之师，适有天幸，克成厥勋"之语，世祖习闻之，每拊掌称叹。及是，其姓名闻，世祖大悦，即授奉训大夫、浙西道儒学提举。李闻命，欲遁去，而使者致丞相安童书，有云："先生在宋，以忠言谠论著称，简在帝心。今授以五品秩，士君子当隐见随时，其尚悉心，以报殊遇。"李乃幡然，北向再拜曰："仕而得行其言，此臣夙心也，敢不奉诏！"

二十三年，侍御史程文海奉命搜贤江南。世祖谕之曰："此行必致叶李来。"李既至京师，敕集贤大学士阿鲁浑撒里，馆于院中。它日，召见披香殿，劳问"卿远来良苦"，且曰："卿向时讼似道书，朕尝识之。"更询以治道安出，李历陈古帝王得失成败之由。世祖首肯，赐坐锡宴，更命五日一入议事。时各道儒司悉以旷官罢。李因奏曰："臣钦睹先帝诏书，当创业时，军务繁夥，尚招致士类。今陛下混一区宇，偃武修文，可不作养人才，以弘治道？各道儒学提举及郡教授，实风化所系，不宜罢。请复立提举司，专提调学官，课诸生，讲明治道，而上其成才者于太学，以备录用。凡儒户徭役，乞一切蠲免。"可其奏。

是时，乃颜叛北边，诏李庭出师讨之。而将校多用国人，或其亲昵，立马相乡语，辄释仗不战，逡巡退却。帝患之。李密启曰："兵贵奇，不贵众，临敌当以计取。彼既亲昵，谁肯尽力，徒费陛下粮饷。四方转输甚劳。臣请用汉军列前、步战，而联大车断其后，以示死斗。彼尝玩我，必不设备，我以大众蹈之，无不胜矣。"帝以其谋谕将帅，师果奏捷。自是帝益奇李，每罢朝，必召见论事。

二十四年，特拜御史中丞，兼商议中书省事。李固辞曰："臣本羁旅，荷蒙眷知，使备顾问，固当竭尽愚衷。御史台总察中外机务，臣愚不足当此任。且臣昔窜瘴乡，素染足疾，比岁尤剧。"帝笑曰："卿足艰于行，心岂不可行耶？"李固辞，得许。因叩首谢曰："臣今虽不居是职，然御史台，天子耳目，常行事务，可以呈省。至若监察御史奏疏、西南两台咨禀，事关军国，利及生民，宜令便宜闻奏，以广视听，不应一一拘律，遂成文具。臣请诏台臣言事，各许实封，幸甚。"又曰："宪臣以绳愆纠缪为职，苟不自检，于击搏何有！其有贪惏败度之人，宜付法司增条科罪，以惩欺罔。"制曰"可"。由是台宪得实封言事。

会尚书省立，授李资善大夫、尚书左丞，李复固辞，以谓"论臣资格，未宜遽至此。"帝曰："商起伊尹，周举太公，岂循格耶！尚书系天下轻重，朕以烦卿，卿其勿辞。"赐大小车各一，许乘小车入禁中，仍给扶升殿。始定至元钞法。又请立太学。一日，从至柳林，奏曰："善政不可以徒行，才不可以骤进，必训以德义，摩以《诗》《书》，使知古圣贤行事方略，然后贤良辈出，膏泽下流。唐、虞、三代，咸有胄学，汉、唐明主，数幸辟雍，匪为观美也。"乃荐周砥等十人为祭酒等官，凡庙学规制，条具以闻。帝皆从之。时帝欲徙江南宋宗室及大姓于北方，李乘间言："宋已归命，其民安于田里。今无故闻徙，必将疑惧。万一有奸人乘衅而起，非国之利也。"帝大悟，事遂寝。升尚书右丞，转资德大夫。时淮、浙饥馑，谷价腾踊，李奏免江淮租税之半，运湖广、江西粮十七万石至镇江，以赈饥民。帝欲伐交趾，召李入议，李曰："遐方远夷，得之无益，军旅一兴，费糜钜万，今山路险峨，深入敌境，万一蹉跌，非所以威示远人也。"乃止。

二十五年，升平章政事，李固辞，许之。赐以玉带，视秩一品，及平江田四千亩。于是桑哥为尚书丞相，颛擅国政，急于财利，毒及生民，事具《桑哥传》。李虽与之同事，然莫能有所匡正，会桑哥败，事颇连及同列。久之，李独以疾得请南还。扬州儒学正李淦上书言：

"叶李本一黥徒,受皇帝简知,可为千载一遇。而才近天光,即以举桑哥为第一事。禁近侍言事,以非罪杀参政郭佑、杨居宽。迫御史中丞刘宣自裁,锢治书侍御史陈天祥,罢御史大夫门答占、侍御史程文海,杖监察御史。变钞法,拘学粮,征军官俸,减兵士粮。立行司农司、木绵提举司,增盐酒醋税课,官民皆受其祸。尤可痛者,要束木祸湖广,沙不丁祸江淮,灭贵里祸福建。又大钩考钱粮,民怨而盗发,天怒而地震,水灾洊至。尚赖皇帝圣明,更张政化。人皆知桑哥用群小之罪,而不知叶李举桑哥之罪。叶李虽罢相权,刑戮未加,天下往往窃议。宜斩叶李,以谢天下。"书闻,帝矍然曰:"叶李廉介刚直,朕所素知者,宁有是耶!"有旨驿召淦诣京师。

二十九年二月,李南还,至临清,帝遣使召之,俾为平章政事,佐丞相完泽治省事,李上表力辞。未几,卒,年五十一。李既卒而淦至,诏以淦为江阴路教授以旌直言。帝尝问兵部郎中赵孟頫,李与留梦炎孰优。孟頫对:"梦炎优。"帝笑曰:"不然,梦炎以抡魁位宰相,而附贾似道,病民误国,伴食中书,无所可否。李旧由诸生,力诋似道,其过梦炎甚远。然其性刚直,人不能容,而朕独爱之也。"

李前后被赐之物甚多,而自奉甚俭。尝戒其子曰:"吾世业儒,甘贫约,唯以忠义结主知。汝曹其清慎自持,勿增吾过。"指所赐物曰:"此终当还官也。"比卒,悉表送官,一毫不以自私。至正八年,赠资德大夫、江浙等处行中书省右丞、上护军,追封南阳郡公,谥文简。

燕公楠,字国材,南康之建昌人。宋礼部侍郎肃之七世孙。母雷氏,梦五色巨翼入帏,遂生公楠。十岁能属文,居父丧,庐墓三年。再贡于乡,不第,后以连帅辟,五迁至通判赣州事。

至元十三年,世祖既平江南,帅臣板授同知赣州事。十四年,以平广南功,迁同知吉州路总管府事。二十二年夏,召至上都,奏对称旨。世祖赐名赛因囊加带,命参大政。辞,乞补外。除佥江浙行中书省事。俄移江淮。尚书省立,就佥江淮行尚书省事。江淮在宋为边陲，故多闲田。公楠请置两淮屯田，劝导有方，田日以垦。二十五年，除大司农，领八道劝农营田司事。按行郡县，兴利举弊，绩有大著。劾江西营田使沙不丁贪横，罢之。

二十七年，拜江淮行中书省参知政事。桑哥既败，而蠹政未尽去。民不堪命。公楠赴阙，极陈其故，请更张以固国本。世祖悦。会欲易政府大臣，以问公楠，公楠荐伯颜、不灰、阙里、阔里吉思、史弼、徐琰、赵琪、陈天祥等十人。又问孰可以为首相，对曰："天下人望所属，莫若安童。"问其次，曰："完泽可。"明日，拜完泽为丞相，以公楠及不灰为平章政事，固辞。改江浙行中书省参知政事，赐弓矢及卫士十人以行。三十年，复为大司农，得藏匿公私田六万九千八百六十二顷，岁出粟十五万一千一百斛、钞二千六百贯、帛千五百匹、麻丝二千七百斤。

元贞元年，进河南行省右丞，厘正盐法，民便之。召入觐。成宗以公楠先帝旧臣，慰劳良至，改拜江浙行省右丞。明年，迁湖广行省右丞。转运司判官唐申，家沅州，豪横夺民田；武昌县尹刘权杀主簿，诬系其妻子。悉正其罪。五年，召还朝，以卒。帝闻，甚伤悼之，赙赠有加，特命朝臣护丧南阳。

马绍，字子卿，济州金乡人。从上党张播学。丞相安童入侍世祖，奏言宜得儒士讲论经史，以资见闻。平章政事张启元以绍应诏，授左右司都事，出知单州，民刻石颂德。至元十年，佥山东东西道提刑按察司事。益都宁海饥，绍发粟赈之。十三年，移佥河北河南道提刑按察司事。未行，属江淮甫定，选官抚治，选同知和州路总管府事，民赖以安。

十九年，诏割隆兴为东宫分地，皇太子选署总管，召至京师，为刑部尚书。万亿库吏盗绒四两，时相欲置之重典，绍言："物情俱轻，宜从贷减。"乃决杖释之。河间李移住妄言惑众，谋为不轨，绍被檄按问，所全活几百人。二十年，参议中书省事。二十二年，改兵部尚书。逾年，复为刑部尚书。二十四年，分立尚书省，擢拜参知政事，赐中统钞五千缗。时更印至元钞,前信州三务提举杜璠言:"至元钞公私非便。"平章政事桑哥怒曰:"杜璠何人。敢沮吾钞法耶!"欲当以重罪。绍从容言曰:"国家导人使言,言可采,用之;不可采,亦不之罪。今重罪之,岂不与诏书违戾乎?"璠得免。拜尚书左丞。亲王戍边,其士卒有过支廪米者,有司以闻,帝欲究问加罪。绍言:"方边庭用兵,罪之,惧失将士心。所支逾数者,当嗣年之数可也。"制可。

宗亲海都作乱,其民来归者七十余万,散居云、朔间。桑哥议徙之内地就食,绍持不哥。桑哥怒曰:"马左丞爱惜汉人,欲令馁死此辈耶?"绍徐曰:"南土地燠,北人居之,虑生疾疫。若恐馁死,曷若计口给羊马之资,俾还本土,则未归者孰不掀慕。言有异同,丞相何以怒为? 宜取圣裁。"乃如绍言以闻,帝曰:"马秀才所言是也。

桑哥集诸路总管三十人,导之入见,欲以趣办财赋之多寡为殿最。帝曰:"财赋办集,非民力困竭必不能。然朕之府库,岂少此哉!"绍退至省,追录圣训,付太史书之。议增盐课,绍独力争山东课不可增。议增赋,绍曰:"苟不节浮费,虽重敛数倍,亦不足也。"事遂寝。都城种苜宿地,分给居民,权势因取为己有,以一区授绍,绍独不取。桑哥欲奏请赐绍,绍辞曰:"绍以非才居政府,恒忧不能塞责,讵敢徼非分之福,以速罪戾!"桑哥败,迹其所尝行赂者,索其籍阅之,独无绍名。

桑哥既败,乃曰:"使吾早信马左丞之言,必不至今日之祸。"帝曰:"马左丞忠洁可尚,其复旧职。"尚书省罢,改中书左丞,居再岁,移疾还家。元贞元年,迁中书右丞,行江浙省事。大德三年,移河南省。明年卒。有诗文数百篇。

元史卷一七四
列传第六一

姚燧　郭贯　夹谷之奇
刘赓　耶律有尚　郝天挺
张孔孙

姚燧,字端甫。世系见燧伯父枢传。父格。

燧生三岁而孤,育于伯父枢。枢隐居苏门,谓燧蒙暗,教督之甚急,燧不能堪。杨奂驰书止之曰:"燧,令器也。长自有成尔,何以急为!"且许醮以女。年十三,见许衡于苏门。十八,始受学于长安。时未尝为文,视流辈所作,惟见其不如古人,则心弗是也。二十四,始读韩退之文,试习为之,人谓有作者风。稍就正于衡,衡亦赏其辞,且戒之曰:"弓矢为物,以待盗也。使盗得之,亦将待之。文章固发闻士子之利器,然先有能一世之名,将何以应人之见役者哉!非其人而与之,与非其人而拒之,钧罪也,非周身斯世之道也。"

至元七年,衡以国子祭酒教贵胄,奏召旧弟子十二人。燧自太原驿致馆下。燧年三十八,始为秦王府文学。未几,授奉议大夫,兼提举陕西、四川、中兴等路学校。十二年,以秦王命,安辑庸、蜀。明年,汉嘉新附,入谕其民。又奉命招王立于合州。又明年,抚循夔府。凡三使蜀,皆称职。十七年,除陕西汉中道提刑按察司副使。录囚延安,逮系讹误,皆纵释之,人服其明决。调山南湖北道。按部澧州,兴学赈民,孜孜如弗及。二十三年,自湖北奉旨趋朝。明年,为翰林直学士。二十七年,授大司农丞。

元贞元年,以翰林学士召修《世祖实录》。初置检阅官,究核故事,燧与侍读高道凝总裁之,书成。大德五年,授中宪大夫、江东廉访使,移病太平。九年,拜中奉大夫、江西行省参知政事。

至大元年,仁宗居藩邸,开宫师府。燧年已七十,遣正字吕洙,如汉征四皓故事,起燧为太子宾客。未几,除承旨学士。寻拜太子少傅。武宗面谕燧,燧拜辞,谢曰:“昔臣先伯父枢,尝除是官,尚不敢拜,臣何敢受!”明年,授荣禄大夫、翰林学士承旨、知制诰兼修国史。四年,得告南归,中书以承旨召。明年,复召。燧以病,俱不赴。卒于家,年七十六。谥曰文。

燧先在苏门山时,读《通鉴纲目》,尝病国统散于逐年,不能一览而得其离合之概。至告病江东,著《国统离合表》若干卷,年经而国纬之,如《史记》诸表,将附朱熹《凡例》之后,复取徽、建二本校雠,得三误焉,序于《表》首。略曰:“其一,建安二十五年,徽本作‘延康元年’。《凡例》:中岁改元,在兴废存亡之际,以前为正。当从建本,于建安二十五年下,注改元‘延康’。其二,章武三年,徽本大书‘三年,后主禅建兴元年’,建本无‘三年’,则昭烈为无终。徽、建皆曰‘后主’,于君臣父子之教,所害甚大,是起十四卷,尽十六卷,凡曰后主者,皆失于刊正也。当于三年下注‘帝禅建兴元年’,明年大书‘帝禅建兴二年’,庶前后无龃龉也。其三,天宝十五载注‘肃宗皇帝至德元载’,明年惟曰‘二载’,为无始。当大书‘二载’上加‘肃宗皇帝至德’,使上同于开元。三者钧失,而建安之取,至德之去,统固在也。若章武之距建兴,才三年耳,遽有帝父主子之异,岂不于统大有关乎!”详见《序篇》。

燧之学,有得于许衡,由穷理致知,反躬实践,为世名儒。为文闳肆该洽,豪而不宕,刚而不厉,春容盛大,有西汉风,宋末弊习为之一变。盖自延祐以前,文章大匠莫能先之。或谓世无知燧者,曰:“岂惟知之,读而能句,句而得其意者,犹寡。”燧曰:“世固有厌空桑而思闻鼓缶者乎,然文章以道轻重,道以文章轻重。彼复有班孟坚者出，表古今人物，九品中必以一等置欧阳子，则为去圣贤也有级而不远，其文虽无谢、尹之知，不害于行后。岂有一言几乎古，而不闻之将来乎！"当时孝子顺孙，欲发挥其先德，必得燧文始可传信。其不得者，每为愧耻。故三十年间，国朝名臣世勋、显行盛德，皆燧所书。每来谒文，必其行业可嘉，然后许可，辞无溢美。又稍广置燕乐，燧则为之喜而援笔大书，否则弗易得也。

时高丽沈阳王父子，连姻帝室，倾赀结朝臣。一日，欲求燧诗文，燧靳不与，至奉旨，乃与之。王赠谢币帛、金玉、名画五十箧，盛陈致燧。燧即时分散诸属官及史胥侍从，止留金银，付翰林院为公用器皿，燧一无所取。人问之，燧曰："彼藩邦小国，唯以货利为重，吾能轻之，使知大朝不以是为意。"其器识豪迈过人类如此。然颇恃才，轻视赵孟頫、元明善辈，故君子以是少之。平生所著，有《牧庵文集》五十卷行于世。子三：壎、圻，城。

郭贯，字安道，保定人。以才行见推择，为枢密中书掾，调南康路经历，擢广西道提刑按察司判官，会例格，授济南路经历。至元二十七年，拜监察御史。承诏分江北沿淮草地。劾淮西宣慰使昂吉儿父子专权，久不迁调，蠹政害民。三十年，佥湖南肃政廉访司事。

大德初，迁湖北道，言"令四省军马，以数万计，征八百媳妇国，深入炎瘴万里不毛之地，无益于国"。五年，迁江西道，赈恤饥民，有惠政，入为御史台都事。八年，迁集贤待制，进翰林直学士，奉诏与辽阳行省平章政事别速合彻里帖木儿往镇高丽。十一年，召为河东廉访副使。

至大二年，仁宗至五台山，贯进见，仁宗因问："廉访使灭里吉歹何以有善政？"左右对曰："皆副使郭贯之教也。"因赐贯玛瑙数珠、金织文币。入为吏部考功郎，遂拜治书侍御史。四年，除礼部尚书，帝亲书其官阶曰嘉议大夫，以授有司。

皇庆元年，擢淮西廉访使，寻留不遣，改侍御史。俄迁翰侍讲学士。明年，出为淮西廉访使。建言"宜置常平仓，考校各路农事。"延祐二年,召拜中书参知政事。明年,升左丞,加集贤大学士。五年,除太子詹事。贯言:"皇太子受金宝已三年,宜行册礼。又,辅导之官,早宜选置。"从之。六年,加太子宾客,谒告还家。

至治元年,复起为集贤大学士。寻致仕。泰定元年,迁翰林学士承旨,不起。至顺二年,以疾卒,年八十有二。赠光禄大夫、河南行省平章政事、柱国,追封蔡国公,谥文宪。贯博学,精于篆籀,当世册宝碑额,多出其手云。

夹谷之奇,字士常。其先出女真加古部,后讹为夹谷,由马纪领撒曷水徙家于滕州。

之奇少孤,舅杜氏携之至东平,因受业于康晔。授济宁教授,辟中书省掾。大兵南伐宋,授行省左右司都事。时行省官与中书权臣有隙,特遣使核其财用,而之奇职文书,亦被拘问。张弘范率其属诣使者言:"夹谷都事素公清,若少有侵渔,弘范当与连坐。"会御史台立,之奇佥江南浙西道提刑按察司事,既而移佥江北淮东。

至元十九年,召为吏部郎中,立防降澄汰之法,著为令式。岁大旱,有司议平谷价,以遏腾涌之患。之奇言:"莫若省经费,辍土木之役,庶足召和气,弭灾变,而有丰稔之期。"

二十一年,迁左赞善大夫。时裕宗为皇太子,每进见,必赐坐,顾遇甚优。权臣有欲以均输法益国赋者,虑提刑按察司挠其事,请令与转运司并为一职,诏集群臣议之。之奇言:"按察司者,控制诸路,发摘奸伏,责任匪轻。若使理财,则心劳事冗,将弥缝自救之不暇,又安能绳纠他人哉!并之弗便。"事遂寝。又与谕德李谦,条具时政十事,上之皇太子:一曰正心,二曰睦亲,三曰崇俭,四曰几谏,五曰戢兵,六曰亲贤,八曰尚友,九曰定律,十曰正名。会皇太子薨,除翰林直学士,改吏部侍郎,遂拜侍御史。二十五年,丁母忧,以吏部尚书起复,屡请终制,不许。明年,卒。

之奇虑识精审,明于大体,而不忽细微,为政卓卓可称,虽老于吏学者,自以为不及。为文章尤简严有法,多传于世云。

刘赓,字熙载,洺水人。五世祖逸,以郡吏治狱有阴德。祖肃,为右三部尚书。

赓幼有文名,师事翰林学士王磐。至元十三年,用荐者授国史院编修官。十六年,迁应奉翰林文字。辟为司徒府长史,仍兼应奉。补外,同知德州事。考满,擢太庙署丞、太常博士,拜监察御史。是时,御史中丞崔彧,好盛气待人,他御史拜谒或平受之,独见赓,则待以上客。大德二年,升翰林直学士。六年,奉使宣抚陕西。由侍讲学士升学士。

至大二年,迁礼部尚书,仍兼翰林学士。寻拜侍御史。顷之,还翰林为学士承旨,兼国子祭酒。国学故事:伴读生以次出补吏,莫不争先出。时有一生,亲老且贫,同舍生有名在前者,因博士以告曰:“我齿颇少,请让之先。”赓曰:“让,德之恭也。”从其让,别为书荐其人,朝廷反先用之。自是六馆之士,皆知让之为美德也。

皇庆元年,迁集贤大学士,仍兼国子祭酒。延祐元年,复为承旨。六年,拜太子宾客。七年,复入集贤为大学士。寻又入翰林为承旨。泰定元年,加光禄大夫。会集议上尊号,赓独抗言其不可,事遂已。天历元年卒,年八十一。赓久典文翰,当时大制作多出其手,以耆年宿德,为朝廷所推重云。

耶律有尚,字伯强,辽金丹王十世孙。祖父在金世尝官于东平,因家焉。

有尚资识绝人,笃志于学,受业许衡之门,号称高第弟子。其学邃于性理,而尤以诚为本,仪容辞令,动中规矩。识与不识,莫不服其为有道之君子。

至元八年,衡罢中书左丞,除集贤大学士,兼国子祭酒,以教国人之子弟。乃奏以门人十二人为斋长以伴读,有尚其一也。十年,衡告免还乡里,朝廷乃以有尚等为助教,嗣领其学事。居久之,拜监察御史,不赴。除秘书监丞。出知蓟州,为政以宽简得民情。

裕宗在东宫,召为詹事院长史。自有尚既去,而国学事颇废,廷议以谓非有尚无足以继衡者,除国子司业。时学馆未建,师弟子皆寓居民屋,有尚屡以为言。二十四年,朝廷乃大起学舍,始立国子监,立监官,而增广弟子员。于是有尚升国子祭酒,儒风为之丕振。二十七年,以亲老,辞职归。

大德改元,复召为国子祭酒。寻除集贤学士,兼其职。顷之,迁太常卿,又迁集贤学士。八年,葬父,还乡里。已而朝廷思用老儒,以安车召之于家,累辞不允。复起为照文馆大学士兼国子祭酒,阶中奉大夫。

有尚前后五居国学,其立教以义理为本,而省察必真切;以恭敬为先,而践履必端悫。凡文词之小技,缀缉雕刻,足以破裂圣人之大道者,皆屏黜之。是以诸生知趋正学,崇正道,以经术为尊,以躬行为务,悉为成德达材之士。大抵其教法壹遵衡之旧,而勤谨有加焉。身为学者师表者数十年,海内宗之,犹如昔之宗衡也。有尚既以年老,力请还家,朝廷复颁楮币七千缗,即其家赐之。卒,年八十六,赐谥文正。

郝天挺,字继先。出于朵鲁别族。自曾祖而上,居安肃州。父和上拔都鲁,太宗、宪宗之世多著武功,为河东行省五路军民万户。

天挺英爽刚直,有志略,受业于遗山元好问。以勋臣子,世祖召见,嘉其容止,有旨:宜任以政,俾执文字,备宿卫春宫。裕宗遇之甚厚。建省云南,选官属,遂除参议云南行尚书省事,寻升参知政事,又擢陕西汉中道廉访使。未几,入为吏部尚书。寻除陕西行御史台中丞,又迁四川行省参政及江浙行省左丞,俱不赴。拜中书右丞。与宰相论事有不合,辄面斥之。一日,以奏事敷陈明允,特赐黄金百两,不受。帝曰:"非利汝也,第旌汝肯言耳。"

成宗崩,仁宗以太后命,首定大难,及武宗还自朔方,遂入正大统。定策之际,天挺与有力焉。仁宗临御,收召故老天挺与少保张闾等十人,共议大政,革尚书省之弊,遂成皇庆之治。又出为江西、

河南二省右丞。召拜御史中丞。入见,首陈纪纲之要,以猎为喻曰:
"御史职在击奸,犹鹰扬焉禽之,弱者易获也,其力大者,必借人力。
不然,不惟失其前禽,仍或有伤鹰之患矣。"帝嘉其言。既出,台臣皆
以为贺,风纪大振。又上疏陈七事:曰惜名爵、抑浮费、止括田、久任
使、论好事、奖农务本、励学养士,诏中书省举行之。寻俾均逸于外,
拜河南行省平章政事。时河南王卜怜吉歹为丞相,待以师礼,由是
政化大行。

皇庆二年卒,年六十七。赠光禄大夫、中书平章政事、柱国,追
封冀国公,谥文定。天挺尝修《云南实录》五卷。又注唐人《鼓吹
集》十一卷,行于世。

子佑,字君辅,小字朵鲁别台。由宿卫补官。仁宗时拜殿中侍
御史,以廉直著名,大受知遇。迁陕西行省参知政事,拜陕西行御史
台侍御史。

张孔孙,字梦符。其先出辽之乌若部,为金人所并,遂迁隆安。
父之纯,为东平万户府参议,夜梦谒孔子庙,得赐嘉果,已而孔孙
生,因丐名于衍圣公,遂名今名。既长,以文学名,辟万户府议事官,
万户严忠范之兄为陕西行省平章政事,聘孔孙,以母老不应。

时汴梁既下,太常乐师流寓东平,旧章缺落,止存登歌一章而
已。世祖居潜邸,尝召乐师至日月山观之。至是,徐世隆奏帝,宜增
设宫县及文、武二舞,以备大典。因诏徐世隆为太常卿,而孔孙以奉
礼郎为之副,以董乐师,肄成,献之京师。廉希宪居政府,辟为掾。及
安童为相,尤礼重之,授户部员外郎,出为南京总管府判官。

时方议下襄樊,朝廷急用兵。孔孙谓:"今以越境私贩坐罪者,
动以千数,宜开自新之条,俾得效战赎死。"朝论采之。金四川道提
刑按察司事,寻升湖北道提刑按察副使。行部巴陵。有囚三百人,
因怒龚乙建言兴银利,发其坟墓,而烧其家,烧死者三人,有司以真
图财杀人坐之。孔孙原其情,减罪。迁浙西提刑按察副使,改同知
保定路总管府事,俄拜侍御史,行御史台事。

　　至元二十二年，安童复入相，言于帝曰："阿合马颛政十年，亲故迎合者往往骤进据显位，独刘宣、张孔孙二人恬守故常，终始如一。"乃除宣吏部尚书，孔孙礼部侍郎。寻升孔孙礼部尚书。擢燕南提刑按察使。二十八年，提刑按察司改肃政廉访司，仍为使，莅治于大名，一以所没赃籴粟五千斛，赈饥民。拜金河南江北行中书省事。亡何，除大名路总管兼府尹，大兴学校。有献故河堤三百余里于太后者，即上章，谓宜悉还细民。从之。擢淮东道肃政廉访司使。因讞狱盐场，民尹执中兄弟诬伏为强盗，平反之。召还，拜集贤大学士、中奉大夫，商议中书省事。丞相完泽卒，孔孙与陈天祥上封事，荐和礼霍孙可为相。

　　会地震，诏问弭灾之道，孔孙条对八事，其略曰：蛮夷诸国，不可穷兵远讨；滥官放遣，不可复加任用；赏善罚恶，不可数赐赦宥；献鬻宝货，不可不为禁绝；供佛无益，不可虚费财用；上下豪侈，不可不从俭约；官冗吏繁，不可不为裁减；太庙神主，不可不备祭享。帝悉嘉纳之，赐钞五千贯。又累疏言："凡七十致仕者，宜加一官；丁忧服阕者，宜待起复；宿卫之冒滥者，必当革；州郡之职，必当遴选，久任达鲁花赤，宜量加迁转；又宜增给官吏俸禄；修建京师庙学，设国子生徒；给赐曲阜孔庙洒扫户；相位宜参用儒臣，不可专任文吏；故相安童、伯颜、和礼霍孙与廉希宪等，各宜赠谥。"久之，请老还家，拜翰林学士承旨、资善大夫，致仕，集贤大学士如故。大德十一年卒，年七十有五。

　　孔孙素以文学名，且善琴，工画山水竹石，而骑射尤精。及其立朝，谠言嘉论，有可观者，士论服之。

元史卷一七五

列传第六二

张珪　李孟　张养浩　敬俨

　　张珪,字公端,弘范之子也。少能挽强命中。尝从其父出林中,有虎,珪抽矢直前,虎人立,洞其喉,一军尽欢。至元十六年,弘范平广海,宋礼部侍郎邓光荐将赴水死,弘范救而礼之,命珪受学。光荐尝遗一编书,目曰《相业》,语珪曰:"熟读此,后必赖其用。"师还,道出江淮,珪年十六,摄管军万户。

　　十七年,真拜昭勇大将军、管军万户,佩其父虎符,治所统军,镇建康。未几,弘范卒。丧毕,世祖召见,亲抚之。奏曰:"臣年幼,军事重。聂祯者,从臣父、祖,久历行阵,幸以副臣。"帝叹曰:"求老成自副,常儿不知出此。"厚赐而遣之,遍及其从者。十九年,太平、宣、徽群盗起,行省檄珪讨之。士卒数为贼所败,卒有杀民家豕而并伤其主者,珪曰:"此军之所以败也。"斩其卒,悉平诸盗。

　　二十九年,入朝。时朝廷言者谓,天下事定,行枢密院可罢。江浙行省参知政事张瑄,领海道,亦以为言。枢密副使暗伯问于珪,珪曰:"见上当自言之。"召对,珪曰:"纵使行院可罢,亦非瑄所宜言。"遂得不罢。命为枢密副使。太傅月儿鲁那演言:"珪尚少,姑试以金书,果可大用,请俟他日。"帝曰:"不然,是家为国灭金、灭宋,尽死力者三世矣,而可吝此耶!"拜镇国上将军、江淮行枢密副使。

　　成宗即位,行院罢。大德三年,遣使巡行天下,珪使川、陕,问民疾苦,赈恤孤贫,罢冗官,黜贪吏。还,擢江南行御史台侍御史,换文

　　　　　　　　　　　　　一

阶中奉大夫,迁浙西肃政廉访使。劾罢郡长吏以下三十余人、府史
胥徒数百,征赃巨万计。珪得盐司奸利事,将发之,事干行省。有内
不自安者,欲以危法中珪,赂遗近臣,妄言珪有厌胜事,且沮盐法。
帝遣官杂治之,得行省大小吏及盐官欺罔状,皆伏罪。召珪拜金枢
密院事。入见,赐只孙冠服侍宴,又命买宅以赐,辞不受。拜江南行
台御史中丞,因上疏,极言天人之际、灾异之故,其目有修德行、广
言路、进君子、退小人、信赏必罚、减冗官、节浮费,以法祖宗成宪,
累数百言。劾大官之不法者,不报;并及近侍之荧惑者,又不报。遂
谢病归。久之,拜陕西行台中丞,不赴。

　　武宗即位,召拜太子谕德。未数日,拜宾客,复拜詹事,辞不就。
尚书省立,中外汹汹,中丞久阙,方议择人。仁宗时在东宫,曰:"必
欲得真中丞,惟张珪可。"即日召拜中丞。至大四年,帝崩,仁宗将即
位,廷臣用太皇后旨行大礼于隆福宫,法驾已陈矣,珪言:"当御大
明殿。"御史大夫止之曰:"议已定,虽百奏无益。"珪曰:"未始一奏,
讵知无益!"入奏,帝悟,移仗大明。既即位,赐只孙衣二十袭、金带
一。帝尝亲解衣赐珪,明日复召,谓之曰:"朕欲赐卿宝玉,非卿所
欲。"以悦拭面额,纳诸珪怀,曰:"朕泽之所存,朕心之所存也。"

　　皇庆元年,拜荣禄大夫、枢密副使。徽政院使失列门请以洪城
军隶兴圣宫,而己领之,以上旨移文枢密院。众恐惧承命,珪固不
署。事遂不行。延祐二年,拜中书平章政事,请减烦冗还有司,以清
政务,得专修宰相之职。帝从之,著为令。教坊使曹咬住拜礼部尚
书,珪曰:"伶为人宗伯,何以示后世!"力谏正之。皇太后以中书右
丞相铁木迭儿为太师,万户别薛参知行省政事,珪曰:"太师论道经
邦,铁木迭儿非其人。别薛无功,不得为外执政。"车驾度居庸,失列
门传皇太后旨,召珪切责,杖之。珪创甚,舆归京师,明日遂出国门。
珪子景元掌符玺,不得一日去宿卫。至是,以父病笃告,遽归。帝惊
曰:"卿别时,卿父无病。"景元顿首涕泣,不敢言。帝不怿,遣参议中
书省事换住往赐之酒,遂拜大司徒,谢病家居。继丁母忧,庐墓寝苫
啜粥者三年。六年七月,帝忆珪生日,赐上尊、御衣。

至治二年，英宗召见于易水之上曰："四世旧臣，朕将畀卿以政。"珪辞归，遣近臣设醴。丞相拜住问珪曰："宰相之体何先？"珪曰："莫先于格君心，莫急于广言路。"是年冬，起珪为集贤大学士。先是，铁木迭儿既复为丞相，以私怨杀平章萧拜住、御史中丞杨朵儿只、上都留守贺伯颜。大小之臣，不能自保。会地震风烈，敕廷臣集议弭灾之道，珪抗言于坐曰："弭灾当究其所以致灾者。汉杀孝妇，三年不雨。萧、杨、贺冤死，非致沴之端乎！死者固不可复生，而情义犹可昭白，毋使朝廷终失之也。"又拜中书平章政事，侍宴万寿山，赐以玉带。

三年秋八月，御史大夫铁失既行弑逆，夜入都门，坐中书堂，矫制夺执符印，珪密疏言："贼党罪不可逭。"既皆伏诛，铁木迭儿之子治书侍御史锁南，独议远流。珪曰："于法，强盗不分首从，发冢伤尸者亦死。锁南从弑逆，亲斫丞相拜住臂，乃欲活之耶！"遂伏诛。盗窃仁庙神主，时参知政事马剌兼领太常礼仪使，当迁左丞。珪曰："以参政迁左丞，姑曰叙进。而太常奉宗祏不谨，当待罪，而反迁官，何以谢在天之灵！"命遂不下。

泰定元年六月，车驾在上都。先是，帝以灾异，诏百官集议，珪乃与枢密院、御史台、翰林集贤两院官极论当世得失，与左右司员外郎宋文瓒，诣上都奏之。其议曰：

国之安危，在乎论相。昔唐玄宗，前用姚崇、宋璟则治；后用李林甫、杨国忠，天下骚动，几致亡国。虽赖郭子仪诸将效忠竭力，克复旧物，然自是藩镇纵横，纪纲亦不复振矣。良由李林甫妒害忠良，布置邪党，奸惑蒙蔽，保禄养祸所致，死有余辜。如前宰相铁木迭儿，奸狡险深，阴谋丛出，专政十年。凡宗戚忤己者，巧饰危间，阴中以法，忠直被诛窜者甚众。始以赃败，谄附权奸失列门及嬖幸也里失班之徒，苟全其生，寻任太子太师。未几，仁宗宾天，乘时幸变，再入中书。当英庙之初，与失列门等恩义相许，表里为奸，诬杀萧、杨等，以快私怨。天讨元凶，失列门之党既诛，坐要上功，遂获信任，诸子内布宿卫，外据显要，蔽上抑下，杜绝言路，卖官鬻狱，威福己出，一令发口，上下股栗，稍不附己，其祸立至，权势日炽，中外寒心。由是群邪并进，如逆贼铁失之徒，名为义子，实其腹心，忠良屏迹，坐待收系。先帝悟其奸恶，仆碑夺爵，籍没其家。终以遗患，构成弑逆。其子锁南，亲与逆谋，所由来者渐矣，虽剖棺戮尸，夷灭其家，犹不足以塞责。今复回给所籍家产，诸子尚在京师，夤缘再入宿卫。世祖时，阿合马贪残败事，虽死犹正其罪。况如铁木迭儿之奸恶者哉！臣等议：宜遵成宪，仍籍铁木迭儿家产，远窜其子孙外郡，以惩大奸。

君父之仇，不共戴天，所以明纲常、别上下也。铁失之党，结谋弑逆，君相遇害，天下之人痛心疾首，所不忍闻。比奉旨："以铁失之徒既伏其辜，诸王按梯不花、孛罗、月鲁铁木儿、曲吕不花、兀鲁思不花，亦已流窜，逆党胁从者众，何可尽诛。后之言事者，其勿复举。"臣等议：古法，弑逆，凡在官者杀无赦。圣朝立法，强盗劫杀庶民，其同情者犹且首从俱罪，况弑逆之党，天地不容，宜诛按梯不花之徒，以谢天下。

《书》曰：惟辟作福，惟辟作威。臣无有作福作威，臣而有作福作威，害于而家，凶于而国。盖生杀与夺，天子之权，非臣下所得盗用也。辽王脱脱位冠宗室，居镇辽东，属任非轻，国家不幸，有非常之变，不能讨贼，而乃觊幸赦恩，报复仇忿，杀亲王妃主百余人，分其羊马畜产，残忍骨肉，盗窃主权，闻者切齿。今不之罪，乃复厚赐放还，仍守爵土，臣恐国之纪纲，由此不振。设或效尤，何法以治！且辽东地广，素号重镇，若使脱脱久居，彼既纵肆，将无忌惮，况令死者含冤，感伤和气。臣等议：累朝典宪，闻赦杀人，罪在不原，宜夺削其爵土，置之他所，以彰天威。

刑以惩恶，国有常宪。武备卿即烈，前太尉不花，以累朝待遇之隆，俱致高列，不思补报，专务奸欺，诈称奉旨，令鹰师强收郑国宝妻古哈，贪其家人畜产，自恃权贵，莫敢如何。事闻之官，刑曹逮鞫服实，竟原其罪。辇毂之下，肆行无忌，远在外郡，何事不为！夫京师，天下之本，纵恶如此，何以为政！古人有言，一妇衔冤，三年不雨。以此论之，即非细务。臣等议：宜以即烈、不花，付刑曹鞫之。

中卖宝物，世祖时不闻其事。自成宗以来，始有此弊。分珠寸石，售直数万，当时民怀愤怨，台察交言，且所酬之钞，率皆天下生民膏血，锱铢取之，从以捶挞，何其用之不吝！夫以经国有用之宝，而易此不济饥寒之物，又非有司聘要和买，大抵皆时贵与斡脱中宝之人，妄称呈献，冒给回赐，高其直且十倍，蚕蠹国财，暗行分用。如沙不丁之徒，顷以增价中宝事败，具存吏牍。陛下即位之初，首知其弊，下令禁止，天下欣幸。臣等比闻中书乃复奏给累朝未酬宝价四十余万锭，较其元直，利已数倍，有事经年远者三十余万锭，复令给以市舶番货，计今天下所征包银差发，岁入止十一万锭，已是四年征入之数，比以经费弗足，急于科征。臣等议：番舶之货，宜以资国用、纾民力，宝价请俟国用饶给之日议之。

太庙神主，祖宗之所妥灵，国家孝治天下，四时大祀，诚为重典。比者仁宗皇帝、皇后神主，盗利其金而窃之，至今未获。斯乃非常之事，而捕盗官兵，不闻杖责。臣等议：庶民失盗，应捕官兵，尚有三限之法；监临主守，倘失官物，亦有不行知觉之罪。今失神主，宜罪太常，请拣其官属免之。

国家经赋，皆出于民，量入为出，有司之事。比者建西山寺，损军害民，费以亿万计。刺绣经幡，驰驿江浙，逼迫郡县，杂役男女，动经年岁，穷奢致怨。近诏虽已罢之，又闻奸人乘间奏请，复欲兴修，流言喧播，群情惊骇。臣等议：宜守前诏，示民有信，其创造、刺绣事，非岁用之常者，悉罢之。

人有冤抑，必当昭雪，事有枉直，尤宜明辨。平章政事萧拜住、中丞杨朵儿只等，枉遭铁木迭儿诬陷，籍其家，以分赐人。闻者嗟悼。比奉明诏，还给元业，子孙奉祀家庙，修葺苟完，未及宁处,复以其家财仍赐旧人,止酬以直,即与再罹断没无异。臣等议:宜如前诏,以元业还之;量其直以酬后所赐者,则人无冤愤矣。

德以出治,刑以防奸。若刑罚不立,奸宄滋长,虽有智者,不能禁止。比者也先铁木儿之徒,遇朱太医妻女故省门外,强拽以入,奸宿馆所。事闻,有司以扈从上都为解,竟弗就鞫。辇毂之下,肆恶无忌,京民愤骇,何以取则四方!臣等议:宜遵世祖成宪,以奸人命有司鞫之。臣等又议:天下囚系,冤滞不无,方今盛夏,宜命省台选官审录,结正重刑,疏决轻系,疑者申闻详谳。边镇利病,宜命行省、行台体究兴除,广海镇戍卒更病者,给粥食药;力死者,人给钞二十五贯,责所司及同乡者,归骨于其家。

岁贡方物有常制。广州东莞县大步海及惠州珠池,始自大德元年,奸民刘进、程连言利,分蜒户七百余家,官给之粮,三年一采,仅获小珠五两六两,入水为虫鱼伤死者众,遂罢珠户为民。其后同知广州路事塔塔儿等又献利于失列门,创设提举司监采。廉访司言其扰民,复罢归有司。既而内正少卿魏暗都刺冒启中旨,驰驿督采,耗廪食,疲民驿,非旧制,请悉罢遣归民。

善良死于非命,国法当为昭雪。铁失弑逆之变,学士不花、指挥不颜忽里、院使秃古思,皆以无罪死,未褒赠。铁木迭儿专权之际,御史徐元素以言事锁项死东平,及贾秃坚不花之属,皆未申理。臣等议:宜追赠死者,优叙其子孙,且命刑部及监察御史,体勘其余有冤抑者,是实以闻。

政出多门,古人所戒。今内外增置官署,员冗俸滥,白丁骤升出身,入流壅塞日甚,军民俱蒙其害。夫为治之要,莫先于安民。安民之道,莫急于除滥费、汰冗员。世祖设官分职,俱有定制。至元三十年已后,改升创设,日积月增,虽尝奉旨取勘减降,近侍各私其署,夤绿保禄,姑息中止。至英宗时,始锐然减

罢崇祥、寿福院之属十有三属,徽政院断事官、江淮财赋之属
六十余署,不幸遭罹大故,未竟其余。皆奉诏:凡事悉遵世祖成
宪。若复循常取勘,调虚文,延岁月,必无实效,即与诏旨异矣。
臣等议:宜敕中外军民,署置官吏,有非世祖之制,及至元三十
年已后改升创设员冗者,诏格至日,悉减并除罢之,近侍不得
巧词复奏,不该常调之人亦不得滥入常选,累朝斡耳朵所立长
秋、承徽、长宁寺及边镇屯戍,别议处之。

自古圣君,惟诚于治政,可以动天地、感鬼神,初未尝徼福
于僧道,以厉民病国也。且以至元三十年言之,醮祠佛事之目,
止百有二。大德七年,再立功德使司,积五百有余,今有一增其
目,明年即指为例,已倍四之上矣。僧徒又复营干近侍,买作佛
事,指以算卦,欺昧奏请,增修布施莽斋,而称特奉、传奉,所司
不敢较问,供给恐后。况佛以清净为本,不奔不欲,而僧徒贪慕
货利,自违其教,一事所需,金银钞币不可数计,岁用钞数千万
锭,数倍于至元间矣。凡所供物悉为己有,布施等钞复出其外,
生民脂膏纵其所欲,取以自利,畜养妻子。彼既行不修洁,适足
亵慢天神,何以要福!比年佛事愈繁,累朝享国不永,致灾愈
速,事无应验,断可知矣。臣等议:宜罢功德使司,其在至元三
十年以前及累朝忌日醮祠佛事名目,止令宣政院主领修举,余
悉减罢。近侍之属并不得巧计擅奏,妄增名目。若有特奉、传
奉,从中书复奏乃行。

古今帝王治国理财之要,莫先于节用。盖侈用则伤财,伤
财必至于害民。国用匮而重敛生,如盐课增价之类,皆足以厉
民矣。比年游惰之徒,妄投宿卫部属及宦者、女红、太医、阴阳
之属,不可胜数。一人收籍,一门蠲复,一岁所请衣马刍粮,数
十户所征入不足以给之,耗国损民为甚。臣等议:诸宿卫宦女
之属,宜如世祖时支请之数给之,余悉简汰。

阔端赤牧养马驼,岁有常法,分布郡县,各有常数。而宿卫
近侍委之仆御,役民放牧。始至,即夺其居,俾饮食之,残伤桑

果,百害蜂起。其仆御四出,无所拘钤,私鬻刍豆,瘠损马驼。大德中,始责州县正官监视,盖暖棚、团槽枥以牧之。至治初,复散之民间,其害如故。监察御史及河间路守臣屡言之。臣等议:宜如大德团槽之制,正官监临,阅视肥瘠,拘钤宿卫仆御,著为令。

兵戎之兴,号为凶器,擅开边衅,非国之福。蛮夷无知,少梗王化,得之无益,失之无损。至治三年,参卜郎盗,始者劫杀使臣,利其财物而已。至用大师,期年不戢,伤我士卒,费国资粮。臣等议:好生恶死,人之恒性。宜令宣政院督守将严边防,遣良使抵巢招谕。简罢冗兵,明敕边吏谨守御,勿生事,则远人格矣。

天下官田岁入,所以赡卫士,给戍卒。自至元三十一年以后,累朝以是田分赐诸王、公主、驸马及百官、宦者、寺观之属,遂令中书酬直海漕,虚耗国储。其受田之家,各任土著奸吏为庄官,催甲斗级,巧名多取,又且驱迫邮传,征求饩廪,折辱州县,闭偿逋负,至仓之日,变鬻以归。官司交忿,农民窘窜。臣等议:惟诸王、公主、驸马、寺观,如所与公主桑哥剌吉及普安三寺之制,输之公廪,计月直折支以钞,令有司兼令输之省部,给之大都,其所赐百官及宦者之田,悉拘还官,著为令。

国家经费,皆取于民。世祖时,淮北内地,惟输丁税。铁木迭儿为相,专务聚敛,遣使括勘两淮、河南田土,重并科粮。又以两淮、荆襄沙碛作熟收征,徽名兴利,农民流徙。臣等议:宜如旧制,止征丁税,其括勘重并之粮,及沙碛不可田亩之税,悉除之。

世祖之制:凡有田者悉役之,民典卖田,随收入户。铁木迭儿为相,纳江南诸寺贿赂,奏令僧人买民田者,毋役之以里正主首之属,逮今流毒细民。臣等议:惟累朝所赐僧寺田及亡宋旧业,如旧制勿征。其僧道典买民田及民间所施产业,宜悉役之,著为令。

僧道出家,屏绝妻孥,盖欲超出世表,是以国家优视,无所徭役,且处之官寺。宜清净绝俗为心,诵经祝寿。比年僧道往往畜妻子,无异常人。如蔡道泰、班讲主之徒,伤人逞欲、坏教干刑者,何可胜数!俾奉祠典,岂不亵天渎神!臣等议:僧道之畜妻子者,宜罪以旧制,罢遣为民。

赏功劝善,人主大柄,岂宜轻以与人。世祖临御三十五年,左右之臣,是甚爱幸,未闻无功而给一赏者。比年赏赐泛滥,盖因近侍之人,窥伺天颜喜悦之际,或称乏财无居,或称嫁女取妇,或以技物呈献,殊无寸功小善,递互奏请,要求赏赐回奉,奄有国家金银珠玉,及断没人畜产业。似此无功受赏,何以激劝,既伤财用,复启倖门。臣等议:非有功勋劳效著明实迹,不宜加以赏赐,乞著为令。

臣等所言:弑逆未讨、奸恶未除、忠愤未寻、冤枉未理、政令不信、赏罚不公、赋役不均、财用不节、民怨神怒,皆足以感伤和气。惟陛下裁择,以答天意,消弭灾变。

帝不从。珪复进曰:"臣闻日食修德,月食修刑,应天以实不以文,动民以行不以言,刑政失平,故天象应之。惟陛下矜察,允臣等议,乞悉行之。"帝终不能从。

未几,珪病增剧,非扶掖不能行。有诏:觉见免拜跪,赐小车,得乘至殿门下。帝始开经筵,令左丞相与珪领之。珪进翰林学士吴澄等,以备顾问。自是辞位甚力,犹封蔡国公,知经筵事,别刻蔡国公印以赐。泰定二年夏,得旨暂归。

三年春,上遣使召珪,期于必见。珪至,帝曰:"卿来时,民间如何?"对曰:"臣老,少宾客,不能远知。真定、保定、河间,臣乡里也,民饥甚,朝廷虽赈以金帛,惠未及者十五六,惟陛下念之。"帝恻然,敕有司毕赈之。拜翰林学士承旨、知制诰兼修国史,国公、经筵如故。帝察其诚病,命养疾西山,继得旨还家。

未几,起珪商议中书省事,以疾不起。四年十二月,薨,遗命上蔡国公印。珪尝自号曰澹庵。子六人。

李孟，字道复，潞州上党人。曾祖执，金末举进士。祖昌祚，归朝，授金符、潞州宣抚使。父唐，历仕秦、蜀，因徙居汉中。

孟生而敏悟，七岁能文，倜傥有大志，博学强记，通贯经史，善论古今治乱。开门授徒，远近争从之。一时名人商挺、王博文，皆折行辈与交。郭彦通名能知人，尝语唐曰："此儿骨相异常，宰辅之器也。"至元十四年，随父入蜀，行省辟为掾，不赴。调晋原县主簿，又辞。行御史台交荐之，亦不就。后以事至京师，中书右丞杨吉丁一见奇之，荐于裕宗，得召见东宫。未几，裕宗薨，不及擢用。

成宗立，首命采访先朝圣政，以备史官之纪述。陕西省使孟讨论编次，乘驿以进。时武宗、仁宗皆未出阁，徽仁裕圣皇后求名儒辅导。有荐者曰："布衣李孟有宰相才，宜令为太子师傅。"大德元年，武宗抚军北方，仁宗留宫中，孟日陈善言正道，多所进益。成宗闻而嘉之，诏授太常少卿，执政以孟未尝一造其门，沮之不行。改礼部侍郎，命亦中止。

仁宗侍昭献元圣皇后降居怀州，又如官山，孟常单骑以从。在怀州四年，诚节如一，左右化之，皆有儒雅风，由是上下益亲。每进言曰："尧、舜之道，孝悌而已矣。今大兄在朔方，大母有居外之忧，殿下当迎奉意旨以娱乐之，则孝悌之道皆得矣。"仁宗深纳其言，日间安视膳，婉容愉色，天下称孝焉。有暇，则就孟讲论古先帝王得失成败，及君君臣臣父父子子之义。孟特善论事，忠爱恳恻，言之不厌，而治天下之大经大法，深切明白。厥后仁宗入清内难，敬事武皇，笃孝母后，端拱以成太平之功，文物典章，号为极盛。尝与群臣语，握拳示之曰："所重乎儒者，为其握持纲常，如此其固也。"其讲学之功如此者，实孟启之也。

成宗崩，安西王阿难答谋继大统，成后为之主，丞相、枢密同声附和。中书左丞相哈剌哈孙答剌罕密使来告，仁宗疑而未行。孟曰："支子不嗣，世祖之典训也。今宫车晏驾，大太子远在万里，宗庙社稷危疑之秋，殿下当奉大母，急还宫庭，以折奸谋、固人心。不然，国家安危,未可保也。"仁宗犹豫未决。孟复进曰:"邪谋得成,以一纸书召还,则殿下母子且不自保,岂暇论宗族乎!"仁宗悦曰:"先生之言,宗庙社稷之福。"乃奉太后还都。

时哈剌哈孙称病坚卧,仁宗遣孟往问之。适成后使人问疾,络绎不绝。孟入,长揖而坐,已而前引其手,诊其脉,众以为医,乃不疑之。既得知安西王即位有日,还告曰:"事急矣!先发者制人,后发者制于人。不可不早图之。"左右之人皆不能决,惟曲出、伯铁木儿劝其行。或曰:"皇后深居九重,八玺在手,四卫之士一呼而应者累万;安西王府中从者如林。殿下侍卫寡弱,不过数十人,兵仗不备,奋赤手而往,事未必济。不如静守,以俟阿合之至,然后图之,未晚也。"阿合,中国称兄,谓武宗也。

孟曰:"群邪违弃祖训,党附中宫,欲立庶子,天命人心,必皆弗与。殿下入造内庭,以大义责之,则凡知君臣之义者,无不舍彼为殿下用,何求而弗获!克清宫禁,以迎大兄之至,不亦可乎!且安西既正位号,纵大太子至,彼安肯两手进玺,退就藩国。必将斗于国中,生民涂炭,宗社危矣。且危身以及其亲,非孝也;遗祸难于大兄,非悌也;得时弗为,非智也;临机不断,无勇也。仗义而动,事必万全。"

仁宗曰:"当以卜决之。"命召卜人。有儒服持囊游于市者,召之至。孟出迎,语之曰:"大事待汝而决,但言其吉。"乃入筮,遇乾三五皆九,立而献卦曰:"是谓乾之睽。乾,刚也;睽,外也。以刚处外,乃定内也。君子乾乾,行事也。飞龙在天,上治也。舆曳牛掣,其人彤且劓,内兑废也。厥宗筮肤,往必济也。大君外至,明相丽也。乾而不乾,事乃睽也;刚运善断,无惑疑也。"孟曰:"筮不违人,是谓大同,时不可以失。"仁宗喜,振袖而起,乃共扶上马,孟及诸臣皆步从,入自延春门。哈剌哈孙自东掖来就之,至殿廊,收首谋及同恶者,悉送都狱。奉御玺,北迎武宗。中外禽然,随以定。

仁宗监国,使孟参知政事。孟久在民间,备知闾阎幽隐,损益庶务,悉中利病,远近无不悦服。然特抑绝侥幸,群小多不乐,孟不为变。事定,乃言于仁宗曰:"执政大臣当自天子亲用,今銮舆在道,孟未见颜色,诚不敢冒当重任。"固辞弗许,遂逃去,不知所之。夏五月,武宗即位,有言于帝曰:"内难之初定也,李孟尝劝皇弟以自取,如彼言,岂有今日!"武宗察其诬,弗听。仁宗亦不敢复言孟。

至大二年,仁宗为皇太子,尝侍帝同太后内宴。饮半,仁宗深思,戚然改容。帝顾语曰:"吾弟今日不乐,何所思邪?"仁宗从容起谢曰:"赖天地祖宗神灵,神器有归,然成今日母子兄弟之欢者,李道复之功为多。适有所思,不自知其变于色也。"帝甚友爱,感其言,即命搜访之,得之许昌陉山,遣使召之。

三年春正月,入见武宗于玉德殿。帝指孟谓宰执大臣曰:"此皇祖妣命为朕宾师者,宜速任之。"三月,特授荣禄大夫、中书平章政事、集贤大学士,同知枢密院事。仁宗嗣立,真拜中书平章政事,进阶光禄大夫、推恩其三世,且谕之曰:"卿,朕之旧学,其尽心以辅朕之不及。"孟感知遇,力以国事为己任,节赐与,重名爵,核太官之滥费,汰宿卫之冗员。贵戚近臣,恶其不便于己,而心服其公,无间言焉。

司空、司徒、太尉,古之三公,自大德以来,封拜繁多。释老二教,设官统治,权抗有司,挠乱政事,僧道尤苦其扰。孟言:"人君之柄,在赏与刑,赏一善而天下劝,罚一恶而天下惩,柄乃不失。所施失当,不足劝惩,何以为治!僧、道士既为出世法,何用官府绳治!"乃奏雪冤死者,复其官荫;滥冒名爵者,悉夺之;罢僧道官。天下称快。

仁宗初出居怀,深见吏弊,欲痛划除之。孟进言曰:"吏亦有贤者,在乎变化激厉之而已。"帝曰:"卿儒者,宜与此曹气类不合,而曲相护祐如此,真长者之言。卿在朕前,惟举人所长,而不斥其短,尤朕所深嘉也,"时承平日久,风俗奢靡,车服僭拟,上下无章,近臣恃恩,求请无厌。时宰不为裁制,乃更相汲引,望幸恩赐,耗竭公储,以为私惠。孟言:"贵贱有章,所以定民志;赐与有节,所以劝臣下。请各为之限制。"帝皆从之。

孟在政府,虽多所补益,而自视常若不及,尝因间请曰:"臣学圣人道，遭遇陛下，陛下尧、舜之主也。臣不能使天下为尧、舜之民，上负陛下，下负所学。乞解罢政权，避贤路。"帝曰："朕在位，必卿在中书，朕与卿相与终始，自今其勿复言。"继赐爵秦国公，帝亲授以印章，命学士院降制。又图其像，敕词臣为之赞，及御书"秋谷"二字，识以玺而赐之。入见，必赐坐，语移时，称其字而不名，其见尊礼如此。

帝尝语近臣曰："道复以道德相朕，至天下蒙泽。"赐之钞十万贯，令将作为治第。孟辞曰："臣布衣际遇，所望于陛下者，非富贵之谓也。"悉辞不受。皇庆元年正月，授翰林学士承旨、知制诰兼修国史，仍平章政事。未几，请告归葬其父母。帝劳饯之曰："事讫，宜速还，毋久留，孤朕所望！"十二月，入朝，帝大悦，慰劳甚至。因请谢事，优诏不允。请益坚，乃命以平章政事议中书省事，承旨翰林。二年夏，乞还国公印，奏三上，始如所请。帝每与孟论用人之方，孟曰："人材所出，固非一途。然汉、唐、宋、金，科举得人为盛。今欲兴天下之贤能，如以科举取之，犹胜于多门而进。然必先德行经术，而后文辞，乃可得真材也。"帝深然其言，决意行之。

延祐元年十二月，复拜平章政事。二年春，命知贡举，及延策进士为监试官。七月，进金紫光禄大夫、上柱国，改封韩国公，职任如故。已而以衰病不任事，乞解政权归田里。帝不得已从所请，复为翰林学士承旨，入侍宴间，礼遇尤厚。

延祐七年，仁宗崩。英宗初立，太师铁木迭儿复相，以孟前共政时不附己，谗构诬谤，尽收前后封拜制命，降授集贤侍讲学士、嘉议大夫，度其必辞，因中害之。孟拜命欣然。适翰林学士刘赓来慰问，即与同入院。宣徽使以闻曰："李孟今日供职，旧例当赐酒。"帝愕然曰："李道复乃肯俯就集贤耶？"时铁木迭儿子八尔吉思侍帝侧，帝顾谓曰："尔辈谓彼不肯为是官，今定何如！"由是谗不得行。尝语人曰："老臣待罪中书，无补于国，圣恩宽宥，不夺其禄，今老矣，其何以报称！"帝闻而善之，恩意稍加。至治九年，卒。御史累章辨其诬，诏复元官。至治中，赠旧学同德翊戴辅治功臣、太保、仪同三司、上柱国，进封魏国公，谥文忠。

孟宇量闳廓，材略过人。三入中书，民间利害，知无不言，引古证今，务归至当。士无贵贱，苟贤矣，不进拔不已。游其门者，后皆知名。退居一室，萧然如布衣。为文有奇气，其论必主于理，其献纳谋议，常自毁其稿，家无几存。皇庆、延祐之世，每一政之缪，人必以为铁木迭儿所为，一令之善，必归之于孟焉。

子献，御史中丞、同知经筵事。

张养浩，字希孟，济南人。幼有行义，尝出，遇人有遗楮币于途者，其人已去，追而还之。年方十岁，读书不辍，父母忧其过勤而止之。养浩昼则默诵，夜则闭户，张灯窃读。山东按察使焦遂闻之，荐为东平学正。游京师，献书于平章不忽木，大奇之，辟为礼部令史，仍荐入御史台。一日病，不忽木亲至其家问疾，四顾壁立，叹曰："此真台掾也。"及为丞相掾，选授堂邑县尹。人言官舍不利，居无免者，竟居之。首毁淫祠三十余所。罢旧盗之朔望参者，曰："彼皆良民，饥寒所迫，不得已而为盗耳。既加之以刑，犹以盗目之，是绝其自新之路也。"众盗感泣，互相戒曰："毋负张公。"有李虎者尝杀人，其党暴戾为害，民不堪命。旧尹莫敢诘问。养浩至，尽置诸法，民甚快之。去官十年，犹为立碑颂德。

仁宗在东宫，召为司经，未至，改文学，拜监察御史。初，议立尚书省，养浩言其不便。既立，又言变法乱政，将祸天下。台臣抑而不闻，乃扬言曰："昔桑哥用事，台臣不言，后几不免。今御史既言，又不以闻，台将安用！"时武宗将亲祀南郊，不豫，遣大臣代祀，风忽大起，人多冻死。养浩于祀所扬言曰："代祀非人，故天示之变。"大违时相意。

时省臣奏用台臣，养浩叹曰："尉专捕盗，纵不称职，使盗自选可乎？"遂疏时政万余言：一曰赏赐太侈，二曰刑禁太疏，三曰名爵太轻，四曰台纲太弱，五曰土木太盛，六曰号令太浮，七曰倖门太多，八曰风俗太靡，九曰异端太横，十曰取相之术太宽。言皆切直，当国者不能容。遂除翰林待制，复构以罪罢之，戒省台勿复用。养浩恐及祸，乃变姓名遁去。

尚书省罢，始召为右司都事。在堂邑时，其县达鲁花赤尝与之有隙，时方求选，养浩为白宰相，授在美职。迁翰林直学士，改秘书少监。延祐初，设进士科，遂以礼部侍郎知贡举。进士诣谒，皆不纳，但使人戒之曰："诸君子但思报效，奚劳谢为！"擢陕西行台治书侍御史，改右司郎中，拜礼部尚书。

英宗即位，命参议中书省事。会元夕，帝欲于内庭张灯为鳌山，即上疏于左丞相拜住。拜住袖其疏入谏，其略曰："世祖临御三十余年，每值元夕，闾阎之间，灯火亦禁。况阙庭之严，宫掖之邃，尤当戒慎。今灯山之构，臣以为所玩者少，所系者大，所乐者浅，所患者深。伏愿以崇俭虑远为法，以喜奢乐近为戒。"帝大怒，既览而喜曰："非张希孟不敢言。"即罢之。仍赐尚服金织币一、帛一，以旌其直。后以父老，弃官归养。召为吏部尚书，不拜。丁父忧，未终丧，复以吏部尚书召，力辞不起。泰定元年，以太子詹事丞兼经筵说书召，又辞。改淮东廉访使，进翰林学士，皆不赴。

天历二年，关中大旱，饥民相食，特拜陕西行台中丞。既闻命，即散其家之所有与乡里贫乏者，登车就道，遇饥者则赈之，死者则葬之。道经华山，祷雨于岳祠，泣拜不能起，天忽阴翳，一雨二日。及至官，复祷于社坛。大雨如注，水三尺乃止。禾黍自生，秦人大喜。时斗米直十三缗，民持钞出籴，稍昏即不用，诣库换易，则豪猾党蔽，易十与五，累日不可得，民大困。乃检库中未毁昏钞文可验者，得一千八十五万五千余缗，悉以印记其背，又刻十贯、五贯为券，给散贫乏，命米商视印记出粜，诣库验数以易之，于是吏弊不敢行。又率富民出粟，因上章请行纳粟补官之令。闻民间有杀子以奉母者，为之大恸，出私钱以济之。

到官四月，未尝家居，止宿公署，夜则祷于天，昼则出赈饥民，终日无少息。每一念至，即抚膺痛哭，遂得疾不起，卒，年六十。关中之人，哀之如失父母。至顺二年，赠摅诚宣惠功臣、荣禄大夫、陕

西等处行中书省平章政事、柱国,追封滨国公,谥文忠。二子:强、
引,强先卒。

敬俨,字威卿。其先河东人,后徙易水。五世祖嗣徽,仕金官至
参知政事。曾祖子渊,乐陵令。祖鉴,同知嵩州事。皆以进士起家。
父元长,有学行,官至太常博士。俨其仲子也,幼不为嬉戏事,长嗜
学,善属文。御史中丞郭良弼荐为殿中知班,著宪章若干卷。受知
于广平王月吕禄那演,连辟太傅、太师两府掾。调高邮县尹,未赴,
选充中书省掾。朱清、张瑄为海运万户,豪纵不法,适俨典其文牍,
尝致厚赂,俨怒拒之。二人以罪伏诛,权贵多以贿败连坐,独俨不
与。

大德二年,授吏部主事,改集贤司直。会湖湘有警,丞相哈刺合
孙答剌罕奏俨奉诏恤民,且观衅,甚称旨意。六年,擢礼部员外郎。
有故郡守子,当以廕补官,继母诉其非嫡者。俨察其诬,按之,果如
所言。

七年,拜监察御史。时省臣有既黜而复收用者,参预官巧佞,与
相比周,以黩货挠法。即日劾去之。江浙行省与浙西宪司交章相攻
击,事闻,命省、台遣官往治之。俨与阿思兰海牙偕行,议多不合,两
上之,朝廷卒是俨议。七月,迁中书左司都事,扈从上京。西京贾人
有以运粮供饷北边而得官者,盗用至数十万石,以利啗主者,匿不
发,俨按征之以输边。

九年,授吏部郎中,以父病辞。已而父卒,即终丧,复入御史台
为都事。中丞何某与执政有隙,省议欲核台选之当否,俨曰:"迩者,
省除吏千余人,台亦当分别之邪?"语闻,议遂寝。江南行御史台与
江浙省争政,事闻,俨曰:"省、台政事,风化本原,各宜尽职。顾乃以
小故忿争,而渎上听乎!"建康路总管侯珪,贪纵事败,俨亟遣官决
其事。及其夤缘近达,奏请原之,命下,已无及矣。

武宗抚军北边,成宗升遐,宰臣有异谋者。事定,命俨预鞫问
之,悉得其情。除山北廉访副使。入为右司郎中。武宗临御,湖广

省臣有伪为警报,驰驿入奏,以图柄用者。俨面诘之曰:"汝守方面,既有警,岂得离职,是必虚诞耳。"其人竟以状露被斥。旱蝗为灾,民多因饥为盗,有司捕治,论以真犯。狱既上,朝议互有从违,俨曰:"民饥而盗,迫于不得已,非故为也。且死者不可复生,宜在所矜贷。"用是得减死者甚众。

至大元年,授左司郎中。擢江南诸道行御史台治书侍御史。先是,俨以议立尚书省,忤宰臣意,适两淮盐法久滞,乃左迁俨为转运使,欲以陷之。比至,首劾场官之贪污者,法既大行,课复增羡至二十五万引。河南行省参政来会盐策,将以羡数为岁入常额。俨以亭户调弊已甚,以羡为额,民力将殚,病人以为己,非宰臣事,事遂止。仁宗践阼,召为户部尚书。廷议欲革尚书省弊政,俨言:"遽罢钱不用,恐细民失利。"不从。以疾辞。

皇庆元年,除浙东道廉访使。有钱塘退卒,诈服僧衣,称太后旨,建婺州双溪石桥,因大兴工役以病民。俨命有司发其奸赃,杖遣之,仍请奏罢其役。郡大火,焚数千家,俨令发廪以赈贫馁。取宪司废堂材木及诸路学廪之羡者,建孔子庙。

二年,拜江西等处行中书省参知政事。旧俗,民有争,往往越诉于省,吏得并缘为奸利,讼以故繁。俨令下省府,非有司,不得侵民,讼事遂简。诏设科举,俨荐临川吴澄、金陵杨刚中为考试官,得人为多。其年冬,移疾退居真州。除江南诸道行御史台侍御史,不赴。

四年春,诏促就前职,以疾辞。七月,召为侍御史。十月,迁太子副詹事,御史大夫脱欢答剌罕奏留之,制曰"可"。湖广省臣以赃败,俨一日五奏,卒正其罪。台臣有劾去而复职者,御史复劾之,章再上,有旨命丞相、枢密共决之。俨曰:"如是,则台事去矣。"遂即帝前奏黜之,因伏殿上,叩头请代。帝谕之曰:"事非由汝,汝其复位。"

五年夏五月,拜中书参知政事,台臣复奏留之,俨亦陛辞,不允。赐《大学衍义》及所服犀带。每入见,帝以字呼之,曰威卿而不名,其见礼遇如此。旧制,诸院及寺监,得奏除其僚属者,岁久多冒滥,富民或以赂进,有至大官者。俨以名爵当慎惜,会台臣亦以为言,乃奏请悉追夺之,遂著为令。六年,告病,赐衣一袭,遣医视疗。俨以其乡在近圻,恐复征用,乃徙居淮南,虽亲故,皆不接见。

至治元年,除陕西诸道行御史台中丞。泰定元年,改江南诸道行御史台中丞。皆不赴。年六十五,即告老,朝廷虽命其子自强为安庆总管府判官,而未从其请。四年春,遣使赐酒,征为集贤大学士、荣禄大夫,商议中书省事。俨令使者先返,而挈家归易水。九月,帝特署为中政院使,复赐酒,召之。乃舆疾入见,赐食慰劳,亲为差吉日使视事,命朝会日无下拜。是月,拜中书平章政事,复以老病辞,不从。

天历改元,朝议欲尽戮朝臣之在上京者,俨抗论,谓是皆循常岁例从行,杀之非罪。众赖之获免。居月余,伤足,告归。家居十余年,痹不能行,犹劬书不废。临终,戒子弟曰:“国恩未报,而至不禄,奈何!汝曹当清白守恒业,无急仕进。”正冠帻,端坐而逝。赠翰林学士承旨、光禄大夫、柱国,封鲁国公,谥文忠。

自强,朝散大夫、礼部员外郎。俨有诗文若干卷,藏于家。叔祖铉,与太原元好问同登金进士第,国初为中都提学,著《春秋备忘》四十卷,仁宗朝命刻其书,今行于世。

元史卷一七六
列传第六三

曹伯启　李元礼　王寿
王倚　刘正　谢让　韩若愚
赵师鲁　刘德温　尉迟德诚
秦起宗

　　曹伯启，字士开，济宁砀山人。弱冠，从东平李谦游，笃于问学。至元中，历仕为兰溪主簿。尉获盗三十，械徇诸市。伯启以无左验，未之信；俄得真盗，尉以是黜。累迁常州路推官。豪民黄甲恃财杀人，赂佃客诬伏。伯启谳得其情，遂坐甲杀人罪。迁河南省都事、台州路治中，御史潘昂霄、廉访使王俣交荐，擢拜西台御史，改都事。关陕自许衡倡道学，教多士，伯启请建祠立学，以表其绩，朝议是之。泾阳民诬其尹不法，伯启核实，抵民罪。四川廉访佥事阔阔木，以苛刻闻，伯启纠黜之。

　　延祐元年，升内台都事，迁刑部侍郎。丞相铁木迭儿专政，一日，召刑曹官属问曰：“西僧讼某之罪，何为久弗治？”众莫敢对，伯启从容言曰：“犯在赦前。”丞相虽甚怒，莫之夺也。宛平尹盗官钱，铁木迭儿欲并诛守者，伯启执不可，杖遣之。八番帅擅杀，起边衅，朝廷已用帅代之矣，命伯启往诘其事。次沅州，道梗，伯启恐兵往则彼惊，将致乱，乃遣令史杨鹏，单骑往喻新帅，备得其情，止奏坐前帅擅兴罪,边民以安。大同宣慰使法忽鲁丁,扑运岭北粮,岁数万石,肆为欺罔,累赃钜万。朝廷遣使督征,前后受赂,皆反为之游言。最后伯启往,其人已死,喻其子弟曰:"负官钱,虽死必征,与其纳赂于人,曷若偿之于官。第条汝父所赂之数,官为征之。"诸受赂者皆惧,而潜归赂于其子,为钞五百余万缗,民之逋负而无可理者,即列上与免之。出为真定路总管,治尚宽简,民甚安之。

延祐五年,迁司农丞,奉旨至江浙议盐法,罢检校官,置六仓于浙东、西,设运盐官,输运有期,出纳有次,船户、仓吏盗卖漏失者有罚。归报,著为令。寻拜南台治书侍御史,因言:"扬清激浊,属在台宪,诸被枉赴诉者,实则直之,妄则加论可也。今讼冤一切不问,岂风纪定制乎?"俄去位。

英宗立,召拜山北廉访使。时敕建西山佛宇甚亟,御史观音奴等以岁饥请缓之,近臣激怒上听,遂诛言者。伯启曰:"主上聪明睿断,是不可以不净。"乃劾台臣缄默,使昭代有杀谏臣之名,帝为之悚听。俄拜集贤学士、御史台侍御史。有诏同刊定《大元通制》,伯启言:"五刑者,刑异五等。今黥杖徒役于千里之外,百无一生还者,是一人身备五刑,非五刑各底于人也。法当改易。"丞相是之,会伯启除浙西廉访使,不果行。

泰定初,引年北归,优游乡社,砀人贤之,表所居为曹公里。伯启性庄肃,奉身清约。在中台,所奖借名士尤多。为侍读学士,考试国子,首取吕思诚、姚绂。云南佥事范震言宰臣欺上罔下,不报,范饮恨死。伯启具其事,书于太史。真州知州吕世英以刚直获罪,伯启白其枉,进擢风宪。其好彰善率类此。

天历中,起伯启为淮东廉访使、陕西诸道行御史台中丞,使驿敦遣,伯启喟然曰:"吾年且八十,尚忘知止之戒乎!"终不起,一时被命者,因相继去位,天下之士高之。至顺三年,长子震亨卒于毗陵,伯启往拊之。明年二月,卒于毗陵,年七十九。有诗文十卷,号《汉泉漫藁》,续集三卷,行世。子六人,孙十人,皆显仕。

李元礼，字庭训，真定人。资性庄重，燕居不妄言笑。历易州、大都路儒学教授，迁太常太祝，升博士。定撰世祖圣德神功文武皇帝、昭睿顺圣皇后、裕宗文惠明孝皇帝尊谥议，称颂功德，体制温雅。请谥圆丘，升祔太室，礼文多其所详定。

元贞元年，擢拜监察御史，弹劾无所回挠。二年，有旨建五台山佛寺，皇太后将临幸，元礼上疏曰：

　　古人有言曰：生民之利害，社稷之大计，惟所见闻而不系职司者，独宰相得行之，谏官得言之。今朝廷不设谏官，御史职当言路，即谏官也，乌可坐视得失而无一言，以裨益圣治万分之一哉！伏见五台创建寺宇，土木既兴，工匠夫役，不下数万，附近数路州县，供亿烦重，男女废耕织，百物踊贵，民有不聊生者矣。

　　伏闻太后亲临五台，布施金币，广资福利，其不可行者有五：时当盛夏，禾稼方茂，百姓岁计，全仰秋成，扈从经过，千乘万骑，不无践踏，一也。太后春秋已高，亲劳圣体，往复暑途数千里，山川险恶，不避风日，轻冒雾露，万一调养失宜，悔将何及，二也。今上登宝以来，遵守祖宗成法，正当兢业持盈之日，上位举动，必书简册，以贻万世之则，书而不法，将焉用之，三也。夫财不天降，皆出于民，今日支持调度，方之曩时百倍，而又劳民伤财，以奉土木，四也。佛本西方圣人，以慈悲方便为教，不与物竞，虽穷天下珍玩奇宝供养，不为喜；虽无一物为献而一心致敬，亦不为怒。今太后国家、为苍生崇奉祈福，福未获昭受，而先劳圣体，圣天子旷岁省之礼，轸思亲之怀，五也。伏愿中路回辕，端居深宫，俭以养德，静以颐神，上以循先皇后之懿范，次以尽圣天子之孝心，下以慰元元之望。如此，则不祈福而福至矣。

台臣不敢以闻。

大德元年，侍御史万僧与御史中丞崔彧不合，诣架阁库，取前章封之，入奏曰："崔中丞私党汉人李御史，为大言谤佛，不宜建寺。"帝大怒,遣近臣赍其章,敕右丞相完泽、平章政事不忽木等鞫问。不忽木以国语译而读之,完泽曰:"其意正与吾同,往吾尝以此谏,太后曰:'我非喜建此寺,盖以先皇帝在时,尝许为之,非汝所知也。'"或与万僧面质于完泽,不忽木抗言曰:"他御史惧不肯言,惟一御史敢言,诚可赏也。"完泽等以章上闻。帝沉思良久曰:"御史之言是也。"乃罢万僧,复元礼职。未几,改国子司业,以疾卒,赠亚中大夫、翰林直学士、轻车都尉,追封陇西郡侯。子端,仕至礼部尚书。

王寿,字仁卿,涿郡新城人。幼颖敏嗜学。长以通国字,为中书掾。既而用朝臣荐,入侍裕宗,眷遇特异。至元十九年,授兵部员外郎。二十二年,升吏部郎中。二十四年,分置尚书省,遂革。二十八年,罢尚书省归中书,复任吏部郎中。以婿康里不忽木柄用当道,即自免去。明年,授大司农丞,不赴。

元贞二年,出为燕南河北道廉访副使。大德二年,不忽木为中执法,复弃官归。三年,授集贤直学士,秩满,就升侍读学士。俄擢御史台侍御史,论事剀切。六年二月,召寿奉香江南,遍祠岳镇海渎。密旨:去岁风水为灾,百姓艰食,凡所经过,采听入对。使还,具奏:"民之利病,系于官吏善恶,在今宜选公廉材干、存心爱物者专抚字,刚方正大、深识治体者居风宪。天灾代有,赈济以时,无劳圣虑。惟是豪右之家,仍据权要,当罢其职,处之京师,以保全之,此长久之道也。"

初,寿与台臣奏:"宰相内统百官,外均四海,位尊任重,不可轻假非人。三代以降,国之兴衰,民之休戚,未有不由相臣之贤否也。世祖初置中书省,以忽鲁不花、塔察儿、线真、安童、伯颜等为丞相,史天泽、刘秉忠、廉希宪、许衡、姚枢等实左右之,当时称治比唐贞观之盛。迨至阿合马、郝祯、耿仁、卢世荣、桑哥、忻都等,坏法黩货,流毒亿兆。近者,阿忽台、伯颜、八都马辛、阿里等专政,煽惑中禁,几摇神器。君子小人已试之验,较然如此。臣愿推爱君思治之心,邪正互陈,成败对举,庶几上悟天衷,惩其既往,知所进退,天下之事,可从而理也。"九年,参议中书省事。十年,改吏部尚书。

十一年,武宗即位,首拜御史中丞。未几,更拜左丞,俄复拜御史中丞。至大二年三月,卧疾求代。三年夏,迁太子宾客、集贤大学士。秋九月,卒,年六十。明年,赠银青荣禄大夫、平章政事、上柱国、蓟国公,谥文正。

王倚,字辅臣。其先东莱人也。父永福,金末避地徙燕,为宛平著姓,富雄闾里。倚为人孝友乐易,重然诺,与人交,不苟合。读书务躬行,不专事章句。世祖选良家子入侍东宫,时倚年弱冠,在众中仪观独伟,太保刘秉忠深器重之,即以充选。倚服勤守恪,遂见信任。有诏皇太子裁决天下事。凡时政所急,民瘼所系,倚知无不言。是时官职未备,而汤沐分邑,地广事繁,当有统属,乃拜倚工部尚书,行本位下随路民匠都总管。

至元二十一年,诏立东宫官属,以倚为家丞。又置储用司,掌货币出纳,令倚兼之。后以疾辞职,仍给太子家丞禄,以优养之。倚上言:"不事事而苟窃禄食,臣心诚所未安。"不许,力辞再四,方许之。二十六年,皇孙出镇怀孟,帝为选老成练达旧臣护之,乃以属倚。陛辞,帝目之良久,谓侍臣曰:"倚,修洁人也,左右皇孙,得人矣。"及行,营幕所在,军政肃然。未几,召还。

二十八年,授礼部尚书,以疾辞。明年,卒,年五十三。赠正议大夫、礼部尚书,追封太原郡侯,谥忠肃。子二人,鹏,异样总管府总管。

刘正,字清卿,清州人也。年十五,知读书,习吏事,初辟制国用使司令史。迁尚书户部令史。至元八年,罢诸路转运司,立局考核逋欠,正掌其事。大都运司负课银五百四十七锭,逮系倪运使等四人征之,视本路岁入簿籍,实无所负,辞久不决。正察其冤,遍阅吏牍,得至元五年李介甫关领课银文契七纸,适合其数,验其字画,皆司库辛德柔所书也。辛贫窭,时已富实,交结权贵,莫敢谁何。正廉得其实,始白尚书捕鞫之,悉得课银。辛既伏辜,而四人得释,正由是知名。转枢密院令史,辟掾中书。

十四年,分省上都。会诸王昔里吉叛,至居庸关,守者告前有警急,使姑退,正曰:"职当进而弗往,后至者益怯矣。"驰出关,至上都。边将请黄白金符充战赏,主者告乏,中书檄工部造给之,后帝以为欺罔,欲诘治。正曰:"军赏贵速,先造符印而后禀命,岂不可乎!"帝释之。

十五年,擢左司都事。时阿合马当国,与江淮行省阿里伯、崔斌有隙,诬以盗官粮四十万,命刑部尚书李子忠与正驰驿往按其事,狱弗具。阿合马复遣北京行省参知政事张澍等四人杂治之,竟置二人于死。正乃移疾还家。

十八年,征为左司员外郎。十九年春,阿合马并中书左右司为一,遂为左右司员外郎。三月,阿合马败,火鲁霍孙为右丞相。复为左司员外郎,谒告归。九月,中书传旨捕正,与参政咱喜鲁丁等偕至帝前,问曰:"汝等皆党于阿合马,能无罪乎?"正曰:"臣未尝阿附,惟法是从耳。"会日暮,车驾还内,俱械系于阙东隙地。逾数日,奸党多伏诛,复械系正于拱卫司。火鲁霍孙曰:"上尝谓刘正衣白衣行炭穴十年,可谓廉洁者。"乃免归。

二十年春,枢密院奏为经历,升参议枢密院事。二十五年,桑哥既立尚书省,擢为户部侍郎,升户部尚书。尝举核河间盐运官亏课事,几陷于罪,乃移疾归。二十八年,桑哥败,完泽为丞相,复擢为户部尚书,升参议。尚书省罢,仍参议中书省事。湖南马宣慰庶子,因争荫不得,诬告其兄匿亡宋官金。正知其诬,罪之,仍官其兄。济南张同知子求为两淮运使,正知其不称,弗与。张遂作飞语构其事,帝召正诘之曰:"匿金事在右司,争荫事在左司,参议乃幕长,寝右而举左,宁无私乎?"正辨折明,事遂释。

三十年,御史台奏为侍御史,中书省奏为吏部尚书,已而复留为侍御史。迁江南行御史台中丞。大德元年,改同金枢密院事。寻出为云南行中书省左丞。右丞忙兀突鲁迷失请征缅,正以为不可,俄俱被征，又极言其不可，不从。师果无功。云南民岁输金银，近中庆城邑户口，则诡称逃亡，甸寨远者，季秋则遣官领兵往征，人马刍粮，往返之费，岁以万计。所差官必重赂省臣，乃得遣，征收金银之数必十加二，而拆阅之数又如之，其送迎馈赆亦如纳官之数，所遣者又以铜杂银中纳官。正首疏其弊，给官秤，俾土官身诣官输纳，其弊始革。始至官，储赆二百七十万索、白银百锭，比四年，得赆一千七十万索、金百锭、银三千锭。

七年秋，还清州。八年六月，以左丞行省江西。冬十月，改江浙。武宗即位，召为中书左丞。升右丞。二年，立尚书省，恳辞还家。仁宗即位，召诸老臣入议国事，正诣阙言八事：一曰守成宪，二曰重省台，三曰辨邪正，四曰贵名爵，五曰正官符，六曰开言路，七曰慎赏罚，八曰节财用。会行赦改元，集议行之。

仁宗初政，风动天下，正与诸老臣陈赞之力居多。累乞致仕，不许，拜荣禄大夫、平章政事、议中书省事。时议经理河南、淮、浙、江西民田，增茶盐课额。正极言不可，弗从。岁大旱，野无麦谷，种不入土。台臣言，燮理非其人，奸邪蒙蔽，民多冤滞，感伤和气所致。有旨会议。平章李孟曰：“燮理之责，儒臣独孟一人，请避贤路。”平章忽都不丁曰：“台臣不能明察奸邪，臧否时政，可还诘之。”正言：“台省一家，当同心献替，择善而行，岂容分异邪！”孟摇首，竟如忽都不丁言。右丞相帖木迭儿传旨：廉访司权太重，故按事失实，自今不许专决六品以下官。平章忽都不丁、李孟将议行之，正言：“但当择人，法不可易也。”事遂寝。延祐六年卒，后赠宣力赞治功臣、光禄大夫、司徒、柱国、赵国公，谥忠宣。

子秉德，官秘书监丞，历兵、工二部侍郎，出为安庆路总管；秉仁，以荫为中书架阁管勾，累官工部尚书，致仕。

谢让，字仲和，颍昌人。祖义，有材勇，金贞祐间为义军千户。

让幼颖悟好学，及壮推择为吏，补宣慰司令史。国兵取宋，立行中书省于江西，让以选为令史，调河间等路都转运盐司经历。先是，灶户在军籍者，悉除其名，以丁多寡为额输盐，其后多顾旧户代为煮盐，而顾钱甚薄。让言："军户既落籍为民，当与旧灶户均役，既令代役，岂宜复薄其佣，使重困乎？自今顾人，必厚与直，乃听。"先是，逃亡户率令见户包纳其盐，由是豪强者以计免，而贫弱愈困。让令验物力多寡，比次甲乙以均之。

擢南台御史，举湖广行省平章政事哈剌哈孙答剌罕可为御史大夫，山东廉访使陈天祥可为御史中丞，右司员外郎高昉可任风宪。劾江浙省臣听诏不恭及不法事。帝遣使杂问，既款服，诏令让与俱来，人皆危之，让恬然若无事者，台纲以之益振。

大德间，诏立陕西行御史台，以让为都事。凡御史封章及文移，其可否一决于让。入为中书省右司都事，迁户部员外郎。时东胜、云、丰等州民饥，乞籴邻郡，宪司惧其贩鬻为利，闭其籴，事闻于朝。让设法立禁，闭籴者有罪，三州之民赖以全活者甚众。

四年，授宗正府郎中，擢监察御史，迁中书省右司员外郎。出为湖广行省左右司郎中。时广西两江岑雄、黄圣许等屡相仇杀，为边患。让谓："此曹第可怀柔，不宜力竞，宽其法以羁縻之，使不至跳梁可也。若乃舍中国有用之民，争炎荒不毛之地，非长策也。"因书榜招谕，以携其党。湖广宣慰使张国纪建言科江南夏税，让极言其非便。迁河南行省左右司郎中。是时，江淮屯戍军二十余万，亲王分镇扬州，皆以两淮民税给之，不足，则漕于湖广、江西。是岁，会计两淮，仅少三十万石。让请以淮盐三十万引鬻之，收其价钞以给军食，不劳远运，公私便之。

至大元年，转户部侍郎。时京仓主计吏，以仓廪多罅漏，惟久雨米坏，请覆穅秕其上，因揉诸米中，以给内外工人及宿卫者。让察其奸，以藁秸易之，奸弊悉除。二年，拜西台治书侍御史。三年，拜治书侍御史，未上，改同佥枢密院事。寻拜户部尚书。仁宗在东宫，以让先朝旧人，召见赐酒，以示眷注。四年，改刑部尚书。

仁宗即位，加让正议大夫。入谢，赐以卮酒，让痛饮之。帝曰：

"人言老尚书不饮,何饮耶?"让曰:"君赐,不敢违也。"少顷,醉不能立。命扶出之。翼日,让谢帝曰:"老尚书诚不饮也。"初,尚书省柄臣构杀留守郑阿尔思兰,籍其家,中外冤之。尚书省罢,未有直其冤者。让明其事,以所籍赀产给还之。有旨:六部事疑不决者,须让共议,而后上闻。于是户部更定钞法,礼部议正礼文,让皆与焉。刑部有案,让未署字,而误用印,吏惧,遂私效让署。事觉,度无损于事,且怜吏以罪废,遂视之曰:"吾署也。"其宽厚多类此。让上言:"古今有天下者,皆有律以辅治。堂堂圣朝,讵可无法以准之,使吏任其情、民罹其毒乎!"帝嘉纳之。乃命中书省纂集典章,以让精律学,使为校正官,赐青鼠裘一袭、侍宴服六袭。

二年,朝廷以吏多滞事,责曹案不如程者,令下。让曰:"刑狱,非钱谷、铨选之比,宽以岁月,尚虑失实,岂可律以常法乎!"乃入白于宰相。曰:"尚书言是也。"由是刑曹独得不责稽违。拜陕西行省参知政事。未几,拜西台侍御史。命甫下,诏罢西台,复立,就拜侍御史。四年十月,卒于官,年六十有六。赠正奉大夫、河南行省参知政事,追封陈留郡公,谥宪穆。

子好古,奉政大夫、覆实司提举。

韩若愚,字希贤,保定满城人。由武卫府史授通惠河道所都事,开河有功,诏赐锦衣一袭。迁留守司都事,寻升经历,出知蓟州,改中书左司都事。时监烧昏钞者欲取能名,概以所烧钞为伪钞,使管库者诬服。狱既具,若愚知其冤,覆之,得免死者十余人。迁刑部郎中,提举诸路宝钞库。擢吏部郎中。

仁宗即位,故事:凡潜邸官吏,不次迁转。若愚以岁月定其资品,遂著为令。皇庆元年,迁内台都事,改刑部侍郎。寻擢中书左司郎中。时议禁民田猎,犯者抵死。若愚曰:"昔齐宣王之囿,方四十里,杀其麋鹿者,如杀人之罪,孟子非之。"众以为然,遂轻其刑。时参政曹鼎新辞职,帝曰:"若效韩若愚廉勤足矣,何用辞为!"继命若愚参议中书省事。铁木迭儿为右丞相,以憎爱进退百官,恨若愚不附己，罗织以事。帝知其枉，不听。拜户部尚书。延祐六年，命理河间等路囚，轻重各得其情。复拜参议中书省事。丞相铁木迭儿复入相，以旧憾诬若愚罪，欲杀之。帝不从。复奏夺其官，除名归乡里。

至治三年，诏雪其冤。泰定元年，命复其官，寻拜刑部尚书。迁湖广省参知政事，未行，改詹事丞。八月，命宣抚江浙，复留为侍御史。时左丞相倒剌沙擅威福，以事诬侍御亦怜珍等下枢密狱，无敢言其冤；若愚以计奏左丞相倒剌沙为右大夫，其事遂解。三年，擢浙西廉使，未行，拜河南省左丞。会文宗平内难，若愚画策中机，帝嘉之，进资政大夫。

天历三年，迁淮西江北道廉访使。九月，以疾卒，年六十八。赠资德大夫、江浙等处行中书省左丞、上护军，追封南阳郡公，谥贞肃。

赵师鲁，字希颜，霸州文安县人。父趾，秘书少监，赠礼部尚书。师鲁为人风采端庄。在太学，力学如寒士。延祐初，为兴文署丞。五年，迁将作院照磨。七年，辟为御史台掾，后补中书省掾，于朝廷典章故实、律令文法，无不练习。临事明敏果断，执政奇之。及典铨选，平允无私，人无不服。擢工部主事，迁中书省检校官，咸著能名。

泰定中，拜监察御史。时大礼未举，师鲁言："天子亲祠郊庙，所以通精诚，逆福厘，生烝民，阜万物，百王不易之礼也。宜鉴成宪，讲求故事，对越以格纯嘏。"帝嘉纳焉。元夕，令出禁中，命有司张灯山为乐。师鲁上言："燕安怠惰，肇荒淫之基，奇巧珍玩，发奢侈之端。观灯事虽微，而纵耳目之欲，则上累日月之明。"疏闻，遂命罢之。赐师鲁酒一上尊，且命御史大夫传旨，以嘉忠直。

是时，宰相倒剌沙密专命令，不使中外预知。师鲁又上言："古之人君将有言也，必先虑之于心，咨之于众，决之于故老大臣，然后断然行之，涣若汗不可反，未有独出柄臣之意，不咨众谋者也。"不报。倒剌沙虽刚狠，亦服其敢言。有朝士年未及致仕，其子请预荫其官,而执政者为之地。师鲁驳其非,事遂止。迁枢密院都事,改本院经历。致和初,升奉政大夫、参议枢密院事。

天历中,迁枢密院判官,改兵部侍郎。丁父忧,特旨起为同金枢密院事,师鲁固辞不就。服除,复为枢密判官,持节治四川军马,谕上威德,大阅于郊,宽简有法,士卒怀其恩信。未几,迁中顺大夫、刑部侍郎,枢密院复奏为其院判官。久之,出为河间路转运盐使。除害兴利,法度修饬,绝巡察之奸,省州县厨传赠遗之费,灶户、商人,无不便之,岁课遂大增。暇日,又割己俸,率僚吏新孔子庙,命吏往江右制雅乐,聘工师,春秋释奠,士论称之。

师鲁由从官,久典金谷,每郁郁不乐,疾笃,弃官归京师。至元三年九月,卒,年五十有三。赠嘉议大夫、礼部尚书、天水郡侯,谥文清。

刘德温,字纯甫,大兴人。起家中书省宣使。大德十一年,以年劳,授从仕郎、内宰司照磨,监建兴圣宫。又调承务郎、掌仪署令。未几,升奉训大夫、内宰司丞。奉中旨,征河南民逋粮。德温辄平其价,令出钞以偿,民甚便之。复升朝列大夫、延福司丞,奉旨代祠岳渎。比还,迁中宪大夫、同知大都路都总管府事。辇毂之下,供亿浩繁,德温措置有法,民用不扰。迁甄用少监,升亚中大夫、礼部侍郎。复升嘉议大夫、同知上都留守司事。省檄和籴粮,民以价不时得,递相观望。德温下令曰:"粮入价出,吏有敢为弊者,罪之。"于是粮不逾期而集。转大司农丞。耕籍之仪,取具一时,德温欲考订典礼集为成书。未毕,俄授通议大夫、永平路总管。

永平当天历兵革之余,野无居民。德温为政年,而户口增,仓廪实,遂兴学校以育人材,庶事毕举。岁大旱,祷而雨,岁以不歉。滦、漆二水为害,有司岁发民筑堤。德温曰:"流亡始集而又役之,是重困民也。"遂罢其役,而水亦不复至。有豪民武断于乡里,前吏莫敢治。德温按得其罪,论如法,杖之,书其过于门。后竟以不道伏诛。永平,古孤竹国也。国初,郡守杨阿台请于朝,谥伯夷曰清惠,叔齐曰仁惠,为庙以祠之,而祠礼犹未具也。德温请命有司春秋具牢礼致祭。从之,著为式,赐庙额曰圣清,士论韪之。

至顺四年,卒,年六十九。赠正议大夫、礼部尚书、上轻车都尉、彭城郡侯,谥清惠。

尉迟德诚,字信甫,绛州人。祖天泽仕金为库官,郡王带孙拔绛州,天泽在俘中,道见兵死者,辄涕泣收瘞之。带孙令佩金符,授云州御衣局人匠总管。父瀰,仕至潞州知州。

德诚历官太子率更丞。至大元年,改詹事院都事。二年,迁家令司丞。仁宗以为谨恪,常赐酒帛,得侍左右。数荐出士,则未尝语人。厅事前有粟苗,不种而萌偶出,一茎双穗。众以为嘉禾。升家令。四年,选为河东山西道宣慰司同知,击奸吏,宽税敛,上计京师。入见,帝方食,赐以馂馀,擢工部尚书,未拜,改陕西行台治书侍御史。

延祐元年,迁京畿都漕运使。二年,拜辽东道肃政廉访使,上疏言事,其略曰:劳诸王以怀其心,防出入以严宫禁,立谏官以远谗佞,崇科举以求人材,立常平以备荒年,汰僧道以宽民力,举贤良以励忠孝,抑奢侈以厚风俗,及拯钞法、裁冗官等事。未报而卒,年五十三。

秦起宗,字元卿。其先上党人,后徙广平深水县。曾大父当金季兵起,窾山麓为洞,奉其亲以居,傍窾大洞,匿其里中百人闭之,具牛酒,出待兵,兵入索,惟见其亲属,曰:"孝士也。"释之去。里人曰:"秦父生我。"

起宗生长兵间,学书无从得纸,父顺削柳为简,写以授之。成诵,削去更书。年十七,会立蒙古学,学辄成,辟武卫译史。御史中丞塔察儿爱其才,迁中台史。是时,尚书省专制更张,起宗持文严密无所泄。

仁宗即位,罢尚书省,转中书史。累迁太子家令司典簿官,上言："东宫官属，辅导德义，财赋非所治也。"朝廷是之。迁南台御史。建康多水，或实灾而有司抑之，或无灾而诉灾。起宗微行得实，人以为神明。

　　文宗初立，命威顺王征八番。是时，蜀省襄加台拒命未平，起宗极言武昌重镇，当备上流之师，亲王不可远去，力止之。及王入见，帝谓曰："八番之行，非秦元卿，几为失计。"其后八番师还，无敢扰于道路者。朝议以起宗治蜀，幕府忘其名，曰秦元卿，帝引笔改曰起宗，其眷注如此。拜中台御史，劾中丞和尚受人妇人、贱买县官屋。不报。起宗从台官入见，跽辨久之。敕令起，起宗不起。会日暮，出。明日，立太子，有赦。起宗又奏："不罪和尚，无以正国法。"和尚服辜。帝曰："为御史当如是矣。"元会，赐只孙服，令得与大宴。又劾闽宪卜咱耳窃父妾以逃，其父愤死，渎乱天常；流之岭南。自是尽言无讳，皆见听用。有《御史奏议》一卷。

　　迁都漕运使。帝召谕之曰："漕输事多废阙，赖御史治之尔。"出为抚州路总管，至官，有司供张甚盛。问其费所从出，小吏不敢隐，曰："借办于民。"遂亟使归之，几席仅给而已。自是官府僚佐有宴集，成礼即止。因谕众曰："我素农家，安俭约，务安静，庶使吾民化之。"居一岁，以老去官。明年，以兵部尚书致仕，居一岁，卒，谥昭肃。

　　子四人：钧，铨，铎，镛。钧，西台御史。镛，延徽寺经历。铨，都省掾。铎，早卒。

元史卷一七七
列传第六四

张思明　　吴元珪　　张升
臧梦解　陆垕　　陈颢

张思明，字士瞻。其先获嘉人，后徙居辉州。

思明颖悟过人，读书日记千言。至元十九年，由侍仪司舍人辟御史台掾，又辟尚书省掾。左丞相阿合马既死，世祖追咎其奸欺，命尚书簿问遗孽。一日，召右丞何荣祖、左丞马绍，尽输其赃以入。思明抱牍从，日已昏，命读之。自昏达曙，帝听忘疲，曰：“读人吐音，大似侍仪舍人。”右丞对曰：“正由舍人选为掾。”帝奇之，曰：“斯人可用。”明日，擢为大都路治中。思明以超迁逾等，固辞，乃改湖广行省都事。

元贞元年，召为中书省检校，六曹无滞案。迁户部主事。大德初，擢左司都事。有献西域秤法，思明以惑众不用。初立海道运粮万户府于江浙，受除者惮涉险，不行。思明请升等以优之，因著为令。五年，转吏部郎中。九年，改集贤司直。十年，除江浙行中书省左右司郎中。十一年春，两浙大饥，首赞发廪赈之。

至大三年，迁两浙盐运使，未上，入参议枢密院事。改中书省左司郎中。皇庆元年，再授两浙盐运使，岁课羡赢。僚属请上增数，思明曰：“赢缩不常，万一以增为额，是我希一己之荣，遗百世之害。”二年，召为户部尚书。延祐元年，进参议中书省事。三年，拜中书参知政事。

仁宗即位,浮屠妙总统有宠,敕中书官其第五品。思明执不可。帝大怒,召见切责之。对曰:"选法,天下公器。径路一开,来者杂遝。故宁违旨获戾,不忍隳祖宗成宪,使四方得窥陛下浅深也。"帝心然其言,而业已许之,曰:"卿可姑与之,后勿为例。"乃为万亿库提举,不与散官。久之,近臣疾其持法峭直,日构谗间,出为工部尚书。帝问左右曰:"张士瞻居工部,得无怏怏乎?"对曰:"勤政如初。"帝嘉叹之,命授宣政院副使。五年,除西京宣慰使。岭北戍士多贫者,岁凶,相挺为变,思明威惠并行,边境乃安。因疏和林运粮不便事十一条,帝劳以端砚、上尊。

会左丞相哈散辞职,帝不允。其请益坚,帝诘之曰:"朕任卿未专邪?"曰:"非。"曰:"近臣挠政者邪?"曰:"无有也。""然则何为而辞?"对曰:"臣有自揆才薄,恐误陛下国事,若必欲任臣,愿荐一人为助。"帝问:"为谁?朕能从汝。"哈散再拜谢曰:"臣愿得张思明。"即日拜思明中书参知政事。比召至,车驾幸上都,见于道,慰勉之曰:"卿向不负朕注委,故朕用哈散言,复起汝。"未几,升左丞。

帝崩,英宗宅忧,右丞相帖木迭儿用事,日诛大臣不附己者,中外汹汹。思明谏曰:"山陵甫毕,新君未立,丞相恣行杀戮,国人皆谓阴有不臣之心。万一诸王驸马疑而不至,将奈之何,不可不熟虑也。"众皆危之,帖木迭儿大悟曰:"非左丞言,几误吾事。"帝造寿安山寺,监察御史观音保、琐咬儿哈的迷失、成珪、李谦亨强谏,帝震怒,杀观音保、琐咬儿哈的迷失,以成珪、李谦亨属吏。思明白丞相曰:"言事,御史职也。祖宗已来,未尝杀谏臣。"成、李既属吏,当论法,丞相乃力言之,二人得从轻典。及拜住为左丞相,与帖木迭儿各树朋党,贼害忠良,思明惧祸及,累表辞,不获,后竟诬以不支蒙古子女口粮,饿死四百人,遂废于家,杜门六年。

文宗天历元年,起为江浙行中书省左丞。会陕西大饥,中书拨江浙盐运司岁课十万锭赈之。吏白:周岁所入,已输京师,当回咨中书。思明曰:"陕西饥民,犹鲋在涸辙,往复逾月,是索之枯鱼之肆也。其以下年未输者,如数与之。有罪,吾当坐。"朝廷韪之。二年,复以中书左丞召，入觐慈仁殿，敷陈累朝任贤使能、治民足国之道，因以衰老辞，帝未允。明日，即移告去。重纪至元三年，卒，年七十八。

思明平生不治产，不蓄财，收书三万七千余卷。尤明于律，与谢仲和、曹鼎新同称三绝。赠推忠翊治守义功臣，依前中书左丞、上护军、清河郡公，谥贞敏。

吴元珪，字君璋，广平人。父鼎，燕南提刑按察副使。

元珪简重，好深沉之思，凡征谋治法、律令章程，皆得于家庭之所授受。至元十四年，世祖召见，命侍左右，授后卫经历，佩金符。十七年，从幸上都，受命取御药于大都万岁山。元珪乘传，未尽一昼夜而至。帝奇其速，擢枢密都事。升经历。尝从同知枢密院事俺伯进西蕃铠甲，帝问其制度，元珪应对详明，帝益奇之。

初，江南既定，枢密奏裁定官属，京师五卫、行省、万户府设官有差，均俸禄，给医药，设学校，置屯田，多元珪所论建。二十六年，参议枢密院事。时缮修宫城，尚书省奏役军士万人，留守司主之。元珪亟陈其不便，乃立武卫，缮理宫城，以留守段天祐兼都指挥使，凡有兴作，必以闻于枢府。寻升枢密院判官。奏定万户用军士八人，千户四人，百户二人，多役者有罚。二十八年，除礼部侍郎。迁左司郎中。三十一年，参议中书省事。

大德元年，除吏部尚书。选曹铨注，多有私其乡里者，元珪曰：“此风不可长，川党、朔党之兴，宋之所由衰也。”请谒悉皆谢绝。三年，宣抚燕南，劾贪吏若干人。迁工部尚书。河朔连年水旱，五谷不登，元珪言：“《春秋》之义，以养民为本，凡用民力者必书，盖民力息则生养遂，生养遂则教化行而风俗美。”宰相嘉其言，土木之工稍为之息。六年，金河南行中书省事，将行，拜江浙行省参知政事。初，朱清、张瑄以财雄江南，遍以金币连结当路。及伏诛，录其家，具籍所交诸公贵人，而江浙省臣为尤甚，惟元珪一无所污。

武宗即位，由金枢密院事拜枢密副使。诏元圭二十余人议政中书,若惜人力,严选举,节财用,定律令,谨赏罚,建科举,课农桑,汰冗员,易封赠,皆切于世务者。初,诏发军万人屯田称海以实边,海都之乱,被俘者众。至是,颇有来归者,饥寒不能存,至鬻子以活。元珪具其事以闻,诏赐钱赎之。帝在军中,即闻元珪名。至是,特加平章政事,赐白金二百五十两、只孙衣四袭。

仁宗即位,诏元珪与十六人议时政。皇庆元年,出拜江浙行省左丞。江淮漕臣言:"江南殷富,盖由多匿腴田,若再行检覆之法,当益田亩累万计。"元珪曰:"江南之平,几四十年,户有定籍,田有定亩,一有动摇,其害不细。"执其论固争,月余不能止,移疾去。延祐元年,拜甘肃行省左丞。岁余,召还,俾宣抚辽阳诸郡。复为枢密副使,召见嘉禧殿,帝曰:"卿先朝旧臣,宜在旧服。"特加荣禄大夫,赐钞五千缗、貂裘二袭。元珪奏曰:"昔世祖限田四百亩,以给军需,余田悉贡赋税。今经理江淮田土,第以增多为能,加以有司头会箕敛,俾元元之民,困苦日甚,臣恐变生不测,非国之福,惟陛下少加意焉。"帝曰:"凡尔军士之田,并遵旧制。"

至治元年,英宗即位,元珪与知枢密院事帖木儿不花上军民之政十余事,大抵言:诸王近侍,不可干军政;管军官吏,不可渔取军户;军官之材者,当迁其职;有司赋役,当务均一,而军民不可有所偏;军官袭职,惟传嫡嗣,而支庶不可有所乱。帝并嘉纳,即降旨施行之。元珪以年老致仕。至治二年,起商议中书省事。三年,卒。泰定元年,赠光禄大夫、河南等处行省平章政事、柱国,追封赵国公,谥忠简。三年,复加推诚佐理功臣、光禄大夫、司徒。

张升,字伯高。其先定州人,后徙平州。

升幼警敏过人,学语时,辄能辨字音,应对异于常儿。既长,力学,工文辞。至元二十九年,用荐者授将仕郎、翰林国史院编修官,预修《世祖实录》,升应奉翰林文字。寻升修撰,历兴文署令,迁太常博士。成宗崩,大臣承中旨,议奉徽号,飨宗庙。升曰:"在故典,凡有事于宗庙,必书嗣皇帝名,今将何书?"议遂寝。

　　武宗即位,议躬祀礼。升据经引古,参酌时宜以对,帝嘉纳之。至大初,改太常寺为太常礼仪院,即除升为判官。久之,外补知汝宁府。民有告寄束书于其家者,逾三年取阅,有禁书一编,且记里中大家姓名于上。升亟呼吏焚其书,曰:"妄言诬民,且再更赦矣,勿论。"同列惧,皆引起。既而事闻,廷议谓升脱奸轨,遣使穷问,卒无迹可指,乃诘以擅焚书状。升对曰:"事固类奸轨,然升备位郡守,为民父母,今斥诬诉,免冤滥,虽重得罪不避。"乃坐夺俸二月。旁郡移文报吴人侯君远者言:"岁直壬子六月朔日蚀,其占为兵寇。岁癸丑,其应在吴分野。"同列欲召属县为备御计,升曰:"此讹言,久当自息,毋用惑民听。"斥其无稽,众论韪之。部使者举治行为诸郡最。历江西行省左右司郎中,除绍兴路总管。

　　初,大德、至大间,越大饥,且疫疠,民死者殆半,赋税盐课责里代纳,吏并缘为奸,害富家,升为证于簿籍,白行省蠲之。前守有江浙行省参知政事者,争代者禄米,有隙,欲内之罪,移平江岁输海运粮布囊三万,俾绍兴制如数,民患苦之,不能堪。更数守,谓岁例如此,置弗问。升言:"麻非越土所生,海漕实吴郡事,于越无与。"章上,卒罢之。升既谨于绳吏,又果于去民瘼,故人心悦服。历湖北道廉访使、江南行台治书侍御史,召为参议中书省事,改枢密院判官,寻复中书参议。

　　至治二年,又出为河东道廉访使,未行,拜治书侍御史。明年,出为淮西道廉访使。泰定二年,拜陕西行省参知政事,加中奉大夫,寻迁辽东道廉访使。属永平大水,民多捐瘠,升请发海道粮十八万石、钞五万缗,以赈饥民,且蠲其岁赋,朝廷从之,民得全活者众。明年,召拜侍御史。

　　天历初,出为山东道廉访使,时方有警,有司请完城以为备。升曰:"民恃吾以生,完城是弃民也。"由是民皆安之。文宗赐尚酝之币,以赏其功。逾年,召为太禧院副使,兼奉赞神御殿事。除河南左丞,复迁淮西道廉访使。升时年六十有九,上书乞致仕。至顺二年,复起为集贤侍讲学士,文宗眷待之意甚隆。

元统元年，顺帝即位，首诏在廷耆艾，访问治道。升条上时所宜先者十事。寻兼经筵官。廷试进士，特命升读卷。事已，告省先墓。帝赐金织文袍，以宠其归。明年，以奎章阁大学士、资善大夫、知经筵事召，赐上尊，趣就职。升以疾辞，帝察其不可强，许之。寻命本郡月给禄半，以终其身。至正元年，卒，年八十一。赠资德大夫、河南等处行中书省左丞，谥文宪。

臧梦解，庆元人。宋末中进士第，未官而国亡。至元十三年，从其乡郡守将内附，授奉训大夫、婺州路军民人匠提举。未几，例革其所司，而浙东宣慰司举梦解才兼儒吏，可试州郡。朝廷是之，授息州知州，未行，改知海宁州。

时淮东按察副使王庆之按行至其州，见梦解刚直廉慎而学有渊奥，自任职以来，门无私谒，官署萧然，凡有差役，皆当其贫富，而吏无所预。于是民以户计者，新增七百六十有四，田以顷计者，新辟四百四十有三。桑柘榆柳，交荫境内，而政平讼简，为诸州县最。乃举梦解才德兼备，宜擢清要，以展所蕴。而御史台亦以其廉能，抗章荐之。

二十七年，梦解满去者至是已五年矣。属江阴饥，江浙行省委梦解赈之。梦解不为文具，皆躬至其地，而人给以米，所活四万五千余人。江南行台治书侍御史苟宗道闻而韪之，举其名上闻，除同知桂阳路总管府事。三十年，擢奉议大夫、广西肃政廉访副使。故事，烟瘴之地，行部者多不躬至，而梦解咸遍历焉。遂按问宾州、藤州两路达鲁花赤，与凡贪官奸吏，置于法者无虑八十余人。又平反邕州黄震被诬赃罪，及藤州唐氏妇被诬杀夫罪，凡两冤狱。

大德元年，迁江西肃政廉访副使。有临江路总管李偁，素狡狯，而又附大臣势，以控持省宪。梦解按其赃罪，而一道澄清。六年，迁浙东肃政廉访副使。九年，除广东肃政廉访使。梦解至是，既老且病，乃纳禄退居杭州，以亚中大夫、湖南宣慰副使致仕。后至元元年，卒。

梦解博学洽闻，为时名儒。然不少迂腐，而敏于政事，其操守尤为介特。所著书，有《周官考》三卷、《春秋微》一卷。梦解尝自号鲁山大夫，士之称之者，不以官，皆曰鲁山先生云。

同时有陆垕者，与梦解齐名。监察御史郑鹏南尝以二人并荐于朝。垕字仁重，江阴人也。自幼以孝友闻。至元间，丞相伯颜以师南下，垕是时年未冠，而志强气锐，率其乡人见之，论议有合，兵遂不涉其境，乡人义之。伯颜奏授为同知徽州路总管府事，以廉能擢置台宪。累迁至湖南肃政廉访副使，升浙西廉访使。所至以黜赃吏、洗冤狱为己任，且尝上章奏免儒役，及举行浙西助役法。年五十卒，赐谥庄简。

陈颢，字仲明。其先居卢龙，有名山者，仕金为谋克监军，太祖得之，以为平阳等路军民都元帅，子孙徙清州，遂为清州人。

颢幼颖悟，日记诵千百言。稍长，游京师，登翰林承旨王磐、安藏之门。磐熟金典章，安藏通诸国语，颢兼习之。安藏乃荐颢入宿卫，寻为仁宗潜邸说书。于是，仁宗奉母后出居怀庆，颢从行，日开陈以古圣贤居艰贞之道。

会成宗崩，仁宗入定内难，以迎武宗，颢皆预谋。及仁宗即位，以推戴旧勋，特拜集贤大学士、荣禄大夫，仍宿卫禁中，政事无不与闻。科举之行，颢赞助之力尤多。颢时伺帝燕间，辄取圣贤所载大经大法，有切治体者陈之，每见嘉纳。帝尝坐便殿，群臣入奏事，望见颢，喜曰："陈仲明在列，所奏必善事矣。"颢以父年老，力请归养清州，帝特命颢长子孝伯为知州以就养。颢固辞，乃以孝伯为州判官。帝欲用颢为中书平章政事，颢叩首谢曰："臣无汗马之功，又乏经济之略，一旦置之政途，徒速臣咎。臣愿得朝夕左右，献替可否，庶少裨万一，亦以全臣愚忠。"帝乃允。仁宗崩，辞禄家居者十年。

文宗即位，复起为集贤大学士。上疏劝帝大兴文治、增国子学弟子员、蠲儒之徭役，文宗皆嘉纳焉。颢先后居集贤，署荐士牍累数百。有讦之者,颢曰:"吾宁以谬举受罚,蔽贤诚所不忍。"顺帝元统初,颢扈跸行幸上都,至龙虎台。帝命造膝前,而握其手曰:"卿累朝老臣,更事多矣,凡议政事,宜极言无隐。"颢顿首谢不敏。颢每集议,其言无不剀切。后至元四年,致政,命食全俸于家。明年卒,年七十六。至正十四年,赠摅诚秉义佐理功臣、光禄大夫、河南江北等处行中书省平章政事、柱国,追封蓟国公,谥文忠。

颢出入禁闼数十年,乐谈人善,而恶闻人过。大夫士因其荐拔以至显列,有终身莫知所自者。是以结知人主,上下无有怨尤。欧阳玄为国子祭酒,与颢同考试国子伴读。每出一卷,颢必拾而观之,苟得其片言善,即以置选列,为之色喜。玄叹曰:"陈公之心,盖笃于仁而逾于厚者,真可使鄙夫宽、薄夫敦矣。"

次子敬伯,至正中仕为中书参知政事,历左丞、右丞,二十七年,拜中书平章政事。

元史卷一七八
列传第六五

梁曾　刘敏中　王约　王结
宋衜　张伯淳

梁曾,字贡文,燕人。祖守正,父德,皆以曾贵,赠安定郡公。

曾少好学,日记书数千言。中统四年,以翰林学士承旨王鹗荐,辟中书左三部令史。三转为中书省掾。至元十年,用累考及格,授云南诸路行省都事,佩银符。久之,升员外郎。十五年,转同知广南西道左右两江宣抚司事。明年,除知南阳府。唐、邓二属州为襄阳府所夺,曾按图经、稽国制以闻,事得复旧。南阳在宋末为边鄙,桑柘未成,而岁赋丝,民甚苦之。曾请折输布,民便之。

十七年,朝廷以安南世子陈日烜不就征,选曾使其国。召见,赐三珠金虎符、貂裘一袭,进兵部尚书,与礼部尚书柴椿偕行。至安南,语秘不传。明年,日烜遣其叔遗爱,奉表从曾入献方物。帝封遗爱为安南国王,赐币帛,遣归。二十一年,除曾湖南宣慰司副使。居三年,以疾去。

二十九年,改淮西宣慰司副使,复以亲老辞。召至京师,入见内殿,有旨令曾再使安南,授吏部尚书,赐三珠金虎符、袭衣、乘马、弓矢、器币,以礼部郎中陈孚为副。十二月,改授淮安路总管而行。

三十年正月,至安南。其国有三门:中曰阳明,左曰日新,右曰云会。陪臣郊迎,将由日新门入。曾大怒曰:"奉诏不由中门,是我辱君命也。"即回馆,既而请开云会门入,曾复执不可,始自阳明门迎诏入。又责日燇亲出迎诏，且讲新朝尚右之礼。以书往复者三次，具宣布天子威德，而风其君入朝。世子陈日燇大感服。三月，令其国相陶子奇等从曾诣阙请罪，并上万寿颂、金册表章、方物。而以黄金器币奇物遗曾为赆，曾不受，以还诸陶子奇。

八月，还京师，入见，进所与陈日燇往复议事书。帝大悦，解衣赐之，且令坐地上。右丞阿里意不然，帝怒曰："梁曾两使外国，以口舌息兵戈，尔何敢尔！"是日，有亲王至自和林。帝命酌酒，先赐曾，谓亲王曰："汝所办者汝事，梁曾所办，吾与汝之事，汝勿以为后也。"复于便殿赐酒馔，留宿禁中，语安南事，至二鼓方出。明日，陶子奇等见，诏陈其方物象、鹦鹉于庭，而命曾引所献象。曾以袖引之，象随曾转，如素驯者。复命引他象，亦然。帝以曾为福人，且问曰："汝亦惧否？"对曰："虽惧，君命不敢违。"帝称善。或谗曾受安南赂者，帝以问曾。曾对曰："安南以黄金器币奇物遗臣，臣不受，以属陶子奇矣。"帝曰："苟受之，何不可也。"寻赐白金一锭、金币二，敕中书以使安南三珠金虎符与之。仍乘传之任淮安。到官，兴学校，厉风俗，河南行省事有疑者，皆委曾议之。

大德元年，除杭州路总管，户口复者五万二千四百户。请禁莫夜鞠囚、游街、酷刑，朝廷是之，著为令。四年，丁内艰。先是，丁忧之制未行，曾上言请如礼。七年，除潭州路总管，以未终制，不赴。明年，迁两浙都转运盐使。又明年，拜云南行省参知政事，赐三珠金虎符。寻召还京，辞以母丧未葬，扶柩北归，至长芦，有旨赐钞一百锭，使营葬。十年，召为中书参议，尝预燕，赐只孙一袭。十一年，转正奉大夫、出为河南行省参知政事。寻迁湖广行省参知政事。四年，以疾辞归。敕赐药物，存问备至。

皇庆元年，仁宗以曾前朝旧臣，特授昭文馆大学士、资德大夫。累章乞致仕，不允，复起为集贤侍讲学士。国有大政，必命曾与诸老议之。延祐元年，奉诏代礼中岳等神。还至汴梁，以病不复职，寓居淮南，杜门不通宾客，惟日以书史自娱。至治二年卒，年八十一。卒之前十日，有大星陨于所居，流光烛地，人皆异之。

刘敏中,字端甫,济南章丘人。幼卓异不凡。年十三,语其父景石曰:"昔贤足于学而不求知,丰于功而不自炫,此后人所弗逮也。"父奇之。乡先生杜仁杰爱其文,亟称之。敏中尝与同侪各言其志,曰:"自幼至老,相见而无愧色,乃吾志也。"

至元十一年,由中书掾擢兵部主事,拜监察御史。权臣桑哥秉政,敏中劾其奸邪,不报,遂辞职归其乡。既而起为御史台都事。时同官王约以言去,敏中杜门称疾。台臣请视事,敏中曰:"使约无罪而被劾,吾固不当出,诚有罪邪,则我既为同僚,又为交友,不能谏止,亦不无过也。"出为燕南肃政廉访副使,入为国子司业,迁翰林直学士,兼国子祭酒。

大德七年,诏遣宣抚使巡行诸道,敏中出使辽东、山北诸郡,守令恃贵幸暴横者,一绳以法。锦州雨水为灾,辄发廪赈之。除东平路总管,擢陕西行台治书侍御史。九年,召为集贤学士,商议中书省事。上疏陈十事,曰:整朝纲,省庶政,进善良,剔奸蠹,显公道,杜私门,广恩泽,实钞法,严武备,举封赠。成宗崩,奸臣希中旨,赞其邪谋,敏中援礼力争之。

武宗即位,召敏中至上京,庶政多所更定,授集贤学士、皇太子赞善,仍商议中书省事,赐金币有加。顷之,拜河南行省参知政事,俄改治书侍御史。出为淮西肃政廉访使。转山东宣慰使,遂召为翰林学士承旨。诏公卿集议弭灾之道,敏中疏列七事,帝嘉纳焉。以疾还乡里。

敏中平生,身不怀币,口不论钱,义不苟进,进必有所匡救,援据今古,雍容不迫。每以时事为忧,或郁而弗伸,则戚形于色,中夜叹息,至泪湿枕席。为文辞,理备辞明,有《中庵集》二十五卷。延祐五年卒,年七十六。赠光禄大夫、柱国,追封齐国公,谥文简。

王约,字彦博。其先汴人,祖通,北徙真定。约性颖悟,风格不凡。从中丞魏初游,博览经史,工文辞,务达国体,时好不以动其心。

至元十三年，翰林学士王磐荐为从事，承旨火鲁火孙以司徒开府，奏授从仕郎、翰林国史院编修官，兼司徒府掾。既而辟掾中书，除礼部主事。

二十四年，拜监察御史，授承务郎，首请建储及修史事。时丞相桑哥衔参政郭佑为中丞时奏诛右丞卢世荣等，故诬以他罪，约上章直佑冤。按治成都盐运使王鼎不法，罢官除名。转御史台都事。南台侍御史程文海入言事，多斥桑哥罪。桑哥怒，又以约与之表裹，六奏杀之，上不从。约以陇西地远，请立行台陕西，诏从之。出赈河间饥民，均核有方，全活甚众。

三十一年，迁中书右司员外郎。四月，成宗即位，言二十二事，曰：实京师，放差税，开猎禁，蠲逋负，赈穷独，停冗役，禁鹰房，振风宪，除宿蠹，慰远方，却贡献，询利病，利农民，励学校，言义仓，核税户，重名爵，明赏罚，择守令，汰官属，定律令，革两司。又请中书去繁文，一取信于行省，一责成于六部。调兵部郎中，改礼部郎中。请行赠谥之典以旌忠勋，付时政记于史馆以备纂录，立供需府以专供亿，皆从而行之。拜翰林直学士、知制诰同修国史。奉诏赈京畿东道饥民，发米五十万石，所活五十余万人。因条疏京东利病十事，请发米续赈之。中书用其言，民获以苏。

高丽王昛年老，传国子谞。有不安其政者，飞谗离间，及谞朝京师，潜使人赂用事者，留谞不遣。昛复位，乃委用小人，厚敛淫刑，国人群诉于朝。中书令执其首恶，系刑部，其党复不悛，奏属约验问。约至，宣布明诏，而谕之曰：“天地间至亲者父子，至重者君臣。彼小人知自利，宁肯为汝家国地邪！”昛感泣，谢曰：“臣年耄，听信憸邪，是以致此，今闻命矣。愿奉表自雪，且请子谞还国，其小人党与，悉听使者治。”翼日，约逮捕覆按其罪，流二十二人，杖三人，黜有官者二人。命故臣洪子藩为相，俾更弊政，罢非道水驿十三，免耽罗贡非土产物，东民大喜。还报，称旨，除太常少卿。

寻诏约同宗正、御史虑狱京师，约辞职在清庙，帝不允。乃阅诸狱，决二百六十六人，当死者七十二人，释无罪者八十六人，平反吴得诚冤,嫁良家入倡女十人,杖流元旦带刀阑入殿庭者八十人。因议斗殴杀人者宜减死一等,著为令。又以浙民于行省、南台互讼不决,命约讯之。约至杭,二十日而理,省、台无异辞。特拜刑部尚书,以录前功。

大德十一年,仁宗至自怀州,肃清宫禁,以平章赛典赤、安西王阿难答与左丞相阿忽台潜谋为变,命刑曹按责其状。约曰:"在法,谋逆不必搒掠,竟当伏诛。"由是结知仁宗。富宁库失金,约疑番直宿卫者盗之。未几,果得实,库官吏获免。监察御史言通州仓米三万石,因雨而湿。约谓必积气所蒸,验且堪用,释守者罪。宗王兄弟二人守边,兄阴有异志,弟谏不听,即上马驰去。兄遣奴挟弓矢追之,弟发矢毙其奴。兄诉囚其弟,狱当死。约虑囚曰:"兄之奴,即弟之奴,况杀之有故。"立释之。迁礼部尚书,请定丁忧之制,申旌表之恩,免都城煤炭之征,皆从之。

京民王氏,仕江南而殁,有遗腹子,其女育之,年十六,乃诉其姊匿赀若干,有司责之急。约视其牍,曰:"无父之子,育之成人,且不绝王氏祀,姊之恩居多。诚利其赀,宁育之至今日耶!"改前议而斥之。柴氏初无子,命张氏子后,既得己子,张出为僧,柴之子又殁,僧乃讼家产,诏约诘之。约问曰:"汝出家,既分承汝师衣钵,又何为得柴氏业乎?"僧不能答,遂归柴氏应后者。

至大二年正月,上武宗尊号,及册皇后,凡典礼仪注,约悉总之如制。仁宗在东宫,雅知约名,思用以自辅,擢太子詹事丞。从幸五台山,约谏不可久留,即日还上京。初,安西王封于秦,既以谋逆诛,国除,版赋入詹事院。至是,大臣奏请封其子,复国。仁宗以问。约曰:"安西以何罪诛?今复之,何以惩将来!"议遂寝。明年,进太子副詹事。约抗章谏节饮,辞意恳切,仁宗嘉纳焉。

承制立左卫率府,统侍卫军万人,同列欲署军官,约持不可,众难之曰:"东宫非枢密使耶?"约曰:"詹事,东宫官也,预枢密事可乎?"仁宗复召问约,对曰:"皇太子事,不敢不为;天子事,不敢为。"仁宗悟,竟罢议。同列复传命增立右卫率府,取河南蒙古军万人统之。约屏人语曰："左卫率府,旧制有之,今置右府何为? 诸公宜深思之,不可累储宫也。"又命取安西兵器,给宿卫士。约谓詹事完泽曰："詹事移文数千里取兵器,人必惊疑。主上闻之,奈何?"完泽色惭曰："实虑不及此。"又命福建取绣工童男女六人。约言曰："福建去京师六七千里,使人父子兄弟相离,有司承风动扰,岂美事耶!"仁宗止之,称善再三。家令薛居敬上言陕西分地五事,因被命往理之,约不为署行,语之曰:"太子,潜龙也。当勿用之时,为飞龙之事可乎?"遂止。荐翰林学士李谦为太子少傅,请立故丞相淮安忠武王伯颜祠于杭,皆从之。

仁宗以詹事院诸事循轨,大喜,面赐犀带,力辞。又赐江南所取书籍,亦辞。仁宗常字而不名,谕群臣曰:"事未经王彦博议者,勿启。"又谓中丞朵儞曰:"在詹事而不求赐予者,惟彦博与汝二人耳。"一日,仁宗西园观角觝戏,有旨取缯帛赐之。约入,遥见问曰:"汝何为来?"仁宗遽止之。又欲观俳戏,事已集而约至,即命罢去,其见敬礼如此。

四年三月,仁宗正位宸极,欲用阴阳家言,即位光天殿,即东宫也。约言于太保曲枢曰:"正名定分,当御大内。"太保入奏,遂即位于大明殿。中书奏约陕西行省参知政事,帝大怒,特拜河南行省右丞。约陛辞,帝赐卮酒及弓矢。

先是,至大间尚书省用建言者,冒献河、汴官民地为无主,奏立田粮府,岁输数万石。是岁,诏罢之,窜建言人于海外,命河南行省复其旧业,行省方并缘为奸,田犹未给。约至,立期檄郡县,厘正如诏。会诏更铜钱银钞法,且令天下税尽收至大钞。约度河南岁用钞七万锭,必致上供不给,乃下诸州,凡至大、至元钞相半。众以方诏命为言,约曰:"吾岂不知,第岁终诸事不集,责亦匪轻。"丞相卜怜吉台赞之曰:"善。"遣使白中书,省臣大悦,遂遍行天下。南阳学术鲁翀以书谒约,大奇之,即署为郡学正。既又荐之中书,擢翰林国史院编修官。

皇庆改元元日,诏中书省曰:"汴省王右丞可即召之。"约以三

月一日至，召见，慰劳，特拜集贤大学士，推恩三世，赠谥树碑。约首
奏："河南行省丞相卜怜吉台，勋阀旧臣，不宜久外。"召至，封河南
王。约又建议行封赠、禁服色、兴科举。皆著为令甲。上疏荐国子
博士姚登孙、应奉翰文字揭傒斯、成都儒士杨静，请起复中山知府
致仕辅惟良、前尚书参议李源、左司员外郎曹元用，皆除擢有差。辩
奏故左丞窦履有遗腹子弃外，宜收养归宗，为窦氏后。

延祐二年，丞相帖木迭儿专政，奏遣大臣分道奉使宣抚，命约
巡行燕南山东道。约至卫辉，有殴母置狱者，其母泣诉，言老妾惟此
一息，死则一门绝矣。约原其情，杖一百而遣之。冠州民有兄讦其
弟厌诅者，谳之，则曰："我求嗣也。"索《授时历》验其日良信，乃立
纵之使还。拜枢密副使，视事。明日召见赐酒，帝谓左右曰："人言
彦博老病，朕今见之，精力尚强，可堪大任也。"是夕，知院驸马塔失
帖木儿宿卫，帝戒之曰："彦博非汝友，宜师事之。"

至治元年，英宗即位，帖木迭儿复相，约辞职不出。二年，以年
七十致仕。三年，丞相拜住一新政务，尊礼老臣，传诏起约，复拜集
贤大学士，商议中书省事，以其禄居家，每日一至中书省议事，至治
之政，多所参酌。又尝奉诏与中书省官及他旧臣，条定国初以来律
令，名曰《大元通制》，颁行天下。朝廷议罢征东省，立三韩省，制式
如他省，诏下中书杂议。约对曰："高丽去京师四千里，地瘠民贫，夷
俗杂尚，非中原比。万一梗化，疲力治之，非幸事也。不如守祖宗旧
制。"丞相称善，奏罢议不行。高丽人闻之，图公像归，祠而事之，曰：
"不绝国祀者，王公也。"泰定元年，奉诏廷策天下士，第八剌、张益
等八十五人。始增乙科员额至一十五人。

天历元年，文宗践祚，约入贺，赐宴大明殿，帝劳问甚欢。时年
七十有七，平居襟度和粹，谦抑自持，后进谒见，必加礼貌。俸禄所
入，布散姻族，外及贫士。从父居贫，月奉钱米，馈肴膳，事之如父。
岁时朔望，携子姓至先茔，展拜怀恋，谨时祭及五祀，动稽古礼，邦
人以为矜式。至顺四年二月己酉，卒，年八十二。皇太后闻之嗟悼，
以尚酝二尊，遣徽政院臣临吊致奠，敕中书省以下赙赠有差。是月

庚申,葬城西冈子原。

约平生著作,有《史论》三十卷、《高丽志》四卷、《潜丘藁》三十卷,行于世。子思诚,奉议大夫、秘书监著作郎。

王结,字仪伯,易州定兴人。祖逊勤,以质子军从太祖西征,娶阿鲁浑氏,自西域徙戍秦陇,又徙中山,家焉。

结生而聪颖,读书数行俱下,终身不忘。尝从太史董朴受经,深于性命道德之蕴,故其措之事业,见之文章,皆悉有所本。宪使王仁见之,曰:"公辅器也。"年二十余,游京师,上执政书,陈时政八事,曰:立经筵以养君德,行仁政以结民心,育英材以备贡举,择守令以正铨衡,敬贤士以厉名节,革冗官以正职制,辨章程以定民志,务农桑以厚民生。其言剀切纯正,皆治国之大经大法,宰相不能尽用之。

时仁宗在潜邸,或荐结充宿卫,乃集历代君臣行事善恶可为鉴戒者,日陈于前,仁宗嘉纳焉。武宗即位,以仁宗为皇太子。大德十一年,命置东宫官属,以结为典牧太监,阶太中大夫。近侍以俳优进,结言:"昔唐庄宗好此,卒致祸败。殿下方育德春宫,视听宜谨。"仁宗优纳之。

仁宗即位,迁集贤直学士。出为顺德路总管,教民务农兴学、孝亲弟长、戢奸禁暴,悉登于书,俾朝夕阅习之。属邑巨鹿沙河有唐魏征、宋璟墓,乃祠二公于学,表其言论风旨,以厉多士。迁扬州,又迁宁国,以从弟绅佥江东廉访司事,辞不赴。改东昌路,境有黄河故道,而会通堤遏其下流,夏月潦水,坏民麦禾。结疏为斗门以泄之,民获耕治之利。

至治二年,参议中书省事。时拜柱为丞相,结言:"为相之道,当正己以正君,正君以正天下。除恶不可犹豫,犹豫恐生它变。服用不可奢僭,奢僭则害及于身。"丞相是其言。未几,除吏部尚书,荐名士宋本、韩镛等十余人。

泰定元年春,廷试进士,以结充读卷官。迁集贤侍读学士、中奉大夫,会有月食、地震、烈风之异。结昌言于朝曰:"今朝廷君子小人混淆,刑政不明,官赏太滥,故阴阳错谬。咎征荐臻,宜修政事,以弭天变。"是岁,诏结知经筵,扈从上都。结援引古训,证时政之失,冀帝有所感悟。中宫闻之,亦召结等进讲,结以故事辞。明年,除浙西廉访使,中途以疾还。岁余,拜辽阳行省参知政事。辽东大水,谷价翔涌,结请于朝,发粟数万石,以赈饥民。召拜刑部尚书。

天历元年,文宗即位,拜陕西行省参知政事,改同知储庆司事。二年,拜中书参知政事,入谢光天殿,以亲老辞,帝曰:"忠孝能两全乎?"是时,迎立明宗于朔方。明宗命文宗居皇太子位,于是遣大臣奉宝北迓。近侍有求除拜赏赍者,结曰:"俟天子至议之。"初,上都之变,失皇太子宝,更铸新宝,近侍请视旧制宜加大。结曰:"此宝当传储嗣,不敢逾旧制也。"或致人于死而籍其妻孥赀产者,结复论之。近侍益怒,潛诋日甚,遂罢政。又命为集贤侍读学士,丁内艰,不起。

元统元年,复除浙西廉访使,未行,召拜翰林学士、资善大夫、知制诰同修国史,与张起岩、欧阳玄修泰定、天历两朝实录。拜中书左丞。中宫命僧尼于慈福殿作佛事,已而殿灾。结言僧尼亵渎,当坐罪。左丞相疾革,家人请释重囚禳之,结极陈其不可。先时,有罪者北人则徙广海,南人则徙辽东,去家万里,往往道死。结请更其法,移乡者止千里外,改过听还其乡,因著为令。职官坐罪者,多从重科,结曰:"古者,刑不上大夫,今贪墨虽多,然士之廉耻,不可以不养也。"闻者谓其得体。至元元年,诏复入翰林,养疾不能应诏。二年正月二十八日卒,年六十有二。

结立言制行,皆法古人。故相张珪曰:"王结非圣贤之书不读,非仁义之言不谈。"识者以为名言。晚邃于《易》,著《易说》一卷,临川吴澄读而善之。及卒,公卿唁于朝,士大夫吊于家,曰:"正人亡矣。"四年五月,诏赠资政大夫、河南江北等处行中书省右丞、护军,追封太原郡公,谥文忠。有诗文十五卷,行于世。

宋衟,字弘道,潞州长子人,金兵部员外郎元吉之孙。衟记诵,年十七,避地襄阳,已而北归,屏居河内者十有五年。赵璧经略河南,闻其名,礼聘之。中统三年,擢翰林修撰。李璮畔,璧行中书省事于济南,至元五年,大兵守襄阳,璧行元帅府事,衟皆从焉,军事多所咨访。六年,高丽权臣林衍废其国王,而立其弟温,诏遣国王头辇哥暨璧将兵讨之,以衟为行省员外郎,持诏徙江华岛居民于平壤。复命,慰劳良厚,仍赐衣段,授河南路总管府判官,不赴。

十三年,入为太常少卿,属省官制行,兼领籍田署事。十六年,太子以耆德召见,应对详雅,大惬睿旨,自是数蒙召问,侍讲经幄,开谕为多。十八年,除秘书监。十九年,江西分地当署郡邑守令,皆命衟铨举。二十年,初立詹事院,首命衟为太子宾客。每燕见,优赐容接,多所锡赉。二十三年卒,有《秬山集》十卷行于世。

张伯淳,字师道,杭州州崇德人。少举童子科,以父任铨受迪功郎、准阴尉,改扬州司户参军。寻举进士,监临安府都税院,升观察推官,除太学录。入本朝,至元二十三年,授杭州路儒学教授,迁浙东道按察司知事。

二十八年,擢为福建廉访司知事。岁余,有荐伯淳于帝前者,遣使召问。明年,入见,帝问冗员、风宪、盐策、楮币,皆当时大议,所对悉称旨。命至政事堂,将重用之,固辞。遂授翰林直学士,进阶奉训大夫,谒告以归。授庆元路总管府治中,行省檄按疑狱衢、秀,皆得其情。大德四年,即家拜翰林侍讲学士。明年,造朝,扈从上都。又明年,卒。有文集若干卷,藏于家。

元史卷一七九
列传第六六

贺胜　杨朵儿只 _{不花}
萧拜住

　　贺胜,仁杰子也,字贞卿,一字举安。小字伯颜,以小字行。尝
从许衡学,通经传大义。年十六,入宿卫,凝重寡言。世祖甚器重之,
大臣有密奏,辄屏左右,独留胜,许听之。出则参乘舆,入则侍帷幄,
非休沐,不得至家。

　　至元二十四年,乃颜叛,帝亲征,胜直武帐中,虽亲王不得辄
至。胜传旨饬诸将,诘旦合战,还侍帝侧,矢交帐前,胜立侍不动。乃
颜既败,帝还都,乘舆夜行,足苦寒,胜解衣,以身温之。帝一日猎
还,胜参乘,伶人蒙采氍作狮子舞以迎驾,舆象惊,奔逸不可制,胜
投身当象前,后至者断靷纵象,乘舆乃安。胜退,创甚,帝亲抚之,遣
尚医、尚食视护。拜集贤学士,领太史院事,诏赐一品服。卢世荣、
桑哥秉政,势焰熏灼,胜父仁杰,留守上都,不肯为之下。桑哥欲阴
中之,累数十奏,帝皆不听。

　　至元二十八年,桑哥败,罢尚书省,政归中书。帝问谁可相者,
胜对曰:“天下公论,皆属完泽。”遂相完泽,而以胜参知政事。三十
年,金枢密院事,迁大都护。

　　大德九年,胜父仁杰请老,以胜代为上都留守,兼本路都总管、
开平府尹,虎贲亲军都指挥使。既至,通商贾,抑豪纵,出纳有法,裁
量有度,供亿不匮,民赖以安。诸权贵子弟奴隶有暴横骄纵者,悉绳

以法。

至大三年,进光禄大夫、左丞相,行上都留守,兼本路总管府达鲁花赤。寻又加开府仪同三司、上柱国。奉圣州民高氏,籍虎贲,以赀雄乡里,身死子幼。有达官利其财,使其部曲强娶高氏妇。胜白帝,斥之,高氏以全。岁大饥,辄发仓廪赈民,乃自劾待罪。帝报曰:"祖宗以上都之民付卿父子,欲安之也。卿能如此,朕复何忧,卿其视事。"民德之,为立祠上都西门外。帝闻之,复命工写其像以赐,俾传示子孙。未几,以足疾请老,不许,曰:"卿卧护足矣。"赐小车出入禁闼。

初,开平人张弼,家富。弼死,其奴索钱民家,弗得,殴负钱者至死。有治其狱者,教奴引弼子,并下之狱。丞相铁木迭儿受其赂六万缗,终不为直。胜素恶铁木迭儿贪暴,居同巷,不与往来。闻弼事,以语御史中丞杨朵儿只。杨朵儿只以语监察御史玉龙帖木儿、徐元素。遂劾奏丞相,逮治其左右,得所赂事实以闻。帝亦素恶铁木迭儿,欲诛之。铁木迭儿走匿太后宫中,太后为言,仅夺其印绶而罢之。及英宗即位,在谅闇中,铁木迭儿遂复出据相位,乃执杨朵儿只及中书平章政事萧拜住,同日戮于市。且复诬胜乘赐车迎诏,不敬,并杀之。胜死之日,百姓争持纸钱,哭于尸傍甚哀。泰定初,诏雪其冤,赠推忠宣力保德功臣、太傅、开府仪同三司、上柱国,追封秦国公,谥惠愍。至正三年,加赠推忠亮节同德翊戴功臣、太师、开府仪同三司、上柱国,追封泾阳王,改谥忠宣。

子二人:惟一,开府仪同三司、中书左丞相、监修国史;惟贤,太中大夫、同知上都留守司事。孙均,太子詹事。

杨朵儿只,河西宁夏人。少孤,与其兄皆幼,即知自立,语言仪度如成人。事仁宗于藩邸,甚见倚重。大德丁未,从迁怀孟。仁宗闻朝廷有变,将北还,命朵儿只与李孟先之京师,与右丞相哈剌哈孙定议,迎武宗于北藩。仁宗还京师,朵儿只讥察禁卫,密致警备,仁宗嘉赖焉,亲解所服带以赐。既佐定内难,仁宗居东宫,论功以为太中大夫、家令丞,日夕侍侧,虽休沐不至家,众敬惮之。会兄卒,涕泣不胜哀,仁宗怜之,存问优厚。事寡嫂有礼,待兄子不异己子,家人化之。进正奉大夫、延庆使。武宗闻其贤,召见之,仁宗曰:"此人诚可任大事,然刚直寡合。"武宗顾视之,曰:"然。"

仁宗始总大政,执误国者,将尽按诛之。朵儿只曰:"为政而尚杀,非帝王治也。"帝感其言,特诛其尤者,民大悦服。帝他日与中书平章李孟论元从人材,孟以朵儿只为第一,帝然之,拜礼部尚书。初,尚书省改作至大银钞,视中统一当其二十五,又铸铜为至大钱,至是议罢之。朵儿只曰:"法有便否,不当视立法之人为废置。银钞固当废,铜钱与楮币相权而用之,昔之道也。国无弃宝,民无失利,钱未可遽废也。"言虽不尽用,时论是之。迁宣徽副使,御史请迁为台官,帝以宣徽膳用,素不会计,特以委之,未之许也。

有言近臣受贿者,帝怒其非所当言,将诛之。时张珪为御史中丞,叩头谏,不听。朵儿只言于帝曰:"诛告者,失刑;违谏者,失谊。世无诤臣久矣。张珪真中丞也。"帝喜,竟用圭言。拜朵儿只为侍御史。帝宴间时,群臣侍坐者,或言笑逾度,帝见其正色,为之改容。有犯法者,虽贵幸无所容贷。怨者因共谮之,帝知之深,谮不得行。拜资德大夫、御史中丞。中书平章政事张闾以妻病,谒告归江南,夺民河渡地,朵儿只以失大体,劾罢之。江东、西奉使斡来不称职,权臣匿其奸,冀不问,朵儿只劾而杖之,斡来愧死。

御史纳璘言事忤旨,帝怒叵测。朵儿只救之,一日至八九奏,曰:"臣非爱纳璘,诚不愿陛下有杀御史之名。"帝曰:"为卿,宥之。可左迁为昌平令。"昌平,畿内剧县,欲以是困纳璘。朵儿只又言曰:"以御史宰京邑,无不可者。但以言事而得左迁,恐后之来者,用是为戒,不肯复言矣。"帝不允。后数日,帝读《贞观政要》,朵儿只侍侧,帝顾谓曰:"魏征,古之遗直也,朕安得用之?"对曰:"直由太宗,太宗不听,征虽直,将焉用之!"帝笑曰:"卿意在纳璘耶?当赦之,以成尔直名也。"

有上书论朝政阙失,面触宰相,宰相怒,将取旨杀之。朵儿只

曰："诏书云:言虽不当,无罪。今若此,何以示信天下。果诛之,臣
亦负其职矣。"帝悟,释之。于是特加昭文馆大学士、荣禄大夫,以奖
其直言。时位一品者,多乘间邀王爵、赠先世。或谓朵儿只眷倚方
重,苟言之,当可得也。朵儿只曰:"家世寒微,幸际遇至此,已惧弗
称,尚敢求多乎。且我为之,何以风厉侥幸者!"迁中政使。未几,复
为中丞,迁集贤大学士,为权臣铁木迭儿所害而死,年四十二。

初,武宗崩,皇太后在兴圣宫,铁木迭儿为丞相,逾月,仁宗即
位,因遂相之。居两岁,得罪斥罢,更自结徽政院近臣,复再入相,恃
势贪虐,凶秽愈甚,中外切齿,群臣不知所为。御史中丞萧拜住拜中
书右丞,又拜平章政事,稍牵制之。

朵儿只自侍御史拜御史中丞,慨然以纠正其罪为己任。上都富
民张弼杀人系狱,铁木迭儿使大奴胁留守贺伯颜出之,及强以他奸
利事,不能得。一日,坐都堂,盛怒,以官事召留守,将罪之。留守昌
言:"大奴所干非法,不敢从。他实无罪。"铁木迭儿语讪,得解去。朵
儿只廉得其所受弼赃钜万万,大奴犹数千,使御史徐元素按得实,
入奏。而御史亦辇真,又发其私罪二十余事。帝震怒,有诏逮问,铁
木迭儿逃匿。帝为不御酒数日以待决狱,尽诛其大奴同恶数人。铁
木迭儿终不能得,朵儿只持之急。徽政近臣以太后旨,召朵儿只至
宫门,责以违旨意者。对曰:"待罪御史,奉行祖宗法,必得罪人,非
敢违太后旨也。"帝仁孝,恐诚出太后意,不忍重伤咈之,但罢其相
位,而迁朵儿只为集贤学士。帝犹数以台事问之,对曰:"非臣职事,
臣不敢与闻。所念者,铁木迭儿虽去君侧,反得为东宫师傅,在太子
左右,恐售其奸,则祸有不可胜言者。"

仁宗崩,英宗犹在东宫,铁木迭儿复相,乃宣太后旨,召萧拜
住、朵儿只至徽政院,与徽政使失里门、御史大夫秃忒哈杂问之,责
以前违太后旨之罪。朵儿只曰:"中丞之职,恨不即斩汝以谢天下。
果违太后旨,汝岂有今日耶!"铁木迭儿又引同时为御史者二人,证
成其狱。朵儿只顾二人唾之曰:"汝等尝备风宪,乃为是犬彘事
耶!"坐者皆惭俯首,即起入奏。未几,称旨执朵儿只载诸国门之外,

与萧拜住俱见杀。是日,风沙晦冥,都人恫惧,道路相视以目。

英宗即位,诏书遂加以诬罔大臣之罪。铁木迭儿权势既成,毫发之怨,无不报者。太后惊悔,而帝亦觉其所谮毁者皆先帝旧臣,未及论治,而铁木迭儿以病死。会有天灾,求直言,会议廷中,集贤大学士张珪、中书参议回回,皆称萧、杨等死甚冤,是致不雨。闻者失色,言终不得达。及珪拜平章,即告丞相拜住曰:"赏罚不当,枉抑不伸,不可以为治。若萧、杨等冤,何可不亟昭雪也!"丞相善之,遂请于帝,诏昭雪其冤,特赠思顺佐理功臣、金紫光禄大夫、司徒、上柱国、夏国公,谥襄愍。朵儿只死时,权臣欲夺其妻刘氏与人。刘氏剪发毁容以自誓,乃免。子不花。

不花,幼有才气,能以礼自持,好读书,善书。初,仁宗闻而召之,应对称旨,欲以为翰林直学士,力辞。后遭家难,益自励节为学,以荫补武备司提点。转金河东廉访司事。尝出按部民,有杀子以诬怨者,狱成。不花谳之曰:"以十岁儿受十一创,且彼以斧杀怨,必尽其力,何创痕之浅,反不入肤耶!"遂得其情,平反出之。河东民饥,先捐己赀以赈,请未得命,即发公廪继之,民遂赖不死。

天历初,文宗入继大统,除通政院判。将行,值陕西诸军拒诏,郡邑守吏,率民逃之。不花独率众出御,呼西人谕之曰:"民者,祖宗艰难所致,国家大事,何与于民。汝等既昧逆顺,又欲残此无辜,吾有为民死尔,不汝从也。"阵溃,遂见杀。二仆亦见执,曰:"吾主既为国死,吾纵为人奴,今苟得生,他日何以见吾主于地下,不若死从吾主。"欲起杀仇,仇要斩之。至顺二年,赠嘉议大夫、礼部尚书,以褒其忠。

萧拜住,契丹石抹氏也。

曾祖丑奴,有膂力,善骑射,识见明敏,仕金为古北口屯戍千户。岁庚午,国兵南下,金将招灯必舍遁。丑奴于暮夜,潜领兵三千人力战,不克,矢中其胸,遂开关,遣使纳降。太祖命丑奴袭招灯必舍,追及平、滦,降之。因攻取平、滦、檀、顺、深、冀等州,及昌平红螺、平顶诸寨,又两败金兵于邦君甸,授檀州军民元帅。太祖方西征,丑奴驿送竹箭弓弩弦各一万,擢檀顺昌平万户,仍管打捕鹰房人匠。卒于官,后追封顺国公,谥忠毅。

弟老瓦,始以杨城渔寨来降,为丑奴弟充质子,多立战功,袭檀州节度使。言安以水栅未下,阴诱汤河川人叛去,老瓦追之不克,死焉。

丑奴子青山,中统元年袭万户。至元十一年,从丞相伯颜平宋。还,授湖北提刑按察使。追封顺国公,谥武定。

青山子哈剌帖木儿,少事裕宗于东宫,典宿卫,仕为檀州知州。追封顺国公,谥康惠。

拜住,乃哈剌帖木儿之子也。尝从成宗北征,特授檀州知州。入为礼部郎中,擢同知大都路总管府事。出知中山府,以忧去官。属仁宗过中山,有同官者谮于近侍曰:"知府去官,实惮迎候烦劳耳。"帝颔之,适行田野间,见老妪问之曰:"府中官孰贤?"妪对曰:"有萧知府,余不知也。"复过神祠,有数老人焚香罗拜,遣问之曰:"汝辈何所祷?"合辞对曰:"萧知府奔丧还,欲速其来,是以祷也。"帝意遂释。

武宗即位,起复为中书左司郎中。出为河间路总管。召为右卫率使,迁户部尚书,遂拜御史中丞。皇庆元年,迁陕西行中书省右丞。延祐三年,进中书平章政事,除典瑞院使,超授银青荣禄大夫、崇祥院使。

英宗即位之十有九日,右丞相铁木迭儿怨拜住在省中牵制其所为,又发其奸赃、专制等事,遂请依皇太后旨,并前御史中丞杨朵儿只皆杀之。帝曰:"人命至重,刑杀非轻,不宜仓卒。二人罪状未明,当白太后,使详谳之,若果无冤,诛之未晚。"竟杀之,并籍其家,语见杨朵儿只及铁木迭儿传。泰定间,赠守正佐治功臣、太保、仪同三司、柱国,追封蓟国公,谥忠愍。拜住之死,有吴仲者,潜守其尸,三日不去,竟收葬之。

元史卷一八〇
列传第六七

耶律希亮　赵世延　孔思晦

　　耶律希亮,字明甫。楚材之孙,铸之子也。初,六皇后命以赤帖吉氏归铸,生希亮于和林南之凉楼,曰秃忽思,六皇后遂以其地名之。宪宗尝遣铸核钱粮于燕,铸曰:"臣先世皆读儒书,儒生俱在中土,愿携诸子至燕受业。"宪宗从之,乃命希亮师事北平赵衍。时方九岁,未浃旬,已能赋诗。岁丙辰,宪宗召铸还和林,希亮独留燕。岁戊午,宪宗在六盘山,希亮诣行在所。已而铸扈从南伐,希亮亦在行。明年,宪宗崩于蜀,希亮将辎重北归陕右。

　　又明年,为中统元年,世祖即位,阿里不哥反,遣使召主将浑都海。铸说浑都海等入朝,皆不从,则弃其妻子挺身来归。

　　既而浑都海知铸去,怒,遣百骑追之不及。乃使百人监视希亮母子,追胁使从行,自灵武过应吉里城,至西凉甘州。阿里不哥遣大将阿蓝答儿自和林帅师至焉支山,希亮见之。阿蓝答儿问:"而父安在?"希亮曰:"不知,与吾父同任事者宜知之。"浑都海怒,诉曰:"我焉得知之,其父今亡命东见皇帝矣!"希亮曰:"若然,则何谓不知!"阿蓝答儿熟视浑都海曰:"此言深有意焉。"诘希亮甚急,希亮曰:"使吾知之,亦从而去,安得独留!"阿蓝答儿以为实,免其监莅。

　　既而阿蓝答儿、浑都海为大兵所杀,其残卒北走,众推哈剌不花为帅。希亮潜匿甘州北黑水东沙陀中。殿兵已过十余里,有寻马者适至,老婢漏言,众奄至,驱至肃州。哈剌不花与铸有婚姻之好,又哈剌不花在蜀时,尝疾病,铸召医视之,遗以酒食,因释希亮缚,谓曰:"我受恩于汝父,此图报之秋也。"及抵沙州北川,希亮与兄弟徒步负任,不火食者数日。是冬,涉雪逾天山,至北庭都护府。二年,至昌八里城。夏,逾马纳思河,抵叶密里城,乃定宗潜邸汤沐之邑也。

时六皇后之妹主后位,与宗王火忽皆欲东觐。希亮母密知其事,携希亮入见,已而事不果。冬,至于火孛之地。三年,定宗幼子大名王闵其不能归,遗以币帛鞍马,乃从大名王至忽只儿之地。会宗王阿鲁忽至,诛阿里不哥所用镇守之人唆罗海,欲附世祖。复从大名王及阿鲁忽二王,还至叶密里城。王遗以耳环,其二珠大如榛,实价直千金,欲穿其耳使带之。希亮辞曰:"不敢因是以伤父母之遗体也。且无功受赏,于礼尤不可。"王又解金束带遗之,且曰:"系此,于遗体宜无伤。"五月,又为阿里不哥兵所驱,西行千五百里,至孛劣撒里之地。六月,又西至换扎孙之地。又从至不剌城。又西行六百里,至彻彻里泽剌之山,后妃辎重皆留于此,希亮母及兄弟亦在焉。希亮单骑从行二百余里,至出布儿城。又百里,至也里虔城,而哈剌不花之兵奄至。希亮又从二王兴师,还至不剌城,与哈剌不花战,败之,尽歼其众。二王乃函其头,遣使报捷。十月,至于亦思宽之地。四年,至可失哈里城。四月,阿里不哥兵复至,希亮又从征,至浑八升城。时希亮母从后避暑于阿体八升山。

先是,铸尝言于世祖:"臣之妻子皆在北边。"至是,世祖遣不华出至二王所,因以玺书召希亮,驰驿赴阙。六月,由苦先城至哈剌火州,出伊州,涉大漠以还。八月,入觐世祖于上都之大安阁,备陈边事,及羁旅困苦之状。世祖怜之,赐钞千锭、金带一、币帛三十,命为速古儿、必阇赤。至元八年,授奉训大夫、符宝郎。

十二年,既平宋,世祖命希亮问诸降将,日本可伐否。夏贵、吕文焕、范文虎、陈奕等皆云可伐。希亮奏曰:"宋与辽、金攻战且三百年,干戈甫定,人得息肩,俟数年,兴师未晚。"世祖然之。十三年,太府监令史卢贽言于监官:"各路所贡布长三丈,唯平阳加一丈,诸怯

薛歹以故争取平阳布。苟截其长者，与他郡等，则无所争，而以其所
截者，为髹漆宫殿器皿之用，甚便。"监官从之。适左右以其事闻，帝
以诘监官，监官仓皇莫知所以对，归罪于赟，帝命斩之。希亮遇诸
涂，赟以冤告。希亮命少缓，具以实入奏。有旨令董文用谳之。竟
释赟，而召御史大夫塔察儿等让之曰："此事，言官当言而不言，向
微秃忽思，不误诛此人耶！"

十四年，转嘉议大夫、礼部尚书。寻迁吏部尚书。帝驻跸察纳
儿台之地，希亮至，奏对毕，董文用问大都近事。希亮曰："囹圄多囚
耳。"世祖方敧枕而卧，忽寤，问其故。希亮奏曰："近奉旨：汉人盗钞
六文者杀。以是囚多。"帝惊问："孰传此语？"省臣曰："此旨实脱儿
察所传。"脱儿察曰："陛下在南坡，以语蒙古儿童。"帝曰："前言戏
耳，曷尝著为令式？"乃罪脱儿察。希亮因奏曰："令既出矣，必明其
错误，以安民心。"帝善其言，即命希亮至大都，谕旨中书。

十七年，希亮以跋涉西土，足病痿挛，谢事而去。退居灅阳者，
二十余年。至大二年，武宗访求先朝旧臣，特除翰林学士承旨、资善
大夫，寻改授翰林学士承旨、知制诰兼修国史。希亮以职在史官，乃
类次世祖嘉言善行以进。英宗取其书，置禁中。久之，闲居京师，四
方之士多从之游。泰定四年，卒，年八十一。

希亮性至孝，困厄道方，家赀散亡已尽，仅藏祖考画像，四时就
穹庐陈列致奠，尽诚尽敬。朔漠之人咸相聚来观，叹曰："此中土之
礼也。"虽疾病，不废书史，或中夜起坐，取烛以书。所著诗文及从军
纪行录三十卷，目之曰《愫轩集》。赠推忠辅义守正功臣、资善大夫、
集贤学士、上护军，追封漆水郡公，谥忠嘉。

赵世延，字子敬。其先雍古族人，居云中北边。
曾祖黯公，为金群牧使，太祖得其所牧马，黯公死之。
祖按竺迩，幼孤，鞠于外大父术要甲，讹为赵家，因氏为赵，骁
勇善骑射，从太祖征伐，有功，为蒙古汉军征行大元帅，镇蜀，因家
成都。

父黑梓,以门功袭父元帅职,兼文州吐蕃万户达鲁花赤。

世延,天资秀发,喜读书,究心儒者体用之学。弱冠,世祖召见,俾入枢密院、御史台肄习官政。至元二十一年,授承事郎、云南诸路提刑按察司判官,时年二十有四。乌蒙蛮酋叛,世延会省臣以军讨之。蛮兵大溃,即请降。二十六年,擢监察御史,与同列五人劾丞相桑哥不法。中丞赵国辅,桑哥党也,抑不以闻,更以告桑哥。于是五人者悉为其所挤,而世延独幸免。奉旨按平阳郡监也先忽都赃钜万,鞫左司郎中董仲威杀人狱,皆明允。二十九年,转奉议大夫,出佥江南湖北道肃政廉访司事。敦儒学,立义仓,撤淫祠,修澧阳县坏堤,严常、澧掠卖良民之禁,部内晏然。

元贞元年,除江南行御史台都事,丁内艰,不赴。大德元年,复除前官,三年,移中台都事。俄改中书左司都事。台臣奏,仍为都事中台。六年,由山东肃政廉访副使改江南行台治书侍御史。十年,除安西路总管。安西,故京兆省台所治,号称会府,前政壅滞者三千牍。世延既至,不三月,剖决殆尽。陕民饥,省台议,请于朝赈之,世延曰:“救荒如救火,愿先发廪以赈,朝廷设不允,世延当倾家财若身以偿。”省台从之,所活者众。

至大元年,除绍兴路总管,改四川肃政廉访使。蒙古军士,科差繁重,而军士就戍往来者多害人,且军官或抑良为奴。世延皆除其弊,而正其罪。又修都江堰,民尤便之。四年,升中奉大夫、陕西行台侍御史。先是,八百媳妇为边患,右丞刘深往讨之,兵败而还,坐罪弃市。及是,右丞阿忽台当继行,世延言:“蛮夷事在羁縻,而重烦天讨,致军旅亡失,诛戮省臣,藉使尽得其地,何补于国?今穷兵黩武,实伤圣治。朝廷第当选重臣知治体者,付以边寄,兵宜止,勿用。”事闻,枢密院臣以为用兵国家大事,不宜以一人之言为兴辍。世延闻之,章再上,事卒罢。

皇庆二年,拜江浙行省参知政事,寻召还,拜侍御史。延祐元年,省臣奏:“比奉诏汉人参政用儒者。赵世延其人也。”帝曰:“世延诚可用,然雍古氏非汉人,其署宜居右。”遂拜中书参知政事,居中书二十月,迁御史中丞。有旨省臣自平章以下,率送之官。其礼前所无有,由是为权臣所忌,乃用皇太后旨,出世延为云南行省右丞。陛辞,帝特命仍还御史台为中丞。三年,世延劾奏权臣太师、右丞相帖木迭儿罪恶十有三,诏夺其官职。寻升翰林学士承旨,兼御史中丞,世延固辞,乃解中丞。五年,进光禄大夫、昭文馆学士,守大都留守,乞补外,拜四川行省平章政事。世延议即重庆路立屯田,物色江津、巴县闲田七百八十三顷,摘军千二百人垦之,岁得粟万一千七百石。

明年,仁宗崩,帖木迭儿复居相位,锐意报复,属其党何志道,诱世延从弟胥益儿哈呼诬告世延罪,逮世延置对。至夔路,遇赦。世延以疾抵荆门,留就医。帖木迭儿遣使督追至京师,俾其党锻练使成狱。会有旨,事经赦原,勿复问。帖木迭儿更以它事白帝,系之刑曹,逼令自裁,世延不为动,居囚再岁。胥益儿哈呼自以所诉涉诬欺,亡去。中书左丞相拜住屡言世延亡辜,得旨出狱,就舍以养疾。先是,帝猎北凉亭,顾谓侍臣曰:“赵世延,先帝所尊礼,而帖木迭儿妄入其罪,数请诛之,此殆报私怨耳,朕岂能从之。”侍臣皆叩头称万岁。帖木迭儿在上京,闻世延出狱,索省牍视之,怒曰:“此左丞相罔上所为也。”事闻,帝语之曰:“此朕意耳。”未几,帖木迭儿死,事乃释。世延出居于金陵。

泰定元年,召还朝,除集贤大学士。明年,出为江南行台御史中丞。四年,入朝,复为御史中丞,又迁中书右丞。明年,有旨赵世延顷为权奸所诬,中书宜遍移天下,诏雪其非辜,乃加翰林学士承旨、光禄大夫。经筵开,兼知经筵事,选拣劝讲者,皆一时名流。又加同知枢密院事。

泰定帝崩,燕铁木儿与宗王大臣议:武宗二子周王、怀王,于法当立。周王远在朔漠,而怀王久居民间,备尝艰险,民必归之,天位不可久虚,不如先迎怀王,以从民望。八月,即定策迎之于江陵。怀王即位,是为文宗。当是时,世延赞画之功为多。文宗即位,世延仍以御史中丞兼翰林学士承旨,以疾乞归田里,诏不允。天历二年正月,复除江南行台御史中丞;行次济州,三月,改集贤大学士。六月,又加奎章阁大学士。八月,拜中书平章政事。冬,世延至京,固辞,不允。诏以世延年高多疾,许乘小车入内。至顺元年,诏世延与虞集等纂修《皇朝经世大典》。世延屡奏:“臣衰老,乞解中书政务,专意纂修。”帝曰:“老臣如卿者无几,求退之言,后勿复陈。”四月,仍加翰林学士承旨,封鲁国公。秋,以疾,移文中书致其事,明日即行,养疾于金陵之茅山。诏征还朝,不能行。二年,改封凉国公。

元统二年,诏赐世延钱凡四万缗。至元改元,仍除奎章阁大学士、翰林学士承旨、中书平章政事、鲁国公。明年五月,至成都。十一月,卒,享年七十有七。至正二年,赠世忠执法佐运翊亮功臣、太保、金紫光禄大夫、上柱国,追封鲁国公,谥文忠。

世延历事凡九朝,扬历省台五十余年,负经济之资,而将之以忠义,守之以清介,饰之以文学,凡军国利病,生民休戚,知无不言,而于儒者名教,尤拳拳焉。为文章,波澜浩瀚,一根于理。尝较定律令,汇次《风宪宏纲》,行于世。

五子,达者三人:野峻台,黄州路总管;次月鲁,江浙行省理问官;伯忽,夔州路总管,天历初,囊加台据蜀叛,死于难,特赠推忠秉义效节功臣、资善大夫、中书右丞、上护军,追封蜀郡公,谥忠愍。

孔思晦,字明道,孔子五十四世孙也。资质端重,而性简默,童卯时,读书已识大义。及长,授业于导江张𡒂,讲求义理,于词章之习,薄而弗为。家贫,躬耕以为养,虽剧寒暑,而为学未尝懈,远近争聘为子弟师。大德中,游京师,祭酒耶律有尚欲荐之,以母老,辞而归。母卧疾,躬进药饵,衣不解带。居丧,勺水不入口者五日。

至大中,举茂才,为范阳儒学教谕。延祐初,调宁阳学。先是,两县校官率以廪薄不能守职,而思晦以俭约自将,教养有法,比代去,学者皆不忍舍之。于是孔氏族人相与议:思晦嫡长且贤,宜袭封爵,奉祠事。状上政府,事未决。仁宗在位,雅崇尚儒道。一日,问:“孔子之裔,今几世,袭爵为谁?”廷臣具对曰:“未定。”帝亲取孔氏谱牒按之,曰:"以嫡应袭封者,思晦也,复奚疑!"特授中议大夫,袭封衍圣公,月俸百缗,加至五百缗,赐四品印。

泰定三年,山东廉访副使王鹏南言:"袭爵上公,而阶止四品,于格弗称,且失尊崇意。"明年,升嘉议大夫。至顺二年,改赐三品印。思晦以宗祀责重,恒惧弗胜,每遇祭祀,必敬必慎。初,庙毁于兵,后虽苟完,而角楼围墙未备,思晦竭力营度,以复其旧。金丝堂坏,又一新之,祭器礼服,悉加整饬。又以尼山乃毓圣之地,故有庙,已毁,民冒耕祭田且百年,思晦复其田,且请置尼山书院,以列于学官,朝廷从之。三氏学旧有田三千亩,占于豪民。子思书院旧有营运钱万缗,贷于民取子钱,以供祭祀。久之,民不输子钱,并负其本。思晦皆理而复之。圣父旧封齐国公,思晦言于朝曰:"宣圣封王,而父爵犹公,愿加褒崇。"乃诏加封圣父启圣王,圣母王夫人。

五季时,孔末之后方盛,欲以伪灭真,害宣圣子孙几尽。至是,其裔复欲冒称宣圣后。思晦以为:"不早辨则真伪久益不可明,彼与我不共戴天,乃列于族,与共拜殿庭,可乎?"遂会族人,稽典故斥之,既又重刻宗谱于石,而孔氏族裔益明矣。元统元年,卒,年六十七。卒之日,有鹤百余翔其屋上,又见神光自东南落其舍北。至正中,朝廷加赠其官,而赐谥曰文肃。

子曰克坚,袭封衍圣公,阶嘉议大夫,既而进通奉大夫。至正十五年,召为同知太常礼仪院事,拜陕西行台侍御史,迁国子祭酒,擢山东肃政廉访使,不赴。孙希学,袭封衍圣公。

元史卷一八一
列传第六八

元明善　虞集 燊 范梈　杨傒斯
黄溍 柳贯

　　元明善，字复初，大名清河人。其先盖拓跋魏之裔，居清河者，至明善四世矣。明善资颖悟绝，出读书，过目辄记，诸经皆有师法，而尤深于《春秋》。弱冠游吴中，已名能文章。浙东使者荐为安丰、建康两学正。

　　辟掾行枢密院。时董士选佥院事，待之若宾友，不敢以曹属御之。及士选升江西左丞，又辟为省掾。会赣州贼刘贵反，明善从士选将兵讨之，擒贼三百人，明善议缓诖误，得全活者百三十人。一日，将佐曰：“宜多戮俘获，及尸一切死者，以张军声。”明善固争，以为王者之师，恭行天罚，小丑陆梁，戮其渠魁可尔，民何辜焉。既又得贼所书赣、吉民丁十万于籍者，有司喜，欲滋蔓为利。明善请火其籍以灭迹，二郡遂安。

　　升掾南行台。未几，授枢密院照磨。转中书左曹掾，掾曹无留事。始，明善在江西时，朱瑄为其省参政，明善有马，骏而瘠，瑄假为从骑，久益壮，瑄爱之，致米三十斛酬其直。后瑄败，江浙行省籍其家，得金谷之簿，书“米三十斛送元复初”，不言以酬马直，明善坐免。久之，有为辨白其事者，乃复掾省曹。

　　仁宗居东宫，首擢为太子文学。及即位，改翰林待制。与修成宗、顺宗实录，升翰林直学士。诏节《尚书》经文，译其关政要者以进。明善举宋忠臣子集贤直学士文升同译润,许之。书成,每奏一篇,帝必称善,曰:"二帝三王之道,非卿莫闻也。"兴圣太后既受尊号,廷臣请因肆赦。明善曰:"数赦,非善人之福,宥过可也。"

奉旨出赈山东、河南饥,时彭城、下邳诸州连数十驿,民饿马毙,而官无文书赈贷,明善以钞万二千锭分给之,曰:"擅命获罪,所不辞也。"还,修《武宗实录》,又升翰林侍讲学士,预议科举、服色等事。

延祐二年,始会试天下进士,明善首充考试官,及廷试,又为读卷官,所取士后多为名臣。改礼部尚书,正孔氏宗法,以宣圣五十五世孙思晦袭封衍圣公。事上,制可之。擢参议中书省事。旋复入翰林为侍读。岁中拜湖广行省参知政事。又如入集贤为侍读,议广庙制。升翰林学士,修《仁宗实录》。英宗亲祼太室,礼官进祝册,请署御名,命明善代署者三。眷遇之隆,当时莫并焉。至治二年,卒于位。泰定间,赠资善大夫、河南行省左丞,追封清河郡公,谥曰文敏。

明善早以文章自豪,出入秦、汉间,晚益精诣,有文集行世。

初在江西、金陵,每与虞集剧论,以相切劘。明善言:"集治诸经,惟朱子所定者耳。自汉以来先儒所尝尽心者,考之殊未博。"集亦言:"凡为文辞,得所欲言而止,必如明善云'若雷霆之震惊,鬼神之灵变'然后可,非性情之正也。"二人初相得甚欢,至京师。乃复不能相下。董士选之自中台行省江浙也,二人者俱送出都门外,士选曰:"伯生以教导为职,当早还,复初宜更送我。"集还,明善送至二十里外,士选下马入邸舍中,为席,出橐中肴,酌酒同饮,乃举酒属明善曰:"士选以功臣子,出入台、省,无补国家,惟求得佳士数人,为朝廷用之。如复初与伯生,他日必皆光显,然恐不免为人构间。复初中原人也,仕必当道,伯生南人,将为复初摧折。今为我饮此酒,慎勿如是。"明善受卮酒,跪而酹之。起立,言曰:"诚如公言,无论他日,今隙已开矣。请公再赐一卮,明善终身不敢忘公言!"乃再饮而别。

真人吴全节,与明善交尤密,尝求明善作文。既成,明善谓全节曰:"伯生见吾文,必有讥弹,吾所欲知。成季为我治具,招伯生来观之,若已入石,则无及矣。"明日,集至,明善出其文,问何如。集曰:"公能从集言,去百有余字,则可传矣。"明善即泚笔属集,凡删百二十字,而文益精当。明善大喜,乃欢好如初。集每见明经之士,亦以明善之言告之。

明善一子,晦,荫受峡州路同知,早卒。

虞集,字伯生,宋丞相允文五世孙也。

曾祖刚简,为利州路提刑,有治绩。尝与临邛魏了翁,成都范仲黼、李心传辈,讲学蜀东门外,得程、朱氏微旨,著《易诗书论语说》,以发明其义,蜀人师尊之。

祖珏,知连州,亦以文学知名。

父汲,黄冈尉。宋亡,侨居临川崇仁,与吴澄为友,澄称其文清而醇。尝再至京师,赎族人被俘者十余口以归,由是家益贫。晚稍起家,教授于诸生中,得学术鲁翀、欧阳玄而称许之,以翰林院编修官致仕。娶杨氏,国子祭酒文仲女。咸淳间,文仲守衡,以汲从,未有子,为祷于南岳。集之将生,文仲晨起,衣冠坐而假寐,梦一道士至前,牙兵启曰:"南岳真人来见。"既觉,闻甥馆得男,心颇异之。

集三岁即知读书,岁乙亥,汲挈家趋岭外,干戈中无书册可携,杨氏口授《论语》、《孟子》、《左氏传》、欧苏文,闻辄成诵。比还长沙,就外傅,始得刻本,则已尽读诸经,通其大义矣。文仲世以《春秋》名家,而族弟参知政事栋,明于性理之学。杨氏在室,即尽通其说。故集与弟槃皆受业家庭,出则以契家子从吴澄游,授受具有源委。

左丞董士选自江西除南行台中丞,延集家塾。大德初,始至京师。以大臣荐,授大都路儒学教授,虽以训迪为职,而益自充广,不少暇佚。除国子助教,即以师道自任,诸生时其退,每挟策趋门下卒业,他馆生多相率诣集请益。丁内艰,服除,再为助教,除博士。监祭殿上,有刘生者,被酒失礼俎豆间,集言诸监,请削其籍。大臣有为刘生谢者,集持不可,曰:"国学,礼义之所出也,此而不治,何以

为教!"仁宗在东宫,付旨谕集,勿竟其事。集以刘生失礼状上之,移
詹事院,竟黜刘生,仁宗更以集为贤。

大成殿新赐登歌乐,其师世居江南,乐生皆河北田里之人,情
性不相能;集亲教之。然后成曲。复请设司乐一人掌之,以俟考正。
仁宗即位,责成监学,拜台臣为祭酒,除吴澄司业,皆欲有所更张,
以副帝意,集力赞其说。有为异论以沮之者,澄投檄去,集亦以病
免。未几,除太常博士,丞相拜住方为其院使,间从集问礼器祭义甚
悉。集为言先王制作,以及古今因革治乱之由。拜住叹息,益信儒
者有用。

朝廷方以科举取士,说者谓治平可力致,集独以谓当治其源。
迁集贤修撰,因会议学校,乃上议曰:

师道立,则善人多。学校者,士之所受教,以至于成德达材
者也。今天下学官,猥以资格授,强加之诸生之上,而名之曰师
尔,有司弗信之,生徒弗信之,于学校无益也。如此而望师道之
立,可乎?下州小邑之士,无所见闻,父兄所以导其子弟,初无
必为学问之实意,师友之游从,亦莫辨其邪正,然则所谓贤材
者,非自天降地出,安有可望之理哉!为今之计,莫若使守令求
经明行修成德者,身师尊之,至诚恳恻以求之,其德化之及,庶
乎有所观感也。其次则求夫操履近正,而不为诡异骇俗者,确
守先儒经义师说,而不敢妄为奇论者,众所敬服,而非乡愿之
徒者。延致之日,讽诵其书,使学者习之,入耳著心,以正其本,
则他日亦当有所发也。其次则取乡贡至京师罢归者,其议论文
艺,犹足以耸动其人,非若泛泛莫知根柢者矣。

六年,除翰林待制,兼国史院编修官。仁宗尝对左右叹曰:"儒者皆
用矣,惟虞伯生未显擢尔。"会晏驾,不及用。

英宗即位,拜住为相,颇超用贤俊。时集以忧还江南,拜住不知
也。乃言于上,遣使求之于蜀,不见。求之江西,又不见;集方省墓
吴中,使至,受命趋朝,则拜住不及见矣。泰定初,考试礼部,言于同
列曰:"国家科目之法,诸经传注各有所主者,将以一道德、同风俗,

非欲使学者专门擅业，如近代五经学究之固陋也。圣经深远，非一人之见可尽，试艺之文，推其高者取之，不必先有主意。若先定主意，则求贤之心狭，而差自此始矣。"后再为考官，率持是说，故所取每称得人。

泰定初，除国子司业，迁秘书少监。天子幸上都，以讲臣多高年，命集与集贤侍读学士王结执经以从。自是岁尝在行。经筵之制，取经史中切于心德治道者，用国语、汉文两进读。润译之际，患夫陈圣学者未易于尽其要，指时务者尤难于极其情，每选一时精于其学者为之，犹数日乃成一篇，集为反覆古今名物之辨以通之，然后得以无忤，其辞之所达，万不及一，则未尝不退而窃叹焉。拜翰林直学士，俄兼国子祭酒，尝因讲罢，论京师恃东南运粮为实，竭民力以航不测，非所以宽远人而因地利也。与同列进曰："京师之东，濒海数千里，北极辽海，南滨青、齐，萑苇之场也，海潮日至，淤为沃壤，用浙人之法，筑堤捍水为田。听富民欲得官者，合其众分授以地，官定其畔以为限。能以万夫耕者，授以万夫之田，为万夫之长。千夫、百夫亦如之。察其惰者而易之。一年，勿征也；二年，勿征也；三年，视其成，以地之高下，定额于朝廷，以次渐征之；五年，有积蓄，命以官，就所储给以禄；十年，佩之符印，得以传子孙，如军官之法。则东面民兵数万，可以近卫京师，外御岛夷；远宽东南海运，以纾疲民；遂富民得官之志，而获其用；江海游食盗贼之类，皆有所归。"议定于中，说者以为一有此制，则执事者必以贿成，而不可为矣。事遂寝。其后海口万户之设，大略宗之。

文宗在潜邸，已知集名。既即位，命集仍兼经筵。尝以先世坟墓在吴、越者，岁久湮没，乞一郡自便。帝曰："尔材何不堪，顾今未可去尔。"除奎章阁侍书学士。时关中大饥，民枕籍而死，有方数百里无孑遗者。帝问集何以救关中，对曰："承平日久，人情宴安，有志之士，急于近效，则怨讟兴焉。不幸大灾之余，正君子为治作新之机也。若遣一二有仁术、知民事者，稍宽其禁令，使得有所为，随郡县择可用之人，因旧民所在，定城郭，修闾里，治沟洫，限畎亩，薄征

敛,招其伤残老弱,渐以其力治之,则远去而来归者渐至,春耕秋
敛,皆有所助。一二岁间,勿征勿徭。封域既正,友望相济,四面而
至者,均齐方一,截然有法,则三代之民,将见出于空虚之野矣。"帝
称善。因进曰:"幸假臣一郡,试以此法行之,三五年间,必有以报朝
廷者。"左右有曰:"虞伯生欲以此去尔。"遂罢其议。有敕诸兼职不
过三,免国子祭酒。

时宗藩暌隔,功臣汰侈,政教未立,帝将策士于廷。集被命为读
卷官,乃拟制策以进,首以"劝亲亲,体群臣,同一风俗,协和万邦"
为问,帝不用。集以入侍燕间,无益时政,且媢嫉者多,乃与大学士
忽都鲁都儿迷失等进曰:"陛下出独见,建奎章阁,览书籍,置学士
员,以备顾问。臣等备员,殊无补报,窃恐有累圣德,乞容臣等辞
职。"帝曰:"昔我祖宗,睿智聪明,其于致理之道,生而知之。朕早岁
跋涉难阻,视我祖宗,既乏生知之明,于国家治体,岂能周知?故立
奎章阁,置学士员,以祖宗明训、古昔治乱得失,日陈于前,卿等其
悉所学,以辅朕志。若军国机务,自有省院台任之,非卿等责也。其
勿复辞。"

有旨采辑本朝典故,仿唐、宋会要,修《经世大典》,命集与中书
平章政事赵世延同任总裁。集言:"礼部尚书马祖常,多闻旧章,国
子司业杨宗瑞,素有历象地理记问度数之学,可共领典。翰林修撰
谢端、应奉苏天爵、太常李好文、国子助教陈旅、前詹事院照磨宋
褧、通事舍人王士点,俱有见闻,可助撰录。庶几是书早成。"帝以尝
命修辽、金、宋三史,未见成绩,《大典》令阁学士专率其属为之。既
而以累朝故事有未备者,请以翰林国史院修祖宗实录时百司所具
事迹参订。翰林院臣言于帝曰:"实录,法不得传于外,则事迹亦不
当示人。"又请以国书《脱卜赤颜》增修太祖以来事迹,承旨塔失海
牙曰:"《脱卜赤颜》非可令外人传者。"遂皆已。俄世延归,集专领其
事。再阅岁,书乃成,凡八百帙。既上进,以目疾丐解职,不允。乃
举治书侍御史马祖常自代,不报。

御史中丞赵世安乘间为集请曰:"虞伯生久居京师,甚贫,又病

目，幸假一外任，便医。"帝怒曰："一虞伯生，汝辈不容耶！"帝方响
用文学，以集弘才博识，无施不宜，一时大典册咸出其手，故重听其
去。集每承诏有所述作，必以帝王之道、治忽之故，从容讽切，冀有
感悟。承顾问及古今政治得失，尤委曲尽言，或随事规谏，出不语
人。谏或不入，归家悒悒不乐。家人见其然，不敢问其故也。时世
家子孙以才名进用者众，患其知遇日隆，每思有以间之。既不效，则
相与摘集文辞，指为讥讪，赖天子察知有自，故不能中伤。然集遇其
人，未尝少变。一日，命集草制封乳母夫为营都王，使贵近阿营、巎
巎传旨。二人者，素忌集，缪言制封营国公，集具稿。俄丞相自榻前
来索制词甚急，集以藁进。丞相愕然，问故，集知为所绐，即请易藁
以进，终不自言，二人者愧之。其雅量类如此。

　　论荐人材，必先器识，心所未善，不为牢笼以沽誉。评议文章，
不折之于至当不止，其诡于经者，文虽善，不与也。虽以此二者忤物
速谤，终不为动。光人龚伯璲以才俊为马祖常所喜，祖常为御史中
丞，伯璲游其门，祖常亟称之，欲集为荐引。集不可，曰："是子虽小
有才，然非远器，亦恐不得令终。"祖常犹未以为然。一日，邀集过其
家，设宴，酒半，出荐牍求集署。集固拒之，祖常不乐而罢。文宗崩，
集在告，欲谋南还，弗果。幼君崩，大臣将立妥欢帖穆尔太子，用至
大故事，召诸老臣赴上都议政，集在召列。祖常使人告之曰："御史
有言。"乃谢病归临川。

　　初，文宗在上都，将立其子阿剌忒纳答剌为皇太子，乃以妥欢
帖穆尔太子乳母夫言，明宗在日，素谓太子非其子，黜之江南。驲召
翰林学士承旨阿邻帖木儿、奎章阁大学士忽都鲁笃弥实书其事于
《脱卜赤颜》，又召集使书诏，播告中外。时省台诸臣，皆文宗素所信
用、同功一体之人，御史亦不敢斥言其事，意在讽集速去而已。伯璲
后以用事败，杀其身，世乃服集知人。

　　元统二年，遣使赐上尊酒、金织文锦二，召还禁林，疾作不能
行。屡有敕，即家撰文，褒锡勋旧、侍臣。有以旧诏为言者，帝不怿
曰："此我家事，岂由彼书生耶！"至正八年五月己未，以病卒，年七

十有七。官自将仕郎,十二转为通奉大夫。赠江西行中书省参知政事、护军,封仁寿郡公。

集孝友,方二亲以故家令德,中遭乱亡,侨寓下邑,左右承顺无违。弟槃,早卒,教育其孤,无异己子。兄采,以管库输赋京师,亏数千缗,尽力营贷代偿之,无难色。抚庶弟,嫁孤妹,具有恩意。山林之士知古学者,必折节下之,接后进,虽少且贱,如敌己。当权门赫奕,未尝有所附丽,集议中书,正言谠论,多见容受。屡以片言解疑误,出人于滨死,亦不以为德。张珪、赵世延尤敬礼之,有所疑必咨焉。

家素贫,归老后食指益众,登门之士相望于道,好事争起邸舍以待。然碑板之文,未尝苟作。南昌富民有伍真父者,赀产甲一方,娶诸王女为妻,充本位下郡总管。既卒,其子属丰城士甘悫求集文铭父墓,奉中统钞五百锭准礼物,集不许,悫愧叹而去。其束修羔雁之入,还以为宾客费,虽空乏弗恤也。

集学虽博洽,而究极本原,研精探微,心解神契,其经纬弥纶之妙,一寓诸文,蔼然庆历、乾淳风烈。尝以江左先贤甚众,其人皆未易知,其学皆未易言,后生晚进知者鲜矣,欲取太原元好问《中州集》遗意,别为《南州集》以表章之,以病目而止。平生为文万篇,藁存者十二三。早岁与弟槃同辟书舍为二室,左室书陶渊明诗于壁,题曰陶庵,右室书邵尧夫诗,题曰邵庵,故世称邵庵先生。

子四人,安民,以荫历官知吉州路安福州。游其门见称许者,莆田陈旅。旅亦有文行世。国学诸生,若苏天爵、王守诚辈,终身不名他师,皆当世称名卿者。其交游尤厚者,曰范淳

槃,字仲常,延祐五年第进士,授吉安永丰丞。丁父忧。除湘乡州判官,颇称癖古。有富民杀人,使隶己者坐之,上下皆阿从,槃独不署。杀人者卒不免死,而坐者得以不冤。

有巫至其州,称神降,告其人曰:“某方火。”即火。又曰:“明日某方火。”民以火告者,槃皆赴救,至达昼夜,告者数十,寝食尽废。

县长吏以下尝迎巫至家,厚礼之。又曰:"将有大水,且兵至。"州大家皆尽室逃,槃得劫火卒一人,讯之,尽得巫党所为,坐捕盗司,召巫至,鞠之,无敢施鞭箠者。槃谓卒曰:"此将为大乱,安有神乎!"急治之,尽得党与数十人,罗络内外,果将为变者。同僚皆不敢出视,曰:"君自为之。"槃乃断巫并其党如法,一时吏民始服儒者为政若此。秩满,除嘉鱼县尹,槃已卒。

槃幼时,尝读柳子厚《非国语》,以为《国语》诚可非,而柳子之说亦非也,著《非非国语》,时人已叹其有识。《诗》、《书》、《春秋》皆有论著,而《春秋》乃其家学,故尤善。读吴澄所解诸经义,辄得其旨趣所在,澄亟称之。

兄集,接方外士,必扣击其说,尝以为圣人之教不明,为学者无所底止,苟于吾道异端疑似之间不能深知,而欲窃究夫性命之原、死生之故,其不折而归之者寡矣。槃不然,闻诸僧在坐,辄不入竟去,其为人方正有如此,虽集亦严惮之。然不幸年不及艾而卒。

范淳,字亨父,一字德机,清江人。家贫,早孤。母熊氏守志不他适,长而教之。淳天资颖异,所诵读,辄记忆。虽癯然清寒若不胜衣,于流俗中克自树立,无苟贱意。居则固穷守节,竭力以养亲,出则假阴阳之技,以给旅食,耽诗工文,用力精深,人罕知者。

年三十六,始客京师,即有声诸公间,中丞董士选延之家塾。以朝臣荐,为翰林院编修官。秩满,御史台擢海南海北道廉访司照磨,巡历遐僻,不惮风波瘴疠,所至兴学教民,雪理冤滞甚众。迁江西湖东,长吏素称严明,于僚属中独敬异之。选充翰林供奉。御史台又改擢福建闽海道知事。闽俗素污,文绣局取良家子为绣工,无别尤甚。淳作歌诗一篇述其弊,廉访使取以上闻,皆罢遣之,其弊遂革。

未几,移疾归故里。天历二年,授湖南岭北道廉访司经历,以养亲辞。是岁,母丧。明年十月,亦以疾卒,年五十九。所著诗文多传于世。

淳持身廉正,居官不可干以私,疏食饮水,泊如也。吴澄以道学自任,少许可,尝曰:"若亨父,可谓特立独行之士矣。"为文志其墓,以东汉诸君子拟之。

揭傒斯,字曼硕,龙兴富州人。父来成,宋乡贡进士。傒斯幼贫,读书尤刻苦,昼夜不少懈,父子自为师友,由是贯通百氏,早有文名。大德间,稍出游湘、汉,湖南帅赵淇,雅号知人,见之惊曰:"他日翰苑名流也。"程钜夫、卢挚,先后为湖南宪长,咸器重之。钜夫因妻以从妹。

延祐初,钜夫、挚列荐于朝,特授翰林国史院编修官。时平章李孟监修国史,读其所撰《功臣列传》,叹曰:"是方可名史笔,若他人,直誊吏牍尔。"升应奉翰林文字,仍兼编修,迁国子助教,复留为应奉。南归省母,旋复召还。傒斯凡三入翰林,朝廷之事,台阁之仪,靡不闲习。集贤学士王约谓:"与傒斯谈治道,大起人意,授之以政,当无施不可。"

天历初,开奎章阁,首擢为授经郎,以教勋戚、大臣子孙。文宗时幸阁中,有所咨访,奏对称旨,恒以字呼之而不名。每中书奏用儒臣,必问曰:"其材何如揭曼硕?"间出所上《太平政要策》以示台臣,曰:"此朕授经郎揭曼硕所进也。"其见亲重如此。

富州地不产金,官府惑于奸民之言,为募淘金户三百,而以其人总之,散往他郡,采金以献,岁课自四两累增至四十九两。其人既死,而三百户所存无什一,又贫不聊生,有司遂责民之受役于官者代输,民多以是破产。中书因傒斯言,遂蠲其征,民赖以苏,富州人至今德之。

与修《经世大典》,文宗取其所撰《宪典》读之,顾谓近臣曰:"此岂非《唐律》乎!"特授艺文监丞,参检校书籍事,且屡称其纯实,欲进用之,会文宗崩而止。元统初,诏对便殿,慰谕良久,命赐以诸王所服表里各一,躬自辩识以授之。迁翰林待制,升集贤学士,阶中顺大夫。先是,儒学官赴吏部铨者,必移集贤,考较其所业,集贤下国子监,监下博士,吏文淹稽,动逾累月。傒斯请更其法,以事付本院属官，人甚便之。

奉旨祠北岳、济渎、南镇，便道西还。时秦王伯颜当国，屡促其还，傒斯引疾固辞。既而天子亲擢为奎章阁供奉学士。乃即日就道，未至，改翰林直学士，及开经筵，再升侍讲学士、同知经筵事，以对品进阶中奉大夫。时新格超升不越二等，独傒斯进四等，转九阶，盖异数也。经筵无专官，曰领、曰知，多宰执大臣，故微辞奥义，必属傒斯讨定而后进。其言往往寓献替之诚，务以裨益治道。天子嘉其忠恳，数出金织文段以赐。

至正三年，年七十，致其事而去。诏遣使追及于溧南。寻复奉上尊谕旨，还撰《明宗神御殿碑》，文成，赐楮币万缗、白金五十两，中宫赐白金亦如之。求去，不许，命丞相脱脱及执政大臣面谕毋行，傒斯曰：“使揭傒斯有一得之献，诸公用其言而天下蒙其利，虽死于此，何恨！不然，何益之有！”丞相因问：“方今政治何先？”傒斯曰：“储材为先，养之于位望未隆之时，而用之于周密庶务之后，则无失材废事之患矣。”一日，集议朝堂，傒斯抗言：“当兼行新旧铜钱，以救钞法之弊。”执政言不可，傒斯持之益力，丞相虽称其不阿，而竟莫行其言也。

诏修辽、金、宋三史，傒斯与为总裁官。丞相问：“修史以何为本？”曰：“用人为本。有学问文章而不知史事者，不可与；有学问文章知史事，而心术不正者，不可与。用人之道，又当以心术为本也。”且与僚属言：“欲求作史之法，须求作史之意。古人作史，虽小善必录，小恶必记。不然，何以示惩劝！”由是毅然以笔削自任，凡政事得失，人材贤否，一律以是非之公；至于物论之不齐，必反覆辨论，以求归于至当而后止。四年，《辽史》成。有旨奖谕，仍督早成金、宋二史。傒斯留宿史馆，朝夕不敢休，因得寒疾，七日卒。时方有使者至自上京，锡宴史局，以傒斯故，改宴日。使者以闻，帝为嗟悼，赐楮币万缗，仍给驿舟，护送其丧归江南。六年，制赠护军，追封豫章郡公，谥曰文安。有勋爵而无官阶者，有司失之也。

傒斯少处穷约，事亲菽水粗具而必得其欢心，暨有禄入，衣食稍逾于前，辄愀然曰："吾亲未尝享是也。"故平生清俭，至老不渝。
友于兄弟，终始无间言。立朝虽居散地，而急于荐士，扬人之善，惟
恐不及。而闻吏之贪墨病民者，则尤不曲为之掩覆也。为文章，叙
事严整，语简而当。时尤清婉丽密。善楷书、行、草。朝廷大典册，
及元勋茂德当得铭辞者，必以命焉。殊方绝域，咸慕其名，得其文
者，莫不以为荣云。

　　黄溍，字晋卿，婺州义乌人。母董氏，梦大星坠于怀，乃有娠，历
二十四月始生溍。溍生而俊异，比成童，授以书诗，不一月成诵。迨
长，以文名于四方。

　　中延祐二年进士第，授台州宁海丞。县地濒盐场，亭户恃其不
统于有司，肆毒害民。编户隶漕司及财赋府者，亦谓名有所凭，横暴
尤甚。溍皆痛绳以法，吏以利害白，弗顾也。民有后母与僧通而鸩
杀其父者，反诬民所为，狱将成。溍变衣冠阴察之，具知其奸伪，卒
直其冤。恶少年名在盗籍者，而谋为劫夺，未行，邑大姓执之，图中
赏格，初无获财左验，事久不决，溍为之疏剔，以其狱上，论之如本
条，免死者十余人。

　　迁两浙都转运盐使司石堰西场监运，改诸暨州判官。巡海官
舸，例以三载一新，费出于官，而责足于民。有余，则总其事者私焉。
溍撙节浮蠹，以余钱还民，欢呼而去。奸民以伪钞钩结党与，胁攘人
财，官若吏听其谋，挟往新昌、天台、宁海、东阳诸县，株连所及数百
家，民受祸至惨。郡府下溍鞫治。溍一问，皆引伏，官吏除名，同谋
者各杖遣之。有盗系于钱唐县狱，游民赂狱吏私纵之，假署文牒，发
其来为向导，逮捕二十余家。溍访得其情，以正盗宜傅重议，持伪文
书来者又非州民，俱械还钱唐，诬者自明。

　　入为应奉翰林文字、同知制诰，兼国史院编修官。转国子博士，
视弟子如朋交，未始以师道自尊，轻纳人拜。而来学者滋益恭，业成
而仕，皆有闻于世。时欲增设礼殿配位四，配位合东坐而西向，学官
或议分置于左右，同列不敢争，溍独面折之，事乃止。

出为江浙等处儒学提举。溍年始六十七，亟上纳禄侍亲之请，绝江径归。俄以秘书少监致任，未几，落致仕，除翰林直学士、知制诰同修国史。寻兼经筵官，执经进讲者三十有二，帝嘉其忠，数出金织纹段赐之。升侍讲学士、知制诰同修国史、同知经筵事。阶自将仕郎七转至中奉大夫。涉上章求归，不俟报而行。帝闻之，遣使者追还京师，复为前官。久之，始得谢南还，优游田里间凡七年，卒于绣湖之私第，年八十一。赠中奉大夫、江西等处行中书省参知政事、护军，追封江夏郡公，谥曰文献。

溍天资介特，在州县唯以清白为治，月俸弗给，每鬻产以佐其费。及升朝行，挺立无所附，足不登钜公势人之门。君子称其清风高节，如冰壶玉尺，纤尘弗污。然刚中少容，触物或弦急霆震，若未易涯涘，一旋踵间，煦如阳春。溍之学，博极天下之书，而约之于至精，剖析经史疑难，及古今因革制度名物之属，旁引曲证，多先儒所未发。文辞布置谨严，授据精切，俯仰雍容，不大声色，譬之澄湖不波，一碧万顷，鱼鳖蛟龙，潜伏不动，而渊然之光，自不可犯。所著书有《日损斋稿》三十三卷、《义乌志》七卷、笔记一卷。同郡柳贯、吴莱皆浦阳人。

贯，字道传，器局凝定，端严若神。尝受性理之学于兰溪金履祥，必见诸躬行。自幼至老，好学不倦。凡六经、百氏、兵刑、律历、数术、方技、异教外书，靡所不通。作文沉郁春容，涵肆演迤，人多传诵之。始用察举为江山县儒学教谕，仕至翰林待制。与溍及临川虞集、豫章揭傒斯齐名，人号为儒林四杰。所著书，有文集四十卷、《字系》二卷、《近思录广辑》三卷、《金石竹帛遗文》十卷。年七十三卒。

莱，字立夫，集贤大学士直方之子也，辈行稍后于贯、溍。天资绝人，七岁能属文，凡书一经目，辄成诵。尝往族父家，日易《汉书》一帙以去，族父迫扣之，莱琅然而诵，不遗一字，三易他编，皆如之，众惊以为神。

延祐七年,以《春秋》举上礼部,不利,退居深袅山中,益穷诸书奥旨,著《尚书标说》六卷、《春秋世变图》二卷、《春秋传授谱》一卷、《古职方录》八卷、《孟子弟子列传》二卷、《楚汉正声》二卷、《乐府类编》一百卷、《唐律删要》三十卷、文集六十卷。他如《诗传科条》、《春秋经说》、《胡氏传证误》,皆未脱稿。

莱尤喜论文,尝云:"作文如用兵,兵法有正、有奇。正是法度,要部伍分明,奇是不为法度所缚,举眼之顷,千变万化,坐作进退击刺,一时俱起,及其欲止,什伍各还其队,元不曾乱。"闻者服之。

贯平生极慎许与,每称莱为绝世之才。潜晚年谓人曰:"莱之文,崭绝雄深,类秦、汉间人所作,实非今世之士也。吾纵操觚一世,又安敢及之哉!"其为前辈所推许如此。莱以御史荐,调长芗书院山长,未上,卒,年仅四十有四。君子惜之。私谥曰渊颖先生。

元史卷一八二
列传第六九

张起岩　　欧阳玄　　许有壬
宋本　　谢端

　　张起岩，字梦臣。其先章丘人，五季避地禹城。高祖迪，以元帅右监军权济南府事，徙家济南。当金之季，张荣据有章丘、邹平、济阳、长山、辛市、蒲台、新城、淄州之地，岁丙戌，归于太祖，始终能效忠节，迪与其子福，实先后羽翼之。福仕为济南路军民镇抚兵钤辖，权府事，生东昌录事判官铎。铎生四川行省儒学副提举范。范生起岩。初，其母丘氏有娠，见长蛇数丈入榻下，已忽不见，乃惊而诞起岩。

　　幼从其父学，年弱冠，以察举为福山县学教谕，值县官捕蝗，移摄县事。久之，听断明允，其民相率曰：“若得张教谕为真县尹，吾属何患焉。”政成，迁安丘。

　　中延祐乙卯进士，首选，除同知登州事。特旨改集贤修撰，转国子博士，升国子监丞，进翰林待制兼国史院编修官。丁内艰，服除选为监察御史。中书参政杨廷玉以墨败，台臣奉旨就庙堂逮之下吏。丞相倒剌沙疾其摧辱同列，悉诬台臣罔上，欲置之重辟。起岩以新除留台，抗章论曰：“台臣按劾百官，论列朝政，职使然也。今以奉职获戾，风纪解体，正直结舌，忠良寒心，殊非盛世事。且世皇建台阁，广言路，维持治体，陛下即位诏旨，动法祖宗。今台臣坐谴，公论杜塞，何谓法祖宗耶！”章三上，不报。起岩廷争愈急，帝感悟，事乃得释，犹皆坐罢免还乡里。迁中书右司员外郎，进左司郎中，兼经筵官，拜太子右赞善。丁外艰，服除，改燕王府司马，拜礼部尚书。

文宗亲郊，起岩充大礼使，导帝陟降，步武有节，衣前后襜如，陪位百官，望之如古图画中所睹。帝甚嘉之，赐赉优渥。转参议中书省事。宁宗崩，燕南俄起大狱，有妄男子上变言部使者谋不轨，按问皆虚。法司谓："唐律，告叛者不反坐。"起岩奋谓同列曰："方今嗣君未立，人情危疑，不亟诛此人，以杜奸谋，虑妨大计。"趣有司具狱，都人肃然，大事寻定。中书方列坐铨选，起岩荐一士可用，丞相不悦，起岩即摄衣而起，丞相以为忤己。迁翰林侍讲学士、知制诰兼修国史，修三朝实录，加同知经筵事。

御史台奏除浙西廉访使，不允。已而擢陕西行台侍御史。将行，复留为侍讲学士。拜江南行台侍御史，召入中台，为侍御史。转燕南廉访使，搏击豪强，不少容贷，贫民赖以吐气。滹沱河水为真定害，起岩论封河神为侯爵，而移文责之，复修其堤防，瀹其湮郁，水患遂息。升江南行台御史中丞，拜翰林学士承旨、知制诰兼修国史、知经筵事。右丞相别怯里不花为台臣所纠，去位。未几再入相，讽词臣言台章之非，起岩执不可，闻者壮之。俄拜御史中丞，论事剀直，无所顾忌，与上官多不合。

诏修辽、金、宋三史，复命入翰林为承旨，充总裁官，积阶至荣禄大夫。起岩熟于金源典故，宋儒道学源委，尤多究心，史官有露才自是者，每立言未当，起岩据理窜定，深厚醇雅，理致自足。史成，年始六十有五，遂上疏乞骸骨以归。后四年卒。谥曰文穆。

起岩面如紫琼，美髯方颐，而眉目清扬可观，望而知为雅量君子。及其临政决议，意所背乡，屹若泰山，不可回夺。或时面折人，面颈发赤，不少恕，庙堂惮之。识者谓其外和中刚，不受人笼络，如欧阳修，名闻四裔。安南修贡，其陪臣致其世子之辞，必候起岩起居。性孝友，少处穷约，下帷教授，躬致米百里外，以养父母。抚弟如石，教之宦学，无不备至。举亲族弗克葬者二十余丧，且买田以给其祭。凡获俸赐，必与故人宾客共之。卒之日，廪无余粟，家无余财。

先是，至元乙酉三月乙亥，太史奏文昌星明，文运将兴。时世祖行幸上京，明日丙子，皇孙隆降生于儒州。是夜，起岩亦生。其后皇孙践祚，是为仁宗，始诏设科取士。及廷试，起岩遂为第一人，论者以为非偶然也。起岩博学有文，善篆、隶，有《华峰漫藁》、《华峰类藁》、《金陵集》各若干卷，藏于家。子二人：琳，琛。

欧阳玄，字原功。其先家庐陵，与文忠公修同所自出。至曾大父新，始迁居浏阳，故玄为浏阳人。

幼岐嶷，母李氏，亲授《孝经》、《论语》、小学诸书。八岁能成诵，始从乡先生张贯之学，日记数千言，即知属文。十岁，有黄冠师注目视玄，谓贯之曰："是儿神气凝远，目光射人，异日当以文章冠世，廊庙之器也。"言讫而去，亟追与语，已失所之。部使者行县，玄以诸生见，命赋梅花诗，立成十首，晚归，增至百首，见者骇异之。年十四，益从宋故老习为词章，下笔辄成章。每试庠序，辄占高等。弱冠，下帷数年，人莫见其面。经史百家，靡不研究，伊、洛诸儒源委，尤为淹贯。

延祐元年，诏设科取士，玄以《尚书》与贡。明年，赐进士出身，授岳州路平江州同知。调太平路芜湖县尹。县多疑狱，久不决，玄察其情，皆为平翻。豪右不法，虐其驱奴，玄断之从良。贡赋征发及时，民乐趋事，教化大行，飞蝗独不入境。改武冈县尹。县控制溪洞，蛮獠杂居，抚字稍乖，辄弄兵犯顺。玄至逾月，赤水、太清两洞聚众相攻杀，官曹相顾失色，计无从出。玄即日单骑从二人，径抵其地谕之。至则死伤满道，战斗未已。獠人熟玄名，弃兵仗，罗拜马首曰："我曹非不畏法，缘诉某事于县，县官不为直，反以徭役横敛掊克之。情有弗堪，乃发愤就死耳。不意烦我清廉官自来。"玄喻以祸福，归为理其讼，獠人遂安。

召为国子博士，升国子监丞。致和元年，迁翰林待制，兼国史院编修官。时当兵兴，玄领印摄院事，日直内廷，参决机务，凡远近调发，制诰书檄。既而改元天历，郊庙、建后、立储、肆赦之文，皆经撰述。复条时政数十事，实封以闻，多推行之。明年，初置奎章阁学士院，又置艺文监隶焉，皆选清望官居之。文宗亲署玄为艺文少监，奉诏纂修《经世大典》，升太监、检校书籍事。

元统元年，改金太常礼仪院事，拜翰林直学士，编修四朝实录。俄兼国子祭酒。召赴中都议事，升侍讲学士，复兼国子祭酒。重纪至元五年，足患风痹，乞南归以便医药，帝不允。拜翰林学士，未几，恳辞去位，帝复不允，免其行朝贺礼。至正改元，更张朝政，事有不便者，集议廷中，玄极言无隐。科目之复，沮者尤众，玄尤力争之。未几，南归。复起为翰林学士，以疾未行。

诏修辽、金、宋三史，召为总裁官，发凡举例，俾论撰者有所据依。史官中有恽恽露才、论议不公者，玄不以口舌争，俟其呈藁，援笔窜定之，统系自正。至于论、赞、表、奏，皆玄属笔。五年，帝以玄历仕累朝，且有修三史功，谕旨丞相，超授爵秩，遂拟拜翰林学士承旨。及入奏，上称快者再三。已而乞致仕，帝复不允。御史台奏除福建廉访使，行次浙西，疾复作。乃上休致之请，作南山隐居，优游山水之间，有终焉之志。复拜翰学士承旨，玄屡力辞，不获命。奉敕定国律，寻乞致仕，陈情恳切，乃特授湖广行中书省右丞致仕，赐白玉束带，给俸赐以终其身。将行，帝复降旨不允，仍前翰林学士承旨，进阶光禄大夫。

十四年，汝颍盗起，蔓延南北，州县几无完城。玄献招捕之策千余言，凿凿可行，当时不能用。十七年春，乞致仕，以中原道梗，欲由蜀还乡，帝复不允。时将大赦天下，宣赴内府。玄久病，不能步履，丞相传旨，肩舆至延春阁下，实异数也。是岁十二月戊戌，卒于崇教里之寓舍，年八十五。中书以闻，帝赐赙甚厚，赠崇仁昭德推忠守正功臣、大司徒、柱国，追封楚国公，谥曰文。

玄性度雍容，含弘缜密，处己俭约，为政廉平，历官四十余年，在朝之日，殆四之三。三任成均，而两为祭酒；六入翰林，而三拜承旨。修实录、《大典》、三史，皆大制作。屡主文衡，两知贡举及读卷官，凡宗庙朝廷雄文大册、播告万方制诰，多出玄手。金缯上尊之

赐,几无虚岁。海内名山大川,释、老之宫,王公贵人墓隧之碑,得玄
文辞以为荣。片言只字,流传人间,咸知宝重。文章道德,卓然名世。
羽仪斯文,赞卫治具,与有功焉。玄无子,以从子达老后,复先玄卒。
有《圭斋文集》若干卷传于世。

　　许有壬,字可用。其先世居颍,后徙汤阴。

　　有壬幼颖悟,读书一目五行,尝阅衡州《净居院碑》,文近千言,
一览辄背诵无遗。年二十,畅师文荐入翰林,不报。授开宁路学正,
升教授,未上,辟山北廉访司书吏。

　　擢延祐二年进士第,授同知辽州事。会关中有警,邻州听民出
避,弃孩婴满道上。有壬独率弓箭手,闭城门以守,卒获无虞。州有
追逮,不许胥隶足迹至村疃,唯给信牌,令执里役者呼之,民安而事
集。右族贪虐者惩之,冤狱虽有成案,皆平翻而释其罪,州遂大治。

　　六年己未,除山北廉访司经历。至治元年,迁吏部主事。二年,
转江南行台监察御史,行部广东,以贪墨劾罢廉访副使哈只蔡衍。
至江西,会廉访使苗好谦监焚昏钞,检视钞者日至百余人,好谦恐
其有弊,痛鞭之。人畏罪,率剔真为伪以迎其意。管库吏而下,榜掠
无全肤,迄莫能偿。有壬覆视之,率真物也,遂释之。凡势官豪民,
人畏之如虎狼者,有壬悉擒治以法,部内肃然。

　　召拜监察御史。八月,英宗暴崩于南坡,贼臣铁失遣使者自上
京至,封府库,收百官印。有壬知事急,即往告御史中丞董守庸,守
庸谓宫禁事,非子所当问。有壬即疏守庸及经历朵尔只班、监察御
史郭也先忽都,阿附铁失之罪以俟。十月,铁失伏诛。泰定帝发上
都,御史大夫纽泽先还京师,有壬即袖疏上之。及帝至,复上章言:
"帖木迭儿之子琐南,与闻大逆,乞赐典刑。其兄弟勿令出入宫禁。
中书平章政事王毅、右丞高昉,横罹夺爵,而四川行省平章政事赵
世延,受祸尤惨,皆请雪冤复职。"继上正始十事:一曰辅翼太子,宜
先训导,二曰遴选长官,宜先培养,三曰通籍宫禁,宜别贵贱,四曰
欲谨兵权,宜削兼领,五曰武备废弛,宜加修饬,六曰贼臣妻妾,宜

禁势官征索,七曰前赦权以止变,宜再诏以正名,八曰帖木迭儿诸
子,宜籍没以惩恶,九曰考验经费,以减民赋,十曰撙节浮蠹,以纾
国用。帝多从之。

泰定元年,初立詹事院,选为中议。改中书左司员外郎。京畿
饥,有壬请赈之。同列让曰:"子言固善,其如亏国何!"有壬曰:"不
然。民,本也。不亏民,顾岂亏国邪!"卒白于丞相,发粮四十万斛济
之,民赖以活者甚众。国学旧法,每以积分次第贡以出官,执政用监
丞张起岩议,欲废之,而以推择德行为务。有壬折之曰:"积分虽未
尽善,然可得博学能文之士。若曰惟德行之择,其名固佳,恐皆厚貌
深情,专意外饰,或懵不能识丁矣。"议久不决。三年六月,升右司郎
中,其事遂行,已而复寝。获盗例有赏,论者多疑其伪,有淹四十余
年者,群诉于马首,有壬曰:"资贼方炽,求疵太甚,缓急何以使人!
但经部使者覆核者,皆予官。"俄移左司郎中,每遇公议,有壬屡争
事得失,汛扫积滞,几无留牍。都事宋本退语人曰:"此贞观、开元间
议事也。"明年,丁父忧。

天历三年,擢两淮都转运盐司使。先是,盐法坏,廷议非有壬不
能集事,故有是命。有壬询究弊端,立法而通融之,国课遂登。至顺
二年二月,召参议中书省事。未几,以丁母忧去。元统元年,复以参
议召。明年甲戌,拜治书侍御史,转奎章阁学士院侍书学士,仍治台
事。会福达鲁花赤完卜,藉丞相势宿卫东宫,其行颇淫秽。御史劾
之,完卜藏御史大夫家,有壬捕而遣之。九月,拜中书参知政事、知
经筵事。帝诏群臣议上皇太后尊号为太皇太后,有壬曰:"皇上于皇
太后,母子也。若加太皇太后,则为孙矣,非礼也。"众弗之从,有壬
曰:"今制封赠祖父母,降于父母一等,盖推恩之法,近重而远轻。今
尊皇太后为太皇太后,是推而远之,乃反轻矣,岂所谓尊之者邪!"
弗之听。

中书平章政事彻理帖木儿挟私憾,奏罢进士科。有壬廷争甚
苦,不能夺,遂称疾在告。帝强起之,拜侍御史。会汝宁棒胡反,大
臣有忌汉官者,取贼所造旗帜及伪宣敕,班地上,问曰:"此欲何为

耶?"意汉官讳言反,将以罪中之。有壬曰:"此曹建年号,称李老君太子,部署士卒,以敌官军,其反状甚明,尚何言!"其语遂塞。廷议欲行古劓法,立行枢密院,禁汉人、南人勿学蒙古、畏吾儿字书,有壬皆争止之。

重纪至元初,长芦韩公溥因家藏兵器,遂起大狱,株连台若省,多以赃败,独无有壬名,由是忌者益甚。有壬度不可留,遂归彰德,已而南游湘、汉间。至元六年,召入中书,仍为参知政事。明年,改元至正,有壬极论帝当亲祠太庙,母后虚位,徽政院当罢,改元命相当合为一诏,冗职当沙汰,钱粮当裁节,如此之类,不一而足。人皆韪之。转中书左丞。二年,襄加庆善八及字罗帖木儿献议,开西山金口导浑河,逾京城,达通州,以通漕运。丞相脱脱主之甚力,有壬曰:"浑河之水,湍悍易决,而足以为害,淤浅易塞,而不可行舟,况地势高下,甚有不同,徒劳民费财耳。"不听。后卒如有壬言。

先是,有壬之父熙载仕长沙日,设义学,训诸生。既殁,而诸生思之,为立东冈书院,朝廷赐额设官,以为育才之地。南台监察御史木八剌沙,缘睚眦怨,言书院不当立,并构浮辞,诬蔑有壬并其二弟有仪、有孚,有壬遂称病归。四年,改江浙行省左丞,辞。六年,召为翰林学士,既上,又辞。监察御史累章辨其诬。俄拜浙西廉访使,未上,复以翰林学士承旨召,仍知经筵事。明年夏,授御史中丞,赐白玉束带及御衣一袭。未几,复以病归。监察御史答兰不花衔有壬,时短长之,奏劾甚力。事寻白。

十二年,盗起河南,声撼河朔间,有壬画备御之策十五条,以授郡将,民藉以安。十三年,起拜河南行省左丞。朝廷遣将出征,环河南境,连营以百数,一切刍饷,皆仰给之,有壬从容集事,若平时然。十五年,迁集贤大学士,寻改枢密副使,复拜中书左丞。时以言为讳,有壬力言朝廷务行姑息之政,赏重罚轻,故将士贪掠子女玉帛而无斗志,遂倡招降之策,言多不载。有僧名开,自高邮来,言张士诚乞降。众幸事且成,皆大喜。有壬独疑其妄,呼僧诘之,果语塞不能对。转集贤大学士,兼太子左谕德,阶至光禄大夫,有壬前朝旧德，太子颇敬礼之。一日，入见，方臂鸷禽以为乐，遽呼左右屏去。十七年，以老病，力乞致其事。久之，始得请，给俸赐以终其身。二十四年九月二十一日，卒，年七十八。

有壬历事七朝，重五十年，遇国家大事，无不尽言，皆一根至理，而曲尽人情。当权臣恣睢之时，稍忤意，辄诛窜随之。有壬绝不为巧避计，事有不便，明辨力净，不知有死生利害，君子多之。有壬善笔札，工辞章。欧阳玄序其文，谓其雄浑闳隽，涌如层澜，迫而求之，则渊靓深实，盖深许之也。所著有《至正集》若干卷。谥曰文忠。子一人，曰桢。

宋本，字诚夫，大都人。自幼颖拔异群儿，既成童，聚经史穷日夜读之，句探字索，必通贯乃已。尝从父祯官江陵，江陵王奎文，明性命义理之学，本往质所得，造诣日深。善为古文，辞必己出，峻洁刻厉，多微辞。年四十，始还燕。

至治元年，策天下士于廷，本为第一人，赐进士及第，授翰林修撰。

泰定元年春，除监察御史，首言："逆贼铁失等虽伏诛，其党枢密副使阿散，身亲弑逆，以告变得不死，窜岭南，乞早正天讨。"国制：范黄金为太庙神主，仁宗室盗竟窃去。本言："在法，民间失盗，捕之违期不获犹治罪，太常失典守，及在京应捕官，皆当罢去。"又言："中书宰执，日趋禁中，固宠苟安，兼旬不至中堂，壅滞机务，乞戒饬臣僚，自非入宿卫日，必诣所署治事。"皆不报。

逾月，调国子监丞。夏，风烈地震，有旨集百官杂议弭灾之道。时宿卫士自北方来者，复遣归，乃百十为群，剽劫杀人桓州道中。既逮捕，旭灭杰奏释之。蒙古千户使京师，宿邸中，适民间朱甲妻女车过邸门，千户悦之，并从者夺以入。朱泣诉于中书，旭灭杰庇不问。本适与议，本复抗言："铁失余党未诛，仁庙神主盗未得，桓州盗未治，朱甲冤未伸，刑政失度，民愤天怨，灾异之见，职此之由。"辞气激奋，众皆耸听。冬，移兵部员外郎。二年，转中书左司都事。会议招抚溪洞民，故将李牟山之子尝假兵部尚书，从诸王帅兵征郁林州猺民。李在道纳妾，留不进，兵败归。枢密副使王卜邻吉台言："李平猺有功，当迁官。"本言："李弃军娶妾，逗挠军期，宜亟置诸法，况可官邪！"王色沮，乃不敢言。

旭灭杰死，左丞相倒剌沙当国得君，与平章政事乌伯都剌，皆西域人。西域富贾以其国异石名曰璊者来献，其估钜万，或未酬其直；诸尝有过，为司宪褫官，或有出其门下者。三年冬，乌伯都剌自禁中出，至政事堂，集宰执僚佐，命左司员外郎胡彝以诏藁示本，乃以星孛地震赦天下，仍命中书酬累朝所献诸物之直，擢用自英庙至今为宪台夺官者。本读竟，白曰："今警灾异，而畏献物未酬直者愤怨，此有司细故，形诸王言，必贻笑天下。司宪褫有罪者官，世祖成宪也，今上即位，累诏法世祖，今擢用之，是废成宪而反汙前诏也。后复有邪佞赃秽者，将治之邪？置不问邪？"宰执闻本言，相视叹息罢去。明日，宣诏竟，本遂称疾不出。

四年春，迁礼部郎中。天历元年冬，升吏部侍郎。二年，改礼部侍郎。是年，文宗开奎章阁，置艺文监，检校书籍，超大监。至顺元年，进奎章阁学士院供奉学士。二年冬，出为河东廉访副使，将行，擢礼部尚书。三年冬，宁宗崩，顺帝未至，皇太后在兴圣宫，正旦，议循故事，行朝贺礼，本言："宜上表兴圣宫，废大明殿朝贺。"众是而从之。元统元年，兼经筵官。冬，拜陕西行台治书侍御史，不拜，复留为奎章阁学士院承制学士，仍兼经筵官。二年夏，转集贤直学士兼国子祭酒，兼经筵如故。是年冬十一月二十五日，卒，年五十四。阶官自承务郎十转至太中大夫。

本性高抗不屈，持论坚正，制行纯白，不可干以私。而笃朋友之义，坚若金铁，人有片善，称道不少置，尤以植立斯文自任。知贡举，取进士满百人额；为读卷官，增第一甲为三人。父官南中，贫，卖宅以去，居官清慎自持，饘粥至不给。本未弱冠，聚徒以养亲，殆二十年，历仕通显，犹僦屋以居。及卒，非赙赠几不能给棺敛。执绋者近二千人，皆缙绅大夫、门生故吏及国子诸生，未尝有一杂宾，时人荣之。本所著有《至治集》四十卷，行于世。谥正献。

弟褧，字显夫。登泰定元年进士第，授校书郎。累官至翰林直学士。谥文清。褧尝为监察御史，于朝廷政事，多所建明。其文学与本齐名，人称之曰二宋云。

谢端，字敬德，蜀之遂宁人。宋末，蜀士多避兵江陵，因家焉。端幼颖异，五六岁能吟诗，十岁能作赋。弱冠，与尚书宋本同师，明性理，为古文。又同教授江陵城中，以文学齐名，时号谢宋。史杠宣慰荆南，数加延礼，荐之姚枢。枢方以文章大名自负，少所许可，以所为文视端，端一读即能指摘其用意所在，枢叹奖不已，语人："后二十年，若谢端者，岂易得哉！"用荐者署校官，不报。

科举法行，就试河南行省，中其举，以内艰不会试。延祐五年，乃擢进士乙科。授承事郎、潭州路同知湘阴州事。岁满，入为国子博士，迁太常博士。盗入太庙，失第八室黄金主，坐罢去。端，礼官，非典守，不当坐，亦不辨。寻除翰林修撰，升待制，以选为国子司业，遂为翰林直学士，阶太中大夫。

端善为政，筮仕湘阴，猾吏束手，不敢舞文法，豪民无赖者远避去。部使者行部，旁郡滞讼，皆逮端谳。端剖决如流，绩誉籍然。其文章严谨有法，宁约近瘠，无奢滋驳。居翰林久，至顺、元统以来，国家崇号，慈极升祔先朝，加封宣圣考妣，制册多出其手。预修文宗、明宗、宁宗三朝实录，及累朝功臣列传，时称其有史才。

初，文宗建奎章阁，搜罗中外才俊置其中，尝语阿荣曰："当今文学之士，朕惟未识谢端。"亡何，文宗崩，竟不及用端。端又与赵郡苏天爵同著《正统论》，辨金、宋正统甚悉，世多传之。至元六年，卒，年六十二。元世蜀士以文名者，曰虞集，而谢端其次云。

元史卷一八三

列传第七〇

王守诚　　王思诚　　李好文
孛术鲁翀　子远　　李泂
苏天爵

王守诚,字君实,太原阳曲人。气宇和粹,性好学,从邓文原、虞集游,文辞日进。泰定元年,试礼部第一,廷对赐同进士出身,授秘书郎。迁太常博士,续编《太常集礼》若干卷以进。转艺林库使,与著《经世大典》。拜陕西行台监察御史。除奎章阁鉴书博士。拜监察御史。佥山东廉访司事。改户部员外郎、中书右司郎中,拜礼部尚书。与修辽、金、宋三史,书成,擢参议中书省事。调燕南廉访使。

至正五年,帝遣使宣抚四方,除守诚河南行省参知政事,与大都留守答尔麻失里使四川,首荐云南都元帅述律铎尔直有文武材。初,四川廉访使某与行省平章某不相能,诬宣使苏伯延行贿于平章某,瘐死狱中。至是,伯延亲属有诉。会茶盐转运司官亦讼廉访使累受金,廉访使仓皇去官,至扬州死。副使而下,皆以事罢。宪史四人、奏差一人,籍其家而窜之,余皆斥去。

重庆铜梁县尹张文德,出遇少年执兵刃,疑为盗,擒执之,果拒敌。文德斩其首,得怀中帛旗,书曰南朝赵王。贼党闻之,遂焚劫双山。文德捕杀百余人。重庆府官以私怨使县吏诬之,乃议文德罪,比不即捕强盗例加四等。遇赦免,犹拟杖一百。守诚至,为直其事。

他如以赃罪诬人,动至数千缗,与夫小民田婚之讼,殆百十计,守诚皆辨析详谳,辞穷吐实,为之平反。州县官多取职田者,累十有四人,悉厘正之。因疏言:"仕于蜀者,地僻路遥,俸给之薄,何以自养。请以户绝及屯田之荒者,召人耕种,收其入以增禄秩。"

宜宾县尹杨济亨欲于蟠龙山建宪宗神御殿,儒学提举谢晋贤请复文翁石室为书院,皆采以上闻成之,风采耸动天下,论功居诸道最。进资政大夫、河南行省左丞,未上,母刘氏殁于京师,闻丧亟归,遂遘疾,以至正九年正月卒,年五十有四。帝赐钞万缗,谥文昭。有文集若干卷。

王思诚,字致道,兖州嵫阳人。天资过人,七岁,从师授《孝经》、《论语》,即能成诵。家本业农,其祖佑,诟家人曰:"儿大不教力田,反教为迂儒邪!"思诚愈自力弗懈。后从汶阳曹元用游,学大进。中至治元年进士第,授管州判官。召为国子助教,改翰林国史院编修官。寻升应奉翰林文字,再转为待制。

至正元年,迁奉议大夫、国子司业。二年,拜监察御史,上疏言:"京畿去年秋不雨,冬无雪,方春首月蝗生,黄河水溢。盖不雨者,阳之亢,水涌者,阴之盛也。尝闻一妇衔冤,三年大旱。往岁伯颜专擅威福,仇杀不辜,郯王之狱,燕铁木儿宗党死者,不可胜数,非直一妇之冤而已,岂不感伤和气耶!宜雪其罪。敕有司行祷百神,陈牲币,祭河伯,发卒塞其缺。被灾之家,死者给葬具。庶几可以召阴阳之和,消水旱之变,此应天以实不以文也。"

行部至檀州,首言:"采金铁冶提举司,设司狱,掌囚之应徒配者,钛趾以舂金矿,旧尝给衣与食。天历以来,水坏金冶,因罢其给,啮草饮水,死者三十余人,濒死者又数人。夫罪不至死,乃拘囚至于饥死,不若加杖而使速死之愈也。况州县俱无囚粮,轻重囚不决者,多死狱中,狱吏妄报其病月日用药次第。请定瘐死多寡罪,著为令。"又言:"至元十六年,开坝河,设坝夫户八千三百七十有七,车户五千七十,出车三百九十辆,船户九百五十,出船一百九十艘。坝夫累岁逃亡,十损四五,而运粮之数,十增八九,船上六十八艘,户止七百六十有一,车之存者二百六十七辆,户之存者二千七百五十有五,昼夜奔驰,犹不能给。坝夫户之存者一千八百三十有二,一夫日运四百余石,肩背成疮,憔悴如鬼,甚可哀也。河南、湖广等处打捕鹰房府,打捕户尚玉等一万三千二百二十五户,阿难答百姓刘德元等二千三百户,可以签补,使劳佚相资。"又言:"燕南、山东,密迩京师,比岁饥馑,郡盗纵横,巡尉弓兵与提调捕盗官,会邻境以讨之,贼南则会于北,贼西则会于东,及与贼会,望风先遁。请立法严禁之。"又言:"初开海道,置海仙鹤哨船四十余艘,往来警逻。今弊船十数,止于刘家港口,以捕盗为名,实不出海,以致寇贼猖獗,宜即莱州洋等处分兵守之,不令泊船岛屿,禁镇民与梢水为婚,有能捕贼者,以船畀之,获贼首者,赏以官。仍移江浙、河南行省,列成江海诸口,以诘海商还者,审非寇贼,始令泊船。下年粮船开洋之前,遣将士乘海仙鹤于二月终旬入海,庶几海道宁息。"朝廷多是其议。

松州官吏诬构良民以取赂,诉于台者四十人。选思诚鞫问,思诚密以他事入松州境,执监州以下二十三人,皆罪之。还至三河县,一囚诉不已,俾其党异处,使之言。囚曰:"贼向盗某芝麻,某追及,刺之几死,贼以是图复仇。今弓手欲捕获功之数,适中贼计。其赃,实某妻裙也。"以裙示失主,主曰:"非吾物。"其党词屈,遂释之。丰润县一囚,年最少,械系濒死。疑而问之,曰:"昏暮三人投宿,将诣集场,约同行,未夜半,趣行,至一冢间,见数人如有宿约者,疑之,众以为盗告,不从,胁以白刃,驱之前,至一民家,众皆入,独留户外,遂潜奔赴县,未及报而被收。"思诚遂正有司罪,少年获免。

出佥河南山西道肃政廉访司事,行部武乡县,监县来迓,思诚私语吏属曰:"此必赃吏。"未几,果有诉于道侧者。问曰:"得无诉监县敚汝马乎?"其人曰:"然。"监县抵罪。吏属问思诚先知之故,曰:"衣弊衣,乘骏马,非诈而何!"陕西行台言:"欲疏凿黄河三门,立水陆站以达于关陕。"移牒思诚,会陕西、河南省宪臣及郡县长吏视之,皆畏险阻,欲以虚辞复命。思诚怒曰:"吾属自欺,何以责人,何

以待朝廷！诸君少留，吾当躬诣其地。"众惶恐从之，河中滩碛百有
余里，礁石错出，路穷，舍骑徒行，攀藤葛以进，众惫喘汗弗敢言。凡
三十里，度其不可，乃作诗历叙其险。执政采之，遂寝其议。

　　召修辽、金、宋三史，调秘书监丞。会国子监诸生相率为哄，复
命为司业。思诚召诸生立堂下，黜其首为哄者五人，罚而降斋者七
十人，勤者升，惰者黜，于是更相勉励。超升兵部侍郎，监烧燕南昏
钞，忽心悸弗宁，已而母病，事毕，驰还京师侍疾。及丁内忧，扶榇南
归。甫禫，朝廷行内外通调法，选郡县守令，起思诚太中大夫、河间
路总管。磁河水频溢，决铁灯干。铁灯干，真定境也，召其邑吏，责
而惩之。遂集民丁作堤，昼夜督工，期月而塞。复筑夹堤于外，亘十
余里，命濒河民及弓手，列置草舍于上，击木以防盗决。是年，民获
耕艺，岁用大稔。乃募民运碎甓，治郭外行道，高五尺，广倍之，往来
者无泥涂之病。南皮民父祖，尝濒御河种柳，输课于官，名曰柳课。
后河决，柳俱没，官犹征之，凡十余年，其子孙益贫，不能偿。思诚连
请于朝除之。郡庭生嘉禾三本，一本九茎，一本十六茎，一本十三
茎，茎五六穗，僚属欲上进。思诚曰："吾尝恶人行异政，沽美名。"乃
止。所辖景州广川镇，汉董仲舒之里也，河间尊福乡，博士毛苌旧居
也，皆请建书院，设山长员。召拜礼部尚书。

　　十二年，帝以四方民颇失业，命名臣巡行劝课。思诚至河间及
山东诸路，召集父老，宣帝德意，莫不感泣，缄进二麦、豌豆。帝嘉
之，赐上尊二。召还，迁国子祭酒，俄复为礼部尚书，知贡举。升集
贤侍讲学士，兼国子祭酒。应诏言事：一曰置行省丞相以专方面，二
曰宽内郡征输以固根本，三曰汰冗兵以省粮运，四曰改禄秩以养官
廉，五曰罢行兵马司以便诘捕，六曰复倚郭县以正纪纲，七曰设常
选以起淹滞。寻出为陕西行台治书侍御史，辞以老病，不允，力疾戒
行。

　　十七年春，红巾陷商州，夺七盘，进据蓝田县，距奉元一舍。思
诚会豫王阿剌忒纳失里及省院官于安西王月鲁帖木儿邸，众汹惧
无言。思诚曰："陕西重地，天下之重轻系焉。察罕帖木儿，河南名

将,贼素畏之,宜遣使求援,此上策也。"戍将嫉客兵轧己,论久不决。思诚曰:"吾兵弱,且夕失守,咎将安归!"乃移书察罕帖木儿曰:"河南为京师之庭户,陕西实内郡之藩篱,两省相望,互为唇齿,陕西危,则河南岂能独安乎?"察罕帖木儿新复陕州,得书大喜,曰:"先生真有为国为民之心,吾宁负越境擅发之罪。"遂提轻兵五千,倍道来援。思诚犒军于凤凰山,还定守御九事,夜宿台中,未尝解衣。同官潜送妻子过渭北,思诚止之,分守北门。其属闻事急,欲图苟免,思诚从容谕之曰:"吾受国重寄,安定一方,期戮力报效,死之可也。自古皆有死,在迟与速耳。"众乃安。既而援兵破贼,河南总兵官果以察罕帖木儿擅调,遣人问之。思诚亟请于朝,宜命察罕帖木儿专守关陕,仍令便宜行事,诏从之。

行枢密院掾史田甲,受赂事觉,匿豫邸。监察御史捕之急,并系其母。思诚过市中,见之曰:"嘻!古者,罪人不孥,况其母乎!吾不忍以子而系其母。"令释之,不从。思诚因自劾不出,诸御史谒而谢之。初,监察御史有封事,自中丞以下,惟署纸尾,莫敢问其由,事行,始知之。思诚曰:"若是,则上下之分安在!"凡上章,必拆视,不可行者,以台印封置架阁库。俄起五省余丁军,思诚争曰:"关中方用兵,困于供给,民多愁怨,复有是役,万一为变,所系岂轻耶!"事遂寝。

十七年,召拜通议大夫、国子祭酒,时卧疾,闻命即起。至朝邑,疾复作。十月。卒于旅舍,年六十有七。谥献肃。

李好文,字惟中,大名之东明人。登至治元年进士第,授大名路浚州判官。入为翰林国史院编修官、国子助教。泰定四年,除太常博士。会盗窃太庙神主,好文言:"在礼,神主当以木为之,金玉祭器,宜贮之别室。"又言:"祖宗建国以来七八十年,每遇大礼,皆临时取具,博士不过循故事应答而已。往年有诏为《集礼》,而乃令各省及各郡县置局纂修,宜其久不成也。礼乐自朝廷出,郡县何有哉!"白长院者,选僚属数人,仍请出架阁文牍,以资采录,三年,书成,凡五十卷,名曰《太常集礼》。

迁国子博士。丁内忧,服阕。起为国子监丞,拜监察御史。时
复以至元纪元,好文言:"年号袭旧,于古未闻,袭古名而不蹈其实,
未见其益。"因言时弊不如至元者十余事。录囚河东,有李拜拜者杀
人,而行凶之仗不明,凡十四年不决。好文曰:"岂有不决之狱如是
其久乎!"立出之。王傅撒都剌以足蹴人而死,众皆曰:"杀人非刃。
当杖之。"好文曰:"怙势杀人,甚于用刃,况因有所求而杀之,其情
为尤重。"乃置之死,河东为之震肃。出佥河南、浙东两道廉访司事。

六年,帝亲享太室,召佥太常礼仪院事。至正元年,除国子祭
酒,改陕西行台治书侍御史。迁河东道廉访司使。三年,郊祀,召为
同知太常礼仪院事。帝之亲祀也,至宁宗室,遣阿鲁问曰:"兄拜弟
可乎?"好文与博士刘闻对曰:"为人后者,为之子也。"帝遂拜。由是
每亲祀,必命好文摄礼仪使。四年,除江南行台治书侍御史,未行,
改礼部尚书。与修辽、金、宋史,除治书侍御史,仍与史事,俄除参议
中书省事,视事十日,以史故,用为治书。已而复除陕西行台治书侍
御史,时台臣皆缺,好文独署台事。西蜀奉使,以私憾摭拾廉访使曾
文博、佥事兀马儿、王武事,文博死,兀马儿诬服,武不屈,以轻侮抵
罪。好文曰:"奉使代天子行事,当问民疾苦,黜陟邪正。今行省以
下至于郡县,未闻举劾一人,独风宪之司无一免者,此岂天大之体
乎!"率御史力辨武等之枉,并言奉使不法者十余事。六年,除翰林
侍讲学士,兼国子祭酒,又迁改集贤侍讲学士,仍兼祭酒。

九年,出参湖广行省政事,改湖北道廉访使。寻召为太常礼仪
院使。于是,帝以皇太子年渐长,开端本堂,命皇太子入学,以右丞
相脱脱、大司徒雅不花知端本堂事,而命好文以翰林学士兼谕德。
好文力辞,上书宰相曰:"三代圣王,莫不以教世子为先务,盖帝王
之治本于道,圣贤之道存于经,而传经期于明道,出治在于为学,关
系至重,要在得人,自非德堪范模,则不足以辅成德性。自非学臻阃
奥,则不足以启迪聪明。宜求道德之鸿儒,仰成国家之盛事。而好
文天资本下,人望素轻,草野之习,而久与性成,章句之学,而浸以

事废，骤膺重托，负荷诚难。必别加选抡，庶几国家有得人之助，而好文免妨贤之讥。"丞相以其书闻，帝嘉叹之，而不允其辞。好文言："欲求二帝三王之道，必由于孔氏，其书则《孝经》、《大学》、《论语》、《孟子》、《中庸》。"乃摘其要略，释以经义，又取史传，及先儒论说，有关治体而协经旨者，加以所见，仿真德秀《大学衍义》之例，为书十一卷，名曰《端本堂经训要义》，奉表以进，诏付端本堂，令太子习焉。

好文又集历代帝王故事，总百有六篇：一曰圣慧，如汉孝昭、后汉明帝幼敏之类，二曰孝友，如舜、文王及唐玄宗友爱之类，三曰恭俭，如汉文帝却千里马、罢露台之类，四曰圣学，如殷宗缉学，及陈、隋诸君不善学之类。以为太子问安余暇之助。又取古史，自三皇迄金、宋，历代授受，国祚久速，治乱兴废为书，曰《大宝录》。又取前代帝王是非善恶之所当法当戒者为书，名曰《大宝龟鉴》，皆录以进焉。久之，升翰林学士承旨，阶荣禄大夫。

十六年，复上书皇太子，其言曰："臣之所言，即前日所进经典之大意也。殿下宜以所进诸书，参以《贞观政要》、《大学衍义》等篇，果能一一推而行之，则万儿之政，太平之治，不难致矣。"皇太子深敬礼而嘉纳之。后屡引年乞致仕，辞至再三，遂拜光禄大夫、河南行省平章政事，仍以翰林学士承旨一品禄终其身。

字术鲁翀，字子翚。其先隆安人，金泰和间，定女直姓氏，属望广平。祖德，从宪宗南征，因家邓之顺阳，以功封南阳郡侯。父居谦，用翀贵，封南阳郡公。初，居谦辟掾江西，以家自随，生翀赣江舟中，釜鸣者三，人以为异。

翀稍长，即勤学，父殁，家事渐落，翀不恤，而为学益力，乃自顺阳复往江西，从新喻萧克翁学。克翁，宋参政燧之四世孙也，隐居不仕，学行为州里所敬。尝夜梦大鸟止其所居，翼覆轩外，举家惊异，出视之，冲天而去。明日，翀至。翀始名思温，字伯和，克翁为易今名字，以梦故。后复从京兆萧斠游，其学益宏以肆。翰林学士承旨姚燧以书抵斛曰:"燧见人多矣,学问文章无足与子翀比伦者。"于是斛以女妻之。

大德十一年,用荐者,授襄阳县儒学教谕,升汴梁路儒学正。会修《世皇实录》,燧首以翀荐。至大四年,授翰林国史院编修官。延祐二年,擢河东道廉访司经历,迁陕西行台监察御史,赈济吐蕃,多所建白。五年,拜监察御史。时英皇未出阁,翀言:"宜择正人以辅导。"帝嘉纳之。寻劾奏中书参议元明善,帝初怒,不纳。明日,乃命改明善他官,而传旨慰谕翀。巡按辽阳,有旨给以弓矢环刀。后因为定制。还往淮东核宪司官声迹,淮东宪臣惟尚刑,多置狱具。翀曰:"国家所以立风纪,盖将肃清天下,初不尚刑也。"取其狱具焚之。时有旨凡以吏进者,例降二等,从七品以上不得用。翀言:"科举未立,人才多以吏进,若一概屈抑,恐未足尽天下持平之议。请吏进者,宜止于五品。"许之,因著为令。除右司都事。时相铁木迭儿专事刑戮,以复私憾,翀因避去。

顷之,擢翰林修撰,又改左司都事。于是拜住为左相,使人劳翀曰:"今规模已定,不同往日,宜早至也。"翀强为起。会国子监隶中书,俾翀兼领之。先是,陕西有变,府县之官多挂罣胄者,翀白丞相曰:"此辈皆胁从,非同情者。"乃悉加铨叙。帝方猎柳林,驻故东平王安童碑所,因献《驻跸颂》,皆称旨,命坐,赐饮尚尊。从幸上京,次龙虎台,拜住命翀传旨中书,翀领之,行数步,还曰:"命翀传否?"拜住叹曰:"真谨伤人也。"间谓翀曰:"尔可作宰相否?"翀对曰:"宰相固不敢当,然所学宰相事也。夫为宰相者,必福德才量四者皆备,乃足当耳。"拜住大悦,以酒觞翀曰:"非公,不闻此言。"迎驾至行在所,翀入见,帝赐之坐。升右司员外郎,奉旨预修《大元通制》。书成,翀为之序。

泰定元年,迁国子司业。明年,出为河南行省左右司郎中。丞相曰:"吾得贤佐矣。"翀曰:"世祖立国,成宪具在,慎守足矣。譬若乘舟,非一人之力所能运也。"翀乃开壅除弊,省务为之一新。三年,擢燕南河北道廉访使,晋州达鲁花赤有罪就逮,而奉使宣抚以印帖征之,欲缓其事。斡发其奸,奉使因遁去。入金太常礼仪院事。盗窃太庙神主,斡言:"各室宜增设都监员,内外严置扃锁,昼巡夜警,永为定制。"从之。又纂修《太常集礼》,书成而未上,有旨命斡兼经筵官。

文宗之入也,大臣问以典故,斡所建白近汉文故事,众皆是之。文宗尝字呼子翚而不名。命斡与平章政事温迪罕等十人,商论大事,日夕备顾问,宿直东庑下。文宗虚大位以俟明宗,斡极言:"大兄远在朔漠,北兵有阻,神器不可久虚,宜摄位以俟其至。"文宗纳其言。及文宗亲祀天地、社稷、宗庙,斡为礼仪使,详纪行礼节文于笏,遇至尊不敢直书,必识以两圈。帝偶取笏视曰:"此为皇帝字乎?"因大笑,以笏还斡。竣事,上《天历大庆诗》三章,帝命藏之奎章阁。擢陕西汉中道廉访使,会立太禧院,除金太禧宗禋院,兼祗承神御殿事,诏遣使趣之还。迎驾至龙虎台,帝问:"子翚来何缓?"太禧院使阿荣对曰:"斡体丰肥,不任乘马,从水道来,是以缓耳。"太禧臣日聚禁中,以便顾问。帝尝问阿荣曰:"鲁子翚饮食何如?"对曰:"与众人同。"又问:"谈论如何?"曰:"斡所谈,义理之言也。"从幸上都,尝奉敕撰碑文,称旨。帝曰:"候朕还大都,当还汝润笔赀也。"

迁集贤直学士,兼国子祭酒。诸生素已望斡,至是,私相欢贺。斡以古者教育有业,退必有居。旧制,弟子员初入学,以羊赘,所贰之品与羊等。斡曰:"与其餍口腹,孰若为吾党燥湿寒暑之虞乎!"命博集之,得钱二万缗有奇,作屋四区,以居学者。诸生积分,有六年未及释褐者,斡至,皆使就试而官。帝师至京师,有旨朝臣一品以下,皆乘白马郊迎。大臣俯伏进觞,帝师不为动,惟斡举觞立进曰:"帝师,释迦之徒,天下僧人师也。余,孔子之徒,天下儒人师也。请各不为礼。"帝师笑而起,举觞卒饮,众为之然慄然。

文宗崩,皇太后听政,命别不花、塔失海牙、阿儿思兰、马祖常、史显夫及斡六人,商论国政。斡以大位不可久虚,请嗣君即位,早正宸极,以幸天下。帝既即位,大臣以为赦不可频行。斡曰:"今上以圣子神孙,入继大统,当新天下耳目。今不赦,岂可收怨于新造之君

乎!"皇太后以为宜从珦言,议乃定。迁礼部尚书,阶中宪大夫。有
大官妻无子而妾有子者,其妻以田尽入于僧寺,其子讼之。珦召其
妻诘之曰:"汝为人妻,不以资产遗其子,他日何面目见汝夫于地
下!"卒反其田。

元统二年,除江浙行省参知政事。逾年,以迁葬故归乡里。明
年,召为翰林侍讲学士,以疾辞,不上。至元四年卒,年六十。赠通
奉大夫、陕西行省参知政事、护军、追封南阳郡公,谥文靖。

珦状貌魁梧,不妄言笑。其为学一本于性命道德,而记问宏博,
异言僻语,无不淹贯。文章简奥典雅,深合古法。用是天下学者,仰
为表仪。其居国学者久,论者谓自许衡之后,能以师道自任者,惟耶
律有尚及珦而已。有文集六十卷。

子远,字朋道,以珦荫调秘书郎,转襄阳县尹,须次居南阳。贼
起,远以忠义自奋,倾财募丁壮,得千余人,与贼拒战。俄而贼大至,
远被害死。远妻雷为贼所执,贼欲妻之,乃诒贼曰:"我鲁参政家妇,
县令嫡妻,夫死不贰,肯从汝狗彘以生乎!"贼丑其言,将辱之,雷号
哭大骂,不从,乃见杀。举家皆被害。

李洞,字溉之,滕州人。生有异质,始从学,即颖悟强记。作为
文辞,如宿习者。姚燧以文章负大名,一见其文,深叹异之,力荐于
朝,授翰林国史院编修官。未几,以亲老,就养江南。久之,辟中书
掾,非其志也。及考除集贤院都事,转太常博士。拜住为丞相,闻洞
名,擢监修国史长史。历秘书监著作郎、太常礼仪院经历。泰定初,
除翰林待制,以亲丧未克葬,辞而归。

天历初,复以待制召。于是文宗方开奎章阁,延天下知名士充
学士员。洞数进见,奏对称旨,超迁翰林直学士,俄特授奎章阁承制
学士。洞既为帝所知遇,乃著书曰《辅治篇》以进,文宗嘉纳之。朝
廷有大议,必使与焉。会诏修《经世大典》,洞方卧疾,即强起,曰:
"此大制作也,吾其可以不预!"力疾同修,书成,既进奏,旋谒告以

归。复除翰林直学士,遣使召之,竟以疾不能起。

洞骨骼清峻,神情开朗,秀眉疏髯,目莹如电,颜面如冰玉,而唇如渥丹然,峨冠褒衣,望之者疑为神仙中人也。其为文章,奋笔挥洒,迅飞疾动,汩汩滔滔,思态叠出,纵横奇变,若纷错而有条理,意之所至,臻极神妙。洞每以李太白自似,当世亦以是许之。尝游匡庐、王屋、少室诸山,留连久乃去,人莫测其意也。侨居济南,有湖山花竹之胜,作亭曰天心水面,文宗尝敕虞集制文以记之。洞尤善书,自篆、隶、草、真皆精诣,为世所珍爱。卒年五十九。有文集四十卷。

苏天爵,字伯修,真定人也。

父志道,历官岭北行中书省左右司郎中,和林大饥,救荒有惠政,时称能史。

天爵由国子学生公试,名在第一,释褐,授从仕郎、大都路蓟州判官。丁内外艰,服除,调功德使司照磨。泰定元年,改翰林国史院典籍官,升应奉翰林文字。至顺元年,预修《武宗实录》。二年,升修撰,擢江南行台监察御史。

明年,虑囚于湖北。湖北地僻远,民獠所杂居,天爵冒瘴毒,遍历其地。囚有言冤状者,天爵曰:"宪司岁两至,不言何也?"皆曰:"前此虑囚者,应故事耳。今闻御史至,当受刑,故不得不言。"天爵为之太息。每事必究心,虽盛暑,犹夜篝灯,治文书无倦。江陵民文甲无子,育其甥雷乙,后乃生两子,而出乙。乙俟两子行卖茶,即舟中取斧,并斲杀之。沈斧水中,而血渍其衣,迹故在。事觉,乙具服,部使者乃以三年之疑狱释之。天爵曰:"此事二年半耳,且不杀人,何以衣污血?又何以知斧在水中?又其居去杀人处甚近,何谓疑狱?"遂复置于理。常德民卢甲、莫乙、汪丙同出佣,而甲误堕水死,甲弟之为僧者欲私甲妻不得,诉甲妻与乙通而杀其夫。乙不能明,诬服击之死,断其首弃草间,尸与仗弃谭氏家沟中。吏往索,果得髑髅,然尸与仗皆无有,而谭诬证曾见一尸,水漂去。天爵曰:"尸与仗纵存,今已八年,未有不腐者。"召谭诘之,则甲未死时,目已瞽,其言曾见一尸水漂去,妄也。天爵语吏曰:"此乃疑狱,况不止三年。"俱释之。其明于详谳,大抵此类。

入为监察御史,道改奎章阁授经郎。元统元年,复拜监察御史。在官四阅月,章疏凡四十五上,自人君至于朝廷政令、稽古礼文、闾阎幽隐,其关乎大体、系乎得失者,知无不言。所劾者五人,所荐举者百有九人。明年,预修《文宗实录》,迁翰林待制,寻除中书右司都事,兼经筵参赞官。后至元二年,由刑部郎中改御史台都事。三年,迁礼部侍郎。五年,出为淮东道肃政廉访使,宪纲大振,一道肃然。入为枢密院判官。明年,改吏部尚书,拜陕西行台治书侍御史,复为吏部尚书,升参议中书省事。是时,朝廷更立宰相,庶务多所弛张,而天子图治之意甚切。天爵知无不言,言无顾忌,夙夜谋画,须发尽白。

至正二年,拜湖广行省参知政事。迁陕西行台侍御史。四年,召为集贤侍讲学士,兼国子祭酒。天爵自以起自诸生,进为师长,端己悉心,以范学者。明年,出为山东道肃政廉访使。寻召还集贤,充京畿奉使宣抚,究民所疾苦,察吏之奸贪,其兴除者七百八十有三事,其纠劾者九百四十有九人,都人有包、韩之誉。然以忤时相意,竟坐不称职罢归。七年,天子察其诬,乃复起为湖北道宣慰使、浙东道廉访使,俱未行。拜江浙行省参知政事。江浙财赋居天下十七,事务最烦剧,天爵条分目别,细钜不遗。

九年,召为大都路都总管,以疾归。俄复起为两浙都转运使,时盐法弊甚,天爵拯治有方,所办课为钞八十万锭,及期而足。十二年,妖寇自淮右蔓延及江东,诏仍江浙行省参知政事,总兵于饶、信,所克复者,一路六县。其方略之密,节制之严,虽老帅宿将不能过之。然以忧深病积,遂卒于军中。年五十九。

天爵为学,博而知要,长于经载。尝著《国朝名臣事略》十五卷、《文类》七十卷。其为文,长于序事,平易温厚,成一家言。而诗尤得古法。有《诗稿》七卷、《文稿》三十卷。于是中原前辈,凋谢殆尽,天爵独身任一代文献之寄,讨论讲辩,虽老不倦。晚岁,复以释经为己

任。学者因其所居,称之为滋溪先生。其他所著文,有《松厅章疏》
五卷、《春风亭笔记》二卷;《辽金纪年》、《黄河原委》,未及脱稿云。

元史卷一八四
列传第七一

王都中　　王克敬　　任速哥
陈思谦　　韩元善　　崔敬

王都中,字元俞,福之福宁州人。

父积翁,仕宋为宝章阁学士、福建制置使。至元十三年,宋主纳土,乃以全闽八郡图籍来,入觐世祖于上京,降金虎符,授中奉大夫、刑部尚书、福建道宣慰使,兼提刑按察使。寻除参知政事,行省江西。俄以为国信使,宣谕日本。至其境,遇害于海上。

都中,生三岁,即以恩授从仕郎、南剑路顺昌县尹。七岁,从其母叶诉阙下,世祖闵焉,给驿券,俾南还,赐平江田八千亩、宅一区。已而世祖追念其父功不置,特授都中少中大夫、平江路总管府治中,时年甫十七。僚吏见其年少,颇易视之。都中遇事剖析,动中肯綮,皆愕眙不敢欺。昆山有诡易官田者,事觉,而八年不决。都中为披故牍,洞见底里,其人乃伏辜。吴江有违拒有司筑堤护田之令而归过于众人者,都中询知其故,皆置不问,其人乃无所逃罪。学舍久坏不治,而郡守缺,都中曰:"圣人之道,人所共由,何独守得为乎?"乃首募大家合钱,新其礼殿。

秩满,除浙东道宣慰副使。金华有殴杀人者,吏受赇,以为病死。都中摘属吏覆按,得其情。狱具,县长吏而下,皆以赃败。余姚有豪民张甲,居海滨,为不法,擅制一方,吏无敢涉其境。都中捕系之,痛绳以法。迁荆湖北道宣慰副使,适岁侵,都中躬履山谷,以拯其饥,民赖以全活者数十万。武宗诏更钞法,行铜钱,以都中为通才,除江淮泉货监。凡天下为监者六,惟江淮所铸钱号最精。

改郴州路总管。郴居楚上流,溪洞徭獠往来民间,惮其强猾,莫敢与相贸易。都中煦之以恩,慑之以威,乃皆悦服。郴民染于蛮俗,喜斗争,都中乃大治学舍,作笾豆簠簋、笙磬琴瑟之属,使其民识先王礼乐之器,延宿儒教学其中,以义理开晓之,俗为之变。邻州茶陵富民覃乙死,无子,惟一小妻,及其赘婿,妻诬其婿拜尸成婚,藏隐玉杯夜明珠,株连八百余人。奉使宣抚移其狱,诿之都中穷治,悉得其情,而正其罪。州长吏而下,计其赃至十一万五千余缗,人以为神明。

迁饶州路总管。年饥,米价翔踊,都中以官仓之米,定其价为三等,言于行省,以为须粜以下等价,民乃可得食,未报。又于下等价减十之二,使民就籴。时宰怒其专擅,都中曰:“饶去杭几二千里,比议定往还,非半月不可。人七日不食则死,安能忍死以待乎!”其民亦相与言曰:“公为我辈减米价,公果得罪,我辈当鬻妻子以代公偿。”时宰闻之,乃罢。郡岁贡金,而金户贫富不常,都中考得其实,乃更定之。包银之法,户不过二两,而州县征之加十倍。都中责之,一以诏书从事。父老或以两岐之麦、六穗之禾为献,都中曰:“此圣主之嘉瑞,非臣下所敢当。”遂以闻于朝。以内忧去郡,民生为立祠。

服阕,除两浙都转运盐使,未上,擢海北海南道肃政廉访使。中书省臣奏国计莫重于盐策,乃如前除盐亭灶户,三年一比附推排,世祖旧制也。任事者恐敛怨,久不举行。都中曰:“为臣子者,使皆避谪,何以集事。”乃请于行省,遍历三十四场,验其物力高下以损益之。役既平,而课亦足,公私便之。擢福建闽海道肃政廉访使,俄迁福建道宣慰使都元帅,又改浙东道宣慰使都元帅。

天历初,被省檄,整点七路军马,境内晏然。徙广东道宣慰使都元帅,三易镇,皆佩元降金虎符。元统初,朝廷以两淮盐法久坏,诏命都中以正奉大夫、行户部尚书、两淮都转运盐使,仍赠袭衣法酒。都中既至,参酌前所行于两浙者,次第施行之,盐法遂修。寻拜河南行省参知政事,中道以疾作南归。于是天子闵其老,诏即其家拜江浙行省参知政事。至正元年卒。赠昭文馆大学士,谥清献。

都中历仕四十余年,所至政誉辄暴著,而治郡之绩,虽古循吏无以尚之。当世南人以政事之名闻天下,而位登省宪者,惟都中而已。又其清白之操,得于家传,所赐田宅之外,不增一疃,不易一椽,廪禄悉以给族姻之贫者,人尤以是多之。幼留京师,及拜许衡,即知所趋向。中年,尤致力于根本之学,自号曰本斋。有诗集三卷。

王克敬,字叔能,大宁人。幼奇颖,尝戏道旁,丞相完泽见之,谓左右曰:“是儿资貌秀伟,异日必令器也。”大宁朔土,习尚少文,而克敬独孜孜为儒者事。

既仕,累迁江浙行省照磨,寻升检校。徽州民汪俊上变,诬富人反,省臣遣克敬往验之。克敬察其言不实,中道数为开陈祸福,俊悔,将对簿,竟仰药以死。调奉议大夫、知顺州,以内外艰不上。除江浙行省左右司都事。延祐四年,往四明监倭人互市。先是,往监者惧外夷情叵测,必严兵自卫,如待大敌。克敬至,悉去之,抚以恩意,皆帖然无敢哗。有吴人从军征日本陷于倭者,至是从至中国,诉于克敬,愿还本乡,或恐为祸阶。克敬曰:“岂有军士怀恩德来归而不之纳邪!脱有衅,吾当坐。”事闻,朝廷嘉之。番阳大饥,总管王都中出廪粟赈之。行省欲罪其擅发,克敬曰:“番阳距此千里,比待命,民且死,彼为仁,而吾属顾为不仁乎!”都中因得免。

拜监察御史,用故事监吏部选。有履历当升者,吏故抑之。问故,吏曰:“有过。”克敬曰:“法,笞四十七以上不升,今不至是。”吏曰:“责轻罪重。”曰:“失出在刑部,铨曹安知其罪重!”卒升之。治书侍御史张伯高曰:“往者,监选以减驳为能,今王御史乃论增品级,可为世道贺矣。”寻迁左司都事。时英宗厉精图治,丞相拜住请更前政不便者,会议中书堂。克敬首言:“江南包银,民贫有不能输者,有司以责之役户,甚无谓也,当罢之。两浙煎盐户牢盆之役,其重者尤害民,当免其它役。”议定以闻,悉从之。

泰定初,出为绍兴路总管。郡中计口受盐,民困于诛求,乃上言乞减盐五千引。运司弗从。因叹曰:"使我为运使,当令越民少苏矣。"行省檄克敬抽分舶货,拗蕃者例籍其货,商人以风水为解,有司不听。克敬曰:"某货出某国,地有远近,货有轻重,冒重险,出万死,舍近而趋远,弃重而取轻,岂人情邪!"具以上闻,众不能夺,商人德之。

擢江西道廉访司副使,转两浙盐运司使。首减绍兴民食盐五千引。温州逮犯私盐者,以一妇人至。怒曰:"岂有逮妇人千百里外,与吏卒杂处者,污教甚矣!自今毋得逮妇人。"建议著为令。

明年,擢湖南道廉访使,调海道都漕运万户。是岁,当天历之变,海漕舟有后至直沽者,不果输,复漕而南还。行省欲坐罪督运者,勒其还趋直沽。克敬以谓:"脱其常年而往返若是,信可罪。今蹈万死,完所漕而还,岂得已哉!"乃请令其计石数,附次年所漕舟达京师,省臣从之。

召为参议中书省事。有以飞语中大臣者,下其事。克敬持古八议之法,谓勋贵可以不议,且罪状不明而轻罪大臣,何以白天下。宰相传旨大长公主为皇外姑,赐钱若干;平云南军还,赐钱若干;英后入觐,赐钱若干。克敬乞覆奏,宰相怒曰:"参议乃敢格诏命邪!"克敬曰:"用财宜有道,大长公主供馈素优,今赐钱出无名,不当也。自诸军征讨以来,赏格未下,平云南省独先受赏,是不均也。英后远还,徒御众多,非大锡赉,恩意不能洽,今赐物鲜少,是不周也。"宰相以闻,帝可其议。拜中奉大夫、参知政事,行省辽阳。俄除江南行台治书侍御史,又迁淮东廉访使,以正纲纪为己任,不纵贪墨,不阿宗戚,声誉益著。入为吏部尚书,乘传至淮安,坠马,居吴中养疾。

元统初,起为江浙行省参知政事,请罢富民承佃江淮田,从之。松江大姓,有岁漕米万石献京师者。其人既死,子孙贫且行乞,有司仍岁征,弗足则杂置松江田赋中,令民包纳。克敬曰:"匹夫妄献米,徼名爵以荣一身。今身死家破,又已夺其爵,不可使一郡之人,均受其害。国用宁乏此耶!"具论免之。江浙大旱,诸民田减租,唯长宁寺田不减。遂移牒中书,以谓不可忽天变而毒疲民。岭海徭贼窃发,朝廷调戍兵之在行省者往讨之,会提调军马官缺,故事,汉人不得与军政,众莫知所为。克敬抗言:"行省任方面之寄,假令万一有重于此者,亦将拘法坐视邪!"乃调兵往捕之,军行给粮有差。事闻于朝,即令江西、湖广二省给粮亦如之。视事五月,请老,年甫五十九。谓人曰:"穴趾而峻塘,必危;再实之木,必伤其根。无功德而忝富贵,何以异此?故常怀止足之分也。"又曰:"世俗喜言勿认真,此非名言。临事不认真,岂尽忠之道乎?"故其历官所至,俱有政绩可纪,时称名卿。

克敬喜读书,其有所得者,辄抄为书。又有所著诗文奏议传于世。元统三年,卒,年六十一。赠中奉大夫、陕西等处行省参知政事,追封梁郡公,谥文肃。

子时,以文学显,历仕中书参知政事,至左丞,以翰林学士承旨致仕。

任速哥,渤海人。自幼事父母以孝称。性倜傥,尤峭直,疏财而尚气,不尚势利。义之所在,必亟为之,有古侠士风。而家居恂恂,儒者不能过。初袭父官为右卫千户。公卿以其贤,荐于朝。英宗召见,与语奇之。由是出入禁闼,待以心腹,将择重职处之。未几,铁失与倒剌沙构谋,英宗遇弑,遂引去。自是不复出仕,居常扼腕,或醉归,恸哭过市,时人目以为狂,莫知其意也。

泰定中,倒剌沙用事,天变数见。速哥乃密与平章政事速速谋曰:"先帝之仇,孤臣朝夕痛心而不能报者,以未有善策也。今吾思之,武宗有子二人,长子周王,正统所属,然远居朔方,难以达意。次子怀王,人望所归,而近在金陵,易于传命。若能同心推戴,以图大计,则先帝之仇可雪也。"速速深然之。时燕帖木儿方金枢密院事,实握兵柄,二人深结纳之。冬,乃告以所谋,燕帖木儿初闻之矍然。因徐说之曰:"天下之事,惟顺逆两途,以顺讨逆,何患不克。况公国家世臣,与国同休戚,今国难不恤,他日有先我而谋者,祸必及矣。"

于是燕帖木儿许之。

致和元年，怀王自金陵迁江陵，俄而泰定帝崩，倒剌沙逾月不立君，物情汹汹。速哥乃与速速从燕帖木儿奉豫王令，率诸豪杰，乘时奋义，以八月四日执居守省臣，发兵塞居庸诸关，召文武百僚集阙下，谕以翊戴大义，遣使迎怀王于江陵。怀王至京师，群臣请正大统，遂即皇帝位，是为文宗。论功行赏，擢速哥为礼部尚书。速哥辞曰："臣曩备宿卫，南坡之变，不能勇效一死，以报国士之知。今日之举，皆诸将相之力，在臣未足赎罪，又曷敢言功乎！"文宗慰勉之，乃拜命。而其他赏赉，一无所受。寻迁长宁寺卿，继出为安丰路总管，又入为寿福府总管，又为都水使者。居官恂恂，无几微自伐之意。人或询以翊戴之事，往往逊谢，终无所言，君子尤以是多之。

陈思谦，字景让。其家世见祖祐传中。思谦少孤，警敏好学，凡名物度数、纲纪本末，考订详究，尤深于邵子《皇极经世书》。文宗天历初政，收揽贤能。丞相高昌王亦都护荐思谦，时年四十矣。召见兴圣宫。明年二月，授典宝监经历。十一月，改礼部主事，首言："教坊、仪凤二司，请并入宣徽，以清礼部之选。其官属不当与文武臣并列朝会，宜置百官之后、大乐之前。"诏从之。而二司隶礼部如故。

至顺元年，拜西行台监察御史，建明八事：一曰正君道，二曰结人心，三曰崇礼让，四曰正纲纪，五曰审铨衡，六曰励孝行，七曰纾民力，八曰修军政。先是，关陕大饥，民多鬻产流徙，及来归，皆无地可耕。思谦言："听民倍直赎之，使富者收兼入之利，贫者获已弃之业。"从之。监察御史李扩行部甘肃，金州民刘海延都，其男元元，自称流民王延禄，非海延都之子，告海延都掠其财。扩听之，以酷法抑其父。思谦劾扩逆父子之天，坏朝廷之法，遂抵扩罪。

明年二月，迁太禧宗禋院都事。九月，拜监察御史，首陈四事，言：

　　　　上有宗庙社稷之重，下有四海烝民之生，前有祖宗垂创之艰，后有子孙长久之计。中论秦、汉以来，上下三千余年，天下一统者,六百余年而已。我朝开国百有余年,混一六十余年,土宇人民,三代、汉、唐所未有也。民有千金之产,犹谨守之,以为先人所营。况君临天下,承祖宗艰难之业,而传祚万世者乎!臣愚以兴亡恳恳言者,诚以皇上有元之圣主,今日乃皇上盛时图治之机,兹不可失也。

又言:

　　户部赐田,诸怯薛支请,海青狮豹肉食,及局院工粮,好事布施,一切泛支,以至元三十年以前较之,动增数十倍。至顺经费,缺二百三十九万余锭。宜节无益不急之费,以备军国之用,苟能三分损一以惠民,夫岂小哉!

又言:

　　军站消乏,签补则无殷实之户,接济则无羡余之财,倘有征行,必括民间之马,苟能修马政,亦其一助也。方今西越流沙,北际沙漠,东及辽海,地气高寒,水甘草美,无非牧养之地,宜设置群牧使司,统领十监,专治马政,并畜牛羊。数年之后,马实蕃盛,或给军以收兵威,或给站以优民力,牛羊之富,又足以给国用,非小补也。

又言:

　　铨衡之弊,入仕之门太多,黜陟之法太简,州郡之任太淹,朝省之除太速,欲设三策,以救四弊。一曰,至元三十年以后增设衙门,冗滥不急者从实减并,其外有选法者,并入中书。二曰,宜参酌古制,设辟举之科,令三品以下,各举所知,得才则受赏,失实则受罚。三曰,古者刺史入为三公,郎官出宰百里,盖使外职识朝廷治体,内官知民间利病。今后历县尹有能声善政者受郎官御史,历郡守有奇才异绩者任宪使、尚书,其余各验资品通迁。在内者不得三考连任京官,在外者须历两任乃迁内职。绩非出类、守不败官者,则循以年劳,处以常调。凡朝缺官员,须二十月之上,方许迁除。

帝可其奏,命中书议行之。

　　时有官居丧者,往往夺情起复。思谦言:"三年之丧,谓之达礼。自非金革,不可从权。"遂著于令。有诏起报严寺。思谦曰:"兵荒之余,当罢土木,以纾民力。"帝嘉之曰:"此正得祖宗立台宪之意。继此事有当言者,无隐。"赐缣绮旌之。未几,迁右司都事。

　　元统二年五月,转兵部郎中。十一月,改御史台都事。重纪至元元年五月,出为淮西道廉访副使,至淮未期月,引疾归。六月,召为中书省员外郎,上言:"强盗但伤事主者,皆得死罪,而故杀从而加之人,与斗而杀人者,例杖一百七下,得不死,与私宰牛马之罪无异,是视人与牛马等也,法应加重。因奸杀夫,所奸妻妾同罪,律有明文,今止坐所犯,似失推明。"遂令法曹议,著为定制。

　　至正元年,转兵部侍郎。俄丁内艰,服除,召为右司郎中。岁凶,盗贼蜂起,剽掠州邑。思谦力言于执政,当竭府库以赈贫民,分兵镇抚中夏,以防后患。五年,参议中书省事。转刑部尚书,改湖南廉访使。八年,迁淮东宣慰司都元帅。九年,迁浙西廉访使、湖广行中书省参知政事,辞。

　　十一年,改淮西廉访使。庐州盗起,思谦亟命庐州路总管杭州不花领弓兵捕之,而贼已不可扑灭矣。言于宣让王帖木儿不花曰:"承平日久,民不知兵,王以帝室之胄,镇抚淮甸,岂得坐视!思谦愿与王戮力殄灭。且王府属怯薛人等,数亦不少,必有能摧锋陷阵者,惟王图之。"王曰:"此吾责也,但鞍马器械未备,何能御敌?"思谦括官民马,置兵甲,不日而集。分道并进,遂禽渠贼,庐州平。既而颍寇将渡淮,又言于王曰:"颍寇东侵,亟调芍陂屯卒用之。"王曰:"非奉诏,不敢调。"思谦言:"非常之变,理宜从权,擅发之罪,思谦坐之。"王感其言,从之。其侄立本为屯田万户,召语曰:"吾祖宗以忠义传家,汝之职,乃我先人力战所致。今国家有难,汝当身先士卒,以图报效,庶无负朝廷也。"

　　寻召入,为集贤侍讲学士,修定国律。十二年,拜治书侍御史。明年,升中丞,年近七十,上章乞老。不允,特旨进一品,授荣禄大夫,仍御史中丞。入谢,感疾。及命下,强拜受命,明日卒。赠宣献秉宪佐治功臣、翰林学士承旨、荣禄大夫、柱国,追封鲁国公,谥通敏。

韩元善,字大雅,汴梁之太康人。唐检校司空赠司徒充,以宣武军节度使兼统义成军,留镇汴,子孙遂为太康韩氏。父克昌,至大间仕为监察御史,以论事有名声。

元善由国子监生,积分中程,释褐,除新州判官。累擢江南行台监察御史,历中书左司郎中、吏部侍郎、吏部尚书、金检密院事。

至正三年,拜中书参知政事。五年,迁大司农卿。寻出为江南行御史台中丞、燕南肃政廉访使。九年,召拜中书左丞、同知经筵事。十一年,丞相脱脱奏事内廷,以事关兵机,而元善及参知政事韩镛皆汉人,使退避,勿与俱。由是遂与右丞玉枢虎儿吐华同分省彰德以给馈饷。十二年,御史大夫也先帖木儿总兵讨汝宁,元善至卫辉,以病卒。

元善性纯正,明达政体,扬历台阁三十余年,遂跻丞辖。以文学治才,羽翼庙谟,论议之际,秉义陈法,不徇乡上官,国是所在,倚之以为重。尝以谒告侍亲居家,效范文正公遗规,置田百亩为义庄,以周贫族。至正交钞初行,赐近臣各三百锭,元善复以买田六百亩,为义塾,延名士,以教族人子弟云。

崔敬,字伯恭,大宁之惠州人。通刑名法律之学。淮东、山南廉访司,皆辟书吏。天历初,辟御史台察院书史,历刑部令史、徽政院掾史,遂升中书掾。至元五年,用累考及格,授刑部主事。

六年,迁枢密院都事,拜监察御史。时既毁文宗庙主,削文宗后皇太后之号,徙东安州,而皇弟燕帖古思,文宗子也,又放之高丽。敬上疏,略曰:

> 文皇获不轨之愆,已彻庙祀;叔母有阶祸之罪,亦削洪名。尽孝正名,斯亦足矣。惟念皇弟燕帖古思太子,年方在幼,罹此播迁,天理人情,有所不忍。明皇当上宾之日,太子在襁褓之

间，尚未有知，义当矜悯。盖武宗视明、文二帝，皆亲子也。陛下与太子，皆嫡孙也。以武皇之心为心，则皆子孙，固无亲疏。以陛下之心为心，未免有彼此之论。

　　臣请以世俗喻之：常人有百金之产，尚置义田，宗族困厄者，为之教养，不使失所。况皇上贵为天子，富有四海，子育黎元，当使一夫一妇无不得其所，今乃以同气之人，置之度外，适足贻笑边邦，取辱外国。况蛮夷之心，不可测度，倘生他变，关系非轻。兴言至此，良为寒心！臣愿杀身以赎太子之罪，望陛下遣近臣迎归太后、太子，以全母子之情，尽骨肉之义。天意回，人心悦，则宗社幸甚！

不报。

又上疏，谏天子巡幸上都，宜御内殿。其略曰：

　　世祖以上都为清暑之地，车驾行幸，岁以为常。阁有大安，殿有鸿禧、睿思，所以保养圣躬，适起居之宜，存畏敬之心也。今失剌斡耳朵思，乃先皇所以备宴游，非常时临御之所。今陛下方以孝治天下，屡降德音，祗行宗庙亲祀之礼，虽动植无知，罔不欢悦。而国家多故，天道变更，臣备员风纪，以言为职，愿大驾还大内，居深宫，严宿卫，与宰臣谋治道。万机之暇，则命经筵进讲，究古今盛衰之由，缉熙圣学，乃宗社之福也。

时帝数以历代珍宝，分赐近侍，敬又上疏曰：

　　臣闻世皇时，大臣有功，所赐不过鞶革，重惜天物，为后世虑至远也。今山东大饥，燕南亢旱，海潮为灾，天文示儆，地道失宁，京畿南北，蝗飞蔽天，正当圣主恤民之日。近侍之臣，不知虑此，奏禀承请，殆无虚日，甚至以府库百年所积之宝物，遍赐仆御阍寺之流、乳稚童孩之子，帑藏或空。万一国有大事，人有大功，又将何以为赐乎！乞追回所赐，以示恩不可滥，庶允公论。

是年，出金山北廉访司事，按部全宁。狱有李秀，以坐造伪钞，连数十人，而皆与秀不相识，敬疑而谳之。秀曰："吾以训童子为业，居村落间,有司至秀舍,谓秀为伪造钞者,捶楚之下,不敢不诬服耳。"敬询知始谋者,乃大同王浊,十余年事不泄,而有司误以李秀为王浊也。移文至大同,果得王浊为真造伪钞者。

至正初,迁河南,又迁江东。所至抑豪强,惠下穷,洗冤滞,兴学劝农,百废具举。除江西行省左右司郎中,入为诸路宝钞提举,改工部侍郎。

十一年,迁同知大都路总管府事。直沽河淤数年,中书省委敬浚治之,给钞数万锭,募工万人,不三月告成,咸服其能。除刑部侍郎,迁中书左司郎中。

十二年,历兵部尚书,为枢密院判官。十四年,迁刑部尚书。广东府宪仇杀,以沙加班处大逆。敬详宪府以私相害,致有是变,杀人者自有典章,得坐一人,大逆非谋反,则不科得坐一家。敬立论全重而就轻,朝廷咸以为然。

十五年,复为枢密院判官,寻拜参知政事,行省河南。复为兵部尚书,兼济宁军民屯田使。朝廷给以钞十万锭,散于有司,招致居民、军士,立营屯种,岁收得百万斛,以给边防,居岁余,其法井井。

十有七年,召为大司农少卿,遂拜中书参知政事。盗据齐鲁,敬与平章政事答兰、参知政事俺普,分省陵州。陵州乃南北要冲,无城郭,而居民散处。敬兼领兵、刑、户、工四部事,供给诸军,事无不集。丞相以其能上闻,赐之上尊,仍命其便宜行事。敬与俺普密议曰:"我军强且胜,彼将败而降,如得杖义之士,直抵其巢穴而招安之,亦方面之幸也。"有国子生王恪等愿请往,敬以便宜授以官,俾之行。至郓城,见李秉彝、田丰等,谕以逆顺祸福之理,丰与秉彝皆悔过自新。山东郡邑之复,敬之策居多。敬以军马供给浩繁,而民力日疲,乃请行纳粟补官之令。中书以其言闻,诏从之。河北、燕南士民踵蹑而至,积粟百万石、绮段万匹,用以给军费,民获少苏。

十八年,除山东行枢密院副使,俄迁江浙行省左丞。卒,年六十七。赠资善大夫,江浙行省左丞如故,谥曰忠敏。

元史卷一八五
列传第七二

吕思诚　　汪泽民　　干文传
韩镛　　李稷　　盖苗

吕思诚，字仲实，平定州人。六世祖宗礼，金进士，辽州司户。宗礼生仲堪，亦举进士。仲堪生时敏，时敏生钊，为千夫长，死国事。钊生德成，德成生允，卒平定知州致仕，思诚父也。母冯氏，梦一丈夫，乌巾、白襕衫、红鞓束带，趋而揖曰："我文昌星也。"及寤，思诚生，目有神光，见者异之。及长，从萧𣂏学治经。已而入国子学为陪堂生，试国子伴读，中其选。

擢泰定元年进士第，授同知辽州事，未赴。丁内艰。改景州蓨县尹。差民户为三等，均其徭役；刻孔子象，令社学祀事；每岁春行田，树畜勤敏者，赏以农器，人争趋事，地无遗力。民石安儿等，流离积年，至是，闻风复业。印识文簿，畀社长藏之，季月报县，不孝弟、不事生业者，悉书之，罚其输作。胥吏至社者，何人用饮食若干，多者责偿其直。豪猾者窜名职田户，思诚尽袪其弊。天历兵兴，豫贷钞于富民，令下造军器，事皆先集，民用不扰。于后得官价，亟以还民。翟彝自其大父因河南乱，被掠为人奴，岁纳丁粟以免作。思诚知彝力学，召其主与之约，终彝身粟三十石，仍代之输，彝得为良民。他日买羊，刘智社民李，持酒来见，诉其弟匿羊，思诚叱之退。王青兄弟四人，友爱弥笃，思诚至其家，取酒劝酬，欢同骨肉。李之兄弟相谓曰："我等终不敢见尹矣。"各具酒食相切责，悔前过，析居三十年,复还同爨。镇民张复,叔母孀居,且瞽,丐食以活,恐思诚闻之,即日迎养。思诚怜其贫,充为媒互人以养之。天旱,道士持青蛇,曰卢师谷小青,谓龙也,祷之即雨。思诚以其惑人,杀蛇,逐道士,雨亦随至,遂有年。县多淫祠,动以百余计,刑牲以祭者无虚日,思诚悉命毁之,唯存江都相董仲舒祠。

擢翰林国史院检阅官,俄升编修。文宗在奎章阁,有旨取国史阅之,左右舁匮以往,院长贰无敢言。思诚在末僚,独跪阁下争曰:"国史纪当代人君善恶,自古天子无观阅之者。"事遂寝。

寻擢国子监丞,升司业,拜监察御史。与斡玉伦徒等劾中书平章政事彻里帖木儿变乱朝政,章上,留中不下,思诚纳印绶殿前,遂出佥广西廉访司事。巡行郡县,土官有于元帅者,恃势鱼肉人,恐事觉,阴遣其子迓思诚于道,思诚缚之,悉发其阴私,痛惩其罪,一道震肃。

移浙西。达识帖睦迩时为南台御史大夫,与江浙省臣有隙,嗾思诚劾之,思诚曰:"吾为天子耳目,不为台臣鹰犬也。"不听。已而闻行省平章左吉贪墨,浙民多怨之,思诚奏疏其罪,流之海南。

复召为国子司业,迁中书左司员外郎。盗杀河南省臣,以伪檄呼廉访使段辅入行省事,及事败,诖误者三十余人,将置于法,思诚言于朝,皆释之。升左司郎中。思诚素刚直,人多嫉之,遂以言罢。起为右司郎中,拜刑部尚书。科举复行,与金书枢密院事韩镛为御试读卷官。改礼部尚书,御史台奏为治书侍御史,总裁辽、金、宋三史,升侍御史,枢密院奏为副使,御史台留为侍御史。会平章政事巩卜班不法,监察御史劾之,御史大夫也先帖木儿曰:"姑徐之。"思诚趣入奏,巩卜班罢。大夫衔思诚,将谋挤之,思诚即谒告,朝廷知思诚无他,迁河东廉访使。未几,召为集贤侍讲学士,兼国子祭酒。出为湖广行省参知政事,诸生抗疏留之,不可。道中授湖北廉访使,入拜中书参知政事,升左丞,转御史中丞。劾奏清道官不尽职,罢之。再任左丞、知经筵事,提调国子监,兼翰林学士承旨、知制诰兼修国史,加荣禄大夫,总裁《后妃》、《功臣传》,会粹《六条政类》,帝赐玉

带,眷顾弥笃。又为枢密副使,仍知经筵事,复为中书左丞。御史大
夫纳麟,诬参政孔思立受赇事,或欲连中思诚,纳麟曰:"吕左丞素
有廉声,难以及之。"遂止。

　　拜集贤学士,仍兼国子祭酒。吏部尚书偰哲笃、左司都事武祺
等,建言更钞法,以楮币一贯文省权铜钱一千文为母,铜钱为子,命
廷臣集议。思诚曰:"中统、至元自有母子,上料为母,下料为子,譬
之蒙古人以汉人子为后,皆人类也,尚终为汉人之子,岂有故纸为
父而立铜为子者乎?"一座咸笑。思诚又曰:"钱钞用法,见为一致,
以虚换实也。今历代钱、至正钱、中统钞、至元钞、交钞分为五项,虑
下民知之,藏其实而弃其虚,恐不利于国家也。"偰哲笃曰:"至元钞
多伪,故更之尔。"思诚曰:"至元钞非伪,人为伪尔。交钞若出,亦为
伪者矣。且至元钞,犹故戚也,家之童奴且识之交钞,犹新戚也,虽
不敢不亲,人未识也,其伪反滋多尔。况且祖宗之成宪,其可轻改
哉。"偰哲笃曰:"祖宗法弊,亦可改矣。"思诚曰:"汝辈更法,又欲上
诬世皇,是汝与世皇争高下也。且自世皇以来,诸帝皆谥曰孝,改其
成宪,可谓孝乎?"偰哲笃曰:"钱钞兼行何如?"思诚曰:"钱钞兼行,
轻重不伦,何者为母,何者为子,汝不通古今,道听而涂说,何足行
哉。"偰哲笃忿曰:"我等策既不可行,公有何策?"思诚曰:"我有三
字策曰:行不得! 行不得!"丞相脱脱见思诚言直,颇狐疑未决。御
史大夫也先帖木儿独曰:"吕祭酒之言亦有是者,但不当在庙堂上
大声厉色尔。"已而监察御史承望风旨,劾思诚狂妄,夺其诰命并所
赐玉带,复左迁湖广行省左丞,遣太医院宣使秦初即其家迫遣之。
初窘辱之,不遗余力,思诚不为动。贻书参议龚伯遂曰:"去年许可
用为河南左丞,今年吕思诚为湖广左丞,世事至此,足下得无动心
乎?"

　　抵武昌城下,语诸将曰:"贼据城与诸君相持经久,必不知吾为
此来,出其不意,可以入城"。遂行,诸将不获已,随其后,竟不烦转
斗而入。询其故,贼仓卒无备,尽惊走。思诚乃大会军民官吏告之
曰:"贼去,示吾弱也,规将复来。"于是申号令,戒职事,修器械,葺

城郭，明部伍，先谋自守，徐议出征。苗军暴横，侵辱省宪，思诚正色叱之曰："若等能杀吕左丞乎？"自是无敢复至。曾未数日，召还，复为中书左丞。

思诚去二日，城复陷。移光禄大夫、大司农。俄得疾，以至正十七年三月十七日卒，年六十有五。

思诚气宇凝定，素以劲拔闻，不为势利所屈。三为祭酒，一法许衡之旧，诸生从化，后多为名士。尝病古注疏太繁，魏了翁删之太简，将约其中以成书，不果。有文集若干卷、《两汉通纪》若干卷。谥忠肃。

汪泽民，字叔志，徽之婺源州人，宋端明殿学士藻之七世孙也。少警悟，家贫力学，既长，遂通诸经。延祐初，以《春秋》中乡贡，上礼部，下第，授宁国路儒学正。五年，遂登进士第，授承事郎、同知岳州路平江州事。以母年八十，上书愿夺所授官一等或二等，得近地以便养，不允。南归奉母之官。州民李氏，以赘雄，其弟死，妻誓不他适，兄利其财，嗾族人诬妇以奸事，狱成，而泽民至，察知其枉，为直之。会朝廷征江南包银，府檄泽民分办，民不扰而事集。

寻迁南安路总管府推官。镇守万户朵儿赤，持官府短长，郡吏王甲，殴伤属县长官，诉郡，同僚畏朵儿赤，托故不视事。泽民独捕甲，系之狱。朵儿赤赂巡按御史，受甲家人诉，欲出之，泽民正色与辨，御史沮怍，夜竟去，乃卒罪王甲。潮州府判官钱珍，以奸淫事杀推官梁楫，事连广东廉访副使刘珍，坐系者二百余人，省府官凡六委官鞫问，皆顾忌淹延弗能白，复檄泽民谳之，狱立具，人服其明。

迁信州路总管府推官。丁母忧，服除，授平江路总管府推官。有僧净广，与他僧有憾，久绝往来，一日，邀广饮，广弟子急欲得师财，且苦其箠楚，潜往它僧所杀之。明日诉官，它僧不胜考掠，乃诬服，三经审录，词无异，结案待报。泽民取行凶刀视之，刀上有铁工姓名，召工问之，乃其弟子刀也，一讯吐实，即械之而出他僧，人惊以为神。

调济宁路兖州知州，孔子后衍圣公袭封职三品，泽民建议，以谓宜升其品秩，以示褒崇宣圣之意，廷议从之。至正三年，朝廷修《辽》、《金》、《宋史》，召泽民赴阙，除国子司业，与修史。书成，迁集贤直学士，阶大中大夫。未两月，即移书告老，大学士和尚曰："集贤、翰林，实养老尊贤之地，先生何为遽去，愿少留，以副上意。"泽民曰："以布衣叨荣三品，志愿足矣。"遂以嘉议大夫、礼部尚书致仕。既归田里，与门生故人相往返嬉游，超然若忘世者。

十五年，蕲黄贼陷徽州，时泽民居宣州。已而贼来犯宣州，江东廉访使道童雅重泽民，日就之询守御计，城得无虞。明年，长枪军琐南班等叛，来寇城，或劝泽民去，择民曰："我虽无官守，故受国厚恩，临危爱死，非臣子节。"留不去，凡战斗筹画，多泽民参决之，累败贼兵。既而寇益众，城陷，泽民为所执，使之降，大骂不屈，遂遇害，年七十。事闻，赠资善大夫、江浙行中书省左丞，追封谯国郡公，谥文节。

干文传，字寿道，平江人。祖宗显，宋承信郎。父雷龙，乡贡进士。宗显之先世以武弁入官，而力教其子以文易武，故雷龙两举进士，宋亡，不及仕。及生文传，乃名今名以期之。

文传少嗜学，十岁能属文，未冠，已有声誉，用举者为吴及金坛两县学教谕、饶州慈湖书院山长。仁宗诏举进士，文传首登延佑二年乙科，授同知昌国州事，累迁长洲、乌程两县尹，升婺源知州，又知吴江州。

文传长于治剧，所至俱有善政。自其始至昌国，即能柔之以恩信，于是海岛之民，虽顽犷不易治，至有剽掠海中若化外然者，亦为之变俗。初，长官强愎自恣，文传推诚以待之，久乃自屈服。盐场官方倚转运司势，虐使州民，家业破荡。文传语同列曰："吾属受天子命，以牧此民，可坐视而弗之救乎。"乃亟为陈理，上官莫能夺，民赖以免。

长洲为文传乡邑，文传徙榻公署，无事未尝辄出，而亲旧莫敢通私谒。会创行助役法，凡民田百亩，令以三亩入官，为受役者之助。文传既专任其县事，而行省又以无锡州及华亭、上海两县之事诿焉。文传谕豪家大姓，以腴田来归，而中人之家，自是不病于役。

其在乌程，有富民张甲之妻王，无子，张纳一妾于外，生子，未晬，王诱妾以儿来，寻逐妾，杀儿焚之。文传闻而发其事，得死儿余骨，王厚贿妾之父母，买邻家儿为妾所生，儿初不死。文传令妾抱儿乳之，儿啼不就乳，妾之父母吐实，乃呼邻妇至，儿见之，跃入其怀，乳之即饮，王遂伏辜。丹徒县民有二弟共杀其姊者，狱久不决，浙西廉访司俾文传鞫之，既得其情，其母乞贷二子命，为终养计，文传谓二人所承有轻重，以首从论，则为首者当死，司官从之。

婺源之俗，男女婚聘后，富则渝其约，有育其女至老死不嫁者；亲丧，贫则不举，有停其柩累数世不葬者。文传下车，即召其耆老，使以礼训告之，阅三月而婚丧俱毕。宋大儒朱熹，上世居婺源，故业为豪民所占，子孙诉于有司，莫能直，文传谕其民以理，不烦穷治而悉归之。复募好义者，即其故宅基建祠，俾朱氏世守焉。有富民江丙，出游京师，婺娼女张为妇，江既客死，张走数千里，返其柩以葬，前妻之子困苦之，既而杀之，瘗其尸山谷间。官司知之，利其贿不问，文传乃发其事，而论如法。文传莅官，其所设施多此类，故其治行往往为诸州县最。韩镛时佥浙西廉访司事，作《乌程谣》以纪其绩，论者谓其有古循吏之风。

至正三年，召赴阙，承诏预修《宋史》，书成，赏赉优渥，仍有旨四品以下各进一官。擢文传集贤待制。亡何，以嘉议大夫、礼部尚书致仕。卒，年七十八。

文传气貌充伟，识度凝远，喜接引后进，考试江浙、江西乡闱，所取士后多知名。为文务雅正，不事浮藻，其于政事为尤长云。

韩镛，字伯高，济南人。延佑五年中进士第，授将仕郎、翰林国史院编修官，寻迁集贤都事。泰定四年，转国子博士，俄拜监察御史。当时由进士入官者仅百之一，由吏致位显要者常十之九。帝乃欲以中书参议傅岩起为吏部尚书，镛上言：“吏部掌天下铨衡，岩起从吏入官，乌足尽知天下贤才。况尚书秩三品，岩起累官四品耳，于法亦不得升。”制可其奏。

天历元年，除金浙西廉访司事，击奸暴，黜贪墨，而特举乌程县尹干文传治行为诸县最，所至郡县，为之肃然。二年，转江浙财赋副总管。至顺元年，除国子司业，寻迁南行台治书侍御史。

顺帝初，历金宣徽及枢密院事。至正二年，除翰林侍讲学士，既而拜侍御史，以刚介为时所忌，言事者诬劾其赃私，乃罢去。五年，台臣辨其诬，遂复起参议中书省事。

七年，朝廷慎选守令，参知政事魏中立言于帝：“当今必欲得贤守令，无加镛者。”帝乃特署镛姓名，授饶州路总管。饶之为俗尚鬼，有觉山庙者，自昔为妖以祸福人，为盗贼者事之尤至，将为盗，必卜之。镛至，即撤其祠宇，沉土偶人于江。凡境内淫祠有不合祀典者，皆毁之。人初大骇，已而皆叹服。镛知民可教，俾俊秀入学官，求宿儒学行俱尊者，列为《五经》师，旦望必幅巾深衣以谒先圣，月必考订课试，以示劝励。每治政之暇，必延见其师生，与之讲讨经义，由是人人自力于学，而饶之以科第进者，视他郡为多。镛居官廨，自奉澹泊，僚属亦皆化之。先是，朝使至外郡者，官府奉之甚侈，一不厌其所欲，即衔之，往往腾谤于朝，其出使于饶者，镛延见郡舍中，供以粝饭，退皆无有后言。其后有旨以织币脆薄，遣使笞行省臣及诸郡长吏。独镛无预。镛治政，虽细事，其详密多类此。

十年，拜中书参知政事。十一年，丞相脱脱在位，而龚伯遂辈方用事，朝廷悉议更张，镛有言，不见听。人或以镛优于治郡，而执政非其所长，遂出为甘肃行省参知政事。及脱脱罢，用事者悉诛，而镛又独免祸。乃迁西行台中丞，殁于官。

李稷，字孟豳，滕州人。稷幼颖敏，八岁能记诵经史。从其父官袁州，师夏镇，又从官铅山，师方回孙。镇、回孙皆名进士，长于《春秋》，稷兼得其传。

泰定四年,中进士第,授淇州判官。淇当要冲,稷至,能理其剧。岁大饥,告于朝堂以赈之,民获以苏。游民尚安儿,饮博亡赖,稷疑其为非,督弓兵擒之,果盗邻村王甲家财,与其党五人俱伏辜。调海陵县丞,亦有能声。入为翰林国史院编修官。擢御史台照磨。

至正初,出为江南行台监察御史,迁都事,又入为监察御史。劲奏阉宦高龙卜恃赖恩私,侵挠朝政,擅作威福,交通时相,请谒公行,为国基祸,乞加窜逐,以正邦刑。章上,流高龙卜于征东。又言:"御史封事,须至御前开拆,以防壅蔽之患。言事官须优加擢用,以开谏诤之路。殿中侍御史、给事中、起居注,须任端人直士,书百司奏请,及帝所可否,月达省台,付史馆,以备纂修之实。"承天护圣寺火,有旨更作,乃上言:"水旱相仍,公私俱乏,不宜妄兴大役。"议遂寝。会朝廷方注意守令,因言:"下县尹多从吏部铨注,或非其才,宜并归省选。茶盐铁课,责备长史,动受刑谴,何以临民,宜分委佐贰。投下达鲁花赤,蠹政害民,宜为佐贰。"帝悉可其奏。迁中书左司都事,又四迁为户部尚书。

十一年,廷议以中原租税不实,将履亩起税,稷诣都堂言曰:"方今妖寇窃发,民庶流亡,此政一行,是驱民为盗也。"相臣是之,寻参议中书省事,俄迁治书侍御史。

十二年,从丞相脱脱出师征徐州,徐既平,谒告归滕州,迁曾祖父以下十七丧,序昭穆以葬,敕赐碑树焉。既而召为詹事丞,除侍御史,俄迁中书参知政事。皇太子受册,摄大礼使,遂除枢密副使。帝躬祀郊庙,摄太常少卿,寻复为侍御史,又为中书参知政事,俄升资善大夫、御史中丞,寻特加荣禄大夫。

至正十九年,丁母忧,两起复,为陕西行省左丞、枢密副使,乞终制,不起。服阕,命为大都路总管,兼大兴府尹,除副詹事。二十四年,出为陕西行台中丞,未行,改山东廉访使。得疾,上章致仕,还京师。卒,年六十一。赠推忠赞理正宪功臣、集贤大学士、荣禄大夫、柱国,追封齐国公,谥文穆。

稷为人孝友恭俭,廉慎忠勤,处家严而有则,与人交,一以诚恪,尤笃于乡党朋友之谊。中丞任择善、陈思谦既没,皆抚其遗孤,人以是多之。出入台省者二十年,始卒无疵,为时名卿云。

盖苗,字耘夫,大名元城人。幼聪敏好学,善记诵,及弱冠,游学四方,艺业大进。延佑五年,登进士第,授济宁路单州判官。州多系囚,苗请疏决之,知州以为囚数已上,部使者未报,不可决。苗曰:"设使者有问,请身任其责。"知州乃勉从之。使者果阅牍而去。岁饥,白郡府,未有以应,会他邑亦以告,郡府遣苗至户部以请,户部难之,苗伏中书堂下,出糠饼以示曰:"济宁民率食此,况不得此食者尤多,岂可坐视不救乎!"因泣下,时宰大悟,凡被灾者,咸获赈焉。有官粟五百石陈腐,以借诸民,期秋熟还官,及秋,郡责偿甚急,部使者将责知州,苗曰:"官粟,实苗所赍,今民饥不能偿,苗请代还。"使者乃已其责。单州税粮,岁输馆陶仓,距单五百余里,载驮担负,民甚苦之,春犹未足,是秋,馆陶大熟,苗先期令民籴粟仓下,十月初,仓券已至,省民力什之五。

辟御史台掾,除山东廉访司经历,历礼部主事,擢江南行台监察御史。建言严武备以备不虞,简兵卒以壮国势,全功臣以隆大体,惜官爵以清铨选,考实行以抑奔竞,明赏罚以杜奸欺,计利害以孚民情,去民贼以崇礼节。皆切于时务,公论韪之。

天历初,文宗诏以建康潜邸为佛寺,务穷壮丽,毁民居七十余家,仍以御史大夫督其役。苗上封事曰:"臣闻使民以时,使臣以礼,自古未有不由斯道而致隆平者。陛下龙潜建业之时,居民困于供给,幸而获睹今日之运,百姓跂足举首,以望非常之恩。今夺农时以创佛寺,又废民居,使之家破产荡,岂圣人御天下之道乎?昔汉高帝兴于丰、沛,为复两县,光武中兴南阳,免税三年,既不务此,而隆重佛氏,何以满斯民之望哉!且佛以慈悲为心,方便为教,今尊佛氏而害生民,无乃违其方便之教乎?台臣职专纠察,表正百司,今乃委以修缮之役,岂其礼哉?"书奏,御史大夫果免督役。

入为监察御史。文宗幸护国仁王寺,泛舟玉泉,苗进曰:"今频年不登,边隅不靖,政当恐惧修省,何暇逸游,以临不测之渊乎?"帝嘉纳之,赐以对衣上尊,即日还宫。台臣拟苗佥淮东廉访司事以闻,帝曰:"仍留盖御史,朕欲闻其谠言也。"以丁外艰去,免丧,除太禧宗禋院都事。中书檄苗行视河道,还言:"河口淤塞,今苟不治,后日必为中原大患。"都水难之,事遂寝。

至正初,用荐者知亳州,修学宫,完州廨。有豪强占民田为己业,民五十余人诉于苗,苗讯治之,豪民咸自引服。苗曰:"尔等罪甚重,然吾观皆有改过意。"遂从轻议。至元四年,起为左司都事,在左司仅十八日,凡决数百事。丁内忧,宰相惜其去,重赙之。

至正二年,起为户部郎中,俄擢御史台都事,御史大夫欲以故人居言路,苗曰:"非其才也。"大夫不悦而起,其晚,邀至私第以谢,人两贤之。出为山东廉访副使。益都、淄、莱地旧称产金,朝廷建一府、六所综其事,民岁买金以输官,至是六十年矣,民有忤其官长意,辄谓所居地有金矿,掘地及泉而后止,猾吏为奸利,莫敢谁何。苗建言罢之。

三年,入为户部侍郎。四年,由都水监迁刑部尚书。初,盗杀河南省宪官,延坐五百余家,已有诏除首罪外,余从原宥。至是,宰臣追复欲尽诛戮,苗坚持不可,御史趣具狱,苗曰:"肆赦复杀,在法所无,御史独宜劾苗,其敢累朝廷之宽仁乎"。卒用苗议,罢之。出为山东廉访使,民饥为盗,所在群聚,乃上救荒弭盗十二事;劾宣慰使骫骳不法者。有司援例欲征苗所得职田,苗曰:"年荒民困,吾无以救,尚忍征敛以肥己耶!"辄命已之,同僚皆无敢取。召参议中书省事。

五年,出为陕西行台侍御史,迁陕西行省参知政事。六年,复入为治书侍御史,升侍御史,寻拜中书参知政事、同知经筵事。大臣以两京驰道狭隘,奏毁民田庐广之,已遣使督有司治之矣。苗执曰:"驰道创自至元初,何今日独为隘乎!"力辩,乃罢。又欲宿卫士悉出为郡长官,俾以养贫。苗议曰:"郡长所以牧民,岂养贫之地哉。果有不能自存,赐之钱可也。若任郡寄,必择贤才而后可。"议遂寝。又欲以钞万贯与角抵者，苗曰："诸处告饥，不蒙赈恤，力戏何功，获比重赏乎？"又，金四川廉访司事家人违例收职田，奉使宣抚，直坐其主。宰臣命奉使即行遣，苗请付法司详议，勿使宪司以为口实。于是时相顾谓僚佐曰："所以引盖君至枢机者，欲其相助也，乃每事相抗，何耶？今后有公务，毋白参政。"苗叹曰："猥以非才，待罪执政，中书之事，皆当与闻，今宰相言若此，不退何俟。"将引去，而适有旨拜江南行台御史中丞，然宰臣怒苗终不解，比至，即除甘肃行省左丞，时苗已致仕归田里矣。时宰复奏旨趣赴任，苗舁疾就道，至镇，即上言："西土诸王，为国藩屏，赐赉虽有常制，而有司牵于文法，遂使恩泽不以时及，有匮乏之忧，大非隆亲厚本之意。"又言："甘肃每岁中粮，奸弊百端，请以粮钞兼给，则军民咸利矣。"朝廷从之。迁陕西行御史台中丞，到官数日，即上疏乞骸骨，还乡里。明年卒，年五十八。赠摅诚赞治功臣、中书左丞、上护军，追封魏国公，谥文献。

　　苗学术淳正，性孝友，喜施与，置义田以赡宗族。平居恂恂谦谨，及至遇事，张目敢言，虽经挫折，无少回挠，有古遗直之风焉。

元史卷一八六
列传第七三

张桢　归旸　　陈祖仁　成遵
曹鉴　张翥

张桢，字约中，汴人。幼刻苦读书，登元统元年进士第，授彰德路录事，辟河南行省掾。桢初娶祁氏，祁生贵富家，颇骄纵，见桢贫，不为礼，合卺逾月，即出之。祁之兄讼于官，且污桢以黷昧事，左右司官听之，桢因移疾不出，滞案俱积。平章政事月鲁帖木儿怒曰："张桢，刚介士也，岂汝曹所当议耶！"郎中虎者秃谒而谢之，乃起。范孟为乱，矫杀月鲁帖木儿等，城中大扰，桢暮夜缒城出，得免。

逾年，除高邮县尹，门无私谒。县民张提领，尚任侠，武断乡曲。一日，至县有所嘱，桢执之，尽得其罪状，里中受其抑者，咸来诉焉，乃杖而徙之，人以为快。守城千户狗儿妻崔氏，为其小妇所潜，虐死，其鬼凭七岁女诣县诉桢，备言死状，尸见瘗舍后，桢率吏卒即其所，发土得尸，拘狗儿及小妇，鞫之，皆伏辜，人以为神明焉。

累除中政院判官，至正八年，拜监察御史，劾太尉阿乞刺欺罔之罪，并言："明里董阿、也里牙、月鲁不花皆陛下不共戴天之仇，伯颜贼杀宗室嘉王、郯王一十二口，稽之古法，当伏门诛，而其妻子兄弟尚仕于朝，宜急诛窜。别儿怯不花阿附权奸，亦宜远贬。今灾异迭见，盗贼蜂起，海寇敢于要君，阃帅敢于玩寇，若不振举，恐有唐末藩镇噬脐之祸。"不听。

及毛贵陷山东，上疏陈十祸，根本之祸有六，征讨之祸有四，历数其弊：一曰轻大臣，二曰解权纲，三曰事安逸，四曰杜言路，五曰离人心，六曰滥刑狱，所谓根本之祸六也。其言事安逸之祸，略曰：

臣伏见陛下以盛年入纂大统，履艰难而登大宝，因循治安，不预防虑，宽仁恭俭，渐不如初。今天下可谓多事矣，海内可谓不宁矣，天道可谓变常矣，民情可谓难保矣，是陛下警省之时，战兢惕厉之日也。陛下宜卧薪尝胆，奋发悔过，思祖宗创业之难，而今日坠亡之易，于是而修实德，则可以答天意，推至诚，则可以回人心。凡土木之劳，声色之好，燕安鸩毒之戒，皆宜痛撤勇改。有不尽者，亦宜防微杜渐，而禁于未然，黜宫女，节浮费，畏天恤人。而陛下乃安焉处之，如天下太平无事时，此所谓根本之祸也。

至若不慎调度，不资群策，不明赏罚，不择将帅，所谓征讨之祸四也。其言不明赏罚之祸，略曰：

臣伏见调兵六年，初无纪律之法，又无激劝之宜，将帅因败为功，指虚为实，大小相谩，上下相依，其性情不一，而邀功求赏同。是以有覆军之将，残民之将，怯懦之将，贪婪之将，曾无惩戒，所经之处，鸡犬一空，货财俱尽。及其面谀游说，反以克复受赏。今克复之地，悉为荒墟，河南提封三千余里，郡县星罗棋布，岁输钱谷数百万计，而今所存者，封丘、延津、登封、偃师三四县而已。两淮之北，大河之南，所在萧条。夫有土有人有财，然后可望军旅不乏，馈饷不竭。今寇敌已至之境，固不忍言，未至之处，尤可寒心。如此而望军旅不乏，馈饷不竭，使天雨粟，地涌金，朝夕存亡且不能保，况以地力有限之费，而供将帅无穷之欲哉。其为自启乱阶，亦已危矣。陛下事佛求福，饭僧消祸，以天寿节而禁屠宰，皆虚名也。今天下杀人矣，陛下泰然不理，而曰吾将以是求福，福何自而至哉。颍上之寇，始结白莲，以佛法诱众，终饰威权，以兵抗拒，视其所向，骎骎可畏，其势不至于亡吾社稷、烬吾国家不已也。堂堂天朝，不思靖乱，而反为阶乱，其祸至惨，其毒至深，其关系至大，有识者为之扼腕,有志者为之痛心,此征讨之祸也。
疏奏,不省。权臣恶其讦直。

二十一年,除金山南道肃政廉访司事,至则劾中书参知政事也
先不花、枢密院副使脱脱木儿、治书侍御史奴奴弄权误国之罪,又
不报。方是时,孛罗帖木儿驻兵大同,察罕帖木儿驻兵洛阳,而毛贵
据山东,势逼京畿,二将玩寇不进,方以争晋、冀为事,构兵相攻,互
有胜负,朝廷乃遣也先不花、脱脱木儿、奴奴往解之,既受命,不前
进。桢又言其"贪懦庸鄙,苟怀自安之计,无忧国致身之忠。朝廷将
使二家释憾,协心讨贼,此国之大事,谓宜风驰电走,而乃迂回退
慑,枉道延安以西,绕曲数千里,迟迟而行,使两军日夜仇杀,黎庶
肝脑涂地,实此三人之所致也,宜急殛之,以救时危。"亦不报。桢乃
慨然叹曰:"天下事不可为矣。"即辞去,居河中安邑山谷间,结茅仅
容膝,有访之者,不复言时事,但对之流涕而已。

二十四年,孛罗帖木儿犯阙,皇太子出居冀宁,奏除赞善,又除
翰林学士,皆不起。扩廓帖木儿将辅皇太子入讨孛罗帖木儿,遣使
传皇太子旨,赐以上尊,且访时事,桢复书曰:

今燕、赵、齐、鲁之境,大河内外,长淮南北,悉为丘墟,关
陕之区,所存无几,江左日思荐食上国,湘汉荆楚川蜀,淫名僭
号,幸我有变,利我多虞。阁下国之右族,三世二王,得不思廉、
蔺之于赵,寇、贾之于汉乎?京师一残,假有不逞之徒,崛起草
泽,借名义,尊君父,倡其说于天下,阁下将何以处之乎!守京
师者,能聚不能散,御外侮者,能进不能退,纷纷籍籍,神分志
夺,国家之事,能不为阁下忧乎!志曰'不备不虞,不可以为
师',仆之倦倦为言者,献忠之道也。然为言大要有三:保君父,
一也;扶社稷,二也;卫生灵,三也。

请以近似者陈其一二:卫出公据国,至于不父其父;赵有
沙丘之变,其臣成、兑平之,不可谓无功,而后至于不君其君;
唐肃宗流播之中,怵于邪谋,遂成灵武之篡。千载之下,虽有智
辩百出,不能为雪。呜呼!是岂可以不鉴之乎!

　　然吾闻之，天之所废不骤也，骤其得志，肆其宠乐，使忘其觉悟之心，非安之也，厚其毒而降之罚也。天遂其欲，民厌其汰，而鬼神弗福也。其能久乎？阁下览观焉，谋出于万全，则善矣。询之舆议，急则其变不测，徐则其衅必起，通其往来之使，达其上下之情，得其情，则得其策矣。孔子曰：‘君君，臣臣，父父，子子。’今九重在上者如寄，青宫在下者如寄，生民之忧，国家之忧也，可不深思而熟计之哉！

　　扩廓帖木儿深纳其说，是用事克有成。后三年，卒。

　　归旸，字彦温，汴梁人。将生，其母杨氏梦朝日出东山上，有轻云来掩之，故名旸。学无师传，而精敏过人。登至顺元年进士第，授同知颍州事，锄奸击强，人不敢以年少易之。山东盐司遣奏差至颍，恃势为不法，旸执以下狱。时州县奉盐司甚谨，颐指气使，辄奔走之，旸独不为屈。转大都路儒学提举，未上。

　　至元五年十一月，杞县人范孟谋不轨，诈为诏使，至河南省中，杀平章月鲁帖木儿、左丞劫烈、廉访使完者不花、总管撒里麻，召官属及去位者，署而用之，以段辅为左丞，使旸北守黄河口，旸力拒不从，贼怒，系于狱，众叵测所为，旸无惧色。已而贼败，污贼者皆获罪，旸独免。同里有吴炳者，尝以翰林待制征，不起。贼呼炳司卯酉历，炳不敢辞。时人为之语曰：“归旸出角，吴炳无光。”旸自此名誉赫然。明年，转国子博士，拜监察御史。及入谢，台臣奏曰：“此即河南抗贼者也。”帝曰：“好事卿宜数为之。”赐以上尊。已而辞官归，养亲汴上，亲既殁，家食久之。

　　至正五年，除佥河南廉访司事，行部西京，以法绳赵王府官属之贪暴者；王三遣使请，不为动。宣宁县有杀人者，蔓引数十人，一讯得其情，尽释之。沁州民郭仲玉，为人所杀，有司以蒲察山儿当之，旸察其诬，踪迹得其杀人者，山儿遂不死。六年，转佥淮东廉访司事，改宣文阁监书博士，兼经筵译文官。

　　七年，迁右司都事。顺江酋长乐孙求内附，请立宣抚司及置郡县一十三处，旸曰："古人有言：鞭虽长，不及马腹。使郡县果设，有事不救，则孤来附之意，救之，则罢中国而事外夷，所谓获虚名而受实祸也。"与左丞吕思诚抗辨甚力，丞相太平笑曰："归都事善戆如此，何相抗乃尔邪！然其策果将焉出？"旸曰："其酋长可授宣抚，勿责其贡赋，使者赐以金帛，遣归足矣。"卒从旸言。京师苦寒，有丐诉丞相马前，丞相索皮服予之，仍核在官所藏皮服之数，悉给贫民。旸曰："宰相当以广济天下为心，皮服能几何，而欲给之邪！莫若录寒饥者，稍赈之耳。"丞相悟而止。云南死可伐叛，诏以元帅述律遵道往喻之；未几，命平章政事亦都浑将兵讨之，事久无功。二人上疏纷纭，中书欲罪述律，旸曰："彼事未白，而专罪一人，岂法意乎？况一谕之而一讨之，彼将何所适从，然亦非使者之罪也。"湖广行省左丞沙班卒，其子沙的，方为中书掾，请奔丧，丞相以沙的有兄弟，不许，旸曰："孝者，人子之同情，以其有兄弟而沮其请，非所以孝治天下也。"遂从之。广海瑶贼入寇，诏朵儿只丹将思播杨元帅军以讨之，旸曰："易军而将不谙教令，恐不能决胜。若命杨就统其众，彼悦于恩命，必能自效，所谓以夷狄攻夷狄，中国之利也。"帝不从，后竟无功。

八年，升左司员外郎。中书用旸言，损河间余盐五万引以裕民。楮币壅不行，廷议出楮币五百万锭易银实内藏，旸复持不可曰："富商大贾，尽易其钞于私家，小民何利哉！"六月，迁参议枢密院事。时方国珍未附，诏江浙行省参知政事朵儿只丹讨之，一军皆没，而朵儿只丹被执，将罪之，旸曰："将之失利，其罪固当，然所部皆北方步骑，不习水战，是驱之死地耳。宜募海滨之民习水利者擒之。"既而国珍遣人从朵儿只丹走京师请降，旸曰："国珍已败我王师，又拘我王臣，力屈而来，非真降也。必讨之以令四方。"时朝廷方事姑息，卒从其请，后果屡叛，如旸言。迁御史台都事，俄复参议枢密院事，十二月，升枢密院判官。

九年正月，转河西廉访使，未上，改礼部尚书。会开端本堂，皇太子就学，召旸为赞善。未几，迁翰林直学士、同修国史，仍兼前职。

旸言:"师傅当与皇太子东西相向授书,其属亦次列坐,虚其中座,以待至尊临幸,不然,则师道不立矣。"时众言人人殊,卒从旸议。俄以疾辞,帝遣左司郎中赵琏赐白金文绮,不受。初,旸在上都时,脱脱自甘州还,且入相,中书参议真期颐、员外郎李稷谒旸私第,致脱脱之命,属草诏,旸辞曰:"丞相将为伊、周事业,入相之诏,当命词臣视草,今属笔于旸,恐累丞相之贤也。"期颐曰:"若帝命为之,奈何?"旸曰:"事理非顺,亦当固辞。"期颐知不可屈,乃已。十年正月,迁四川行省参知政事,十二年,除刑部尚书,十五年,再除刑部尚书,凡三迁,皆疾辞。

十七年,授集贤学士,兼国子祭酒,使者迫之,旸舆疾至京师,卧于南城不起。时海内多故,旸上三策:一曰振纪纲,二曰选将材,三曰审形势。亹亹数千言,时以为老生常谈,不能用。十一月,以集贤学士、资德大夫致仕,给半俸终身,辞不受。明年,乞骸骨,侨居弘州,徙蔚州,又徙宣德,皆间关避兵,寻抵大同,及关陕小宁,来居解之夏县。皇太子出冀宁,强起之,居数月,复还夏县。二十七年卒,年六十三。

陈祖仁,字子山,汴人也。其父安国,仕为常州晋陵尹。祖仁性嗜学,早从师南方,有文名。

至正元年,科举复行,祖仁以《春秋》中河南乡贡。明年会试,在前列,及对策大廷,遂魁多士,赐进士及第,授翰林修撰、同知制诰,兼国史院编修官。历太庙署令、太常博士,迁翰林待制,出金山东肃政廉访司事,擢监察御史,复出为山北肃政廉访司副使,召拜翰林直学士,升侍讲学士,除参议中书省事。

二十年五月,帝欲修上都宫阙,工役大兴,祖仁上疏,其略曰:

> 自古人君,不幸遇艰虞多难之时,孰不欲奋发有为,成不世之功,以光复祖宗之业。苟或上不奉于天道,下不顺于民心,缓急失宜,举措未当,虽以此道持盈守成,犹或致乱,而况欲拨乱世反之正乎!

　　夫上都宫阙,创自先帝,修于累朝,自经兵火,焚毁殆尽,所不忍立,此陛下所为日夜痛心,所宜亟图兴复者也。然今四海未靖,疮痍未瘳,仓库告虚,财用将竭,乃欲驱疲民以供大役,废其耕耨,而荒其田亩,何异扼其吭而夺之食,以速其毙乎!

　　陛下追惟祖宗宫阙,念兹在兹,然不思今日所当兴复,乃有大于此者。假令上都宫阙未复,固无妨于陛下之寝处,使因是而违天道,失人心,或致大业之隳废,则夫天下者,亦祖宗之天下,生民者,亦祖宗之生民,陛下亦安忍而轻重之乎!愿陛下以生养民力为本,以恢复天下为务,信赏必罚,以驱策英雄,亲正人,远邪佞,以图谋治道。夫如是,则承平之观,不日咸复,讵止上都宫阙而已乎!

　　疏奏,帝嘉纳之。

　　二十三年十二月,拜治书侍御史。时宦者资正使朴不花与宣政使橐欢,内恃皇太子,外结丞相搠思监,骄恣不法,监察御史傅公让上章暴其过,忤皇太子意,左迁吐蕃宣慰司经历。它御史连章论谏,皆外除。祖仁上疏皇太子言:

　　御史纠劾橐欢、不花奸邪等事,此非御史之私言,乃天下之公论,台臣审问尤悉,故以上启。

　　今殿下未赐详察,辄加沮抑,摈斥御史,诘责台臣,使奸臣蠹政之情,不得达于君父,则亦过矣。

　　夫天下者,祖宗之天下,台谏者,祖宗之所建立,以二竖之微,而于天下之重、台谏之言,一切不恤,独不念祖宗乎!且殿下职分,止于监国抚军、问安视膳而已,此外予夺赏罚之权,自在君父,今方毓德春宫,而使谏臣结舌,凶人肆志,岂惟君父徒拥虚器,而天下苍生,亦将奚望!

　　疏上,皇太子怒,令御史大夫老的沙谕祖仁,以谓"台臣所言虽是,但橐欢等俱无是事,御史纠言不实,已与美除。昔裕宗为皇太子,兼中书令、枢密使,凡军国重事合奏闻者,乃许上闻,非独我今日如是也。"祖仁乃复上疏言：

　　御史所劾，得于田野之间，殿下所询，不出宫墙之外，所以全此二人者，止缘不见其奸。昔唐德宗云'人言卢杞奸邪，朕殊不觉'。使德宗早觉，杞安得相，是杞之奸邪，当时知之，独德宗不知尔。今此二人，亦皆奸邪，举朝知之，在野知之，天下知之，独殿下未知耳。且裕宗既领军国重事，理宜先阅其纲。若至台谏封章，自是御前开拆，假使必皆经由东宫，君父或有差失，谏臣有言，太子将使之闻奏乎，不使之闻奏乎？使之闻奏，则伤其父心，不使闻奏，则陷父于恶，殿下将安所处！如知此说，则今日纠劾之章，不宜阻矣，御史不宜斥矣，斥其人而美其除，不知御史所言，为天下国家乎，为一身官爵乎？斥者去，来者言，言者无穷，而美除有限，殿下又安所处？

　　祖仁疏既再上，即辞职，而御史下至吏卒皆辞闲。于是皇太子以其事闻，朴不花、橐欢乃皆辞退。而天子令老的沙谕旨祖仁等，祖仁复上书天子曰："祖宗以天下传之陛下，今乃坏乱不可救药，虽曰天运使然，亦陛下刑赏不明所致也。且区区二竖，犹不能除，况于大者，愿陛下下俯从台谏之言，摈斥此二人，不令其以辞退为名，成其奸计，使海内皆知陛下信赏必罚自二人始，则将士孰不效力，天下可全，而有以还祖宗。若犹优柔不断，则臣宁有饿死于家，誓不与之同朝，牵联及祸，以待后世正人同罪。

　　书奏，天子大怒。而是时侍御史李国凤亦上疏，言此二人必当斥。于是台臣自老的沙以下皆左迁，而祖仁出为甘肃行省参知政事。时天极寒，衣单甚，以弱女托于其友朱毅，即日就道。

　　明年七月，孛罗帖木儿入中书为丞相，除祖仁山北道肃政廉访使，召拜国子祭酒，迁枢密副使，累上疏言军政利害，不报，辞职。除翰林学士，遂拜中书参知政事。是时天下乱已甚，而祖仁性刚直，遇事与时宰论议数不合，乃超授其阶荣禄大夫，而仍还翰林为学士，寻迁太常礼仪院使。

　　二十七年，大明兵已取山东，而朝廷方疑扩廓帖木儿有不臣之

心,专立抚军院,总兵马备之。祖仁乃与翰林学士承旨王时、待制黄
哻、编修黄肃,伏阙上书言:

　　近者南军侵陷全齐,不逾月而逼畿甸,朝廷虽命丞相也速
出师,军马数少,势力孤危,而中原诸军,左牵右掣,调度失宜,
京城四面,茫无屏蔽,宗社安危,正在今日。臣愚等以为驭天下
之势,当论其轻重强弱,远近先后,不宜胶于一偏,狃于故辙。
前日南军僻在一方,而扩廓帖木儿近在肘腋,势将窃持国柄,
故宜先于致讨,则南军远而轻,而扩廓帖木儿近而重也。今扩
廓帖木儿势已穷蹙,而南军突至,势将不利于宗社,故宜先于
救难,则扩廓帖木儿弱而轻,南军近而重也。陛下宽仁涵育,皇
太子贤明英断,当此之时,宜审其轻重强弱,改弦更张,而抚军
诸官,亦宜以公天下为心,审时制宜。今扩廓帖木儿党与离散,
岂能复振,若止分拨一军逼袭,必就擒获,其余彼中见调一应
军马,令其倍道东行,勤王赴难,与也速等声势相援,仍遣重
臣,分道宣谕催督,庶几得宜。如复胶于前说,动以言者为扩廓
帖木儿游说,而钳天下之口,不幸猝有意外之变,朝廷亦不得
闻,而天下之事去矣。

书上,不报。

十二月,祖仁又上书皇太子,言:

　　近日降诏,削河南军马之权,虽所当然,然此项军马,终为
南军之所忌。设使其有悖逆之心,朝廷以忠臣待之,其心愧沮,
将何所施。今未有所见,遽以此名加之,彼若甘心以就此名,其
害有不可言者。朝廷苟善用之,岂无所助,然人皆知之而不敢
言者,诚恐诬以受财游说罪名,无所昭雪也。况闻扩廓帖木儿
屡上书疏,明其心曲,是其心未绝于朝廷,以待朝廷之开悟。当
今为朝廷计者,不过战、守、迁三事。以言乎战,则资其掎角之
势;以言乎守,则望其勤王之师;以言乎迁,则假其藩卫之力。
极力勉厉使行,犹恐迟晚,岂可使数万之师,弃置于一方。当此
危急之秋,宗社存亡,仅在旦夕,不幸一日有唐玄宗仓卒之出,

则是以祖宗百年之宗社,朝廷委而弃之,此时虽欲碎首杀身,何济于事!故今不复避忌,惟以宗社存亡为重,奉疏以闻。疏上,亦不报。

二十八年秋,大明兵进压近郊,有旨命祖仁及同金太常礼仪院事王逊志等载太庙神主,从皇太子北行。祖仁等乃奏曰:“天子有大事出,则载主以行,从皇太子,非礼也。”帝然之,还守太庙以俟命。俄而天子北奔,祖仁守神主,不果从。八月二日,京师破,将出健德门,为乱军所害,时年五十五。

祖仁一目眇,貌寝,身短瘠,而语音清亮,议论伟然,负气刚正,似不可犯者。其学博而精,自天文、地理、律历、兵乘、术数、百家之说,皆通其要。为文简质,而诗靖丽,世多称传之。

王逊志,字文敏,恽之曾孙也。以荫授侍仪司通事舍人,历隰州判官、大宁县尹,擢陕西行台监察御史,累迁金汉中、河西、山北三道肃政廉访司事,入为工部员外郎,迁礼部郎中,拜监察御史。劾詹事不兰奚、平章宜童皆逆臣子孙,当屏诸遐裔。除太府少监,出为江西廉访副使,召金太常礼仪院事。

京城不守,公卿争出降,逊志独家居,衣冠而坐。其友中政院判官王翼来告曰:“新朝宽大,不惟不死,且仍与官,盍出诣官自言状。”逊志怫然斥之曰:“君既自不忠,又诱人为不义耶!”因戒其子曰:“汝谨继吾宗。”即自投井中死。

成遵,字谊叔,南阳穰县人也。幼敏悟,读书日记数千百言。年十五,丧父。家贫,勤苦不废学问。二十能文章。时郡中先辈无治进士业者,遵欲为,以不合程式为患。一日,愤然曰:“《四书》、《五经》吾师也。文无逾于《史》、《汉》、韩、柳。区区科举之作,何难哉。”会杨惠初登第,来尹穰,遵乃书所作数十篇见之。惠抚卷大喜,语之曰:“以此取科第,如拾芥耳。”

　　至顺辛未,至京师,受《春秋》业于夏镇,遂入成均为国子生。时陈旅为助教,喜其文,数以语于奎章阁侍书学士虞集,集亟欲见之,旅令以已马俾遵驰诣集,集方有目疾,见遵来,迫而视之,曰:"适观生文,今见生貌,公辅器也。吾老矣,恐不及见,生当自爱重也。"元统改元,中进士第,授将仕郎、翰国史院编修官。明年,预修泰定、明宗、文宗三朝实录。后至元四年,升应奉翰文字。五年,辟御史台掾。

　　至正改元,擢太常博士。明年,转中书检校,寻拜监察御史。扈从至上京,上封事,言天子宜慎起居,节嗜欲,以保养圣躬,圣躬安则宗社安矣。言甚迫切,帝改容称善。又言台察四事:一曰差遣台臣,越职问事;二曰左迁御史,杜塞言路;三曰御史不思尽言,循阿求进;四曰体复廉访声迹不实,贤否混淆。帝皆嘉纳之,谕台臣曰:"遵所言甚善,皆世祖风纪旧规也。"特赐上尊旌其忠。遵又言江浙火灾当赈恤,及劲火鲁忽赤不法十事,皆从之。复上封事,言时务四事:一曰法祖宗,二曰节财用,三曰抑奔竞,四曰明激劝。奏入,帝称善久之,命中书速议以行。是岁,言事并举劾凡七十余事,皆指讦时弊,执政者恶之。三年,自刑部员外郎,出为陕西行省员外郎,以母病辞归。五年,丁母忧。

　　八年,擢金淮东肃政廉访司事,改礼部郎中,奉使山东、淮北察守令贤否,得循良者九人,贪懦者二十一人,奏之。九人者,赐上尊币帛,仍加显擢;其二十一人悉黜之。

　　九年,改刑部郎中,寻迁御史台都事。时台臣有嫉赃吏多以父母之忧免者,建论今后官吏,凡被案劾赃私,虽父母死,不许归葬,须竟其狱,庶恶人不获幸免。遵曰:"恶人固可怒,然与人伦孰重。且国家以孝治天下,宁失罪人千百,不可使天下有无亲之吏。"御史大夫是其言。升户部侍郎。

　　十年,迁中书右司郎中。时刑部狱按久而不决者积数百,遵与其僚分阅之,共议其轻重,各当其罪,未几,无遗事。时有令输粟补官,有匿其奸罪而入粟得七品杂流者,为怨家所告,有司议输粟例,无有过不与之文,遵曰:"卖官鬻爵,已非盛典,况又卖官与奸淫之人，其将何以为治。必夺其敕，还其粟，著为令，乃可。”省臣从之。除工部尚书。先是，河决白茅，郓城、济宁皆为巨浸。或言当筑堤以遏水势，或言必疏南河故道以杀水势，而漕运使贾鲁言：“必疏南河，塞北河，使复故道。役不大兴，害不能已。”廷议莫能决。乃命遵偕大司农秃鲁行视河，议其疏塞之方以闻。

十一年春，自济宁、曹、濮、汴梁、大名，行数千里，掘井以量地形高下，测岸以究水势之深浅，遍阅史籍，博采舆论，以谓河之故道，不可得复，其议有八。而丞相脱脱，已先入贾鲁之言，及遵与秃鲁至，力陈不可，且曰：“济宁、曹、郓，连岁饥馑，民不聊生，若聚二十万人于此地，恐后日之忧，又有重于河患者。”脱脱怒曰：“汝谓民将反耶！”自辰至酉，辨论终不能入。明日，执政者谓遵曰：“修河之役，丞相意已定，且有人任其责矣，公其毋多言，幸为两可之议。”遵曰：“腕可断，议不可易也。”由是遂出为大都河间等处都转运盐使。初，汝、汴二郡多富商，运司赖之，是时，汝宁盗起，侵汴境，朝廷调兵往讨，括船运粮，以故舟楫不通，商贩遂绝。遵随事处宜，国课皆集。

十四年，调武昌路总管。武昌自十二年为沔寇所残毁，民死于兵疫者十六七，而大江上下，皆剧盗阻绝，米直翔涌，民心遑遑。遵言于省臣，假军储钞万锭，募勇敢之士，具戈船，截兵境，且战且行，籴粟于太平、中兴，民赖以全活者众。会省臣出师，遵摄省事，于是省中府中，惟遵一人，乃远斥候，塞城门，籍民为兵，得五千余人，设万夫长四，配守四门，所以为防御之备甚至，号令严肃，赏罚明当。贼船往来江中，终不敢近岸，城赖以安。

十五年，擢江南行台治书侍御史，召拜参议中书省事。时河南之贼，数渡河而北，焚掠郡县，上下视若常事。遵率左右司僚佐，持其牍诣丞相言曰：“今天下州县，丧乱过半，河北之民稍安者，以天堑黄河为之障，贼兵虽至，不能飞渡，所以剥肤椎髓以供军储而无深怨者，视河南之民，犹得保其室家故也。今贼北渡河而官军不御，是大河之险已不能守，河北之民复何所恃乎？河北民心一摇，国势将如之何！"语未毕，哽咽不能言，宰相已下皆为之挥涕，乃以入奏。帝诏即遣使罪守河将帅，而守御自是亦颇严。

先是，湖广倪贼，质威顺王之子，而遣人请降，求为湖广行省平章，朝臣欲许者半，遵曰："平章之职，亚宰相也。承平之时，虽德望汉人，抑而不与，今叛逆之贼，挟势要求，轻以与之，如纲纪何！"或曰："王子，世皇嫡孙也，不许，是弃之与贼，非亲亲之道也。"遵曰："项羽执太公，欲烹之以挟高祖，高祖乃以分羹答之，奈何今以王子之故，废天下大计乎！"众皆韪其论。除治书侍御史，俄复入中书为参知政事。离省仅六日，丞相每决大议，则曰"姑少缓之"，众莫晓其意，及遵拜执政，喜曰："大政事今可决矣。"

十七年，升中书左丞，阶资善大夫，分省彰德。是时，太平在相位，以事忤皇太子，皇太子深衔之，欲去之而未有以发，以为遵及参知政事赵中，皆太平党也，遵、中两人去，则太平之党孤。十九年，用事者承望风旨，嗾宝坻县尹邓守礼弟邓子初等，诬遵与参政赵中、参议萧庸等六人皆受赃，皇太子命御史台、大宗正府等官杂问之，锻练使成狱，遵等竟皆杖死，中外冤之。二十四年，御史台臣辩明遵等皆诬枉，诏复给还其所授宣敕。

曹鉴，字克明，宛平人。颖悟过人，举止异常儿，既冠，南游，具通《五经》大义。

大德五年，用翰林侍讲学士郝彬荐，为镇江淮海书院山长。十一年，南行台中丞廉恒辟为掾史。丁内艰，复起，补掾史，除兴文署。命伴送安南使者，沿途问难倡和，应答如响，使者叹服，以为中国有人。

至治二年，授江浙行省左右司员外郎。明年，奉旨括释氏白云宗田，稽检有方，不数月而事集，纤豪无扰。泰定七年，迁湖广行省左右司员外郎。时丞相忽剌歹怙势恣纵，妄为威福，僚属多畏避，鉴遇事徇理辄行，独不为回挠。湖北廉访司举鉴宜居风纪，不报。

天历元年，调江浙财赋府副总管。属淮、浙大水，民以灾告，鉴损其赋什六七,势家因而诡免者,鉴核实,谕令首输。元统二年,升同佥太常礼仪院,鉴习典故,达今古,凡礼乐、度数、名物,罔不周知。因集议明宗皇后祔庙事,援礼据经,辩析详明,君子多之。至元元年,以中大夫升礼部尚书,俄感疾而卒,年六十五。追封谯郡侯,谥文穆。

鉴天性纯孝,亲族贫乏者,周恤恐后。历官三十余年,僦屋以居。殁之日,家无余赀,唯蓄书数千卷,皆鉴手较定。鉴为诗赋,尚《骚》、《雅》,作文法西汉,每篇成,学者争相传诵。有文集若干卷藏于家。

鉴任湖广员外时,有故掾顾渊伯,以辰砂一包馈鉴,鉴漫尔置箧笥中。半载后,因欲合药剂,命取视之,乃有黄金三两杂其中,览惊叹曰:“洲伯以我为何如人也。”洲伯已殁,鉴呼其子归之。其廉慎不欺如此。

张翥,字仲举,晋宁人。其父为吏,从征江南,调饶州安仁县典史,又为杭州钞库副使。

翥少时,负其才隽,豪放不羁,好蹴鞠,喜音乐,不以家业屑其意,其父以为忧。翥一旦翻然改曰:“大人勿忧,今请易业矣。”乃谢客,闭门读书,昼夜不暂辍,因受业于李存先生。存家安仁,江东大儒也,其学传于陆九渊氏,翥从之游,道德性命之说,多所研究。未几,留杭,又从仇远先生学。远于诗最高,翥学之,尽得其音律之奥,于是翥遂以诗文知名一时。已而薄游维扬,居久之,学者及门甚众。

至元末,同郡傅岩起居中书,荐翥隐逸。至正初,召为国子助教,分教上都生。寻退居淮东,会朝廷修辽、金、宋三史,起为翰林国史院编修官。史成,历应奉、修撰,迁太常博士,升礼仪院判官,又迁翰林,历直学士、侍讲学士,乃以侍读兼祭酒。翥勤于诱掖后进,绝去崖岸,不徒以师道自尊,用是学者乐亲炙之。有以经义请问者,必历举众说,为之折衷,论辩之际,杂以谈笑,无不厌其所得而后已。

尝奉旨诣中书,集议时政,众论蜂起,翥独默然。丞相搠思监曰："张先生平日好论事,今一语不出何耶?"翥对曰："诸人之议,皆是也。但事势有缓急,施行有先后,在丞相所决耳。"搠思监善之。明日,除集贤学士,俄以翰林学士承旨致仕,阶荣禄大夫。

孛罗帖木儿之入京师也,命翥草诏,削夺扩廓帖木儿官爵,且发兵讨之,翥毅然不从。左右或劝之,翥曰："吾臂可断,笔不能操也。"天子知其意不可夺,乃命他学士为之。孛罗帖木儿虽知之,亦不以为怨也。及孛罗帖木儿既诛,诏乃以翥为河南行省平章政事,仍翰林学士承旨致仕,给全俸终其身。二十八年三月卒,年八十二。

翥长于诗,其近体、长短句尤工。文不如诗,而每以文自负。常语人曰："吾于文已化矣,盖吾未尝构思,特任意属笔而已。"它日,翰林学士沙剌班示以所为文,请易置数字,苦思者移时,终不就。沙剌班曰："先生于文,岂犹未化耶,何思之苦也?"翥因相视大笑。盖翥平日善谐谑,出谈吐语,辄令人失笑,一座尽倾,入其室,蔼然春风中也。所为诗文甚多。无丈夫子。及死,国遂亡,以故其遗稿不传。其传者,有律诗、乐府,仅三卷。翥尝集兵兴以来死节死事之人为书,曰《忠义录》,识者题之。

元史卷一八七
列传第七四

乌古孙良桢　贾鲁　逯鲁曾
贡师泰　周伯琦　吴当

乌古孙良桢,字干卿,世次见父泽传。资器绝人,好读书。

至治二年,荫补江阴州判官,寻丁内艰,服除,调婺州武义县尹,有惠政。改漳州路推官,狱有疑者,悉平反之。上言:"律,徒者不杖,今杖而又徒,非恤刑意,宜加徒减杖。"遂定为令。移泉州,益以能称。转延平判官,拜陕西行台监察御史,劾辽阳行省左丞相达识帖睦迩卖国不忠,援汉高帝斩丁公故事,以明人臣大义。并劾御史中丞胡居佑奸邪,皆罢之,中外震慑。升都事,犹以言不尽行,解去。

复起为监察御史,良桢以帝方览万几,不可不求贤自辅,于是连疏:"天历数年间纪纲大坏,元气伤夷。天佑圣明,入膺大统,而西宫秉政,奸臣弄权,畜憾十有余年。天威一怒,阴晦开明,以正大名,以章大孝,此诚兢兢业业祈天永命之秋,其术在乎敬身修德而已。今经筵多领以职事臣,数日一进讲,不渝数刻已罢,而昵御小臣,恒侍左右,何益于盛德哉。臣愿招延儒臣若许衡者数人,置于禁密,常以唐、虞、三代之道,启沃宸衷,日新其德,实万世无疆之福也。"又以国俗父死则妻其从母,兄弟死则收其妻,父母死无忧制,遂言:"纲常皆出于天而不可变,议法之吏,乃言国人不拘此例,诸国人各从本俗。是汉、南人当守纲常,国人、诸国人不必守纲常也。名曰优之,实则陷之,外若尊之,内实侮之,推其本心所以待国人者,不若汉、南人之厚也。请下礼官有司及右科进士在朝者会议,自天子至于庶人,皆从礼制,以成列圣未遑之典,明万世不易之道。"又言:"隐士刘因,道学经术可比许文正公衡,从祀孔子庙庭。"皆不报。御史台作新风宪,复疏其所当行者,以举贤才为纲,而以厚风俗、均赋役、重审理、汰冗官、选守令、出奉使、均公田为目,指摘剀切,虽触忌讳,亦不顾也。宦者罕失媻妾杀其妻,糜其肉饲犬,上疏乞正重刑,并论宦寺结廷臣挠政为害,可汰黜之。恇佞侧目。

至正四年,召为刑部员外郎,转御史台都事。五年,改中书左司都事,出为江东道肃政廉访司副使。上官一日,辞归。六年,授平江路总管,不拜。八年,复召为右司员外郎。九年,升郎中,寻迁广东道肃政廉访使,未行,还为郎中,迁福建道肃政廉访使,中道召还,参议中书省事,兼经筵官。十一年,拜治书侍御史,升中书参知政事、同知经筵事。

十三年,升左丞,兼大司农卿,仍同知经筵事。时中书参用非人,事多异同,不得一一如志。会军饷不给,请与右丞悟良哈台主屯田,岁入二十万石。东宫久未建,恳恳为言,车驾幸上都,始册皇太子。立詹事院,驿召为副詹事,每直端本堂,则进正心诚意之说、亲君子远小人之道,皇太子嘉纳焉。当时盗贼蜂起,帝闻,恶之,下诏分讨,必尽诛而后已。良桢言:"平贼在收人心,以回天意,多杀非道也。"乃赦以安之。

十四年,迁淮南行省左丞。初,泰州贼张士诚既降复叛,杀淮南行省参知政事赵琏,进据高邮、六合,太师脱脱奉诏,总诸王军南征,而良桢洎参议龚伯璲、刑部主事庐山等从之。既平六合,垂克高邮,会诏罢脱脱兵柄,遂有上变告伯璲等劝脱脱勒兵北向者,下其事逮问,词连良桢,簿对无所验。即日还中书左丞,命分省彰德,主调军食,居半岁,还中书。十六年,进阶荣禄大夫,赐玉带一。

十七年,除大司农。明年,升右丞,兼大司农,辞,不允。论罢陷贼延坐之令。有恶少年诬知宜兴州张复通贼之罪,中书将籍其孥,吏抱案请署。良桢曰:"手可断,案不可署。"同列变色,卒不署。

良桢自左曹登政府,多所建白。罢福建、山东食盐,浙东、西长生牛租,濒海被灾围田税,民皆德之。尝论《至正格》轻重不伦,吏得并缘为奸,举明律者数人,参酌古今,重字律书,书成而罢。家居辄训诸子曰:"吾无过人者,惟待人以诚,人亦以诚遇我,汝宜志之。"晚岁病瘠,数谒告,病益侵,遂卒。自号约斋。有诗文奏议凡若干卷,藏于家。

贾鲁,字友恒,河东高平人。幼负志节,既长,谋略过人。延祐、至治间,两以明经领乡贡。泰定初,恩授东平路儒学教授,辟宪史,历行省掾,除潞城县尹,选丞相东曹掾,擢户部主事,未上。一日,觉心悸,寻得父书,笔势颤缩,即辞归,比至家,父已有风疾,未几卒。

鲁居丧服阕,起为太医院都事。会诏修辽、金、宋三史,召鲁为《宋史》局官。书成,选鲁燕南山东道奉使宣抚幕官,考绩居最,迁中书省检校官。上言:"十八河仓,所岁沦没官粮百三十万斛,其弊由富民兼并,贫民流亡,宜合先正经界,然事体重大,非处置尽善,不可轻发。"书累数万言,切中其弊。俄拜监察御史,首言御史有封事,宜专达圣聪,不宜台臣先有所可否。升台都事,迁山北廉访副使,复召为工部郎中,言考工一十九事。

至正四年,河决白茅堤,又决金堤,并河郡邑,民居昏垫,壮者流离。帝甚患之,遣使体验,仍督大臣访求治河方略,特命鲁行都水监。鲁循行河道,考察地形,往复数千里,备得要害,为图上进二策:其一,议修筑北堤,以制横溃,则用工省;其一,议疏塞并举,挽河东行,使复故道,其功数倍。会迁右司郎中,议未及竟。其在右司,言时政二十一事,皆见举行。调都漕运使,复以漕事二十事言之,朝廷取其八事:一曰京畿和籴,二曰优恤漕司旧领漕户,三曰接连委官,四曰通州总治豫定委官,五曰船户困于坝夫,海运坏于坝户,六曰疏浚运河,七曰临清运粮万户府当隶漕司,八曰宣忠船户付本司节制。事未尽行。既而河水北侵安山,沦入运河,延袤济南、河间,将隳两漕司盐场,实妨国计。

九年,太傅、右丞相脱脱复相,论及河决,思拯民艰,以塞诏旨,乃集廷臣群议,言人人殊。鲁昌言:"河必当治。"复以前二策进,丞相取其后策,与鲁定议,且以其事属鲁。鲁固辞,丞相曰:"此事非子不可。"乃入奏,大称帝旨。十一年四月,命鲁为工部尚书、总治河防使,进秩二品,授以银章,领河南、北诸路军民,发汴梁、大名十有三路民一十五万,庐州等戍十有八翼军二万供役,一切从事大小军民官,咸禀节度,便宜兴缮。是月鸠工,七月凿河成,八月决水故河,九月舟楫通,十一月诸埽诸堤成,水土工毕,河复故道。事见《河渠志》。帝遣使报祭河伯,召鲁还京师,鲁以《河平图》献。帝适览台臣奏疏,请褒脱脱治河之绩,次论鲁功,超拜荣禄大夫、集贤大学士,赏赉金帛,敕翰林承旨欧阳玄制《河平碑》,以旌脱脱劳绩,具载鲁功,且宣付史馆,并赠鲁先臣三世。

寻拜中书左丞,从脱脱平徐州,脱脱既旋师,命鲁追余党,分攻濠州,同总兵官平章月可察儿督战,鲁誓师曰:"吾奉旨统八卫汉军,顿兵于濠七日矣。尔诸将同心协力,必以今日巳、午时取城池,然后食。"鲁上马麾进,抵城下,忽头眩下马,且戒兵马弗散,病愈亟,却药不肯汗,竟卒于军中,年五十七。十三年五月壬午也。月可察儿躬为治丧,选士护柩还高平,有旨赐交钞五百锭以给葬事。子稹。

逯鲁曾,字善止,修武人。性刚介,通经术,中天历二年进士第,授翰林国史院编修官,辟御史台掾,掌机密。监察御史劾中丞史显夫简傲,鲁曾开实封于大夫前曰:"中丞素持重,不能与人周旋,御史以人情劾之,非公论。"由是皆知其直。

除太常博士。武宗一庙,未立后主配享,集群臣廷议之。鲁曾抗言:"先朝以武宗皇后真哥无子,不立其主。"时伯颜为右丞相,以为明宗之母亦乞列氏,可以配享。徽政院传太后旨,以文宗之母唐兀氏可以配享。伯颜问鲁曾曰:"先朝既以真哥皇后无子,不为立主,今所立者,明宗母乎?文宗母乎?"对曰:"真哥皇后在武宗朝,已膺玉册,则为武宗皇后,明宗、文宗二母后,固为妾也。今以无子之故,不为立主,以妾后为正宫,是为臣而废先君之后,为子而追封先父之妾,于礼不可。且燕王垂即位,追废其母后,而立其生母为后,以配享先王,为万世笑,岂可复蹈其失乎?"集贤大学士陈颢,素嫉鲁曾,出曰:"唐太宗册曹王明之母为后,是亦二后也,岂不可乎?"鲁曾曰:"尧之母为帝喾庶妃,尧立为帝,未闻册以为后而配喾。皇上为大元天子,不法尧、舜,而法唐太宗邪?"众服其议,而伯颜韪之,遂以真哥皇后配焉。

复拜监察御史,劾答失海牙、阿吉剌太尉,巩卜班右丞,兀突蛮刑部尚书,吉当普监察御史,哈剌完者、月鲁不花院使,吕思诚郎中,皆黜之。八人之中,惟思诚少过,亦变祖宗选法,余皆伯颜之党,朝廷肃然。

除枢密院都事,上言:"前伯颜专杀大臣,其党利其妻女,巧诬以罪。今大小官及诸人有罪,止坐其身,不得籍其妻女。郯王为伯颜构陷,妻女流离,当雪其无辜,给复子孙。"从之。除刑部员外郎,悉辨正横罹伯颜所诬者。迁宗正府郎中,出为辽阳行省左右司郎中,除金山北道肃政廉访司事,入为礼部郎中,

至正十二年,丞相脱脱讨徐州贼,以官军不习水土,募濒海盐丁为军,乃超迁鲁曾资善大夫、淮南宣慰使,领征讨事,遣其募盐丁五千人从征。徐州平,继使领所部军讨淮东,卒于军。

贡师泰,字泰甫,宁国之宣城人。父奎,以文学名家,延佑、至治间,官京师,为集贤直学士,卒,谥文靖。

师泰早肄业国子学为诸生。泰定四年,释褐出身,授从仕郎、太和州判官。丁外艰,改徽州路歙县丞,江浙行省辟为掾,寻以土著,自劾去。大臣有以其名闻者,擢应奉翰林文字。丁内艰,服阕,除绍兴路总管府推官,郡有疑狱,悉为详谳而剖决之。

山阴白洋港有大船飘近岸,史甲二十人,适取卤海滨,见其无

主,因取其篙橹,而船中有二死人。有徐乙者,怪其无物而死人,称为史等所劫。史佣作富民高丙家,事遂连高。史既诬,高亦就逮。师泰密询之,则里中沈丁载物抵杭而回,渔者张网海中,因盗网中鱼,为渔者所杀,史实未尝杀人夺物,高亦弗知情,其冤皆白。

游徼徐裕,以巡盐为名,肆暴村落间。一日,遇诸暨商,夺其所赍钱,扑杀之,投尸于水,走告县曰:“我获私盐犯人,畏罪赴水死矣。”官验视,以有伤,疑之。遂以疑狱释。师泰追询覆按之,具得裕所以杀人状,复俾待报。

余姚孙国宾,以求盗,获姚甲造伪钞,受赇而释之,执高乙、鲁丙赴有司,诬以同造伪。高尝为姚行用,实非自造,孙既舍姚,因加罪于高,而鲁与孙有隙,故并连之,鲁与高未尝相识也。师泰疑高等覆造不合,以孙诘之,辞屈而情见。即释鲁而加高以本罪,姚遂处死,孙亦就法。其于冤狱详谳之明多类此。以故郡民自以不冤,治行为诸郡第一。

考满,复入翰林为应奉,预修后妃、功臣列传,事毕,迁宣文阁授经郎,历翰林待制、国子司业,擢礼部郎中,再迁吏部,拜监察御史。自世祖以后,省台之职,南人斥不用,及是,始复旧制,于是南士复得居省台,自师泰始,时论以为得人。

至正十四年,除吏部侍郎。时江淮兵起,京师食不足,师泰奉命和籴于浙右,得粮百万石,以给京师。迁兵部侍郎。朝廷以京师至上都,驿户凋弊,命师泰巡视整饬之。至则历究其病原,验其富贫,而均其徭役,数十郡之民,赖以稍苏。豪贵以其不利于己,深嫉之,然莫能有所中伤也。会朝廷欲仍和籴浙西,因除师泰都水庸田使。

十五年,庸田司罢,擢江西廉访副使,未行,迁福建廉访使,居亡何,除礼部尚书。时平江缺守,廷议难其人,师泰又以选为平江路总管。其年冬,甫视事,张士诚自高邮率众渡江,直抵城下,攻围甚急。明年春,守将弗能支,斩关遁去,师泰领义兵出战,力不敌,亦怀印绶弃城遁,匿海滨者久之。

士诚既纳降,江浙行省丞相达识帖睦迩,以便宜授师泰两浙都转运盐使。至则剔其积蠹，通其利源，大课以集，国用资之。丞相复承制除师泰江浙行省参知政事。

二十年，朝廷除户部尚书，俾分部闽中，以闽盐易粮，由海道转运给京师，凡为粮数十万石，朝廷赖焉。二十二年，召为秘书卿，行至杭之海宁，得疾而卒。

师泰性倜傥，状貌伟然，既以文字知名，而于政事尤长，所至绩效辄暴著。尤喜接引后进，士之贤，不问识不识，即加推毂，以故士誉翕然咸归之。有诗文若干卷行于世。

周伯琦，字伯温，饶州人。

父应极，至大间，仁宗为皇太子，召见，献《皇元颂》，为言于武宗，以为翰林待制。后为皇太子说书，日侍英邸。仁宗即位，迁集贤待制，终池州路同知总管府事。

伯琦自幼从宦，游京师，入国学，为上舍生，积分及高等。去，以荫授将仕郎、南海县主簿，三转为翰林修撰。

至正元年，改奎章阁为宣文阁，艺文监为崇文监，伯琦为宣文阁授经郎，教戚里大臣子弟，每进讲，辄称旨，且日被顾问。帝以伯琦工书法，命篆“宣文阁宝”，仍题扁宣文阁；及摹王羲之所书《兰亭序》，智永所书《千文》，刻石阁中。自是累转官，皆宣文、崇文之间，而眷遇益隆矣。帝尝呼其字伯温而不名。会御史奏风宪宜用近臣，特命佥广东廉访司事。八年，召入为翰林待制，预修后妃、功臣列传，累升直学士。

十二年，有旨令南士皆得居省台。除伯琦兵部侍郎，遂与贡师泰同擢监察御史。两人皆南士之望，一时荣之。时御史大夫也先帖木儿以大军南讨，而失律丧师，陕西行台监察御史刘希曾等十人共劾奏之。伯琦乃劾希曾等越分干誉，希曾等皆坐左迁，补郡判官，由是不为公论所与。

十三年，迁崇文太监，兼经筵官，代祀天妃。丁内艰。十四年，起复为江东肃政廉访使。长枪锁南班陷宁国，伯琦与僚佐仓皇出见之，寻遁走至杭州，除兵部尚书，未行，改浙西肃政廉访使。江南行台监察御史余观，纠言伯琦失陷宁国，宜正其罪。

十七年，江浙行省丞相达识帖睦尔承制假伯琦参知政事，招谕平江张士诚。

士诚既降，江南行台监察御史亦辩释伯琦罪，除同知太常礼仪院事，士诚留之，未行，拜资政大夫、江浙行省左丞。于是留平江者十余年。士诚既灭，伯琦乃得归鄱阳，寻卒。

伯琦仪观温雅，粹然如玉，虽遭时多艰，而善于自保。博学工文章，而尤以篆、隶、真、草擅名当时。尝著《六书正讹》、《说文字原》二书，又有诗文稿若干卷。

吴当，字伯尚，澄之孙也。当幼承祖训，以颖悟笃实称。长精通经史百家言，侍其祖至京，补国子生。久之，澄既捐馆，四方学子从澄游者，悉就当卒业焉。

至正五年，以父文荫，授万亿四库照磨，未上，用荐者改国子助教。勤讲解，严肄习，诸生皆乐从之。会诏修辽、金、宋三史，当预编纂。书成，除翰林修撰。七年，迁国子博士。明年，升监丞。十年，升司业。明年，迁翰林待制。又明年，改礼部员外郎。十三年，擢监察御史，寻复为国子司业。明年，迁礼部郎中。又明年，除翰林直学士。

时江南兵起且五年，大臣有荐当世居江西，习知江西民俗，且其才可任政事者，诏特授江西肃政廉访使，偕江西行省参政火你赤、兵部尚书黄昭，招捕江西诸郡，便宜行事。当以朝廷兵力不给，既受命至江南，即召募民兵，由浙入闽。至江西境建昌界，招安新城孙塔，擒殄李三。道路既通，乃进攻南丰，渠凶郑天瑞遁，郑原自刎死。十六年，调检校章迪率本部兵，与黄昭夹攻抚州，剿杀首寇胡志学，进兵复崇仁、宜黄。于是建、抚两郡悉定。

是时，参知政事朵歹总兵抚、建，积年无功。因忌当屡捷，功在己上，又以为南人不宜总兵，则构为飞语，谓当与黄昭皆与寇通。有旨解二人兵柄,除当抚州路总管,昭临江路总管,并供亿平章火你赤军。火你赤杀当从事官范淳及章迪,将士皆愤怒不平,当谕之曰:"上命不可违也。"而火你赤又上章言:"二人者,难任牧民。"寻有旨当与昭皆罢总管,除名。

十八年,火你赤自瑞州还龙兴,当、昭皆随军不敢去。先是,当与昭平贼功状,自广东由海道未达京师,而朵歹、火你赤等公牍乃先至,故朝廷责当、昭,皆左迁。及得当、昭功状,乃始知其诬,诏拜当中奉大夫、江西行省参知政事,昭湖广行省参知政事。命未下,而陈友谅已陷江西诸郡。火你赤弃城遁,当乃戴黄冠,著道士服,杜门不出,日以著书为事。友谅遣人辟之,当卧床不食,以死自誓,乃舁床载之舟,送江州,拘留一年,终不为屈。遂隐居庐陵吉水之谷坪。逾年,以疾卒,年六十五。所著书,有《周礼纂言》及《学言稿》。

元史卷一八八
列传第七五

董抟霄 弟昂霄　刘哈剌不花
王英　石抹宜孙 迈里古思

　　董抟霄,字孟起,磁州人。由国子生辟陕西行台掾。时天大旱,从侍御史郭贞谳狱华阴县,有李谋儿累杀商贾于道,为贼十五年,至百余事。事觉,狱已具,贿赂有司,谓徒党未尽获,五年不决,人皆以为愤。抟霄知之,以言于贞,即以尸诸市中,天乃大雨。授四川肃政廉访司知事,除泾阳县尹。入为户部主事,升员外郎,拜监察御史。又出佥辽东肃政廉访司事,历江西行省左右司郎中,迁浙东宣慰副使。其历官所至,往往理冤狱,革弊政,才誉益著称于时。

　　至正十一年,除济宁路总管,奉旨从江浙平章教化征进安丰,兵至合肥定林站,遇贼大破之。时朱皋、固始贼复猖獗,军少不足以分讨。有大山民寨及芍陂屯田军,抟霄皆奖劳而约束之,遂得障蔽朱皋,我军屯朱家寺,贼至,追杀之。乃遣进士程明仲往谕贼中,招徕者千二百家,因悉知其虚实。夜缚浮桥于淝水,既渡,贼始觉。贼众数万据涧南,我军渡者,辄为其所败。抟霄乃麾骑士,别度浅滩袭贼后。贼回东南向,与骑士迎敌,抟霄忽跃马渡涧,扬言于众曰:“贼已败。”诸军皆渡,一鼓而击之。贼大败,亟追杀之,相藉以死者二十五里,遂复安丰。

　　十二年,有旨命抟霄攻濠州,又命移军援江南。遂渡江,至湖州德清县,而徽、饶贼已陷杭州。教化问抟霄计,抟霄曰:“贼皆野人,见杭城子女玉帛,非平日所有,必纵欲,不暇为备,宜急攻之。今欲退保湖州,设使贼乘锐直趋京口,则江南不可为矣。”教化犹豫未决,而诸将亦难其行。抟霄正色曰:“江浙相君方面既陷于贼,今可取而不取,谁任其咎!”复拔剑顾诸将曰:“诸君荷国厚恩,而临难苟免,今相君在是,敢有慢令者斩。”计乃决。遂进兵杭城。贼迎敌,至盐桥,抟霄麾壮士突前,斩杀数级,而诸军相继夹击之,凡七战,追杀至清河坊。贼奔接待寺,塞其门而焚之,贼皆死,遂复杭州。已而余杭、武康、德清次第以平,抟霄亦受代去。

　　徽、饶贼复自昱岭关寇于潜,行省乃假抟霄为参知政事,俾复提兵讨之。抟霄曰:“必欲除残去暴,所不敢辞。若假以重爵,则不敢受。”即日引兵至临安新溪,是为入杭要路,既分兵守之而始进,兵至叫口及虎槛,遇贼,皆大破之,追杀至于潜,遂复其县治。既又克复昌化县及昱岭关,降贼将潘大瀚二千人。贼又有犯千秋关者,抟霄还军守于潜,而贼兵大至,焚倚郭庐舍。抟霄按军不动,左右请出兵,抟霄曰:“未也。”遣人执白旗登山望贼,约曰:“贼以我为怯,必少懈;伺其有间,则麾所执旗。”又伏兵城外,皆授以火炮,复约曰:“见旗动,炮即发。”已而旗动,炮发,兵乃尽出,斩首数千级,遂复千秋关。

　　未几,贼复攻独松、百丈、幽岭三关,抟霄乃先以兵守多溪。多溪,三关要路也。既又分为三军:一出独松,一出百丈,一出幽岭。然后会兵捣贼巢,遂乘胜复安吉,七战而克之,贼将以其徒来降者数百人。既数日,贼复来窥独松。抟霄即以兵守苦岭及黄沙岭。贼帅梅元来降,且言复有帅十一人欲降者,即遣偏将余思忠至贼寨谕之。贼皆入暗室潜议,思忠持火投入室内,拔剑语众曰:“元帅命我来活汝,汝复何议!”已而火起,焚其寨,叱贼党散去,而引贼帅来降。明日,进兵广德,克之。有蕲贼与饶、池诸贼,复犯徽州。贼中有道士,能作十二里雾。抟霄以兵击之,已而妖雾开豁,诸伏兵皆起,袭贼兵后,贼大溃乱,斩首数万级,擒千余人。获道士,焚其妖书而斩之。遂平徽州。

十四年,除水军都万户。俄升枢密院判官,从丞相脱脱征高邮,分戍盐城、兴化。贼巢在大纵、德胜两湖间,凡十有二,悉剿平之。即其地筑芙蓉寨,贼入,辄迷故道,尽杀之,自是不复敢犯。贼恃习水,渡淮化据安东州。抟霄招善水战者五百人,与贼战安东之大湖,大败之,遂复安东。

十六年,剿平北沙、庙湾、沙浦等寨。寻进兵泗州,不利。贼乘胜东下,断我军粮道,乃回军屯北沙,粮且绝,与贼死战,凡七昼夜。贼败走,夺贼船七十余,乃得渡淮,保泗州。时方暑雨,湖水溢,诸营皆避去,而抟霄独守孤城,贼环绕数十里攻之。抟霄坐城上,遣偏将以骑士由四门突出贼后,约曰:“旗一麾即还。”既而旗动,骑士还,步卒自城中出,夹击之,贼大败。然贼寨犹阻西行之路,乃结阵而往,翊以奇兵,转战数十合,军始得至海宁。朝廷嘉其功,升同金淮南行枢密院事。抟霄建议于朝曰:

淮安为南北襟喉、江淮要冲之地,其地一失,两淮皆未易复也。则救援淮安,诚为急务。为今日计,莫若于黄河上下,并濒淮海之地,及南自沭阳,北抵沂、莒、赣榆诸州县,布连珠营,每三十里设一总寨,就三十里中又设一小寨,使斥堠烽燧相望,而巡逻往来。遇贼则并力野战,无事则屯种而食。然后进有援,退有守,此善战者所以常为不可胜,以待敌之可胜也。

又海宁一境,不通舟楫,军粮惟可陆运,而凡濒淮海之地,人民屡经盗贼,宜加存抚,权令军人搬运。其陆运之方,每人行十步,三十六人可行一里,三百六十人可行一十里,三千六百人可行一百里。每人负米四斗,以夹布囊盛之,用印封识,人不息肩,米不著地,排列成行,日行五百回,计路二十八里,轻行一十四里,重行一十四里,日可运米二百石。每运给米一升,可供二万人。此百里一日运粮之术也。

又江淮流移之民,并安东、海宁、沭阳、赣榆等州县俱废,其民壮者既为军,老弱无所依归者,宜设置军民防御司,择军官材堪牧守者,使居其职,而籍其民,以屯故地。于是练兵积谷,且耕且战,内全山东完固之邦,外御淮海出没之寇,而后恢复可图也。

十七年,毛贵陷益都、般阳等路,有旨命抟霄从知枢密院事卜兰奚讨之。而济南又告急,抟霄乃提兵援济南。贼众自南山来攻济南,望之两山皆赤。抟霄按兵城中,先以数十骑挑之,贼众悉来斗,骑兵少却,至涧上,伏兵起,遂合战,城中兵又大出,大破之。而般阳贼复约泰安之党,逾南山来袭济南。抟霄列兵城上,弗为动。贼夜攻南门,独以矢石御之。黎明,乃默开东门,放兵出贼后。既旦,城上兵皆下,大开南门合击之,贼败走。复追杀之,贼众悉无遗者。于是济南始宁。诏就升淮南行枢密院副使,兼山东宣慰使都元帅,仍赐上尊、金带、楮币、名马以劳之。有疾其功者,潜于总兵太尉纽的该,令抟霄依前诏,从卜兰奚同征益都。抟霄即出济南城,属老且病,请以其弟昂霄代领其众,朝廷从之。授昂霄淮南行枢密院判官。未几,有旨命抟霄守河间之长芦。

十八年,抟霄以兵北行,且曰:“我去,济南必不可保。”既而济南果陷。抟霄方驻兵南皮县之魏家庄,适有使者奉诏拜抟霄河南行省右丞,甫拜命,毛贵兵已至,而营垒犹未完。诸将谓抟霄曰:“贼至当如何?”抟霄曰:“我受命至此,当以死报国耳。”因拔剑督兵以战,而贼众突至抟霄前,捽而问曰:“汝为谁?”抟霄曰:“我董老爷也。”众刺杀之,无血,惟见其有白气冲天。是日,昂霄亦死之。事闻,赠宣忠守正保节功臣、荣禄大夫、河南行省平章政事、柱国,追封魏国公,谥忠定。昂霄赠推诚孝节功臣、嘉议大夫、礼部尚书、上轻车都尉,追封陇西郡侯,谥忠毅。

抟霄早以儒生起家,辄为能吏,会天下大乱,乃复以武功自奋,其才略有大过人者,而当时用之不能尽其才,君子惜之。

刘哈剌不花,其先江西人。倜傥好义,不事家产,有古侠士风。居燕赵有年,遂为探马赤军户。

至正十二年,颍、亳盗起,朝廷以泰不花为河南行省平章政事,总兵讨之。哈剌不花上书陈十事,其七言兵机及攻守方略。泰不花大喜,即辟为掾史。未几,奏除左右司都事。泰不花以哈剌不花尝为探马赤,有膂力,善骑射,俾统前八翼军,为先锋将。明号令,信赏罚,士皆乐为之用,而料敌成败,所向无失。是时,答失八都鲁军溃于长葛,收集散卒,复屯中牟。哈剌不花军于汴梁南彭子冈。有自长葛来者言,总兵官已为贼所败,次中牟。哈剌不花曰:"贼既捷,兵必再至,我不可不往援。"遂整兵而前。既而有使驰报:夜四鼓,贼从洧川渡河,未知其所向。哈剌不花曰:"是必袭答失八都鲁营耳。我行已缓,不及事,不若以精锐断贼归路,覆之必矣。"于是领军徐行。天未明,伏军其归路。贼果袭答失八都鲁营,大掠辎重而回。哈剌不花伏军四起,贼大败,尽俘获之。当是时,答失八都鲁虽以平章政事总大兵,而哈剌不花功名与之相埒。

十七年,山东毛贵率其贼众,由河间趋直沽,遂犯漷州,至枣林。已而略柳林,逼畿甸,枢密副使达国珍战死,京师人心大骇。在廷之臣,或劝乘舆北巡以避之,或劝迁都关陕,众议纷然,独左丞相太平执不可。哈剌不花时为同知枢密院事,奉诏以兵拒之,与之战于柳林,大捷。贵众悉溃退,走据济南,京师遂安,哈剌不花之功居多。哈剌不花后迁河南行省平章政事以卒。

初,哈剌不花与信州人倪晦,字孟晰,同事泰不花为掾史。晦涉书史,精文墨,机识警敏,泰不花深委任之,言无不从;而哈剌不花或有所论白,多沮不行,由是心衔泰不花。及泰不花事败,走诣哈剌不花求援,而哈剌不花不能曲为保全,乃缚泰不花送京师,致之死地,君子以是少之。

王英,字邦杰,益都人。性刚果,有大节,膂力绝人,善骑射。袭父职,为莒州翼千户。父子皆善用双刀,人号之曰刀王。

至元二十九年,江西行枢密院命帅师南雄,讨贼丘大老。贼六百余人突至,英与战,杀其渠帅刘把东,获九十余人。元贞元年,从左丞董士选讨大山贼刘贵,擒之。二年,讨永新、安福二州贼,余党皆息。

延佑二年，宁都贼起，行省命英率各万户军讨之。贼势甚张，英屡战皆胜，斩获不可胜数，积尸盈野，水为不流。行省平章李世安，遣英迓江浙平章张闾所领军于闽境，至木麻坑，擒贼蔡五九。又追贼至上虎嶂，遇贼三千余人，尽歼之。

至治元年，以大臣荐，授忠武校尉、益都淄莱万户府副千户。天历元年，授宣武将军。至顺二年，行省命英招捕桂阳州贼张思进等二千人。英至，布以威信，皆相率请降。元统元年，授怀远大将军、同知海北海南道宣慰使司事。

至元三年，万安军贼吴汝期等作乱，聚众三千人。英至，贼皆就擒。未几，李志甫起漳州，刘虎仔起潮州，诏命江西行省右丞燕帖木儿讨之。方贼起时，英已致仕，平章政事伯撒里谓僚佐曰：“是虽鼠窃狗偷，非刁王行不可。其人虽投老，必可以义激。”乃使迎致之。英曰：“国家有事，吾虽老，其可坐视乎！”据鞍横槊，精神飞动，驰赴焉。及贼平，英功居多。

至正中，毛贵陷益都，英时年九十有六，乃谓其子弘曰：“我世受国恩，美官厚禄，备尝享之。今老矣，纵不能事戎马以报天子，尚忍食异姓之粟以求生乎！”水浆不入口者数日，遂卒。毛贵闻之，使具棺衾以葬。将敛，举其尸不动，焚香祝曰：“公子弘请公归葬先茔。”祝毕，尸遂起，观者莫不惊异。山东宣慰使普颜不花及宪司，请恤典于朝，有曰：“不食寇粟，饿死芹泉，有夷、齐之风，为臣之清者也。”芹泉，谷名，英所居也。

石抹宜孙，字申之。

其先辽之迪烈糺人。五世祖曰也先，事太祖为御史大夫，自有传。也先之曾孙曰继祖，字伯善，袭父职，为沿海上副万户。初以沿海军分镇台州，皇庆元年，又移镇婺、处两州。驭军严肃，平宁都寇，有战功；且明达政事，讲究盐策，多合时宜。为学本于经术，而兼通名法、纵横、天文、地理、术数、方技、释老之说，见称荐绅间。

宜孙其子也，宜孙性警敏，嗜学问，于书务博览，而长于诗歌。尝借嫡弟厚孙荫，袭父职，为沿海上副万户，守处州。及弟长，即让其职还之，退居台州。

至正十一年，方国珍起海上，江浙行省檄宜孙守温州，宜孙即起任其事。其年闽寇犯处州，复檄宜孙以兵平之。以功，升浙东宣慰副使，分府于台州。顷之，处之属县山寇并起，宜孙复奉省檄往讨之。至则筑处州城，为御敌计。

十七年，江浙行省左丞相达识铁睦迩承制升宜孙行枢密院判官，总制处州，分院治于处。又以江浙儒学副提举刘基为其院经历，萧山县尹苏友龙为照磨。而宜孙又辟郡人胡深、叶琛、章溢参谋其军事。处为郡，山谷联络，盗贼凭据险阻，辄窃发，不易平治。宜孙用基等谋，或挫以兵，或诱以计，未几，皆歼殄无遗类。寻升同佥行枢密院事。当是之时，天下已多故，所在守将各自为计相保守。于是浙东则宜孙在处州，迈里古思在绍兴为称首。

十八年十二月，大明兵取兰溪，且逼婺，而宜孙母实在婺城。宜孙泣曰：“义莫重于君亲，食禄而不事其事，是无君也；母以难而不赴，是无亲也。无君无亲，尚可立天地间哉！”即遣胡深等将民兵数万往赴援，而亲率精锐之为殿。兵至婺，与大明兵甫接，即败绩而还。时经略使李国凤至浙东，承制拜宜孙江浙行省参知政事，阶中奉大夫。

明年，大明兵入处州，宜孙将数十骑走福建境上，欲图报复，而所至人心已散，事不可复为。叹曰：“处州，吾所守者也。今吾势已穷，无所于往，不如还处州境，死亦为处州鬼耳！”既还，至处之庆元县，为乱兵所害。事闻，朝廷赠推诚宣力效节功臣、集贤大学士、荣禄大夫、上柱国，追封越国公，谥忠愍。

迈里古思者，宁夏人也，字善卿。至正十四年进士，授绍兴路录事司达鲁花赤。苗军主将杨完者在杭，纵其军钞掠，莫敢谁何，民甚苦之。俄有至绍兴城中强夺人马者，迈里古思擒斩数人，苗军乃惧，不敢复至其境。迈里古思名声遂大振。

会江南行台移治绍兴，檄迈里古思为行台镇抚，乃大募民兵，为守御计。处州山贼焚掠婺之永康、东阳，迈里古思提兵往击之，与石抹宜孙约期夹攻其巢穴，山贼以平。擢江东廉访司经历，仍留绍兴，以兵卫台治。时浙东、西郡县多残破，独迈里古思保障绍兴，境内晏然，民爱之如父母。江浙省臣乃承制授行枢密院判官，分院治绍兴。

会方国珍遣兵侵据绍兴属县，迈里古思曰：“国珍本海贼，今既降，为大官，而复来害吾民，可乎！”欲率兵往问罪。先遣遣部将黄中取上虞，中还，请益兵。是时朝廷方倚重国珍，资其舟以运粮，而御史大夫拜住哥，与国珍素通贿赂，情好甚厚，愤迈里古思擅举兵，恐且生事，即使人召迈里古思至其私第与计事。至则命左右以铁锤挝死之，断其头，掷厕溷中。城中民闻之，不问男女老幼，无不恸哭者。

黄中乃率其众复仇，尽杀拜住哥家人及台府官员掾史，独留拜住哥不杀，以告于张士诚，士诚乃遣其将以兵守绍兴。拜住哥寻迁行宣政院使，监察御史真童纠言：“拜住哥阴害帅臣，几致激变，不法不忠，莫斯为甚。宜稽诸彝典，置于严刑。”于是诏削拜住哥官职，安置潮州，而迈里古思之冤始白。

元史卷一八九

列传第七六

儒学一

赵复　张𡝣　金履祥　许谦　陈栎

胡一桂 胡炳文　黄泽　萧㪅 韩择

侯均　同恕 第五居仁　安熙

　　前代史传，皆以儒学之士，分而为二：以经艺颛门者为儒林，以文章名家者为文苑。然儒之为学一也，《六经》者斯道之所在，而文则所以载夫道者也。故经非文则无以发明其旨趣；而文不本于六艺，又乌足谓之文哉。由是而言，经艺文章，不可分而为二也明矣。

　　元兴百年，上自朝廷内外名宦之臣，下及山林布衣之士，以通经能文显著当世者，彬彬焉众矣。今皆不复为之分别，而采取其尤卓然成名、可以辅教传后者，合而录之，为《儒学传》。

　　赵复，字仁甫，德安人也。太宗乙未岁，命太子阔出帅师伐宋，德安以尝逆战，其民数十万，皆俘戮无遗。时杨惟中行中书省军前，姚枢奉诏即军中求儒、道、释、医、卜士，凡儒生挂俘籍者，辄脱之以归，复在其中。枢与之言，信奇士，以九族俱残，不欲北，因与枢诀。枢恐其自裁，留帐中共宿。既觉，月色皓然，惟寝衣在，遽驰马周号积尸间，无有也。行及水际，则见复已被发徒跣，仰天而号，欲投水而未入。枢晓以徒死无益："汝存,则子孙或可以传绪百世;随吾而北,必可无他。"复强从之。先是,南北道绝,载籍不相通;至是,复以所记程、朱所著诸经传注,尽录以付枢。

自复至燕,学子从者百余人。世祖在潜邸,尝召见,问曰:"我欲取宋,卿可导之乎?"对曰:"宋,吾父母国也,未有引他人以伐吾父母者。"世祖悦,因不强之仕。惟中闻复论议,始嗜其学,乃与枢谋建太极书院,立周子祠,以二程、张、杨、游、朱六君子配食,选取遗书八千余卷,请复讲授其中。复以周、程而后,其书广博,学者未能贯通,乃原羲、农、尧、舜所以继天立极,孔子、颜、孟所以垂世立教,周、程、张、朱氏所以发明绍续者,作《传道图》,而以书目条列于后;别著《伊洛发挥》,以标其宗旨。朱子门人,散在四方,则以见诸登载与得诸传闻者,共五十有三人,作《师友图》,以寓私淑之志。又取伊尹、颜渊言行,作《希贤录》,使学者知所向慕,然后求端用力之方备矣。枢既退隐苏门,乃即复传其学,由是许衡、郝经、刘因,皆得其书而尊信之。北方知有程、朱之学,自复始。

复为人,乐易而耿介,虽居燕,不忘故土。与人交,尤笃分谊。元好问文名擅一时,其南归也,复赠之言,以博溺心、末丧本为戒,以自修读《易》求文王、孔子之用心为勉。其爱人以德类若此。复家江汉之上,以江汉自号,学者称之曰江汉先生。

张氻,字达善,其先蜀之导江人。蜀亡,桥寓江左。金华王柏,得朱熹三传之学,尝讲道于台之上蔡书院,氻从而受业焉。自《六经》、《语》、《孟》传注,以及周、程、张氏之微言,朱子所尝论定者,靡不潜心玩索,究极根柢。用功既专,久而不懈,所学益弘深微密,南北之士,鲜能及之。

至元中,行台中丞吴曼庆闻其名,延致江宁学官,俾子弟受业,中州士大夫欲淑子弟以朱子《四书》者,皆遣从氻游,或辟私塾迎之。其在维扬,来学者尤众,远近翕然,尊为硕师,不敢字呼,而称曰导江先生。大臣荐诸朝,特命为孔、颜、孟三氏教授,邹、鲁之人,服诵遗训,久而不忘。

　　翌气宇端重,音吐洪亮,讲说特精详,子弟从之者,诜诜如也。其高第弟子知名者甚多,夹谷之奇、杨刚中尤显。翌无子。有《经说》及文集行世。吴澄序其书,以为议论正,援据博,贯穿纵横,俨然新安朱氏之尸祝也。至正中,真州守臣以翌及郝经、吴澄皆尝留仪真,作祠宇祀之,曰三贤祠。

　　金履祥,字吉父,婺之兰溪人。其先本刘氏,后避吴越钱武肃王嫌名,更为金氏。履祥从曾祖景文,当宋建炎、绍兴间,以孝行著称,其父母疾,斋祷于天,而灵应随至。事闻于朝,为改所居乡曰纯孝。

　　履祥幼而敏睿,父兄稍授之书,即能记诵。比长,益自策励,凡天文、地形、礼乐、田乘、兵谋、阴阳、律历之书,靡不毕究。及壮,知向濂、洛之学,事同郡王柏,从登何基之门。基则学于黄榦,而榦亲承朱熹之传者也。自是讲贯益密,造诣益邃。

　　时宋之国事已不可为,履祥遂绝意进取。然负其经济之略,亦未忍遽忘斯世也。会襄樊之师日急,宋人坐视而不敢救,履祥因进牵制捣虚之策,请以重兵由海道直趋燕、蓟,则襄樊之师,将不攻而自解。且备叙海舶所经,凡州郡县邑,下至巨洋别坞,难易远近,历历可据以行。宋终莫能用。及后朱瑄、张清献海运之利,而所由海道,视履祥先所上书,咫尺无异者,然后人服其精确。

　　德佑初,以迪功郎、史馆编校起之,辞弗就。宋将改物,所在盗起,履祥屏居金华山中,兵燹稍息,则上下岩谷,追逐云月,寄情啸咏,视世故泊如也。平居独处,终日俨然;至与物接,则益然和怿。训迪后学,谆切无倦,而尤笃于分义。有故人子坐事,母子分配为隶,不相知者十年,履祥倾赀营购,卒赎以完;其子后贵,履祥终不自言,相见劳问辛苦而已。何基、王柏之丧,履祥率其同门之士,以义制服,观者始知师弟子之系于常伦也。

　　履祥尝谓司马文正公光作《资治通鉴》,秘书丞刘恕为《外纪》,以记前事,不本于经,而信百家之说,是非谬于圣人,不足以传信自帝尧以前,不经夫子所定,固野而难质,夫子因鲁史以作《春秋》,王朝列国之事,非有玉帛之使,则鲁史不得而书,非圣人笔削之所加也。况左氏所记,或阙或诬,凡此类皆不得以辟经为辞。乃用邵氏《皇极经世历》、胡氏《皇王大纪》之例,损益折衷,一以《尚书》为主,下及《诗》、《礼》、《春秋》,旁采旧史诸子,表年系事,断自唐尧以下,接于《通鉴》之前,勒为一书,二十卷,名曰《通鉴前编》。凡所引书,辄加训释,以裁正其义,多儒先所未发。既成,以授门人许谦曰:"二帝三王之盛,其微言懿行,宜后王所当法,战国申、商之术,其苛法乱政,亦后王所当戒,则是编不可以不著也。"他所著书:曰《大学章句疏义》二卷,《论语孟子集注考证》十七卷,《书表注》四卷,谦为益加校定,皆传于学者。天历初,廉访使郑允中表上其书于朝。

初,履祥既见王柏,首问为学之方,柏告以必先立志,且举先儒之言:居敬以持其志,立志以定其本,志立乎事物之表,敬行乎事物之内,此为学之大方也。及见何基,基谓之曰:"会之屡言贤者之贤,理欲之分,便当自今始。"会之,盖柏字也。当时议者以为基之清介纯实似尹和静,柏之高明刚正似谢上蔡,履祥则亲得之二氏,而并充于己者也。

履祥居仁山之下,学者因称为仁山先生。大德中卒。元统初,里人吴师道为国子博士,移书学官,祠履祥于乡学。至正中,赐谥文安。

许谦,字益之。

其先京兆人。九世祖延寿,宋刑部尚书。八世祖仲容,太子洗马。仲容之子曰洗、曰洞,洞由进士起家,以文章政事知名于时。洗之子实,事海陵胡瑗,能以师法终始者也。由平江徙婺之金华,至谦五世,为金华人。父觥,登淳祐七年进士第,仕未显以殁。

谦生数岁而孤,甫能言,世母陶氏口授《孝经》、《论语》,入耳辄不忘。稍长,肆力于学,立程以自课,取四部书分昼夜读之,虽疾恙不废。既乃受业金履祥之门,履祥语之曰:"士之为学,若五味之在和,醯酱既加,则酸咸顿异。子来见我已三日,而犹夫人也,岂吾之学无以感发子耶!"谦闻之,惕然。居数年,尽得其所传之奥。于书无不读,穷探圣微,虽残文羡语,皆不敢忽。有不可通,则不敢强。于先儒之说,有所未安,亦不苟同也。

读《四书章句集注》,有《丛说》二十卷,谓学者曰:"学以圣人为准的,然必得圣人之心,而后可学圣人之事。圣贤之心,具在《四书》,而《四书》之义,备于朱子,顾其辞约意广,读者安可以易心求之乎!"读《诗集传》,有《名物钞》八卷,正其音释,考其名物度数,以补先儒之未备,仍存其逸义,旁采远援,而以己意终之。读《书集传》,有《丛说》六卷。其观史,有《治忽几微》,仿史家年经国纬之法,起太皞氏,迄宋元祐元年秋九月尚书左仆射司马光卒,备其世数,总其年岁,原其兴亡,著其善恶,盖以为光卒,则中国之治不可复兴,诚理乱之几也。故附于续经而书孔子卒之义,以致其意焉。

又有《自省编》,昼之所为,夜必书之,其不可书者,则不为也。其他若天文、地理、典章、制度、食货、刑法、字学、音韵、医经、术数之说,亦靡不该贯,旁而释、老之言,亦洞究其蕴。尝谓:"学者孰不曰辟异端,苟不深探其隐,而识其所不以然,能辨其同异,别其是非也几希。"又尝句读《九经》、《仪礼》及《春秋》三传,于其宏纲要领,错简衍文,悉别以铅黄朱墨,意有所明,则表而见之。其后吴师道购得吕祖谦点校《仪礼》,视谦所定,不同者十有三条而已。谦不喜矜露,所为诗文,非扶翼经义,张维世教,则未尝轻笔之书也。

延祐初,谦居东阳八华山,学者翕然从之。寻开门讲学,远而幽、冀、齐、鲁,近而荆、扬、吴、越,皆不惮百舍来受业焉。其教人也,至诚谆悉,内外殚尽,尝曰:"己有知,使人亦知之,岂不快哉!"或有所问难,而词不能自达,则为之言其所欲言,而解其所惑。讨论讲贯,终日不倦,摄其粗疏,入于密微。闻者方倾耳听受,而其出愈真切。惰者作之,锐者抑之,拘者开之,放者约之。及门之士,著录者千余人,随其材分,咸有所得。然独不以科举之文授人,曰:"此义、利之所由分也。"谦笃于孝友,有绝人之行。其处世不胶于古,不流

于俗。不出里闾者四十年,四方之士,以不及门为耻。缙绅先生之
过其乡邦者,必即其家存问焉。或访以典礼政事,谦观其会通,而为
之折衷,闻者无不厌服。

大德中,荧惑入南斗句已而行,谦以为灾在吴、楚,窃深忧之。
是岁大侵,谦貌加瘠,或问曰:"岂食不足邪?"谦曰:"今公私匮竭,
道殣相望,吾能独饱邪!"其处心盖如此。廉访使刘庭直、副使赵宏
伟,皆中州雅望,于谦深加推服,论荐于朝。中外名臣列其行义者,
前后章数十上。而郡复以遗逸应诏;乡闱大比,请司其文衡。皆莫
能致。至其晚节,独以身任正学之重,远近学者,以其身之安否,为
斯道之隆替焉。至元三年卒,年六十八。尝以白云山人自号,世称
为白云先生。朝廷赐谥文懿。

先是,何基、王柏及金履祥殁,其学犹未大显,至谦而其道益
著,故学者推原统绪,以为朱熹之世适。江浙行中书省为请于朝,建
四贤书院,以奉祠事,而列于学官。

同郡朱震亨,字彦修,谦之高第弟子也。其清修苦节,绝类古笃
行之士,所至人多化也。

陈栎,字寿翁,徽之休宁人。栎生三岁,祖母吴氏口授《孝经》、
《论语》,辄成诵。五岁入小学,即涉猎经史。七岁通进士业。十五,
乡人皆师之。

宋亡,科举废,栎慨然发愤,致力于圣人之学,涵濡玩索,贯穿
古今。尝以谓有功于圣门者,莫若朱熹氏,熹没未久,而诸家之说,
往往乱其本真,乃著《四书发明》、《书传纂疏》、《礼记集义》等书,亡
虑数十万言,凡诸儒之说,有畔于朱氏者,刊而去之;其微辞隐义,
则引而伸之;而其所未备者,复为说以补其阙。于是朱熹之说大明
于世。

延祐初,诏以科学取士,栎不欲就试,有司强之,试乡闱中选,
遂不复赴礼部。教授于家,不出门户者数十。性孝友,尤刚正,日
用之间,动中礼法。与人交,不以势合,不以利迁。善诱学者,谆谆

不倦。临川吴澄，尝称栎有功于朱氏为多，凡江东人来受业于澄者，尽遣而归栎。栎所居堂曰定宇，学者因以定宇先生称之。元统二年卒，年八十三。

揭傒斯志其墓，乃与吴澄并称，曰："澄居通都大邑，又数登用于朝，天下学者，四面而归之，故其道远而章，尊而明。栎居万山间，与木石俱，而足迹未尝出乡里，故其学必待其书之行，天下乃能知之。及其行也，亦莫之御，是可谓豪杰之士矣。"世以为知言。

胡一桂，字庭芳，徽州婺源人。父方平。一桂生而颖悟，好读书，尤精于《易》。初，饶州德兴沈贵宝，受《易》于董梦程，梦程受朱熹之《易》于黄榦，而一桂之父方平及从贵宝、梦程学，尝著《易学启蒙通释》。一桂之学，出于方平，得朱熹氏源委之正。

宋景定甲子，一桂年十八，遂领乡荐，试礼部不第，退而讲学，远近师之，号双湖先生。所著书有《周易本义附录纂疏》、《本义启蒙翼传》、《朱子诗传附录纂疏》、《十七史纂》，并行于世。

其同郡胡炳文，字仲虎，亦以《易》名家，作《易本义通释》，而于朱熹所著《四书》，用力尤深。余干饶鲁之学，本出于朱熹，而其为说，多与熹抵牾，炳文深正其非，作《四书通》，凡辞异而理同者，合而一之；辞同而指异者，析而辨之，往往发其未尽之蕴。东南学者，因其所自号，称云峰先生。炳文尝用荐者，署明经书院山长，再调兰溪州学正。

黄泽，字楚望。

其先长安人。唐末，舒艺知资州内江县，卒，葬焉，子孙遂为资州人。宋初，延节为大理评事，兼监察御史，累赠金紫光禄大夫，泽十一世祖也。五世祖拂，与二兄播、揆，同年登进士第，蜀人荣之。父仪可，累举不第，随兄骥子官九江，蜀乱，不能归，因家焉。

泽生有异质，慨然以明经学道为志，好为苦思，屡以成疾，疾止复思，久之，如有所见，作《颜渊仰高钻坚论》。蜀人治经，必先古注疏,泽于名物度数,考核精审,而义理一宗程、朱,作《易春秋二经解》、《二礼祭祀述略》。

大德中,江西行省相臣闻其名,授江州景星书院山长,使食其禄以施教。又为山长于洪之东湖书院,受学者益众。始泽梦见夫子,以为适然,既而屡梦见之,最后乃梦夫子手授所校《六经》,字画如新,由是深有感发,始悟所解经多徇旧说为非是,乃作《思古吟》十章,极言圣人德容之盛,上达于文王、周公。秩满即归,闭门授徒以养亲,不复言仕。

尝以为去圣久远,经籍残阙,传注家率多傅会,近世儒者,又各以才识求之,故议论虽多,而经旨愈晦;必积诚研精,有所悟入,然后可以窥见圣人之本真。乃揭《六经》中疑义千有余条,以示学者。既乃尽悟失传之旨。自言每于幽闲寂寞、颠沛流离、疾病无聊之际得之,及其久也,则豁然无不贯通。自天地定位、人物未生已前,沿而下之,凡邃古之初,万化之原,载籍所不能具者,皆昭若发蒙,如示诸掌。然后由伏羲、神农、五帝、三王,以及春秋之末,皆若身在其间,而目击其事者。于是《易》、《春秋》传注之失,《诗》、《书》未决之疑,《周礼》非圣人书之谤,凡数十年苦思而未通者,皆涣然冰释,各就条理。故于《易》以明象为先,以因孔子之言,上求文王、周公之意为主,而其机栝,则尽在《十翼》,作《十翼举要》、《忘象辩》、《象略》、《辩同论》。于《春秋》以明书法为主,其大要则在考核三传,以求向上之功,而脉络尽在《左传》,作《三传义例考》、《笔削本旨》。又作《元年春王正月辩》、《诸侯娶女立子通考》、《鲁隐公不书即位义》、《殷周诸侯禘祫考》、《周庙太庙单祭合食说》,作《丘甲辩》,凡如是者十余通,以明古今礼俗不同,见虚辞说经之无益。

尝言:"学者必悟经旨废失之由,然后圣人本意可见,若《易象》与《春秋》书法废失大略相似,苟通其一,则可触机而悟矣。"又惧学者得于创闻,不复致思,故所著多引而不发,乃作《易学滥觞》、《春秋指要》,示人以求端用力之方。其于礼学,则谓郑氏深而未完,王肃明而实浅,作《礼经复古正言》。如王肃混郊丘废五天帝,并昆仑、神州为一,赵伯循言王者禘其始祖之所自出,以始祖配之,而不及群庙之主,胡宏家学不信《周礼》,以社为祭地之类,皆引经以证其非。其辩释诸经要旨,则有《六经补注》;诋排百家异义,则取杜牧不当言而言之义,作《翼经罪言》。近代覃思之学,推泽为第一。

吴澄尝观其书,以为平生所见明经士,未有能及之者,谓人曰:"能言距杨、墨者,圣人之徒也,楚望真其人乎!"然泽雅自慎重,未尝轻与人言。李洞使过九江,请北面称弟子,受一经,且将经纪其家,泽谢曰:"以君之才,何经不可明,然亦不过笔授其义而已。若余则于艰苦之余,乃能有见,吾非邵子,不敢以二十年林下期君也。"洞叹息而去。或问泽:"自闷如此,宁无不传之惧?"泽曰:"圣经兴废,上关天运,子以为区区人力所致耶!"

泽家甚窭贫,且年老,不复能教授,经岁大侵,家人采木实草根以疗饥,晏然曾不动其意,惟以圣人之心不明,而经学失传,若己有罪为大戚。至正六年卒,年八十七。其书存于世者十二三。门人惟新安赵汸为高弟,得其《春秋》之学为多。

萧䕫,字惟斗,其先北海人。父仕秦中,遂为奉元人。䕫性至孝,自为儿时,翘楚不凡。稍出为府史,上官语不合,即引退,读书南山者三十年。制一革衣,由身半以下,及卧,辄倚其榻,玩诵不少置,于是博极群书,天文、地理、律历、算数,靡不研究。侯均谓元有天下百年,惟萧惟斗为识字人。学者及其门受业者甚众。尝出,遇一妇人,失金钗道旁,疑䕫拾之,谓曰:"殊无他人,独翁居后耳。"䕫令随至门,取家钗以偿,其妇后得所遗钗,愧谢还之。乡人有自城中暮归者,遇寇,欲加害,诡言"我萧先生也",寇惊愕释去。

世祖分藩在秦,辟䕫与杨恭懿、韩择侍秦邸,䕫以疾辞,授陕西儒学提举,不赴。省宪大臣即其家具宴为贺,使一从史先诣䕫舍,䕫方汲水灌园,从史至,不知其为䕫也,使饮其马,即应之不拒,及冠带迎宾,从史见䕫,有惧色,䕫殊不为意。后累授集贤直学士、国子司业,改集贤侍读学士,皆不赴。大德十一年,拜太子右谕德,扶病至京师,入觐东宫,书《酒诰》为献,以朝廷时尚酒故也。寻以病力请去职,人问其故,则曰:"在礼,东宫东面,师傅西面,此礼今可行乎?"俄除集贤学士、国子祭酒,依前右谕德,疾作,固辞而归。卒年七十八,赐谥贞敏。

斡制行甚高,真履实践,其教人,必自小学始。为文辞,立意精深,言近而指远,一以洙、泗为本,濂、洛、考亭为据,关辅之士,翕然宗之,称为一代醇儒。所著有《三礼说》、《小学标题驳论》、《九州志》,及《勤斋文集》,行于世。

韩择者,字从善,亦奉元人。天资超异,信道不惑,其教学者,虽中岁以后,亦必使自小学等书始。或疑为陵节勤苦,则曰:"人不知学,白首童心,且童蒙所当知,而皓首不知,可乎?"择尤邃礼学,有质问者,口讲指画无倦容。士大夫游宦过秦中,必往见择,莫不虚往而实归焉。世祖尝召之赴京师,疾,不果行。其卒也,门人为服缌麻者百余人。

侯均者,字伯仁,亦奉元人。父母早亡,独与继母居,卖薪以给奉养。积学四十年,群经百氏,无不淹贯,旁通释、老外典。每读书,必熟诵乃已。尝言:"人读书不至千遍,终于已无益。"故其答诸生所问,穷索极探,如取诸箧笥,名振关中,学者宗之。用荐者起为太常博士,后以上疏忤时相意,不待报可,即归休田里。

均貌魁梧,而气刚正,人多严惮之,及其应接之际,则和易款洽。虽方言古语,世所未晓者,莫不随问而答,世咸服其博闻。

同恕,字宽甫,其先太原人。五世祖迁秦中,遂为奉元人。祖升。父继先,博学能文,廉希宪宣抚陕右,辟掌库钥。家世业儒,同居二百口,无间言。

恕安静端凝,羁丱如成人,从乡先生学,日记数千言。年十三,以《书经》魁乡校。至元间,朝廷始分六部,选名士为吏属,关陕以恕贡礼曹,辞不行。仁宗践祚,即其家拜国子司业,阶儒林郎,使三召,不起。陕西行台侍御史赵世延,请即奉元置鲁斋书院,中书奏恕领教事,制可之。先后来学者殆千数。延祐设科,再主乡试,人服其公。六年,以奉议大夫、太子左赞善召,入见东宫,赐酒慰问。继而献书,历陈古谊,尽开悟涵养之道。明年春,英宗继统,以疾归。致和元年,拜集贤侍读学士,以老疾辞。

恕之学,由程、朱上溯孔、孟,务贯浃事理,以利于行。教人曲为开导,使得趣向之正。性整洁,平居虽大暑,不去冠带。母张夫人卒,事异母如事所生。父丧,哀毁致目疾,时祀斋肃详至。尝曰:"养生有不备,事犹可复,追远有不诚,是诬神也,可逭罪乎!"与人交,虽外无适莫,而中有绳尺。里人借骡而死,偿其直,不受,曰:"物之数也,何以偿为!"家无儋石之储,而聚书数万卷,扁所居曰槃庵。时萧𣏌居南山下,亦以道高当世,入城府,必主恕家,士论称之曰萧同。

恕自京还,家居十三年,缙绅望之若景星麟凤,乡里称为先生而不姓。至顺二年卒,年七十八。制赠翰林直学士,封京兆郡侯,谥文贞。其所著曰《槃庵集》,二十卷。

恕弟子第五居仁。字士安,幼师萧𣏌,弱冠从恕受学。博通经史,躬率子弟致力农亩,而学徒满门。其宏度雅量,能容人所不能容。尝行田间,遇有窃其桑者,居仁辄避之。乡里高其行义,率多化服。作字必楷整,游其门者,不惟学明,而行加修焉。卒之日,门人相与议易名之礼,私谥之曰静安先生。

安熙,字敬仲,真定藁城人。祖滔,父松,皆以学行淑其乡里人。熙既承其家学,及闻保定刘因之学,心向慕焉。熙家与因所居相去数百里,因亦闻熙力为为己之学,深许与之。熙方将造其门,而因已殁,乃从因门人乌叔备问其绪说。盖自因得宋儒朱熹之书,即尊信力行之,故其教人,必尊朱氏。然因之为人,高明坚勇,其进莫遏。熙则简靓和易,务为下学之功。其《告先圣文》有曰:"追忆旧闻,卒究前业。洒扫应对,谨行信言。余力学文,穷理尽性,循循有序,发轫圣途,以存诸心,以行诸己,以及于物,以化于乡。"其用功平实切密,可谓善学朱氏者。

　　熙遭时承平，不屑仕进，家居教授垂数十年，四方之来学者，多所成就。既殁，乡人为立祠于藁城之西筦镇。其门人苏天爵，为辑其遗文，而虞集序之曰："使熙得见刘氏，廓之以高明，厉之以奋发，则刘氏之学，当益昌大于时矣。"

元史卷一九○
列传第七七

儒学二

胡长孺　　**熊朋来**　　**戴表元**　　**牟应龙**

郑滁孙　弟陶孙　　**陈孚**　冯子振　　**董朴**

杨载　杨刚中　李桓　　**刘诜**　龙仁夫

刘岳申　　**韩性**　程端礼　端学　　**吴师道**

陆文圭　梁益　　**周仁荣**　仔肩　孟梦恂

陈旅　程文　陈绎曾　　**李孝光**

宇文公谅　　**伯颜**　　**赡思**

　　胡长孺,字汲仲,婺州永康人。

　　当唐之季,其先自天台来徙。宋南渡后,以进士科发身者十人,
持节分符,先后相望。曾祖槀,钦州司法参军,脱略豪隽,轻赏急施,
人以郑庄称之。祖岩,起嘉定甲戌进士,知福州闽县事,卓行危论,
奇文瑰句,端平、嘉定间,士大夫皆自以为不可及。其在江西幕府,
平赣州之难于指顾之顷,全活数十万人。父居仁,淳祐丁未进士,知
台州军州事,文辞政事,亦绝出于四方。

　　至长孺,其学益大振,《九经》、诸史,下逮百氏,名、墨、纵横,旁
行敷落,律令章程,无不包罗而揳序之。咸淳中,外舅徐道隆为荆湖

四川宣抚参议官，长孺从之入蜀，铨试第一名，授迪功郎、监重庆府酒务。俄用制置使朱祀孙之辟，兼总领湖广军马钱粮所金厅，与高彭、李湜、梅应春等，号南中八士。已而复拜福宁州倅之命。会宋亡，退栖永康山中。

至元二十五年，诏下求贤，有司强起之，至京师，待诏集贤院。既而召见内殿，拜集贤修撰，与宰相议不合，改教授扬州。元贞元年，移建昌，适录事阙官，檄长孺摄之。程文海方贵显，其家气焰薰灼，即违法，人不敢何问，其树外门，侵官道，长孺亟命撤之。至大元年，转台州宁海县主簿，阶将仕佐郎。

大德丁未，浙东大侵，戊申，复无麦，民相枕死。宣慰同知脱欢察议行赈荒之令，敛富人钱一百五十万给之，至县，以余钱二十五万属长孺藏去，乃行旁州。长孺察其有乾没意，悉散于民。阅月再至，索其钱，长孺抱成案进曰："钱在是矣。"脱欢察怒曰："汝胆如山耶！何所受命，而敢无忌若此！"长孺曰："民一日不食，当有死者，诚不及以闻，然官书具在，可征也。"脱欢察虽怒，不敢问。县有铜岩，恶少年狙伺其间，恒出钞道，为过客患，官不能禁。长孺伪衣商人服，令苍头负货以从，阴戒驺卒十人蹑其后。长孺至，岩中人突出要之，长孺方逊辞以谢，驺卒俄集，皆成擒，俾尽通其党置于法，夜行无虞。民荷溺器粪田，偶触军卒衣，卒抶伤民，且碎器而去，竟不知主名，民来诉，长孺阳怒其诬，械于市，俾左右潜侦之，向抶者过焉，戟手称快，执诣所隶，杖而偿其器。群妪聚浮屠庵，诵佛书为禳祈，一妪失其衣，适长孺出乡，妪讼之。长孺以牟麦置群妪合掌中，命绕佛诵书如初，长孺闭目叩齿，作集神状，且曰："吾使神监之矣，盗衣者行数周，麦当芽。"一妪屡开掌视，长孺指缚之，还所窃衣。长孺白事帅府归，吏言有奸事屡问弗伏者，长孺曰："此易易尔。"夜伏吏案下，黎明，出奸者讯之，辞愈坚，长孺佯谓令长曰："颇闻国家有诏，盍迎之。"叱隶卒缚奸者东西楹，空县而出，庭无一人。奸者相谓曰："事至此，死亦无承，行将自解矣。"语毕，案下吏嘚而出，奸者惊，咸叩头服罪。永嘉民有弟质珠步摇于兄者，赎焉，兄妻爱之，绐以亡于盗,屡讼不获直,往告长孺,长孺曰:"尔非吾民也。"叱之去。未几,治盗,长孺嗾盗诬兄受步摇为赃,逮兄赴官,力辨数弗置,长孺曰:"尔家信有是,何谓诬耶!"兄仓皇曰:"有固有之,乃弟所质者。"趣持至验之,呼其弟示曰:"得非尔家物乎?"弟曰:"然。"遂归焉。其行事多类此,不能尽载。

延祐元年,转两浙都转运盐使司长山场盐司丞,阶将仕郎,未上,以病辞,不复仕,隐杭之虎林山以终。

长孺初师青田余学古,学古师王梦松,梦松亦青田人,传龙泉叶味道之学,味道则朱熹弟子也。渊源既正,长孺益行四方,访求其旨趣,始信涵养用敬为最切,默存静观,超然自得,其为人,光明宏伟,专务明本心之学,慨然以孟子自许。唯恐斯道之失其传,诱引不倦,一时学者慕之,有如饥渴之于食饮。方岳大臣与郡二千石,聘致庠序,敷绎经义,环听者数百人。长孺为言:"人虽最灵,与物同产,初无二本。"皆跃跃然兴起,至有太息者。为辞章有精魄,金舂玉撞,一发其和平之音,海内来求者,如购拱璧,碑版焜煌,照耀四裔,苟非其人,虽一金易一字,毅然不与。乡闱取士,屡司文衡,贵实贱华,文风为之一变。

晚寓武林,病喘上气者颇久。一旦具酒食,与比邻别,云将返故乡,门人有识其微意者,问曰:"先生精神不衰,何为遽欲观化乎?"长孺曰:"精神与死生,初无相涉也。"就寝,至夜半,喘忽止,其子驹排户视之,则正衣冠坐逝矣。年七十五。所著书有《瓦缶编》、《南昌集》、《宁海漫抄》、《颜乐斋稿》行于世。

其从兄之纲、之纯,皆以经术文学名。之纲字仍仲,尝被荐书。其于声音字画之说,自言独造其妙,惜其书不传。之纯字穆仲,咸淳甲戌进士,践履如古独行者,文尤明洁可诵。人称之为三胡云。

熊朋来,字与可,豫章人。宋咸淳甲戌,登进士第第四人,授从仕郎、宝庆府金书判官厅公事,未上而宋亡。

世祖初得江南,尽求宋之遗士而用之,尤重进士,以故相留梦炎为尚书,召甲戌状元王龙泽为江南行台监察御史。朋来,龙泽榜下进士,而声名不在龙泽下,然不肯表襮苟进,隐处州里间,生徒受学者,常百数十人。取朱子小学书,提其要领以示之,学者家传其书,几遍天下。豫章为江西会府,行中书省、提刑按察司皆在焉,凡居是官者,多朝廷名公卿,皆以宾礼延见。廉希宪之子惇为参知政事,以师礼事朋来,终身称门人。刘宣为提刑按察使,尤加礼敬。朋来和而不肆,介而不狷,与群贤讲论经义无虚日,儒者咸倚以为重焉。

会朝廷遣治书侍御史王构铨外选于江西,于是参政徐琰、李世安,列荐朋来为闽海提举儒学官,使者报闻,而朝廷以东南儒学之士唯福建、庐陵最盛,特起朋来连为两郡教授。所至,考古篆籀文字,调律吕,协歌诗,以兴雅乐,制器定辞,必则古式,学者化焉。既满考,以常格调建安县主簿,不赴。晚以福清州判官致仕,朋来视之,漠如也。四方学者,因其所自号,称为天慵先生。每燕居,鼓瑟而歌以自乐。尝著《瑟赋》二篇,学者争传诵之。门人归之者日盛,旁近舍皆满,至不能容。朋来恳恳为说经旨文义,老益不倦。得其所指授者,多为闻人。

延祐初,诏以进士科取士,时科举废已久,有司咸不知其典故,以不称明诏为惧,行省官主其事者,谘问于朋来,动中轨度,因以申请,四方得遵用之。及请为考试官,则曰:“应试者十九及吾门,不可。”其后江浙、湖广,皆卑词致礼,请为主文,朋来屡往应之。及对大廷,其所选士居天下三之一焉。

初,朋来以《周礼》首荐乡郡,而元制,《周官》不与设科,治《戴记》者又鲜,朋来屡以为言。盖朋来之学,诸经中《三礼》尤深,是以当世言礼学者,咸推宗之。至治中,英宗始采用古礼,亲御衮冕祠太庙,锐意于制礼作乐之事,翰林学士元明善,扬言于朝,以朋来为荐,未及召而卒,年七十八。

朋来动止有常,喜怒不形于色,接宾客,人人各自以得其意。有家集三十卷,其大者明乎礼乐之事,关于世教,其余若天文、地理、方技、名物、度数，靡不精究。

子太古，乡贡进士。

戴表元，字帅初，一字曾伯，庆元奉化州人。七岁，学古诗文，多奇语。稍长，从里师习词赋，辄弃不肯为。咸淳中，入太学，以三舍法升内舍生，既而试礼部第十人，登进士乙科，教授建宁府。后迁临安教授，行户部掌故，皆不就。

大德八年，表元年已六十余，执政者荐于朝，起家拜信州教授，再调教授婺州，以疾辞。

初，表元闵宋季文章气萎苶而辞骩骳，骳弊已甚，慨然以振起斯文为己任。时四明王应麟、天台舒岳祥并以文学师表一代，表元皆从而受业焉。故其学博而肆，其文清深雅洁，化陈腐为神奇，蓄而始发，间事摹画，而隅角不露，施于人者多，尤自秘重，不妄许与。至元、大德间，东南以文章大家名重一时者，唯表元而已。

其门人最知名者曰袁桷，桷之文，其体裁议论，一取法于表元者也。

表元晚年，翰林、集贤以修撰、博士二职论荐，而老疾不可起，年六十七卒。有《剡源集》行于世。

当表元时，在四明任士林者，亦以文章知名云。

牟应龙，字伯成，其先蜀人，后徙居吴兴。祖子才仕宋，赠光禄大夫，谥清忠。父巘，为大理少卿。

应龙幼警敏过人，日记数千言，文章有浑厚之气。应龙当以世赏补京官，尽让诸从弟，而擢咸淳进士第。时贾似道当国，自拟伊、周，谓马廷鸾曰：“君故与清忠游，其孙幸见之，当处以高第。”应龙拒之不见，及对策，具言上下内外之情不通、国势危急之状，考官不敢置上第。调光州定城尉，应龙曰：“昔吾祖对策，以直言忤史弥远，得洪雅尉，今固当尔，无愧也。”沿海制置司辟为属，以疾辞不仕，而宋亡矣。

故相留梦炎事世祖,为吏部尚书,以书招之,曰:"苟至,翰林可得也。"应龙不答。已而起家教授溧阳州,晚以上元县主簿致仕。

初,宋亡时,大理卿已退不任事,一门父子,自为师友,讨论经学,以义理相切磨,于诸经皆有成说,惟《五经音考》盛行于世。

应龙为文,长于叙事,时人求其文者,车辙交于门,以文章大家称于东南,人拟之为眉山苏氏父子,而学者因应龙所自号,称之曰隆山先生。泰定元年卒,年七十八。

郑滁孙,字景欧,处州人。宋景定间,登进士第,知温州乐清县,累历宗正丞、礼部郎官。

至元三十年,有以滁孙名荐者,世祖召见,授集贤直学士。寻升侍讲学士,又升学士。乞致仕,归田里。

弟陶孙,字景潜,亦登进士第,监西岳祠。先,陶孙征至阙,奏对称旨,授翰林国史院编修官,会纂修国史至宋德佑末年事,陶孙曰:"臣尝仕宋,宋是年亡,义不忍书,书之非义矣。"终不书,世祖嘉之。升应奉翰林文字,后出为江西儒学提举。

滁孙兄弟在当时,最号博洽,儒学之士翕然推之。隆福宫以其兄弟前朝士,乃制衣亲赐,人以为异遇焉。滁孙所著,有《大易法象通赞》、《周易记玩》等书。陶孙有文集若干卷。

陈孚,字刚中,台州临海人。幼清峻颖悟,读书过目辄成诵,终身不忘。至元中,孚以布衣上《大一统赋》,江浙行省转闻于朝,署上蔡书院山长,考满,谒选京师。

二十九年,世祖命梁曾以吏部尚书再使安南,选南士为介,朝臣荐孚博学有气节,调翰林国史院编修官,摄礼部郎中,为曾副。陛辞,赐五品服,佩金符以行。三十年正月,至安南,世子陈日燇以忧制不出郊,遣陪臣来迎,又不由阳明中门入,曾与孚回馆,致书诘日燇以不庭之罪,且责日燇当出郊迎诏,及讲新朝尚右之礼,往复三书,宣布天子威德,辞直气壮,皆孚笔也。其所赠,孚悉却之。详见

《梁曾传》中。使还，除翰林待制，兼国史院编修官。帝方欲置之要地，而廷臣以孚南人，且尚气，颇嫉忌之，遂除建德路总管府治中，再迁治中衢州，所至多著善政。秩满，复请为乡郡，特授奉直大夫、台州路总管府治中。

大德七年，诏遣奉使宣抚循行诸道。时台州旱，民饥，道殣相望，江浙行省檄浙东元帅脱欢察儿发粟赈济，而脱欢察儿怙势立威，不恤民隐，驱胁有司，动置重刑。孚曰："使吾民日至莩死不救者，脱欢察儿也。"遂诣宣抚使，诉其不法蠹民事一十九条，宣抚使按实，坐其罪，命有司亟发仓赈饥，民赖以全活者众。而孚亦以此致疾，卒于家，年六十四，

孚天材过人，性任侠不羁，其为诗文，大抵任意即成，不事雕斫，有文集行于世。

子遹，江浙行省左右司员外郎，致仕。女长妁，适藁城董士楷，太常礼仪院太祝守缉之母也；末妁，适同里韩戒之，行枢密院经历谏之母也。俱有贞节，朝廷旌表其门闾。

攸州冯子振，其豪俊与孚略同，孚极敬畏之，自以为不可及。子振于天下之书，无所不记。当其为文也，酒酣耳热，命侍史二三人，润笔以俟，子振据案疾书，随纸数多寡，顷刻辄尽。虽事料浓郁，美如簇锦，律之法度，未免乖剌，人亦以此少之。

董朴，字太初，顺德人。自幼强记，比冠，师事乐舜咨、刘道济，幡然有求道之志。至元十六年，用提刑按察使荐，起家为陕西知法官。未几，以亲老归养。寻召为太史院主事，复辞不赴。皇庆初，朴年已逾八十，诏以翰林修撰致仕。延佑三年，无疾而终，年八十有五。

朴所为学，自六经及孔、孟微言，与凡先儒所以开端阐幽者，莫不研极其旨而会通之，故其心所自得，往往有融贯之妙。其事亲孝，与人交，智愚贵贱，一待以诚，或有犯之者，夷然不与之校。中山王结曰："朴之学，造诣既深，充养交至；其为人，清而通，和而介，君子

人也。"朴家近龙冈，学者因称之曰龙冈先生云。

杨载，字仲弘。其先，居建之浦城，后徙杭，因为杭人。少孤，博涉群书，为文有跌宕气。年四十，不仕。户部贾国英数荐于朝，以布衣召为翰林国史院编修官，与修《武宗实录》，调管领系官海船万户府照磨，兼提控案牍。

延佑初，仁宗以科目取士，载首应诏，遂登进士第，授承务郎、饶州路同知浮梁州事，迁儒林郎、宁国路总管府推官以卒。

初，吴兴赵孟頫在翰林，得载所为文，极推重之。由是载之文名，隐然动京师，凡所撰述，人多传诵之。其文章一以气为主，博而敏，直而不肆，自成一家言。而于诗文尤有法，尝语学者曰："诗当取材于汉、魏，而音节则以唐为宗。"自其诗出，一洗宋季之陋。

建康之上元有杨刚中，字志行，自幼厉志操，及为江东宪府照磨，风采凛凛，有足称者。其为文，奇奥简涩，动法古人，而不屑为世俗平凡语。元明善极叹异之。仕至翰林待制而卒。有《霜月集》行于世。

其甥李桓，字晋仲，同郡人，由乡贡进士，累迁江浙儒学副提举。亦以文鸣江东，纡余丰润，学者多传之。载与刚中同辈行，而桓则稍后云。

刘诜，字桂翁，吉安之庐陵人。性颖悟，幼失父，知自树立。年十二，作为科场律赋论策之文，蔚然有老成气象，宋之遗老钜公一见即以斯文之任期之。既冠，重厚醇雅，素以师道自居，教学者有法，声誉日隆。江南行御史台屡以教官馆职、遗逸荐，皆不报。

诜为文，根柢《六经》，蹢躅诸子百家，融液今古，而不露其踔厉风发之状。四方求文者，日至于门。其所为诗文，曰《桂隐集》。桂隐，诜所号也。至正十年卒，年八十三。

同郡龙仁夫，字观复。刘岳申，字高仲。其文学皆与诜齐名，有集行世。而仁夫之文，尤奇逸流丽，所著《周易》多发前儒之之所未发。岳申用荐者为辽阳儒学副提举，仁夫江浙儒学副提举，皆不就。

韩性，字明善，绍兴人。其先家安阳，宋司徒兼侍中魏忠献王琦，其八世祖也。高祖左司郎中膺胄，扈从南渡，家于越。

性天资警敏，七岁读书，数行俱下，日记万言。九岁通《小戴礼》，作大义，操笔立就，文意苍古，老生宿学，皆称异焉。及长，博综群籍，自经史至诸子百氏，靡不极其津涯，究其根柢，而于儒先性理之说，尤深造其阃域。其为文辞，博达俊伟，变化不测，自成一家言。四方学者，受业其门，户外之屦，至无所容。

延祐初，诏以科举取士，学者多以文法为请，性语之曰：“今之贡举，悉本朱熹私议，为贡举之文，不知朱氏之学，可乎？《四书》、《六经》，千载不传之学，自程氏至朱氏，发明无余蕴矣，顾行何如耳。有德者必有言，施之场屋，直其末事，岂有他法哉！”凡经其口授指画，不为甚高论而义理自胜，不期文之工而不能不工，以应有司之求，亦未始不合其绳尺也。士有一善，必为之延誉不已，及辨析是非，则毅然有不可犯之色。

性出无舆马仆御，所过，负者息肩，行者避道。巷夫街叟，至于童稚厮役，咸称之曰“韩先生、韩先生”云。宪府尝举为教官，谢曰：“幸有先人之敝庐可庇风雨，薄田可具饘粥，读书砥行，无愧古人足矣，禄仕非所愿也。”受而不赴。暮年愈自韬晦，然未尝忘情于斯世，郡之良二千石政事有所未达，辄往咨访，性从容开导，洞中肯綮，裨益者多。

天历中，赵世延以性名上闻。后十年，门人李齐为南台监察御史，力举其行义，而性已卒矣。年七十有六。卒后，南台御史中丞月鲁不花，尝学于性，言性法当得谥，朝廷赐谥庄节先生。其所著有《礼记说》四卷，《诗音释》一卷，《书辨疑》一卷，《郡志》八卷，文集十二卷。

当性时，庆元有程端礼、端学兄弟者。端礼，字敬叔，幼颖悟纯笃，十五岁，能记诵《六经》，晓析大义。庆元自宋季皆尊尚陆九渊氏之学,而朱熹氏学不行于庆元。

端礼独从史蒙卿游,以传朱氏明体适用之指,学者及门甚众。所著有《读书工程》,国子监以颁示郡邑校官,为学者式。仕为衢州路儒学教授。卒年七十五。

端学,字时叔,通《春秋》,登至治辛酉进士第,授仙居县丞,寻改国子助教。动有师法,学者以其刚严方正,咸严惮之。迁太常博士,命未下而卒。后以子徐贵,赠礼部尚书。所著有《春秋本义》三十卷,《三传辨疑》二十卷,《春秋或问》十卷。

吴师道,字正传,婺州兰溪人。自羁丱知学,即善记览。工词章,才思涌溢,发为歌诗,清丽俊逸。弱冠,因读宋儒真德秀遗书,乃幡然有志于为己之学,刮摩淬砺,日长月益,尝以持敬致和之说质于同郡许谦,谦复之以理一分殊之旨,由是心志益广,造履益深,大抵务在发挥义理,而以辟异端为先务。

登至治元年进士第,授高邮县丞,明达文法,吏不敢欺。再调宁国路录事,会岁大旱,饥民仰食于官者三十三万口,师道劝大家得粟三万七千六百石,以赈饥民;又言于部使者,转闻于朝,得粟四万石、钞三万八千四百锭赈之,三十余万人赖以存活。迁池州建德县尹,郡学有田七百亩,为豪民所占,郡下其事建德,俾师道究治之,即为按其图籍,悉以归于学。建德素少茶,而榷税尤重,民以为病,即为极言于所司,榷税为减。

中书左丞吕思诚、侍御史孔思立列荐之,召为国子助教,寻升博士。其为教,一本朱熹之旨,而遵许衡之成法,六馆诸生,人人自以为得师。丁内忧而归,以奉议大夫、礼部郎中致仕,终于家。所著有《易诗书杂说》、《春秋胡传附辨》、《战国策校注》、《敬乡录》,及文集二十卷。

师道同郡又有王余庆,字叔善,仕为江南行台监察御史,亦以儒学名重当世云。

陆文圭,字子方,江阴人。幼而颖悟,读书过目成诵,终身不忘。博通经史百家,及天文、地理、律历、医药、算数之学。宋咸淳初,文圭年十八,以《春秋》中乡选。宋亡,隐居城东,学者称之曰墙东先生。

延祐设科,有司强之就试,凡一再中乡举。文圭为文,融会经传,纵横变化,莫测其涯际,东南学者,皆宗师之。朝廷数遣使驰币聘之,以老疾,不果行。卒年八十五。

文圭为人,刚明超迈,以奇气自负。于地理考核甚详,凡天下郡县沿革、人物土产,悉能默记,如指诸掌。先属圹一日,语门人曰:"以数考之,吾州二十年后必有兵变,惨于五代、建炎,吾死,当葬不食之地,勿封勿树,使人不知吾墓,庶无暴骨之患。"其后江阴之乱,冢墓尽发,人乃服其先知。有《墙东类稿》二十卷。

文圭同里有梁益者,字友直,其先福州人。博洽经史,而工于文辞。其教人,以变化气质为先务,学徒不远千里从之。自文圭既卒,浙以西称学术醇正、为世师表者,惟益而已。益所著书,有《三山稿》、《诗绪余》、《史传姓氏纂》,又有《诗传旁通》,发挥朱熹氏之学为精。年五十六卒。

周仁荣,字本心,台州临海人。

父敬孙,宋太学生。初,金华王柏,以朱熹之学主台之上蔡书院,敬孙与同郡杨珏、陈天瑞、车若水、黄超然、朱致中、薛松年师事之,受性理之旨。敬孙尝著《易象占》、《尚书补遗》、《春秋类例》。

仁荣承其家学,又师珏、天瑞,治《易》、《礼》、《春秋》,而工为文章。用荐者署美化书院山长,美化在处州万山中,人鲜知学,仁荣举行乡饮酒礼,士俗为变。

后辟江浙行省掾史,省臣皆呼先生,不以吏遇之。泰定初,召拜国子博士,迁翰林修撰,升集贤待制,奉旨代祀岳渎,至会稽,以疾作,不复还朝。卒,年六十有一。其所教弟子多为名人,而泰不华实为进士第一。

其弟仔肩，字本道，以《春秋》登延祐五年进士第，终奉议大夫、惠州路总管府判官。与其兄俱以文学名。

仁荣同郡有孟梦恂者，字长文，黄岩人。与仁荣同师事杨珏、陈天瑞。梦恂讲解经旨，体认精切，务见行事，四方游从者皆服焉。部使者荐其行义，署本郡学录。

至正十三年，以设策御寇救乡郡有功，授登仕郎、常州路宜兴州判官，未受命而卒，年七十四。朝廷赐谥号曰康靖先生。所著有《性理本旨》、《四书辨疑》、《汉唐会要》、《七政疑解》，及《笔海杂录》五十卷。

陈旅，字众仲，兴化莆田人。先世素以儒学称。旅幼孤，资禀颖异，其外大父赵氏学有源委，抚而教之，旅得所依，不以生业为务，惟笃志于学，于书无所不读。稍长，负笈至温陵，从乡先生傅古直游，声名日著。用荐者为闽海儒学官，适御史中丞马雍古祖常使泉南，一见奇之，谓旅曰：“子，馆阁器也，胡为留滞于此！”因相勉游京师。

既至，翰林侍讲学士虞集见其所为文慨然叹曰：“此所谓我老将休，付子斯文者矣。”即延至馆中，朝夕以道义学问相讲习，自谓得旅之助为多。与祖常交口游誉于诸公间，咸以为旅博学多闻，宜居师范之选，中书平章政事赵世延又力荐之，除国子助教。居三年，考满，诸生不忍其去，请于朝，再任焉。元统二年，出为江浙儒学副提举。至元四年，入为应奉翰林文字。至正元年，迁国子监丞，阶文林郎。又二年卒，年五十有六。

旅于文，自先秦以来，至唐、宋诸大家，无所不究，故其文典雅峻洁，必求合于古作者，不徒以徇世好而已。有文集十四卷。

旅平生于师友之义尤笃，每感虞集为知己。其在浙江时，集归田里已数载，岁且大比，请于行省参知政事字术鲁冲，亲署书币，请集主文乡闱，欲为问候计，乃冲冒炎暑，千里访集于临川。集感其来，留旬日而别，拳拳以斯文相勉，惨然若将永诀焉。集每与学者语,必以旅为平生益友也。一日,梦旅举杯相向曰:"旅甚思公,亦知公之不忘旅也,但不得见尔。"既而闻旅卒,集深悼之。

同时有程文、陈绎曾者,皆名士。文字以文,徽州人,仕至礼部员外郎。作文明洁而精深,集亦多称之。

绎曾字伯敷,处州人。为人虽口吃,而精敏异常,诸经注疏,多能成诵。文辞汪洋浩博,其气烨如也。官至国子助教。论者谓二人皆与旅相伯仲云。

李孝光,字季和,温州乐清人。少博学,笃志复古,隐居雁荡山五峰下,四方之士,远来受学,名誉日闻,泰不华以师事之,南行台监察御史阆辞屡荐居馆阁。

至正七年,诏征隐士,以秘书监著作郎召,与完者图、执礼哈琅、董立,同应诏赴京师,见帝于宣文阁,进《孝经图说》,帝大悦,赐上尊。明年,升文林郎、秘书监丞。卒于官,年五十三。

孝光以文章负名当世。其文一取法古人,而不趋世尚,非先秦、两汉语,弗以措辞。有文集二十卷。

宇文公谅,字子贞,其先,成都人,父挺祖,徙吴兴,今为吴兴人。公谅通经史百氏言,弱冠,有操行。嘉兴富民延为子弟师,夜将半,闻有叩门者,问之,乃一妇人,公谅厉声叱去之,翌日,即以他事辞归,终不告以其故。

至顺四年,登进士第,授徽州路同知婺源州事。丁内艰,改同知余姚州事,夏不雨,公谅出祷辄应,岁以有年,民颂之,以为别驾雨。摄会稽县,申明冤滞,所活者众。省檄察实松江海涂田,公谅以朝汐不常,后必贻患,请一概免科,省臣从之。迁高邮府推官,未几,除国子助教,日与诸生辩析诸经,六馆之士,资其陶甄者往往出为名臣。调应奉翰林文字、同知制诰,兼国史院编修官,以病得告。后为国子监丞,除江浙儒学提举,改金岭南廉访司事,以疾请老。

公谅平居,虽暗室,必正衣冠端坐,尝挟手记一册,识其编首曰:"昼有所为,暮则书之,其不可书,即不敢为,天地鬼神,实闻斯言。"其检饬之严如此。所著述,有《折桂集》、《观光集》、《辟水集》、《以斋诗稿》、《玉堂漫稿》、《越中行稿》,凡若干卷。门人私谥曰纯节先生。

伯颜,一名师圣,字宗道,哈剌鲁氏,隶军籍蒙古万户府,世居开州濮阳县。伯颜生三岁,常以指画地,或三或六,若为卦者。六岁,从里儒授《孝经》、《论语》,即成诵。蚤丧父,其兄曲出,买经传等书以资之,日夜诵不辍。稍长,受业宋进士建安黄坦,坦曰:"此子颖悟过人,非诸生可比。"因命以颜为氏,且名而字之焉。久之,坦辞曰:"余不能为尔师,群经有朱子说具在,归而求之可也。"伯颜自弱冠,即以斯文为己任,其于大经大法,粲然有睹,而心所自得,每出于言意之表。乡之学者,来相质难,随问随辨,咸解其惑。于是中原之士,闻而从游者日益众。

至正四年,以隐士征至京师,授翰林待制,预修《金史》。既毕,辞归。已而复起为江西廉访佥事,数月,以疾免。及还,四方之来学者,至千余人。盖其为学专事讲解,而务真知力践,不屑事举子词章,而必期措诸实用。士出其门,不问知其为伯颜氏学者;至于异端之徒,亦往往弃其学而学焉。

十八年,河南贼蔓延河北,伯颜言于省臣,将结其乡民为什伍以自保,而贼兵大至,伯颜乃渡漳北行,邦人从之者数十万家。至磁与贼遇,贼知伯颜名士,生劫之以见贼将,诱以富贵,伯颜骂不屈,引颈受刃,与妻子俱死之,年六十有四。

既死,人或剖其腹,见其心数孔,曰:"古称圣人心有七窍,此非贤士乎!"乃纳心其腹中,覆墙而掩之,有司上其事,赠奉议大夫、金太常礼仪院事,谥文节。太常谥议曰:"以城守论之,伯颜无城守之责而死,可与江州守李黼一律;以风纪论之,伯颜无在官之责而死,可与西台御史张桓并驾。以平生有用之学,成临义不夺之节,乃古之所谓君子人者。"时以为确论。伯颜平生修辑《六经》,多所著述,皆毁于兵。

赡思，字得之，

其先大食国人。国既内附，大父鲁坤，乃东迁丰州。太宗时，以材授真定、济南等路监榷课税使，因家真定。父斡直，始从儒先生问学，轻财重义，不干仕进。

赡思生九岁，日记古经传至千言。比弱冠，以所业就正于翰林学士承旨王思廉之门，由是博极群籍，汪洋茂衍，见诸践履，皆笃实之学，故其年虽少，已为乡邦所推重。

延祐初，诏以科第取士，有劝其就试者，赡思笑而不应。既而侍御史郭思贞、翰林学士承旨刘赓、参知政事王士熙，交章论荐之。泰定三年，诏以遗逸征至上都，见帝于龙虎台，眷遇优渥。时倒剌沙柄国，西域人多附焉，赡思独不往见，倒剌沙屡使人招致之，即以养亲辞归。

天历三年，召入为应奉翰林文字，赐对奎章阁，文宗问曰："卿有所著述否？"明日，进所著《帝王心法》，文宗称善。诏预修《经世大典》，以论议不合求去。命奎章阁侍书学士虞集谕留之，赡思坚以母老辞，遂赐币遣之。复命集传旨曰："卿且暂还，行召卿矣。"至顺四年，除国子博士，丁内艰，不赴。

后至元二年，拜陕西行台监察御史，即上封事十条，曰：法祖宗，揽权纲，敦宗室，礼勋旧，惜名器，开言路，复科举，罢数军，一刑章，宽禁纲。时奸臣变乱成宪，帝方虚己以听，赡思所言，皆一时群臣所不敢言者。侍御史赵承庆见之，叹曰："御史言及此，天下福也。"戚里有执政陕西行省者，恣为非道，赡思发罪而按之，辄弃职夜遁，会有诏勿逮问，然犹杖其私人。及分巡云南，按省臣之不法者，其人即解印以去，远藩为之震悚。

襄、汉流民，聚居宋之绍熙府故地，至数千户，私开盐井，自相部署，往往劫囚徒，杀巡卒，赡思乃擒其魁，而释其党。复上言："绍熙土饶利厚，流户日增，若以其人散还本籍，恐为边患，宜设官府以抚定之。"诏即其地置绍熙宣抚司。

三年，除佥浙西肃政廉访司事，即按问都转运盐使、海道都万户、行宣政院等官赃罪，浙右郡县，无敢为贪墨者。复以浙右诸僧寺，私蔽猾民，有所谓道人、道民、行童者，类皆渎常伦，隐徭役，使民力日耗，契勘嘉兴一路，为数已二千七百，乃建议请勒归本族，俾供王赋，庶以少宽民力。朝廷是之，即著以为令。四年，改佥浙东肃政廉访司事，以病免归。

赡思历官台宪，所至以理冤泽物为己任，平反大辟之狱，先后甚众，然未尝故出人罪，以市私恩。尝与五府官决狱咸宁，有妇宋娥者，与邻人通，邻人谓娥曰："我将杀而夫。"娥曰："张子文行且杀之。"明日，夫果死，迹盗数日，娥始以张子文告其姑，五府官以为非共杀，且既经赦宥，宜释之，赡思曰："张子文以为娥固许之矣。且娥夫死及旬，乃始言之，是娥与张同谋，度不能终隐，故发之也，岂赦可释哉？"枢密判官曰："平反活人，阴德也。御史勿执常法。"赡思曰："是谓故出人罪，非平反也。且公欲种阴德于生者，奈死者何！"乃独上议刑部，卒正娥罪。其审刑当罪多类此。

至正四年，除江东肃政廉访副使。十年，召为秘书少监，议治河事，皆辞疾不赴。十一年，卒于家，年七十有四。二十五年，皇太子抚军冀宁，承制封拜，赠嘉议大夫、礼部尚书、上轻车都尉，追封恒山郡侯，谥曰文孝。

赡思邃于经，而《易》学尤深，至于天文、地理、钟律、算数、水利，旁及外国之书，皆究极之。家贫，饘粥或不继，其考订经传，常自乐也。所著述有《四书阙疑》、《五经思问》、《奇偶阴阳消息图》、《老庄精诣》、《镇阳风土记》、《续东阳志》、《重订河防通议》、《西国图经》、《西域异人传》、《金哀宗记》、《正大诸臣列传》、《审听要诀》，及文集三十卷，藏于家。

元史卷一九一
列传第七八

良吏一

谭澄　许维桢　许楫　田滋
卜天璋

　　自古国家上有宽厚之君，然后为政者得以尽其爱民之术，而良吏兴焉。班固有曰："汉兴，与民休息，凡事简易，禁罔疏阔，以宽厚清静为天下先，故文、景以后，循吏辈出。"其言盖识当时之治体矣。

　　元初风气质实，与汉初相似。世祖始立各道劝农使，又用五事课守令，以劝农系其衔。故当是时，良吏班班可见，亦宽厚之效也。然自中世以后，循良之政，史氏缺于纪载。今据其事迹之可取者，作《良吏传》。

　　谭澄，字彦清，德兴怀来人。

　　父资荣，金末为交城令。国兵下河朔，乃以县来附，赐金符，为元帅左都监，仍兼交城令。未几，赐虎符，行元帅府事，从攻汴有功。年四十，移病，举弟资用自代。资用卒，澄袭职。

　　澄幼颖敏，为交城令时年十九。有文谷水，分溉交城田，文阳郭帅专其利而堰之，讼者累岁，莫能直，澄折以理，令决水，均其利于民。豪民有持吏短长为奸者，察得其主名，皆以法治之。岁乙未，籍民户，有司多以浮客占籍，及征赋，逃窜殆尽，官为称贷，积息数倍，民无以偿。澄入觐，因中书耶律楚材，面陈其害，太宗恻然，为免其逋，其私负者，年虽多，息取倍而止；亡民能归者，复三年。诏下，公私便之。壬子，复大籍其民，澄尽削交城之不土著者，赋以时集。

甲寅，世祖还自大理，澄进见，留藩府，凡遣使，必以澄偕，而以其弟山为交城令。时世祖以皇弟开藩京兆，总天下兵。岁丁巳，有间之者，宪宗疑之，遂解兵柄。遣阿蓝答儿往京兆，大集官吏，置计局百四十二条以考核之，罪者甚众，世祖每遣左丞阔阔，与澄周施其间，以弥缝其缺，及亲入朝，事乃释。

中统元年，世祖即位，擢澄怀孟路总管，俄赐金符，换金虎符。岁旱，令民凿唐温渠，引沁水以溉田，民用不饥。教之种植，地无遗利。

至元二年，迁河南路总管，改平滦路总管。七年，入为司农少卿，俄出为京兆总管。居一年，改陕西川道提刑按察使，建言："不孝有三，无后为大。宜令民年四十无子听取妾，以为宗祀计。"朝廷从之，遂著为令。

四川金省严忠范守成都，为宋将昝万寿所败，退保子城，世祖命澄代之。至则葬暴骸，修焚室，赈饥贫，集逋亡，民心稍安。会西南夷罗罗斯内附，帝以抚新国宜择文武全才，遂以澄为副都元帅；同知宣慰使司事。比至，以疾卒，年五十八。

世祖尝与太保刘秉忠论一时牧守。秉忠曰："若邢之张耕，怀之谭澄，何忧不治哉！"游显宣抚大名，尝为诸路总管求虎符宣麻，澄至中书辞曰："皇上不识谭澄耶？乃为显所举！"中书特为去之。其介如此。

子克修，历湖北、河南、陕西三道提刑按察使。

许维祯，字周卿，遂州人。至元十五年，为淮安总管府判官。属县盐城及丁溪场，有二虎为害，维祯默祷于神祠，一虎去，一虎死祠前。境内旱蝗，维祯祷而雨，蝗亦息。是年冬，无雪，父老言于维祯曰："冬无雪，民多疾，奈何！"维祯曰"吾当为尔祷。"已而雪深三尺。

朝廷闻其事,方欲用之而卒,年四十四。子殷。

许楫,字公度,太原忻州人。幼从元裕学,年十五,以儒生中词赋选,河东宣抚司又举楫贤良方正孝廉。楫至京师,平章王文统命为中书省掾,以不任簿书辞,改知印。丞相安童、左丞许衡深器重之。一日,从省臣立殿下,世祖见其美髯魁伟,问曰:"汝秀才耶?"楫顿首曰:"臣学秀才耳,未敢自谓秀才也。"帝善其对,授中书省架阁库管勾,兼承发司事。

未几,立大司农司,以楫为劝农副使。时商挺为安西王相,遇于途,楫因言:"京兆之西,荒野数千顷,宋、金皆尝置屯,如募民立屯田,岁可得谷,给王府之需。"挺以其言入奏,从之。三年,屯成,果获其利。寻佩金符,为陕西道劝农使。

至元十三年,宋平,帝命平章廉希宪行中书于荆南府,以楫为左右司员外郎。荆南父老舆金帛求见,楫曰:"汝等已为大元民矣,今置吏以抚字汝辈,奚用金帛以求见!"明年,擢岭北湖南提刑按察副使,武冈富民有殴死出征军人者,阴以家财之半诱其佃者,代己款伏,楫审得其情,释佃者,系富民,人服其明。改江西道提刑按察副使,行省命招讨郭昂讨叛贼董旗,兵士俘掠其众,楫询究得良民六百口,遣还乡里。

二十三年,授中议大夫、徽州总管。桑哥立尚书,会计天下钱粮,参知政事忻都、户部尚书王巨济,倚势刻剥,遣吏征徽州民钞,多输二千锭,巨济怒其少,欲更益千锭,楫诣巨济曰:"公欲百姓死耶、生耶?如欲其死,虽万锭可征也。"巨济怒解,徽州赖以免。楫考满去。徽之绩溪、歙县民柯三八、汪千十等,因岁饥阻险为寇。行省右丞教化以兵捕之,相拒七月,乃使人谕之。三八等曰:"但得许总管来,我等皆降矣。"行省为驿召楫至,命往招之。楫单骑趋贼垒,众见楫来,皆拜曰:"我公既来,请署榜以付我。"楫白教化,请退军一舍,听其来降。不听。会以参政高兴代教化,楫复以前言告之,兴从其计,贼果降。

二十四年,授太中大夫、东平总管,谢事二年卒,寿七十。十一子:余庆,重庆,崇庆,余失其名。

田滋,字荣甫,开封人。至元二年,由汴梁路总管府知事,入为御史台掾。十二年,拜监察御史。十三年,宋平,滋建言:"江南新附,民情未安,加以官吏侵渔,宜立行御史台以镇之。"诏从其言。遂超拜行御史台侍御史。历两淮盐运使、河南路总管。

大德二年,迁浙西廉访使。有县尹张彧者,被诬以赃,狱成,滋审之,但俯首泣而不语。滋以为疑,明日斋沐,诣城隍祠祷曰:"张彧坐事有冤状,愿神相滋,明其诬。"守庙道士进曰:"曩有王成等五人,同持誓状到祠焚祷,火未尽而去之。烬中得其遗稿,今藏于壁间,岂其人耶?"视之,果然,明日,诣宪司诘成等,不服。因出所得火中誓状示之,皆惊愕伏辜,张彧得释。

十年,改济南路总管,寻拜陕西行省参知政事。时陕西不雨三年,道过西岳,因祷曰:"滋奉命来参省事,而安西不雨者三年,民饥而死,滋将何归!愿神降甘泽,以福黎庶。"到官,果大雨。滋即开仓,以麦五千余石给小民之无种者,俾来岁收成以偿官,民大悦。未几,以疾卒于位。赠通奉大夫、河南行省参知政事,追封开封郡公,谥庄肃。

卜天璋,字君璋,洛阳人。

父世昌,仕金为河南孔目官。宪宗南征,率众款附,授镇抚,统民兵二千户;升真定路管民万户。宪宗六年,籍河北民徙河南者三千余人,俾专领之,遂家汴。

天璋幼颖悟,长负直气,读书史,识成败大体。至元中,为南京府史。时河北饥民数万人集河上欲南徙,有诏令民复业,勿渡,众汹汹不肯还。天璋虑其生变,劝总管张国宝听其渡,国宝从之,遂以无事。河南按察副使程思廉察其贤,辟为宪史,声闻益著。后为中台掾,有侍御史倚势贪财,御史发其赃,天璋主文牍,未及奏,顾为所谮,俱拘内廷,御史对食悲哽,天璋问故,御史曰:"吾老,唯一女,心怜之,闻吾系,不食数日矣,是以悲耳。"天璋曰:"死职,义也,奈何为儿女子泣耶!"御史惭谢。俄见原免。丞相顺德王当国,擢掾中书,为提控,事有可否必力辩,他相怒,天璋言不置,王竟从其议,且曰:"掾能如是,吾复何忧!"

大德四年,为工部主事。蔚州有刘帅者,豪夺民产,吏不敢决,省檄天璋往讯之,帅服,田竟归民。大德五年,以枢密大臣暗伯荐,授都事,赞其府。引见,赐锦衣、鞍辔、弓刀。后以扈从劳,加奉训大夫,赐侍燕服二袭。秩满当代,枢密臣奏留之,特以其代为增员。

武宗时,迁宗正府郎中。尚书省立,迁刑部郎中。适盗贼充斥,时议犯者并家属咸服青衣巾,以别民伍。天璋曰:"赭衣塞路,秦弊也,尚足法耶!"相悟而止。有告诸侯王谋不轨者,敕天璋讯正之,赏赉优渥。尚书省臣得罪,仁宗召天璋入见,时兴圣太后在座,帝指曰:"此不贪贿卜天璋也。"因问今何官,天璋对曰:"臣待罪刑部郎中。"复问谁所荐者,对曰:"臣不才,误蒙擢用。"帝曰:"先朝以谢仲和为尚书,卿为郎中,皆朕亲荐也。汝宜奉职勿怠!"即以中书刑部印章付之。既视事,入觐,赐酒隆福宫,及锦衣三袭。后被命治反狱,帝顾左右曰:"君璋,廉慎人也,必得其情。"天璋承命,狱赖不冤。

皇庆初,天璋为归德知府,劝农兴学,复河渠,河患遂弭。时群盗据要津,商旅不通,天璋擒百数人,悉磔以徇,盗为止息。升浙西道廉访副使,到任阅月,以更田制,改授饶州路总管,天璋既至,听民自实,事无苛扰,民大悦,版籍为清。时省臣董田事,妄作威福,郡县争赂之,觊免谴,饶独无有,省臣衔之,将中以危法,求其罪无所得。县以饥告,天璋即发廪赈之,僚佐持不可。天璋曰:"民饥如是,必俟得请而后赈,民且死矣。失申之责,吾独任之,不以累诸君也。"竟发藏以赈之,民赖全活。其临事无所顾虑若此。火延饶之东门,天璋具衣冠,向火拜,势遂熄。鸣山有虎为暴,天璋移文山神,立捕获之。以治行第一闻。升广东廉访使。先是,豪民濒海堰,专商舶以射利,累政以赂置不问,天璋至,发卒决去之。岭南地素无冰,天璋至,始有冰,人谓天璋政化所致云。寻乞致事。

天历二年,蜀兵起,荆楚大震,复拜山南廉访使。人谓公老,必不行矣。天璋曰:"国步方艰,吾年八十,恒惧弗获死所耳,敢避难乎!"遂行。至则厉风纪,清吏治,州郡肃然。是时,谷价翔涌,乃下令勿损谷价,听民自便,于是舟车争集,米价顿减。复止宪司赃罚库缗钱不输于台,留用赈饥,御史至,民遮道称颂。会诏三品官言时政得失,因列上二十事,凡万余言,目之曰《中兴济治策》,皆中时病。因自引去。既归汴,以余禄施其族党,家无甔储,天璋处之晏如也。至顺二年卒。赠通议大夫、礼部尚书、上轻车都尉、河南郡侯,谥正献。

元史卷一九二
列传第七九

良吏二

耶律伯坚　段直　谙都剌　杨景行
林兴祖　观音奴　周自强　白景亮
王艮　卢琦　邹伯颜　刘秉直
许义夫

耶律伯坚，字寿之，桓州人。气豪侠，喜与名士游。用荐举入官，为工部主事。至元九年，转保定路清苑县尹。

初，安肃州苦徐水之害，诉于大司农司，大司农司欲夺水故道，导水使东。东则清苑境也，地势不利，果导之，则清苑被其害，而水亦必反故道为灾。伯坚陈其形势，图其利害，要大司农司官及郡守行视可否，事遂得已。

县西有塘水，溉民田甚广，势家据以为碨，民以失利来诉。伯坚命毁碨，决其水而注之田，许以溉田之余月，乃得堰水置碨。仍以其事闻于省部，著为定制。

县居南北之冲，岁为亲王大官治供帐于县西，限以十月成，至明年复撤而新之，吏得并缘侵鱼，其费不赀。伯坚命筑公馆，以代供帐，其弊遂绝。凡郡府赋役，于县有重于他县者，辄曰：“宁得罪于上，不可得罪于下。”必诣府力争之。

在清苑四年,民亲戴之如父母,比去而犹思之,立石颂其德焉。擢为恩州同知。

段直,字正卿,泽州晋城人。至元十一年,河北、河东、山东盗贼充斥,直聚其乡党族属,结垒自保。世祖命大将略地晋城,直以其众归之,幕府承制,署直潞州元帅府右监军。其后论功行赏,分土世守,命直佩金符,为泽州长官。

泽民多避兵未还者,直命籍其田庐于亲戚邻人之户,且约曰:"俟业主至,当析而归之。"逃户闻之,多来还者,命归其田庐如约,民得安业。素无产者,则出粟赈之;为他郡所俘掠者,出财购之;以兵死而暴露者,收而瘗之。

未几,泽为乐土。大修孔子庙,割田千亩,置书万卷,迎儒士李俊民为师,以招延四方来学者,不五六年,学之士子,以通经被选者,百二十有二人。在官二十年,多有惠政。朝廷特命提举本州学校事,未拜而卒。

谙都剌,字端芝,凯烈氏。

祖阿思兰,尝从大将阿术伐宋,仕至冀宁路达鲁花赤,子孙因其名兰,遂以兰为氏。

谙都剌通经史,兼习诸国语。成宗时,为翰林院札尔里赤,职书制诰。会有旨命书藩王添力圣旨,谙都剌曰:"此旨非惟有亏国体,行且为民殃矣。"帝闻之,谓近臣曰:"小吏如此,真难得也。"事乃止。寻授应奉翰林文字,凡蒙古传记,多所校正。升待制。时方选守令,除辽州达鲁花赤,以最闻,赐上尊、名币,除集贤直学士。

至顺元年,迁襄阳路达鲁花赤。山西大饥,河南行省恐流民入境为变,檄守武关。谙都剌验其良民,辄听其度关。吏曰:"得无违上命乎?"谙都剌曰:"吾防奸耳,非仇良民也,可不开其生路耶!"既又煮粥以食之,所活者数万人。又城临汉水,岁有水患,为筑堤城外,遂以无虞。

元统二年,除益都路总管。俗颇悍黠,而谞都剌务兴学校,以平易治之。有上马贼白昼劫人,久不能捕,谞都剌生擒之,其党赂宣慰使罗锅,诬以枉勘,纵其贼。已而贼劫河间,复被获,乃尽输其情,而谞都剌之诬始白,俾再任一考。亲王买奴镇益都,其府属病民,谞剌剌裁抑之,民以无扰。至正六年卒,年七十。

子燮彻坚,同知新喻州事,以孝称。

杨景行,字贤可,吉安太和州人。登延佑二年进士第,授赣州路会昌州判官。会昌民素不知井饮,汲于河流,故多疾疠;不知陶瓦,以茅覆屋,故多火灾。景行教民穿井以饮,陶瓦以代茅茨,民始免于疾疠火灾。豪民十人,号十虎,干政害民,悉捕置之法。乃创学舍,礼师儒,劝民斥腴田以膳士,弦诵之声遂盛。

调永新州判官,奉郡府命,核民田租,除铲宿弊,奸欺不容,细民赖焉。改江西行省照磨,转抚州路宜黄县尹,理白冤狱之不决者数十事。

升抚州路总管府推官,发挺奸伏,郡无冤狱。金溪县民陶甲,厚积而凶险,尝屡诬陷其县长吏罢去之,由是官吏畏其人,不敢诘治,陶遂暴横于一郡。景行至,以法痛绳之,徙五百里外。

金溪豪僧云住,发人冢墓取财物,事觉,官吏受贿,缓其狱,景行急按之,僧以贿动之,不听,乃赂当道者,以危语撼之,一不顾,卒治之如法。由是豪猾屏迹,良民获安。

转湖州归安县尹,奉行省命,理荒田租,民无欺弊。

景行所历州县,皆有惠政;所去,民皆立石颂之。以翰林待制、朝列大夫致仕,年七十四卒。

林兴祖,字宗起,福州罗源人。至治二年,登进士第,授承事郎、同知黄岩州事,三迁而知铅山州。

铅山素多造伪钞者,豪民吴友文为之魁,远至江淮、燕蓟,莫不行使。友文奸黠悍鸷,因伪造致富,乃分遣恶少四五十人,为吏于有司,伺有欲告之者,辄先事戕之,前后杀人甚众,夺人妻女十一人为妾,民罹其害,衔冤不敢诉者十余年。

兴祖至官,曰:"此害不除,何以牧民!"即张榜禁伪造者,且立赏募民首告,俄有告者至,祥以不实斥去;又有告获伪造二人并赃者,乃鞫之,款成。友文自至官,为之营救,兴祖命并执之,须臾,来诉友文者百余人,择其重罪一二事鞫之,狱立具,逮捕其党二百余人,悉置之法。民害既去。政声籍甚。江浙行省丞相别儿怯不花荐诸朝,升南阳知府,改建德路同知,俱未任。

至正八年,特旨迁为道州路总管,行至城外,撞贼已迫其后,相去仅二十里。时湖南副使哈剌帖木儿屯兵城外,闻贼至,以乏军需,欲退兵。兴祖闻,即夜诣说留之。哈剌帖木儿曰:"明日得钞五千锭、桐盾五百,乃可破贼。"兴祖许之,明日甫入城视事,即以恩信劝谕盐商,贷钞五千锭,且取郡楼旧桐板为盾,日中皆备。哈剌帖木儿得钞、盾,大喜,遂留为御贼计。贼闻新总管至,一日具五百盾,以为大军且至,中夕遁去。永明县洞徭屡窃发为民害,兴祖以手榜谕之。皆曰:"林总管廉而爱民,不可犯也。"三年不入境。春旱,虫食麦苗,兴祖为文祷之,大雨三日,虫死而麦稔。已而罢兴作,赈贫乏,轻徭薄敛,郡中大治,宪司考课,以道州为最。以年老致仕,终于家。

观音奴,字志能,唐兀人氏,居新州。登泰定四年进士第。由户部主事,再转而知归德府。廉明刚断,发擿如神。民有衔冤不直者,虽数十年前事,皆千里奔走来诉,观音奴立为剖决,旬日悉清。

彰德富商任甲,抵睢阳,驴毙,令郐乙剖之,任以怒殴郐,经宿而死。郐有妻王氏、妾孙氏,孙诉于官,官吏纳任贿,谓郐非伤死,反抵孙罪,置之狱。王来诉冤,观音奴立破械出孙于狱,呼府胥语之曰:"吾为文具香币,若为吾以郐事祷诸城隍神,令神显于吾。"有睢阳小吏,亦预郐事,畏观音奴严明,且惧神显其事,乃以任所略钞陈首曰:"郐实伤死,任略上下匿其实,吾亦得略,敢以首。"于是罪任商而释孙妾。

宁陵豪民杨甲,夙嗜王乙田三顷,不能得。值王以饥携其妻就食淮南,而王得疾死,其妻还,则田为杨据矣。王妻诉之官,杨行贿,伪作文凭,曰:"王在时已售我。"观音奴令王妻挽杨,同就崔府君神祠质之,杨惧神之灵,先期以羊酒浼巫嘱神勿泄其事,及王与杨诣祠质之,果无所显明。观音奴疑之,召巫诘问,巫吐其实曰:"杨以羊酒浼我嘱神曰:'我实据王田,幸神勿泄也。'"观音奴因讯得其实,坐杨罪,归其田王氏,责神而撤其祠。

亳州有蝗食民禾,观音奴以事至亳,民以蝗诉,立取蝗向天祝之,以水研碎而饮,是岁蝗不为灾。后升为都水监官。

周自强,字刚善,临江路新喻州人。好学能文,练于吏事,以文法推择为吏。

泰定间,广西洞徭反,自强往见徭酋,说以祸福,中其要害,徭酋立为罢兵,贡方物,纳款请命。事闻于朝,特旨超授广西两江道宣慰司都事。

转饶州路经历,迁婺州路义乌县尹。周知民情,而性度宽厚,不为刻深。民有以争讼诉于庭者,一见即能知其曲直,然未遽加以刑责,必取经典中语,反复开譬之,令其诵读讲解。若能悔悟首实,则原其罪;若迷谬怙恶不悛,然后绳之以法不少贷。民畏且爱,狱讼顿息。民间田税之籍多失实,以故差徭不平,自强出令履亩核之,民不能欺,文簿井井可考,于是赋役平均,贫富乐业。其听讼决狱,物无遁情,黠吏欲以片言欺惑之不可得。由是政治大行,声誉籍甚。部使者数以廉能举于朝,选授抚州路金溪县尹,阶奉议大夫,政绩愈著。以亚中大夫、江州路总管致仕。

白景亮,字明甫,南阳人。明法律,善书算。由征东行省译史有劳,超迁南恩知州,升沔阳府尹,奏最于朝,特授衢州路总管。

先是,为郡者于民间徭役,不尽校田亩以为则,吏得并缘高下其手,富民或优有余力,而贫弱不能胜者,多至破产失业。景亮深知其弊，乃始核验田亩以均之，役之轻重，一视田之多寡，大小家各使得宜，咸便安之。由是民不劳而事易集，他郡邑皆取以为法。

郡学之政久弛，从祀诸贤无塑像，诸生无廪膳，祭服乐器有缺，景亮皆为备之，儒风大振，缙绅称颂焉。

景亮性廉介勤苦，自奉甚薄，妻尤俭约，惟以脱粟对饭而已。部使者尝上其事，特诏褒美，赐以宫锦，改授台州路总管。卒于官。

王艮，字止善，绍兴诸暨人。尚气节，读书务明理以致用，不苟事言说。淮东廉访司辟为书吏，迁淮西。会例革南士，就为吏于两淮都转运盐使司，以岁月及格，授庐州录事判官。淮东宣慰司辟为令史，以廉能称。再调峡州总管府知事，又辟江浙行省掾史。会朝廷复立诸市舶司，艮从省官至泉州，建言："若买旧有之船以付舶商，则费省而工易集，且可绝官吏侵欺掊克之弊。"中书省报如艮言。凡为船六艘，省官钱五十余万缗。

历建德县尹，除两浙都转运盐使司经历。绍兴路总管王克敬，以计口食盐不便，尝言于行省，未报，而克敬为转运使，集议欲稍损其额，以纾民力。沮之者以为有成籍不可改，艮毅然曰："民实寡而强赋多民之钱，今死、徙已众矣，顾重改民籍而轻弃民命乎！且浙右之郡，商贾辐辏，未尝以口计也。移其所赋，散于商旅之所聚，实为良法。"于是议岁减绍兴食盐五千六百引。寻有复排前议者，艮欲辞职去，丞相闻之，亟遣留艮，而议遂定。

迁海道漕运都万户府经历。绍兴之官粮入海运者十万石，城距海十八里，岁令有司拘民船以备短送，吏胥得并缘以虐民，及至海次，主运者又不即受，有折缺之患。艮执言曰："运户既有官赋之直，何复为是纷纷也！"乃责运户自载粮入运船。运船为风所败者，当核实除其数，移文往返，连数岁不绝。艮取吏牍披阅，即除其粮五万二千八百石、钞二百五十万缗，运户乃免于破家。

迁江浙行省检校官。有诣中书诉松江富民包隐田土，为粮一百七十余万石；沙荡，为钞五百余万缗；宜立官府纠察收追之。中书移行省议,遣官验视,而松江独当十九。艮至松江,条陈曲折,以破其诳妄,言其"不过欲竦朝廷之听而报宿怨,且冀创立衙门,为徼名爵计耳。万一民心动摇,患生不测,岂国家培养根本之策哉"。艮言上,事遂寝。

除江西行省左右司员外郎。吉之安福有小吏,诬民欺隐诡寄田租九千余石,初止八家,前后数十年,株连至千家,行省数遣官按问,吏已伏其虚诳,而有司喜功生事者,复勒其民报合征粮六百余石,宪司援诏条革去,终莫能止。艮到官,首言:"是州之粮,比元经理已增一千一百余石,岂复有欺隐诡寄者乎?准宪司所拟可也。"行省用艮言,悉蠲之。艮在任岁余,以中宪大夫、淮东道宣慰副使致仕。卒年七十一。

卢琦,字希韩,惠安人,登至正二年进士第。十二年,稍迁至永春县尹。始至,赈饥馑,止横敛,均赋役,减口盐一百余引,蠲包银、榷铁之无征者。已而讼息民安,乃新学官,延师儒课子弟,月书季考,文风翕然。

邻邑仙游盗发,琦适在邑境,盗遥见之,迎拜曰:"此永春大夫也。为大夫百姓者,何幸之大乎!吾邑长乃以暴毒驱我,故至此耳。"琦因立马喻以祸福,众皆投刃槊,请缚其酋以自新,琦许之,酋至,琦械送帅府,自是威惠行于境外。

十三年,泉郡大饥,死者相枕籍。其能行者,皆老幼扶携,就食永春。琦命分诸浮屠及大家使食之,所存活者不可胜计。

十四年,安溪寇数万人,来袭永春。琦闻,召邑民喻之曰:"汝等能战,则与之战;不能,则我当独死之尔。"众皆感愤,曰:"使君何言也!使君父母,我民赤子,其忍以父母畀贼邪!且彼寇方将虏掠我妻子,焚毁我室庐,乃一邑深仇也。今日之事,有进无退,使君其勿以为忧。"因踊跃争奋。琦率以攻贼,大破之。明日,贼复倾巢而至,又破之。大小三十余战,斩获一千二百余人,而邑民无死伤者,贼大衄,遂遁去。时兵革四起,列郡皆汹汹不宁,独永春晏然,无异承平时。

十六年,改调宁德县尹而去。

邹伯颜,字从吉,高唐人。为建宁崇安县尹。崇安之为邑,区别其土田,名之曰都者五十,五十都之田上送官者,为粮六千石。其大家以五十余家,而兼五千石;细民以四百余家,而合一千石。大家之田,连跨数都,而细民之粮,或仅升合。有司常以四百之细民,配五十大家之役,故贫者受役旬日,而家已破。伯颜曰:“贫弱之受困,一至此乎!”乃取其粮籍而分计从,有粮一石者,受一石之役,有粮升斗者,受升斗之役。田多者受数都之役而不可辞,田少者称其所出而无幸免。贫困无告之民,始得以休息。崇安赋役之均,遂为四方最。

邑有宋赵抃所凿沟,溉民田数千亩。岁久,沟湮而田废。伯颜修长沟十里,绕枫树陂,累石以为固,沟悉复抃遗迹,而田为常稔,民赖其利。

安庆路尝得造伪钞者,遣卒械其囚至崇安,求其党而执之,囚与卒结谋,望风入良民家肆虐。伯颜捕讯得其状,即执而归诸安庆,自是伪造之连逮无滥及崇安者。于是行省帅府、御史宪府咸举其能。选调漳州路判官。

刘秉直,字清臣,大都武清人。至正八年,来为卫辉路总管,平徭役,兴教化,敦四民之业,崇五土之利,养鳏寡,恤孤独。

贼劫汲县民张聚钞一千二百锭而杀之。贼不获,秉直具词致祷城隍祠,而使人伺于死所,忽有村民阿莲者,战怖仆地,具言贼之姓名及所在,乃命尉袭之,果得贼于汴,遂正其罪。

秋七月,虫螟生,民患之,秉直祷于八蜡祠,虫皆自死。岁大饥,人相食,死者过半,秉直出俸米,倡富民分粟,馁者食之,病者与药,死者与棺以葬。天不雨,禾且槁,秉直诣城北太行之苍峪神祠,具词祈祝,有青蛇蜿蜒而出,观者异之,辞神而还,行及数里,雷雨大至。

秩满，以亲老，去官侍养。

　　许义夫，砀山人。为夏邑县尹，每亲诣乡社，教民稼穑。见民勤谨者，出己俸赏之，怠惰者罚之。三年之间，境内丰足。

　　后为封丘县尹，值至正四年大饥，盗贼群起，抄掠州县。义夫闻贼至近境，乃单马出郊十里外迎之，见贼数百人，义夫力言："封丘县小民贫，皆已惊惶逃窜，幸无入吾境也。"言辞愿款，贼遂他往。封丘之民，得免于难。

元史卷一九三
列传第八○

忠义一

李伯温　石珪　攸哈剌拔都　任志
耶律忒末　伯八　合剌普华
刘天孚　萧景茂

　　李伯温,守贤之孙,毅之子也。长兄惟则,怀远大将军、平阳征行万户;次伯通。岁甲戌,锦州张致叛,国王木华黎命击之,大战城北,伯通死焉。伯温行平阳元帅府事,镇青龙堡,专任东征。知平阳已陷,弟守忠被执,选骁勇拒守,久之,金人尽锐来攻,守卒夜多遁去,李成开水门导敌入,伯温登堞楼,谓左右曰:"吾兄弟仗节拥麾,受方面之寄,今不幸失利,当以死报国。吾弟已被执,我不可再辱,汝等宜自逃生。"士卒皆犹豫不忍去,伯温即拔剑杀家属,投井中,以刃植柱,刺心而死。金人登楼,见伯温抱柱如生,无不嗟叹。
　　子守正,自幼时尝质于木华黎,后为平阳守,活俘虏甚众,以功授银青荣禄大夫、河东南路兵马都元帅。岁庚寅,上党、晋阳合兵攻汾州,将陷,守正以义赴援,众寡不敌,别遣老弱百人,曳薪扬尘,多张旗帜,敌惧,遂解去。汾人持牛酒迎犒者,道不绝,且泣谢曰:"幸公完是州,德甚大,愿奉是州以从。"关中兵屯吉州,酋领杨铁枪以数千人叛,守正出兵擒之。轩成据隰州,守正往击之,中矢伤足,及

归,疮甚,会金人完颜合达攻平阳,守正裹疮战殁。大帅以其兄守忠
代之。

守忠,官至银青荣禄大夫、河东南路兵马都元帅,兼知平阳府
事。壬午冬,平阳公胡景山以青龙堡降。尝从攻益都,北还,军将彭
智孙,乘间据义州叛,守忠闻之,长驱抵城下,力战,复之。丁亥夏四
月,金纥石烈真袭击平阳行营招讨使权国王按察儿于洪洞,守忠出
援之,会于高梁,师溃入城。平阳副帅夹谷常德潜献东门以纳金兵,
城遂陷。金人执守忠至汴,诱以高爵,使降,守忠骂之,语恶,金人
怒,置守忠铁笼中,火炙死。

石珪,泰安新泰人,宋祖徕先生守道之裔孙也,世以读书力田
为业。体貌魁伟,膂力过人,倜傥不羁。金贞祐南渡,兵戈四起,珪
率少壮,负险自保,与滕阳陈敬宗聚兵山东,破张都统、李霸王兵于
龟蒙山。宋将郑元龙以兵迎敌,珪败之于亳阳,遂乘胜引兵入盱眙。
会宋贾涉诱杀涟水忠义军统辖季先,人情不安,众迎珪为帅,呼为
太尉。

岁戊寅,太祖使葛葛不罕与宋议和。己卯,珪令麾下刘顺直抵
寻斯干城,入觐,太祖慰劳顺,且敕珪曰:"如宋和议不成,吾与尔永
结一家,吾必荣汝。"顺还告珪,珪心感服,日夜思降。庚辰,宋果渝
盟,珪弃其妻孔氏、子金山,杖剑渡淮,宋将追之曰:"太尉回,完汝
妻子。"珪不顾,宋将沉珪妻子于淮。遂率顺及李温,因孛里海归木
华黎。木华黎悦之,谓曰:"若得东平、南京,授汝判之。"

辛巳,木华黎承制授珪光禄大夫、济兖军三州兵马都总管、山
东路行元帅,佩金虎符,便宜从事。后金弃东平,珪与严实分据,收
辑济、兖、沂、滕、单诸州。癸未,太祖诏曰:"石珪弃妻、子,提兵归
顺,战胜攻取,加授金紫光禄大夫、东平兵马都总管、山东诸路都元
帅,余如故。"

秋七月,珪领兵破曹州,与金将郑从宜连战数昼夜,粮绝,援兵
不至,军无叛意,珪临阵马仆被擒。囚至汴,金主壮其为人,诱以名

爵，欲使揖，珪愤然曰："吾身事大朝，官至光禄，复能受封他国耶！假我一朝，当缚尔以献。"金主大怒，蒸杀于市，珪怡然就死，色不变。其麾下立社兖州祀焉。

攸哈剌拔都，渤海人。初名兴哥，世农家，善射，以武断乡井。金末，避地大宁。国兵至，出保高州富庶寨，射猎以食。屡夺大营孳畜，又射死其追者。国王木华黎率兵攻寨，寨破，奔高州，国兵围城，下令曰："能斩攸兴哥首以降，则城中居民皆获生。"守者召谓曰："汝奇男子，吾宁忍断汝首以献，汝其往降乎！不然，吾一城生灵，无噍类矣。"兴哥乃折矢出降。诸将怒，欲杀之，木华黎曰："壮士也，留之为吾用。"俾隶麾下。

从木华黎攻通州，献计，一夕造炮三十、云梯数十，附城，州将惧，出宝货以降。木华黎命兴哥恣取之，兴哥独取良马三，以赏兵士。木华黎以其功闻太祖，赐名哈剌拔都。从木华黎略地燕南，为先锋，至大名，金将从徒登城督战，哈剌拔都射之，中左目，其部将开门南奔，追杀将尽。论功，赐金符，充随营监察。戊寅，授金虎符、龙虎卫上将军、河东北路兵马都帅元，镇太原。

时太原新破，哈剌拔都修城池，缮兵甲，招降属邑，市肆不改，远近闻之，皆相率来归。尝微服夜出，闻民间语曰："吾属父母子女相失矣，死者不可复生，生者无以为赎，奈何！"明日，下令军中，凡俘获有亲者听赎，无赀者官为赎之，民得完聚者众。庚辰二月，金梁知府立西风寨，夺居民耕牛，民群诉之，哈剌拔都领数骑，追杀梁知府，枭首西门，驱耕牛还。

木华黎由葭州渡河西行，哈剌拔都迎之，道破隰州及悬窑、地洞诸寨。辛巳三月，金兵攻寿阳县王胡庄，垂破，时左右裨将各分兵守险，城中见卒不满百，哈剌拔都夜半引甲骑十余人救之，道三交，见金兵举烽东、西两山，哈剌拔都趋之，大战。天将明，金兵遁去，捣太原之虚，由西门俘获哈剌拔都家属。哈剌拔都闻之，径趋西山，复夺以还。

　　五月，金赵权府率兵三万围太原，哈剌拔都将骑三十，出西门，令骑曳柴扬尘，声言曰："国兵三万至矣。"金兵惧，溃去。癸未，金马武京来攻太谷县桑梓寨，哈剌拔都设伏于险，将轻骑冲其阵，伏发，大败之。时太原诸邑皆平，唯石家昂及孟州陵井寨、忻州清泉寨为唇齿，皆未下。甲申十月，将兵至陵井，遣卒叩寨门，诈曰纳粮刍，守者弗悟，门启，径入，蹂践之，众溃，其酋长走石家昂，遂平陵井寨。乙酉二月，清泉寨酋长王壳降，石家昂亦降。

　　丁亥五月，奸人夜献太原东门于武仙，仙引兵入，哈剌拔都鏖战。仙兵大至，诸将自城外呼曰："攸哈剌拔都，汝当出！"哈剌拔都曰："真定史天倪，平阳李守忠，隰州田雄，皆失守矣，我又弃太原，将何面目见主上及国王乎！家属任公等所俘，哈剌拔都誓与城同存亡。"遂殁于阵。

　　太祖以其子幼，命其表弟王七十复立太原。己丑，攻凤翔府，中炮死。哈剌拔都长子忙兀台，嗣镇太原。

　　任志，潞州人。岁戊寅，太师、国王木华黎略地至潞州，志首迎降，国王授以虎符，俾充元帅，收辑山寨。数与金兵战，比有功。金尝擒其长子如山以招之，曰："降则尔子得生，不降则死。"志曰："我为大朝之帅，岂爱一子！"亲射其子殪之。

　　木华黎尝召诸将议事，志亦预征，道经武安，其县已反为金，志死之。

　　国王闵之，令其子存袭。庚寅岁，金将武仙攻潞州，存战死。辛卯正月，有旨潞州元帅任存妻孥家属，令有司廪给，仍赐第以居之。

　　十一月，以存父子死事，子立尚幼，先官其侄成为潞州长官，待立长而还授之。成卒，授立潞州长官，佩金符。后历泽州尹，迁陈州，卒。

　　耶律忒末，契丹人。父丑哥仕辽为都统，辽亡，不屈节，夫妇俱死焉。金主悯其忠义，授忒末都统。岁甲戌，国兵至，金徙于汴，忒末及子天佑率众三万内附，授帅府监军，天佑招讨使，从元帅史天倪略赵州平棘、栾城、元氏、柏乡、赞皇、临城等县，籍其民五千余，置吏安辑焉。

岁辛巳，太师木华黎统领诸道兵马，承制加忒末洺州等路征行元帅，与天佑略邢、洺、磁、相、怀、孟，招花马刘元帅，有功。木华黎又承制授忒末真定路安抚使、洺州元帅，进兵临泽潞，降其民六千余户，以功迁河北西路安抚使，兼泽潞元帅府事。壬午，致仕，退居真定。

天佑袭职，从天倪攻取益都诸城，略沧、棣，得户七千，兼沧、棣州达鲁花赤，佩金符。时金盐山卫镇盐场未下，天佑以计克之，岁运盐四千席，以佐军储。甲申，攻大名，拔之。乙酉，金降将武仙据真定以叛，杀守将史天倪。忒末父子夜逾城而出，将以闻，会天倪弟天泽还自北京，遇诸满城，合蒙古诸军南与贼战，走武仙，复真定。朝廷以天泽袭兄爵，而以天佑镇赵州。

明年，仙复犯真定，天泽潜师出藁城，忒末与其妻石抹氏，及家孥在真定者，皆陷焉。仙遣其仆刘揽儿，持书诱天佑曰："汝能诛赵州官吏以降，当活汝父母，仍授汝元帅；不尔，尽烹之。"忒末密令揽儿语天佑曰："仙贼狡猾，汝所知也，毋以我故，堕其机阱，以亏忠节。且忠孝难两全，汝能固守，不失国家大计，我视刀锯甘如蜜矣。"天佑恸哭承命，驰至藁城，以贼书示天泽。天泽曰："王陵之事，照耀史册，汝能遵父命，忠诚许国，功不在王陵下。"天佑乃趋还赵壁，率众殊死战，仙怒，尽杀忒末家一十八人。战于栾城、元氏、高邑、柏乡，仙兵屡挫。监军张林密构仙党，启关纳贼。天佑仓皇巷战，手杀数十人，身被十余疮，斩关出，复收散卒围城。丁亥，贼弃城走，追至藁城，会天泽兵夹击，杀林。加奉国上将军、洺州征行元帅，兼赵州安抚使。以伤愈致仕，居赵，卒。孙世枻，朝列大夫、江西榷茶都转运使。

伯八，晃合丹氏。

祖明里也赤哥,尝隶太祖帐下。初,怯列王可罕与太祖为邻国,誓相亲好,既而败盟,与其子先茇潜谋,欲袭太祖,因遣使通问,许以女妻太祖弟合撒儿。至期,太祖欲往,明里也赤哥疑其诈,谏止之。王可罕知谋泄,遂谋入寇,后为太祖所灭。

父脱伦阇里必,扈从太祖征西域,累立奇功。

世祖即位,以伯八旧臣子孙,擢为万户,命领诸部军马屯守欠欠州。至元十二年,亲王昔列吉、脱铁木儿叛,奔海都。伯八以闻,且愿提兵往讨之,未得命,为彼所袭,死焉。

脱铁木儿虏其二子八剌、不兰奚,分置左右,居岁余,待之颇厚。八剌阴结脱铁木儿近侍也里伯秃,谋报父仇,后为也伯里秃家人泄其谋。八剌知事不成,将家族南奔,脱铁木儿遣骑追之,至一河,八剌马惊,不能渡,回拒之,射中数人,力穷,兄弟就擒。脱铁木儿责之曰:“我待汝厚甚,而汝反为此耶!”八剌曰:“汝背叛君上,害我父,掠我亲属,我誓欲杀汝,以报君父之仇,今力穷被执,从汝所为!”逼令跪,不屈,以铁挝碎其膝,终不跪,与弟不兰奚同被害。幼子何都兀赤,官至河北河南道肃政廉访使。

合剌普华,岳璘帖木尔子也。幼侍母奥敦氏居益都,尝叹曰:“幼而不学,有不堕吾宗者乎!”父时以断事官建牙保定,合剌普华往白其志。父奇之,俾习畏兀书及经史,记诵精敏,出于天性。李璮畔,其母携季子脱烈普华避地登、莱间,音问隔绝,号泣彻昼夜。继从从叔父撒吉思平贼山东,卒奉其母以归。

撒吉思深加器重,自谓其才不及,言于世祖,召给宿卫。尝以事至益都,于四脚山下置广兴、商山二冶,以劳授金符,为商山铁冶都提举;未及代,以职让其弟。时兵南伐,馈运繁兴,被选为行都漕运使,帅诸翼兵万五千人,从事飞挽。江南平,上疏言:“亲肺腑,礼大臣,以存国家之体。兴学校,奖名节,以励天下之士。正名分,严考课,以定百官之法。通泉币,却贡献,以厚生民之本。”又言:“江南新附,宜招旧族,力穑通商,弛征薄入,以抚驯其民,不然,恐尚烦宵旰之虑。"帝多采用其言。

属漕米二十万斛邳沟达于河，舟覆，损十之一，而又每斛视都斛亏三升。时阿合马专政，责偿舟人。合剌普华伏阙抗言："量之赢，出于元隆，而水道之虞，非人力所及。且彼虽罄其家，不足以偿，苟朝廷必不任亏损，臣独当其辜。"诏勿治。阿合马愤之，乃出合剌普华为宁海路达鲁花赤，后迁江南宣慰使，未至官，改广东都转运盐使，兼领诸番市舶。

时盗梗盐法，陈良臣扇东莞、香山、惠州负贩之徒万人为乱，江西行省命与招讨使答失蛮讨捕之，先驱斩渠魁，以讯臧告，躬抵贼巢，招诱余党复业，仍条言盐法之不便者，悉除其害。按察使脱欢大为奸利，遂奏罢之。群盗欧南喜僭王号，伪署丞相、招讨，众号十万。因图上其山川形势，及攻取之策三十余条，遂与都元帅课儿伯海牙、宣慰都元帅白佐、万户王守信等，分兵擒之。

未几，右丞唆都督兵征占城、交趾，属护饷道。北至东莞、博罗二界中，遇剧贼欧、钟等，横绝石湾，其锋锐甚。合剌普华身先士卒，且战且行，矢竭马创，徒步格斗，杀数十人，勇气益厉，以众寡不敌，为所执。贼欲奉之为主，不屈，遂遇害于中心冈。是夕，其妻希召特勒氏，梦其来告曰："吾死矣。"知事张德、刘闰亦梦之，二人相继死。而军中往往见其乘骓督战云。后赠户部尚书、守忠全节功臣，谥忠愍。

子二人：僰文质、越伦质。僰文质官至吉安路达鲁花赤，赠宣惠安远功臣、礼部尚书，追封云中郡侯，谥忠襄。子六人，僰玉立、僰直坚、僰哲笃、僰朝吾、僰列锒，皆第进士。僰哲笃官至江西行省右丞，以文学政事称于时。越伦质子善著，僰哲笃子僰百僚逊，善著子正宗、阿儿思兰，皆相继登第。一门世科之盛，当时所希有，君子盖以为其忠义之报云。

刘天孚，字裕民，大名人。由中书译史为东平总管判官，改都漕运司判官，知冠州，再知许州，所至有治绩。

时检核屯田,临颍邓艾口民稻田三百顷,有欲害之者,指为古屯,陈于中书,请复筑之。中书下天孚按实,天孚为辨其非,章数上,乃止。

襄城与叶县接壤,其南为湛河,襄阳民食沧盐,叶县民食解盐,刻石河南岸以为界。叶县令有贪污者,妄徙石于北二里,诬其民食私盐,系治百余家。两县斗办,叶县倚陕漕势以凌襄城。中书遣官察其实,天孚为考其元界,移石故处,而叶县令被罪去。

岁大旱,天孚祷即雨。野有蝗,天孚令民出捕,俄群鸟来,啄蝗为尽。明年麦熟悉时,有青虫如蛊,食麦,人无可奈何,忽生大华虫,尽嚼之。许人立碑颂焉。

转万亿宝源库同提举,迁江西行省左右司郎中,以母老不赴。俄丁母忧。服除,起知河中府,视事始两月,陕西行省丞相阿思罕为乱,举兵至河中。时事起不虞,达鲁花赤朵儿只趋晋宁告乱,天孚日夜治战守具,选丁壮,分守要害。令河东县达鲁花赤脱因都守大庆关津口,尽收船舫东岸。令判官孙伯帖木儿守汾阴,推官程谦守禹门,河东县尹王文义守风陵等渡。

阿思罕军列栅河西岸,使来索舟,天孚度不能拒,凡八遣人至晋宁乞援兵,不报。居七日,阿思罕缚筏河上,欲纵火屠城,同知府事铁哥,与河东廉访副使明安答见事急,且患城中人偏,乃诣阿思罕军,阿思罕囚之,而敛船济兵。兵既入城,阿思罕以扼河渡、锁舟楫为天孚罪,欲胁使附己。方坐府治,号令诸军,天孚佩刀直前,众遏之,不得进。退谓幕僚王从善等曰:"吾家本微贱,荷朝命至此,今不幸遭大变,吾何忍从之,而负上恩哉!且与其辱于阿思罕之手,吾宁蹈河以死。"遂拂衣出。时天寒,河冰方坚,天孚拔所佩刀斫冰开,北望为国语若祝谢者,再拜已,脱衣帽岸浒,乃投水中。阿思罕大怒,籍其家。郡人咸哀痛之。

事平,诏其弟天惠,给驿以归其枢,葬于大名。赠推诚秉节功臣、中奉大夫、河东山西道宣慰使、护军、彭城郡侯,谥忠毅。

　　萧景茂,漳州龙溪人也。性刚地孝友。家贫力农。

　　重改至元四年,南胜县民李智甫作乱,掠龙溪。景茂与兄佑集乡丁拒之,据观音山桥险,与贼战。众败,景茂被执。贼胁使从己,景茂骂曰:"狗盗！我生为大元民,死作隔洲鬼,岂从汝为逆耶！"隔洲,其所居里也。贼怒,缚景茂于树,脔其肉,使自啖。景茂益愤骂,贼遂以刀决其口,至耳傍,景茂骂不绝声而死。有司上其事,朝廷命褒表之,仍给钱以葬。

元史卷一九四
列传第八一

忠义二

张桓　李黼　李齐　褚不华　郭嘉

喜同　韩因　卞琛　乔彝　颜瑜

王士元　杨朴　赵琏 弟琬 　孙㧑

石普　盛昭　杨乘　纳速剌丁

　　张桓,字彦威,真定藁城人。父木,知汝宁府,因家焉。桓以国子生释褐授滑之白马丞,入补中书掾,擢国子典簿。拜陕西行台监察御史,以言事不合去。

　　未几,汝宁盗起,桓避之确山。贼久知桓名,袭获之,罗拜请为帅,弗听。囚六日,拥至渠魁前,桓直趋据榻坐,与之抗论逆顺。其徒捽桓起跪,桓仰天大呼,詈叱弥厉,且屡唾贼面。贼犹不忍杀,谓桓曰:"汝但一揖,亦恕汝死。"桓瞋目曰:"吾恨不能手斩逆首,肯听汝诱胁而折腰哉!"贼知终不可屈,遂刺之。年四十八。贼后语人曰:"张御史真铁汉,害之可惜!"事闻,赠礼部尚书,谥忠洁。

　　李黼,字子威,颍人也。工部尚书守中之子,守中性卞急,遇诸子极严,每一饮酒,辄半月醉不解,黼百计承顺,求宁亲心,终不可得,跪而自讼,往往达旦,无几微厌怠之意。

初补国学生。泰定四年,遂以明经魁多士,授翰林修撰。明年,代祠西岳,省臣谓黼曰:"敕使每后我,今可易邪?"黼曰:"王人虽微,《春秋》序于诸侯之上,尊君也,奈何后乎!"省臣不敢对。

改河南行省检校官,迁礼部主事,拜监察御史。首言:"禴祠烝尝,古今大祭,今太庙唯二祭,而日享佛祠、神御,非礼也,宜据经行之。成均,教化之基,不当隶集贤,宜属省臣兼领。诸侯王岁赐有定额,分封易代之际,陈请恩例,世系戚疏,无成书可考,宜仿先代,修正玉牒。"皆不报。

转江西行省郎中,入为国子监丞,迁宣文阁监书博士,兼经筵官。数与劝讲,每以圣贤心法为帝言之。俄中书命黼巡视河渠,黼上言曰:"蔡河源出京西,宋以转输之故,平地作堤,今河底填淤,高出地面,秋霖一至,横溃为灾,宜按故迹修浚。他日东河或有不测之阻,江、淮运物,当由此分道达京,万世之利也。"亦不报。升秘书太监,拜礼部侍郎。奉旨详定中外所上封事。已而廷议内外官通调,授黼江州路总管。

至正十一年夏五月,盗起河南,北据徐、蔡、南陷蕲、黄,焚掠数千里,造船北岸,锐意南攻。九江居下流,实江东、西襟喉之地,黼治城壕,修器械,募丁壮,分守要害,且上攻守之策于江西行省,请兵屯江北,以扼贼冲,庶几大江之险,贼不得共之,不报。黼叹曰:"吾不知死所矣。"乃独椎牛飨士,激忠义以作士气,数日之间,纪纲粗立。

十二年正月己未,贼渡江,陷武昌,威顺王及省臣相继遁,舳舻蔽江而下,江西大震。贼乘胜破瑞昌,右丞孛罗帖木儿方军于江,闻之,遁。黼虽孤立,辞气愈奋厉。

时黄梅县主簿也孙帖木儿,愿出击贼,黼大喜,向天沥酒与之誓。言始脱口,贼游兵已至境,急檄诸乡落聚木石于险塞处,遏贼归路。仓卒无号,乃墨士卒面,统之出战,黼身先士卒,大呼陷阵,也孙帖木儿继进,贼大败,逐北六十里。乡丁依险阻,乘高下木石,横尸蔽路,杀获二万余。黼还,谓左右曰:"贼不利于陆,必由水道以舟薄我,苟失备御,吾属无噍类矣。"乃以长木数千,冒铁椎于杪,暗植沿岸水中,逆刺贼舟,谓之七星椿,会西南风急,贼舟数千,果扬帆顺流鼓噪而至,舟遇椿不得动,进退无措,黼帅将士奋击,发火翎箭射之,焚溺死者无算,余舟散走。行省上黼功,请拜江西行省参政、行江州、南康等路军民都总管,便宜行事。

已而贼势更炽,西自荆湖,东际淮甸,守臣往往弃城遁。黼守孤城,提羸旅,斩馘扶伤,无日不战,中外援绝。二月甲申,贼将薄城,分省平章政事秃坚不花自北门遁,黼引兵登埤,布战具,贼已至甘棠湖,焚西门,乃张弩箭射之,贼趑趄未敢进,转攻东门,黼救东门,贼已入,与之巷战,知力不敌,挥剑叱贼曰:"杀我!毋杀百姓!"贼自巷背来,刺黼堕马,黼与从子秉昭俱骂贼而死。郡民闻黼死,哭声震天,相率具棺,葬于东门外。黼死逾月,参政之命始下,年五十五。

黼兄冕居颍,亦死于贼。秉昭,冕季子也。事闻,赠黼摅忠秉义效节功臣、资德大夫、淮南江北等处行中书省左丞、上护军,追封陇西郡公,谥忠文。诏立庙江州,赐额曰崇烈。官其子秉方集贤待制。

李齐,字公平,广平人。家甚贫,客授江南,工辞章。元统元年进士第一。历金河南淮西廉访司事,移知高邮府,有政声。

至正十年,盗突入府驿,取十二马去,齐躬追谢长等杀之。

十一年,州人秦观保造兵仗,将图劫掠,复获而行诛。

十三年,泰州白驹场亭民张士诚为乱,破泰州。河南行省遣齐往招降,已被拘。久之,贼酋自相杀,始纵齐来归。泰州平,贼徒尚蜂聚,士诚复鼓变,杀参知政事赵琏,掠官库民财,走入得胜湖,俄陷兴化县。行省以左丞偰哲笃偕宗王镇高邮,使齐出守氂社湖。

夏五月乙未,数贼入城,一噪呼而省宪官皆遁。齐急还救城,贼已闭门拒我,遂连兴化接得胜湖,舟舰四塞,蔓延入宝应县。已而有诏:凡叛逆者赦之。诏至高邮,不得入,贼绐曰:"请李知府来,乃受命。"行省强齐往,至则下齐狱中,齐益辩说,士诚本无降意,特迁延为缮饬计耳。官军谍知之,乃进攻城,士诚呼齐使跪,齐叱曰:"吾膝如铁,岂肯为贼屈!"士诚怒,扼之跪,齐立而诟之,乃曳倒,捶碎其膝而囚之。

论者谓大科三魁,若泰不华没海上,李黼陷九江,泊齐之死,皆不负所学云。

褚不华,字君实,隰州石楼人,沉默有器局。泰定初,补中瑞司译史,授海道副千户,转嘉兴路治中,连拜南台、西台监察御史,迁河西道廉访佥事,移淮东。未几,升副使。

汝、颍盗发,势张甚。不华行郡至淮安,极力为守御计。贼至,多所斩获。且请知枢密院老章、判官刘甲守韩信城,相椅角为声援。复上章,劾总兵及诸将逗挠之罪。朝廷录其功,升廉访使,阶中奉大夫。甲有智勇,与贼战辄胜,贼惮之,号曰刘铁头,不华颇赖之。总兵者闻不华劾己,益恚嫉,乃檄甲别将兵击贼,冀以困不华。甲去,韩信城陷,贼乃掘堑相衔,揵水寨以围我。

既而天长青军叛,普颜帖木尔所统黄军复叛,贼皆挟之来攻,不华知事危,退入哈剌章营。贼稍引去,乃出,抵杨村桥,贼奄至,杀廉访副使不达失里,啖其尸。不华以余兵入淮安。时城之东、西、南三面皆贼,惟北门通沭阳,阻赤鲤湖,指挥使魏岳、杨暹驻兵沭阳,淮安倚其刍饷,而赤鲤湖为贼据,沭阳之路又绝。贼计孤城可取,进栅南琐桥。不华与元帅张存义出大西门,会佥事忽都不花兵突贼栅,殊死战,贼败走,追北二十余里。

城中食且绝,元帅吴德琇运粮万斛入河,竟为贼所掠,德琇仅以身免。贼与青军攻围,日益急,总兵者屯下邳,相去五百里,按兵不出,凡遣使十九辈告急,皆不听。城中饿者仆道上,即取啖之,一切草木、螺蛤、鱼蛙、燕乌,及靴皮、鞍鞯、革箱、败弓之筋皆尽,而后父子夫妇老稚更相食,撤屋为薪,人多露处,坊陌生荆棘。力既尽,城陷,不华犹据西门力斗,中伤见执,为贼所脔。次子伴哥,冒刃护之,亦见杀。时至正十六年十月乙丑也。

不华守淮安五年,殆数十百战,精忠大节,人比之张巡云。朝廷闻之,赠翰林学士承旨、荣禄大夫、柱国,追封卫国公,谥曰忠肃,赙钞二百锭,以恤其家。

　　郭嘉,字元礼,濮阳人。祖昂,父惠,俱以战功显。嘉慷慨有大志,始由国子生登泰定三年进士第,授彰德路林州判官,累迁翰林国史院编修官,除广东道宣慰使司都元帅府经历。未几,入为京畿漕运使司副使,寻拜监察御史。

　　会朝廷以海寇起,欲于浙东温、台、庆元等路立水军万户镇之,众论纷纭莫定。擢嘉礼部员外郎,乘驿至庆元,与江浙行省会议可否。嘉至,首询父老,知其弗便,请罢之。

　　会方择守令绥靖辽东,乃授嘉广宁路总管,兼诸奥鲁劝农防御。属盗起,军旅数兴,供饷无虚日。民苦和籴转输,而吏胥得因时为奸。嘉设法计其户口,第其甲乙,民甚便之。有诏团结义兵,嘉招集民数千,教以坐作进退,万、千、百夫各统以长,号令齐一,赏罚明信。故东方诸郡,钱粮之富,甲兵之精,称嘉为最。

　　十八年,寇陷上京,嘉闻之,躬率义兵出御。既而辽阳陷,嘉将众巡逻,去城十五里,遇青号队伍百余人,绐言官军,嘉疑其诈,俄果脱青衣变红,嘉出马射贼,分兵两队而夹攻之,生擒贼数百,死者无算。嘉见贼势日炽,孤城无援,乃集同官议攻守之计,众皆失措。嘉曰:“吾计决矣。”因竭家所有衣服财物犒义士,以励其勇敢,且曰:“自我祖宗,有勋王室,今之尽忠,吾分内事也。况身守此土,当生死以之,余不足恤矣。”

　　顷之。贼至,围城亘数十里,有大呼者曰:“辽阳我得矣,何不出降!”嘉挽弓射呼者,中其左颊,堕马死,贼稍引退,嘉遂开西门逐之。贼大至,力战以死。事闻,赠崇化宣力效忠功臣、资善大夫、河南江北等处行省左丞、上护军,封太原郡公,谥忠烈。

　　喜同,周姓,河西人。初为后宫卫士,众称其才,选充承徽寺经历,再调南阳县达鲁花赤。居二岁,妖贼起,陷邓州,人情汹汹。

俄而贼锋抵南阳，南阳无城无兵，贼入之若虚邑。喜同以计获数贼，诘之，云贼将大至。悉斩之，以安众心，昼夜督丁壮巡逻守备。时大司农钱木尔，以兵驻于诸葛庵，为贼所袭，死之。贼遂乘锐取南阳，喜同守西门，望见贼势盛，即以死自许，与家人诀曰："吾与汝等不能相顾矣，但各逃生，吾分死此，以报国也。"

已而城中皆哭，喜同策厉义兵，奋力与贼搏，贼退去。明日复至，与战甚力，杀贼凡数百。贼知无后援，战愈急，南阳遂陷。喜同突围将自拔，贼横刺其马，马蹶，喜同鞭马跃而起，手斩刺马者。俄而为他贼所追，射被数创，不能斗，遂见执，为所杀。妻邢氏，闻喜同力战死，帅家僮数人出走，遇贼，夺贼刀斫之，且骂且前，亦见杀。一家死者二十余人。赠南阳路判官。

时襄阳录事司达鲁花赤塔不台字彦晖者，元统元年进士。魏王军汝、亳，塔不台来供饷。王嗜酒，轻战备。一夕，贼劫王，王卧未能起，为所执。塔不台驰骑夺王，亦为贼所得。比明，见贼酋，王拜乞活，塔不台以足蹴王曰："犹欲生乎！"贼复屈其拜，塔不台拒而诟之，且与缚者角，送支解。

韩因，字可宗，汴梁人。少习举子业，负气不群。盗据汝宁，官军讨之，久不下，会朝廷诏赦叛逆，募可持诏入贼者，即借以官。因应命，乃借因为唐州判官，使焉。

贼渠恐其党心摇，导因止于外，纳诏不读，诘问再三，因答以"恩宥宽大，祸福所系"甚切。不听，乃纵因归报。因出，乘马周贼屯，大言曰："汝辈好百姓，何不出降归田里，而甘从逆贼驱使耶！"众愕眙相顾。或以告贼渠，渠追因，责其所言。因极口肆詈，贼怒，寸割因。

卞琛，大名人。世为农夫，早游学京师，得补国子生，既而丁母忧，治农于家。

至正十二年，邻郡盗起。未几，来剽掠，琛与从子小十、府史李

仲亨等协谋,统丁壮数百人击贼。丁壮皆民兵,无弓矢之备,直以钩
锄白铤当贼。贼矢雨集,琛众溃散,被擒。仲亨、小十皆死。贼素知
琛,谕之曰:"汝从我,解汝缚;不从,杀汝。"琛唾骂曰:"我国子生
也。视汝逆贼,真狗彘也。吾宁义死,不从贼生!"骂不止,贼屡胁不
听,杀之。

　　乔彝,字仲常,晋宁人。性高介有守,一时名称籍甚。至正十八
年,贼由绛州垣曲县袭晋宁。城陷,城中死者十二、三。彝整冠衣,
聚妻、子,家有大井,彝坐井上,令妻子婢辈循次投井中,而己随赴
之。彝既死,贼首王士诚使人即彝家邀致之,至则彝已死矣。贼平,
朝廷赠彝临汾县尹,赐谥纯洁。

　　有张岩起、王佐者,皆士人也,并以不屈贼而死。岩起字傅霖,
汾州人。累举不中,尝用荐者,征为国子助教。居一岁,免归。盗既
去晋宁,复陷汾州,岩起与妻赴井死。

　　王佐字元辅,晋宁人。从父居上都,教授里巷,不与时俯仰。会
贼至,仓卒不能避,为所获,欲降之。佐傲岸自如,诟贼不辍,因见
害。

　　又有吴德新者,字止善,建昌人。工医,留京师,久之,尝往宁
夏。会盗至,德新见执,胁使降,德新厉声曰:"我生为皇元人,死作
皇元鬼,誓不从尔贼!"贼乃缚其两手,加白刃颈上,迫其畏屈,德新
骂不已。乃曳之井上,阳欲挤之。德新偶得宽,即自投井中,仰骂贼。
贼下射,矢贯其顶,骂益力。贼怒,以长枪刺之。然亦壮其志,怜其
死,曰:"此真丈夫也!"以土埋井而去。

　　颜瑜,字德润,兖州曲阜人,兖国复圣公五十七代孙也。以行谊
用举者,为邹及阳曲两县教谕。至正十八年,田丰起山东,瑜携家走
郓城,道遇贼,以刃来胁瑜曰:"尔何人?"瑜曰:"我东鲁书生也。"贼
执瑜曰:"尔书生,吾不尔杀,可从我见主帅。"瑜骂曰:"尔贼,何主
帅邪!"贼怒,欲杀瑜,瑜无惧色。复使之写旗,瑜大诟曰:"尔大元百

姓，天下乱，募尔为兵，而反为叛逆。我腕可断，岂能为尔写旗从逆乎！"贼以枪刺瑜，至死骂不绝口。其妻子皆为所害。

又有曹彦可者，亳州人。会妖寇起里中，多田野无赖子，目不知书者。既破亳，揭帛于竿，皆群趋彦可家劫之，使写旗。彦可力辞，乃迫以刀斧。彦可唾之曰："我儒者，知有君父，宁死耳，岂为汝写旗者耶！"贼怒，遂见害，年七十矣。其家素贫，又死于乱，藁殡其尸。贼既定，有司具以事闻，中书为给赏以葬，赐谥节愍。

王士元，字尧佐，恩州人。泰定四年进士，由棣州判官累迁知磁州。值军兴，馈饷需索日繁，民不堪命。士元心念其民，力为区画，至为将士陵辱诃责，弗避也。改知浚州，州滨黄河，尝经盗贼，城堞不完，市井空荒，士元邑邑不得志，而临事未尝其素。

至正十七年，贼复迫浚州，州兵悉溃散，士元坐堂上，顾其子致微使贼，曰："吾守臣，居此，职也。若可逃生。"子侍立，不忍去。贼前问曰："尔为谁？"士元叱曰："我王知州也。强贼识我否？"贼欲缚士元，士元奋拳殴贼，贼怒，并其子杀之。

杨朴，字文素，河南人。早以文学得推择为吏，任至滁州全椒县尹。滁界庐江，庐江陷于寇，滁人震动。行省参政也先总兵于滁，不理军事，唯纵饮，至暮，城门不钥，寇入纵火，犹张烛挥杯，急逾城出走。朴度必死，乃尽杀其妻女，朝服坐堂上。盗欲降之，朴指妻女示曰："我已戕我属，政欲死官守耳，尚何云云！"乃连唾之。贼縶朴，倒悬树上，而割其肉至尽，犹大骂弗绝。

赵琏，字伯器，宏伟之孙也。至治元年，登进士第，授嵩州判官。再调汴梁路祥符县尹。入为国子助教。累迁湖广行省左右司郎中。

除杭州路总管。杭于东南为剧郡，地大民夥，长吏多不称其职。琏为人强毅开敏，精力绝人，吏莫不服其明决，而不敢欺。浙右病于徭役，民充坊里正者，皆破其家。朝廷令行省召八郡守集议便民之法，璘献议以属县坊正为雇役，里正用田赋以均之，民咸以为便。有盗诱其同恶，持刃出市，斫人以索金，市民乃户敛以予之，人无敢言者。璘曰："此不可长也。"遣卒掩捕之，尽戮诸市。逾年，召拜吏部侍郎。杭人思之，刻其政绩于碑。

历中书左司郎中，除礼部尚书。寻迁户部，拜参议中书省事。出为山北辽东道廉访使。是时河南兵起，湖广、荆襄皆陷，而两淮亦骚动。朝廷乃析河南地，立淮南江北行省于扬州，以璘参知政事。璘方病水肿，即舆疾而行。既至，分省镇淮安，又移镇真州。

会张士诚为乱，突起海滨，陷泰州、兴化，行省遣兵讨之，不克。乃命高邮知府李齐往招谕之。士诚因请降，行省授以民职，且乞从征讨以自效。遂移璘镇泰州，璘乃趣士诚治戈船，趋濠、泗。士诚疑惮不肯发，又觇知璘无备，遂复反。夜四鼓，纵火登城，璘力疾扪佩刀上马，与贼斗市衢。贼围璘，邀至其船。璘诘之曰："汝辈罪在不赦，今既宥尔诛戮，又锡以名爵，朝廷何负于汝，乃既降复反邪！汝弃信逆天，灭不旋踵。我执政大臣，岂为汝贼辈屈乎！"即驰骑奋击贼，贼以槊撞璘坠地，欲舁登其舟，璘瞋目大骂，遂死之。其仆扬儿以身蔽璘，亦俱死。及乱定，州民收其尸，归殡于真州。事闻，赙钞三百锭，仍官其子锜。

弟琬，字仲德，仕至台州路总管。至正二十七年，方国瑛以舟挟琬至黄岩。琬潜登白龙奥，舍于民家，绝粒不食。人劝之食，辄瞑目却之，七日而死。

孙扬，字自谦，曹州人。至正二年进士，授济宁路录事。张士诚据高邮叛，或谓其有降意，朝廷择乌马儿为使，招谕士诚，而用扬为辅行。扬家居，不知也。中书借扬集贤待制，给驿，就其家起之。扬强行抵高邮，士诚不迓诏使。扬等既入城，反覆开谕，士诚等皆竦然以听。已而拘之他室，或日一馈食，或间日一馈食，欲以降扬，扬唯诟斥而已。乃令其党捶扬，肆其陵辱，扬不恤也。及士诚徙平江，扬与士诚部将张茂先谋，将扬所授站马札子，遣壮士浦四、许诚赴镇南王府，约日进兵复高邮。谋泄，执抝讯问，抝骂声不绝，竟为所害。后贼中见失节者，辄自相嗤曰："此岂孙待制耶！"事闻，赠翰林侍读学士、中奉大夫、护军，追封曹南郡公，谥忠烈。赐田三顷恤其家。

石普，字元周，徐州人。至正五年进士，授国史院编修官，改经正监经历。淮东、西盗起，朝廷方用兵，普以将略称，同佥枢密院事董钥尝荐其材，会丞相脱脱讨徐州，以普从行。徐平录功，迁兵部主事，寻升枢密院都事，从枢密院官守淮安。

时张士诚据高邮，普诣丞相，面陈破贼之策，且曰："高邮负重湖之险，地皆沮洳，骑兵卒莫能前，与普步兵三万，保取之。高邮既平，则濠、泗易破，普请先驱，为天下忠义倡。"丞相壮之，命权山东义兵万户府事，招民义万人以行。而汝中柏者方用事，阴沮之，减其军半。初令普便宜行事，及行，又使听淮南行省节制。

普行次范水寨，日未夕，普令军中具食，夜漏三刻，下令衔枚趋宝应，其营中更鼓如平时。抵县，即登城，树帜城上，贼大惊溃，因抚安其民。由是诸将疾普功，水陆进兵，乘胜拔十余寨，斩贼数百。将抵高邮城，分兵三队：一趋城东，备水战；一为奇兵，虞后；一普自将，攻北门。遇贼与战，贼不能支，遁入城。普先士卒蹑之，纵火烧关门，贼惧，谋弃城走。而援军望之，按不进。且忌普成功，总兵者遣蒙古军千骑，突出普军前，欲收先入之功。而贼以死捍，蒙古军恇怯，即驰回，普止之不可，遂为贼所蹂践，率坠水中。

普军乱，贼乘之。普勒余兵，血战良久，仗剑大呼曰："大丈夫当为国死，有不进前者，斩！"奋击，直入贼阵中，从者仅三十人。至日西，援绝，被创堕马，复步战数合，贼益至，贼指曰："此必头目，不可使逸，须生致之。"普叱曰："死贼奴，我即石都事，何云头目！"左肋为贼枪所中，犹手握其枪，斫贼死。贼众攒枪以刺普，普与从者皆力战，俱死之。

盛昭，字克明，归德人。由儒学官累迁淮南行省照磨。会诏使往高邮,不得达而还,谬称贼已迎拜,但乞名爵耳。行省不虞其欺,乃遣昭入高邮,授所与士诚官。士诚拒不听,拘诸舟中。昭语所从吏曰:"吾之止此,有死而已。"

既而官军逼高邮,士诚授昭以兵,使出拒官军,昭叱曰:"吾奉命招谕汝,汝拘留诏使,罪不容斩,又欲吾从汝为贼耶!"大骂不绝口,贼怒,先剜其臂肉,而后磔之。

杨乘,字文载,滨州渤海人。至正初,为介休县尹,民饥散为盗,乘立法招之,使自新,皆弃兵顿首,愿为良民。其后累官江浙行省左右司员外郎,坐海寇掠漕粮舟免官,寓居松江。

张士诚入平江,其徒郭良弼、董绥言乘于士诚,士诚遣张经招乘,乘曰:"良弼、绥皆名臣,今已失节,顾欲引我,以济其恶邪!"且让经平日读书云何,经俯首不能对。乘日与客痛饮,竟日不言。客问:"盍行乎?"乘曰:"乘以一小吏至身显官,有死而已,尚何行之有!"经促其行愈急,乘乃整衣冠,自经死,年六十四。

纳速剌丁,字士瞻,其父马合木,从征襄阳,以劳擢浚州达鲁花赤,因家大名。

纳速剌丁起身乡贡进士,补淮东廉访司书吏。丁母忧,服阕,补两浙盐运司掾,复辟掾淮东宣慰司。

至正十年,贼发真州,纳速剌丁以民兵往袭之,获贼四十二人。已而泰州贼大起,镇南王府宣慰司请参议军事,纳速剌丁建议筑四城,立外寨,捷堤穿河,募兵与贼抗。行省檄其提战舰六十、海舟十四,上下巡捕,以固江面,且护蒙古军五百往江宁,道遇贼,斩击二百余级,生获十八人,遂抵龙潭而还。

未几,出逻江上,贼突至,驰船来斗,纳速剌丁手射死三十贼,夺其放火小船二百,贼因遁走。俄复据龙潭口,又击走之,追斩三百余级。其子宝童擒首贼陈亚虎等及其号旗。捷闻,赏赉良渥,且召纳速剌丁还真州。而贼犯芜湖,南行台檄使来援,乃以兵赴。及至,贼船已薄岸，遂三分战舰，纵击之，贼奔溃，俘斩甚众。贼不得渡江者，多纳速剌丁之功也，因留守芜湖江口。

泰州李二起，行省移之捍高邮得胜湖。贼船七十余柁，乘风而来，即前击之，焚其二十余船。贼溃去。李二失援，遂降。其党张士诚杀李二，复为乱，戕参政赵琏，入据兴化，而水陆袭高邮，屯兵东门。纳速剌丁以舟师会诸军讨之。距三垛镇，贼众猝至，纳速剌丁麾兵挫其锋。后贼鼓噪而前，乃发火筒火镞射之，死者蔽流而下。贼缭船于背，尽力来攻，而阿速卫军及真、滁万户府等官，见贼势炽，皆遁走。纳速剌丁顾必死，谓其三子宝童、海鲁丁、西山驴曰："汝辈可脱走。"宝童等不肯去，遂皆死之。省宪为赒其家。事闻，赠纳速剌丁淮西元帅府经历。

元史卷一九五
列传第八二

忠义三

伯颜不花的斤　樊执敬

全普庵撒里　周镗 谢一鲁 **聂炳**

刘耕孙　俞述祖　桂完泽　丑闾

冯三 **亭罗帖木儿　彭庭坚　王伯颜**

刘浚　朵里不花　野峻台　陈君用

卜里牙敦　潮海　魏中立

伯颜不花的斤，字苍崖，畏吾儿氏，驸马都尉、中书丞相、封高昌王雪雪的斤之孙，驸马都尉、江浙行省丞相、封荆南王朵尔的斤之子也。偶傥好学，晓音律，初用父荫，同知信州路事，又移建德路。会徽寇犯遂安，伯颜不花的斤将义兵平之，又擒淳安叛贼方清之，以功升本路总管。

至正十六年，授衢州路达鲁花赤。明年，行枢密院判官阿鲁灰引兵经衢州，军无纪律，所过辄大剽掠。伯颜不花的斤曰："阿鲁灰以官军而为民患，此国贼也，可纵之乎！"乃帅兵逐之出境，郡赖以宁。升浙东都元帅，守御衢州。顷之，擢江东道廉访副使，阶中大夫。

十八年二月，江西陈友谅遣贼党王奉国等，号二十万，寇信州。

明年正月,伯颜不花的斤自衢引兵援焉。及至,遇奉国城东,力战,破走之。时镇南王子大圣奴、枢密院判官席闰等屯兵城中,闻伯颜不花的斤至,争开门出迎,罗拜马前。伯颜不花的斤登城四顾,誓以破贼自许。后数日,贼复来攻城,伯颜不花的斤大飨士卒,约曰:"今日破贼,不用命者斩!"乃命大都闾将阿速诸军及民义为左翼,出南门;高义、范则忠将信阳一军为右翼,出北门;自与忽都不花将沿海诸军为中军,出西门。部伍既整,因奋击入贼营,斩首数千极,贼乱,几擒奉国。适贼将突至,我军入其营者咸没,其势将殆,忽都不花复勒兵力战,大破之。

二月,友谅弟友德营于城东,绕城植木栅,攻我益急。又遣伪万户周伯嘉来说降,高义潜与之通,给忽都不花等,谓与奉国相见则兵衅可解。忽都不花信之,率则忠等十人往见,奉国囚之不遣。明日,奉国令高义以计来诱伯颜不花的斤,时伯颜不花的斤坐城上,见高义单骑来,伯颜不花的斤谓曰:"汝诱十帅,无一人还,今复来诱我耶?我头可断,足不可移!"乃数其罪,斩之。由是,日夜与贼鏖战,粮竭矢尽,而气不少衰。

夏四月,有大呼于城下者,曰:"有诏。"参谋海鲁丁临城问之曰:"何来?"曰:"江西来。"海鲁丁曰:"如此,乃贼耳。吾元朝臣子,可受尔伪诏乎?"呼者曰:"我主闻信州久不下,知尔忠义,故来诏。尔徒守空城,欲何为耶?"海鲁丁曰:"汝闻张睢阳事乎?"伪使者不答而去。伯颜不花的斤笑曰:"贼欲我降尔。城存与存,城亡与亡,吾计之熟矣。"时军民唯食草苗茶纸,既尽,括靴底煮食之,又尽,掘鼠罗雀,及杀老弱以食。

五月,大破贼兵。六月,奉国亲来攻城,昼夜不息者逾旬。贼皆穴地百余所,或鱼贯梯城而上。伯颜不花的斤登城,麾兵拒之。已而士卒力疾,不能战,万户顾马儿以城叛,城遂陷。席闰出降,大圣奴、海鲁丁皆死之,伯颜不花的斤力战不胜,遂自刎。其部将蔡诚,尽杀妻子,及蒋广奋力巷战,诚遇害死,广为奉国所执,爱广勇敢,使之降。广曰:"我宁为忠死,不为降生。汝等草中一盗尔,吾岂屈汝乎！”贼怒，磔广于竿，广大骂而绝。

　　有陈受者，信小民也。伯颜不花的斤知受有膂力，募为义兵。寻战败，为贼擒，痛骂不屈，贼焚杀之。

　　先是，伯颜不花的斤之援信州也，尝南望泣下，曰：“我为天子司宪，视彼城之危急，忍坐视乎！吾知上报天子，下拯生民，余皆无可恤。所念者，太夫人耳。”即日入拜其母鲜于氏曰：“儿今不得事母矣。”母曰：“尔为忠臣，吾即死，复何憾！”鲜于氏，太常典簿枢之女也。伯颜不花的斤因命子也先不花，奉其母间道入福建，以江东廉访司印送行御史台，遂力守孤城而死。朝廷赐谥曰桓敏。

　　樊执敬，字时中，济宁郓城人。性警敏好学，由国子生擢授经郎。尝见帝师不拜，或谂之曰：“帝师，天子素崇重，王公大臣见必俯伏作礼，公独不拜，何也？”执敬曰：“吾孔氏之徒，知尊孔氏而已，何拜异教为？”历官至侍御史。至正七年，擢山南道廉访使，俄移湖北道。十年，授江浙行省参知政事。

　　十二年二月，督海运于平江，卜日将发，官大宴犒于海口。俄有客船自外至，验其券信令入，而不虞其为海寇也。既入港，即纵火鼓噪。时变起仓猝，军民扰乱，贼竟焚舟劫粮以去。执敬既走入昆山，自咎于失防，心郁郁不解。及还省，而昱岭关有警，平章政事月鲁帖木儿引军拒之，贼不得进。

　　月鲁帖木儿俄以疾卒，贼遂犯余杭。执敬时已被命讨贼海上，至是事急，不得舍去，与平章政事定定治事省中，调兵出战，皆不利。掾史苏友龙素抗直有为，进言于执敬曰：“贼且至，城内空虚无备，奈何？”执敬曰：“吾淬砺戈矛，当歼贼以报国，傥或不克，有死而已，何畏哉！”俄报贼已至，执敬遽上马，帅众而出，中途与贼遇，乃射死贼四人，贼又逐之，射死三人。已而贼来方盛，填咽街巷，且纵火，众皆溃去。贼知其无援，呼执敬降，执敬怒叱之曰：“逆贼！守关吏不谨，汝得至此，恨不碎汝万段，何谓降耶！”乃奋刀斫贼，因中枪而堕，从仆田也先驰救之，亦中枪死。事闻，赠翰林学士承旨、荣禄大夫、柱国，追封鲁国公，谥。

全普庵撒里，字子仁，高昌人。初为中书省检校，时太师汪家奴擅权用事，台谏无敢言者，普庵撒里独于众中历数其过，谔谔无惧色。拜监察御史，即首劾汪家奴十罪，乃见黜。然而气节益自振，不以摧衄遂阻，历诋权贵，朝廷莫不畏慄。出为广东廉访使，寻除兵部尚书。未几，授赣州路达鲁花赤。至郡，发摘奸恶，一郡肃然。

至正十一年，颍州盗起，即修筑城垒，旬月之间守御之具毕备。于是发公帑，募勇士，得兵三千人，日练习之，皆可用。属邑有为贼所陷者，往往遣兵复之，境内悉安。十六年，以功拜江西行省参政，分省于赣。

十八年，江西下流诸郡皆为陈友谅所据，乃与总管哈海赤戮力同守。友谅遣其将幸文才率兵围赣，使人胁之降。普庵撒里斩其使，日擐甲登城拒之。力战凡四月，兵少食尽，义兵万户马合某沙欲举城降贼，普庵撒里不从，遂自刭。事闻，朝廷赠谥曰徽哀。

哈海赤守赣尤有功。城陷之日，贼将胁之使降，哈海赤谓之曰："与汝战者我也，尔贼毋杀赣民，当速杀我耳。"遂见杀。

周镗，字以声，浏阳州人。笃学通《春秋》，登泰定四年进士第，授衡阳县丞，再调大冶县尹。县有豪民，持官府短长，号为难治，镗状若厄懦，而毅然有威不可犯，抑豪强，惠穷民，治行遂为诸县最。累迁国子助教。会修功臣列传，擢翰林国史编修官。乃出为四川行省儒学提举，便道还家。无何，盗起，湖南、北郡县皆陷，浏阳无城守。盗至，民皆惊窜。镗告其兄弟使远引，自谓"我受国恩，脱不幸，必死，毋为相累也"。贼至，得镗，欲推以为主，镗唯瞋目厉声大骂，贼知其不可屈，乃杀之。

镗同时有谢一鲁字至道者，亦浏阳人。至元乙亥乡贡进士，尝为石林书院山长。贼陷潭州，一鲁奉亲匿岩谷中。官兵复郡邑，亡者稍归，乃还理故业。俄而贼复至，生缚一鲁。一鲁骂贼甚厉，举家咸遇害。

聂炳,字韫夫,江夏人。元统元年进士,授承事郎、同知平昌州事。炳早孤,其母改适,自平昌还,始知之,即迎其母以归。久之,转宝庆路推官。会峒瑶寇边,湖广行省右丞秃赤统兵讨之,屯于武冈,以炳摄分省理问官。悍卒所至掠民为俘,炳言于秃赤,释其无验者数千人。

至正十二年,迁知荆门州,才半岁,淮、汉贼起,荆门不守,炳出,募土兵,得众七万,复荆门。又与四川行省平章政事咬住复江陵,其功居多。既而蕲、黄、安陆之贼,其势复振,贼将俞君正合兵来攻荆门,炳率孤军昼夜血战,授绝城陷为贼所执。极口骂不绝,贼以刀抉其齿尽,乃断左臂而支解之。

未几,贼陷潜江县,达鲁花赤明安达尔率勇敢出击,擒其伪将刘万户。进营芦洑,贼众奄至,出斗死,其家歼焉。一子桂山海牙怀屯绥去,得免。明安达尔,唐兀氏,字士元,炳同年进士,由宿州判官再转为潜江云。

刘耕孙,字存吾,茶陵州人。至顺元年进士,授承事郎、桂阳路临武县尹。临武近蛮獠,耕孙至,召父老告之曰:"吾儒士也,今为汝邑尹,尔父老当体吾教,训其子弟,孝弟力田,暇则事《诗》、《书》,毋自弃以干吾政"乃为建学校,求民间俊秀教之,设俎豆习礼让,三年文化大兴。邑有茶课,岁不过五锭,后增至五十锭。耕孙言于朝,除其额。历建德、徽州、瑞州三路推官,所至详谳疑狱,其政绩卓然者甚众。

至正十二年春,蕲黄贼攻破湖南。耕孙倾家赀募义丁,以援茶陵,贼至辄却,故茶陵久不失守。十五年,转儒林郎、宁国路推官。岁饥,劝富民发粟赈之,活者万计。会长枪琐南班、程述、谢玺等攻宁国,耕孙分守城西南,日署府事,夜率兵乘城固守。江浙行省遣参知政事吉尼哥儿来援,至则兵已疲矣。城恃有援,不为备。琐南班知之,夜四鼓,引众缘堞而上,城遂陷。耕孙力战遇害。

弟焘孙,以国学生下第,授常宁州儒学正。湖南陷,常宁长吏弃城走,民奉印请焘孙为城守,城赖以完者一年,外援俱绝,死之。长子硕,为武昌江夏县鲁湖大使,起义兵援茶陵,亦死之。

俞述祖,字绍芳,庆元象山人。由翰林书写考满,调广东元帅府都事,入为国史院编修官,已而出为沔阳府推官。

至正十二年,蕲黄贼迫州境,述祖领民兵守绿水洪,并力捍御之。兵力不支,沔阳城陷,民兵悉溃。述祖为贼所执,械至其伪主徐寿辉所,诱之使降,述祖骂不辍,寿辉怒,支解之。有子方五岁,亦死。事闻,赠奉训大夫、礼部郎中、象山县男。

桂完泽者,永嘉人。尝从江西左丞李朵儿留京师,得为平江路管军镇抚,为仇家所诉,免官。会贼攻昱岭关,行省遂假前官,令从征。完泽勇于讨贼,凡再战关下,皆胜。寻又与贼斗,为所执,其妻弟金德亦被擒,皆反缚于树,临以白刃,胁之降。金德意未决,完泽呼曰:"金舅,男子汉即死,不可听贼。"德曰:"此言最是。"因大骂。贼怒,剖二人之腹而死。

丑闾,字时中,蒙古氏。登元统元年进士第。累官京畿漕运副使,出知安陆府。至正十二年,蕲贼曾法兴犯安陆,时丑闾募兵得数百人,帅以拒贼。败贼前队,乘胜追之。而贼自他门入,亟还兵,则城中火起,军民溃乱,计不可遏,乃归,服朝服出坐公堂。贼胁以白刃,丑闾犹喻以逆顺。一贼排丑闾下,使拜,不屈,且怒骂。贼酋不忍害,拘之。明日,又逼其从乱,丑闾疾叱曰:"吾守土臣,宁从汝贼乎!"贼怒,以刀斫丑闾左胁,断而死。贼愤其不降,复以布囊囊其尸,异置其家。丑闾妻侯氏出,大哭,且列酒肉满前,渴者令饮酒,饥者令食肉,以绐贼之不防已。至夜,自经死。事闻,赠丑闾河南行省参知政事,赠侯氏宁夏郡夫人。立表其门曰双节。

有冯三者,湖广省一公使也。素不知书。湖广为寇陷,皂隶辈
悉起,剽杀为盗,亦拉三以从。三辞曰:“贼名恶,我等岂可为!”众初
强之,终弗从,怒将杀之,三遂唾骂,贼乃缚诸十字木,舁之以行,而
刲其肉,三益骂不止。抵江上,断其喉,委去。其妻随三号泣,俯拾
割肉,纳布裙中。伺贼远,收三血骸,脱衣裹之,大泣,投江而死。

孛罗帖木儿,字国宾,高昌人。由宿卫补官,十三转而为江东廉
访副使。以选为襄阳路达鲁花赤。

至正十一年,盗起汝、颍,均州郧县人田端子等亦聚众杀官吏,
孛罗帖木儿将民兵捕斩之。未几,行省、廉访司同檄孛罗帖木儿,以
其所领兵会诸军于均、房同讨贼,贼始退。而谷城、光化以急告,即
帅兵趋谷城,而分遣樊城主簿脱因等趋光化,且遣使求粮于襄阳,
不应;遣同知也先不花促之,又不应。军乏食,不能行,乃驻于柴店。
复遣从子马哈失力往告,词甚苦切。廉访分司王佥事、本路总管柴
顺礼,怒其责望,械之。适纽真来献光化所获首级,且言:“孛罗帖木
儿在谷城与贼相持,未知存殁,宜急济其粮,少缓,恐弗及矣。”于是
脱二人械,遣还,而命也先不花与万户也先帖木耳率数千人,会孛
罗帖木儿以讨贼。

明年正月,襄阳失守,也先不花等闻之惊溃。孛罗帖木儿领义
兵二百人,且战且引至监利县,遇沔阳府达鲁花赤咬住、同知三山、
安陆府同知燕只不花、荆襄提举相哥失力之师。时滨江有船千余,
乃纠合诸义兵丁壮水工五千余人,舁以军号,给以刀矟,具哨马五
十,水陆继进。比至石首县,闻中兴路亦陷,乃议趋岳州就元帅帖
桀,而道阻不得前,仍趋襄阳。贼方驻杨湖港,乘其不虞击之,获其
船二十七艘,生擒贼党刘咬儿。讯得其情,进次潜江县,又斩贼数百
级,获三十余船,枭贼将刘万户、许堂主等。

是日,甫止兵未食而贼大至,与战抵暮,咬住等军各当一面,不
能救。孛罗帖木儿被重创,麾马哈失力使去,曰:“吾以死报国,汝无
留此。”马哈失力泣曰:“死生从叔父。”既而孛罗帖木儿被执,贼请

同为逆,孛罗帖木儿怒骂之,遂遇害。马哈失力帅家奴求其尸,复与贼战,俱没于阵。举家死者,凡二十六人。

彭庭字坚,允诚,温州瑞安人。擢至四年进士第,授承事郎、同知沂州事,毁牛皇神祠,驱邻郡上马贼,免民横急征敛,民甚便之。俄以平反狱囚忤上官意,遂弃去。十年,诏选守令,以建宁路崇安县尹起庭坚于家。属铅山寇周良窃发,犯闽关,庭坚御之有法,寇不入境。十一年,升同知建宁路总管府事。江西寇炽,庭坚率民兵克复建阳,又进兵平浦城。

十二年,摄金都元帅府事,与邵武路总管吴按摊不花夹攻邵武,庭坚设云梯火炮,昼夜攻击,寇遁,追斩渠凶董元帅、铁和尚、童昌,邵武悉平。总兵官江浙参政章嘉上其功于朝,升同知福建道宣慰使司副都元帅,镇邵武。冬,寇陷建宁县。十三年,庭坚统建阳、崇安、浦城三县民兵,次泰宁,寇惧请降,复建宁县,还师邵武。江浙行省檄庭坚节制建宁、邵武二郡诸军。

十四年,盗侵政和、松溪,江南行台中丞吴铎督军建宁,檄庭坚至。时镇抚万户岳焕隶麾下,焕素悍,纵卒为暴,庭坚欲绳以法,焕惧,使部卒乘其不备,诈为贼兵,突入交锋,众皆溃,庭坚独留不去,遂遇害,死年四十三。故吏张椿,儒士夏志行、江晃,奉枢还崇安,民哀泣如丧父母,立祠像,岁时祭祷,数降灵响,旁邑立祠亦如之。南行台监察御史余观行部巡察,获其贼斩之。为上其事,赠中奉大夫、福建道宣慰使都元帅,封忠愍侯。

王伯颜,字伯敬,滨州沾化人。由湖广省宣使历永州祁阳、湖州乌程县尹,信州推官。至正九年,迁知福宁州,居三岁,升福建盐运副使,将行,宪府以时方俶扰,留伯颜仍领州事。

未几,贼自邵武间道逼福宁,乃与监州阿撒都刺募壮兵五万,分扼险阻。贼至杨梅岭,立栅,伯颜与子相驰破之。贼帅王善,俄拥众直压州西门,胥隶皆解散,伯颜麾下唯白挺市儿数百人尔。伯颜射贼,不复反顾,贼以长枪舂马,马仆,遂见执。善说伯颜曰:"闻公有惠政,此州那可无尹,公为我尹,可乎?"伯颜诃善曰:"我天子命官,不幸失守,义当死,肯从汝反乎?"善怒,叱左右以撧以跪,弗屈,遂殴之。伯颜嚼舌出血噀善面:"反贼,杀即杀,何以殴为!吾民天民也,汝不可害。大丞相亲讨叛逆,百万之师,雷击电扫,汝辈小丑,将无遗种,顾敢尔邪!"贼亦执阿撒都剌至,善厉声责其拒斗,噤不能对,伯颜复唾善曰:"我杀贼,何言拒邪!我死,当为神以杀汝。"言讫,挺颈受刃,颈断,涌白液如乳,暴尸数日,色不变,州人哭声连巷。贼既杀阿撒都剌,欲释相官之,相詈曰:"吾与汝不共戴天,恨不寸斩汝,我受汝官邪!"贼杀之。相妻潘氏,挈二女,为贼所获,亦骂贼,母子同死。

伯颜既死,贼时睹其引兵出入。明年,州有僧林德诚者,起兵讨贼,乃望空嘑曰:"王州尹,王州尹,宜率阴兵助我斩贼。"时贼正祠神,睹红衣军来,以为伪帅康将军,亟往迎之,无有也,四面皆青衣官军,贼大败,斩其酋江二蛮,福宁遂平。

事闻,赠嘉议大夫、济南路总管、上轻车都尉,追封太原郡侯。

刘浚字济川,其先兴州人。曾祖海,金进士第一人,仕至河南府尹,死于国难,子孙遂家河南。浚由廉访司书吏,调连江县宁善乡巡检。

至正十三年,江西贼帅王善寇闽,官军守罗源县拒之。罗源与连江接壤,势将迫。浚妻真定史氏,故相家女也,有才识,谓浚曰:"事急矣,可聚兵以捍一方。"于是尽出奁中物,募壮士百余,命仲子健将之。浃旬间,众至数万。

贼寻破罗源,分两道攻福州,浚拒之辰山,三战三捷。俄闻福州陷,众多溃去,浚独帅健兵进,遇贼于中麻,突其阵,斩前锋五人,贼兵大至,鏖战三时顷,浚中箭堕马,健下马掖之,俱被获。浚忿,戟手大骂,贼缚浚阶下,先斫手一指,骂弥厉,再斫一指,亦如之,指且尽,斫两腕,次及两足,浚色不少变,骂声犹不绝,遂割其喉舌而死。

健亦以死拒贼,善义之,舍健,使敛浚尸瘗之。

健归,请兵于帅府,以复父仇,弗听,健尽散家赀,结死士百人,诈为工商流丐,入贼中,夜半,发火大谯,贼惊扰,自相屠戮,健手斩杀其父者张破四,并擒善及寇首陈伯祥来献,磔之。事闻,赠浚福建行省检校官,授健古田县尹。官为浚立祠福州北门外,有司岁时致祭云。

朵里不花,字端甫,蒙古人。始为宿卫官,累历显要,擢辽阳行省右丞,升平章政事。

陈友谅陷江西,诏拜江西行省平章政事,与平章政事阿儿浑沙等,分道进讨。遂泛海南下,趋广东,驻师揭阳,降土寇金元祐,招复循、梅、惠三州之寇,承制官其酋长,俾治贼以给兵食。又别规粟四千石,输送京师。自是英、肇、钦、连诸郡皆附,且治兵由梅岭以图江西。而元祐有异志,托以镇服其土,遮道固留。

先是,制书命刘巨海佥广东元帅府事,未发,元祐窃取,易其名,私畀徭贼刘文远,诱与偕乱,事觉,文远伏诛,而元祐及其弟元泰、子荣,窜匿不获。

俄荣率外贼突入,夺符信,杀官吏,变起仓卒,众莫能支。朵里不花与参政杨泰元等,勒兵拒战,而贼来益众,朵里不花为枪所中,创甚。其子达兰不花率麾下力与抗,死之。朵里不花遂被执,拥至太平桥,骂不绝口,遂为贼杀。其妻卜颜氏,妾高丽氏在侧,不去,皆大骂曰:“我平章遇尔父子厚矣,尔父子何暴逆至此!”亦皆遇害。其部将哈乞、吴普颜、阿剌不花、歹不花等,俱战死。

野峻台,其父世延自有传。由四川行省左右司郎中、西行台监察御史、河西廉访使转黄州路总管。湖广既陷,朝廷察其材,升四川行省参政,命与平章咬住讨贼。咬住军五千,及分锐卒八百,使野峻台为前驱,贼方据巴东县,攻拔之。是时,归、峡等州皆为贼所守,野峻台破贼江上,斩溺无算,已而归、峡平。

又进拔枝江、松滋两县,乘胜趋江陵,贼出阵清水门,鏖战至夕,贼退入城,乃据其门,俟咬住军至。黎明,贼出战,三时顷,咬住军止百步外,不救,贼飞枪刺之,遂死。事闻,赠荣禄大夫、陕西行省平章政事、柱国,追封凉国公,谥忠壮。

陈君用,字子材,延平人。少负气,勇猛过人。

红巾起江淮,由抚、盱入闽,闽阃授君用南平县尹,给钱五万缗,俾募千兵,君用散家财继之,导官军复建阳、浦城等县。以功授同知建宁路事。

亡何,贼围福州,君用率兵往援,大败贼众,廉访金事郭兴祖,佩君用明珠虎符,使权同知副都元帅。遂引兵逾北岭,至连江,阻水而阵,君用曰:"今日不尽杀贼,吾不复生还矣。"乃率壮士六十人,徒涉斩杀,贼稍溃,既而复合,君用大呼转战,中枪而死。事闻,赠怀远大将军、浙东道宣慰司同知、副元帅、轻车都尉、颍川郡侯,谥忠毅。

卜理牙敦,北庭人,累官至山南廉访使,治中兴。中兴为江汉藩屏,卜理牙敦每按临所部,威惠翕然。至正十二年,寇犯中兴,卜理牙敦以兵与抗,射贼多死,贼稍退。明日,复拥众来袭东门,卜理牙敦力与之战,被执,不屈而死。

又明日,贼复来攻,前中兴判官上都统兵出击之,既而东门失守,上都仓黄反斗,力屈,贼执之使降,上都大骂,贼怒,刳其腹、割其肉而死。

潮海,扎剌台氏,由国子生入官,为靖安县达鲁花赤。至正十二年,蕲黄贼起,潮海与县尹黄绍同集义兵,为御贼计。未几,贼兵数万由武宁来寇,绍赴行省求援,潮海独率众与战于象湖,大破之。乃起进士胡斗元、涂渊、舒庆远、甘棠等谋画,而以勇士黄云为前锋,自二月至于八月，战屡捷，擒贼将洪元帅，而贼党益盛，黄云战死，我军挫衄，潮海遂被围，寻为贼所执，杀于富州。

子民安图，袭父职，为本县达鲁花赤。十三年，帅众败走贼将，复县治。十四年，贼兵复至，民安图迎战，力竭，贼执而囚之。

绍字仲先，临川人。登至正八年进士第，以求援出靖安，而道阻绝，遇官军，护绍得入龙兴。而龙兴亦被围，其后围解，绍乃与民安图招谕叛境，过建昌之高坪，遇贼，绍与战不胜，正衣冠怒骂，为贼所害。

斗元字元浩，靖安人。至正十年，领江西乡荐第一，下第，署鳌溪书院山长。贼至靖安，掠斗元乡里，斗元以乡兵击败之。入县治，与潮海共图战守，及潮海被执，贼胁之使降，斗元骂不屈，乃以土埋其腰，不死，又缚置暗室，斗元仆墙以出，逃入深山，狂骂而死。

黄云，抚州人，寓靖安，素以勇捷称，每接战，独以身当敌。尝为数十人所围，即奋身跃出。至是，身中数十枪，喷血骂贼而死。

魏中立，字伯时，济南人。由国子伴读历官至陕西行台御史中丞，迁守饶州。贼既陷湖广，分攻州郡，官军多疲懦不能拒，所在无赖子多乘间窃发，不旬日，众辄数万，皆短衣草屦，齿木为杷，削竹为枪，截绯帛为巾襦，弥野皆赤。中立闻警，即率丁壮，分塞险要，戒守备。俄而贼至，达鲁花赤马来出战，不能发一矢，贼愈逼。中立以义兵击却之，已而贼复合，遂为所执，以红衣被其身，中立叱之，须髯尽张。贼执归蕲水，欲屈其从己。中立大骂不已，遂被害。

未几，贼又犯信州，信州总管于大本以土兵备御。贼首项甲破东门而入，执大本，至蕲水为俘献。伪主释其缚，畀为印一纽，且命以官。大本投印于地，而指伪主痛詈之，遂亦遇害。大本字德中，密州人，始由儒学教谕入官云。

元史卷一九六

列传第八三

忠义四

普颜不花　闵本　赵弘毅　郑玉

黄　　柏帖穆尔　迭里弥实

朴赛因不花 张庸　丁好礼 郭庸

　　普颜不花字希古,蒙古氏。倜傥有大志。至正五年,由国子生登右榜进士第一人,授翰林修撰,调河南行省员外郎。十一年,迁江西行省左右司郎中。蕲、黄徐寿辉来寇,普颜不花战守之功为多,语在《道童传》。十六年,除江西廉访副使。顷之,召还,授益都路达鲁花赤,迁山东廉访使,再转为中书参知政事。

　　十八年,诏与治书侍御史李国凤同经略江南。至建宁,江西陈友谅遣邓克明来寇,而平章政事阿鲁温沙等皆夜遁。国凤时分镇延平,城陷,遁去。普颜不花曰:“我承制来此,去将何之。誓与此城同存亡耳。”命筑各门瓮城,前后拒战六十四日,既而大败贼众。

　　明年,召还,授山东宣慰使,再转知枢密院事、平章山东行省,守御益都。大明兵压境,普颜不花捍城力战。城陷,而平章政事保保出降。普颜不花还告其母曰:“儿忠孝不能两全,有二弟,当为终养。”拜母,趋官舍,坐堂上,主将素闻其贤,召之再三,不往。既而面缚之,普颜不花曰:“我元朝进士,官至极品,臣各为其主。”不屈,死之。

先是，其妻阿鲁真，历呼家人告之曰："我夫受国恩，我亦封齐国夫人，今事至此，唯有死耳。"家人莫不叹息泣下。已而普颜不花二弟之妻，各抱幼子，及婢妾，溺舍南井死。比阿鲁真欲下，而井填咽不可容，遂抱子投舍北井。其女及妾女、孙女，皆随溺焉。

是时有申荣者，平章山东行省，守东昌，荣见列郡皆降，告其父曰："人生世间，不能全忠孝者，儿也。"父曰："何为？"荣曰："城中兵少不敌，战则万人之命由儿而废，但有一死报国耳。"遂自经。

闵本，字宗先，河内人。性刚正敏给，而刻志于学。早岁，得推择为礼部令史，御史大夫不花奇本之才，辟以为掾，平反冤狱，甚有声。擢御史台照磨。顷之，迁枢密院都事，拜监察御史，迁中书左司都事，五转为吏部尚书，移刑、户二部，皆以能见称。本素贫，且有目疾，尝上章乞谢事，不允，诏授集贤侍讲学士。

大明兵薄京师，本谓其妻程氏曰："国事至此，吾知之久矣。愧不能立功补报，敢爱六尺躯苟活哉！"程氏曰："君能死忠，我尚有爱于君乎！"本乃朝服，与程氏北向再拜，大书于屋壁曰："元中奉大夫、集贤侍讲学士闵本死。"遂各缢焉。二女：长真真，次女女，见本死，呼天号泣，亦自缢于其傍。

有拜住者，康里人也，字闻善。以材累官至翰林国史院都事，为太子司经。兵至，拜住谓家人曰："吾始祖海蓝伯封河东公者，与太祖同事王可汗。太祖取王可汗，收诸部落，吾祖引数十骑驰西北方。太祖使人追问之，曰：'昔者与皇帝同事王可汗，王可汗今已灭，欲为之报仇，则帝乃天命；欲改事帝，则吾心有所不忍，故避之于远地，以没吾生耳'。此吾祖之言也，且吾祖生朔漠，其言尚如此，今吾生长中原，读书国学，而可不知大义乎！况吾上世受国厚恩，至吾又食禄，今其国破，尚忍见之！与其苟生，不如死。"遂赴井死。其家人瘗之舍东，悉以其书籍焚之为殉云。

赵弘毅，字仁卿，真定晋州人。少好学，家贫无书，佣于巨室，昼则为役，夜则借书读之，或闵其志，但使总其事而不役焉。尝受经于临川吴澄，始辟翰林书写，再转为国史院编修官，调大乐署令。

大明兵入京城，弘毅叹息曰："忠臣不二君，烈女不二夫，此古语也。我今力不能救社稷，但有一死报国耳。"乃与妻解氏，皆自缢。

其子恭，中书管勾，与妻子诀曰："今乘舆北奔，我父子食禄，不能效尺寸力，吾父母已死，尚何敢爱死乎！"或止之曰："我曹官卑，何自苦如此。"恭叱曰："尔非我徒也。古者，忠义人各尽自心，岂问职之崇卑乎！"遂公服北向再拜，亦缢死。

恭女官奴，年十七，见恭死，方大泣，适邻妪数辈来，相率出避，曰："我未适人，避将何之。"不听，妪欲力挽之，女曰："人生在世，便百岁亦须一死。"乃潜入中堂，解衣带自经。

郑玉，字子美，徽州歙县人。幼敏悟嗜学，既长，覃思《六经》，尤邃于《春秋》，绝意仕进，而勤于教。学者门人受业者众，所居至不能容。学者相与即其地构师山书院以处焉。

玉为文章，不事雕刻锻练，流传京师，揭傒斯、欧阳玄咸加称赏。至正十四年，朝廷除玉翰林待制、奉议大夫，遣使者赐以御酒名币，浮海征之。玉辞疾不起，而为表以进曰："名爵者，祖宗之所以遗陛下，使与天下贤者共之者，陛下不得私予人。待制之职，臣非其才，不敢受。酒与币，天下所以奉陛下，陛下得以私与人，酒与币，臣不敢辞也。"玉既不仕，则家居，日以著书为事，所著有《周易纂注》。

十七年，大明兵入徽州，守将将要致之，玉曰："吾岂事二姓者耶！"因被拘囚。久之，亲戚朋友携具饷之，则从容为之尽欢，且告以必死状。其妻闻之，使语之曰："君苟死，吾其相从地下矣。"玉使谓之曰："若果从吾死，吾其无憾矣。"明日，具衣冠，北向再拜，自缢而死。

黄㙫，字殷士，抚州金溪人。博学明经，善属文，尤长于诗。至正十七年，用左丞相太平奏，授淮南行省照磨，未行，除国子助教，迁太常博士，转国子博士，升监丞，擢翰林待制，兼国史院编修官。

二十八年，京城既破，恸叹曰："我以儒致身，累蒙国恩，为胄子师，代言禁林。今纵无我戮，何面目见天下士乎！"遂赴井而死，年六十一。有诗文传于世。

柏帖穆尔，字君寿，蒙古人。家世历履无所考。居官所至，以廉能著声。至正中，累迁为福建行省左右司郎中。行省治福州。二十七年，大明以骑兵出杉关，取邵武，以舟师由海道趣闽，奄至城下。柏帖穆尔知城不可守，引妻妾坐楼上，慷慨谓曰："丈夫死国，妇人死夫，义也。今城且陷，吾必死于是，若等能吾从乎？"皆泣曰："有死而已，无他志也。"缢而死者六人。

有十岁女，度其不能自死，则绐之曰："汝稽颡拜佛，庶保我无恙也。"甫拜，即挈米囊压之死。乳媪抱其幼子，旁立以泣，柏帖穆尔熟视之，叹曰："父死国，母死夫，妾与女，从父者也，皆当死。汝三岁儿，于义何所从乎？为宗祀计可也。"乃命媪抱匿旁近民舍，而敛金珠畀之曰："即有缓急，可以此赎儿命。"有顷，兵入城，即举灯自燃，四围窗火大发，遂自焚死。

迭里弥实，字子初，回回人。性刚介，事母至孝。年四十，犹不仕，或问之，曰："吾不忍舍吾母以去也。"以宿卫年劳，授行宣政院崇教，三迁为漳州路达鲁花赤，居三年，民甚安之。

时陈有定据全闽，八郡之政，皆用其私人以总制之。朝廷命官，不得有所与。大明兵既取福州，兴化、泉州皆纳款。或以告，迭里弥实仰天叹曰："吾不材，位三品，国恩厚矣，其何以报乎！报国恩者，有死而已。"亡何，吏走白招谕使者至，请出城逆之，迭里弥实从容语之曰："尔第往，吾行出矣。"乃诣厅事，具公服，北面再拜毕，引斧斫其印文，又大书手版曰："大元臣子。"即入位端坐，拔所佩刀，刺喉中以死。既死，犹手执刀按膝坐，俨然如生时。郡民相聚哭庭中，敛其尸，葬东门外。

时又有获独步丁者，回回人，旧进士，累官佥广东廉访司事。有吕复者，为江西行省左右司都事。皆闲居，寓福州。而复以行省命，摄长乐县尹。福州既下，获独步丁曰："吾兄弟三人，皆忝进士，受国恩四十年，今虽无官守，然大节所在，其可辱乎！"以石自系其腰，投井死。复亦曰："吾世食君禄，今虽摄官，若不以死报国，则无以见先人于地下。"引绳自经死。获独步丁兄曰穆鲁丁者，官建康；曰海鲁丁者，官信州。先是，亦皆死国难云。

朴赛因不花，字德中，肃良合台人。有膂力，善骑射。由速古儿赤授利器库提点，再转为资正院判官，累迁同知枢密院事，迁翰林学士，寻升承旨，赐虎符，兼巡军合浦全罗等处军民万户都元帅，除大司农，出为岭北行省右丞，升平章政事。

至正二十四年，甘肃行省以孛罗帖木儿矫弑皇后、皇孙，遣人白事，平章政事也速答儿即欲署谕众榜，朴赛因不花持不可曰："此大事，何得轻信，况非符验公文。"卒不署榜。既而果妄传。会皇太子抚军冀宁，承制拜朴赛因不花翰林学士承旨，迁集贤大学士，又为宣政院使，遂拜中书平章政事。大明兵逼京师，诏朴赛因不花以兵守顺承门，其所领兵仅数百羸卒而已。乃叹息谓左右曰："国事至此，吾但知与此门同存亡也。"城陷被执，以见主将，唯请速死，不少屈。主将命留营中，终不屈，杀之。

是时有张庸者，字存中，温州人。性豪爽，精太乙数，会世乱，以策干经略使李国凤，承制授庸福建行省员外郎，治兵杉关。

顷之，计事赴京师，因进《太乙数图》，顺帝喜之，擢秘书少监。皇太子立大抚军院，命庸团结房山，迁同佥将作院事，又除刑部尚书，仍领团结。会诸寨既降，庸守骆驼谷，遣从事段祯请援于扩廓帖木儿，不报。庸独坚守拒战，众将溃，庸无去志。已而寨民李世杰执庸出降，以见主将，庸不屈，与祯同被杀。

丁好礼,字敬可,真定蠡州人。精律算,初试吏于户部,辟中书掾,授户部主事,擢江南行台监察御史,复入户部为员外郎,拜监察御史,又入户部为郎中,升侍郎。除京畿漕运使,建议置司于通州,重讲究漕运利病,著为成法,人皆便之。除户部尚书,时国家多故,财用空乏,好礼能撙节浮费,国家用度,赖之以给。拜参议中书省事,迁治书侍御史,出为辽阳行省左丞,未行,留为枢密副使。

至正二十年,遂拜中书参知政事。时京师大饥,天寿节,庙堂欲用故事大宴会,好礼言:"今民父子有相食者,君臣当修省,以弭大患,宴会宜减常度。"不听,乞谢事,乃以集贤大学士至仕,给全俸家居。扩廓帖木儿扈从皇太子还京,输山东粟以遗朝贵,馈好礼麦百石,好礼不受。

二十七年,复起为中书平章政事,寻以论议不合,谢政去,特封赵国公。

大明兵入京城,或勉其谒大将,好礼叱之曰:"我以小吏,致位极品,爵上公,今老矣,恨无以报国,所欠惟一死耳。"后数日,大将召好礼,不肯行,舁至齐化门,抗辞不屈而死,年七十五。

是日,中书参知政事郭庸亦舁至齐化门,众叱之拜,庸曰:"臣各为其主,死自吾分,何拜之有!"语不少屈而死。

庸,字允中,蒙古氏,由国学生释褐出身,累迁为陕西行台监察御史,与同列劾知枢密院事也先帖木儿丧师,左迁中兴总管府判官。其后也先帖木儿以罪黜,召拜监察御史,累转参政中书,其节义与好礼并云。

元史卷一九七
列传第八四

孝友一

王闰　郭道卿　廷炜　萧道寿

郭狗狗　张闰　田改住　王住儿

宁猪狗　李家奴　毕也速答立　尹梦龙

樊渊　赖禄孙　刘德泉　朱显　吴思达

朱汝谐　郭回　孔全　张子夔　陈乞儿

杨一　张本　张庆　元善　赵毓

胡光远　庞遵　陈韶孙　李忠

吴国宝　李茂　羊仁　黄觉经　章卿孙　俞全

李鹏飞　赵一德　王思聪　彻彻

王初应　施合德　郑文嗣　王荐

郭全　刘德　马押忽　刘居敬　杨暤

丁文忠　邵敬祖　李彦忠　谭景星　郭成

扈铎　孙秀实　贾进　李子敬　宗杞

赵荣　吴好直　余丙　徐钰

尹莘　孙希贤　卜胜荣　刘廷让　刘通

张旺舅　张思孝　杜佑　长寿
梁外僧　孙瑾　吴希曾　张恭　訾汝道

世言先王没，民无善俗。元有天下，其教化未必古若也，而民以孝义闻者，盖不乏焉。岂晨天理民彝之存于人心者，终不可泯欤。上之人，苟能因其所泯者，复加劝奖而兴起之，则三代之治，亦可以渐复矣。

今观史氏之所载，其事亲笃孝者，则有临江刘良臣，汴梁陈善，同官强安，沈州高守质，安丰高泽，巩昌王钦，修武员思忠，榆县王士宁，河南朱友谅，泉州叶森，宁陵吕德，汲县刘淇，建昌郑佛生，堂邑张复亨，保定邢政，宁夏赵那海，临潼任居敬，陇西周庆、徐德兴，汝宁李从善，华州要敬，色目氏沙的。

其居丧庐墓者，则有太原王构，莱州任梓，平滦王振，北京张洪范，登封王佐，下蔡许从政、张鑐，富平王贾僧，郑州段好仁、赵璧、薛明善、张齐，汴梁韩荣、刘斌、张裕、何泰、史恪、高成、邓孝祖、李文渊、杜天麟、张显祖，泾阳张国祥，延安王旻，东昌张翚，永平梁讷，高唐郑荣、刘居敬，同州赵良，南阳周郁、陈介、刘权，大同高著、江郁、毛翔，归德葛祥、张德成、张逊、王珪、刘弼，汲县徐昌祖，真定宋贞、王世贤，晋宁史贵，保定耿德温、张行一、贾秉实、张勘、河南王宗道、孙裔、夹谷天祐，赵州赵德隆，安丰王德新、石思让、翼宁、何溥，大都王麟、李简，华阴李宁、屈秀，怀庆侯荣、丁用、郭天一，耀州王思，中牟阎让，曹州邓渊、吕政，徐州胡居仁、张允中，卫辉王庆，福建朱虞龙，随州高可焘，济宁魏铎，武康王子中，淮安翟谡，汶上赵恒，须诚许时中，衡山欧阳诚复，江陵穆坚，蓟州王钦，定陶元显祖，绛州姚好智，宿州孙克忠，集庆傅霖，济南宋怀忠、牟克孝，汝宁张郁，泉州黄道贤、谷城、王福，解州靖与曾，殷阳戴贞，兖州王治，沔阳徐胜祖，兴中石抹昌龄，峡州秦桂华，蒙古、色目氏纳鲁丁、赤思马、改住、阿合马、拜住、木八剌、玉龙帖木儿、锁住、唐兀歹、晏只哥、李朵罗歹、塔塔思歹。

　　其累世同居者,则有休宁朱震雷,池州方时发,河南李福,真定杜良,华州王显政,建宁王贵甫,句容王荣、周成,鄢陵夏全,保定成珪,开平温义,大同王瑞之,平江汤文英,郿州员从政,江州范士奇,泾州李子才,宿州王珍。

　　其散材周急者,则有河南高颜和,台州程远大,潭州汤居恭、李孔英,建康汤大有,吉州刘如翁、严用父,高唐孟恭,松江管仲德、章梦贤、夏椿,江陵陈一宁,中兴傅文鼎,永州唐必荣,济南李恭,宁夏何惠月。

　　天子皆尝表其门闾,或复其家。故援唐史之例,具列姓名于篇端。择其事迹尤彰著者,复别为之传云。

　　王闰,东平须城人。父素多资,既老,尽废之,不甘淡薄,每食必需鱼肉,闰朝夕勤苦入市,营奉无缺。父性复乖戾,闰左右承顺,甚得其欢心,乡里称焉。父尝卧疾,夜燃长明灯室中,火延篱壁间。闰闻火声,惊起驰救,火已炽,烟焰蔽寝户。闰突入火中,解衣蒙父,抱而出,肌体灼烂,而父无少伤。一女不能救,遂焚死。中统二年,复其役。

　　郭道卿,兴化莆田人。四世祖义重至孝,宋绍兴间有诏旌之,乡里为立孝子祠。至元初内附。闽盗起,居人窜匿,道卿与弟佐卿独守孝子祠不忍去,遂俱被执。盗将杀佐卿,道卿泣告曰:"吾有儿已长,弟弱子幼,请代弟死。"佐卿亦泣告曰:"吾家事赖兄以理,请杀我。"道卿固引颈请刃。盗相顾曰:"汝孝门兄弟若此,吾何忍害。"两释之。

　　道卿年八十,子廷炜为建宁路平准行用库使,辞归侍养。道卿尝病疝,危甚,廷炜忧瘁扶护,一夕发尽白。有司言状,旌之。

萧道寿，京兆兴平人。家贫，鬻箴以自给。母年八十余，道寿事养尽礼。每旦，候母起，夫妇亲侍盥栉。日三饭，必待母食，然后退就食。至夕，必待母寝，然后退就寝。出外必以告，母许乃敢出。母或怒，欲罚之，道寿自进杖，伏地以受。杖足，母命起，乃起。起复再拜，谢违教，拱立左右，俟色喜乃退。母尝有疾，医累岁不能疗，道寿刲股肉啖之而愈。至元八年，赐羊酒，表其门。

郭狗狗，平阳翼城人。父宁，为钦察先锋使首领官，戍大良平。宋将史太尉来攻，夜陷大良平，宁全家被俘。史将杀宁，狗狗年五岁，告史曰：“勿杀我父，当杀我。”史惊问宁曰：“是儿几岁耶？”宁曰：“五岁。”史曰：“五岁儿能为是言，吾当全汝家。”即以骑送宁等往合州。道遇国兵，骑惊散，宁家俱得还。御史以事闻，命旌之。

张闰，延安延长县人，隶军籍。八世不异爨，家人百余口，无间言。日使诸女诸妇各聚一室为女功，工毕，敛贮一库，室无私藏。幼稚啼泣，诸母见者即抱哺。一妇归宁，留其子，众妇共乳，不问孰为己儿，儿亦不知孰为己母也。闰兄显卒，即以家事付侄聚，聚辞曰：“叔，父行也，叔宜主之。”闰曰：“侄，宗子也，侄宜主之。”相让既久，卒以付聚。缙绅之家，自谓不如。至元二十八年，旌表其门。

又有芜湖芮世通，十世同居；峡州向存义、汴梁丁煦，八世同居。州县请于朝，并加旌美。

田改住，汶上人。父病不能愈，祷于天，去衣卧冰上一月。
同县王住儿，母病，卧冰上半月。

宁猪狗，山丹州人。母年七十余，患风疾，药饵不效，猪狗割股肉进啖，遂愈。岁余复作，不能行，猪狗手涤溷秽，护视甚周，造板舆载母，夫妇共舁，行园田以娱之。后卒，居丧有礼，乡闾称焉。

潭州万户移剌琼子李家奴，九岁，母病，医言不可治，李家奴刲股肉,煮糜以进,病乃瘥。抚州路总管管如林、浑州民朱天祥,并以母疾割股,旌其家。

　　毕也速答立,迷里氏,家秦州。父丧,庐墓次,昼夜悲号,有飞乌翔集,坟土踊起。

　　又有尹梦龙,中兴人。母丧,负土为坟,结庐居其侧。手书《孝经》千余卷,散乡人读之。有群乌集其冢树。

　　樊渊,建康句容人。幼失父,事母笃孝。至元十二年,奉母避兵茅山。兵至,欲杀其母。渊抑母号哭,以身代死,兵两释之。三十年,江东廉访使者辟为吏。母亡,奔丧,哀感行路。服阕,奉神主事之,起居饮食,十年如平生。台宪交荐,渊不忍去坟墓,终不起。

　　延祐间,汀州宁化人赖禄孙,母病,值蔡五九作乱,负母从邑人避南山。盗至,众散走,禄孙守母不去。盗将刃其母,禄孙以身翼蔽曰:“勿伤吾母,宁杀我。”母渴,不得水,禄孙含唾煦之。盗相顾骇叹,不忍害,反取水与之。有掠其妻去者,众责之曰:“奈何辱孝子妇!”使归之。

　　事闻,并赐褒表。

　　刘德泉,汴梁杞县人。早丧母,父荣再娶王氏,生二子居敬、居元,俱幼,德泉甚抚之。及王氏病卒,乃益相友爱。至元末,岁饥,父欲使析居,德泉泣止不能得,乃各受其业以去。久之,父卒,兄弟相约同爨,和好如初。

　　至治三年,真定朱显,自至元间,其祖父已分财。至显,念侄彦昉等年幼无恃,谓弟耀曰:“父子兄弟,本同一气,可异处乎!”乃会拜祖墓下,取分券焚之,复与同居。

　　延祐间,蔚州吴思达兄弟六人,尝以父命析居。思达为开平县主簿,父卒,还家。治葬毕,会宗族,泣告其母曰:“吾兄弟别处十余年矣,今多破产,以一母所生,忍使兄弟苦乐不均耶!”即以家财代偿其逋，更复共居。母卒，哀毁甚。宅后柳连理，人以为友义所感。

又有朱汝谐，濮州人。父子明尝命与兄汝弼别产。子明卒，汝弼家尽废，汝谐泣请共居。仲父子昭、子玉贫病，汝谐迎至家，奉汤药甘旨甚谨，后卒，丧葬尽礼。乡人贤之。州县各以名闻，表其闾。

郭回，邵武人。素贫，年六十无妻，奉母寄宿神祠中，营养甚艰。母年九十八卒，回佣身得钱葬之。每旦，诣坟哭祭，十四年不辍。州上状，命衣粮赡济，仍表异之。

孔全，亳州鹿邑人。父成病，刲股肉啖之，愈。后卒，居丧尽哀，庐墓左，负土为坟，日六十肩，风雨有亏，俟霁则补之。三年，起坟广一亩，高三丈余。

张子夔，安西人。父丧，每夜半，以背负土，肘膝行地，匍匐至葬所，筛细土为坟。

陈乞儿，归德夏邑人。年九岁，母丧，哀毁，亲负土为坟，高一丈，广十六步。人悯其幼，欲助之，则泣拜而辞。

又有峨眉赵国安、解州张琛、南阳李庭瑞、息州移剌伯颜、南阳怯烈歹，皆居丧有至行，庐墓次，负土为坟。并以有司所请，表异之。

杨一，怀孟人。至元间，怜其叔清家贫，密以分契诣神祠焚之，与清同居者三十年，无间言。

张本，东昌荏平人。笃孝，事伯父、叔父皆甚谨。伯父尝病，本昼夜不去侧。复载以巾车，步挽诣岱岳祷之。

张庆，真定人。善事继母。伯父泰异居河南，庆闻其贫，迎归养之。供膳丰备，过于所生。

元善，大名人。父有昆弟五人，因贫流散江淮。久之，遂客死。至大四年，善往寻其骸骨，并迎弟侄等一十五丧而归，改葬祖父母，以诸丧序列祔于茔次。

州县以闻，并旌其家。

赵毓，唐州人。父福迁郑之管城。其先，三世同爨。毓官福州司狱，满归，以母老不复仕。一日，会诸弟，泣申遗训，愿世世无异处，且祝天歃血以盟。自是大小百口，略无间言，同力合作，家道以殷。毓长兄瑞早世，嫂刘氏守志，毓率家人事之甚恭。次兄选继殁，嫂王氏，毓母以其少，许归改嫁，王氏曰："妇无再嫁之义，愿终事姑。"毓妹赘王佑，佑亡，妹念佑母无子，乞归朱氏养之。人谓孝友节义，萃毓一家。元贞初，旌之。

胡光远，太平人。母丧庐墓。一夕，梦母欲食鱼，晨起号天，将求鱼以祭，见生鱼五尾列墓前，俱有嚼痕。邻里惊异，方共聚观，有獭出草中，浮水去。众知是獭所献。以状闻于官，表其闾。

至顺间，永平庞遵，母病肿，三年不能起。忽思食鱼，遵求于市不得。归途叹恨，忽有鲤跃入其舟。作羹以献，母悦，病瘥。

陈韶孙，广州番禺人。父浏以罪流肇州。韶孙年十岁，不忍父远谪，朝夕号泣愿从。父不能夺，遂与俱往。跋涉万里，不惮劳苦，道过辽阳，平章塔出见而恻焉，语之曰："天子宽仁，罚不及嗣。边地苦寒，非汝所堪。吾返汝故乡，汝愿之乎？"韶孙曰："既不能以身代父，当死生以之，归非所愿也。"塔出惊异，以钱赏之。大德六年，浏死，韶孙哀恸，见者皆为之泣下。肇州万户府以闻，命遣还乡里，仍旌异之。

李忠，晋宁人。幼孤，事母至孝。大德七年，地大震，郇保山移，所过居民庐舍，皆摧压倾圮。将近忠家，分为二，行五十余步复合，忠家独完。

吴国宝，雷州人。性孝友，父丧庐墓。大德八年，境内蝗害稼，惟国宝田无损。人皆以为孝感所致云。

　　李茂，大名人，徙家扬州。父兴寿临卒，语茂曰："吾病且死，尔善事母。"茂泣受命，奉母孟氏益谨。母尝病目失明，茂祷于泰安山，三年复明。又愿母寿，每夕祝天，乞损己年益母。孟氏竟年八十四而殁，居丧哀恸，闻者伤之。大德九年，扬州再火，延烧千余家，火及茂庐，皆风返而灭，事闻，旌之。

　　羊仁，庐州庐江人。至元初，阿术兵南下，仁家为所掠，父被杀，母及兄弟皆散去。仁年七岁，卖为汴人李子安家奴，力作二十余年，子安怜之，纵为良。仁踪迹得母于颍州蒙古军塔海家，兄于睢州蒙古军岳纳家，弟于邯郸连大家，皆为役，尚无恙。乃遍恳亲故，贷得钞百锭，历诣诸家求赎之。经营百计，更六年，乃得遂。大小二十余口，复聚居为良，孝友甚笃，乡里美之。大德十二年，旌其家。

　　又有黄觉经，建昌人。五岁，因乱失母。稍长，誓天诵佛书，愿求母所在，乃渡江涉淮，行乞而往，冲冒风雨，备历艰苦，至汝州梁县春店，得其母以归。

　　章卿孙，蜀人，本刘氏。幼为章提刑养子，与母富氏相失三十八年，遍访于江西诸郡，迎归养之。

　　俞全，杭州人。幼被掠卖为刘镃家奴。后获为良，自汴步归杭，寻其母及姊，得之，事母以孝闻。

　　李鹏飞，池州人。生母姚氏，为嫡母不容，改嫁为朱氏妻。鹏飞幼，不知也。年十九，思慕哀痛，誓学医以济人，愿早见母。行求三岁，至蕲州罗田县得焉。时朱氏家方疫，鹏飞起之，遂迎还奉养。久之，复归朱氏，时渡江省觐。既卒，岁时携子孙往祭墓，终其身。

　　并以有司所请，旌其闾。

　　赵一德，龙兴新建人。至元十二年，国兵南伐，被俘至燕，为郑留守家奴。历事三世，号忠干。至大元年，一日，拜请于其主郑阿思兰及其母泽国太夫人曰："一德自去父母，得全生依门下者，三十余年矣，故乡万里，未获归省，虽思慕刻骨，未尝敢言。今父母已老，脱有不幸，则永为天地间罪人矣。"因伏地涕泣，不能起。阿思兰母子皆感动。许之归，期一岁而返。

一德至家，父兄已没，惟母在，年八十余。一德卜地葬二枢毕，欲少留事母，惧得罪，如期还燕。阿思兰母子叹曰："彼贱隶，乃能是，吾可不成其孝乎!"即裂券纵为良。

一德将辞归，会阿思兰以冤被诛，诏簿录其家。群奴各亡去，一德独奋曰："主家有祸，吾忍同路人耶!"即留不去，与张锦童诣中书，诉枉状，得昭雪，还其所籍。太夫人劳一德曰："当吏籍吾家时，亲戚不相顾，汝独冒险以白吾枉，疾风劲草，于汝见之。令吾家业既丧而复存者，皆汝力也，吾何以报汝?"因分美田庐遗之。一德谢曰："一德虽鄙人，非有利于是也。重哀吾主无罪而受戮，故留以报主。今老母八十余，得归侍养，主之赐已厚矣，何以田庐为!"遂不受而去。皇庆元年，旌其门。

王思聪，延安安塞人。素力田，农隙则教诸生，得束修以养亲。母丧，尽哀。父继娶杨氏，事之如所生。以家多幼稚，侵父食，别筑室曰养老堂奉之，朝夕，定省，愈久不怠。父尝病剧，思聪忧甚，拜祈于天，额膝皆成疮，得神泉饮之，愈。后复失明，思聪舐之，即能视。县上状，命表异之。

彻彻，担古思氏。幼丧父，事母笃孝。稍壮，母殁，恸哭顿绝，水浆不入口者三日。既葬，居丧有礼，每节序祭礼，哭泣常如袒括时。年四十余，思慕犹如孩童。每见人父母，则呜咽流涕。人问其故，曰："人皆有父母，我独无，是以泣耳。"至大三年，褒异。

王初应，漳州长泰人。至大四年二月，从父义士樵刘岭山，有虎出丛棘中，搏义士，伤右肩，初应赴救，抽镰刀刺虎鼻杀之，义士得生。

泰定二年，同县施合德，父真祐尝出耘，为虎扼于田，合德与从弟发仔,持斧前杀虎,父得生。并旌其门。

郑文嗣,婺州浦江人。其家十世同居,凡二百四十余年,一钱尺帛无敢私。至大间表其门。

文嗣殁,从弟大和继主家事,益严而有恩,家庭中凛如公府,子弟稍有过,颁白者犹鞭之。每遇岁时,大和坐堂上,群从子皆盛衣冠,雁行立左序下,以次进。拜跪奉觞上寿毕,皆肃容拱手,自右趋出,足武相衔,无敢参差者。见者嗟慕,谓有三代遗风。状闻,复其家。部使者余阙为书"东浙第一家"以褒之。

大和方正,不奉浮屠、老子教,冠昏丧葬,必稽朱熹《家礼》而行执。亲丧,哀甚,三年不御酒肉,子孙从化,皆孝谨。虽尝仕宦,不敢一毫有违家法。诸妇唯事女工,不使预家政。宗族里闾,皆怀之以恩。家畜两马,一出,则一为之不食,人以为孝义所感。有《家范》三卷,传于世。

王荐,福宁人。性孝而好义。父尝疾甚,荐夜祷于天,愿减己年益父寿。父绝而复苏,告其友曰:"适有神人,黄衣红帕首,恍惚语我曰:汝子孝,上帝命锡汝十二龄。"疾遂愈,后果十二年而卒。母沈氏病渴,语荐曰:"得瓜以啖我,渴可止。"时冬月,求于乡不得,行至深奥岭,值大雪,荐避雪树下,思母病,仰天而哭。忽见岩石间青蔓离披,有二瓜焉,因摘归奉母。母食之,渴顿止。

兄孟铅早世,嫂林氏更适刘仲山。仲山尝以田鬻于荐,及死,不能葬,且无子,族以其贫,莫肯为之后。荐即以田还之,使置后,且治葬焉。州禁民死不葬者,时民贫未葬者众,畏令,悉焚柩,弃骨野中。荐哀之,以地为义阡收瘗之。有死不能敛者,复买棺以赠,人皆感焉。至大四年,其乡旱,民艰籴,荐尽出储粟赈之。有施福等十一家,饥欲死,荐闻,恻然欲济之。家粟已竭,即以己田易谷百石分给之。福等德其活己,每月朔,会佛祠为祈福。福建宣慰司上状旌之。

郭全，辽阳人。幼丧母，哀戚如成人。及壮，父庭玉又卒，居庐三载，啜粥面墨。事继母唐古氏甚孝，唐古氏生四子，皆幼，全躬耕以养。既长娶妇，各求分财异居，全不能止，凡田庐器物，悉自取朽弊者，奉唐古氏以居，甘旨无乏。唐古氏卒，全年六十余，哀痛毁瘠，庐其墓终丧。

又有刘德，奉元人。父娶后妻何氏，德事之如所生。家贫，佣工取直，寸钱尺帛皆上之。四弟并何出，德抚爱尤笃。年五十未娶，称贷得钱先为弟求妇，诸弟亦化其德，一门蔼然。乡里称为刘佛子。

马押忽，也里可温氏。素贫，事继母张氏、庶母吕氏，克尽子职。

刘居敬，大都人。年十岁，继母郝氏病，居敬忧之，恳天以求代。状闻，并褒表之。

杨皞，扶风人。父清，母牛氏。牛氏尝病剧，皞叩天求代，遂痊，如是者再。后牛氏失明，皞登太白山取神泉洗之，复如故。牛氏殁，哀毁特甚。葬之日，大雨，独皞墓前后数里，密云蔽之，雨不沾上，送者大悦。葬毕，令妻卫氏家居养清，皞独庐墓上，负土为坟，蔬食水饮，终其丧。清卒，亦如之。

丁文忠，许州偃城人，业鼓冶。母和氏疾，与弟文孝竭力调侍。母卒，文忠庐墓侧，不与妻面者三年。父贵又疾，医不能疗，文忠造车一辆，兄弟共御之，载父祷于嵩山、五台、泰安、河渎诸祠，途遇异僧遗药而愈。延祐七年，旌之。

邵敬祖，宛丘人。父丧庐墓。母继殁，河决，不克葬，殡于城西。敬祖露宿依其侧，风雨不去。友人哀之，为缚草舍庇之，前后居庐六年，两髀俱成湿疾。至治三年，旌其家。

其后又有永平李彦忠，父丧庐墓，八年不至家。

茶陵谭景星，幼失父，追念之，庐其墓十年。

亳州郭成，年七十一，母丧食粥庐墓一年，朝夕哭临。人哀其老而能孝。

扈铎，汴梁兰阳人。蚤孤，育于伯父。及壮，事伯父如所生。伯父老无子，铎为买妾，岁余，产一女。其妾性颇不慧，熟寐，压女死。久之，伯父卒，铎丧之甚哀。遗腹生一男，铎惩前失，告其母及妻妹护视之，已复庐户外，中夜审察，不敢安寝。弟能食，常自抱哺，与同卧起，十年不少息。弟有疾，铎夜稽颡星斗哀祷曰："天不伐余家，铎父子间可去一人，勿丧吾弟，使伯父无后也。"明旦，弟愈。母卒，哀毁逾礼，庐于墓侧，不理家事，宗族劝之归，铎曰："今岁凶多盗，吾家虽贫，安知墓中无可欲乎！倘惊吾亲之灵，虽生何为！"卒守庐不去。

孙秀实，大宁人。性刚毅，喜周人急。里人王仲和尝托秀实贷富人钞二千锭，贫不能偿，弃其亲逃去。数年，其亲思之，疾，秀实日馈薪米存问，终不乐。秀实哀之，悉为代偿，取券还其亲，复命奴控马赍金，访仲和使归，父子欢聚，闻都莫不嗟美。又李怀玉等贷秀实钞一千五百锭，度以无偿，尽还其券不征。

复有贾进，大同人。大德九年，地震，民居多伤，且乏食，进给酒药炭米济之。每岁冬，制木绵裘数百袭衣寒者。买地为义阡，使无墓者葬之。

李子敬，陕西三原人。嫁不能嫁者五十余人，葬不能葬者五十余丧，焚逋券四万余贯。

有司以名闻，并旌之。

宗杞，大都人。年十九，父内宰卒，擗踊号泣，绝而复苏，水浆不入口者三日。哀气伤心，遂成疾。伏卧床榻，犹哭不止，泪尽，继之以血，既葬，疾转甚。杞有继母，无他兄弟，度不能自起，作遗书嘱其妻杨氏曰："汝善守志，以事吾母。"遂卒，杨氏遗腹生一男，人以为孝感，天不绝其嗣云。泰定三年，旌其门，赵荣,扶风人。母强氏有疾,荣割股肉啖之者三。复负母登太白山,祷于神,得圣水饮之,乃瘥。后年七十五卒,荣号痛不食,三日方饮水,七日乃食粥。葬之日,白云庇其墓前后十五里,葬毕而散。荣负土成坟,庐其侧终丧。

吴好直,华州蒲城人。父殁,事继母孝,兄弟尝求分财,好直劝谕不能止,即以己所当得,悉推与之。出从师学,澹泊三十年,无少悔。又有甄城柴郁、陈舜咨,皆能孝友,以己产分让兄弟。县令言状,并表美之。

余丙,建德遂安人。幼丧母,泣血成疾。父亡,不忍葬,结庐古山下,殡其中,日闭户守视。有牧童遗火,延殡庐,丙与子慈亟扑不止,欲投身火中,与柩俱焚。俄暴雨,火灭。

徐钰,镇江人。始冠,侍父镇,将之婺源,过丹阳小溪,镇乘桥失足,堕水中。同行者立岸上,不能救。钰投溪拥镇出,镇得挽行舟以升。钰力愈,且水势湍息,遂溺死,尸流四十五里,得于滩。江浙行省言状,表异之。

尹莘,汴梁洧川人。至治初,游学于京师,忽梦母疾,心怪之。驰归,母已亡。居庐蔬食,哀毁骨立,每鸡鸣而起,手治祭馔,诣墓所哭奠之,风雪不废。父辅臣尝病疫,莘侍奉汤药,衣不解带,尝其粪以验差剧,夜则祷于天曰:“莘母亡不能见,父病不能治,为人子若此,何以自立于世,愿死以代父命。”数日愈,乡里嗟异之。
又有高唐孙希贤,母病痢,希贤阅方书,有曰“血温身热者死,血冷身凉者生”。希贤尝之,其血温,乃号泣祈天,求身代之,母遂愈。

高邮卜胜荣,母痢,不能药,日尝痢以求愈。兄疾,礼北辰,乞减己年延之。并痊。

刘廷让,大宁武平人。至顺初,北方兵起,民被杀掠。廷让挈家避山中,有幼弟方乳,母王氏置于怀,兵急,廷让乃弃己子,一手抱幼弟,一手扶母,疾驱得免。事闻,旌之。

刘通,亳州谯县人。家贫业农。母卜氏,好声乐,每眩技者以箫鼓至门,必令娱侍,或自歌舞,以悦母心。卜氏目失明,通誓断酒肉,祷之三十年不懈,卜氏年八十五,忽复明。至大间鄱阳黄镒,皇庆诸暨丁祥一,皆以亲丧明,以舌舐之,复能视。并命褒表。

张旺舅,安丰霍丘人。幼失父,母陈氏居贫守志,旺舅九岁,卖饧以养。及长,母病,伏枕数月,旺舅无赀命医,惟日夜痛哭,礼天求代,未几遂愈。又自以生业微不能多给,竟不娶,以终母年。县令言于朝,旌之。

张思孝,华州人。母丧,以孝闻。父疾,调护甚至,不愈,以父涕洟半器,垂泣尽饮之,复洁斋致祷,乞以身代,未几,遂痊。至顺三年,表其门。

杜佑,邳州人。河南行省署为三叉水、马站提领。父成病于家,佑忽心惊,举体沾汗,即弃职归。父病始三日,遂祷神求代,且尝粪以验疾。父卒,庐墓尽哀,有驯兔之瑞。

长寿,父帖住,官平章政事,生五子。长山寿早世,次即长寿,次永寿、福寿、忙古海牙。元统间,帖住殁,长寿哀毁尽礼。服阕,当荫叙,与弟罗拜母前曰:"吾父廉贫,诸弟未有所立,愿以职让永寿。"永寿让福寿,福寿曰:"二兄能让,福寿独不能耶!"以让忙古海牙,母从之。忙古海牙遂告荫,为太禧宗禋院神御殿侍礼佐郎,阶奉议大夫。兄弟奉母尤笃，邦闾美之。

至大间，河中梁外僧，亲丧庐墓，兄那海为奥鲁官，自以尝远仕，不得养其亲，即弃职，举外僧代之。人称外僧能孝，那海能义。又有畏吾氏秋秋，及濠州高中、嘉定武进，皆以侍亲不愿仕，以祖父荫让叔父昆弟云。

孙瑾，镇江丹徒人。父丧，哀毁，严冬跣足而步，停枢四载，衣不解带，常食粥，诵佛书。及葬，载枢渡江，潮波方涌，俄顺风翼帆，如履平地。事继母唐氏尤孝，尝患痈，瑾亲吮之；又丧目，瑾舐之复明。唐氏卒，卜日将葬，时春苦雨，瑾夜号天乞霁，至旦，云日开朗，甫掩圹，阴气复合，雨注数日不止。

又有吴希曾，睢宁人。父卒，葬之日大雨，希曾跪枢前，炷艾燃腕，火炽，雨止。既葬，庐于墓左。

县上状，并旌之。

张恭，河南偃师人。以兵部符署鹰房府案牍，亲老，辞归侍养，垦理先墓，身负水灌松柏。父丧，过哀。侍母冯氏尤谨。岁凶，恭夫妇采野菜为食，而营奉甘旨无乏。母有疾，恭手除溷秽，喂哺饮食，且尝粪以验疾势。天历初，西兵至河南，居民悉窜。恭守视母病，项中一剑，不去，母惊悸而殁，恭居丧尽礼，人称孝焉。有诏旌其闾。

訾汝道，德州齐河人。父兴卒，居丧，以孝闻。母高氏治家严，汝道承顺甚恭。母尝寝疾，昼夜不去侧。一日，母屏人授以金珠若干曰：“汝素孝，室无私蓄，我一旦不讳，此物非汝有矣，可善藏之，毋令他兄弟知也。”汝道泣拜曰：“吾父母起艰难，成家业，今田宅牛羊已多，汝道恨无以报大恩，尚敢受此，以重不孝之罪乎！”竟辞之。母卒，哀毁，终丧不御酒肉。

性尤友爱，二弟将析居，汝道悉以美田庐让之；二弟早世，抚诸孤如己子。乡人刘显等贫无以为生，汝道割己田畀界之，使食其租终身。里中尝大疫,有食瓜得汗而愈者,汝道即多市瓜及携米,历户馈之。或曰:"疠气能染人,勿入也。"不听,益周行问所苦,然卒无恙。有死者,复赠以槥椟,人咸感之。尝出麦粟贷人,至秋,蝗食稼,人无以偿,汝道聚其券焚之。县令李让为请旌其家。

元史卷一九八
列传第八五

孝友二

王庸　黄赟　石明三　刘琦　刘源
祝公荣　陆思孝　姜兼　胡伴侣
王士弘　何从义　哈都赤　高必达
曾德　靳昇　黄道贤　史彦斌
张绍祖　李明德　张缉　魏敬益
汤霖　孙抑　石永　王克己
刘思敬　吕祐　周乐

王庸，字伯常，雄州归信人。事母李氏以孝闻。母有疾，庸夜祷北辰，至叩头出血，母疾遂愈。及母卒，哀毁几绝，露处墓前，旦夕悲号。一夕，雷雨暴至，邻人持寝席往，欲蔽之，见庸所坐卧之地独不沾湿，咸叹异而去。复有蜜蜂数十房，来止其家，岁得蜜蜡，以供祭祀。

黄赟字止敬，临江人。父君道，延祐间求官京师，留赟江南。时赟年幼，及既长，闻其父娶后妻居永平，乃往省之，则父殁已三年矣。庶母闻赟来，尽挟其赀去，更嫁，拒不见赟。赟号哭语人曰：“吾之来,为省吾父也。今不幸吾父已殁,思奉其柩归而窆之,莫知其墓。苟得见庶母示以葬所,死不恨矣,尚忍利遗财邪!"久之,闻庶母居海滨,亟裹粮往,庶母复拒之,三日不纳。庶母之弟怜之,与偕至永平属县乐亭求父墓,又弗得。赟哭祷于神,一夕梦老父以杖指葬处曰:"见片砖即可得。"明日就其地求之,庶母之弟曰:"真是已,敛时有某物可验。"启朽棺,得父骨以归。

石明三者,与母居余姚山中。一日明三自外归,觅母不见,见壁穿而卧内有三虎子,知母为虎所害。乃尽杀虎子,砺巨斧立壁侧,伺母虎至,斫其脑裂而死。复往倚岩石傍,执斧伺候,斫杀牡虎。明三亦立死不仆,张目如生,所执斧牢不可拔。

刘琦,岳州临湘人。生二岁而母刘氏遭乱陷于兵,琦独事其父。稍长,思其母不置,常叹曰:"人皆有母,而我独无!"辄歔欷泣下。及冠,请于父,往求其母,遍历河之南北、淮之东西,数岁不得。后求得于池州之贵池,迎以归养。其后十五年而父殁,又三年而母殁,终丧犹蔬食。有司上其事,旌表其门曰"孝义"。

刘源,归德中牟人。母吴氏,年七十余,病甚不能行。适兵火起,且延至其家,邻里俱逃,源力不能救,乃呼天号泣,趋入抱母,为火所焚而死。

祝公荣,字大昌,处州丽水人。隐居养亲,事母甚孝。母殁,居丧尽礼。灶突失火,公荣力不能救,乃伏棺悲哭,其火自灭,乡里异之。塑二亲像于堂,朝夕事之如事生焉。

陆思孝,绍兴山阴樵者,性至孝。母老病痢,思孝医祷久之,不效。思孝方欲刲股肉为糜以进,忽梦寐间恍若有神人者授以药剂,思孝得而异之,即以奉母,其疾遂愈。

　　姜兼,严州淳安人。七岁而孤,与二兄养母至孝。母死,兼哀慕几绝。既葬,独居墓下,朝夕哭奠,寂焉荒山中,躬自樵爨,蔬食饮水,一衰麻寒暑不易。同里陈氏、戴氏子不能事其父母,闻兼之行,惭感而悔,皆迎养焉。

　　胡伴侣,钧州密县人。其父实尝患心疾数月,几死,更数医俱莫能疗。伴侣乃斋沐焚香,泣告于天,以所佩小刀于右胁傍割其皮肤,割脂一片,煎药以进,父疾遂瘳,其伤亦旋愈。朝廷旌表其门。

　　王士弘,延安中部人。父抟有疾,士弘倾家赀求医,见医即拜,遍祷诸神,叩额成疮。父殁,哀毁尽礼,庐墓三年,足未尝至家。墓庐上有奇鹊来巢,飞鸟翔集,与士弘亲近,若相狎然,众咸异之。终丧,复建祠于茔前,朔望必往奠祭,虽风雨不废也。有司上其事于朝,旌表之。

　　何从义,延安洛川人。祖良、祖母李氏偕亡,从义庐于墓侧,旦夕哀慕,不脱经带,不食菜果,惟啜疏食而已。事父世荣、母王氏,孝养尤至。伯祖温、伯祖母郝氏,叔祖恭、叔祖母贺氏,叔祖让、叔祖母姜氏,叔父珍、叔母光氏,皆无子。比其亡也,从义咸为治葬,筑高坟,祭奠以礼,时人义之。

　　哈都赤,大都固安州人。天性笃孝。幼孤,养母,母尝有疾,医治不瘥,哈都赤砺其所佩小刀,拜天泣曰:“慈母生我劬劳,今当损身报之。”乃割开左胁,取肉一片,作羹进母,母曰:“此何肉也?其甘如是!”数日而病愈。

　　高必达,建昌人。五岁时,父明大忽弃家远游,莫知所适。必达既长,昼夜哀慕,乃娶妻以养母,而历往四方求其父,十余年不得见,心愈悲。忽相传黄州全真道院中有虚明子者,学道三十年矣,本姓高氏,建昌人也,匿姓名为道人云。必达询问,知为父,即往拜之,具言家世,及己之所生岁月,大父母之丧葬始末,因哀号叩头不已。虚明犹瞑坐不顾,久之,斥曰:"我非汝父,不去何为?"必达留侍左右不少懈,辞气哀恻可矜。其徒谓虚明曰:"师有子如此,忍弗归乎?"虚明不得已,乃还家。必达孝养笃至,乡里称之。

曾德,渔阳人,宗圣公五十七代孙。母早亡,父仲祥再娶左氏。仲祥游襄阳,乐其土俗,因携左氏家焉。乱兵陷襄阳,遂失左氏。德遍往南土求之,五年乃得于广海间,奉迎以归,孝养甚至。有司以闻,诏旌复其家。

靳昺,字克昌,绛州曲沃人。兄荣为奎章阁承制学士,奉母王氏官于朝。母殁,昺与兄荣护丧还家。至平定,大雷雨,流水骤至,昺伏柩上,荣呼之避水,昺不忍舍去,遂为水所漂没。后得王氏柩于三里外,得昺尸于五里外。诏赐孝子靳昺碑。

黄道贤,泉州人。嫡母唐无子,道贤在襁褓而生母苏以疾去。既长,思念生母,屡请于父,得召之归。道贤竭力养二母,得其欢心。父病笃,道贤昼夜奉汤药,不离膝下,遍求良医,莫效。乃夜祷于天,愿减己一纪之算,以益父寿,其父遂愈。至元统二年乃殁,果符一纪之数。道贤居丧尽礼,负土筑坟,庐于墓侧,疏食终制。至元二年,有司上其事,旌其门曰"孝子黄氏之门"。

史彦斌,邳州人。嗜学,有孝行。至正十四年,河溢,金乡、鱼台坟墓多坏。彦斌母卒,虑有后患,乃为厚棺,刻铭曰"邳州沙河店史彦斌母柩",仍以四铁环钉其上,然后葬。明年,墓果为水所漂,彦斌缚草为人,置水中,仰天呼曰:"母棺被水,不知其处,愿天矜怜哀子之心,假此刍灵,指示母棺。"言讫,涕泣横流,乃乘舟随草人所之,经十余日,行三百余里,草人止桑林中,视之,母柩在焉,载归复葬之。

张绍祖,字子让,颍州人。读书力学,以孝行闻于朝,特授河南路儒学教授。至正十五年,奉父避兵山间,贼至,执其父将杀之,绍祖泣曰:"吾父耆德善人,不当害,请杀我以代父死。且若等非父母所生乎,何忍害人父也!"贼怒,以戈击之,戈应手挫钝,因感而相谓曰:"此真孝子,不可害。"乃释之。

李明德,瑞州路上高县人。读书有志操,孝行笃至。至正十四年,乱兵陷袁州,因抄掠上高,兵执其父欲杀之,明德泣告曰:"子岂不能代父乎,愿勿害吾父也!"兵遂杀明德,而免其父,后以高寿终。

张缉,字士明,益都胶州人。性孝友,能诗文。至正七年,与兄绅、弟经同领乡荐,由泽州儒学正转泰州幕职,弃之,养亲居扬州。十五年,扬州乱,缉母姬氏方卧病,贼突入卧内,举枪欲刺姬,缉以身蔽姬,枪中缉胁,三日而死。

魏敬益,字士友,雄州容城人。性至孝,居母丧,哀毁骨立。素好施与,有男女失时者,出赀财为之嫁娶;岁凶,老弱之饥者,为糜以食之。敬益有田仅十六顷,一日语其子曰:"自吾买四庄村之田十顷,环其村之民皆不能自给,吾深悯焉。今将以田归其人,汝谨守余田,可无馁也。"乃呼四庄村民谕之曰:"吾买若等业,使若等贫不聊生,有亲无以养,吾之不仁甚矣,请以田归若等。"众闻皆愕眙不敢受,强与之,乃受而言诸有司。有司以闻于中书,请加旌表。丞相贺太平叹曰:"世乃有斯人哉!"

汤霖,字伯雨,龙兴新建人。早丧父,事母至孝。母尝病热,更数医弗能效。母不肯饮药,曰:"惟得冰,我疾乃可愈。"尔时天气甚燠，霖求冰不得，累日号哭于池上。忽闻池中戛戛有声，拭泪视之，乃冰渐也。亟取以奉母，其疾果愈。

孙抑，字希武，世居晋宁洪洞县。抑登进士第，历仕至刑部郎中。关保之变，挈父母妻子避兵平阳之柏村。有乱兵至村剽掠，拔白刃吓抑母，求财不得，举刃欲斫之。抑亟以身蔽母，请代受斫，母乃得释。而抑父被虏去，不知所之。或语之曰："汝父被驱而东矣，然东军得所掠民皆杀之，汝慎无往就死也。"抑曰："吾可畏死而弃其父乎？"遂往，出入死地，屡濒危殆，卒得父以归。

石永，绍兴新昌人。性淳厚，事亲至孝。值乱兵掠乡里，永父谦孙年八十，老不能行，永负父匿山谷中。乱兵执其父，欲杀之，永亟前抱父请以身代，兵遂杀永而释其父。

王克己，延安中部人。父伯通殁，克己负土筑坟，庐于墓侧。貊高纵兵暴掠，县民皆逃窜，克己独守墓不去。家人呼之避兵，克己曰："吾誓守墓三年，以报吾亲，虽死不可弃也。"遂不去。俄而兵至，见其身衣衰绖，形容憔悴，曰："此孝子也。"遂不忍害，竟终丧而归。

刘思敬，延安宜君人。事其继母沙氏、杜氏，孝养之至，无异亲母。父年八十，两目俱丧明，会乱兵剽掠其乡，思敬负父避于岩穴中。有兵至，欲杀思敬，思敬泣言曰："我父老矣，又无目，我死不足惜，使我父何依乎？"兵怜其孝，不忍杀，父子皆免于难。

吕祐，字伯通，晋安人。至正二十六年，郡城破，有卒入其室，拔白刃胁其母林氏索财宝不得，挥刃欲斫母。祐急以身蔽母，而夺其刃，手指尽裂，被伤仆地。良久而苏，开目视母曰："母幸无恙，我死无憾矣。"遂瞑目死。

　　周乐,温州瑞安人,宋状元坦之后,父曰成,通经能文。海贼窃据温州,拘日成置海舟上,乐随往,事其父甚谨。一日贼酋遣人沉日成于水,乐泣请曰:"我有祖母,幸留父侍养,请以己代父死。"不听,乐抱父不忍舍,遂同死焉。

元史卷一九九
列传第八六

隐　逸

杜瑛　张特立　杜本　孙辙　何中
武恪

古之君子，负经世之术，度时不可为，故高蹈以全其志。使得其时，未尝不欲仕，仕而行所学，及物之功岂少哉。后世之士，其所蕴蓄或未至，而好以迹为高，当邦有道之时，且遁世离群，谓之隐士。世主亦苟取其名而强起之，及考其实，不如所闻，则曰"是欺世钓誉者也"，上下岂不两失也哉！

元之隐士亦多矣，如杜瑛遗执政书，暨张特立居官之政，则非徒隐者也，盖其得时则行，可隐而隐，颇有古君子之风。而世主亦不强之使起，可谓两得也已。自是以隐逸称者，盖往往而有，今摭可传者，《作隐逸传》。

杜瑛字文玉，其先霸州信安人。父时升，金史有传。瑛长七尺，美须髯，气貌魁伟。金将亡，士犹以文辞规进取，瑛独避地河南缑氏山中。时兵后，文物凋丧，瑛搜访诸书，尽读之，读辄不忘，而究其指趣，古今得失如指诸掌。间关转徙，教授汾、晋间。中书粘合珪开府为相，瑛赴其聘，遂家焉。与良田千亩，辞不受。术者言其所居下有藏金，家人欲发视，辄止之。后来居者果得金百百斤，其不苟取如此。

　　岁己未，世祖南伐至相，召见问计，瑛从容对曰：“汉、唐以还，人君所恃以为国者，法与兵、食三事而已。国无法不立，人无食不生，乱无兵不守。今宋皆蔑之，殆将亡矣，兴之在圣主。若控襄樊之师，委戈下流，以捣其背，大业可定矣。”帝悦，曰：“儒者中乃有此人乎！”瑛复劝帝数事，以谓事不如此，后当如彼。帝纳之，心贤瑛，谓可大用，命从行，以疾弗果。

　　中统初，诏征瑛。时王文统方用事，辞不就。左丞张文谦宣抚河北，奏为怀孟、彰德、大名等路提举学校官，又辞，遗执政书，其略曰：“先王之道不明，异端邪说害之也，横流奔放，天理不绝如线。今天子神圣，俊乂辐凑，言纳计用，先王之礼乐教化，兴明修复，维其时矣。若夫簿书期会，文法末节，汉、唐犹不屑也，执事者因陋就简，此焉是务，良可惜哉！夫善始者未必善终，今不能遡流求源，明法正俗，育材兴化，以拯数百千年之祸，仆恐后日之弊，将有不可胜言者矣。”人或勉之仕，则曰：“后世去古虽远，而先王之所设施，本末先后，犹可考见，故为政者莫先于复古。苟因习旧弊，以求合乎先王之意，不亦难乎！吾又不能随时俯仰以赴机会，将焉用仕！”于是杜门著书，一不以穷通得丧动其志，优游道艺，以终其身。年七十，遗命其子处立、处愿曰：“吾即死，当表吾墓曰‘猴山杜处士’。”天历中，赠资德大夫、翰林学士、上护军，追封魏郡公，谥文献。

　　所著书曰《春秋地理原委》十卷、《语孟旁通》八卷、《皇极引用》八卷、《皇极疑事》四卷、《极学》十卷、《律吕律历礼乐杂志》三十卷、《文集》十卷。其于律，则究其始，研其义，长短清浊，周径积实，各以类分，取经史之说以实之，而折衷其是非。其于历，则谓造历者皆从十一月甲子朔夜半冬至为历元，独邵子以为天开于子，取日甲月子、星甲辰子，为元会运世之数，无朔虚，无闰余，率以三百六十为岁，而天地之盈虚，百物之消长，不能出乎其中矣。论闭物开物，则曰开于巳，闭于戌；五，天之中也；六，地之中也；戌巳，月之中星也。又分卦配之纪年，金之大定庚寅，交小过之初六；国朝之甲寅三月二十有三日寅时，交小过九四。多先儒所未发，掇其要著于篇云。

　　张特立，字文举，东明人。初名永，避金卫绍王讳，易今名。中泰和进士，为偃师主簿。改宣德州司候。州多金国戚，号难治，特立至官，俱往谒之。有五将军率家奴劫民群羊，特立命大索闾里，遂过将军家，温言诱之曰："将军宅宁有盗羊者邪，聊视之以杜众口。"潜使人索其后庭，得羊数十。遂缚其奴系狱，其子匿他舍，捕得之，以近族得减死论。豪贵由是遵法，民赖以全。

　　正大初，迁洛阳令。时军旅数起，郡县窘迫，东帅纥石烈牙兀艀又侮慢儒士，会移镇陕右，道经洛阳，见特立淳古，不礼之，遽责令治糗具，期三日足，后期如军法。县民素贤特立，争输于庭，帅大奇之。既而拜监察御史，首言世宗诸孙不宜幽囚；尚书右丞颜盏石鲁与细民争田，参知政事徒单兀典诏事近习，皆当罢黜。执政者忌之。会平章政事白撒犒军陕西，特立又劾其掾不法。白撒诉于世宗，言特立所言事失实，世宗宥之，遂归田里。

　　特立通程氏《易》，晚教授诸生，东平严实每加礼焉。岁丙午，世祖在潜邸受王印，首传旨谕特立曰："前监察御史张特立，养素丘园，易代如一，今年几七十，研究圣经，宜锡嘉名，以光潜德，可特赐号曰中庸先生。"又谕曰："先生年老目病，不能就道，故令赵宝臣谕意，且名其读书之堂曰丽泽。"壬子岁，复降玺书谕特立曰："白首穷经，诲人不倦，无过不及，学者宗之，昔已赐嘉名，今复谕意。"癸丑，特立卒，年七十五。中统二年，诏曰："中庸先生学有渊源，行无瑕砧，虽经丧乱，不改故常，未遂丘园之贲，俄兴窀穸之悲。可复赐前号，以彰宠数。"特立所著书有《易集说》、《历年系事记》。

　　杜本，字伯原，其先居京兆，后徙天台，又徙临江之清江，今为清江人。本博学，善属文。江浙行省丞相忽剌术得其所上《救荒策》，大奇之，及入为御史大夫，力荐于武宗。尝被召至京师，未几归隐武夷山中。文宗在江南时，闻其名，及即位，以币征之，不起。

至正三年，右丞相脱脱以隐士荐，诏遣使赐以金织文币、上尊酒，召为翰林待制、奉议大夫、兼国史院编修官。使者致君、相意，趣之行。至杭州，称疾固辞，而至书于丞相曰："以万事合为一理，以万民合为一心，以千载合为一日，以四海合为一家，则可言制礼作乐，而跻五帝三王之盛矣。"遂不行。

本湛静寡欲，无疾言遽色。与人交尤笃于义，有贫无以养亲、无赀以为学者，皆济之。平居书册未尝释手。天文、地理、律历、度数，靡不通究，尤工于篆隶。所著有《四经表义》、《六书通编》、《十原》等书，学者称为清碧先生。至正十年卒，年七十有五。

时有张枢子长者，婺之金华人，亦屡征不起。枢幼聪慧，外家潘氏蓄书数万卷，枢尽取而读之，过目辄不忘。既长，肆笔成章，顷刻数千言。有问以古今沿革、政治得失、宇宙之分合、礼乐之废兴，以至帝号官名、岁月先后，历历如指诸掌。其为文，务推明经史，以扶翼教道，尤长于叙事。尝取三国时事撰《汉本纪列传》，附以《魏吴载记》，为《续后汉书》七十三卷。临川危素称其立义精密，可备劝讲，朝廷取其书置宣文阁。浙东部使者交荐之，前后章凡九上。

至正三年，命儒臣纂修辽、金、宋三史，右丞相脱脱以监修国史领都总裁，辟枢本府长史，力辞不拜。七年，申命史臣纂修本朝《后妃》、《功臣传》，复以翰林修撰、儒林郎、同知制诰兼国史院编修官召枢，俾与讨论，复避不就。使者强之行，至杭州，固辞而归。尝著《春秋三传归一义》三十卷，《刊定三国志》六十五卷，《林下窃议》、《曲江张公年谱》各一卷，《弊帚编》若干卷。至正八年卒，年五十有七。

孙辙字履常，其先自金陵徙家临川。辙幼孤，母蔡氏教之。知警策自树立。比长，学行纯笃，事母甚孝。家居教授，门庭萧然，而考德问业者日盛。郡中俊彦有声者皆出其门。辙与人言，一以孝弟忠信为本，辞温气和，闻者莫不油然感悟。待亲戚乡里礼意周洽，言论间未尝几微及人过失长短。士子至郡者必来见，部使者长吏以下仁且贤者，必造焉。辙乐易庄敬，接之以礼，言不及官府。宪司屡辟，皆不就。江西行省特以遗逸举辙一人。辙善为文章，吴澄尝叙其集曰："所谓仁义之人，其言蔼如也。"其见称许如此。元统二年，年七十有三，卒于家。

同郡吴定翁字仲谷，其先当宋初自金陵来徙。定翁幼岁俨如成人，寒暑衣冠不少懈，清修文雅，与孙辙齐名。而最善为诗，揭傒斯称其幽茂疏澹，可比卢挚。御史及江西之方伯牧守部使者，辟荐相望，终身不为动。程钜夫尝贻书曰："临川士友及门者，踵相接也，何相望足下耿耿如玉人，而不可得见乎！"定翁尝曰："士无求用于世，惟求无愧于世。"人以为名言。

何中，字太虚，抚之乐安人。少颖拔，以古学自任，家有藏书万卷，手自校雠。其学弘深该博，广平程钜夫，清河元明善，柳城姚燧，东平王构，同郡吴澄、揭傒斯，皆推服之。至顺二年，江西行省平章全岳柱聘为龙兴郡学师。明年六月，以疾卒。所著有《易类象》二卷、《书传补遗》十卷、《通鉴纲目测海》三卷、《知非堂藁》十七卷。

同郡危复之字见心。宋末为太学生，师事汤汉，博览群书，好读《易》，尤工于诗。至元初，元帅郭昂屡荐为儒学官，不就。至元中，朝廷累遣奉御察罕及翰林应奉詹玉以币征之，皆弗起。隐于紫霞山中，士友私谥曰贞白先生。

武恪，字伯威，宣德府人。初以神童游学江南，吴澄为江西儒学副提举，荐入国学肄业。明宗在潜邸，选恪为说书秀才，及出镇云南，恪在行。明宗欲起兵陕西，恪谏曰："太子北行，于国有君命，于家有叔父之命，今若向京师发一箭，史官必书太子反。"左右恶恪言，乃曰："武秀才有母在京，合遣其回。"恪遂还京师，居陋巷，教训子弟。

文宗知其名，除秘书监典簿。秩满，丁内艰，再除中瑞司典簿，改汾西县尹，皆不起。人或劝之仕，恪曰："向为亲屈，今亲已死，不复仕矣。"居数岁,会朝廷选守令,泰不华举恪为平阳沁水县尹,亦不赴。近臣又荐为授经郎,恪遂阳为瘖痖,不就。

　　恪好读《周易》,每日坚坐。或门之曰:"先生之学,以何为本?"恪曰:"以敬为本。"所著有《水云集》若干卷。其从之学者多有所成,佛家奴为太尉,完者不花金枢密院事,皆有贤名。

元史卷二〇〇
列传第八七

列女一

崔氏　　周氏　　杨氏　　胡烈妇

阚文兴妻　　郎氏　　秦氏二女

孙氏女　许氏女　张氏女　　焦氏　周氏

赵孝妇　　霍氏二妇　　王德政妻

只鲁花真　　段氏　　朱虎妻　　闻氏

刘氏　　马英　　赵玉儿　　冯氏

李君进妻　移剌氏　赵哇儿　　朱淑信

葛妙真　畏吾氏三女　　王氏　　张义妇

丁氏　白氏　　赵美妻　李冬儿　李氏

脱脱尼　王氏　　赵彬妻　王安哥　　贵哥

台叔龄妻　　李智贞　　蔡三玉

　　古者女子之居室也，必有傅姆师保为陈诗书图史以训之。凡左右佩服之仪，内外授受之别，与所以事父母舅姑之道，盖无所不备也。而又有天子之后妃，诸侯之夫人，躬行于上，以率化之。则其居安而有淑顺之称，临变而有贞特之操者，夫岂偶然哉。后世此道既废，女生而处闺阃之中，溺情爱之私，耳不聆箴史之言，目不睹防范之具，由是动逾礼则，而往往自放于邪僻矣。苟于是时而有能以懿节自著者焉，非其生质之美，则亦岂易致哉。史氏之书，所以必录而弗敢略也。

元受命百余年，女妇之能以行闻于朝者多矣，不能尽书，采其尤卓异者，具载于篇。其间有不忍夫死，感慨自杀以从之者，虽或失于过中，然较于苟生受辱与更适而不知愧也，有间矣。故特著之，以示劝厉之义云。

崔氏，周术忽妻也。丁亥岁，从术忽官平阳。金将来攻城，克之，下令官属妻子敢匿者死。时术忽以使事在上党，崔氏急即抱幼子祯以诡计自言于将，将信之，使军吏书其臂出之。崔氏曰："妇人臂使人执而书，非礼也。"以金赂吏，使书之纸。吏曰："吾知汝诚贤妇，然令不敢违。"命崔自揎袖，吏悬笔而书焉。既出，有言其诈者，将怒，命追之。崔与祯伏土窖三日，得免，既与术忽会。

未几，术忽以病亡，崔年二十九，即大恸柩前，誓不更嫁，斥去丽饰，服皂布弊衣，放散婢仆，躬自纺绩，悉以资产遗亲旧。有权贵使人讽求娶，辄自爬毁其面不欲生。四十年未尝妄言笑，预吉会。治家教子有法，人比古烈妇云。

周氏，滦平石城人。年十六适李伯通，生一子，名易。金末，伯通监丰润县，国兵攻之，城破，不知所终。周氏与易被虏，谓偕行者曰："人苟爱其生，万一受辱，不如死也。"即自投于堑。主者怒，拔佩刀三刃其体而去，得不死。遂携易而逃，间关至汴，绩纴以自给，教易读书有成。

杨氏，东平须城人。夫郭三，从军襄阳，杨氏留事舅姑，以孝闻。至元六年，夫死戍所，母欲夺嫁之，杨氏号痛自誓，乃已。久之，夫骨还，舅曰："新妇年少，终必他适，可令吾子鳏处地下耶！"将求里人亡女骨合瘗之。杨氏闻，益悲，不食五日，自经死，遂与夫共葬焉。

胡烈妇，渤海刘平妻也。至元七年，平当戍枣阳，车载其家以行。夜宿沙河傍，有虎至，衔平去。胡觉起追及之，持虎足，顾呼车中儿，取刀杀虎，虎死，扶平还至季阳城求医，以伤卒。县官言状，命恤其母子，仍旌异之。

至大间，建德王氏女，父出耘舍傍，遇豹，为所噬，曳之升山，父大呼，女识父声，惊趋救，以父所弃锄击豹脑，杀之，父乃得生。

阇文兴妻王氏，名丑丑，建康人也。文兴从军漳州，为其万户府知事，王氏与俱行。至元十七年，陈吊眼作乱，攻漳州，文兴率兵与战，死之。王氏被掠，义不受辱，乃绐贼曰："俟吾葬夫，即汝从也。"贼许之，遂脱，得负尸还，积薪焚之。火既炽，即自投火中死。至顺三年，事闻，赠文兴侯爵，谥曰英烈；王氏曰贞烈夫人。有司为立庙祀之，号"双节"云。

郎氏，湖州安吉人，宋进士朱甲妻也。朱尝仕浙东，以郎氏从。至元间，朱殁，郎氏护丧还至玉山里，留居避盗。势家柳氏欲强聘之，郎誓不从，夜弃装奉柩遁。柳邀之中道，复死拒，得免。家居，养姑甚谨。姑尝病，郎祷天，刲股肉进啖而愈。后姑丧，以哀闻。大德十一年，旌美之。

又有东平郑氏、大宁杜氏、安西杨氏，并少寡守志，割体肉疗姑病。

秦氏二女，河南宜阳人，逸其名。父尝有危疾，医云不可攻。姊闭户默祷，凿己脑和药进饮，遂愈。父后复病欲绝，妹割股肉置粥中，父小啜即苏。

孙氏女，河间人。父病癫十年，女祷于天，求以身代，且吮其脓血，旬月而愈。

许氏女,安丰人。父疾,割股啖之乃瘁。

张氏女,庐州人,嫁为高罡妻。母病目丧明,张氏归省,抱母泣,以舌舐之,目忽能视。

州县各以状闻,褒表之。

焦氏,泾阳袁天祐妻也。天祐祖、父始皆从军役,祖母杨氏、母焦氏并家居守志。至元二十三年,天祐复从征死甘州,妻焦氏年少,宗族欲改嫁之。焦氏哭且言曰:"袁氏不幸三世早寡,自祖姑以来,皆守节义,岂可至事故而遂废乎!吾生为袁氏妇,死则葬袁氏土尔,终不能改容事他人也。"众不敢复言。

周氏,泽州人,嫁为安西张兴祖妻。年二十四,兴祖殁,舅姑欲使再适,周氏弗从,曰"妾家祖、父皆早世,妾祖母、妾母并以贞操闻,妾或中道易节,是忘故夫而辱先人也。夫忘故夫不义,辱先人不孝,不孝不义,妾不为也。"遂居嫠三十年,奉舅姑,生事死葬无违礼。其父与外祖皆无后,葬祭之礼亦周氏主之。

有司以闻,并赐旌异。

赵孝妇,德安应城人。早寡,事姑孝。家贫,佣织于人,得美食必持归奉姑,自啖粗粝不厌。尝念姑老,一旦有不讳,无由得棺,乃以次子鬻富家,得钱百缗,买杉木治之。棺成,置于家。南邻失火,时南风烈甚,火势及孝妇家,孝妇亟扶姑出避,而棺重不可移,乃抚膺大哭曰:"吾为姑卖儿得棺,无能为我救之者,苦莫大焉!"言毕,风转而北,孝妇家得不焚,人以为孝感所致。

霍氏二妇尹氏、杨氏,夫家郑州人。至元间,尹氏夫耀卿殁,姑命其更嫁,尹氏曰:"妇之行一节而已,再嫁而失节,妾不忍为也。"姑曰:"世之妇皆然,人未尝以为非,汝独何耻之有?"尹氏曰:"人之志不同,妾知守妾志尔。"姑不能强。杨氏夫显卿继殁,虑姑欲其嫁,即先白姑曰:"妾闻娣姒犹兄弟也,宜相好焉。今姒既留,妾可独去乎,顾与共修妇道,以终事吾姑。"姑曰:"汝果能若是,吾何言哉!"
于是同处二十余年,以节孝闻。

又有邠州任氏、乾州田氏,皆一家一妇,俱少寡誓不他适,努力
蚕桑,以养舅姑。

事闻,并命褒表。

王德政妻郭氏,大名人。少孤,事母张氏孝谨,以女仪闻于乡。
及笄,富贵家慕之,争求聘,张氏不许。时德政教授里中,年四十余,
貌甚古陋,张氏以贫不能教二子,俗纳德政为婿,使教之。宗族皆不
然,郭氏慨然愿顺母志。既婚,与德政相敬如宾,嘱教二弟有成。未
几德政卒,郭氏年方二十余,励节自守,甚有贞名,大德间表其家。

只鲁花真,蒙古氏。年二十六,夫忽都病卒,誓不再醮,孝养舅
姑。逾二十五年,舅姑殁,尘衣垢面,庐于墓终身。至元间旌之。

其后,又有翼城宋仲荣妻梁氏,舅殁,负土为坟;怀孟何氏、大
名赵氏,并以夫殁守志,养舅姑以寿终,亲负土筑其坟,高三丈余。

段氏,隆兴霍荣妻也。荣无子,尝乞人为养子。荣卒,段氏年二
十六,养舅姑以孝称。舅姑殁,荣诸父仲汶贪其产,谓段曰:"汝子假
子也,可令归宗。汝无子,宜改适,霍氏业汝无预焉。"段曰:"家资不
可计,但再醮非义,尚容妾思之。"即退入寝室,引针刺面,墨渍之,
誓死不贰。大德二年,府上状中书,给羊酒币帛,仍命旌门,复役如
制。

又有兴和吴氏,自刺其面;成纪谢思明妻赵氏,自髡其发;冀宁
田济川妻武氏、溧水曹子英妻尤氏,啮指滴血,并誓不更嫁。各以有
司为请旌之。

朱虎妻茅氏,崇明人。大德间,虎官都水监,坐罪籍其家,吏录
送茅氏及二子赴京师。太医提点师甲乞归家,欲妻之。茅氏誓死不

从，母子三人以裾相结连，昼夜倚抱号哭，形貌销毁。师知不可夺，释之。茅氏托居永明尼寺，忧愤不食卒。

闻氏，绍兴俞新之妻也。大德四年，新之殁，闻氏年尚少，父母虑其不能守，欲更嫁之。闻氏哭曰：“一身二夫，烈妇所耻。妾可无生，可无耻乎！且姑老子幼，妾去当令谁视也？”即断发自誓。父知其志笃，乃不忍强。姑久病风，且失明，闻氏手涤溷秽不怠，时漱口上堂舐其目，目为复明。及姑卒，家贫，无资佣工，与子亲负土葬之，朝夕悲号，闻者惨恻。乡里嘉其孝，为之语曰：“欲学孝妇，当问俞母。”

又有刘氏，渤海李伍妻也。少寡，父母使再醮，不从。舅患疽，刘祷于天，数日溃，吮其血，乃愈。既而亲挽小车，载舅诣岳祠以答神贶。

马英，河内人，性孝友。父丧哀毁，二兄继殁，英独事母甚谨，又奉二寡嫂与居，使得保全釐节。及丧母，卜地葬诸丧，亲负土为四坟，手植松柏，庐墓侧终身。

赵氏女名玉儿，冠州人。尝许为李氏妇，未婚夫死，遂誓不嫁，以养父母。父母殁，负土为坟，乡里称孝焉。

冯氏，名淑安，字静君，大名宦家女，山阴县尹山东李如忠继室也。如忠初娶蒙古氏，生子任，数岁而卒。大德五年，如忠病笃，谓冯曰：“吾已矣，其奈汝何？”冯氏引刀断发，自誓不他适。如忠殁两月，遗腹生一子，名伏。

李氏及蒙古氏之族在北，闻如忠殁于官，家多遗财，相率来山阴。冯氏方病，乘间尽取其赀及子任以去。冯不与较，一室萧然，唯余如忠及蒙古氏之柩而已。朝夕哭泣，邻里不忍闻。久之。鬻衣权厝二柩戬山下，携其子庐墓侧。时年始二十二，羸形苦节，为女师以自给。父母来视之，怜其孤苦，欲使更事人，冯爪面流血，不肯从。居二十年，始护丧归葬汶上，齐鲁之人闻之，莫不叹息。

李君进妻王氏，辽阳人。大德八年，君进病卒，卜葬，将发引，亲戚邻里咸会。王氏谓众曰："夫妇死同穴，义也。吾得从良人逝，不亦可乎！"因抚棺大恸，呕血升许，即仆于地死。众为敛之，与夫连枢出葬，送者数百人，莫不洒泣。

移剌氏，同知湖州路事耶律忽都不花妻也。夫殁，割耳自誓。既葬，庐墓侧，悲号不食死。

赵氏名哇儿，大宁人。年二十，夫萧氏病剧，谓哇儿曰："我死，汝年少，若之何？"哇儿曰："君幸自宽，脱有不可讳，妾不独生，必从君地下。"遂命匠制巨棺。夫殁，即自经死，家人同棺敛葬焉。

又有雷州朱克彬妻周氏，大都费岩妻王氏，买哥妻耶律氏，曹州郑腊儿妻康氏，陕州陈某妻别娥娥，大同宋坚童妻班氏、李安童妻胡氏，晋州刘恕妻赵氏，冀宁王思忠妻张氏，饶州刘楫妻赵氏，东平徐顺妻彭氏，大宁赵腌儿妻安氏、陈恭妻张氏、武寿妻刘氏、宋敬先妻谢氏、撒里妻萧氏，古城魏贵妻周氏，任城郭灰儿妻赵氏，枣阳朱某妻丁氏，叶县王保子妻赵氏，兴州某氏妻魏氏，滦州裴某妻董贵哥，成都张保童妻郝氏，利州高塔必也妻白氏，河南杨某妻卢氏，蒙古氏太术妻阿不察、相兀孙妻脱脱真，并以早寡不独生，以死从夫者。

事闻，悉命褒表，或赐钱赠谥云。

朱淑信，山阴人。少寡，誓不再嫁。一女妙净，幼哭父双目并失明。及长，择偶者不至，家贫岁凶，母子相依，以苦节自厉。士人王士贵重其孝，乃求娶焉。

葛妙真，宣城民家女。九岁，闻日者言，母年五十当死，妙真即悲忧祝天，誓不嫁，终身斋素，以延母年。母后年八十一卒。

畏吾氏三女，家钱塘。诸兄远仕不归，母思之疾，三女欲慰母意,乃共断发誓天,终身不嫁以养母,同力侍护四十余年。母竟以寿终。

事上,并赐旌异。

王氏,燕人张买奴妻也。年十六,买奴官钱塘病殁,葬城西十里外。王氏每旦被发步往奠之,伏墓大恸欲绝,久而致疾。舅姑力止其行,乃已。服阕,舅姑谓之曰:"吾子已殁,新妇年尚少,宜自图终身计。毋徒淹吾家也。"王氏泣曰:"父母命妾奉箕帚于张氏,今夫不幸早逝,天也。此足岂可复履他人门乎!"固不从。茕居三十年,贞白无少玷。

又有冯翊王义妻卢氏、睢阳刘泽妻解氏、东平杨三妻张氏,并守志有节。命旌其门。

张义妇,济南邹平人,年十八归里人李伍。伍与从子零戍福宁,未几死戍所。张独家居,养舅姑甚至。父母舅姑病,凡四刲股肉救不懈。及死,丧葬无遗礼。既而叹曰:"妾夫死数千里外,妾不能归骨以葬者,以舅姑父母在,无所仰故也。今不幸父母舅姑已死,而夫骨终暴弃远土,使无妾即已,妾在,敢爱死乎!"乃卧积冰上,誓曰:"天若许妾取夫骨,虽寒甚,当得不死。"逾月,竟不死。乡人异之,乃相率赠以钱,大书其事于衣以行。

行四十日,至福宁,见零,问夫葬地,则榛莽四塞,不可识。张哀恸欲绝。夫忽降于童,言动无异其生时,告张死时事,甚悲,且指示骨所在处。张如其言发得之,持骨祝曰:"尔信妾夫耶?入口当如冰雪,黏如胶。"已而果然。官义之,上于大府,使零护丧还,给钱使葬,仍旌门,复其役。

丁氏,新建郑伯文妻也。大德间,伯文病将殁,丁氏与诀曰:"妾自得侍巾栉,誓与偕老。君今不幸疾若是,脱有不讳,妾当从。但君父母已老,无他子妇侍养,妾苟复自亡,使君父母食不甘味,则君亦不瞑目矣。妾且忍死,以奉其余年,必不改事他人,以负君于冥冥也。"

伯文卒,丁氏年二十七,居丧哀毁。服既除,父母屡议夺嫁之,丁氏每闻必恸哭曰:"妾所以不死者,非苟生有他志也,与良人约,将以事舅姑耳。今舅姑在堂固无恙,妾可弃去而不信于良人乎!"父遂止。舅姑尝病,丁氏夙夜护视,衣不解带。及死,丧葬尽礼。事上,表其门。

白氏,太原人。夫慕释氏道,弃家为僧。白氏年二十,留养姑不去,服勤绩纴,以供租赋。夫一日还,迫使他适,白断发誓不从,夫不能夺,乃去。姑年九十卒,竭力营葬,画姑像祀之终身。

赵美妻王氏,内黄人。至治元年,美溺水死,王氏誓守志,舅姑念其年少无子,欲使更适人。王氏曰:"妇义无再醮,且舅姑在,妾可弃而去耶!"舅姑乃欲以族侄与继婚,王氏拒不从。舅姑迫之力,王氏知不免,即引绳自经死。

李冬儿,甄城人,丁从信妻也。年二十三,从信殁,服阕,父母呼归问之,曰:"汝年少居孀,又无子,何以自立,吾为汝再择婿何如?"冬儿不从,诣从信冢哭,欲缢墓树上,家人防之,不果。日暮还从信家,夜二鼓,入室更新衣,自经死。

李氏,滨州惠高儿妻也。年二十六,高儿殁,父欲夺归嫁之,李氏不从,自缢而死。

脱脱尼,雍吉剌氏,有色,善女工。年二十六,夫哈剌不花卒。前妻有二子皆壮,无妇,欲以本俗制收继之,脱脱尼以死自誓。二子复百计求遂,脱脱尼恚且骂曰:"汝禽兽行,欲妻母耶,若死何面目见汝父地下?"二子惭惧谢罪,乃析业而居。三十年以贞操闻。

王氏,成都李世安妻也。年十九,世安卒,夫弟世显欲收继之。王氏不从,引刃断发,复自割其耳,创甚。亲戚惊叹,为医疗百日乃愈。

状上，并旌之。

赵彬妻朱氏，名锦哥，洛阳人也。天历初，西兵掠河南，朱氏遇兵五人，被执，逼与乱。朱氏拒曰："我良家妇，岂从汝贼耶！"兵怒，提曳箠楚之。朱氏度不能脱，即绐谓之曰："汝幸释我，舍后井傍有瘞金，当发以遗汝。"兵信之，乃随其行。朱氏得近井，即抱三岁女踊身赴井中死。

是岁，又有偃师王氏女名安哥，从父避兵印山丁家洞。兵入，搜得之，见安哥色美，驱使出，欲污之。安哥不从，投涧死。

有司言状，并表其庐。

贵哥，蒙古氏，同知宣政院事罗五十三妻也。天历初，五十三得罪，贬海南，籍其家，诏以贵哥赐近侍卯罕。卯罕亲率车骑至其家迎之。贵哥度不能免，令婢仆以饮食延卯罕于厅事，如厕自经死。

台叔龄妻刘氏，顺宁人也。粗知书，克修妇道。一日地震屋坏，压叔龄不能起，家复失火，叔龄母前救不得，欲就焚。叔龄望见，呼曰："吾已不可得出，当亟救吾母。"刘谓夫妹曰："汝救汝母，汝兄必死，吾不用复生矣。"即自投火中死。火灭，家人得二尸烬中，犹手相握不开。官嘉其烈，上于朝，命录付史臣。

李智贞，建宁浦城人。父子明，无子。智贞七岁能读书。九岁母病，调护甚谨。及卒，哀恸欲绝，不茹荤三年，治女工供祭祀，及奉父甘旨不乏，乡里称为孝女。父尝许为郑全妻，未嫁，从父客邵武。邵武豪陈良悦其慧，强纳采求聘，智贞断发拒之，且数自求死，良不能夺，卒归全。事舅姑父母皆有道。泰定间，全病殁，智贞悲泣不食，数日而死。

蔡三玉，龙溪陈端才妻也。盗起漳州，掠龙溪，父广瑞与端才各宷去，三玉独偕夫妹出避邻祠中。盗入，斫夫妹，见三玉美，不忍伤，与里妇欧氏同驱纳舟中。行至柳营江，迫妻之，三玉佯许诺，因起更衣，自投江水而死。越三日，尸流至广瑞舟侧，广瑞识为女，收敛之。欧氏脱归言状，有司高其操，为请表之。乃命旌其门复役，仍给钱以葬。

元史卷二〇一
列传第八八

列女二

武用妻苏氏　　任文仲妻林氏
江文铸妻范氏　　姚氏　衣氏
汤辉妻张氏　　俞士渊妻童氏
张氏女　　惠士玄妻王氏
李景文妻徐氏　　周妇毛氏
丁尚贤妻李氏　　李顺儿
吴守正妻禹氏　　黄仲起妻朱氏
焦士廉妻王氏　　陈淑真
李颐宗妻夏氏　秦闰夫妻柴氏
也先忽都　　吕彦能妻
刘公翼妻萧氏　　袁氏孤女
徐允让妻潘氏　　赵洙妻许氏
张正蒙妻韩氏　　刘氏二女
于同祖妻曹氏　　李仲义妻刘氏
李弘益妻申氏　　郑琪妻罗氏

周如砥女　狄恒妻徐氏

柯节妇陈氏　李马儿妻袁氏

王士明妻李氏　陶宗媛 王淑

高丽氏　张讷妻刘氏

观音奴妻卜颜的斤 张栋妻王氏

安志道妻刘氏　宋谦妻赵氏

齐关妻刘氏　王宗仁妻宋氏

王履谦妻齐氏　王时妻安氏

徐猱头妻岳氏　金氏　汪琰妻潘氏

　　武用妻苏氏，真定人，徙家京师。用疾，苏氏刲股为粥以进，疾即愈。生子德政，四岁而寡。夫之兄利其资，欲逼而嫁之，不听。未几夫兄举家死，惟余三弱孙，苏氏取而育之。

　　德政长，事苏氏至孝。苏氏死时，天大旱，德政方掘地求水以供葬事，忽二蛇跃出，德政因默祷焉。二蛇一东一北，随其地掘之，果得泉。有司上其事，旌复其家。

　　任仲文妻林氏，宁海人。家甚贫，年二十八而寡。姑患风疾，不良于行，林氏旦暮扶侍惟谨，抚育三子皆有成。年一百三岁而卒。

　　江文铸妻范氏，名妙元，奉化人，年二十一归于江。及门，未合卺，夫忽以痼疾卒。范曰："我既入江氏之门，即江氏妇也。岂以夫亡有异志哉！"遂居江氏之家，抚诸侄江森、江道如己子。卒年九十五。

　　有柳氏者，蓟郡人，为户部主事赵野妻。未成婚而野卒，柳哭之尽哀,誓不再嫁。其兄将夺其志,柳曰:“业已妇赵氏,虽未成婚,而夫妇之礼已定矣。虽冻饿死,岂有他志哉!”后寝疾,不肯服药,曰:“我年二十六而寡,今已逾半百,得死此疾幸矣。”遂卒。

姚氏,余杭人,居山谷间。夫出刈麦,姚居家执爨。母何氏往汲涧水,久而不至。俄闻复水声,亟出视,则虎衔其母以走。姚仓卒往逐之,即以手殴其胁,邻人竞执器械以从,虎乃置之而去。姚负母以归,求药疗之,奉养二十余年而卒。

又方宁妻官胜娘者,建宁人。宁耨田,胜娘饷之,见一虎方攫其夫,胜娘即弃饷奋梃连击之,虎舍去,胜娘负夫至中途而死。有司以闻,为旌复其家。

衣氏,汴梁儒士孟志刚妻。志刚卒,贫而无子,有司给以棺木。衣氏给匠者曰:“可宽大其棺,吾夫有遗衣服,欲尽置其中。”匠者然之。是夕,衣氏具鸡黍祭其夫,家之所有悉散之邻里及同居王媪,曰:“吾闻一马不被两鞍,吾夫既死,与之同棺共穴可也。”遂自刭死。

有侯氏者,钧州曹德妻。德病死,侯氏语人曰:“年少夫亡,妇人之不幸也。欲守吾志,而乱离如此,其能免乎!”遂缢死于墓。

又周经妻吴氏、郭惟辛妻郝氏、陈辉妻白氏、张顽住妻杜氏、程二妻成氏、李贞妻武氏、暗都剌妻张氏,并忍独生,自缢而死。

事闻,咸旌异之。

汤辉妻张氏,处州龙泉人。会兵乱,其家财先已移入山寨,夫与姑共守之。舅以疾未行,张归任药膳,且以舆自随。既而贼至,即命以舆载其舅,而己遇贼,贼以刀胁之曰:“从我则生,否则死。”张掠发整衣请受刃,贼未忍杀,张惧污,即夺其刃自剚死,年二十七。

又汤婍者,亦龙泉人,有姿容。贼杀其父母,以刃胁之。婍不胜悲咽,乞早死,因以头触刃。贼怒,斫杀之。其妹亦不受辱而死。

俞士渊妻童氏,严州人。姑性严,待之寡恩,童氏柔顺以事之,无少拂其意者。至正十三年,贼陷威平,官军复之,已乃纵兵剽掠。至士渊家,童氏以身蔽姑,众欲污之,童氏大骂不屈。一卒以刀击其左臂,俞不屈。又一卒断其右臂,骂犹不绝。众乃皮其面而去,明日乃死。

张氏女,高邮人。城乱,贼知张女有姿艳,叩其家索之。女方匿复宇间,贼将害其父母,女不得已乃出拜贼。贼即伏地呼其父母为丈人媪,而以女行,女欣欣然从之。过桥,投水死。

有高氏妇者,同郡人也。携其女从夫出避乱,见道旁空舍,入其中,脱金缠臂与女,且语夫,令疾行。夫挈女稍远,乃解足纱自经。贼至,焚其舍。夫抵仪真,夜梦妇来告曰:"我已缢死彼舍矣。"其精爽如此。

惠士玄妻王氏,大都人。至正十四年,士玄病革,王氏曰:"吾闻病者粪苦则愈。"乃尝其粪,颇甘,王氏色愈忧。士玄嘱王氏曰:"我病必不起,前妾所生子,汝善保护之。待此子稍长,即从汝自嫁矣。"王氏泣曰:"君何为出此言耶!设有不讳,妾义当死,尚复有他说乎?君幸有兄嫂,此儿必不失所居。"数日,士玄卒。比葬,王氏遂居墓侧,蓬首垢面,哀毁逾礼,常以妾子置左右,饮食寒暖惟恐不至。岁余,妾子亦死,乃哭曰:"无复望矣。"屡引刀自杀。家人惊救,得免。至终丧,亲旧皆携酒礼祭士玄于墓。祭毕,众欲行酒,王氏已经死于树矣。

又有王氏者,良乡费隐妻也。隐有疾,王氏数尝其粪。及疾笃,嘱王氏曰:"我一子一女,虽妾所生,无异汝所出也。我死,汝其善抚育之。"遂殁。王氏居丧,抚其子女。既而子又死。服除,谓其亲属曰:"妾闻夫乃妇之天,今夫已死,妾生何为!"乃执女手,语之曰:"汝今已长,稍知人事,管钥在此,汝自司之。"遂相抱恸哭。是夜,缢死于园中。

李景文妻徐氏,名彩鸾,字淑和,浦城徐嗣源之女。略通经史,每诵文天祥《六歌》,必为之感泣。至正十五年,青田贼寇浦城,徐氏从嗣源逃旁近山谷。贼持刀欲害嗣源,徐氏前曰:"此吾父也,宁杀我。"贼舍父而止徐氏。徐氏语父曰:"儿义不受辱,今必死,父可速去。"贼拘徐氏至桂林桥,拾炭题诗壁间,有"惟有桂林桥下水,千年照见妾心清"之句。乃厉声骂贼,投于水。贼竞出之。既而乘间复投水死。

周妇毛氏,松阳人,美姿色。至正十五年,随其夫避乱麻鹭山中,为贼所得。胁之曰:"从我多与若金,否则杀汝。"毛氏曰:"宁剖我心,不愿汝金。"贼以刀磨其身,毛氏因大詈曰:"碎凮贼,汝碎则臭,我碎则香。"贼怒,剖其肠而去,年二十九。

丁尚贤妻李氏,汴梁人。年二十余,有姿容。至正十五年,贼至,欲虏之。李氏怒曰:"吾家六世义门,岂能从贼以辱身乎!"于是阖门三百余口,俱被害。

李顺儿者,许州儒士李让之女也。性聪慧,颇涉经传,年十八,未嫁。至正十五年,贼陷钧州,密迩许昌。父谓其母曰:"吾家以诗礼相传,此女必累我。"女闻之,泣曰:"父母可自逃难,勿以我为忧。"须臾于后园内自经而死。

吴守正妻禹氏,名淑靖,字素清,绍兴人。至正十六年,徙家崇德之石门。"淑靖尝从容谓守正曰:"方今群盗蜂起,万一不测,妾惟有死而已,不使人污此身也。"是年夏,盗陷崇德,淑靖仓皇携八岁女登舟以避。有盗数辈奔入其舟,将犯淑靖。淑靖乃抱幼女投河死。

黄仲起妻朱氏,杭州人。至正十六年,张士诚寇杭州,其女临安奴仓皇言曰:"贼至矣,我别母求一死也。"俄而贼驱诸妇至其家,且指朱氏母子曰:"为我看守,日暮我当至也。"朱氏闻之,惧受辱,遂与女俱缢死。

姜冯氏,见其母子已死,叹曰:"我生何为,徒受辱耳!"亦自缢死。继而仲起弟妻蔡氏,抱幼子玄童,与乳母汤氏皆自缢。及暮,贼至,见诸尸满室,执仲起将杀之,哀求得脱。贼遂尽掠其家财而去。

焦士廉妻王氏,博兴人,养姑至孝。至正十七年,毛贵作乱,官军竞出虏掠。王氏被执,绐曰:"我家墓田有藏金,可共取也。"信之,随王氏至墓所。王氏哭曰:"我已得死所矣,实无藏金,汝可于此杀我。"乃与姜杜氏皆遇害。

又有赵氏者,平阳人,年二十,未嫁。寇乱,赵被驱迫以行,度不能免,绐贼曰:"吾取所藏金以遗汝。"贼信之,遂还,投于厕而死。

陈淑真,富州陈璧之女。璧故儒者,避乱移家龙兴。淑真七岁能诵诗鼓琴。至正十八年,陈友谅寇龙兴,淑真见邻妪仓皇来告,乃取琴坐牖下弹之。曲终,泫然流涕曰:"吾绝弦于斯乎!"父母怪,问之,淑真曰:"城陷必遭辱,不如早死。"明日贼至,其居临东湖,遂溺焉。水浅不死,贼抽矢胁之上岸,淑真不从,贼射杀之。

时同郡李宗颐妻夏氏,名婉常,亦儒家女。与女匿居后圃中,贼至,挟其女共投井死。

秦闰夫妻柴氏,晋宁人。闰夫前妻遗一女尚幼,柴氏鞠如己出。未几柴氏有子,闰夫病且死,嘱柴氏曰:"我病不复起,家贫,惟二幼子,汝能抚其成立,我死亦无憾矣。"闰夫死,家事日微,柴氏辛勤纺绩,遣二子就学。

至正十八年,贼犯晋宁,其长子为贼驱迫,在围中,既而得脱。初在贼时,有恶少与张福为仇,往灭其家。及官军至,福诉其事,事连柴氏长子,法当诛。柴氏引次子诣官泣诉曰:"往从恶者,吾次子,非吾长子也。"次子曰:"我之罪可加于兄乎!"鞫之至死不易其言。官反疑次子非柴氏所出,讯之他囚,始得其情。官义柴氏之行,为之言曰:"妇执义不忘其夫之命,子趋死而能成母之志,此天理人情之至也。"遂释免其长子,而次子亦得不死。时人皆以为难。二十四年,有司上其事,旌其门而复其家。

也先忽都,蒙古钦察氏,大宁路达鲁花赤铁木儿不花之妻,以夫恩封云中郡君。夫坐事免官,居大宁。至正十八年,红巾贼至,也先忽都与妾玉莲走尼寺中,为贼所得,令与众妇缝衣,拒不肯为。贼吓以刃,也先忽都骂曰:"我达鲁花赤妻也,汝曹贼也,我不能为针工以从贼。"贼怒杀之。玉莲因自缢者凡三,贼并杀之。

先是,其子完者帖木儿,年十四,与父出城,见执于贼。完者拜哭,请以身代父死。贼爱完者姿秀,遂挈以从。久之,乃获脱归,访母尸并玉莲葬焉。

吕彦能者,陵州人。至正十八年,贼犯陵州,彦能与家人谋所往。其姊久嫠居,寓彦能家,先曰:"我丧夫二十年,又无后,不死何为?苟辱身,则辱吾弟矣。"赴井死。其妻刘氏语彦能曰:"妾为君家妇二十八年,兹不幸逢乱离,必不负君,君可自往,妾入井矣。"彦能二女及子妇王氏、二孙女,皆随刘氏溺井。一门死者七人。

刘公翼妻萧氏,济南人,有姿色,颇通书史。至正十八年,闻毛贵兵将压境,豫与夫谋曰:"妾诗书家女,誓以冰雪自将,傥城陷被执,悔将何追?妾以二子一女累君,去作清白鬼于泉下耳!"夫曰:"事未至,何急于此!"居亡何,城陷,萧解绦自缢死。

袁氏孤女,建康路溧水州人,年十五。其母严氏,孀居极贫,病瘫痪卧于床者数年,女事母至孝。至正十二年,兵火延其里,邻妇强携女出避人火，女泣曰："我何忍舍母去乎，同死而已！"遂入室抱母，共焚而死。

徐允让妻潘氏，名妙圆，山阴人。至正十九年，与其夫从舅避兵山谷间。舅被执，夫泣以救舅脱，夫被兵所杀，欲强辱潘氏。潘氏因绐之曰："我夫既死，我从汝必矣。若能焚吾夫，可无憾也。"兵信之，聚薪以焚其夫。火既炽，潘氏且泣且语，遂投火自死。

又诸暨蔡氏者，王琪妻也。至正二十二年，张士诚陷诸暨，蔡氏避之长宁乡山中，兵猝至，有造纸镬方沸，遂投其中而死。

赵洙妻许氏，集贤大学士有壬之侄女也。至正十九年，红巾贼陷辽阳，洙时为儒学提举，夫妇避乱匿资善寺。洙以叱贼见害。许氏不知也。贼甘言诱许氏。令指示金银之处，许氏大言曰："吾诗书冠冕故家，不幸遇难，但知守节而死，他皆不知也。"贼以刃胁之，许氏色不变。已而知其夫死，因恸哭仆地，骂声不绝口，且曰："吾母居武昌，死于贼，吾女兄弟亦死贼，今吾夫又死焉。使我得报汝，当醢汝矣。"遂遇害。寺僧见许氏死状，哀其贞烈，贼退与洙合葬之。

张正蒙妻韩氏，绍兴人。正蒙尝为湖州德清税务提领。至正十九年，绍兴兵变，正蒙谓韩氏曰："吾为元朝臣子，于义当死。"韩氏曰："尔果能死于忠，吾必能死于节。"遂俱缢死。其女池奴，年十七，泣曰："父母既死，吾何以独生！"亦投崖而死。

又何氏者，处之龙泉县季锐妻也。因避兵于邑之绳门岩，贼至，何氏被执。欲污之，乃与子荣儿、女回娘投崖而死。

刘氏二女，长曰贞，年十九；次曰孙，年十七。龙兴人，皆未许嫁。陈友谅寇龙兴，其母泣谓二女曰："城或破，置汝何所？"二女曰："宁死不辱父母也。"城陷，二女登楼，相继自缢。婢郑奴，亦自缢。

于同祖妻曹氏,茶陵人。父德夫,教授湖、湘间,同祖在诸生中,因以女妻焉。至正二十年,茶陵陷,曹氏闻妇女多被驱逐,谓其夫及子曰:"是尚可全生乎!我义不辱身,以累汝也。顾舅年老,汝等善事之。"遂自刭死。妾李氏惊,抱持之不得,亦引刀自刭,绝而复苏,曰:"得从小君地下足矣。"是夕死。

李仲义妻刘氏,名翠哥,房山人。至正二十年,县大饥,平章刘哈剌不花兵乏食,执仲义欲烹之。仲义弟马儿起报刘氏,刘氏遽往救之,涕泣伏地,告于兵曰:"所执者是吾夫也,乞矜怜之,贷其生,吾家有酱一瓮、米一斗五升,窖于地中,可掘取之,以代吾夫。"兵不从,刘氏曰:"吾夫瘦小,不可食。吾闻妇人肥黑者味美,吾肥且黑,愿就烹以代夫死。"兵遂释其夫而烹刘氏。闻者莫不哀之。

李弘益妻申氏,冀宁人。至正二十年,贼陷冀宁,申语弘益曰:"君当速去,勿以我妇人相累。若贼入吾室,必以妾故害及君矣。"言讫,投井死。

弘益既免于难,再娶安氏。居二岁而弘益以疾卒,安氏时年三十,泣谓诸亲曰:"女子一适人,终身不改。不幸夫死,虽生亦何益哉!"乃窃入寝室,膏沐薰裳,自缢于枢侧。

郑琪妻罗氏,名妙安,信州弋阳人。幼聪慧,能暗诵《列女传》。年二十,归琪。琪家世宦族,同居百余口,罗氏执妇道无间言。琪以军功擢铅山州判官,罗氏封宜人。至正二十年,信州陷。罗氏度弋阳去州不远,必不免于难,辄取所佩刀淬砺,令铦甚。琪问何为,对曰:"时事如此,万一遇难,为自全计耳。"已而兵至,罗氏自刎死,时年二十九。

周如砥女,年十九,未适人。至正二十年,乡民作乱,如砥与女避于邑西之客僧岭,女为贼所执。贼曰:"吾未娶,当以汝为妻。"女曰:"我周典史女也,死即死,岂能从汝耶!"贼遂杀之。如砥时为绍兴新昌典史。

狄恒妻徐氏,天台人。恒早没,徐氏守节不再醮。至正二十年,乡民为乱,避难于牛囤山,为贼所执,驱迫以前。徐绐之曰:"吾渴甚,欲求水一杯。"贼令自汲,即投井而死,时年十八。

柯节妇陈氏者,长乐石梁人。至正二十一年,海贼劫石梁,其夫适在县郭。陈氏出避贼,道与贼遇,被执以行。陈氏且行且骂,贼乱捶之,挟以登舟,骂不已,忽振厉自投江中。

其父方卧病,见其女至,呼之不应,骇曰:"吾岂梦耶!"既而有自贼中归者,言陈氏死状,乃知其鬼也。明日尸逆流而上,止石梁岸傍。时盛暑,尸已变,其夫验其前背有黑子,乃恸哭曰:"是吾妻也!"舁归敛之。

李马儿妻袁氏,瑞州人。至正二十二年,李病殁,袁氏年十九,誓不再嫁,以养舅姑。有王成者,闻袁氏有姿色,挟势欲娶之,袁氏曰:"吾闻烈女不更二夫,宁死不失身也。"遂往夫墓痛哭,缢死树下。

王士明妻李氏,名赛儿,房山人。至正二十五年,竹贞军至县,李氏及其女李家奴皆被执。士明随至军,军怒逐之。李氏谓其女曰:"汝父既为军所逐,吾与汝必不得脱。与其受辱,不若死。"女曰:"母先杀我。"李氏即以军所遗钚刀杀其女,遂自杀。竹贞闻之,为之葬祭,仍书其门曰"王士明妻李氏贞节之门。"有司上其事,为树碑焉。

陶宗媛,台州人,儒干杜思絅妻也。归杜四载而夫亡,矢志守节。台州被兵,宗媛方居姑丧,忍死护柩,为游军所执,迫胁之,媛曰:"我若畏死,岂留此耶!任汝杀我,以从姑于地下尔!"遂遇害。

其妹宗婉,弟妻王淑,亦皆赴水死。

高丽氏,宣慰副使孛罗帖木儿妻也。至正二十七年十二月,其夫死于兵,谓人曰:"夫既死矣,吾安能复事人乎!"乃积薪塞户,以火自焚而死。

张讷妻刘氏,蓝田人。讷为监察御史,早卒,刘守志不二。河东受兵,刘氏二子衡、衍俱以事出外,度不能自脱,遂与二妇孙氏、姚氏决死,尽发赀囊分给家人,妇姑同缢焉。

有华氏者,大同张思孝妻,为貊高兵所执,以不受辱见杀。其妇刘氏,僵压姑尸,大骂不已,兵并杀之。后家人殓其尸,妇姑之手犹相持不舍。

观音奴妻卜颜的斤,蒙古氏,宗王黑闻之女。大都被兵,卜颜的斤谓其夫曰:"我乃国族,且年少,必不容于人,岂惜一死以辱家国乎!"遂自缢而死。

时张栋妻王氏语家人曰:"吾为状元妻,义不可辱。"赴井死。其姑哭之恸,亦赴井死。

安志道妻刘氏,顺州人。志道及刘氏之弟明理,并登进士第。刘氏避兵匿岩穴中,军至,欲污之,刘氏曰:"我弟与夫皆进士也,我岂受汝辱乎!"军士以兵磨其体,刘大骂不辍声,军怒,乃钩断其舌,含糊而死。

宋谦妻赵氏,大都人。兵破大都,赵氏子妇温氏、高氏,孙妇高氏、徐氏,皆有姿色,合谋曰:"兵且至矣,我等岂可辱身以苟全哉!"赵即自经死,诸妇四人,诸孙男女六人,众妾三人,皆赴井而死。

齐关妻刘氏,河南人。关应募为千夫长,战死泽、潞间。刘氏贫无所依,守志不夺。有来强议婚者,刘氏绐曰:"吾三月三日有心愿,偿毕,当从汝所言。"是日,径往彰德天宁寺,登浮图绝顶,祝天曰:"妾本河南名家刘氏女,遭世乱,适湖南齐关为妻。今夫已死,不敢失节也。"遂投地而死。

王宗仁妻宋氏,进士宋褧之女也。宗仁家永平。永平受兵,宋氏从夫避于锛子山。夫妇为军所虏,行至玉田县,有窥宋氏色美欲害宗仁者,宋氏顾谓夫曰:"我不幸至此,必不以身累君。"言讫,遂携一女投井死,时年二十九。

王履谦妻齐氏,太原人。治家严肃,克守妇道。至正十八年,贼陷太原,齐氏与二妇萧氏、吕氏及二女避难于赵庄石岩。贼且至,度不能免,顾谓二女曰:"汝家五世同居,号为清白,岂可亏节辱身以苟生哉!"长女曰:"吾夫已死,今为未亡人,得死为幸。"吕氏曰:"吾为中书左丞之孙,义不受辱。"齐氏大哭,乃与二妇二女及二孙女,俱投岩下以死。

王时妻安氏,名正同,磁州人,平章政事祐孙女也。至正十九年,时以参知政事分省太原,安氏从之。二十年,贼兵寇太原,城陷,众皆逃,安氏与其妾李氏同赴井死。事闻,赠梁国夫人,谥庄洁。

徐猱头妻岳氏,大都人。兵入都城,岳氏告其夫曰:"我等恐被驱逐,将奈何其?"夫曰:"事急,惟有死耳,何避也。"遂火其所居,夫妇赴火以死。其母王氏,二女一子,皆抱持赴火死。

金氏,详定使四明程徐妻也。京城既破,谓其女曰:"汝父出捍城,我三品命妇,汝儒家女又进士妻,不可受辱。"抱二岁子及女赴井死。

　　汪琰妻潘氏，徽州婺源人。年二十八而琰卒，潘氏誓不他适，以其夫从兄之子元圭为后。元圭时始三岁，鞠之不啻己出。潘氏卒年六十二。元圭之子良昼，有子燕山。燕山卒时，妻李氏年二十四，无子，乃守志自誓，父母欲夺而嫁之，不听。燕山兄子惟德，娶俞氏，惟德早死，二子甚幼，俞氏守节辛勤，不坠家业。故人贤汪氏之门，而称曰三节。

　　同郡歙县吴子恭之妻蒋氏，年二十八而夫亡，孀居五十年，年七十八卒。至正十四年，旌表门闾。

元史卷二〇二
列传第八九

释　老

八思巴 胆巴　必兰纳识理　　**丘处机**
张宗演 张与材　张留孙　吴全节
郦希诚 张志清　李居寿

　　释、老之教，行乎中国也，千数百年，而其盛衰，每系乎时君之好恶。是故，佛于晋、宋、梁、陈，黄、老于汉、魏、唐、宋，而其效可睹矣。

　　元兴，崇尚释氏，而帝师之盛，尤不可与古昔同语。维道家方士之流，假祷祠之说，乘时以起，曾不及其什一焉。宋旧史尝志老、释，厥有旨哉。乃本其意，作《释老传》。

　　帝师八思巴者，土番萨斯迦人，族款氏也。相传自其祖朵栗赤，以其法佐国主霸西海者十余世。

　　八思巴生七岁，诵经数十万言，能约通其大义，国人号之圣童，故名曰八思巴。少长，学富五明，故又称曰班弥怛。

　　岁癸丑，年十有五，谒世祖于潜邸，与语大悦，日见亲礼。

　　中统元年，世祖即位，尊为国师，授以玉印，命制蒙古新字，字成上之。其字仅千余，其母凡四十有一。其相关纽而成字者，则有韵关之法；其以二合三合四合而成字者，则有语韵之法；而大要则以谐声为宗也。至元六年，诏颁行于天下。诏曰：

> 朕惟字以书言，言以纪事，此古今之通制。我国家肇基朔方，俗尚简古，未遑制作，凡施用文字，因用汉楷及畏吾字，以达本朝之言。考诸辽、金，以及遐方诸国，例各有字。今文治浸兴，而字书有阙，于一代制度，实为未备。故特命国师八思巴创为蒙古新字，译写一切文字，期于顺言达事而已。自今以往，凡有玺书颁降者，并用蒙古新字，仍各以其国字副之。

遂升号八思巴曰大宝法王，更赐玉印。

十一年，请告西还，留之不可，乃以其弟亦怜真嗣焉。十六年，八思巴卒，讣闻，赙赠有加，赐号皇天之下一人之上宣文辅治大圣至德普觉真智佑国如意大宝法王、西天佛子、大元帝师。至治间，特诏郡县建庙通祀。泰定元年，又以绘像十一，颁各行省，为之塑像云。

亦怜真嗣为帝师，凡六岁，至元十九年卒。答儿麻八剌乞列嗣，二十三年卒。亦摄思连真嗣，三十一年卒。乞剌斯八斡节儿嗣，成宗特造宝玉五方佛冠赐之。元贞元年，又更赐双龙盘纽白玉印，文曰："大元帝师统领诸国僧尼中兴释教之印。"大德七年卒。明年，以辇真监藏嗣，又明年卒。都家班嗣，皇庆二年卒。相儿加思嗣，延祐元年卒。二年，以公哥罗古罗思监藏班藏卜嗣，至治三年卒。旺出儿监藏嗣，泰定二年卒。公哥列思八冲纳思监藏班藏卜嗣，赐玉印，降玺书谕天下，其年卒。天历二年，以辇真吃剌失思嗣。

八思巴时，又有国师胆巴者，一名功嘉葛剌思，西番突甘斯旦麻人。幼从西天竺古达麻失利传习梵秘，得其法要。中统间，帝师八思巴荐之。时怀孟大旱，世祖命祷之，立雨。又尝咒食投龙湫，顷之奇花异果上尊涌出波面，取以上进，世祖大悦。

至元末，以不容于时相桑哥，力请西归。既复召还，谪之潮州。时枢密副使月的迷失镇潮，而妻得奇疾，胆巴以所持数珠加其身，即愈。又尝为月的迷失言异梦及己还朝期，后皆验。

元贞间,海都犯西番界,成宗命祷于摩诃葛剌神,已而捷书果至;又为成宗祷疾,遄愈,赐与甚厚,且诏分御前校尉十人为之导从。成宗北巡,命胆巴以象舆前导。过云州,语诸弟子曰:"此地有灵怪,恐惊乘舆,当密持神咒以厌之。"未几,风雨大至,众咸震惧,惟輦殿无虞,复赐碧钿杯一。大德七年夏,卒。皇庆间,追号大觉普惠广照无上胆巴帝师。

其后又有必兰纳识里者,初名只剌瓦弥的理,北庭感木鲁国人。幼熟畏兀儿及西天书,长能贯通三藏暨诸国语。大德六年,奉旨从帝师授戒于广寒殿,代帝出家,更赐今名。皇庆中,命翻释诸梵经典。延祐间,特赐银印,授光禄大夫。是时诸番朝贡,表笺文字无能识者,皆令必兰纳识理译进。尝有以金刻字为表进者,帝遣视之,廷中愕眙,观所以对。必兰纳识理随取案上墨汁涂金叶,审其字,命左右执笔,口授表中语及使人名氏,与贡物之数,书而上之。明日,有司阅其物色,与所赍重译之书无少差者。众无不服其博识,而竟莫测其何所从授,或者以为神悟云。授开府仪同三司,仍赐三台银印,兼领功德使司事,厚其廪饩,俾得以养母焉。

至治三年,改赐金印,特授沙津爱护持,且命为诸国引进使。至顺二年,又赐玉印,加号普觉圆明广照弘辩三藏国师。三年,与安西王子月鲁帖木儿等谋为不轨,坐诛。其所译经,汉字则有《楞严经》,西天字则有《大乘庄严宝度经》、《乾陀般若经》、《大涅槃经》、《称赞大乘功德经》,西番字则有《不思议禅观经》,通若干卷。

元起朔方,固已崇尚释教。及得西域,世祖以其地广而险远,民犷而好斗,思有以因其俗而柔其人,乃郡县土番之地,设官分职,而领之于帝师。乃立宣政院,其为使位居第二者,必以僧为之,出帝师所辟举,而总其政于内外者,帅臣以下,亦必僧俗并用,而军民通摄。于是帝师之命,与诏敕并行于西土。百年之间,朝廷所以敬礼而尊信之者,无所不用其至。虽帝后妃主,皆因受戒而为之膜拜。正旦朝会,百官班列,而帝师亦或专席于坐隅。且每帝即位之始,降诏褒护,必敕章佩监络珠为字以赐,盖其重之如此。其未至而迎之,则中书大臣驰驿累百骑以往，所过供亿送迎。比至京师，则敕大府假法驾半仗，以为前导，诏省、台、院官以及百司庶府，并服银鼠质孙。用每岁二月八日迎佛，威仪往迓，且命礼部尚书、郎中专督迎接。及其卒而归葬舍利，又命百官出郭祭饯。大德九年，专遣平章政事铁木儿乘传护送，赙金五百两、银千两、币帛万匹、钞三千锭。皇庆二年，加至赙金五千两、银一万五千两、锦绮杂彩共一万七千匹。虽其昆弟子姓之往来，有司亦供亿无乏。泰定间，以帝师弟公哥亦思监将至，诏中书持羊酒郊劳；而其兄琐南藏卜遂尚公主，封白兰王，赐金印，给圆符。其弟子之号司空、司徒、国公，佩金玉印章者，前后相望。

为其徒者，怙势恣睢，日新月盛，气焰熏灼，延于四方，为害不可胜言。

有杨琏真加者，世祖用为江南释教总统，发掘故宋赵氏诸陵之在钱唐、绍兴者及其大臣冢墓凡一百一所，戕杀平民四人；受人献美女宝物无算；且攘夺盗取财物，计金一千七百两、银六千八百两、玉带九、玉器大小百一十有一、杂宝贝百五十有二、大珠五十两、钞一十一万六千二百锭、田二万三千亩；私庇平民不输公赋者二万三千户。他所藏匿未露者不论也。

又至大元年，上都开元寺西僧强市民薪，民诉诸留守李璧。璧方询问其由，僧已率其党持白梃突入公府，隔案引璧发，捽诸地，捶扑交下，拽之以归，闭诸空室，久乃得脱，奔诉于朝，遇赦以免。

二年，复有僧龚柯等十八人，与诸王合儿八剌妃忽秃赤的斗争道，拉妃堕车殴之，且有犯上等语，事闻，诏释不问。而宣政院臣方奏取旨：凡民殴西僧者，截其手；詈之者，断其舌。时仁宗居东宫，闻之，亟奏寝其令。

泰定二年，西台御史李昌言："尝经平凉府、静、会、定西等州，见西番僧佩金字圆符，络绎道途，驰骑累百，传舍至不能容，则假馆民舍，因迫逐男子，奸污女妇。奉元一路，自正月至七月，往返者百八十五次，用马至八百四十余匹，较之诸王、行省之使，十多六七。

驿户无所控诉，台察莫得谁何。且国家之制圆符，本为边防警报之虞，僧人何事而辄佩之？乞更正僧人给驿法，且令台宪得以纠察。"不报。必兰纳识里之诛也，有司籍之，得其人畜土田、金银货贝钱币、邸舍、书画器玩，以及妇人七宝装具，价直钜万万云。

　　若岁时祝厘祷祠之常，号称好事者，其目尤不一。有曰镇雷阿蓝纳四，华言庆赞也。有曰亦思满蓝，华言药师坛也。有曰搠思串卜，华言护城也。有曰朵儿禅，华言大施食也。有曰朵儿只列朵四，华言美妙金刚回遮施食也。有曰察儿哥朵四，华言回遮也。有曰笼哥儿，华言风轮也。有曰嗒朵四，华言作施食也。有曰出朵儿，华言出水济六道也。有曰党剌朵四，华言回遮施食也。有曰典朵儿，华言常川施食也。有曰坐静，有曰鲁朝，华言狮子吼道场也。有曰黑牙蛮答哥，华言黑狱帝主也。有曰搠思江朵儿麻，华言护江神施食也。有曰赤思古林搠，华言自受主戒也。有曰镇雷坐静，有曰吃剌察坐静，华言秘密坐静也。有曰斟惹，华言文殊菩萨也。有曰古林朵四，华言至尊大黑神回遮施食也。有曰歇白咱剌，华言大喜乐也。有曰必思禅，华言无量寿也。有曰睹思哥儿，华言白伞盖咒也。有曰收札沙剌，华言《五护陀罗尼经》也。有曰阿昔答撒答昔里，华言《八十颂般若经》也。有曰撒思纳屯，华言大理天神咒也。有曰阔儿鲁弗卜屯，华言大轮金刚咒也。有曰且八迷屯，华言《无量寿经》也。有曰亦思罗八，华言《最胜王经》也。有曰撒思纳屯，华言护神咒也。有曰南占屯，华言《怀相金刚》也。有曰卜鲁八，华言咒法也。又有作擦擦者，以泥作小浮屠也。又有作答儿刚者。其作答儿刚者，或一二所以至七所；作擦擦者，或十万二十万以至三十万。又尝造浮屠二百一十有六，实以七宝珠玉，半置海畔，半置水中，以镇海灾。

　　延祐四年，宣徽使会每岁内廷佛事所供，其费以斤数者，用面四十三万九千五百、油七万九千、酥二万一千八百七十、蜜二万七千三百。自至元三十年间，醮祠佛事之目，仅百有二。大德七年，再立功德司，遂增至五百有余。僧徒贪利无已，营结近侍，欺昧奏请，布施莽斋，所需非一，岁费千万，较之大德，不知几倍。又每岁必因好事奏释轻重囚徒，以为福利，虽大臣如阿里，闽帅如别沙儿等，莫不假是以逭其诛。宣政院参议李良弼，受赇鬻官，直以帝师之言纵之。其余杀人之盗，作奸之徒，夤缘幸免者多。至或取空名宣敕以为布施，而任其人，可谓滥矣。凡此皆有关乎一代之治体者，故今备著焉。

若夫天下寺院之领于内外宣政院，曰禅，曰教，曰律，则固各守其业，惟所谓白云宗、白莲宗者，亦或颇通奸利云。

丘处机，登州栖霞人，自号长春子。儿时，有相者谓其异日当为神仙宗伯。年十九，为全真学于宁海之昆嵛山，与马钰、谭处端、刘处玄、王处一、郝大通、孙不二同师重阳王真人。重阳一见处机，大器之。金、宋之季，俱遣使来召，不赴。

岁己卯，太祖自乃蛮命近臣札八儿、刘仲禄持诏求之。处机一日忽语其徒，使促装，曰：“天使来召我，我当往。”翌日，二人者至，处机乃与弟子十有八人同往见焉。明年，宿留山北，先驰表谢，拳拳以止杀为劝。又明年，趣使再至，乃发抚州，经数十国，为地万有余里。盖蹀血战场，避寇叛域，绝粮沙漠，自昆嵛历四载而始达雪山。常马行深雪中，马上举策试之，未及积雪之半。既见，太祖大悦，赐食、设庐帐甚饬。

太祖时方西征，日事攻战，处机每言欲一天下者，必在乎不嗜杀人。及问为治之方，则对以敬天爱民为本。问长生久视之道，则告以清心寡欲为要。太祖深契其言，曰：“天锡仙翁，以寤朕志。”命左右书之，且以训诸子焉。于是锡之虎符，副以玺书，不斥其名，惟曰“神仙”。一日雷震，太祖以问，处机对曰：“雷，天威也。人罪莫大于不孝，不孝则不顺乎天，故天威震动以警之。似闻境内不孝者多，陛下宜明天威，以导有众。”太祖从之。

岁癸未，太祖大猎于东山，马踣，处机请曰：“天道好生，陛下春秋高，数畋猎，非宜。”太祖为罢猎者久之。时国兵践蹂中原，河南、北尤甚，民罹俘戮，无所逃命。处机还燕，使其徒持牒招求于战伐之余,由是为人奴者得复为良,与滨死而得更生者,毋虑二三万人。中州人至今称道之。

岁乙酉,荧惑犯尾,其占在燕,处机祷之,果退舍。丁亥,又为旱祷,期以三日雨,当名瑞应,已而亦验。有旨改赐宫名曰长春,且遣使劳问,制若曰:"朕常念神仙,神仙毋忘朕也。"六月,浴于东溪,越二日天大雷雨,太液池岸北水入东湖,声闻数里,鱼鳖尽去,池遂涸,而北口高岸亦崩。处机叹曰:"山其摧乎,池其涸乎,吾将与之俱乎!"遂卒,年八十。其徒尹志平等世奉玺书袭掌其教,至大间加赐金印。

处机之四传有曰祈志诚者,居云州金阁山,道誉甚著。丞相安童尝过而问之,志诚告以修身治世之要。安童感其言,故其相世祖也,以清静忠厚为主。及罢还第,退然若无与于世者,人以为有得于志诚之言。其后安童复被召入相,辞,不可,遂往决于志诚。志诚曰:"昔与子同列者何人?今同列者何人?"安童悟,入见世祖,辞曰:"臣昔为宰相,年尚少,幸不失陛下事者,丞佐皆臣所师友。今事臣者,皆进与臣俱,则臣之为政能有加于前乎!"世祖曰:"谁为卿言是?"对曰:"祈真人。"世祖叹异者久之。

正一天师者,始自汉张道陵,其后四代曰盛,来居信之龙虎山。相传至三十六代宗演,当至元十三年,世祖已平江南,遣使召之。至则命廷臣郊劳,待以客礼。及见,语之曰:"昔岁己未,朕次鄂渚,尝令王一清往访卿父,卿父使报朕曰:后二十年天下当混一。神仙之言验于今矣。"因命坐,锡宴,特赐玉芙蓉冠、组金无缝服,命主领江南道教,仍赐银印。

十八年、二十五年再入觐。世祖尝命取其祖天师所传玉印、宝剑观之,语侍臣曰:"朝代更易已不知其几,而天师剑印传子若孙尚至今日,其果有神明之相矣乎!"嗟叹久之。二十九年卒,子与棣嗣,为三十七代,袭掌江南道教。三十一年入觐,卒于京师。元贞元年,弟与材嗣,为三十八代,袭掌道教。

　　时潮啮盐官、海盐两州,为患特甚,与材以术治之。一夕大雷电以震,明日见有物鱼首龟形者磔于水裔,潮患遂息。大德五年,召见于上都幄殿。八年,授正一教主,主领三山符箓。武宗即位,来觐,特授金紫光禄大夫,封留国公,锡金印。仁宗即位,特赐宝冠、组织文金之服。延祐三年卒。四年,子嗣成嗣,为三十九代,袭领江南道教,主领三山符箓如故。

　　其徒张留孙者,字师汉,信州贵溪人。少时入龙虎山为道士,有道人相之曰:“神仙宰相也。”至元十三年,从天师张宗演入朝,世祖与语,称旨,遂留侍阙下。世祖尝亲祠幄殿,皇太子侍。忽风雨暴至,众骇惧,留孙祷之立止。又尝次日月山,昭睿顺圣皇后得疾危甚,亟召留孙请祷。既而后梦有朱衣长髯,从甲士,导朱辇白兽行草间者。觉而异之,以问留孙,对曰:“甲士导辇兽者,臣所佩法箓中将吏也;朱衣长髯者,汉祖天师也;行草间者,春时也。殿下之疾,其及春而瘳乎!”后命取所事画像以进,视之果梦中所见者。帝后大悦,即命留孙为天师,留孙固辞不敢当,乃号之上卿,命尚方铸宝剑以赐,建崇真宫于两京,俾留孙居之,专掌祠事。

　　十五年,授玄教宗师,锡银印。又特任其父信州路治中,寻复升江东道同知宣慰司事。是时天下大定,世祖思与民休息,留孙待诏尚方,因论黄老治道贵清净、圣人在宥天下之旨,深契主衷。及将以完泽为相,命留孙筮之,得《同人》之《豫》,留孙进曰:“‘《同人》,柔得位而进乎乾’,君臣之合也;‘《豫》,利侯’,命相之事也。何吉如之,愿陛下勿疑。”及拜完泽,天下果以为得贤相。

　　大德中,加号玄教大宗师,同知集贤院道教事,且追封其三代皆魏国公,官阶品俱第一。武宗立,召见,赐坐,升大真人,知集贤院,位大学士上。寻又加特进。进讲老子推明谦让之道。及仁宗即位,犹恒诵其言,且谕近臣曰:“累朝旧德,仅余张上卿尔。”进开府仪同三司,加号辅成赞化保运玄教大宗师,刻玉为玄教大宗师印以赐。至治元年十二月卒,年七十四。天历元年,追赠道祖神应真君。

其徒吴全节嗣。

全节,字成季,饶州安仁人。年十三学道于龙虎山。至元二十四年至京师,从留孙见世祖。三十一年,成宗至自朔方,召见,赐古雕玉蟠螭环一,敕每岁侍从行幸,所司给庐帐、车马、衣服、廪饩,著为令。大德十一年,授玄教嗣师,锡银印,视二品。

至大元年,赐七宝金冠、织金文之服。三年,赠其祖昭文馆大学士,封其父司徒、饶国公,母饶国太夫人,名其所居之乡曰荣禄,里曰具庆。至治元年,留孙卒。二年,制授特进、上卿、玄教大宗师、崇文弘道玄德真人、总摄江淮荆襄等处道教、知集贤院道教事,玉印一、银印二并授之。

全节尝代祀岳渎还,成宗问曰:“卿所过郡县,有善治民者乎?”对曰:“臣过洛阳,太守卢挚平易无为,而民以安靖。”成宗曰:“吾忆其人。”即日召拜集贤学士。成宗崩,仁宗至自怀孟,有狂士以危言讦翰林学士阎复者,事叵测。全节力为言于李孟,孟以闻,仁宗意解,复告老而去。当时以为朝廷得敬大臣体,而不以口语伤贤者,全节盖有力焉。

全节雅好结士大夫,无所不倾其交,长者尤见亲而敬,推毂善类,唯恐不尽其力。至于振穷周急,又未尝以恩怨异其心,当时以为颇有侠气云。全节卒,年八十有二,其徒夏文泳嗣。

真大道教者,始自金季,道士刘德仁之所立也。其教以苦节危行为要,则不妄取于人、不苟侈于己者也。五传而至郦希诚,居燕城天宝宫,见知宪宗,始名其教曰真大道,授希诚太玄真人,领教事,内出冠服以赐,仍给紫衣三十袭,赐其从者。

至元五年,世祖命其徒孙德福统辖诸路真大道,锡铜章。二十年,改赐银印二。又三传而至张志清,其教益盛,授演教大宗师、凝神冲妙玄应真人。志清事亲孝,尤耐辛苦,制行坚峻。东海珠、牢山旧多虎,志清往结茅居之。虎皆避徙,然颇为人害。志清曰:“是吾夺其所也!”遂去之。后居临汾,地大震,城郭邑屋摧压,死者不可胜计,独志清所居裂为二,无少损焉。乃遍巡木石间,听呻吟声,救活者甚众。朝廷重其名,给驿致之掌教事。志清舍传徒步至京师,深居简出,人或不识其面。贵人达官来见,率告病,伏卧内不起。至于道德缙绅先生,则纳屦杖屦求见,不以为难。时人高其风,至画为图以相传焉。

太一教者,始金天眷中道士萧抱珍,传太一三元法箓之术,因名其教曰太一。四传而至萧辅道。世祖在潜邸闻其名,命史天泽召至和林,赐对称旨,留居宫邸。以老,请授弟子李居寿掌其教事。

至元十一年,建太一宫于两京,命居寿居之,领祠事,且禋祀六丁,以继太保刘秉忠之术。十三年,赐太一掌教宗师印。十六年十月辛丑,月直元辰,敕居寿祠醮,奏赤章于天,凡五昼夜。事毕,居寿请间曰:“皇太子春秋鼎盛,宜参预国政。”且又因典瑞董文忠以为言,世祖喜曰:“行将及之。”其后诏太子参决朝政,庶事皆先启后闻者,盖居寿为之先也。

元史卷二○三
列传第九○

方技　工艺

田忠良　靳德进　张康　李杲
孙威　阿老瓦丁　亦思马因
阿尼哥 刘元

自昔帝王勃兴，虽星历医卜方术异能之士，莫不过绝于人，类非后来所及，盖天运也。元有中土，钜公异人，身兼数器者，皆应期而出，相与立法创制，开物成务，以辅成大业，亦云盛哉。若道流释子，所挟多方，事适逢时，既皆别为之传。其他以术数言事辄验，及以医著效，被光宠者甚众。旧史多阙弗录，今取其事迹可见者，为《方技篇》。而以工艺贵显，亦附见焉。

田忠良，字正卿，其先平阳赵城人，金亡，徙中山。忠良好学，通儒家、杂家言。尝识太保刘秉忠于微时，秉忠荐于世祖，遣使召至。帝视其状貌步趋，顾谓侍臣曰："是虽以阴阳家进，必将为国用。"俄指西序第二人谓忠良曰："彼手中握何物？"忠良对曰："鸡卵也。"果然。帝喜，又曰："朕有事萦心，汝试占之。"对曰："以臣术推之，当是一名僧病耳。"帝曰："然，国师也。"遂遣左侍仪奉御也先乃送忠良司天台，给笔札，令秉忠试星历、遁甲诸书。秉忠奏曰："所试皆通，司天诸生鲜有及者。”诏官之司天。帝曰：“朕用兵江南，困于襄樊，累年不决，奈何？”忠良对曰：“在酉年矣。”

至元十一年，阿里海牙奏请率十万众渡江，朝议难之，帝密问曰：“汝试筮之，济否？”忠良对曰：“济。”帝猎于柳林，御幄殿，侍臣甚众，顾忠良曰：“今拜一大将取江南，朕心已定，果何人耶？”忠良环视左右，目一人，对曰：“是伟丈夫，可属大事。”帝笑曰：“此伯颜也，为西王旭烈兀使，朕以其才留用之，汝识朕心。”赐钞五百贯、衣一袭。七月十五日夜，白气贯三台，帝问何祥，忠良对曰：“三公其死乎？”未几，太保刘秉忠卒。八月，帝出猎，驻辇召忠良曰：“朕有所遗，汝知何物，还可复得否。”对曰：“其数珠乎？明日，二十里外人当有得而来献者。”已而果然，帝喜，赐以貂裘。十月，有旨问忠良：“南征将士能渡江否？劳师费财，朕甚忧之。”忠良奏曰：“明年正月当奏捷矣。”

十二年正月，师取鄂州，丞相伯颜遣使来献宋宝，有玉香炉，辍以赐忠良，及金织文十匹。二月，帝不豫，召忠良谓曰：“或言朕今岁不嘉，汝术云何？”忠良对曰：“圣体行自安矣。”三月，帝疾愈，赐银五百两、衣材三十匹。五月，车驾清暑上都，遣使来召曰：“叛者浸入山陵，久而不去，汝与和礼霍孙率众往视之。”既至，山陵如故，俄而叛兵大至，围之三匝，三日不解。忠良引众夜归，敌殊不觉，和礼霍孙以为神，白其事于帝，赐黄金十两。八月，以海都为边患，遣皇子北平王那木罕、丞相安童征之。忠良奏曰：“不吉，将有叛者。”帝不悦。十二月，诸王昔里吉劫皇子、丞相以入海都，帝召忠良曰：“朕几信谗言罪汝，今如汝言，汝祀神致祷，虽黄金朕所不吝。”忠良对曰：“无事于神，皇子未年当还。”后果然。

十四年八月，车驾驻隆兴北，忠良奏曰：“昔里吉之叛，以安童之食不彼及也。今宿卫之士，日食一瓜，岂能充饥，窃有怨言矣。”帝怒，笞主膳二人，俾均其食。十五年三月，汴梁河清三百里，帝曰：“宪宗生，河清；朕生，何又清；今河又清，何耶？”忠良对曰：“应在皇太子宫矣。”帝语符宝郎董文忠曰：“是不妄言，殆有征也。”

十八年,特命为太常丞。少府为诸王昌童建宅于太庙南,忠良往仆其柱,少府奏之,帝问忠良,对曰:"太庙前岂诸王建宅所耶?"帝曰:"卿言是也。"又奏曰:"太庙前无驰道,非礼也。"即敕中书辟道。国制,十月上吉,有事于太庙。或请牲不用牛,忠良奏曰:"梁武帝用面为牺牲,后如何耶?"从之。迁太常少卿。二十年,将征日本国,召忠良择日出师,忠良奏曰:"僻陋海隅,何足劳天戈。"不听。二十四年,请建太社于朝右,建郊坛于国南。俄兼引进使。二十九年,迁太常卿。

大德元年,迁昭文馆大学士、中奉大夫,兼太常太卿。十一年,成宗崩,阿忽台等持异谋,将以皇后教,祔成宗于庙。忠良争曰:"嗣皇帝祔先帝于庙,礼也;皇后教,非制也。"阿忽台等怒曰:"制自天降耶! 汝不畏死,敢沮大事。"忠良竟不从。既而仁宗以太弟奉皇太后至自怀州,潜与密谋诛阿忽台等。武宗即位,进荣禄大夫、大司徒,赐银印。仁宗即位,又进光禄大夫,领太常礼仪院事。延祐四年正月卒,年七十五。赠推忠守正佐运功臣、太师、开府仪同三司、上柱国,追封赵国公,谥忠献。

子天泽,翰林侍讲学士、嘉议大夫、知制诰兼修国史。

靳德进,其先潞州人,后徙大名。

祖璇,业儒。父祥,师事陵川郝温,兼善星历。金末兵乱,与母相失,母悲泣而盲,祥访得之,舐其目,百日复明,人称其孝。国初,玉出干刘敏行省于燕,辟祥置幕下,佩以金符。时藩帅得擅生杀,无辜者多赖祥以免。赠集贤大学士,谥安靖。

德进为人材辨,幼读书,能通大义,父殁,益自刻励,尤精于星历之学。世祖命太保秉忠选太史官属,德进以选授天文、星历、卜筮三科管勾,凡交蚀躔次、六气侵沴,所言休咎辄应。时因天象以进规谏,多所裨益。累迁秘书监,掌司天事。从征叛王乃颜,揆度日时,率中机会。诸将欲剿绝其党,德进独陈天道好生,请缓师以待其降。俄奏言:"叛始由惑于妖言,遂谋不轨,宜括天下术士,设阴阳教官,使训学者,仍岁贡有成者一人。"帝从之,遂著为令。

成宗以皇孙抚军北边,帝遣使授皇太子宝,德进预在行,凡攻战取胜,皆豫克其日,无不验者。亦间言事得失,多所裨益。成宗即位,历陈世祖进贤纳谏、咨询治乱之原,帝嘉纳之。授昭文馆大学士,知太史院,领司天台事,赐金带宴服。都城以获苦廪,或请以瓦易之,帝以问德进,对曰:"若是役骤兴,物必踊贵,民力重困,臣愚未见其可。"议遂寝。敕中书自今凡集议政事,必使德进预焉。所建明多见于施行。寻以病丏闲。

仁宗时在东宫,特令中书加官以留之。会车驾自上京还,召见白海行宫,授资德大夫、中书右丞,议通政院事。仁宗即位,命领太史院事,力辞不允。以疾卒于位。赠推诚赞治功臣、荣禄大夫、大司徒、柱国、魏国公,谥文穆。子泰,工部侍郎。

张康,字汝安,号明远,潭州湘潭人。祖安厚,父世英。康早孤力学,旁通术数。宋吕文德、江万里、留梦炎皆推重之,辟置幕下。宋亡,隐衡山。

至元十四年,世祖遣中丞崔彧祀南岳,就访隐逸。彧兄湖南行省参政崔斌言康隐衡山,学通天文地理。彧还,具以闻,遣使召康,与斌偕至京师。十五年夏四月,至上都见帝,亲试所学,大验,授著作佐郎,仍以内嫔松夫人妻之。凡召对,礼遇殊厚,呼以明远而不名。尝面谕:凡有所问,使极言之。

十八年,康上奏:"岁壬午,太一理艮宫,主大将客、参将囚,直符治事,正属燕分。明年春,京城当有盗兵,事干将相。"十九年三月,盗果起京师,杀阿合马等。帝欲征日本,命康以太一推之,康奏曰:"南国甫定,民力未苏,且今年太一无算,举兵不利。"从之。尝赐太史院钱,分千贯以与康,不受,众服其廉。久之,乞归田里,优诏不许,迁奉直大夫、秘书监丞。年六十五卒。子天祐。

李杲,字明之,镇人也,世以赀雄乡里。杲幼岁好医药,时易人张元素以医名燕赵间，杲捐千金从之学，不数年，尽传其业。家既富厚，无事于技，操有余以自重，人不敢以医名之，大夫士或病其资性高謇，少所降屈，非危急之疾，不敢谒也。其学于伤寒、痈疽、眼目病为尤长。

北京人王善甫，为京兆酒官，病小便不利，目眼凸出，腹胀如鼓，膝以上坚硬欲裂，饮食且不下，甘淡渗泄之药皆不效。杲谓众医曰："疾深矣。《内经》有之，膀胱者，津液之府，必气化乃出焉。今用渗泄之剂而病益甚者，是气不化也。启玄子云'无阳者阴无以生，无阴者阳无以化'，甘淡渗泄皆阳药，独阳无阴，其欲化得乎？"明日，以群阴之剂投，不再服而愈。

西台掾萧君瑞，二月中病伤寒发热，医以白虎汤投之，病者面黑如墨，本证不复见，脉沉细，小便不禁。杲初不知用何药，及诊之，曰："此立夏前误用白虎汤之过。白虎汤大寒，非行经之药，止能寒腑藏，不善用之，则伤寒本病隐曲于经络之间。或更以大热之药救之，以苦阴邪，则他证必起，非所以救白虎也。有温药之升阳行经者，吾用之。"有难者曰："白虎大寒，非大热何以救，君之治奈何？"杲曰："病隐于经络间，阳不升则经不行，经行而本证见矣。本证又何难焉。"果如其言而愈。

魏邦彦之妻，目翳暴生，从下而上，其色绿，肿痛不可忍。杲云："翳从下而上，病从阳明来也。绿非五色之正，殆肺与肾合而为病邪。"乃泻肺肾之邪，而以入阳明之药为之使。既效矣，而他日病复作者三，其所从来之经，与肾色各异。乃曰："诸脉皆属于目，脉病则目从之。此必经络不调，经不调，则目病未已也。"问之果然，因如所论而治之，疾遂不作。

冯叔献之侄栎，年十五六，病伤寒，目赤而顿渴，脉七八至，医欲以承气汤下之，已煮药，而杲适从外来，冯告之故。杲切脉，大骇曰："几杀此儿。《内经》有言'在脉，诸数为热，诸迟为寒'。今脉八九至，是热极也。而《会要大论》云'病有脉从而病反者何也？脉之而从，按之不鼓，诸阳皆然'。此传而为阴证矣。令持姜、附来，吾当以热因寒用法处之。"药未就而病者爪甲变,顿服者八两,汗寻出而愈。

陕帅郭巨济病偏枯,二指著足底不能伸,昊以长针刺骱中,深至骨而不知痛,出血一二升,其色如墨,又且谬刺之。如此者六七,服药三月,病良已。裴择之妻病寒热,月事不至者数年,已喘嗽矣。医者率以蛤蚧、桂、附之药投之,昊曰:"不然,夫病阴为阳所搏,温剂太过,故无益而反害。投以寒血之药,则经行矣。"已而果然。昊之设施多类此。当时之人,皆以神医目之。所著书,今多传于世云。

孙威,浑源人。幼沉鸷,有巧思。金贞祐间,应募为兵,以骁勇称。及云中来附,守帅表授义军千户,从军攻潞州,破凤翔,皆有功。善为甲,尝以意制蹄筋翎根铠以献,太祖亲射之,不能彻,大悦。赐名也可兀兰,佩以金符,授顺天安平怀州河南平阳诸路工匠都总管。从攻邠、乾,突战不避矢石,帝劳之曰:"汝纵不自爱,独不为吾甲胄计乎。"因命诸将衣其甲者问曰:"汝等知所爱重否?"诸将对,皆失旨意。太祖曰:"能捍蔽尔辈以与我国家立功者,非威之甲耶!而尔辈言不及此,何也?"复以锦衣赐威。每从战伐,恐民有横被屠戮者,辄以搜简工匠为言,而全活之。岁庚子,卒,年五十八。至大二年,赠中奉大夫、武备院使、神川郡公,谥忠惠。

子拱,为监察御史,后袭顺天安平怀州河南等路甲匠都总管。巧思如其父,尝制甲二百八十袭以献。至元十一年,别制叠盾,其制,张则为盾,敛则合而易持。世祖以为古所未有,赐以币帛。丞相伯颜南征,以甲胄不足,诏诸路集匠民分制。拱董顺天、河间甲匠,先期毕工,且象虎豹异兽之形,各殊其制,皆称旨。

十五年,授保定路治中。适岁饥,议开仓赈民,或曰:"宜请于朝。"拱曰:"救荒事不可缓也。若得请而后发粟以赈之,则民馁死矣。苟见罪,吾自任之。"遂发粟四千五百石以赈饥民。高阳土豪据沙河桥取行者钱,人以为病,拱执而罪之。二十二年,除武备少卿,迁大都路军器人匠总管,升工部侍郎。

　　成宗即位,典朝会供给,赐银百两、织纹段五十匹、帛二十五匹、钞万贯。元贞二年,授大同路总管,兼府尹。大德五年,迁两浙都转运使。盐课旧二十五万引,岁不能足,拱至增五万引,遂为定额。九年,改益都路总管,兼府尹,仍出内府弓矢宝刀赐之。卒于官。赠大司农、神川郡公,谥文庄。

　　阿老瓦丁,回回氏,西域木发里人也。至元八年,世祖遣使征炮匠于宗王阿不哥,王以阿老瓦丁、亦思马因应诏,二人举家驰驿至京师,给以官舍,首造大炮竖于五门前,帝命试之,各赐衣段。十一年,国兵渡江,平章阿里海牙遣使求炮手匠,命阿老瓦丁往,破潭州、静江等郡,悉赖其力。十五年,授宣武将军、管军总管。十七年,陛见,赐钞五千贯。十八年,命屯田于南京。二十二年,枢密院奉旨,改元帅府为回回炮手军匠上万户府,以阿老瓦丁为副万户。大德四年告老。子富谋只,袭副万户。皇庆元年卒,子马哈马沙袭。

　　亦思马因,回回氏,西域旭烈人也。善造炮,至元八年与阿老瓦丁至京师。十年,从国兵攻襄阳未下,亦思马因相地势,置炮于城东南隅,重一百五十斤,机发,声震天地,所击无不摧陷,入地七尺。宋安抚吕文焕惧,以城降。既而以功赐银二百五十两,命为回回炮手总管,佩虎符。十一年,以疾卒。子布伯袭职。

　　时国兵渡江,宋兵陈于南岸,拥舟师迎战,布伯于北岸竖炮以击之,舟悉沉没,后每战用之,皆有功。十八年,佩三珠虎符,加镇国上将军、回回炮手都元帅。明年,改军匠万户府万户。迁刑部尚书,以弟亦不剌金为万户,佩元降虎符,官广威将军。布伯俄进通奉大夫、浙东道宣慰使,赐钞二万五千贯,俾养老焉。

　　子哈散,荫授昭信校尉、高邮府同知。致和元年八月,枢密院檄亦不剌金所部军匠至京师,赐钞二千五百贯、金绮四端,与马哈马沙造炮。天历二年,以疾卒。子亚古袭。

　　阿尼哥，尼波罗国人也，其国人称之曰八鲁布。幼敏悟异凡儿，稍长，诵习佛书，期年能晓其义。同学有为绘画妆塑业者，读《尺寸经》，阿尼哥一闻，即能记。长善画塑，及铸金为像。

　　中统元年，命帝师八合斯巴建黄金塔于吐蕃，尼波罗国选匠百人往成之，得八十人，求部送之人未得。阿尼哥年十七，请行，众以其幼，难之。对曰：“年幼心不幼也。”乃遣之。帝师一见奇之，命监其役。明年，塔成，请归，帝师勉以入朝，乃祝发受具为弟子，从帝师入见。帝视之久，问曰：“汝来大国，得无惧乎？”对曰：“圣人子育万方，子至父前，何惧之有。”又问：“汝来何为？”对曰：“臣家西域，奉命造塔吐蕃，二载而成。见彼土兵难，民不堪命，愿陛下安辑之，不远万里，为生灵而来耳。”又问：“汝何所能？”对曰：“臣以心为师，颇知画塑铸金之艺。”帝命取明堂针灸铜像示之曰：“此安抚王檝使宋时所进，岁久阙坏，无能修完之者，汝能新之乎？”对曰：“臣虽未尝为此，请试之。”至元二年，新像成，关鬲脉络皆备，金工叹其天巧，莫不愧服。凡两京寺观之像，多出其手。为七宝镔铁法轮，车驾行幸，用以前导。原庙列圣御容，织锦为之，图画弗及也。

　　至元十年，始授人匠总管，银章虎符。十五年，有诏返初服，授光禄大夫、大司徒，领将作院事，宠遇赏赐，无与为比。卒。赠太师、开府仪同三司、凉国公、上柱国，谥敏慧。

　　子六人，曰阿僧哥，大司徒；阿述腊，诸色人匠总管府达鲁花赤。

　　有刘元者，尝从阿尼哥学西天梵相，亦称绝艺。元字秉元，蓟之宝坻人。始为黄冠，师事青州把道录，传其艺非一。至元中，凡两都名刹，塑土、范金、抟换为佛像，出元手者，神思妙合，天下称之。其上都三皇尤古粹，识者以为造意得三圣人之微者。由是两赐宫女为妻，命以官长其属，行幸必从。

　　仁宗尝敕元非有旨不许为人造他神像。后大都南城作东岳庙，元为造仁圣帝像，巍巍然有帝王之度，其侍臣像，乃若忧深思远者。始元欲作侍臣像，久之未措手，适阅秘书图画，见唐魏征像，矍然曰："得之矣,非若此,莫称为相臣者。"遽走庙中为之,即日成,士大夫观者,咸叹异焉。其所为西番佛像多秘,人罕得见者。

　　元官为昭文馆大学士、正奉大夫、秘书卿,以寿终。抟换者,漫帛土偶上而髹之,已而去其土,髹帛俨然成像云。

元史卷二〇四
列传第九一

宦　者

李邦宁　朴不花

　　前世宦者之祸尝烈矣,元之初兴,非能有鉴乎古者,然历十有余世,考其乱亡之所由,而初不自阉人出,何哉?盖自太祖选贵臣子弟给事内廷,凡饮食、冠服、书记,上所常御者,各以其职典之,而命四大功臣世为之长,号四怯薛。故天子前后左右,皆世家大臣及其子孙之生而贵者,而宦官之擅权窃政者不得有为于其间。虽或有之,然不旋踵而遂败,此其诒谋,可谓度越前代者矣。如李邦宁者,以亡国阉竖,遭遇世祖,进齿荐绅,遂跻极品,然其言亦有可称者焉。至于朴不花,乃东夷之人,始以西宫同里,因缘柄用,遂与权奸同恶相济,讫底于诛戮,则固有以致之也。用特著之于篇。

　　李邦宁,字叔固,钱唐人,初名保宁,宋故小黄门也。宋亡,从瀛国公入见世祖,命给事内庭,警敏称上意。令学国书及诸蕃语,即通解,遂见亲任。授御带库提点,升章佩少监,迁礼部尚书,提点太医院使。成宗即位,进昭文馆大学士、太医院使。帝尝寝疾,邦宁不离左右者十余月。

　　武宗立,命为江浙行省平章政事,邦宁辞曰:“臣以阉腐余命,无望更生,先朝幸赦而用之,使得承乏中涓,高爵厚禄,荣宠过甚。

陛下复欲置臣宰辅,臣何敢当。宰辅者,佐天子共治天下者也,奈何辱以寺人。陛下纵不臣惜,如天下后世何,诚不敢奉诏。"帝大悦,使大臣白其言于太后及皇太子,以彰其善。

帝尝奉皇太后燕大安阁,阁中有故箧,问邦宁曰:"此何箧也?"对曰:"此世祖贮裘带者。臣闻有圣训曰'藏此以遗子孙,使见吾朴俭,可为华侈之戒'。"帝命发箧视之,叹曰:"非卿言,朕安知之。"时有宗王在侧,遽曰:"世祖虽神圣,然啬于财。"邦宁曰:"不然。世祖一言,无不为后世法;一予一夺,无不当功罪。且天下所入虽富,苟用不节,必致匮乏。自先朝以来,岁赋已不足用,又数会宗藩,资费无算,且暮不给,必将横敛掊怨,岂美事耶。"太后及帝深然其言。俄加大司徒、尚服院使,遥授丞相,行大司农,领太医院事,阶金紫光禄大夫。

太庙旧尝遣官行事,至是复欲如之,邦宁谏曰:"先朝非不欲亲致飨祀,诚以疾废礼耳。今陛下继成之初,正宜开彰孝道,以率先天下,躬祀太室,以成一代之典。循习故弊,非臣所知也。"帝称善。即日备法驾,宿斋宫,且命邦宁为大礼使。礼成,加恩三代:曾祖颐,赠银青光禄大夫、司徒、谥敬懿;祖德懋,赠仪同三司、大司徒,谥忠献;父扬,赠太保、开府仪同三司,谥文穆。

仁宗即位,以邦宁旧臣,赐钞千锭,辞弗受。国学将释奠,敕遣邦宁致祭于文宣王。点视毕,至位立,殿户方辟,忽大风起,殿上及两庑烛尽灭,烛台底铁镈入地尺,无不拔者,邦宁悚息伏地,诸执事者皆伏。良久风定,乃成礼,邦宁因惭悔累日。

初,仁宗为皇太子,丞相三宝奴等用事,畏仁宗英明,邦宁揣知其意,言于武宗曰:"陛下富于春秋,皇子渐长,父作子述,古之道也,未闻有子而立弟者。"武宗不悦曰:"朕志已定,汝自往东宫言之。"邦宁惭惧而退。仁宗即位,左右咸请诛之。仁宗曰:"帝王历数,自有天命,其言何足介怀。"加邦宁开府仪同三司,为集贤院大学士。以疾卒。

　　朴不花，高丽人，亦曰王不花。皇后奇氏微时，与不花同乡里，相为依倚，及选为宫人，有宠，遂为第二皇后，居兴圣宫，生皇太子爱猷识里达腊。于是不花以阉人入事皇后者有年，皇后爱幸之，情意甚胶固，累迁官至荣禄大夫、资正院使。资正院者，皇后之财赋悉隶焉。

　　至正十八年，京师大饥疫，时河南北、山东郡县皆被兵，民之老幼男女，避居聚京师，以故死者相枕藉。不花欲要誉一时，请于帝，市地收瘗之，帝赐钞七千锭，中宫及兴圣、隆福两宫，皇太子、皇太子妃，赐金银及他物有差，省院施者无算；不花出玉带一、金带一、银二锭、米三十四斛、麦六斛、青貂银鼠裘各一袭以为费。择地自南北两城抵卢沟桥，掘深及泉，男女异圹，人以一尸至者，随给以钞，舁负相踵。既覆土，就万安寿庆寺建无遮大会。至二十年四月，前后瘗者二十万，用钞二万七千九十余锭、米五百六十余石。又于大悲寺修水陆大会三昼夜，凡居民病者予之药，不能丧者给之棺。翰林学士承旨张翥为文颂其事，曰：《善惠之碑》。

　　于是帝在位久，而皇太子春秋日盛，军国之事，皆其所临决。皇后乃谋内禅皇太子，而使不花喻意于丞相太平，太平不答。二十年，太平乃罢去，而独搠思监为丞相。时帝益厌政，不花乘间用事，与搠思监相为表裹，四方警报、将臣功状，皆抑而不闻，内外解体，然根株盘固，气焰薰灼，内外百官趋附之者十九。又宣政院使脱欢，与之同恶相济，为国大蠹。

　　二十三年，监察御史也先帖木儿、孟也先不花、傅公让等乃劾奏朴不花、脱欢奸邪，当屏黜。御史大夫老的沙以其事闻，皇太子执不下，而皇后庇之尤固，御史乃皆左迁。治书侍御史陈祖仁，连上皇太子书切谏之，而台臣大小皆辞职，皇太子乃为言于帝，令二人皆辞退。而祖仁言犹不已，又上皇帝书言："二人乱阶祸本，今不芟除，后必不利。汉、唐季世，其祸皆起此辈，而权臣、藩镇乘之。故千寻之木，吞舟之鱼，其腐败必由于内，陛下诚思之，可为寒心。臣愿俯从台谏之言，将二人特加摈斥，不令以辞退为名，成其奸计。海内皆知陛下信赏必罚,自此二人始,将士孰不效力,寇贼亦皆丧胆,天下可全,而有以还祖宗之旧。若优柔不断,彼恶日盈,将不可制。臣宁饿死于家,誓不与同朝,牵联及祸。"语具《陈祖仁传》。

会侍御史李国凤亦上书皇太子,言:"不花骄恣无上,招权纳赂,奔竞之徒,皆出其门,骎骎有赵高、张让、田令孜之风,渐不可长,众人所共知之,独主上与殿下未之知耳。自古宦者,近君亲上,使少得志,未有不为国家祸者。望殿下思履霜坚冰之戒,早赐奏闻,投之西夷,以快众心,则纪纲可振。纪纲振,则天下之公论为可畏,法度为不可犯,政治修而百废举矣。"由是帝大怒,国凤、祖仁等亦皆左迁。

时老的沙执其事颇力,皇太子因恶之,而皇后又潜之于内,帝以老的沙母舅故,封为雍王,遣归国。已而复以不花为集贤大学士、崇正院使,皇后之力也。老的沙至大同,遂留孛罗帖木儿军中。是时,搠思监、朴不花方倚扩廓帖木儿为外授,怨孛罗帖木儿匿老的沙不遣,遂诬孛罗帖木儿与老的沙谋不轨。二十四年,诏削其官,使解兵柄归四川。孛罗帖木儿知不出帝意,皆搠思监、朴不花所为,怒不奉诏。宗王不颜帖木儿等为表言其诬枉,而朝廷亦畏其强不可制,复下诏数搠思监、朴不花互相壅蔽簧惑主听之罪,屏搠思监于岭北,窜朴不花于甘肃,以快众愤,而复孛罗帖木儿官爵。然搠思监、朴不花皆留京城,实未尝行。

未几,孛罗帖木儿遣秃坚帖木儿以兵向阙,声言清君侧之恶。是月十二日,驻于清河,帝遣达达国师问故,往复者数四,言必得搠思监、朴不花乃退兵。帝度其势不可解,不得已,执两人畀之,其兵乃退。朴不花遂为孛罗帖木儿所杀。事具《搠思监》、《孛罗帖木儿传》。

元史卷二〇五
列传第九二

奸　臣

阿合马　卢世荣　桑哥　铁木迭儿
哈麻　搠思监

古之为史者，善恶备书，所以示劝惩也。故孔子修《春秋》，于乱臣贼子之事，无不具载，而楚之史名《梼杌》，皆以戒夫为恶者，使知所惧而不敢肆焉。后世作史者，有酷吏、佞幸、奸臣、叛逆之传，良有以也。

元之旧史，往往详于记善、略于惩恶，是盖当时史臣有所忌讳，而不敢直书之尔。然奸巧之徒，挟其才术，以取富贵、窃威福，始则毒民误国而终至于殒身亡家者，其行事之概，亦或散见于实录编年之中，犹有《春秋》之意存焉。谨撮其尤彰著者，汇次而书之，作《奸臣传》，以为世鉴。而叛逆之臣，亦以各类附见云。

阿合马，回纥人也。不知其所由进，世祖中统三年，始命领中书左右部，兼诸路都转运使，专以财赋之任委之。阿合马奏降条画，宣谕各路运司。明年，以河南钧、徐等州俱有铁冶，请给授宣牌，以兴鼓铸之利。世祖升开平府为上都，又以阿合马同知开平府事，领左右部如故。阿合马奏以礼部尚书马月合乃兼领已括户三千，兴煽铁冶，岁输铁一百三万七千斤，就铸农器二十万事，易粟输官者凡四万石。

至元元年正月，阿合马言："太原民煮小盐，越境贩卖，民贪其价廉，竞买食之，解盐以故不售，岁入课银止七千五百两。请自今岁增五千两，无间僧道军匠等户，钧出其赋，其民间通用小盐从便。"是年秋八月，罢领中书左右部，并入中书，超拜阿合马为中书平章政事，进阶荣禄大夫。

三年正月，立制国用使司，阿合马又以平章政事兼领使职。久之，制国用使司奏："以东京岁课布疏恶不堪用者，就以市羊于彼。真定、顺天金银不中程者，宜改铸。别怯赤山出石绒，织为布火不能燃，请遣官采取。"又言："国家费用浩繁，今岁自车驾至都，已支钞四千锭，恐来岁度支不足，宜量节经用。"十一月，制国用使司奏："桓州峪所采银矿，已十六万斤，百斤可得银三两、锡二十五斤。采矿所需，鬻锡以给之。"悉从其请。

七年正月，立尚书省，罢制国用使司，又以阿合马平章尚书省事。阿合马为人多智巧言，以功利成效自负，众咸称其能。世祖急于富国，试以行事，颇有成绩。又见其与丞相线真、史天泽等争辨，屡有以诎之，由是奇其才，授以政柄，言无不从，而不知其专横益甚矣。丞相安童含容久之，言于世祖曰："臣近言尚书省、枢密院、御史台，宜各循常制奏事，其大者从臣等议定奏闻，已有旨俞允。今尚书省一切以闻，似违前奏。"世祖曰："汝所言是。岂阿合马以朕颇信用，敢如是耶！其不与卿议非是，宜如卿所言。"又言："阿合马所用部官，左丞许衡以为多非其人，然已得旨咨请宣付，如不与，恐异日有辞。宜试其能否，久当自见。"世祖然之。五月，尚书省奏括天下户口，既而御史台言："所在捕蝗，百姓劳扰，括户事宜少缓。"遂止。

初，立尚书省时，有旨："凡铨选各官，吏部拟定资品，呈尚书省，由尚书咨中书闻奏。"至是，阿合马擢用私人，不用部拟，不咨中书。丞相安童以为言，世祖令问阿合马。阿合马言："事无大小，皆委之臣，所用之人，臣宜自择。"安童因请："自今唯重刑及迁上路总管，始属之臣，余事并付阿合马，庶事体明白。"世祖俱从之。

　　八年三月,尚书省再以阅实户口事,奏条画诏谕天下。是岁,奏增太原盐课,以千锭为常额,仍令本路兼领。九年,并尚书省入中书省,又以阿合马为中书平章政事。明年,又以其子忽辛为大都路总管,兼大兴府尹。右丞相安童见阿合马擅权日甚,欲救其弊,乃奏大都路总管以次多不称职,乞选人代之。寻又奏:"阿合马、张惠,挟宰相权,为商贾,以网罗天下大利,厚毒黎民,困无所诉。"阿合马曰:"谁为此言,臣等当与廷辩。"安童进曰:"省左司都事周祥,中木取利,罪状明白。"世祖曰:"若此者,征毕当显黜之。"既而枢密院奏以忽辛同金枢密院事,世祖不允曰:"彼贾胡,事犹不知,况可责以机务耶!"

　　十二年,伯颜帅师伐宋,既渡江,捷报日至。世祖命阿合马与姚枢、徒单公履、张文谦、陈汉归、杨诚等,议行盐、钞法于江南,及贸易药材事。阿合马奏:"枢云:'江南交会不行,必致小民失所。'公履云:'伯颜已尝榜谕交会不换,今亟行之,失信于民。'文谦谓'可行与否,当询伯颜'。汉归及诚皆言:'以中统钞易其交会,何难之有。'"世祖曰:"枢与公履,不识事机。朕尝以此问陈岩,岩亦以宋交会速宜更换。今议已定,当依汝言行之。"又奏:"北盐药材,枢与公履皆言可使百姓从便贩鬻。臣等以为此事若小民为之,恐紊乱不一。拟于南京、卫辉等路,籍括药材,蔡州发盐十二万斤,禁诸人私相贸易。"世祖曰:"善,其行之。"

　　十二年,阿合马又言:"比因军兴之后,减免编民征税,又罢转运司官,令各路总管府兼领课程,以致国用不足。臣以为莫若验户数多寡,远以就近,立都转运司,量增旧额,选廉干官分理其事。应公私铁鼓铸,官为局卖,仍禁诸人毋私造铜器。如此,则民力不屈,而国用充矣。"乃奏立诸路转运司,以亦必烈金、札马剌丁、张晅、富珪、蔡德润、纥石烈亨、阿里和者、完颜迪、姜毅、阿老瓦丁、倒剌沙等为使。有亦马都丁者,以负官银得罪而罢,既死,而所负尚多,中书省奏议裁处。世祖曰:"此财谷事,其与阿合马议之。"

　　十五年正月,世祖以西京饥,发粟万石赈之。又谕阿合马宜广贮积，以备阙乏。阿合马奏："自今御史台非白省，毋擅召仓库吏，亦毋究索钱谷数。及集议中书不至者，罪之。"其沮抑台察如此。四月，中书左丞崔斌奏曰："先以江南官冗，委任非人，遂命阿里等澄汰之。今已显有征验，蔽不以闻，是为罔上。杭州地大，委寄非轻，阿合马溺于私爱，乃以不肖子抹速忽充达鲁花赤，佩虎符，此岂量才授任之道。"又言："阿合马先自陈乞免其子弟之任，乃今身为平章，而子若侄或为行省参政，或为礼部尚书、将作院达鲁花赤、领会同馆，一门悉处要津，自背前言，有亏公道。"有旨并罢黜之，然终不以是为阿合马罪。世祖尝谓淮西宣慰使昂吉儿曰："夫宰相者，明天道、察地理、尽人事，兼此三者，乃为称职。阿里海牙、麦术丁等，亦未可为相，回回人中，阿合马才任宰相。"其为上所称道如此。

十六年四月，中书奏立江西榷茶运司，及诸路转运盐使司、宣课提举司。未几，以忽辛为中书右丞。明年，中书省奏："阿塔海、阿里言，今立宣课提举司，官吏至五百余员。左丞陈岩、范文虎等言其扰民，且侵盗官钱。乞罢之。"阿合马奏："昨有旨籍江南粮数，屡移文取索，不以实上。遂与枢密院、御史台及廷臣诸老集议，谓设立运司，官多俸重，宜诸路立提举司，都省、行省各委一人任其事。今行省未尝委人，即请罢之，乃归咎臣等。然臣所委人，有至者仅两月，计其侵用凡千一百锭，以彼所管四年较之，又当几何？今立提举司，未及三月而罢，岂非恐彼奸弊呈露，故先自言以绝迹耶？宜令御史台遣能臣同往，凡有非法，具以实闻。"世祖曰："阿合马所言是，其令台中选人以往。若已能自白，方可责人。"

阿合马尝奏宜立大宗正府。世祖曰："此事岂卿辈所宜言，乃朕事也。然宗正之名，朕未之知，汝言良是，其思之。"阿合马欲理算江淮行省平章阿里伯、右丞燕帖木儿立行省以来一切钱谷，奏遣不鲁合答儿、刘思愈等往检核之，得其擅易命官八百员，自分左右司官，及铸造铜印等事，以闻。世祖曰："阿里伯等何以为辞？"阿合马曰："彼谓行省昔尝铸印矣。臣谓昔以江南未定，故便宜行之，今与昔时事异。又擅支粮四十七万石，奏罢宣课提举司及中书遣官理算，征钞万二千锭有奇。”二人竟以是就戮。

时阿合马在位日久，益肆贪横，授外奸党郝祯、耿仁，骤升同列，阴谋交通，专事蒙蔽，逋赋不蠲，众庶流移，京兆等路岁办课至五万四千锭，犹以为未实。民有附郭美田，辄取为己有。内通货贿，外示威刑，廷中相视，无敢论列。有宿卫士秦长卿者，慨然上书发其奸，竟为阿合马所害，毙于狱。事见《长卿传》。

十九年三月，世祖在上都，皇太子从。有益都千户王著者，素志疾恶，因人心愤怨，密铸大铜锤，自誓愿击阿合马首。会妖僧高和尚，以秘术行军中，无验而归，诈称死，杀其徒，以尸欺，逃去，人亦莫知。著乃与合谋，以戊寅日，诈称皇太子还都作佛事，结八十余人，夜入京城。旦遣二僧诣中书省，令市斋物，省中疑而讯之，不伏。及午，著又遣崔总管矫传令旨，俾枢密副使张易发兵若干，以是夜会东宫前。易莫察其伪，即令指挥使颜义领兵俱往。著自驰见阿合马，诡言太子将至，令省官悉候于宫前。阿合马遣右司郎中脱欢察儿等数骑出关，北行十余里，遇其众，伪太子者责以无礼，尽杀之，夺其马，南入健德门。夜二鼓，莫敢何问，至东宫前，其徒皆下马，独伪太子者立马指挥，呼省官至前，责阿合马数语，著即牵去，以所袖铜锤碎其脑，立毙，继呼左丞郝祯至，杀之。囚右丞张惠。枢密院、御史台、留守司官皆遥望，莫测其故。尚书张九思自宫中大呼，以为诈，留守司达鲁花赤博敦，遂持梃前，击立马者坠地，弓矢乱发，众奔溃，多就禽。高和尚等逃去，著挺身请囚。

中丞也先帖木儿驰奏世祖，时方驻跸察罕脑儿，闻之震怒，即日至上都。命枢密副使孛罗、司徒和礼霍孙、参政阿里等驰驿至大都，讨为乱者。庚辰，获高和尚于高梁河。辛巳，孛罗等至都。壬午，诛王著、高和尚于市，皆醢之，并杀张易。著临刑大呼曰：“王著为天下除害，今死矣，异日必有为我书其事者。”

阿合马死，世祖犹不深知其奸，令中书毋问其妻子。及询孛罗、乃尽得其罪恶，始大怒曰：“王著杀之，诚是也。”乃命发墓剖棺，戮尸于通玄门外，纵犬啖其肉。百官士庶，聚观称快。子侄皆伏诛，没入其家属财产。其妾有名引住者，籍其藏，得二熟人皮于柜中，两耳具存，一阉竖专掌其肩髃，讯问莫知为何人，但云"诅咒时，置神座其上，应验甚速。"又以绢二幅，画甲骑数重，围守一幄殿，兵皆张弦挺刃内向，如击刺之为者。画者陈其姓。又有曹震圭者，尝推算阿合马所生年月。王台判官，妄引图谶。皆言涉不轨。事闻，敕剥四人者皮以徇。

卢世荣，大名人也。阿合马专政，世荣以贿进，为江西榷茶运使，后以罪废。阿合马死，朝廷之臣讳言财利事，皆无以副世祖裕国足民之意。有桑哥者，荐世荣有才术，谓能救钞法，增课额，上可裕国，下不损民。世祖召见，奏对称旨。至元二十一年十一月辛丑，召中书省官与世荣廷辨，论所当为之事，右丞相和礼霍孙等守正不挠，为强词所胜，与右丞麦术丁，参政张雄飞、温迪罕皆罢，复起安童为右丞相，以世荣为右丞，而左丞史枢，参政不鲁迷失海牙、撒的迷失，参议中书省事拜降，皆世荣所荐也。

世荣既骤被显用，即日奉旨中书整治钞法，遍行中外，官吏奉法不虔者，加以罪。翌日，同右丞相安童奏："窃见老幼疾病之民，衣食不给，行乞于市，非盛世所宜见。宜官给衣粮，委各路正官提举其事。"又奏怀孟竹园、江湖鱼课，及襄淮屯田事。越三日，安童奏："世荣所陈数事，乞诏示天下。"世祖曰："除给丐者衣食外，并依所陈。"乃下诏云："金银系民间通行之物，自立平准库，禁百姓私相买卖，今后听民间从便交易。怀孟诸路竹货，系百姓栽植，有司拘禁发卖，使民重困，又致南北竹货不通；今罢各处竹监，从民货卖收税。江湖鱼课，已有定例，长流采捕，贫民恃以为生，所在拘禁，今后听民采用。军国事务往来，全资站驿，马价近增，又各户供使臣饮食，以致疲弊，今后除驿马外，其余官为支给。"

即而中书省又奏："盐每引十五两，国家未尝多取，欲便民食。今官豪诡名罔利，停货待价，至一引卖八十贯，京师亦百二十贯，贫者多不得食。议以二百万引给商，一百万引散诸路，立常平盐局，或贩者增价，官平其直以售，庶民用给，而国计亦得。"世祖从之。

世荣居中书未十日，御史中丞崔彧言其不可为相，大忤旨，下彧吏按问，罢职。世荣言："京师富豪户酿酒酤卖，价高味薄，且课不时输，宜一切禁罢，官自酤卖。"明年正月壬午，世祖御香殿，世荣奏："臣言天下岁课钞九十三万二千六百锭之外，臣更经画，不取于民，裁抑权势所侵，可增三百万锭。初未行下，而中外已非议，臣请与台院面议上前行之。"世祖曰："不必如此，卿但言之。"世荣奏："古有榷酤之法，今宜立四品提举司，以领天下之课，岁可得钞千四百四十锭。自王文统诛后，钞法虚弊，为今之计，莫若依汉、唐故事，括铜铸至元钱，及制绫券，与钞参行。"因以所织绫券上之。世祖曰："便益之事，当速行之"。

又奏："于泉、杭二州立市舶都转运司，造船给本，令人商贩，官有其利七，商有其三。禁私泛海者，拘其先所蓄宝货，官买之；匿者，许告，没其财，半给告者。今国家虽有常平仓，实无所畜。臣将不费一钱，但尽禁权势所擅产铁之所，官立炉鼓铸为器鬻之，以所得利合常平盐课，籴粟积于仓，待贵时粜之，必能使物价恒贱，而获厚利。国家虽立平准，然无晓规运者，以至钞法虚弊，诸物踊贵。宜令各路立平准周急库，轻其月息，以贷贫民，如此，则贷者众，而本且不失。又，随朝官吏增俸，州郡未及，可于各都立市易司，领诸牙侩人，计商人物货，四十分取一，以十为率，四给牙侩，六为官吏俸。国家以兵得天下，不藉粮馈，惟资羊马，宜于上都、隆兴等路，以官钱买币帛易羊马于北方，选蒙古人牧之，收其皮毛筋角酥酪等物，十分为率，官取其八，二与牧者。马以备军兴，羊以充赐予。"帝曰："汝先言数事皆善，固当速行。此事亦善，祖宗时亦欲行之而不果，朕当思之。"世荣因奏曰："臣之行事，多为人所怨，后必有潜臣者，臣实惧焉，请先言之。"世祖曰："汝言皆是，惟欲人无言者，安有是理。汝无防朕，饮食起居间可自为防。疾足之犬，狐不爱焉，主人岂不爱之。汝之所行，朕自爱也，彼奸伪者则不爱耳。汝之职分既定，其无以一二人从行，亦当谨卫门户。"遂谕丞相安童增其从人，其为帝所倚眷如此。

又十有余日,中书省请罢行御史台,其所隶按察司隶内台。又请随行省所在立行枢密院。世祖曰:"行院之事,前日已议,由阿合马任智自私,欲其子忽辛行省兼兵柄而止。汝今行之,于事为宜。"明日,奏升六部为二品。又奏令按察司总各路钱谷,择干济者用之,其刑名事上御史台,钱谷由部申省。世祖曰:"汝与老臣共议,然后行之可也"。

二月辛酉,御史台奏:"中书省请罢行台,改按察为提刑转运司,俾兼钱谷。臣等窃惟:初置行台时,朝廷老臣集议,以为有益,今无所损,不可辄罢。且按察司兼转运,则纠弹之职废。请右丞相复与朝廷老臣集议。"得旨如所请。壬戌,御史台奏:"前奉旨,今臣等议罢行台及兼转运事。世荣言按察司所任,皆长才举职之人,可兼钱谷。而廷臣皆以为不可,彼所取人,臣不敢止,惟言行台不可罢者,众议皆然。"世祖曰:"世荣以为何如?"奏曰:"欲罢之耳。"世祖曰:"其依世荣言。"

中书省奏立规措所,秩五品,所司官吏,以善贾者为之。世祖曰:"此何职?"世荣对曰:"规画钱谷者。"遂从之。又奏:"天下能规运钱谷者,向日皆在阿合马之门,今籍录以为污滥,此岂可尽废。臣欲择其通才可用者,然惧有言臣用罪人。"世祖曰:"何必言此,可用者用之。"遂以前河间转运使张弘纲、撒都丁、不鲁合散、孙桓,并为河间、山东等路都转运盐使。其他擢用者甚众。

世荣既以利自任,惧怒之者众,乃以九事说世祖诏天下:其一,免民间包银三年;其二,官吏俸免民间带纳;其三,免大都地税;其四,江淮民失业贫困,鬻妻子以自给者,所在官为收赎,使为良民;其五,逃移复业者,免其差税;其六,乡民造醋者,免收课;其七,江南田主收佃客租课,减免一分;其八,添支内外官吏俸五分;其九,定百官考课长擢之法。大抵欲以释怨要誉而已,世祖悉从之。

既而又奏:"立真定、济南、江淮等处宣慰司兼都转运使以治课程,仍立条例,禁诸司不得追摄管课官吏,及遣人辄至办课处沮扰,按察司不得检察文卷。"又奏："大都酒课,日用米千石,以天下之众比京师,当居三分之二,酒课亦当日用米二千石。今各路但总计日用米三百六十石而已,其奸欺盗隐如此,安可不禁。臣等已责各官增旧课二十倍,后有不如数者,重其罪。"皆从之。

三月庚子,世荣奏以宣德、王好礼并为浙西道宣慰使。世祖曰:"宣德,人多言其恶。"世荣奏:"彼入状中书,能岁办钞七十五万锭,是以令往。"从之。四月,世荣奏曰:"臣伏蒙圣眷,事皆委臣。臣禺以为今日之事,如数万顷田,昔无田之者,草生其间。臣今创田之,已耕者有焉,未耕者有焉,或才播种,或既生苗,然不令人守之,为物蹂践,则可惜也。方今丞相安童,督臣所行,是守田者也。然不假之以力,则田者亦徒劳耳。守田者假之力矣,而天不雨,则亦终无成。所谓天雨者,陛下与臣添力是也。惟陛下怜臣。"世祖曰:"朕知之矣。"令奏行事之目,皆从之。

世荣居中书才数月,恃委任之事,肆无忌惮,视丞相犹虚位也。左司郎中周戡与世荣稍不合,坐以废格诏旨,奏而杀之,朝中凛凛。监察御史陈天祥上章劾之,大概言其"苛刻诛求,为国敛怨,将见民间凋耗,天下空虚。考其所行与所言者,已不相副:始言能令钞法如旧,弊今愈甚;始言能令百物自贱,今百物愈贵;始言课程增至三百万锭,不取于民,今迫胁诸路,勒令如数虚认而已;始言令民快乐,今所为无非扰民之事。若不早为更张,待其自败,正犹蠹虽除而木已病矣。"世祖时在上都,御史大夫玉速帖木儿以其状闻,世祖始大悟,即日遣唆都八都儿、秃剌帖木儿等还大都,命安童集诸司官吏、老臣、儒士,及知民间事者,同世荣听天祥弹文,仍令世荣、天祥同赴上都。

壬戌,御史中丞阿剌帖木儿、郭佑,侍御史白秃剌帖木儿,参政撒的迷失等,以世荣所伏罪状奏曰:"不白丞相安童,支钞二十万锭。擅升六部为二品。效李瓒令急递铺用红青白三色囊转行文字。不与枢密院议,调三行省万二千人置济州,委漕运使陈柔为万户管领。以沙全代万户宁玉戍浙西吴江。用阿合马党人潘杰、冯珪为杭、鄂二行省参政，宣德为杭州宣慰，余分布中外者众。以钞虚、闭回易库，民间昏钞不可行。罢白醝课。立野面、木植、磁器、桑枣、煤炭、匹段、青果、油坊诸牙行。调出县官钞八十六万余锭。"丞相安童言："世荣昔奏，能不取于民岁办钞三百万锭，令钞复实，诸物悉贱，民得休息，数月即有成效。今已四阅月，所行不符所言，钱谷出者多于所入，引用憸人，紊乱选法。"翰林学士赵孟传等，亦以为"世荣初以财赋自任，当时人情不敢预料，将谓别有方术，可以增益国用。及今观之，不过如御史所言。更张之机，正在今日。若复恣其所行，为害非细。"

阿剌帖木儿同天祥等与世荣对于世祖前，一一款伏。遣忽都带儿传旨中书省，命丞相安童与诸老臣议，世荣所行，当罢者罢之，更者更之，所用人实无罪者，朕自裁处。遂下世荣于狱。十一月乙未，世祖问忽剌出曰："汝于卢世荣有何言？"对曰："近汉人新居中书者，言世荣款伏，罪无遗者，狱已竟矣，犹日养之，徒费廪食。"有旨诛世荣，刲其肉以食禽獭。

桑哥，胆巴国师之弟子也。能通诸国言语，故尝为西蕃译史。为人狡黠豪横，好言财利事，世祖喜之，及后贵幸，乃讳言师事胆巴而背之。至元中，擢为总制院使。总制院者，掌浮图氏之教，兼治吐蕃之事。御史台尝欲以章闾为按察使，世祖曰："此人桑哥尝言之。"及卢世荣见用，亦由桑哥之荐。中书省尝令李留判者市油，桑哥自请得其钱市之，司徒和礼霍孙谓非汝所宜为，桑哥不服，至与相殴，且谓之曰："与其使汉人侵盗，曷若与僧寺及官府营利息乎？"乃以油万斤与之。桑哥后以所营息钱进，和礼霍孙曰："我初不悟此也。"一日，桑哥在世祖前论和雇和买事，因语及此，世祖益喜，始有大任之意。尝有旨令桑哥具省臣姓名以进，廷中有所建置，人才进退，桑哥咸与闻焉。

二十四年二月，复置尚书省，遂以桑哥与铁木儿为平章政事。诏告天下，改行中书省为行尚书省，六部为尚书六部。三月，更定钞

法，颁行至元宝钞于天下，中统钞通行如故。桑哥尝奉旨检核中书
省事，凡校出亏欠钞四千七百七十锭、昏钞一千三百四十五锭，平
章麦术丁即自伏，参政杨居宽微自辩，以为实掌铨选，钱谷非所专。
桑哥令左右拳其面，因问曰："既典选事，果无黜陟失当者乎？"寻亦
引服。参议伯降以下，凡钩考违惰耗失等事，及参议王巨济尝言新
钞不便忤旨，各款伏。遣参政忻都奏闻，世祖令丞相安童与桑哥共
议，且谕："毋令麦术丁等他日得以胁问诬伏为辞，此辈固狡狯人
也。"

　　数日，桑哥又奏："鞠中书参政郭佑，多所逋负，尸位不言，以疾
为托。臣谓中书之务，隳惰如此，汝力不能及，何不告之蒙古大臣，
故殴辱之，今已款服。"世祖命穷诘之，佑与居宽后皆弃市，人咸冤
焉。台史王良弼，尝与人议尚书省政事，又言："尚书钩校中书，不遗
余力，他日我曹得发尚书奸利，其诛籍无难。"桑哥闻之，捕良弼至，
与中书台院札鲁忽赤鞫问，款服，谓此曹诽谤，不诛无以惩后。遂诛
良弼，籍其家。有吴德者，尝为江宁县达鲁花赤，求仕不遂，私与人
非议时政，又言："尚书今日核正中书之弊，他日复为中书所核，汝
独不死也耶。"或以告桑哥，亟捕德按问，杀之，没其妻子入官。

　　桑哥尝奏以沙不丁遥授江淮行省左丞，乌马儿为参政，依前领
泉府、市舶两司，拜降福建行省平章。既得旨，乃言于世祖曰："臣前
言，凡任省臣与行省官，并与丞相安童共议。今奏用沙不丁、乌马儿
等，适丞相还大都，不及通议，臣恐有以前奏为言者。"世祖曰："安
童不在，朕，若主也。朕已允行，有言者，其令朕前言之。"

　　时江南行台与行省，并无文移，事无巨细，必咨内台呈省闻奏。
桑哥以其往复稽留误事，宜如内台例，分呈各省。又言："按察司文
案，宜从各路民官检核，递相纠举。且自太祖时有旨，凡临官事者互
相觉察，此故事也。"从之。

　　十月乙酉，世祖遣谕旨翰林诸臣："以丞相领尚书省，汉、唐有
此制否？"咸对曰："有之。"翌日，左丞叶李以翰林、集贤诸臣所对奏
之，且言："前省官不能行者，平章桑哥能之，宜为右丞相。"制曰

"可"。遂以桑哥为尚书右丞相,兼统制院使,领功德使司事,进阶金紫光禄大夫。于是桑哥奏以平章铁木儿代其位,右丞阿剌浑撒里升平章政事,叶李迁右丞,参政马绍升左丞。

十一月,桑哥言:"臣前以诸道宣慰司及路府州县官吏,稽缓误事,奉旨遣人遍笞责之。今真定宣慰使速哥、南京宣慰使答失蛮,皆勋贤旧臣之子,宜取圣裁。"敕罢其任。明年正月,以甘肃行尚书省参政铁木哥无心任事,又不与协力,奏乞牙带代之。未几,又以江西行尚书省平章政事忽都铁木儿不职,奏而罢之。兵部尚书忽都答儿不勤其职,桑哥殴罢之,而后奏,世祖曰:"若此等不罢,汝事何由得行也。"万亿库有旧牌绦七千余条,桑哥言岁久则腐,宜析而他用。赐诸王出伯银二万五千两、币帛万匹,载以官驴,至则并以为赐。桑哥言:"不若以驴载玉而回。"世祖甚然之。其欲以小利结知如此。

漕运司达鲁花赤怯来,未尝巡察沿河诸仓,致盗诈腐败者多,桑哥议以兵部侍郎塔察儿代之。自立尚书省,凡仓库诸司,无不钩考,先摘委六部官,复以为不专,乃置征理司,以治财谷之当追者。时桑哥以理算为事,毫分缕析,入仓库者,无不破产,及当更代,人皆弃家而避之。十月,桑哥奏:"湖广行省钱谷,已责平章要束木自首偿矣。外省欺盗必多,乞以参政忻都、户部尚书王巨济、参议尚书省事阿散、山东西道提刑按察使何荣祖、札鲁忽赤秃忽鲁、泉府司卿李佑、奉御吉丁、监察御史戎益、佥枢密院事崔彧、尚书省断事官燕真、刑部尚书安祐、监察御史伯颜等十二人,理算江淮、江西、福建、四川、甘肃、安西六省,每省各二人,特给印章与之。省部官既去,事不可废,拟选人为代,听食元俸。理算之间,宜给兵以备使令,且以为卫。"世祖皆从之。

当是时天下骚然,江淮尤甚,而谀佞之徒,方且讽都民史吉等为桑哥立石颂德,世祖闻之,曰:"民欲立则立之,仍以告桑哥,使其喜也。"于是翰林制文,题曰《王公辅政之碑》。桑哥又以总制院所统西蕃诸宣慰司,军民财谷,事体甚重,宜有以崇异之,奏改为宣政院,秩从一品,用三台银印。世祖问所用何人,对曰:"臣与脱因。"于是命桑哥以开府仪同三司、尚书右丞相,兼宣政使,领功德使司事,脱因同为使。世祖尝召桑哥谓曰:"朕以叶李言,更至元钞,所用者法,所贵者信,汝无以楮视之,其本不可失,汝宜识之。"

二十六年,桑哥请钩考甘肃行尚书省及益都淄莱淘金总管府,金省赵仁荣、总管明里等,皆以罪罢。世祖幸上都,桑哥言:"去岁陛下幸上都,臣日视内帑诸库,今岁欲乘小舆以行,人必窃议。"世祖曰:"听人议之,汝乘之可也。"桑哥又奏:"近委省臣检责左右司文簿,凡经监察御史稽照者,遗逸尚多。自今当令监察御史即省部稽照,书姓名于卷末,苟有遗逸,易于归罪。仍命侍御史坚童视之,失则连坐。"世祖从之,乃笞监察御史四人。是后监察御史赴省部者,掾令史与之抗礼,但遣小吏持文簿置案而去,监察御史遍阅之,而台纲废矣。参政忻都既去,寻召赴阙。以户部尚书王巨济专任理算,江淮省左丞相忙兀带总之。

闰十月,《桑哥辅政碑》成,树于省前,楼覆其上而丹艧之。桑哥言:"国家经费既广,岁入恒不偿所出,以往岁计之,不足者余百万锭。自尚书省钩考天下财谷,赖陛下福,以所征补之,未尝敛及百姓。臣恐自今难用此法矣。何则?仓库可征者少而盗者亦鲜矣,臣忧之。臣愚以为盐课每引今直中统钞三十贯,宜增为一锭;茶每引今直五贯,宜增为十贯;酒醋税课,江南宜增额十万锭,内地五万锭。协济户十八万,自入籍至十三年,止输半赋,闻其力已完,宜增为全赋。如此,则国用庶可支,臣等免于罪矣。"世祖曰:"如所议行之。"

桑哥既专政,凡铨调内外官,皆由于己,而其宣敕,尚由中书,桑哥以为言。世祖乃命自今宣敕并付尚书省。由是以刑爵为货而贩之,咸走其门,入贵价以买所欲。贵价入,则当刑者脱,求爵者得,纲纪大坏,人心骇愕。

二十八年春,世祖畋于滦北,也里审班及也先帖木儿、彻里等,劾奏桑哥专权黩货。时不忽木出使,三遣人趣召之至,觐于行殿,世祖以问,不忽木对曰:"桑哥壅蔽聪明,紊乱政事,有言者即诬以他罪而杀之。今百姓失业，盗贼蜂起，召乱在旦夕，非亟诛之，恐为陛下忧。"留守贺伯颜，亦尝为世祖陈其奸欺，久而言者益众，世祖始决意诛之。

二月，世祖谕大夫月儿鲁曰："屡闻桑哥沮抑台纲，杜言者之口；又尝捶挞御史，其所罪者何事，当与辨之。"桑哥等持御史李渠等已刷文卷至，令侍御史杜思敬等勘验辨论，往复数四，桑哥等辞屈。明日，帝驻跸土口，复召御史台暨中书、尚书两省官辨论。尚书省执卷奏曰："前浙西按察使只必，因监烧钞受赃至千锭，尝檄台征之，二年不报。"思敬曰："文之次第，尽在卷中，今尚书省拆卷持对，其弊可见。"速古儿赤阇里抱卷至前奏曰："用朱印以封纸缝者，防欺弊也。若辈为宰相，乃拆卷破印与人辨，是教吏为奸，当治其罪。"世祖是之。责御史台曰："桑哥为恶，始终四年，其奸赃暴著非一，汝台臣难云不知。"中丞赵国辅对曰："知之。"世祖曰："知而不劾，自当何罪？"思敬等对曰："夺官追俸，惟上所裁。"数日不决。大夫月儿鲁奏："台臣久任者当斥罢，新者存之。"乃仆《桑哥辅政碑》，下狱究问。至七月，乃伏诛。

平章要束木者，桑哥之妻党，在湖广时，正月朔日，百官会行省，朝服以俟。要束木召至其家，受贺毕，方诣省望阙，贺如常仪。又阴召卜者有不轨言。至是，中书列其罪以闻，世祖命械致湖广，即其省戮之。

铁木迭儿者，木儿火赤之子也。尝逮事世祖，成宗大德间，同知宣徽院事，兼通政院使。武宗即位，为宣徽使。至大元年，由江西行省平章政事，拜云南行省左丞相。居二载，擅离职赴阙，尚书省奏，奉旨诘问，寻以皇太后旨，得贷罪还职。明年正月，武宗崩，仁宗在东宫，以丞相三宝奴等变乱旧章，诛之。用完泽及李孟为中书平章政事，锐欲更张庶务，而皇太后在兴圣宫，已有旨，召铁木迭儿为中书右丞相。逾月，仁宗即位，因遂相之。及幸上都，命铁木迭儿留守大都，平章完泽等奏："故事，丞相留治京师者，出入得张盖。今右丞相铁木迭儿大都居守,时方盛暑,请得张盖如故事。"许之。是年冬,制赠铁木迭儿曾祖唆海翊运宣力保大功臣、太尉、谥武烈;祖不怜吉带推诚保德定远功臣、太尉,谥忠武;父木儿火赤推忠佐理同德功臣、太师,谥忠贞;并开府仪同三司、上柱国,追封归德王。

皇庆元年三月,铁木迭儿奏:"臣误蒙圣恩,擢任中书,年衰且病,虽未能深达政体,思竭忠力,以图报效,事有创行,敢不自勉,前省弊政,方与更新。钦惟列圣相承,混一区宇,日有万几,若非整饬,恐致解弛。继今朝夕视事,左右司六部官有不尽心者,当论决,再不悛者,黜忽叙,其有托故侥幸他职者,亦不叙。"仁宗是其言。既而以病去职。

延祐改元,丞相哈散奏:"臣非世勋族姓,幸逢陛下为宰相,如丞相铁木迭儿,练达政体,且尝监修国史,乞授其印,俾领翰林国史院,军国重务,悉令议之。"仁宗曰:"然。卿其启诸皇太后。与之印,大事必使预闻。"遂拜开府仪同三司、监修国史、录军国重事。居数月,复拜中书右丞相,合散为左丞相。铁木迭儿奏:"蒙陛下怜臣,复擢为首相,依阿不言,诚负圣眷。比闻内侍隔越奏旨者众,倘非禁止,致治实难。请敕诸司,自今中书政务,毋辄干预。又往时富民,往诸蕃商贩,率获厚利,商者益众,中国物轻,蕃货反重。今请以江浙右丞曹立领其事,发舟十纲,给牒以往,归则征税如制;私往者,没其货。又,经用不给,苟不预为规画,必至愆误。臣等集诸老议,皆谓动钞本,则钞法愈虚;加赋税,则毒流黎庶;增课额,则比国初已倍五十矣。惟预买山东、河间运使来岁盐引,及各冶铁货,庶可以足今岁之用。又,江南田粮,往岁虽尝经理,多未核实。可始自江浙,以及江东、西,宜先事严限格、信罪赏,令田主手实顷亩状入官,诸王、驸马、学校、寺观亦令如之,仍禁私匿民田,贵戚势家,毋得沮挠。请敕台臣协力以成,则国用足矣。"仁宗皆从之。寻遣使者分行各省,括田增税,苛急烦扰,江右为甚,致赣民蔡五九作乱宁都,南方骚动,远近惊惧,乃罢其事。

明年,铁木迭儿奏:"天下庶务,虽统于中书,而旧制,省臣亦分领之。请以钱帛、钞法、刑名，委平章李孟、左丞阿卜海牙、参政赵世延等领之。其粮储、选法、造作、驿传，委平章张驴、右丞萧拜住、参政曹从革等领之。"得旨如所请。七月，诏谕中外，命右丞相铁木迭儿总宣政院事。十月，进位太师。十一月，大宗正府奏："累朝旧制，凡议重刑，必决于蒙古大臣，今宜听于太师右丞相。"从之。

　　铁木迭儿既再入中书，居首相，怙势贪虐，凶秽滋甚。于是萧拜住自御史中丞为中书右丞，寻拜平章政事，稍牵制之。而杨朵儿只自侍御史拜中丞，慨然以纠正其罪为己任。上都富人张弼杀人系狱，铁木迭儿使家奴胁留守贺伯颜，使出之，伯颜持正不可挠。而朵儿只已廉得丞相所受张弼赂有显征，乃与拜住及伯颜奏之："内外监察御史凡四十余人，共劾铁木迭儿桀黠奸贪，阴贼险狠，蒙上罔下，蠹政害民，布置爪牙，威詟朝野，凡可以诬陷善人、要功利己者，靡所不至。取晋王田千余亩、兴教寺后墙园地三十亩、卫兵牧地二十余亩。窃食郊庙供祀马。受诸王合儿班答使人钞十四万贯，宝珠玉带氍毹币帛又计钞十余万贯。受杭州永兴寺僧章自福赂金一百五十两。取杀人囚张弼钞五万贯。且既已位极人臣，又领宣政院事，以其子八里吉思为之使。诸子无功于国，尽居贵显。纵家奴陵虐官府，为害百端。以致阴阳不和，山移地震，灾异数见，百姓流亡，已乃恬然略无省悔。私家之富，又在阿合马、桑哥之上。四海疾怨已久，咸愿车裂斩首，以快其心。如蒙早加显戮，以示天下，庶使后之为臣者，知所警戒。"奏既上，仁宗震怒，有诏逮问，铁木迭儿匿兴圣近侍家，有司不得捕。仁宗不乐者数日，又恐诚出皇太后意，不忍重伤怫之，乃仅罢其相位而已。

　　铁木迭儿家居未逾年，又起为太子太师，中外闻之，莫不惊骇。参政赵世延为御史中丞，率诸御史论其不法数十事，而内外御史论其不可辅导东宫者，又四十余人。然以皇太后故，终不能明正其罪。

　　明年正月辛丑，仁宗崩。越四日，铁木迭儿以皇太后旨，复入中书为右丞相。又逾月，英宗犹在东宫，铁木迭儿宣太后旨，召萧拜住与朵儿只至徽政院，与徽政院使失里门、御史大夫秃忒哈杂问之，责以前违太后旨,令伏罪。即起入奏,遽称旨,执二人弃市。是日,白昼晦冥,都人汹惧。

英宗将行即位礼,铁木迭儿恒病足,中书省启:"祖宗以来,皇帝登极,中书率百官称贺,班首惟上所命。"英宗曰:"其以铁木迭儿为之。"既即位,铁木迭儿即奏委平章王毅、右丞高昉等征理在京仓库所贮粮,亏七十八万石,责偿于仓官及监临出内者。所贡币帛纰缪者,责价于本处官吏之董其事者,仍立程严督,违者杖之。五月,英宗在上都,铁木迭儿嫉留守贺伯颜素不附己,乃奏其以便服迎诏为不敬,下五府杂治,竟杀之。都民为之流涕。

赵世延时为四川行省平章政事,铁木迭儿怒其昔尝论己,方入相时,即从东宫启英宗遣人逮捕之。世延未至,铁木迭儿使讽世延,啖以美官,令告引同时异己者,世延不肯从。至是,坐以违诏不敬,令法司穷治,请置极刑。英宗曰:"彼罪在赦前,所宜释免。"铁木迭儿对曰:"昔世延与省台诸人谋害老臣,请究其姓名。"英宗曰:"事皆在赦前矣,又焉用问。"后数日,又奏世延当处死罪,又不允。有司承望风旨,锻炼欲使自裁,世延终无所屈,赖英宗素闻其忠良,得免于死。

铁木迭儿恃其权宠,乘间肆毒,睚眦之私,无有不报。英宗觉其所潜毁者,皆先帝旧人,滋不悦其所为,乃任拜住为左丞相,委以心腹。铁木迭儿渐见疏外,以疾死于家。御史盖继元、宋翼,言其上负国恩,下失民望,生逃显戮,死有余辜。乃命毁所立碑,追夺其官爵及封赠制书,籍没其家。

子班丹,知枢密院事,寻以赃败,不叙;锁南,尝为治书侍御史,其后铁失弑英宗,锁南以逆党伏诛。

哈麻,字士廉,康里人。父秃鲁,母为宁宗乳母,秃鲁以故封冀国公,加太尉,阶金紫光禄大夫。哈麻与其弟雪雪,早备宿卫,顺帝深眷宠之。而哈麻有口才,尤为帝所褒幸,累迁官为殿中侍御史。雪雪累官集贤学士。帝每即内殿与哈麻以双陆为戏,一日,哈麻服新衣侍侧，帝方啜茶，即噀茶于其衣。哈麻视帝曰："天子固当如是耶！"帝一笑而已。其被爱幸，无与为比。

由是哈麻声势日盛，自藩王戚里，皆遗赂之。寻以谋害脱脱，出贬南安，召入为礼部尚书，俄迁同知枢密院事。至正初，脱脱为丞相，其弟也先帖木儿为御史大夫，哈麻日趋附其兄弟之门。会脱脱去相位，而别儿怯不花为丞相，与脱脱有旧怨，颇欲中伤之，哈麻每于帝前力营护之，以故得免。

初，别儿怯不花与太平、韩嘉纳、秃满迭儿等十人，结为兄弟，情好甚密。及别儿怯不花既罢，九年，太平为左丞相，韩嘉纳为御史大夫，乃谋黜哈麻，讽监察御史斡勒海寿，列其罪恶劾奏之：其小罪，则受宣让王等驼马诸物；其大者，则设帐房于御幄之后，无君臣之分。又，恃以提调宁徽寺为名，出入脱忽思皇后宫闱无间，犯分之罪尤大。宁徽寺者，掌脱忽思皇后钱粮，而脱忽思皇后，帝庶母也。哈麻知御史有所言，先已于帝前析其非罪，事皆太平、韩嘉纳所摭拾。及韩嘉纳以御史所言奏，帝大怒，斥弗纳。明日，章再上，帝不得已，仅夺哈麻、雪雪官职，居之草地。而斡勒海寿为陕西廉访副使，于是太平罢为翰林学士承旨，韩嘉纳罢为宣政使，寻出为江浙行省平章政事。有顷，脱忽思皇后泣诉帝，谓御史所劾哈麻事为侵己，帝益怒，乃诏夺海寿官，屏归田里，禁锢之。已而脱脱复为丞相，也先帖木儿复为御史大夫，而谪太平居陕西，而加韩嘉纳以赃罪，杖流奴儿干以死。别儿怯不花既罢，犹出居殷阳，而秃满迭儿自中书右丞出为四川右丞，亦诬以罪，追至中道杀之。已而哈麻复见召用，而脱脱兄弟尤德之。

十二年八月，哈麻拜中书添设右丞。明年正月，正除右丞。时脱脱方信任汝中柏，由郎中为参议中书，自平章政事以下，见其议事，皆唯唯而已。独哈麻性刚决，与之论，数不合，汝中柏因潜哈麻于脱脱。八月，出哈麻为宣政院使，又位居第三，哈麻由是深衔脱脱。

初，哈麻尝阴进西天僧以运气术媚帝，帝习为之，号演揲儿法。

演揲儿，华言大喜乐也。哈麻之妹婿集贤学士秃鲁帖木儿，故有宠于帝，与老的沙、八郎、答剌马吉的、波迪哇儿祃等十人，俱号倚纳。秃鲁帖木儿性奸狡，帝爱之，言听计从，亦荐西蕃僧伽璘真于帝。其僧善秘密法，谓帝曰："陛下虽尊居万乘，富有四海，不过保有见世而已。人生能几何，当受此秘密大喜乐禅定。"帝大习之，其法亦名双修法。曰演揲儿，曰秘密，皆房中术也。帝乃诏以西天僧为司徒，西蕃僧为大元国师。其徒皆取良家女，或四人、或三人奉之，谓之供养。于是，帝日从事于其法，广取女妇，惟淫戏是乐。又选采女为十六天魔舞。八郎者，帝诸弟，与其所谓倚纳者，皆在帝前，相与亵狎，甚至男女裸处，号所处室曰皆即兀该，华言事事无碍也。君臣宣淫，而群僧出入禁中，无所禁止，丑声秽行，著闻于外，虽市井之人，亦恶闻之。皇太子年日以长，尤深疾秃鲁帖木儿等所为，欲去之未能也。

十四年秋，脱脱领大军讨高邮，哈麻乘间遂复入中书平章政事。脱脱之出师也，以汝中柏为治书侍御史，俾辅也先帖木儿。汝中柏累言哈麻必当屏斥，不然必为后患。而也先帖木儿不从。哈麻知之，恐终不自保，因诉于皇后奇氏曰："皇太子既立，而册宝及郊庙之礼不行者，脱脱兄弟之意也。"皇后既颇信之，哈麻复与汪家奴之子桑哥实里、也先帖木儿之客明理明古，谮诸皇太子。会也先帖木儿移疾家居，于是监察御史袁赛因不花等即承望哈麻风指，奏劾也先帖木儿罪恶，章凡三上，而帝始允，诏收御史台印，令也先帖木儿出都门听旨。而遂以知枢密院事汪家奴为御史大夫。寻降诏数脱脱老师费财之罪，即军中夺其兵柄，安置淮安。既而脱脱、也先帖木儿皆就贬逐以死，并籍其家赀人口，而以所籍也先帖木儿者赐哈麻。

十五年四月，雪雪由知枢密院事拜御史大夫。五月，哈麻遂拜中书左丞相，国家大柄，尽归其兄弟二人矣。

明年二月，哈麻既为相，自以前所进蕃僧为耻，告其父秃鲁曰："我兄弟位居宰辅，宜导人主以正，今秃鲁帖木儿专媚上以淫亵，天下士大夫必讥笑我，将何面目见人，我将除之。且上日趋于昏暗，何以治天下，今皇太子年长，聪明过人，不若立以为帝，而奉上为太上皇。"其妹闻之，归告其夫。秃鲁帖木儿恐皇太子为帝，则己必先见诛，即以闻于帝，然不敢斥言淫亵事，第曰"哈麻谓陛下年老故耳。"帝大惊曰："朕头未白，齿未落，遽谓我为老耶！"帝即与秃鲁帖木儿谋去哈麻、雪雪，计已定，秃鲁帖木儿走匿尼寺中。明日，帝遣使传旨哈麻与雪雪，毋早入朝，其家居听旨。

御史大夫搠思监，因劾奏哈麻与雪雪罪恶，帝曰："哈麻、雪雪兄弟二人虽有罪，然侍朕日久，且与朕弟懿璘质班皇帝实同乳，可姑缓其罚，令其出征。"已而中书右丞相定住、平章政事桑哥失里，复纠劾哈麻、雪雪之罪不已，乃命其兄弟出城受诏，遂诏哈麻于惠州安置，雪雪于肇州安置。比行，俱杖死。哈麻既死，仍籍其家财，也先帖木儿所封之库藏，其封识固未尝启也。哈麻兄弟宠幸方固，而一旦遽见废外，人皆谓帝怒其潜害脱脱兄弟之故，而不知其罪盖由于不轨。其兄弟之死，人无恤之者。

搠思监，怯烈氏，野先不花之孙，亦怜真之子也。早岁，性宽厚，简言语，皆以远大之器期之。泰定初，袭长宿卫，为必阇赤怯薛官。至顺二年，除内八府宰相。元统初，出为福建宣慰使都元帅。居三年，通达政治，威惠甚著。后至元三年，拜江浙行中书省参知政事。国用所倚，海运为重，是岁，搠思监被命督其役，措置有方，所漕米三百余万石，悉达京师，无耗折者。六年，擢湖北道肃政廉访使，未行，改江浙行省右丞。福建盐法久坏，诏搠思监往究其私鬻、盗鬻及出纳之弊，至则悉廉得其利病，为罢行之。

至正元年，改山东肃政廉访使，寻召拜中政使。明年正月，除陕西行台御史中丞。三月，复为中政使。八月，调太府卿。四年，拜中书参知政事，寻升右丞。六年，迁御史中丞，遂除翰林学士承旨，俄复为中丞。又由资政使迁宣徽使。九年，除大宗正府也可扎鲁火赤，宗王国人咸称其明果。寻复入中书为右丞。十年正月，升平章政事，阶光禄大夫。十一年十一月,拜御史大夫,进银青荣禄大夫。十二年四月,复为中书平章,从丞相脱脱平徐州有功。十三年,复拜御史大夫,寻又为中书平章。

十四年九月,奉命率师讨贼淮南,身先士卒,面中流矢不为动。十五年,迁陕西行省平章,复召还,拜知枢密院事。俄复拜中书平章,兼大司农分司,提调大都留守司,及屯田事。一日,入侍,帝见其面有箭瘢,深叹闵焉。进为首平章。十六年,复迁御史大夫。四月,遂拜中书左丞相,明年三月,进右丞相。十八年,加太保,诏封其曾祖孛鲁海为云王,祖也先不花为瀛王,父亦怜真为冀王。

是时,天下多故日已甚,外则军旅烦兴,疆宇日蹙;内则帑藏空虚,用度不给;而帝方溺于娱乐,不恤政务。于是搠思监居相位久,无所匡救,而又公受贿赂,贪声著闻,物议喧然。是年冬,监察御史燕赤不花,劾奏搠思监任用私人朵列及妾弟崔完者帖木儿印造伪钞,事将败,令朵列自杀以灭口。搠思监乃请谢事,解机务,诏止收其印绶。而御史答里麻失里、王彝言不已,帝终不听也。会辽阳贼势张甚,明年,遂起为辽阳行省左丞相,未行。二十年三月,复拜中书右丞相,仍降诏谕天下。

时帝益厌政,而宦者资正院使朴不花,乘间用事为奸利,搠思监因与结构相表裹,四方警报及将臣功状,皆壅不上闻。孛罗帖木儿、扩廓帖木儿各拥强兵于外,以权势相轧,衅隙遂成。搠思监与朴不花党于扩廓帖木儿,而诬孛罗帖木儿以非罪。二十四年三月,帝因下诏削夺其官爵,且命扩廓帖木儿以兵讨之。而宗王不颜帖木儿、秃坚帖木儿等皆称兵与孛罗帖木儿合,表言其无罪。于是帝为降诏曰:“自至正十一年妖贼窃发,属尝选命将相,分任乃职,视同心膂,凡厥遮政,悉以委之。岂期搠思监、朴不花夤缘为奸,互相壅蔽,以致在外宣力之臣,因而解体;在内忠良之士,悉陷非辜。又复奋其私仇,诬构孛罗帖木儿、老的沙等同谋不轨。朕以信任之专,失于究察,遂调兵往讨。孛罗帖木儿已尝陈词,而乃寝匿不行。今宗王不颜帖木儿等,仰畏明威,远来控诉,以表其情,朕为恻然兴念,而搠思监、朴不花犹饰虚词，簧惑朕听。其以搠思监屏诸岭北，朴不花窜之甘肃，以快众愤。孛罗帖木儿等，悉与改正，复其官职。"然诏书虽下，而搠思监、朴不花仍留京师。

四月，孛罗帖木儿乃遣秃坚铁木儿称兵犯阙，必得搠思监、朴不花乃已。帝不得已，缚二人畀之，遂皆为孛罗铁木儿所杀。已而监察御史复奏言："搠思监矫杀丞相太平，盗用钞板，私家草诏，任情放选，鬻狱卖官，费耗库藏，居庙堂前后十数年，使天下八省之地，悉致沦陷。乃误国之奸臣，究其罪恶，大赦难原。曩者，奸臣阿合马之死，剖棺戮尸，搠思监之罪，视阿合马为有过，今其虽死，必剖棺戮尸为宜。"有旨从之。而台臣言犹不已，遂复没其家产，而窜其子宣徽使观音奴于远方。

怯烈氏四世为丞相者八人，世臣之家，鲜与比盛。而搠思监早有才望，及居相位，人皆仰其有为，遭时多事，顾乃守之以懦，济之以贪，遂使天下至于乱亡而不可为。论者谓元之亡，搠思监之罪居多云。

元史卷二〇六
列传第九三

叛　臣

李璮　王文统　阿鲁辉帖木儿

　　李璮,小字松寿,潍州人,李全子也。或曰璮本衢州徐氏子,父尝为扬州司理参军,全盖养之为子云。

　　太祖十六年,全叛宋,举山东州郡归附,太师、国王孛鲁承制拜全山东淮南楚州行省,而以其兄福为副元帅。太宗三年,全攻宋扬州,败死。

　　璮遂袭为益都行省,仍得专制其地。朝廷数征兵,辄诡辞不至。宪宗七年,又调其兵赴行在,璮亲诣帝言曰:“益都乃宋航海要津,分军非便。”帝然之,命璮归取涟、海数州。璮遂发兵攻拔涟水相连四城,大张克捷之功。

　　中统元年,世祖即位,加璮江淮大都督。璮言:“近获生口,知宋调兵将攻涟水。且谍见许浦、射阳湖舟舰相望,势欲出胶西,向益都,请缮城堑以备。”诏出金符十、银符五授璮,以赏将士有功者,且赐银三百锭,降诏奖谕。蒙古、汉军之在边者,咸听节制。璮复扬言:“宋吕文德合淮南兵七万五千,来攻涟水,且规筑堡以临我。及得贾似道、吕文德书,辞甚悖傲。知朝廷近有内顾之忧,必将肆志于我。乞选将益兵,臣当帅先渡淮,以雪慢书之辱。”执政得奏,谕以“朝廷方通和议,边将惟当固封圉。且南人用间,其诈非一,彼既不至,毋或妄动。"瓒乃上言："臣所领益都，土旷人稀，自立海州，今八载，将士未尝释甲，转挽未尝息肩，民力凋耗，莫甚斯时，以一路之兵，抗一敌国，众寡不侔，人所共患。赖陛下神武，既克涟、海二州，复破夏贵、孙虎臣十余万之师。然臣岂敢恃此必敌人之不再至哉！且宋人今日西无掣肘，宜得并力而东。若以水陆缀涟，而遣舟师遵海以北，捣胶、莱之虚，然后帅步骑直指沂、莒、滕、峄，则山东非我有矣，岂可易视而不为备哉。臣昨追敌至淮安，非不能乘胜取扬、楚，徒以执政止臣，故臣不敢深入。若以枣阳、唐邓、陈、蔡诸军攻荆山，取寿、泗，以亳、宿、徐、邳诸军，合臣所统兵，攻扬、楚，则两淮可定。两淮既定，则选兵以取江南，自守以宽民力，将无施不可，此上策也。"因上将校冯泰等功第状，诏以益都官银分赏之。

二年正月，瓒言于行中书省，以宋人聚兵粮数十万，列舰万三千艘于许浦，以侵内郡，而宣抚司转输不继，恐一旦水陆道绝，缓急莫报。请选精骑，倍道来援，表里协攻，乘机深入，江淮可图也。既而来献涟水捷，诏复奖谕，仍给金符十七、银符二十九，增赐将士。庚寅，瓒辄发兵修益都城堑，且报宋人来攻涟水。诏遣阿术、哈剌拔都、爱仙不花等悉兵赴之，仍谕度宜益兵赴调。瓒遂请节制诸道所集兵马，且请给兵器，中书议与矢三万，诏给矢十万。

三年四月，又以宋贾似道诱总管张元、张进等书来上。盖瓒专制山东者三十余年，其前后所奏凡数十事，皆恫疑虚喝，挟敌国以要朝廷，而自为完缮益兵计，其谋亦深矣。初以其子彦简质于朝，而潜为私驿，自益都至京师质子营。至是，彦简遂用私驿逃归。瓒遂反，以涟、海二三城献于宋，歼蒙古戍兵，引麾下具舟舰，还攻益都。甲午，入之，发府库以犒其党，遂寇蒲台。民闻瓒反，皆入保城郭，或奔窜山谷，由是自益都至临淄数百里，寂无人声。

癸卯，帝闻瓒反，遂下诏暴其罪。甲辰，命诸军讨瓒。己酉，以瓒故，戮中书平章王文统。壬子，瓒盗据济南。癸酉，命史枢、阿术帅师赴济南。瓒帅众出掠辎重，将及城，官军邀击，大败之，斩首四千级，瓒退保济南。五月庚申，筑环城围之；甲戌，围合。瓒自是不得复出，犹日夜拒守，取城中子女赏将士，以悦其心；且分军就食民家，发其盖藏以继，不足，则家赋之盐，令以人为食。至是，人情溃散，璮不能制，各什伯相结，缒城以出。璮知城且破，乃手刃爱妾，乘舟入大明湖，自投水中，水浅不得死，为官军所获，缚至诸王合必赤帐前。丞相史天泽言："宜即诛之，以安人心。"遂与蒙古军官囊家并诛焉。

王文统，字以道，益都人也。少时读权谋书，好以言撼人。遍干诸侯，无所遇，乃往见李璮。璮与语，大喜，即留置幕府，命其子彦简师事之，文统亦以女妻璮。由是军旅之事，咸与谘决，岁上边功，虚张敌势，以固其位，用官物树私恩，取宋涟、海二郡，皆文统谋也。

世祖在潜藩，访问才智之士，素闻其名。及即位，厉精求治，有以文统为荐者，亟召用之。乃立中书省，以总内外百司之政，首擢文统为平章政事，委以更张庶务。建元为中统，诏谕天下，立十路宣抚司，示以条格，欲差发办而民不扰，盐课不失常额，交钞无致阻滞。寻诏行中书省造中统元宝交钞，立互市于颍州、涟水、光化军。是年冬，初行中统交钞，自十文至二贯文，凡十等，不限年月，诸路通行，税赋并听收受。

明年二月，世祖在开平，召行中书省事祃祃与文统，亲率各路宣抚使俱赴阙。世祖自去秋亲征叛王阿里不哥于北方，凡民间差发、宣课盐铁等事，一委文统等裁处。及振旅还宫，未知其可否何若，且以往者，急于用兵，事多不暇讲究，所当振其纪纲者，宜在今日。故召文统等至，责以成效，用游显、郑鼎、赵良弼、董文炳等为各路宣抚司，复以所议条格诏谕各路，俾遵行之。未几，又诏谕宣抚司，并达鲁花赤管民官、课税所官，申严私盐、酒醋、曲货等禁。

文统为人忌刻，初立中书时，张文谦为左丞。文谦素以安国利民自负，故凡讲论建明，辄相可否，文统积不能平，思有以陷之，文谦竟以本职行大名等路宣抚司事而去。时姚枢、窦默、许衡，皆世祖所敬信者，文统讽世祖授枢为太子太师，默为太子太傅，衡为太子太保,外佯尊之,实不欲使朝夕备顾问于左右也。默尝与王鹗及枢、衡俱侍世祖,面诋文统曰:"此人学术不正,必祸天下,不可处以相位。"世祖曰:"若是,则谁可为者?"默以许衡对,世祖不怿而罢。鹗尝请以右丞相史天泽监修国史,左丞相耶律铸监修《辽史》,文统监修《金史》。世祖曰:"监修阶衔,俟修史时定之。"

又明年二月,李璮反,以涟、海三城献于宋。先是,其子彦简,由京师逃归,璮遣人白之中书。及反书闻,人多言文统尝遣子荛与璮通音耗。世祖召文统问之曰:"汝教璮为逆,积有岁年,举世皆知之。朕今问汝所策云何,其悉以对。"文统对曰:"臣亦忘之,容臣悉书以上。"书毕,世祖命读之,其间有曰:"蝼蚁之命,苟能存全,保为陛下取江南。"世祖曰:"汝今日犹欲缓颊于朕耶?"会璮遣人持文统三书自洛水至,以书示之,文统始错愕骇汗。书中有"期甲子"语,世祖曰:"甲子之期云何?"文统对曰:"李璮久蓄反心,以臣居中,不敢即发,臣欲告陛下缚璮久矣,第缘陛下加兵北方,犹未靖也。比至甲子,犹可数年,臣为是言,姑迟其反期耳。"世祖曰:"无多言。朕拔汝布衣,授之政柄,遇汝不薄,何负而为此?"

文统犹枝辞傍说,终不自言"臣罪当死",乃命左右斥去,始出就缚。犹召窦默、姚枢、王鹗、僧子聪及张柔等至,示以前书曰:"汝等谓文统当得何罪?"文臣皆言"人臣无将,将而必诛"。柔独疾声大言曰:"宜剐"!世祖又曰:"汝同辞言之。"诸臣皆曰:"当死。"世祖曰:"渠亦自服朕前矣。"文统乃伏诛。子荛,并就戮。

诏谕天下曰:

> 人臣无将,垂千古之彝训;国制有定,怀二心者必诛。何期辅弼之僚,乃蓄奸邪之志。平章政事王文统,起由下列,擢置台司,倚付不为不深,待遇不为不厚,庶收成效,以底丕平。焉知李璮之同谋,潜使子荛之通耗。迩者获亲书之数幅,审其有反状者累年,宜加肆市之诛,以著滔天之恶。已于今月二十三日,将反臣王文统并其子荛,正典刑讫。於戏!负国恩而谋大逆,死有余辜;处相位而被极刑,时或未喻。咨尔有众,体予至怀。

　　然文统虽以反诛，而元之立国，其规模法度，世谓出于文统之功为多云。

　　阿鲁辉帖木儿，灭里大王之裔也。初，太宗生七子，而灭里位第七。世祖既定天下，乃大封宗亲为王，灭里其一也。灭里生脱忽，脱忽生俺都剌，俺都剌生秃满，至大元年，始封阳翟王，赐金印螭纽，俾镇北藩。秃满传曲春，曲春传太平，太平传帖木儿赤，而阿鲁辉帖木儿袭其封。

　　会兵起汝、颍，天下皆震动，帝屡诏宗王，以北方兵南讨。阿鲁辉帖木儿知国事已不可为，乃乘间拥众数万，屯于木儿古兀彻之地，而胁宗王以叛。且遣使来言于帝曰："祖宗以天下付汝，汝何故失其太半，何不以国玺授我，我当自为之。"帝闻，神色自若，徐曰："天命有在，汝欲为则为之。"于是降诏开谕，俾其悔罪，阿鲁辉帖木儿不听，乃命知枢密院事秃坚帖木儿等击之。行至称海，起哈剌赤万人为军。其人素不习为兵，而一旦驱之使战，既阵，兵犹未接，皆脱其号衣，奔阿鲁辉帖木儿军中，秃坚帖木儿军遂败绩，单骑还上都。

　　二十一年，更命少保、知枢密院事老章，以兵十万击之，且俾阿鲁辉帖木儿之弟忽都帖木儿从征军中，遂大败其众。阿鲁辉帖木儿遂谋东遁。其部将脱欢知其势穷，乃与宗王襄加、玉枢虎儿吐华擒阿鲁辉帖木儿送阙下，帝命诛之。于是加老章太傅，脱欢知辽阳行枢密院事，仍以忽都帖木儿袭封阳翟王，而宗王襄加等，悉议加封。寻又诏加封老章和宁王，以岭北行省丞相知行枢密院事，俾镇北藩云。

元史卷二〇七
列传第九四

逆　臣

铁失　孛罗帖木儿

　　铁失者,当英宗即位之初,以翰林学士承旨、宣徽院使,为太医院使。未逾月,特命领中都威卫指挥使。明年,改元至治,有珍珠燕服之赐。三月,特授光禄大夫、御史大夫,仍金虎符、忠翊侍卫亲军都指挥使,依前太医院使。英宗尝御鹿顶殿,谓铁失曰:"徽政虽隶太皇太后,朕视之与诸司同,凡簿书宜悉令御史检核。"既而又命领左右阿速卫。冬十月,英宗亲祀太庙,以中书左丞相拜住为亚献官,铁失为终献官。

　　明年冬十月,江南行台御史大夫脱脱以疾请于朝,未得旨辄去职,铁失奏罢之,杖六十七,谪居云南。治书侍御史锁南、铁木迭儿之子也,罢为翰林侍讲学士,铁失奏复其职,英宗不允。十二月,铁失以御史大夫、忠翊亲军都指挥使、左右卫阿速亲军都指挥使、太医院使,兼领广惠司事。

　　英宗尝谓台臣曰:"朕深居九重,臣下奸贪,民生疾苦,岂能周知,故用卿等为耳目。曩者,铁失迭儿贪蠹无厌,汝等拱默不言,其人虽死,宜籍其家,以惩后也。"又明年,三月,申命大夫铁失,振举台纲,诏谕中外。既而御史台请降旨开言路,英宗曰:"言路何尝不开,但卿等选人未当尔。朕知向所劾者,率因宿怨,罗织成狱,加之以罪,遂玷其人,终身不得伸。监察御史尝举八思吉思可任大事,未几,以贪墨伏诛。若此者,言路选人当乎,否乎?"时铁木迭儿既死,罪恶日彰,英宗委任拜住为右丞相,振立纪纲,修举废坠,以进贤退不肖为急务。铁失以奸党不自安,潜蓄异图。

秋八月癸亥,英宗自上都南还,驻跸南坡。是夕,铁失与知枢密院事也先铁木儿、大司农失秃儿、前中书平章政事赤斤铁木儿、前云南行省平章政事完者、前治书侍御史锁南、铁失之弟宣徽使锁南、典瑞院使脱火赤、枢密副使阿散、金书枢密院事章台、卫士秃满,及诸王按梯不花、孛罗、月鲁铁木儿、曲律不花、兀鲁思不花等,以铁失所领阿速卫兵为外应,杀右丞相拜住,而铁失直犯禁幄,手弑英宗于卧所。九月四日,晋王即位,铁失及其党皆伏诛。

孛罗帖木儿,答失八都鲁之子也。从父讨贼,屡立战功,其语见父传。父既殁,孛罗帖木儿引兵退驻井陉口。十八年正月,命孛罗帖木儿为河南行省平章政事,仍总领其父元管诸军。三月,击刘福通于卫辉,走之,进克濮州。四月,屯兵真定。六月,自武安由彭城邀截沙刘等,败之。九月,命统领诸军夹攻曹州。十月,遣参政匡福统苗军自西门入,孛罗帖木儿自北门入,四门并进,克复曹州,擒杀伪官武宰相、仇知院,获伪印信金牌等物。

十九年二月,过代州,收山东溃将孟本周诸军。三月,诏孛罗帖木儿移兵至大同,置大都督兵农司,专督屯种,以孛罗帖木儿领之。当月领兵丰州、云内,与关先生战,关军奔溃。时有杨诚者,据蔚州,六月,诏遣平章月鲁不花、枢密同知八剌火者,督兵捕之,七月,围其城。俄有旨,命回兵。十一月,再命剿捕。

二十年正月,孛罗帖木儿追诚至飞狐县东关,诚弃军遁,降其溃卒,回驻大同。二月,除中书平章政事。

三月,命讨上都程思忠,兵次兴和,思忠奔溃。七月,击败田丰伪将王士诚于台州。诏总领一应达达、汉人诸军,便宜行事。八月,命守石岭关以北,察罕帖木儿守石岭关以南。九月,孛罗帖木儿欲得冀宁，遣兵自石岭关直趋围其城，三日，复退屯交城。十月，诏孛罗帖木儿守冀宁，遣保保、殷兴祖、高脱因倍道趋之，守者不纳。察罕帖木儿遣锁住、陈秉直以兵来争，孛罗帖木儿部将脱列伯战败之。

二十一年正月，命平章答失帖木儿、参政七十往谕解之，孛罗帖木儿罢兵还镇。九月，命孛罗帖木儿于保定以东、河间以南屯田。

二十二年二月，伪平章左李遣杨荣祖至大同降。三月，孛罗帖木儿遣裨将也速不花等招兵五万，戍大同。升孛罗帖木儿太尉、中书平章，位居第一。张良弼来受节制，李思齐遣兵攻良弼于武功，良弼伏兵大破之。

二十三年十月，孛罗帖木儿复南侵扩廓帖木儿所守地，遂据真定。初，朝廷既黜御史大夫老的沙，安置东胜州，帝别遣宦官密谕孛罗帖木儿，令留军中。而皇太子累遣官索之，孛罗帖木儿匿不发。

二十四年正月，孛罗帖木儿阴使人杀其叔父右丞亦只儿不花，佯为不知，往吊不哭。朝廷知其跋扈，又以匿老的沙事，三月辛卯，诏罢孛罗帖木儿兵权，四川安置。孛罗帖木儿杀使者拒命，遣部将会秃坚帖木儿提兵犯阙，扬言索右丞相搠思监、资正院使朴不花二人。

先是，朝廷立卫屯田，尝命中书右丞也先不花提督，与秃坚帖木儿分院之地相近，因扰及其亲里，构成嫌隙，也先不花乃潜秃坚帖木儿诋毁朝政，孛罗帖木儿与秃坚帖木儿相友善，且知其诬，遣人白其非罪。皇太子以孛罗帖木儿握兵跋扈，今乃与秃坚帖木儿交通，又匿不轨之臣，遂与丞相搠思监议，请诏削其官，分其兵授四川省丞相察罕不花领之。孛罗帖木儿谓非帝意，故不听命，举兵助秃坚帖木儿。

四月壬寅，入居庸，乙巳，至清河列营，将犯阙。帝遣达达国师、蛮子院使往问故，乃命屏搠思监于岭北，窜朴不花于甘肃，实执送与之。庚戌，秃坚帖木儿自健德门入，见帝延春阁，恸哭请罪，帝赐宴慰勉，诏赦其罪。仍以孛罗帖木儿为太保、中书平章，兼知枢密院

事，守御大同；以秃坚帖木儿为中书平章政事。辛亥，孛罗帖木儿还
大同，皇太子恚怒不已，再征扩廓帖木儿兵，保障京师。

五月，诏扩廓帖木儿总兵，调诸道军分讨大同。扩廓帖木儿自
其父察罕帖木儿在时，与孛罗帖木儿连年相仇杀，朝廷累命官讲
和，二军已还兵，各守其地。至是，扩廓帖木儿乃大发兵，诸道夹攻
大同，调麾下锁住守护京师，兵不满万，以其部下青军杨同金守居
庸，扩廓帖木儿自将至太原，调督诸军。

七月，孛罗帖木儿率兵，与秃坚帖木儿、老的沙等复犯阙，京师
震骇。丙戌，皇太子亲统兵迎于清河，丞相也速、詹事不兰奚军于昌
平，也速军士无斗志，青军杨同金被杀于居庸，不兰奚战败走，皇太
子亦驰入城。丁亥夜，锁住胁东宫官僚从太子出奔太原。戊子，孛
罗帖木儿兵至，驻健德门外，欲追袭皇太子，老的沙力止之。三人入
见帝宣文阁，泣拜诉冤，帝亦为之泣，乃赐宴。庚寅，就命孛罗帖木
儿太保、中书左丞相，老的沙中书平章政事，秃坚帖木儿御史大夫。
部属将士，布列台省，总揽国柄。

八月壬寅，诏加孛罗帖木儿开府仪同三司、上柱国、录军国重
事、太保、中书右丞相，节制天下。数月间，诛狎臣秃鲁帖木儿、波迪
哇儿祸等，罢三宫不急造作，沙汰宦官，减省钱粮，禁西番僧人佛
事。数遣使请皇太子还朝，使至太原，拘留不报。

二十五年，皇太子在外，日夜谋除内难，承制调遣岭北、甘肃、
辽阳、陕西及扩廓帖木儿等军，进讨孛罗帖木儿。孛罗帖木儿怒，出
皇后于外，幽置百日。遣秃坚帖木儿率军讨上都附皇太子者，调也
速南御扩廓帖木儿军。也速次良乡不进，而归永平，遣人西连太原，
东连辽阳，军声大振。孛罗帖木儿患之，遣骁将姚伯颜不花统兵出
御，至通州，河溢，营虹桥以待，也速出其不意，袭而破之，擒姚伯
颜，杀之。孛罗帖木儿大恐，自将出通州，三日大雨而还。孛罗帖木
儿先尝以自疑杀其将保安，既又失姚伯颜，郁郁不乐，乃日与老的
沙饮宴，荒淫无度，酗酒杀人，喜怒不测，人皆畏忌。威顺王子和尚，
受帝密旨，与徐士本谋，结勇士上都马、金那海、伯达儿、帖古思不

花、火儿忽达、洪宝宝等，阴图刺之。

七月乙酉，值秃坚帖木儿遣人来告上都之捷，孛罗帖木儿起入奏，行至延春阁李树下，伯达儿自众中奋出，斫孛罗帖木儿，中其脑，上都马及金那海等竞前斫死。老的沙伤额，趋出，得马，走其家，拥孛罗帖木儿母妻及其子天宝奴北遁。有旨令民间尽杀其部党。明日，遣使函孛罗帖木儿首级往太原，诏皇太子还朝。诸道兵闻诏，罢归。九月，皇太子朝京师。十二月，获秃坚帖木儿、老的沙，皆伏诛。

元史卷二〇八
列传第九五

外　国

高丽　耽罗　日本

高丽本箕子所封之地，又扶余别种尝居之。其地东至新罗，南至百济，皆跨大海，西北度辽水接营州，而鞨鞠在其北。其国都曰平壤城，即汉乐浪郡。水有出鞨鞠之白山者，号鸭渌江，而平壤在其东南，因恃以为险。后辟地益广，并古新罗、百济、高句丽三国而为一。其主姓高氏，自初立国至唐乾封初而国亡。垂拱以来，子孙复封其地，后稍能自立。至五代时，代主其国迁都松岳者，姓王氏，名建。自建至焘凡二十七王，历四百余年未始易姓。

入元，太祖十一年，契丹人金山、元帅六哥等领众九万余窜入其国。

十二年九月，攻拔江东城据之。

十三年，帝遣哈只吉、札剌等领兵征之。国人洪大宣诣军中降，与哈只吉等同攻围之。高丽王名缺奉牛酒出迎王师，且遣其枢密院使、吏部尚书、上将军、翰林学士承旨赵冲共讨灭六哥。札剌与冲约为兄弟。冲请岁输贡赋。札剌曰："尔国道远，难于往来，每岁可遣使十人入贡。"十二月，札剌移文取兵粮，送米一千斛。

十四年正月，遣其权知阁门祗候尹公就、中书注书崔逸以结和牒文送札剌行营，札剌遣使报之。高丽王以其侍御史朴时允为接伴使迎之。帝又遣蒲里伫也持诏往谕之,高丽王迎拜设宴。九月,皇太弟、国王及元帅合臣、副元帅札剌等各以书遣宣差大使庆都忽思等十人趣其入贡,寻以方物进。

十五年九月,大头领官堪古苦、着古欤等复以皇太弟、国王书趣之,仍进方物。

十六年七月,有旨,谕以伐女直事,始奉表陈贺。八月,着古欤使其国。十月,喜速不爪等继使焉。

十七年十月,诏遣着古欤等十二人至其国,察其纳款之实。

十八年八月,宣差山术觲等十二人复以皇太弟、国王书趣其贡献。

十九年二月,着古欤等复使其国;十二月,又使焉,盗杀之于途,自是连七岁绝信使矣。

太宗三年八月,命撒礼塔征其国,国人洪福源迎降于军,得福源所率编民千五百户,旁近州郡亦有来师者。撒礼塔即与福源攻未附州郡,又使阿儿秃与福源抵王京,招其主王暾。暾遣其弟怀安公王侹请和,许之。置京、府、县达鲁花赤七十二人监之,遂班师。十一月,元帅蒲桃、迪臣、唐古等领兵至其王京,暾遣使奉牛酒迎之。十二月一日,复遣使劳元帅于行营。明日,其使人与元帅所遣人四十余辈入王城,付文牒。又明日,暾遣王侹等诣撒礼塔屯所犒师。

四年正月,帝遣使以玺书谕暾。三月,暾遣中郎将池义源,录事洪巨源、金谦等赍国照牒文送撒礼塔屯所。四月,暾遣其将军赵叔章、御史薛慎等奉表入朝。五月,复下诏谕之。六月,暾尽杀朝廷所置达鲁花赤七十二人以叛,遂率王京及诸州县民窜海岛。洪福源集余民保聚,以俟大兵。八月,复遣撒礼塔领兵讨之,至王京南,攻其处仁城,中流矢卒。别将铁哥以军还。其已降之人,令福源领之。十月,暾遣其将军金宝鼎、郎中赵瑞章上表陈情。

五年四月,诏谕暾悔过来朝,且数其五罪:"自平契丹贼、杀札剌之后,未尝遣一介赴阙,罪一也。命使赍训言省谕,辄敢射回,罪二也。尔等谋害着古欤,乃称万奴民户杀之,罪三也。命汝进军,仍令汝弼入朝,尔敢抗拒,窜诸海岛,罪四也。汝等民户不拘集见数,辄敢妄奏,罪五也。"十月,暾复遣兵攻陷已附西京等处降民,劫洪福源家。

六年,福源得请,领其降民迁居东京,赐佩金符。

七年,命唐古与洪福源领兵征之。

九年,拔其龙岗、咸从等十余城。

十年五月,其国人赵玄习、李元祐等率二千人迎降,命居东京,受洪福源节制,且赐御前银符,使玄习等佩之,以招未降民户。又李君式等十二人来降,待之如玄习焉。十二月,暾遣其将军金宝鼎、御史宋彦琦等奉表入朝。

十一年五月,诏征暾入朝,暾以母丧辞。六月,乃遣其礼宾卿卢演、礼宾少卿金谦充进奉使、副,奉表入朝。十月,有旨谕暾,征其亲朝于明年。十二月,暾遣其新安公王佺与宝鼎、彦琦等百四十八人奉表入贡。

十二年三月,又遣其右谏议大夫赵修、阁门祗候金成宝等奉表入贡。五月,复下诏谕之。十二月,暾遣其礼宾少卿宋彦琦、侍御史权趌充行李使入贡。是岁,攻拔昌、朔等州。

十三年秋,暾以族子綧为己子入质。

当定宗、宪宗之世,岁贡不入,故自定宗二年至宪宗八年,凡四命将征之,凡拔其城十有四。宪宗末,暾遣其世子倎入朝。

世祖中统元年三月,暾卒,命倎归国为高丽国王,以兵卫送之,仍赦其境内。制曰:

我太祖皇帝肇开大业,圣圣相承,代有鸿勋,芟夷群雄,奄有四海,未尝专嗜杀也。凡属国列侯,分茅锡土,传祚子孙者,不啻万里,孰非向之勍敌哉。观乎此,则祖宗之法不待言而章章矣。今也,普天之下未臣服者,惟尔国与宋耳。宋所恃者长江,而长江失险;所藉者川、广,而川、广不支。边戍自彻其藩篱,大军已驻乎心腹,鼎鱼幕燕,亡在旦夕。

尔初世子奉币纳款,束身归朝,含哀请命,良可矜悯,故遣归国，完复旧疆，安尔田畴，保尔室家，弘好生之大德，捐宿构之细故也。用是已尝戒敕边将，敛兵待命，东方既定，则将回戈于钱塘。迨余半载，乃知尔国内乱渝盟，边将复请戒严，此何故也？以谓果内乱耶，权臣何不自立，而立世孙？以谓传闻之误耶，世子何不之国而盘桓于境上也。岂以世子之归愆期，而左右自相猜疑，私忧过计而然耶？重念岛屿残民，久罹涂炭，穷兵极讨，殆非本心。且御失其道，则天下狙诈咸作敌；推赤心置人腹中，则反侧之辈自安矣。悠悠之言，又何足校。申命边阃，断自予衷，无以逋逃间执政，无以飞语乱定盟。惟事推诚，一切勿问。宜施旷荡之恩，一新遐迩之化。自尚书金仁隽以次，中外枝党、官吏、军民，圣旨到日已前，或有首谋内乱，旅拒王师，已降附而还叛，因仇仇而擅杀，无所归而背主亡命，不得已而随众胁从，应据国人但曾犯法，罪无轻重咸赦除之。

世子其趣装命驾，归国知政，解分释憾，布德施恩。缅惟疮痍之民，正在抚绥之日，出彼沧溟，宅于平壤。卖刀剑而买牛犊，舍干戈而操末耟，凡可援济，毋惮勤劳。苟富庶之有征，冀礼义之可复，亟正疆界，以定民心，我师不复逾限矣。大号一出，朕不食言。复有敢蹜乱犯上者，非干尔主，乃乱我典刑，国有常宪，人得诛之。於戏！世子其王矣，往钦哉，恭承丕训，永为东藩，以扬我休命。

四月，复降旨谕偑曰："朕祗若天命，获承祖宗休烈。仰惟覆焘，一视同仁，无遐迩小大之间也，以尔归款，既册为王还国，今得尔与边将之书，因知其上下之情，朕甚恻焉。"偑求出水就陆，免军马侵扰，还被虏及逃民，皆从之。诏班师，乃赦其境内。六月，偑遣其子永安公僖、判司宰事韩即入贺即位，以国王册封、王印及虎符赐之。是月，又下诏抚谕之。

二年三月，遣使入贡。四月，偑入朝。六月，偑更名禃，遣其世子愖奉表以闻。八月，赐禃玉带一，遣侍卫将军孛里察、礼部郎中高逸民护愖还国。九月，禃遣其侍御史张镒奉表入谢。十月，帝遣阿的迷失、焦天翼持诏,谕以开榷场事。

三年正月,罢互市。诸王塔察儿请置铁冶,从之。请立互市,不从。赐禃历,后岁以为常。禃遣使入射,优诏答之。四月,禃遣其左谏议大夫朴伦、郎将辛洪成等奉表入朝。六月,遣使入贡。八月,朴伦等还,赐西锦三段、间金熟绫六段。十月,诏谕禃籍编民,出师旅,输粮饷,助军储。是月,禃遣使入贡。

四年二月,以禃不答诏书,诘其使者。禃表乞俟民生稍集,然后惟命。帝以其辞意恳实,允之。朝贡物数,亦命称其力焉。自三月至于六月,禃凡三使入贡,赐禃羊五百。十一月,禃以免置驿籍民等事,遣其翰林学士韩就奉表入谢。

五年正月丁丑朔,禃遣使奉表入贺,谕还使,令禃亲朝京师。四月,以西北诸王率众款附,拟今岁朝王公群牧于上都,又遣必阇赤古乙独征禃入朝,修世见之礼。五月,禃遣其借国子祭酒张镒从古乙独入见,六月乃亲朝。九月,帝以改中统五年为至元元年,遣郎中路得成持赦令,与禃郎将康允珆颁其国。十月,禃入朝。十二月,遣禃还国。是年春,禃遣使入贡。自是终世祖三十一年,其国入贡者凡三十有六。

至元三年二月,立沈州,以处高丽降民。帝欲通好日本,以高丽与日本邻国,可为乡导,八月,遣国信使兵部侍郎黑的、礼部侍郎殷弘、计议官伯德孝先等使日本,先至高丽谕旨。十二月,遣其枢密院副使宋君斐、借礼部侍郎金赞等导诏使黑的、殷弘等往日本,不至而还。

四年正月,禃遣君斐等奉表从黑的等入朝。六月,帝以禃饰辞,令去使徒还,复遣黑的与君斐等以诏谕禃,委以日本事,以必得其要领为期。九月,禃遣其起居舍人潘阜、书状官李挺充国信使,持书诣日本。

五年正月,禃遣其弟淐入朝。帝以禃见欺于淐,面数其事切责之。特遣北京总管兼大兴府尹于也孙脱、礼部郎中孟甲持诏谕禃,其略曰:"向请撤兵,则已撤之矣。三年当去水就陆,而前言无征也。

又太祖法制,凡内属之国,纳质、助军、输粮、设驿、编户籍、置长官,已尝明谕之,而稽延至今,终无成言。在太祖时,王绰等已入质,驿传亦粗立,余率未奉行。今将问罪于宋,其所助士卒舟舰几何?输粮则就为储积,至若设官及户版事,其意谓何?故以问之。”三月,于也孙脱等至其国。

四月,禃遣其门下侍郎李藏用奉表与也孙脱等入朝。五月,帝敕藏用曰:“往谕尔主,速以军数实奏,将遣人督之。今出军,尔等必疑将出何地,或欲南宋,或欲日本,尔主当造舟一千艘,能涉大海可载四千石者。”藏用曰:“舟舰之事即当应命,但人民残少,恐不及期。往者臣国有军四万,三十余年间死于兵疫,今止有牌子头、五十户、百户、千户之类虚名,而无军卒。”帝曰:“死者有之,生者亦有之。”藏用曰:“赖圣德,自撤兵以来,有生长者仅十岁耳。”帝又曰:“自尔来者言,海中之事,于宋得便风可三日而至,日本则朝发而夕至。舟中载米,海中捕鱼而食之,则岂不可行乎?”又敕藏用曰:“归可以此言谕尔主。”

七月,诏都统领脱朵儿、武德将军统领王国昌、武略将军副统领刘杰等使其国,与其来朝者大将军崔东秀偕行。八月,至其国,禃出升天府迎之,盖谕以阅军造船也。九月,以禃表奏潘阜等奉使无功而还,复遣黑的等使日本,诏禃遣重臣导送。十二月,禃遣其知门下省事申思全、礼部侍郎陈井、起居舍人潘阜等从国信使黑的等赴日本,借礼部侍郎张镒奉表从脱朵儿入朝。

六年正月,禃遣其大将军康允绍奉表奏诛权臣金俊等。三月,禃复遣申思全奉表从黑的入朝。六月,禃遣其世子愖入朝。赐禃玉带一,愖金五十两,从官银币有差。七月,帝遣明威将军都统领脱朵儿、武德将军统领王国昌、武略将军副统领刘杰相视耽罗等处道路,诏禃选官引达,以人言耽罗海道往南宋、日本甚易故也。

八月,世子愖至朝,奏本国臣下擅废禃立其弟安庆公淐事。诏遣使臣斡朵思不花、李谔等至其国详问之。九月,其枢密院副使金方庆奉表从斡朵思不花等入朝。枢密院御史台奏,世子愖言:“朝廷若出征，能办军三千，备粮五月，如官军入境，臣宜同往，庶不惊扰。"帝然之。诏授世子禃特进、上柱国，敕愖率兵三千赴其国难。命抄不花往征其国，以病不果行，诏遣蒙哥都代之。

十月，帝以禃、淐废置乃林衍所为，遣中宪大夫兵部侍郎黑的、淄莱路总管府判官徐世雄诏禃、淐、衍等以十二月同诣阙下，面陈情实，听其是非。又遣国王头辇哥等率兵压境，如逾期不至，即当穷治首恶，进兵剿戮。命赵璧行中书省于东京，仍诏谕高丽国军民。十一月，高丽都统领崔坦等以林衍作乱，挈西京五十余城入附。遣断事官别同瓦驰驿于王綧、洪茶丘所管实科差户内签军至东京，付枢密院，得三千三百人。高丽西京都统李延龄乞益兵，遣忙哥都率兵二千赴之。

枢密院臣议征高丽事。初，马亨以为"高丽者，本箕子所封之地，汉、晋皆为郡县。今虽来朝，其心难测。莫若严兵假道，以取日本为名，乘势可袭其国，定为郡县。"亨又言："今既有衅端，不宜遣兵伐之。万一不胜，上损国威，下损士卒。彼或上表言情，宜赦其罪戾，减其贡献，以安抚其民，庶几感慕圣化。俟南宋已平，彼有他志，回兵诛之，亦未晚也。"前枢密院经历马希骥亦言："今之高丽，乃古新罗、百济、高句丽三国并而为一。大抵藩镇权分则易制，诸侯强盛则难臣。验彼州城军民多寡，离而为二，分治其国，使权侔势等，自相维制，则徐议良图，亦易为区处耳。"黑的等至其国，禃受诏复位，遣借礼部侍郎朴杰从黑的等奉表入朝。十二月，乃亲朝京师。

七年正月，遣使言："比奉诏，臣已复位，令从七百人入觐。"诏令从四百人来，余留之西京。诏西京内属，改东宁府，画慈悲岭为界，以忙哥都为安抚使，佩虎符，率兵戍其西境。诏谕其国僚属军民以讨林衍之故，其略曰："朕即位以来，闵尔国久罹兵乱，册定尔主，撤还兵戍，十年之间，其所以抚护安全者，靡所不至。不图逆臣林衍自作弗靖，擅废易国王禃，胁立安庆公淐，诏令赴阙，复稽延不出，岂可释而不诛。已遣行省率兵东下，惟林衍一身是讨。其安庆公淐本非得已，在所宽宥。自余胁从讹误，一无所问。"二月，遣军送禃就国,诏谕高丽国官使军民曰:"朕惟臣之事君,有死无二,不意尔国权臣,辄敢擅废国主。彼既驱率兵众,将致尔危扰不安,以汝黎庶之故,特遣兵护送国王植还国,奠居旧京,命达鲁花赤同往镇抚,以靖尔邦。惟尔东土之人,不知为汝之故,必生疑惧,尔众咸当无畏,按堵如故。已别敕将帅,严戒兵士勿令侵犯。汝或妄动,汝妻子及汝身当致俘略,宜审思之。"

初,有旨令头辇哥行省驻西京,而以忙哥都、赵良弼充安抚使,与植俱入其京;既而复令行省入其王京,而以脱脱朵儿充其国达鲁花赤,罢安抚司。四月,东京行尚书省军近西京,遣彻彻都等同植之臣郑子玙等持省札召高丽国令公林衍。使还,言:"衍已死,子惟茂袭令公位。其国侍郎洪文玚、尚书宋守礼,杀惟茂及衍婿崔宗绍。惟茂弟惟棞自刭。衍党斐仲孙等复集余众,立植庶族承化侯为王,窜入珍岛。"大军次王京西关城,遣人收系林衍妻子。行省与植议迁江华岛居民于王京,仍宣诏抚绥之,植弗从,至入居其旧京,始从行省之议。六月,植遣人报有朝廷逃军与承化侯者以三别抄军叛。世子愖复言:"叛兵据江华岛,宜率军水陆进击之。"愖复报叛兵悉遁去。世子愖言:"叛兵劫府库,烧图籍,逃入海中。"行省使人觇江华岛中百姓皆空,岛之东南,相距约四十里,叛兵乘船候风,势欲遁。于是即命乃颜率众追击之。七月,丞相安童等言,头辇哥等遣大托、忙古觯来言,令阿海领军一千五百,屯王京伺察其国中。遂以阿海为安抚使。十一月,中书省臣言于高丽设置屯田经略司。以忻都、史枢为凤州等处经略使,佩虎符,领军五千屯田于金州;又令洪茶兵以旧领民二千屯田,阿剌帖木儿为副经略司,总辖之,而罢阿海军。

闰十一月,世子愖还。有诏谕植以其陪臣元傅等妄奏头辇哥国王为头行省官员数事,及其国私与南宋、日本交通,又往年所言括兵造船至今未有成效,且谓自此以往或先有事南宋,或先有事日本,兵马、船舰、资粮,早宜措置。是月,又诏植曰:"向尝遣信使通问日本,不谓执迷固难以善言开谕,此卿所知。将经略于彼,敕有司发卒屯田,为进取之计,庶免尔国他日转输之劳。仍遣使持书,先示招

怀。卿其悉心尽虑,俾赞方略,期于有成,以称朕意。"初,林衍之变,
百姓惊扰,至是下诏抚慰之。

　　十二月,诏谕禃送使通好日本,曰:"朕惟日本自昔通好中国,
实相密迩,故尝诏卿导达去使,讲信修睦,为其疆吏所梗,竟不获明
谕朕心。后以林衍之乱,故不暇及。今既辑宁尔家,遣少中大夫、秘
书监赵良弼充国信使,期于必达。仍以忽林赤、王国昌、洪茶丘将兵
送抵海上。比国信使还,姑令金州等处屯驻。所需粮饷,卿专委官
赴彼,逐近供给,并鸠集金州旁左船舰,于金州需待,无致稽缓匮
乏。"

　　八年正月,禃遣其枢密使金鍊奉表入见,请结婚。安抚使阿海
略地珍岛,与逆党遇,多所亡失。中书省臣言谍知珍岛余粮将竭,宜
乘弱攻之,诏不许。二月,命忽都答儿持诏谕斐仲孙。三月,仲孙乞
诸军退屯,然后内附,忻都未从其请,有诏谕之。四月,忻都言仲孙
稽留诏使,负固不服,乞与虎林赤、王国昌分道进讨,从之。以讨珍
岛谕禃。五月,忻都与史枢、洪茶丘大败珍岛贼,获承化侯斩之,其
党金通精走耽罗。七月,禃遣其上将军郑子玙奉表谢平珍岛。世子
愖率其尚书右丞宋玢、军器监薛公俭等衣冠胤胄二十八人入侍。八
月,忽林赤赴镇边合浦县屯所。九月,禃遣其通事别将徐称导送宣
抚赵良弼使日本。帝遣愖还国。十一月,禃遣其同知枢密院事李昌
庆奉表谢许婚事。

　　九年正月,禃遣其别将白琚偕张铎等十二人奉表入见。世子愖
以其国尚书右丞宋玢、玢父上将军宗礼讨林惟茂状,言其功于中书
省。遣郎中不花、马璘使高丽,谕以供战船输军粮事。二月,禃致书
日本,使通好于朝。六月,遣西京属城诸达鲁花赤及质子金镒等归
国。

　　十年正月,禃遣其世子愖入朝。四月,经略使忻都同洪茶丘领
兵入海,攻拔耽罗城,禽金通精等,奉诏诛之。六月,禃遣其大将军
金忻表奏攻破济州。九月,禃屡言:"小国地狭,比岁荒歉,其生券军
乞驻东京。"诏令营北京界,仍敕东京路运米二万石赈之。达鲁花赤

焦天翼还朝。

十一年正月己卯朔，宫阙告成，帝始御正殿，受皇太子诸王百官朝贺。禃遣少卿李义孙等入贺。三月，遣木速塔八、撒木合持诏使高丽签军五千六百人助征日本。五月，皇女忽都鲁揭里迷失下嫁于世子愖。七月，其枢密院副使奇蕴奉表告王禃薨，命世子禃袭爵，诏谕高丽国王宗族及大小官员百姓人等，其略曰："国王王禃存日，屡言世子愖可为继嗣。今令愖袭爵为王。凡在所属，并听节制。"八月，世子愖还至其国袭位。九月，遣其齐安侯王淑上表谢恩。十一月，皇女入京城。愖复遣其判阁门事李信孙等奉表入谢。十二月，以黑的为高丽达鲁花赤，李益受代还。

十二年七月，黑的还朝。十一月，遣使谕愖改官职名号，愖遣其带方侯王澂率衣冠子弟二十人入侍。以石抹天衢充副达鲁花赤。

十三年七月，愖遣其金议中赞金方庆奉表贺平宋。十一月，愖遣其判秘书寺事朱悦奉表，奏改名睶。

十四年正月，金方庆等为乱。命愖治之，仍命忻都、洪茶丘饬兵御备。

十五年一月，睶以达鲁花赤石抹天衢秩满未代，请复留三年，从之。东征元帅府上言："以高丽侍中金方庆与其子愋、愃、恂，婿赵卞等，阴养死士四百人，匿铠仗器械，造战舰，积粮饷，欲谋作乱，捕方庆等按验得实，已流诸海岛。然高丽初附，民心未安，可发征日本还卒二千七百人，置长吏，屯忠清、全罗诸处，镇抚外夷，以安其民；复令士卒备牛畜耒耜，为来岁屯田之计。"七月，改铸驸马高丽王印，赐睶。

十六年正月，敕其国置大灰艾州、东京、柳石、孛落四驿。

十七年五月，睶以民饥，乞贷粮万石，从之。七月，以其国初置驿站，民乏食，命给粮一岁，仍禁使臣往来勿求索饮食。十月，加开府仪同三司、中书左丞相、行中书省事。

十八年二月，睶言本国必阇赤不谙行移文字，请除郎中员外各一员以为参佐。睶又请易宣命职衔，增驸马字，从之。六月，睶言本

国置驿四十,民畜凋弊。敕并为二十站,仍给马价八百锭。八月,升
其佥议府为从三品。十一月,金州等处置镇边万户府,以控制日本。

十九年正月,睶以日本寇其边海郡邑,烧居室掠子女而去,请
发阇里帖木儿麾下蒙古军五百人戍金州,又从之。

二十年五月,立征东行中书省,以高丽国王与阿塔海共事。

二十八年五月,以睶子謜为世子,授特进、上柱国,赐银印。十
月,以其国饥,给以米二十万斛。

三十年二月,睶遣使入奏,复更名昛,及乞功臣号。制曰:“特
进、上柱国、开府仪同三司、征东行中书省左丞相、驸马高丽王昛,
世守王爵,选尚我家。载旌藩屏之功,宜示褒嘉之宠。可赐号推忠
宣力定远功臣,余如故。益懋厥勋,对扬休命。”十一月,昛入朝。

成宗元贞二年七月,升其佥议司为二品。

大德元年十一月,封昛为逸寿王,以世子謜为高丽王,从所请
也。二年七月,中书省臣奏謜有罪当废,复立其父昛为王。

三年正月,昛遣使入贡。丞相完泽等言:“世祖时,或言高丽僭
设省、院、台,有旨罢之,其国遂改立佥议府、密直司、监察司。今謜
加其臣赵仁规司徒、司空、侍中之职。又昛给仁规赦九死奖谕文书。
又擅写皇朝帝系,及自造历,加其女为令妃。又立资政院,以崔冲绍
为兴禄大夫。又尝奉太后旨,公主与謜两位下怯薛斛合并为一。謜
不奉旨。謜又擅杀千户金昌而以其金符给宦者术合儿。又仁规进
女侍謜,有巫蛊事。今乞将仁规、冲绍发付京兆、巩昌两路安置,不
得他适。昛行事不法,謜年少妄杀无辜,乞降诏戒饬。”帝命杖仁规、
冲绍而遣之。二月,诏谕昛并阖境臣民:“自今以始,勉遵守国之规,
益谨畏天之戒。凡在官者,各勤乃事,协力匡赞,毋蹈前非,自干刑
宪。缁黄士庶,各安其业。”

五月,哈散使高丽还,言昛不能服其众,朝廷宜遣官共理之。遂
复立征东行省,命阔里吉思为高丽行省平章政事。九月,昛遣使入
贡,以朝廷增置行省,上表陈情,其略言:“累世有勤王之功,凡八十
余年,岁修职贡。尝以世子入侍,得联婚帝室,遂为甥舅,实感至恩。

使小国不替祖风，永修侯职，是所望也。"

四年二月，征东行省平章阔里吉思言："高丽国王自署官府三百五十八所，官四千五十五员，衣食皆取之民，复苛征之。又其大会，王曲盖、龙扆、警跸，诸臣舞蹈山呼，一如朝仪，僭拟过甚。"遣山东宣慰使塔察儿、刑部尚书王泰亨赍诏谕之，使厘正以闻。三月，阔里吉思复上言："佥议司官不肯供报民户版籍、州县疆界。本国横科暴敛，民少官多，刑罚不一，若止依本俗行事，实难抚治。"

五年二月，为眡罢行省官，有诏谕眡。秋七月，眡上表言："昔居海岛时，尝用山呼，后改呼千秋。今既奉明诏，一切皆罢。又革官府九十余所，汰官吏二百七十余员。他如杂徭病民、驲骑烦扰驿传者，亦皆省之。"诏曰："卿其谕朕意，所言当始终行之，或有不然，宁不羞惧？"

谞自大德二年复位，八年而薨。子谞复袭王位。成宗初年，尚宝塔实怜公主。十一年，进爵沈阳王，继袭位高丽国王，生子焘。焘受逊位，以仁宗皇庆二年四月封高丽国王。是年，其弟暠立为世子，以其父沈阳王请于朝故也。自暾传其子禃，禃传其子眡，眡传其子谞，谞传其子焘，焘传其弟暠。禃初名倎；眡初名倎，又名睶，后乃名眡；谞则更名璋云。

耽罗，高丽与国也。世祖既臣服高丽，以耽罗为南宋、日本冲要，亦注意焉。至元六年七月，遣明威将军都统领脱脱儿、武德将军统领王国昌、武略将军副统领刘杰往视耽罗等处道路，诏高丽国王王禃选官导送。时高丽叛贼林衍者，有余党金通精遁入耽罗。九年，中书省臣及枢密院臣议曰："若先有事日本，未见其逆顺之情。恐有后辞，可先平耽罗，然后观日本从否，徐议其事。且耽罗国王尝来朝觐，今叛贼逐其主，据其城以乱，举兵讨之，义所先也。"

十年正月，命经略使忻都、史枢及洪茶丘等率兵船大小百有八艘，讨耽罗贼党。六月，平之，于其地立耽罗国招讨司，屯镇边军千七百人。其贡赋岁进毛施布百匹。招讨司后改为军民都达鲁花赤总管府，又改为军民安抚司。

三十一年，高丽王上言，耽罗之地，自祖宗以来臣属其国；林衍逆党既平之后，尹邦宝充招讨副使，以计求径隶朝廷，乞仍旧。帝曰："此小事，可使还属高丽。"自是遂复隶高丽。

日本国在东海之东，古称倭奴国，或云恶其旧名，故改名日本，以其国近日所出也。其土疆所至与国王世系及物产风俗，见《宋史》本传。日本为国，云中土殊远，又隔大海，自后汉历魏、晋、宋、隋皆来贡。唐永徽、显庆、长安、开元、天宝、上元、贞元、元和、开成中，并遣使入朝。宋雍熙元年，日本僧奝然，与其徒五六人浮海而至，奉职贡，并献铜器十余事。奝然善隶书，不通华言。问其风土，但书以对，云其国中有五经书及佛经、《白居易集》七十卷。奝然还后，以国人来者曰滕木吉，以僧来者曰寂照。寂照识文字，缮写甚妙。至熙宁以后，连贡方物，其来者皆僧也。

元世祖之至元二年，以高丽人赵彝等言日本国可通，择可奉使者。三年八月，命兵部侍郎黑的，给虎符，充国信使，礼部侍郎殷弘给金符，充国信副使，持国书使日本。书曰：

大蒙古国皇帝奉书日本国王。朕惟自古小国之君，境土相接，尚务讲信修睦。况我祖宗，受天明命，奄有区夏，遐方异域畏威怀德者，不可悉数。朕即位之初，以高丽无辜之民久瘁锋镝，即令罢兵还其疆域，反其旄倪。高丽君臣感戴来朝，义虽君臣，欢若父子。计王之君臣亦已知之。高丽，朕之东藩也。日本密迩高丽，开国以来亦时通中国，至于朕躬，而无一乘之使以通和好。尚恐王国知之未审，故特遣使持书，布告朕志，冀自今以往，通问结好，以相亲睦。且圣人以四海为家，不相通好，岂一家之理哉。以至用兵，夫孰所好。王其图之。

黑的等道由高丽，高丽国王王禃以帝命遣其枢密院副使宋君斐、借礼部侍郎金赞等导诏使黑的等往日本，不至而还。

四年六月，帝谓王禃以辞为解，令去使徒还，复遣黑的等至高丽谕禃,委以日本事,以必得其要领为期。禃以为海道险阻,不可辱天使,九月,遣其起居舍人潘阜等持书往日本,留六日,亦不得其要领而归。

五年九月,命黑的、弘复持书往,至对马岛,日本人拒而不纳,执其塔二郎、弥二郎二人而还。

六年六月,命高丽金有成送还执者,俾中书省牒其国,亦不报。有成留其太宰府守护所者久之。十二月,又命秘书监赵良弼往使。书曰:

盖闻王者无外,高丽与朕既为一家,王国实为邻境,故尝驰信使修好,为疆场之吏抑而弗通。所获二人,敕有司慰抚,俾赍牒以还,遂复寂无所闻。继欲通问,属高丽权臣林衍构乱,坐是弗果。岂王亦因此辍不遣使,或已遣而中路梗塞,皆不可知。不然,日本素号知礼之国,王之君臣宁肯漫为弗思之事乎。近已灭林衍,复旧王位,安集其民,特命少中大夫秘书监赵良弼充国信使,持书以往。如即发使与之偕来,亲仁善邻,国之美事。其或犹豫以至用兵,夫谁所乐为也,王其审图之。

良弼将往,乞定与其王相见之仪。廷议与其国上下之分未定,无礼数可言。帝从之。

七年十二月,诏谕高丽王禃送国信使赵良弼通好日本,期于必达。仍以忽林失、王国昌、洪茶丘将兵送抵海上,比国信使还,姑令金州等处屯驻。

八年六月,日本通事曹介升等上言:“高丽迂路导引国使,外有捷径,倘得便风半日可到。若使臣去,则不敢同往;若大军进征,则愿为乡导。”帝曰:“如此则当思之。”九月,高丽王禃遣其通事别将徐称导送良弼使日本,日本始遣弥四郎者入朝,帝宴劳遣之。

九年二月,枢密院臣言:“奉使日本赵良弼遣书状官张铎来言,去岁九月,与日本国人弥四郎等至太宰府西守护所。守者云,曩为高丽所绐,屡言上国来伐;岂期皇帝好生恶杀,先遣行人下示玺书,然王京去此尚远,愿先遣人从奉使回报。”良弼乃遣铎同其使二十六人至京师求见。帝疑其国主使之来,云守护所者诈也。诏翰林承旨和礼霍孙以问姚枢、许衡等,皆对曰:"诚如圣算。彼惧我加兵,故发此辈伺吾强弱耳。宜示之宽仁,且不宜听其入见。"从之。是月,高丽王禃致书日本。五月,又以书往,令必通好大朝,皆不报。

十年六月,赵良弼复使日本,至太宰府而还。

十一年三月,命凤州经略使忻都、高丽军民总管洪茶丘,以千料舟、拔都鲁轻疾舟、汲水小舟各三百,共九百艘,载士卒一万五千,期以七月征日本。冬十月,入其国,败之。而官军不整,又矢尽,惟虏掠四境而归。

十二年二月,遣礼部侍郎杜世忠、兵部侍郎何文著、计议官撒都鲁丁往。使复致书,亦不报。

十四年,日本遣商人持金来易铜钱,许之。

十七年二月,日本杀国使杜世忠等。征东元帅忻都、洪茶丘请自率兵往讨,廷议姑少缓之。五月,召范文虎,议征日本。八月,诏募征日本士卒。

十八年正月,命日本行省右丞相阿剌罕、右丞范文虎及忻都、洪茶丘等率十万人征日本。二月,诸将陛辞。帝敕曰:"始因彼国使来,故朝廷亦遣使往,彼遂留我使不还,故使卿辈为此行。朕闻汉人言,取人家国,欲得百姓土地,若尽杀百姓,徒得地何用。又有一事,朕实忧之,恐卿辈不和耳。假若彼国人至,与卿辈有所议,当同心协谋,如出一口答之。"五月,日本行省参议斐国佐等言:"本省右丞相阿剌罕、范右丞、李左丞先与忻都、茶丘入朝。时同院官议定,领舟师至高丽金州,与忻都、茶丘军会,然后入征日本。又为风水不便,再议定会于一岐岛。今年三月,有日本船为风水漂至者,令其水工画地图,因见近太宰府西有平户岛者,周围皆水,可屯军船。此岛非其所防,若径往据此岛,使人乘船往一岐,呼忻都、茶丘来会进讨为利。"帝曰:"此间不悉彼中事宜,阿剌罕辈必知,令其自处之。"六月,阿剌罕以病不能行,命阿塔海代总军事。八月,诸将未见敌,丧全师以还,乃言:"至日本,欲攻太宰府,暴风破舟,犹欲议战,万户厉德彪、招讨王国佐、水手总管陆文政等不听节制,辄逃去。本省载余军至合浦,散遣还乡里。"未几,败卒于阊脱归,言:"官军六月入海,七月至平壶岛,移五龙山。八月一日,风破舟。五日,文虎等诸将各自择坚好船乘之,弃士卒十余万于山下。众议推张百户者为主帅,号之曰张总管,听其约束。方伐木作舟欲还,七日,日本人来战,尽死。余二三万为其虏去。九日,至八角岛,尽杀蒙古、高丽、汉人,谓新附军为唐人,不杀而奴之。阊辈是也。"盖行省官议事不相下,故皆弃军归。久之,莫青与吴万五者亦逃还,十万之众得还者三人耳。

二十年,命阿塔海为日本省丞相,与彻里帖木儿右丞、刘二拔都儿左丞,募兵造舟,欲复征日本。淮西宣慰使昂吉儿上言民劳,乞寝兵。

二十一年,又以其俗尚佛,遣王积翁与补陀僧如智往使。舟中有不愿行者,共谋杀积翁,不果至。

二十三年,帝曰:"日本未尝相侵,今交趾犯边,宜置日本,专事交趾。"

成宗大德二年,江浙省平章政事也速答儿乞用兵日本。帝曰:"今非其时,朕徐思之。"

三年,遣僧宁一山者,加妙慈弘济大师,附商舶往使日本,而日本人竟不至。

元史卷二〇九
列传第九六

外夷二

安南

安南国,古交趾也。秦并天下,置桂林、南海、象郡。秦亡,南海尉赵佗击并之。汉置九郡,交趾居其一。后女子征侧叛,遣马援平之,立铜柱为汉界。唐始分岭南为东、西二道,置节度,立五筦,安南隶焉。宋封丁部领为交趾郡王,其子琏亦为王。传三世为李公蕴所夺,即封公蕴为王。李氏传八世至昊旵,陈日煚为昊旵婿,遂有其国。

元宪宗三年癸丑,兀良合台从世祖平大理。世祖还,留兀良合攻诸夷之未附者。七年丁巳十一月,兀良合台兵次交趾北,先遣使二人往谕之,不返,乃遣彻彻都等各将千人,分道进兵,抵安南京北洮江上,复遣其子阿术往为之援,并觇其虚实。交人亦盛陈兵卫。阿术遣军还报,兀良合台倍道兼进,令彻彻都为先锋,阿术居后为殿。十二月,两军合,交人震骇。阿术乘之,败交人水军,虏战舰以还。兀良合台亦破其陆路兵,又与阿术合击,大败之,遂入其国。日煚窜海岛。得前所遣使于狱中,以破竹束体入肤,比释缚,一使死,因屠其城。国兵留九日,以气候郁热,乃班师。复遣二使招日煚来归。日煚还,见国都皆已残毁,大发愤,缚二使遣还。

八年戊午二月,日煚传国于长子光昺,改元绍隆。夏,光昺遣其婿与其国人以方物来见,兀良合台送诣行在所,别遣讷剌丁往谕之曰:"昔吾遣使通好,尔等执而不返,我是以有去年之师。以尔国主播在草野,复令二使招安还国,尔又缚还吾使。今特遣使开谕,如尔等矢心内附,则国主亲来,若犹不悛,明以报我。"光昺曰:"小国诚心事上,则大国何以待之?"讷剌丁还报。时诸王不花镇云南,兀良合台言于王,复遣讷剌丁往谕,使遣使偕来。光昺遂纳款,且曰:"俟降德音,即遣子弟为质。"王命讷剌丁乘传入奏。

世祖中统元年十二月,以孟甲为礼部郎中,充南谕使,李文俊为礼部员外郎,充副使,持诏往谕之。其略曰:

> 祖宗以武功创业,文化未修。朕缵承丕绪,鼎新革故,务一万方。适大理国守臣安抚聂只陌丁驰驲表闻,尔邦有向风慕义之诚。念卿昔在先朝已尝臣服,远贡方物,故颁诏旨,谕尔国官僚士庶:凡衣冠曲礼风俗一依本国旧制。已戒边将不得擅兴兵甲,侵尔疆场,乱尔人民。卿国官僚士庶,各宜安治如故。

复谕甲等,如交趾遣子弟入觐,当善视之,毋致寒暑失节,重劳苦之也。

二年,孟甲等还,光昺遣其族人通侍大夫陈奉公、员外郎诸卫寄班阮琛、员外郎阮演诣阙献书,乞三年一贡。帝从其请,遂封光昺为安南国王。

三年九月,以西锦三、金熟锦六赐之,复降诏曰:

> 卿既委质为臣,其自中统四年为始,每三年一贡,可选儒士、医人及通阴阳卜筮、诸色人匠,各三人,及苏合油、光香、金、银、朱砂、沉香、檀香、犀角、玳瑁、珍珠、象牙、绵、白磁盏等物同至。

仍以讷剌丁充达鲁花赤,佩虎符,往来安南国中。

四年十一月,讷剌丁还,光昺遣杨安养充员外郎及内令武复桓、书舍阮求、中翼郎范举等奉表入谢,帝赐来使玉带、缯帛、药饵、鞍辔有差。

至元二年七日,使还复,优诏答之。仍赐历及颁改元诏书。

三年十二月,光昺遣杨安养上表三通,其一进献方物,其二免所索秀才工匠人,其三愿请讷剌丁长为本国达鲁花赤。

四年九月,使还,答诏许之,仍赐光昺玉带、金缯、药饵、鞍辔等物。未几,复下诏谕以六事:一,君长亲朝;二,子弟入质;三,编民数;四,出军役;五,输纳税赋;六,仍置达鲁花赤统治之。十一月,又诏谕光昺,以其国有回鹘商贾,欲访以西域事,令发遣以来。是月,诏封皇子为云南王,往镇大理、鄯阐、交趾诸国。

五年九月,以忽笼海牙代讷剌丁为达鲁花赤,张庭珍副之,复下诏征商贾回鹘人。

六年十一月,光昺上书陈情,言:"商旅回鹘,一名伊温,死已日久,一名婆婆,寻亦病死。又据忽笼海牙谓陛下须索巨象数头。此兽躯体甚大,步行甚迟,不如上国之马,伏候敕旨,于后贡之年当进献也。"又具表纳贡,别奉表谢赐西锦、币帛、药物。

七年十一月,中书省移牒光昺,言其受诏不拜,待使介不以王人之礼,遂引《春秋》之义以责之,且令以所索之象与岁贡偕来,又前所贡药物品味未佳,所征回鹘辈,托辞欺诳,自今已往,其审察之。

八年十二月,光昺复书言:"本国钦奉天朝,已封王爵,岂非王人乎?天朝奉使复称:王人与之均礼,恐辱朝廷。况本国前奉诏旨,令依旧俗,凡受诏令,奉安于正殿而退避别室,此本国旧典礼也。来谕索象,前恐忤旨,故依违未敢直对,实缘象奴不忍去家,难于差发。又谕索儒、医、工匠,而陪臣黎仲佗等馆见之日,咫尺威光,不闻诏谕,况中统四年已蒙原宥,今复谕及,岂胜惊愕,惟阁下其念之。"

九年,以叶式捏为安南达鲁花赤,李元副之。

十年正月,叶式捏卒,命李元代式捏,以合撒儿海牙副之。中书省复牒光昺言:

　　比岁奉使还者言,王每受天子诏令,但拱立不拜,与使者相见或燕席,位加于使者之上。今览来书,自谓既受王爵岂非王人乎?考之《春秋》叙王人于诸侯之上,《释例》云:王人盖下士也。夫五等邦君,外臣之贵者也。下士,内臣之微者也。以微者而加贵者之上,盖以王命为重也。后世列王为爵,诸侯之尤贵者,顾岂有以王爵为人者乎?王宁不知而为是言耶,抑辞令之臣误为此言耶?至于天子之诏,人臣当拜受,此古今之通义,不容有异者也。乃云前奉诏旨,并依旧俗,本国遵奉而行,凡受诏令,奉安于正殿而退避别室,此旧典礼也。读之至此,实顿惊讶。王之为此言,其能自安于心乎?前诏旨所言,盖谓天壤之间不啻万国,国各有俗,骤使变革,有所不便,故听用本俗,岂以不拜天子之诏而为礼俗也哉?且王之教令行于国中,臣子有受而下拜者,则王以为何如?君子贵于改过,缅想高明,其亮察之。

十一年,光昺遣童子冶、黎文隐来贡。

十二年正月,光昺上表请罢本国达鲁花赤,其文曰:

微臣僻在海隅,得沾圣化与函生,欢忭鼓舞。乞念臣自降附上国,十有余年,虽奉三年一贡,然送遣使臣,疲于往来,未尝一日休息。至天朝所遣达鲁花赤,辱临臣境,安能空回,况其行人,动有所恃,凌轹小国。虽天子与日月并明,安能照及覆盆。且达鲁花赤可施于边蛮小丑,岂有臣既席王封为一方藩屏,而反立达鲁花赤以监临之,宁不见笑于诸侯之国乎?与其畏监临而修贡,孰若中心悦服而修贡哉。臣恭遇天朝建储、册后,大恩滂霈,施及四海,辄敢哀鸣,伏望圣慈特赐矜恤。今后二次发遣纲贡,一诣鄀阐奉纳,一诣中原拜献。凡天朝所遣官,乞易为引进使,庶免达鲁花赤之弊,不但微臣之幸,实一国苍生之幸也。

二月,复降诏,以所贡之物无补于用,谕以六事,且遣合撒儿海牙充达鲁花赤,仍令子弟入侍。

十三年二月,光昺遣黎克复、文粹入贡,以所奏就鄀阐输纳贡物,事属不敬,上表谢罪,并乞免六事。

十四年,光昺卒,国人立其世子日烜,遣中侍大夫周仲彦、中亮大夫吴德邵来朝。

十五年八月,遣礼部尚书柴椿、会同馆哈剌脱因、工部郎中李克忠、工部员外郎董端,同黎克复等持诏往谕日烜入朝受命。初,使传之通也,止由鄯阐、黎化往来,帝命柴椿自江陵直抵邕州,以达交趾。闰十一月,柴椿等至邕州永平寨,日烜遣人进书,谓:"今闻国公辱临敝境,边民无不骇愕,不知何国人使而至于斯,乞回军旧路以进。"椿回牒云:"礼部尚书等官奉上命与本国黎克复等由江陵抵邕州入安南,所有导护军兵,合乘驿马,宜来界首远迓。"日烜差御史中赞兼知审刑院事杜国计先至,其太尉率百官自富梁江岸奉迎入馆。十二月二日,日烜就馆见使者。四日,日烜拜读诏书。椿等传旨曰:"汝国内附二十余年,向者六事犹未见从。汝若弗朝,则修尔城,整尔军,以待我师。"又云:"汝父受命为王,汝不请命而自立,今复不朝,异日朝廷加罪,将何以逃其责。请熟虑之。"日烜仍旧例设宴于廊下,椿等弗就宴。既归馆,日烜遣范明字致书谢罪,改宴于集贤殿。日烜言:"先君弃世,予初嗣位。天使之来,开谕诏书,使予喜惧交战于胸中。窃闻宋主幼小,天子怜之,尚封公爵,于小国亦必加怜。昔谕六事,已蒙赦免。若亲朝之礼,予生长深宫,不习乘骑,不谙风土,恐死于道路。子弟太尉以下亦皆然。天使回,谨上表达诚,兼献异物。"椿曰:"宋主年未十岁,亦生长深宫,如何亦至京师?但诏旨之外,不敢闻命。且我四人实来召汝,非取物也。"椿等还,日烜遣范明字、郑国瓒、中赞杜国计奉表陈情,言:"孤臣禀气软弱,恐道路艰难,徒暴白骨,致陛下哀伤而无益天朝之万一。伏望陛下怜小国之辽远,令臣得与鳏寡孤独保其性命,以终事陛下。此孤臣之至幸,小国生灵之大福也。"兼贡方物及二驯象。

十六年三月,椿等先达京师,留郑国瓒待于邕州。枢密院奏:"以日烜不朝,但遣使臣报命,饰辞托故,延引岁时,巧佞虽多,终违诏旨,可进兵境上,遣官问罪"。帝不从,命来使入觐。十一月,留其使郑国瓒于会同馆。复遣柴椿等四人与杜国计持诏再谕日烜来朝,"若果不能自觐,则积金以代其身,两珠以代其目,副以贤士、方技、子女、工匠各二,以代其土民。不然,修尔城池,以待其审处焉。"

十八年十月,立安南宣慰司,以卜颜铁木儿为参知政事、行宣慰使都元帅,别设僚佐有差。是月,诏以光昺既殁,其子日烜不请命而自立,遣使往召,又以疾为辞,止令其叔遗爱入觐,故立遗爱代为安南国王。

二十年七月,日烜致书于平章阿里海牙,请还所留来使,帝即遣还国。是时,阿里海牙为荆湖占城行省平章政事,帝欲交趾助兵粮以讨占城,令以己意谕之。行省遣鄂州达鲁花赤赵翥以书谕日烜。十月,朝廷复遣陶秉直持玺书往谕之。十一月,赵翥抵安南。日烜寻遣中亮大夫丁克绍、中大夫阮道学等持方物从翥入觐,又遣中奉大夫范至清、朝请郎杜抱直等赴省计事,且致书于平章,言:

添军一件:占城服事小国日久,老父惟务以德怀之,迫于孤子之身,亦继承父志;自老父归顺天朝,三十年于兹,干戈不复用,军卒毁为民丁,一资天朝贡献,一示心无二图,幸阁下矜察。助粮一件:小国地势濒海,五谷所产不多,一自大军去后百姓流亡,加以水旱,朝饱暮饥,食不暇给;然阁下之命,所不敢违,拟于钦州界上永安州地所,俟候输纳。续谕孤子亲身赴阙,面奉圣训。老父在时,天朝矜悯,置之度外;今老父亡殁,孤子居忧,感病至今,尚未复常,况孤子生长退陬,不耐寒暑,不习水土,艰难道涂,徒暴白骨。以小国陪臣往来,尚为疹气所侵,或十之五六,或死者过半,阁下亦已素知。惟望曲为爱护,敷奏天朝,庶知孤子宗族官吏一一畏死贪生之意。岂但孤子受赐,抑一国生灵赖以安全,共祝阁下享此长久自天之大福也。

二十一年三月,陶秉直使还,日烜复上表陈情,又致书于荆湖占城行省,大意与前书略同。又以琼州安抚使陈仲达听郑天祐言"交趾通谋占城,遣兵二万及船五百以为应援",又致书行省,其略曰:"占城乃小国内属,大军致讨,所当哀吁,然未尝敢出一言,盖天时人事小国亦知之矣。今占城遂为叛逆,执迷不复,是所谓不能知天知人者也。知天知人,而反与不能知天知人者同谋,虽三尺儿童亦知其弗与,况小国乎?幸贵省裁之。"八月,日烜弟昭德王陈璨致书于荆湖占城行省,自愿内款归降。十一月,行省右丞唆都言:"交趾与占腊、占城、云南、暹、缅诸国接壤,可即其地立省;及于越里、潮州、毗兰三道屯军镇戍,因其粮饷以给士卒,庶免海道转输之劳。"

二十二年三月,荆湖占城行省言:"镇南王昨奉旨统军征占城,遣左丞唐兀觸驰驿赴占城,约右丞唆都将兵会合。又遣理问官曲烈、宣使塔海撒里同安南国使阮道学等,持行省公文,责日烜运粮送至占城助军;镇南王路经近境,令其就见。"比官军至衡山县,闻日烜从兄兴道王陈峻提兵界上。既而曲烈及塔海撒里引安南中亮大夫陈德钧、朝散郎陈嗣宗以日烜书至,言其国至占城水陆非便,愿随力奉献军粮。及官军至永州,日烜移牒邕州,言:"贡期拟取十月,请前涂预备丁力,若镇南王下车之日,希文垂报。"行省命万户赵修己以己意复书,复移公文,令开路备粮、亲迎镇南王。

及官军至邕州,安南殿前范海崖领兵屯可兰韦大助等处。至思明州,镇南王复令移文与之。至禄州,复闻日烜调兵拒守丘温、丘急岭隘路,行省遂分军两道以进。日烜复遣其善忠大夫阮德舆、朝请郎阮文翰奉书与镇南王,言:"不能亲见末光,然中心欣幸。以往者钦蒙圣诏云别敕我军不入尔境;今见邕州营站桥梁,往往相接,实深惊惧,幸昭佋忠诚,少加矜恤。"又以书抵平章政事,乞保护本国生灵,庶免逃窜之患。镇南王命行省遣总把阿里持书与德舆往谕日烜以兴兵之故实为占城,非为安南也。至急保县地,安南管军官阮盝屯兵七源州,又村李县短万劫等处,俱有兴道王兵,阿里不能进。行省再命倪闰往觇虚实,斟酌调军,然不得杀掠其民。

未几,撒答儿觸、李邦宪、孙祐等言:至可离隘,遇交兵拒敌,祐与之战,擒其管军奉御杜尾、杜祐,始知兴道王果领兵迎敌。官军过可离隘,至洞板隘,又遇其兵,与战败之,其首将秦岑中伤死。闻兴道王在内傍隘,又进兵至变住村,谕其收兵开路,迎拜镇南王,不从。至内傍隘,奉令旨令人招之,又不从。官军遂分六道进攻,执其将大僚班段台。兴道王逃去，追至万劫，攻诸隘，皆破之。兴道王尚有兵船千余艘，距万劫十里。遂遣兵士于沿江求船，及聚板木钉灰，置场创造，选各翼水军，令乌马儿拔都部领，数与战，皆败之。得其江岸遗弃文字二纸，乃日烜与镇南王及行省平章书，复称："前诏别敕我军不入尔境，今以占城既臣复叛之故，因发大军，经由本国，残害百姓，是太子所行违误，非本国违误也。伏望勿外前诏，勒回大军，本国当具贡物驰献，复有异于前者。"行省复以书抵之，以为："朝廷调兵讨占城，屡移文与世子俾开路备粮，不意故违朝命，俾兴道王辈提兵迎敌，射伤我军，与安南生灵为祸者，尔国所行也。今大军经尔国讨占城，乃上命。世子可详思尔国归附已久，宜体皇帝涵洪慈悯之德，即令退兵开道，安谕百姓，各务生理。我军所过，秋毫无扰，世子宜出迎镇南王，共议军事。不然，大军止于安南开府。"因令其使阮文翰达之。

及官军获生口，乃称日烜调其圣翊等军，船千余艘，助兴道王拒战。镇南王遂与行省官亲临东岸，遣兵攻之，杀伤甚众，夺船二十余艘。兴道王败走，官军缚筏为桥，渡富良江北岸。日烜沿江布兵船，立木栅，见官军至岸，即发炮大呼求战。至晚，又遣其阮奉御奉镇南王及行省官书，请小却大军。行省复移文责之，遂复进兵。日烜乃弃城遁去，仍令阮效锐奉书谢罪，并献方物，且请班师。行省复移文招谕，遂调兵渡江，壁于安南城下。

明日，镇南王入其国，宫室尽空，惟留屡降诏敕及中书牒文，尽行毁抹。外有文字，皆其南北边将报官军消息及拒敌事情。日烜僭称大越国主宪天体道大明光孝皇帝陈威晃，禅位于皇太子，立太子妃为皇后，上显慈顺天皇太后表章，于上行使"昊天成命之宝"。

日烜即居太上皇之位，见立安南国王系日烜之子，行绍宝年号。所居宫室五门，额书大兴之门，左、右掖门；正殿九间书天安御殿；正南门书朝天阁。又诸处张榜云："凡国内郡县，假有外寇至，当死战。或力不敌，许于山泽逃窜，不得迎降。"其险隘拒守处，俱有库屋以贮兵甲。其弃船登岸之军犹众，日烜引宗族官吏于天长、长安屯聚，兴道王、范殿前领兵船复聚万劫江口，阮盝驻西路永平。

行省整军以备追袭，而唐兀㛑与唆都等兵至自占城与大军会合。自入其境，大小七战，取地二千余里、王宫四所。初，败其昭明王兵，击其昭孝王、大僚护皆死，昭明王远遁不敢复出。又于安演州、清化、长安获亡宋陈尚书婿、交趾梁奉御及赵孟信、叶郎将等四百余人。

万户李邦宪、刘世英领军开道自永平入安南，每三十里立一寨，六十里置一驿，每一寨一驿屯军三百镇守巡逻。复令世英立堡，专提督寨驿公事。

右丞宽彻引万户忙古㛑、字罗哈答儿由陆路，李左丞引乌马儿拔都由水路，败日烜兵船，禽其建德侯陈仲。日烜逃去，追至胶海口，不知所往。其宗族文义侯、父武道侯及子明智侯、婿张怀侯并张宪侯、亡宋官曾参政、苏少保子苏宝章、陈尚书子陈丁孙，相继率众来降。唐兀㛑、刘圭皆言占城无粮，军难久驻。镇南王令唆都引元军于长安等处就粮。日烜至安邦海口，弃其舟楫甲仗，走匿山林。官军获船一万艘，择善者乘之，余皆焚弃，复于陆路追三昼夜。

获生口称上皇、世子止有船四艘，兴道王及其子三艘，太师八十艘，走清化府。唆都亦报：日烜、太师走清化。乌马儿拔都以军一千三百人、战船六十艘，助唆都袭击其太师等兵。复令唐兀㛑沿海追日烜，亦不知所往。

日烜弟昭国王陈益稷率其本宗与其妻子官吏来降。乃遣明里、昔班等送彰宪侯、文义侯及其弟明诚侯、昭国王子义国侯入朝。文义侯得北上，彰宪侯、义国侯皆为兴道王所杀，彰宪侯死，义国侯脱身还军中。

官军聚诸将议："交人拒敌官军，虽数败散，然增兵转多；官军困乏，死伤亦众，蒙古军马亦不能施其技。"遂弃其京师，渡江北岸，决议退兵屯思明州。镇南王然之，乃领军还。是日，刘世英与兴道王、兴宁王兵二万人力战。

又官军至如月江，日烜遣怀文侯来战，行至册江，系浮桥渡江，左丞唐兀觯等军未及渡,而林内伏发,官军多溺死,力战始得出境。唐兀觯等驰驿上奏。七月,枢密院请调兵以今年十月会潭州,听镇南王及阿里海牙择帅总之。

二十三年正月,诏省臣共议,遂大举南伐。二月,诏谕安南王官吏百姓,数日烜罪恶,言其戕害叔父陈遗爱及弗纳达鲁花赤不颜铁木儿等事。以陈益稷等自拔来归,封益稷为安南国王,赐符印,秀嶐为辅义公,以奉陈祀。申命镇南王脱欢、左丞相阿里海牙平定其国,以兵纳益稷。

五月,发忙古台麾下士卒合鄂州行省军同征之。官兵入其境,日烜复弃城遁。

六月,湖南宣慰司上言:"连岁征日本及用兵占城,百姓罢于转输,赋役烦重,士卒触瘴疠多死伤者,群生愁叹,四民废业,贫者弃子以偷生,富者鬻产而应役,倒悬之苦日甚一日。今复有事交趾,动百万之众,虚千金之费,非所以恤士民也。且举动之间,利害非一,又兼交趾已尝遣使纳表称藩,若从其请以苏民力,计之上也。无已,则宜宽百姓之赋,积粮饷,缮甲兵,俟来岁天时稍利,然后大举,亦未为晚。"湖广行省臣线哥是其议,遣使入奏,且言:"本省镇戍凡七十余所,连岁征战,士卒精锐者罢于外,所存者皆老弱,每一城邑,多不过二百人。窃恐奸人得以窥伺虚实。往年平章阿里海牙出征,输粮三万石,民且告病,今复倍其数。官无储畜,和籴于民间,百姓将不胜其困。宜如宣慰司所言,乞缓师南伐。"枢密院以闻,帝即日下诏止军,纵士卒还各营。益稷从师还鄂。

二十四年正月,发新附军千人从阿八赤讨安南。又诏发江淮、江西、湖广三省蒙古、汉、券军七万人,船五百艘,云南兵六千人,海外四州黎兵万五千,海道运粮万户张文虎、费拱辰、陶大明运粮十七万石,分道以进。置征交趾行尚书省,奥鲁赤平章政事,乌马儿、樊楫参知政事总之,并受镇南王节制。五月,命右丞程鹏飞还荆湖行省治兵。六月,枢密院复奏,令乌马儿与樊参政率军士水陆并进。九月,以琼州路安抚使陈仲达、南宁军民总管谢有奎、延栏军民总管符庇成出兵船助征交趾，并令从征。日烜遣其中大夫阮文通等入贡。

十一月，镇南王次思明，留兵二千五百人命万户贺祉统之，以守辎重。程鹏飞、孛罗合答儿以汉、券兵万人由西道永平，奥鲁赤以万人从镇南王由东道女儿关以进。阿八赤以万人为前锋，乌马儿、樊楫以兵由海道，经玉山、双门、安邦口，遇交趾船四百余艘，击之，斩首四千余级，生擒百余人，夺其舟百艘，遂趋交趾。程鹏飞、孛罗合答儿经老鼠、陷沙、茨竹三关，凡十七战，皆捷。

十二月，镇南王次茅罗港，交趾兴道王遁，因攻浮山寨，破之。又命程鹏飞、阿里以兵二万人守万劫，且修普赖山及至灵山木栅。命乌马儿将水兵，阿八赤将陆兵，径趋交趾城。镇南王以诸军渡富良江，次城下，败其守兵。日烜与其子弃城走敢喃堡，诸军攻下之。

二十五年正月，日烜及其子复走入海。镇南王以诸军追之，次天长海口，不知其所之，引兵还交趾城。命乌马儿将水兵由大滂口迓张文虎等粮船，奥鲁赤、阿八赤等分道入山求粮。闻交趾集兵箇沉、箇黎、磨山、魏寨，发兵皆破之，斩万余级。

二月，镇南王引兵还万劫。阿八赤将前锋，夺关系桥，破三江口，攻下堡三十二，斩数万余级，得船二百艘、米十一万三千余石。乌马儿由大滂口趋塔山，遇贼船千余，击破之；至安邦口，不见张文虎船，复还万劫，得米四万余石。普赖、至灵山木栅成，命诸军居之。诸将因言："交趾无城池可守、仓庾可食，张文虎等粮船不至，且天时已热，恐粮尽师老，无以支久，为朝廷羞，宜全师而还。"镇南王从之。命乌马儿、樊楫将水兵先还，程鹏飞、塔出将兵护送之。三月，镇南王以诸军还。

张文虎粮船以去年十二月次屯山，遇交趾船三十艘，文虎击之，所杀略相当。至绿水洋，贼船益多，度不能敌，又船重不可行，乃沉米于海，趋琼州，费拱辰粮船以十一月次惠州，风不得进，漂至琼州，与张文虎合。徐庆粮船漂至占城，亦至琼州。凡亡士卒二百二十人、船十一艘、粮万四千三百石有奇。

镇南王次内傍关，贼兵大集，王击破之。命万户张均以精锐三千人殿，力战出关。谍知日烜及世子、兴道王等，分兵三十余万，守女儿关及丘急岭，连亘百余里，以遏归师。镇南王遂由单己县趋盝州，间道以出，次思明州。命爱鲁引兵还云南，奥鲁赤以诸军北还。日烜寻遣使来谢，进金人代己罪。十一月，以刘庭直、李思衍、万奴等使安南，持诏谕日烜来朝。

二十六年二月，中书省臣奏既罢征交趾，宜拘收行省符印。四月，日烜遣其中大夫陈克用等来贡方物。

二十七年，日烜卒，子日燇遣使来贡。

二十八年十一月，镇守永州两淮万户府上千户蔡荣上书，言军事大要，以朝廷赏罚不明，士不用命，将帅不和，坐失事机，其弊有不可胜言者。书上，不报。

二十九年九月，遣吏部尚书梁曾、礼部郎中陈孚持诏再谕日燇来朝。诏曰：“省表具悉。去岁礼部尚书张立道言，曾到安南，识彼事体，请往开谕使之来朝。因遣立道往彼。今汝国罪愆既已自陈，朕复何言。若曰孤在制，及畏死道路不敢来朝，且有生之类宁有长久安全者乎。天下亦复有不死之地乎。朕所未喻，汝当具闻。徒以虚文岁币，巧饰见欺，于义安在。”

三十年，梁曾等使还，日燇遣陪臣陶子奇等来贡。廷臣以日燇终不入朝，又议征之。遂拘留子奇于江陵，命刘国杰与诸侯王亦里吉觯等同征安南，敕至鄂州与陈益稷议。八月，平章不忽木等奏立湖广安南行省，给二印，市蜑船百斛者千艘，用军五万六千五百七十人、粮三十五万石、马料二万石、盐二十一万斤，预给军官俸津、遣军人水手人钞二锭，器仗凡七十余万事。国杰设幕官十一人，水陆分道并进。又以江西行枢密院副使彻里蛮为右丞，从征安南，陈岩、赵修己、云从龙、张文虎、岑雄等亦令共事。益稷随军至长沙，会寝兵而止。

三十一年五月，成宗即位，命罢征。遣陶子奇归国。日燇遣使上表慰国哀，并献方物。六月，遣礼部侍郎李衎、兵部郎中萧泰登持诏往抚绥之，其略曰："先皇帝新弃天下，朕嗣守大统，践祚之始，大肆赦宥，无间远近。惟尔安南，亦从宽宥，已敕有司罢兵，遣陪臣陶子奇归国。自今以往，所以畏天事天者，其审思之。"

大德五年二月，太傅完泽等奏安南来使邓汝霖窃画宫苑图本，私买舆地图及禁书等物，又抄写陈言征收交趾文书，及私记北边军情及山陵等事宜，遣使持诏责以大义。三月，遣礼部尚书马合马、礼部侍郎乔宗亮持诏谕日㷲，大意以"汝霖等所为不法，所宜穷治，朕以天下为度，敕有司放还。自今使价必须选择；有所陈情，必尽情悃。向以虚文见绐，曾何益于事哉，勿惮改图以贻后悔"。中书省复移牒取万户张荣实等二人，与去使偕还。

武宗即位，下诏谕之，屡遣使来贡。至大四年八月，世子陈日㷲遣使奉表来朝。

仁宗皇庆二年正月，交趾军约三万余众，马军二千余骑，犯镇安州云洞，杀掠居民，焚烧仓廪庐舍，又陷禄洞、知洞等处，虏生口孳畜及居民赀产而还，复分兵三道犯归顺州，屯兵未退。廷议俾湖广行省发兵讨之。四月，复得报：交趾世子亲领兵焚养利州官舍民居，杀掠二千余人，且声言，"昔右江归顺州五次劫我大源路，掠我生口五千余人；知养利州事赵珏禽我思浪州商人，取金一碾，侵田一千余顷，故来仇杀。"

六月，中书省俾兵部员外郎阿里温沙，枢密院俾千户刘元亨，同赴湖广行省询察之。元亨等亲诣上、中、下由村，相视地所，询之居民农五，又遣下思明知州黄嵩寿往诘之，谓是阮盉世子太史之奴，然亦未知是否。于是牒谕安南国，其略曰：

　　昔汉置九郡，唐立五管，安南实声教所及之地。况献图奉贡，上下之分素明；厚往薄来，怀抚之惠亦至。圣朝果何负于贵国，今胡自作不靖，祸焉斯启。虽由村之地所系至微，而国家舆图所关甚大。兼之所杀所虏，皆朝廷系籍编户，省院未敢奏闻。然未审不轨之谋谁实主之？

安南回牒云："边鄙鼠窃狗偷辈，自作不靖，本国安得而知？"且以货赂偕至。元亨复牒责安南饰辞不实,却其货赂,且曰:"南金、象齿,贵国以为宝,而使者以不贪为宝。来物就付回使,请审察事情,明以告我。"而道里辽远,情辞虚诞,终莫得其要领。元亨等推原其由:因交人向常侵永平边境,今复仿效成风。兼闻阮盩世子乃交趾跋扈之人。为今之计,莫若遣使谕安南,归我土田,返我人民,仍令当国之人正其疆界,究其主谋,开衅之人戮于境上,申饬边吏毋令侵越。却于永平置寨募兵,设官统领,给田土牛具,令自耕食,编立部伍,明立赏罚,令其缓急首尾相应,如此则边境安静,永保无虞。事闻,有旨,俟安南使至,即以谕之。

自延祐初元以及至治之末,疆场宁谧,贡献不绝。泰定元年,世子陈日𬊤遣陪臣莫节夫等来贡。

益稷久居于鄂,遥授湖广行省平章政事;当成宗朝,赐田二百顷,武宗朝,进银青荣禄大夫,加金紫光禄大夫,复加仪同三司。文宗天历二年夏,益稷卒,寿七十有六。诏赐钱五千缗。至顺元年,谥忠懿王。

三年夏四月,世子陈日焞遣其臣邓世延等二十四人来贡方物。

元史卷二一〇
列传第九七

外夷三

缅　占城　暹　爪哇　瑠求
三屿　马八儿等国

缅国为西南夷，不知何种。其地有接大理及去成都不远者，又不知其方几里也。其人有城郭屋庐以居，有象马以乘，舟筏以济。其文字进上者，用金叶写之，次用纸，又次用槟榔叶，盖腾译而后通也。

世祖至元八年，大理、鄯阐等路宣慰司都元帅府遣乞䚟脱因等使缅国，招谕其主内附。四月，乞䚟脱因等导其使价博来，以闻。

十年二月，遣勘马剌失里、乞䚟脱因等使其国，持诏谕之曰：

间者大理、鄯阐等路宣慰司都元帅府差乞䚟脱因导王国使价博诣京师，且言向至王国，但见其臣下，未尝见王，又欲观吾大国舍利。朕矜悯远来，即使来使觐见，又令纵观舍利。益询其所来，乃知王有内附意。国虽云远，一视同仁。今再遣勘马剌失里及礼部郎中国信使乞䚟脱因、工部郎中国信副使小云失往谕王国。诚能谨事大之礼，遣其子弟若贵近臣僚一来，以彰我国家无外之义，用敦永好，时乃之休。至若用兵，夫谁所好。王其思之。

十二年四月，建宁路安抚使贺天爵言得金齿头目阿郭之言曰：

"乞儡脱因之使缅,乃故父阿必所指也。至元九年三月,缅王恨父阿必,故领兵数万来侵,执父阿必而去。不得已厚献其国,乃得释之。因知缅中部落之人犹群狗耳。比者缅遣阿的八等九人至,乃候视国家动静也。今白衣头目是阿郭亲戚,与缅为邻。尝谓入缅有三道,一由天部马,二由骠甸,一由阿郭地界,俱会缅之江头城。又阿郭亲戚阿提犯在缅掌五甸,户各万余,欲内附,阿郭愿先招阿提犯及金齿之未降者,以为引道。"云南省因言缅王无降心,去使不返,必须征讨。六月,枢密院以闻。帝曰:"姑缓之。"十一月,云南省始报:"差人探伺国使消息,而蒲贼阻道,今蒲人多降,道已通,遣金齿千额总管阿禾探得国使达缅俱安。"

十四年三月,缅人以阿禾内附,怨之,攻其地,欲立寨腾越、永昌之间。时大理路蒙古千户忽都、大理路总管信苴日、总把千户脱罗脱孩奉命伐永昌之西腾越、蒲、骠、阿昌、金齿未降部族,驻札南甸。阿禾告急,忽都等昼夜行,与缅军遇一河边,其众约四五万,象八百,马万匹。忽都等军仅七百人。缅人前乘马,次象,次步卒;象被甲,背负战楼,两旁挟大竹桶,置短枪数十于其中,乘象者取以击刺。忽都下令:"贼众我寡,当先冲河北军。"亲率二百八十一骑为一队,信苴日以二百三十三骑傍河为一队,脱罗脱孩以一百八十七人依山为一队。交战良久,贼败走。信苴日追之三里,抵寨门,旋泞而退。忽南面贼兵万余,绕出官军后。信苴日驰报,忽都复列为三阵,进至河岸,击之,又败走。追破其十七寨,逐北至窄山口,转战三十余里,贼及象马自相蹂死者盈三巨沟。日暮,忽都中伤,遂收兵。明日,追之,至千额,不及而还。捕虏甚众,军中以一帽或一两靴一毡衣易一生口。其脱者又为阿禾、阿昌邀杀,归者无几。官军负伤者虽多,惟一蒙古军获一象不得其性被而毙。余无死者。

十月,云南省遣云南诸路宣慰使都元帅纳速剌丁率蒙古、爨、僰、摩些军三千八百四十余人征缅,至江头,深蹂酋首细安立寨之所,招降其磨欲等三百余寨土官曲蜡蒲折户四千、孟磨爱吕户一千、磨柰蒙匡里答八剌户二万、蒙忙甸土官甫禄堡户一万、木都弹秃户二百,凡三万五千二百户,以天热还师。

十七年二月,纳速剌丁等上言:"缅国舆地形势皆在臣目中矣。先奉旨,若重庆诸郡平,然后有事缅国。今四川已底宁,请益兵征之。"帝以问丞相脱里夺海,脱里夺海曰:"陛下初命发合剌章及四川与阿里海牙麾下士卒六万人征缅,今纳速剌丁止欲得万人。"帝曰:"是矣。"即命枢密缮甲兵,修武备,议选将出师。五月,诏云南行省发四川军万人,命药剌海领之,与前所遣将同征缅。十九年二月,诏思、播、叙、诸郡及亦奚不薛诸蛮夷等处发士卒征缅。

二十年十一月,官军伐缅,克之。先是,诏宗王相吾答儿、右丞太卜、参知政事也罕的斤将兵征缅。是年九月,大军发中庆。十月,至南甸,太卜由罗必甸进军。十一月,相吾答儿命也罕的斤取道于阿昔江,达镇西阿禾江,造舟二百,下流至江头城,断缅人水路;自将一军从骠甸径抵其国,与太卜军会。令诸将分地攻取,破其头江城,击杀万余人。别令都元帅玄世安以兵守其地,积粮饷以给军士,遣使持舆地图奏上。

二十二年十一月,缅王遣其盐井大官阿必立相至太公城,欲来纳款,为孟乃甸白衣头目倻塞阻道,不得行,遣誊马宅者持信搭一片来告,骠甸土官匿俗乞报上司免军马入境,匿俗给榜遣誊马宅回江头城招阿必立相赴省,且报镇西、平缅、丽川等路宣慰司、宣抚司,差三掺持榜至江头城付阿必立相,忙直卜算二人,期以两月领军来江头城,宣抚司率蒙古军至骠甸相见议事。阿必立相乞言于朝廷,降是许其悔过,然后差大官赴阙。朝廷寻遣镇西平缅宣抚司达鲁花赤兼招讨使怯烈使其国。

二十三年十月,以招讨使张万为征缅副都元帅,也先铁木儿征缅招讨司达鲁花赤,千户张成征缅招讨使,并虎符。敕造战船,将兵六千人征缅,俾秃满带为都元帅总之。云南王以行省右丞爱鲁奉旨征收金齿、察罕迭吉连地,拨军一千人。是月,发中庆府,继至永昌府,与征缅省官会,经阿昔甸,差军五百人护送招缅使怯烈至太公城。二十四年正月,至忙乃甸。缅王为其庶子不速速古里所执,囚于昔里怯答剌之地，又害其嫡子三人，与大官木浪周等四人为逆，云南王所命官阿难答等亦受害。二月，怯烈自忙乃甸登舟，留元送军五百人于彼。云南省请今秋进讨，不听。既而云南王与诸王进征，至蒲甘，丧师七千余，缅始平，乃定岁贡方物。

大德元年二月，以缅王的立普哇拿阿迪提牙尝遣其子信合八的奉表入朝，请岁输银二千五百两、帛千匹、驯象二十、粮万石，诏封的立普哇拿阿迪提牙为缅王，赐银印，子信合八的为缅国世子，赐以虎符。

三年三月，缅复遣其世子奉表入谢，自陈部民为金齿杀掠，率皆贫乏，以致上供金币不能如期输纳。帝悯之，止命间岁贡象，仍赐衣遣还。四年四月，遣使进白象。

五月，的立普哇拿阿迪提牙为其弟阿散哥也等所杀，其子窟麻剌哥撒八逃诣京师。令忙完秃鲁迷失率师往问其罪。蛮贼与八百媳妇国通，其势张甚。忙完秃鲁迷失请益兵，又命薛超兀而等将兵万二千人征之，仍令诸王阔阔节制其军。六月，诏立窟麻剌哥撒八为王，赐以银印。秋七月，缅贼阿散哥也弟者苏等九十一人各奉方物入朝，命余人置中庆，遣者苏等来上都。八月，缅国阿散吉牙等昆弟赴阙，自言杀主之罪，罢征缅兵。

五年九月，云南参知政事高庆、宣抚使察罕不花伏诛。初，庆等从薛超兀而围缅两月，城中薪食俱尽，势将出降，庆等受其重赂，以炎暑瘴疫为辞，辄引兵还。故诛之。十月，缅遣使入贡。

占城，近琼州，顺风舟行一日可抵其国。世祖至元间广南西道宣慰使马成旺尝请兵三千人、马三百匹征之。十五年，右丞唆都以宋平遣人至占城，还言其王失里咱牙信合八剌哈迭瓦有内附意，诏降虎符，授荣禄大夫，封占城郡王。十六年十二月，遣兵部侍郎教化的、总管孟庆元、万户孙胜夫与唆都等使占城，谕其王入朝。

十七年二月，占城国王保宝旦拿啰耶㘄南诹占把地啰耶遣使贡方物，奉表降。十九年十月，朝廷以占城国主孛由补剌者吾曩岁遣使来朝,称臣内属,遂命左丞唆都等即其地立省以抚安之。既而其子补的专国,负固弗服,万户何子志、千户皇甫杰使暹国,宣慰使尤永贤、亚阑等使马八儿国,舟经占城,皆被执,故遣兵征之。帝曰:"老王无罪,逆命者乃其子与一蛮人耳。苟获此两人,当依曹彬故事,百姓不戮一人。"

十一月,占城行省官率兵自广州航海至占城港。港口北连海,海旁有小港五,通其国大州,东南止山,西旁木城。官军依海岸屯驻。占城兵治木城,四面约二十余里,起楼棚,立回回三梢炮百余座。又木城西十里建行宫,孛由补剌者吾亲率重兵屯守应援,行省遣都镇抚李天祐、总把贾甫招之,七往,终不服。十二月,招真腊国使速鲁蛮请往招谕,复与天祐、甫偕行,得其回书云:"已修木城,备甲兵,刻期请战。"

二十年正月,行省传令军中,以十五日夜半发船攻城。至期,分遣琼州安抚使陈仲达、总管刘金、总把栗全以兵千六百人由水陆攻木城北面;总把张斌、百户赵达以三百人攻东面沙觜;省官三千人分三道攻南面。舟行至天明泊岸,为风涛所碎者十七八。贼开木城南门,建旗鼓,出万余人,乘象者数十,亦分三队迎敌,矢石交下。自卯至午,贼败北,官军入木城,复与东北二军合击之,杀溺死者数千人。守城供饷馈者数万人悉溃散。国主弃行宫,烧仓廪,杀永贤、亚阑等,与其臣逃入山。十七日,整兵攻大州。十九日,国主使报答者来求降。二十日,兵至大州东南,遣报答者回,许其降,免罪。二十一日,入大州。又遣博思兀鲁班者来言:"奉王命,国主、太子后当自来。"行省传檄召之,官军复驻城外。二十三日,遣其舅宝脱秃花等三十余人,奉国王信物杂布二百匹、大银三锭、小银五十七锭、碎银一瓮为质,来归款。又献金叶九节标枪曰:"国主欲来,病未能进,先使持其枪来,以见诚意。长子补的期三日请见。"省官却其物,宝脱秃花曰:"不受,是薄之也。"行省度不可却,姑令收置,乃以上闻。

宝脱秃花复令其主第四子利世麻八都八德剌、第五子世利印德剌来见,且言:"先有兵十万,故求战。今皆败散。闻败兵言,补的被伤已死。国主颊中箭，今小愈，愧惧未能见也，故先遣二子来议赴阙进见事。"省官疑其非真子，听其还。谕国主早降，且以问疾为辞，遣千户林子全、总把栗全、李德坚偕往觇之。二子在途先归。子全等入山两程，国主遣人来拒，不果见。宝脱秃花谓子全曰："国主迁延不肯出降，今反扬言欲杀我，可归告省官，来则来，不来，我当执以往。"子全等回营。是日，又杀何子志、皇甫杰等百余人。

二月八日，宝脱秃花又至，自言："吾祖父、伯、叔，前皆为国主，至吾兄，今孛由补剌者吾杀而夺其位，斩我左右二大指。我实怨之。愿禽孛由补剌者吾、补的父子，及大拔撒机儿以献。请给大元服色。"行省赐衣冠，抚谕以行。十三日，居占城唐人曾延来言："国主逃于大州西北鸦候山，聚兵三千余，并招集他郡兵未至，不日将与官军交战。惧唐人泄其事，将尽杀之。延等觉而逃来。"十五日，宝脱秃花偕宰相报孙达儿及撮及大师等五人来降。行省官引曾延等见，宝脱秃花诘之，曰："延等奸细人也，请系缧之。国主军皆溃散，安敢复战。"又言："今未附州郡凡十二处，每州遣一人招之。旧州水路，乞行省与陈安抚及宝脱秃花各遣一人乘舟招谕攻取。陆路则乞行省官陈安抚与己往禽国主、补的及攻其城。"行省犹信其言，调兵一千屯半山塔，遣子全、德坚等领军百人，与宝脱秃花同赴大州进讨，约有急则报半山军。

子全等比至城西，宝脱秃花背约间行，自北门乘象遁入山。官军获谍者曰："国主实在鸦候山立寨，聚兵约二万余，遣使交趾、真腊、阇婆等国借兵，及征宾多龙、旧州等军未至。"十六日，遣万户张颙等领兵赴国主所栖之境。十九日，颙兵近木城二十里。贼浚濠堑，拒以大木，官军斩刈超距奋击，破其二千余众。转战至木城下，山林阻隘不能进，贼旁出截归路，军皆殊死战，遂得解还营。行省遂整军聚粮，创木城，遣总管刘整，千户刘涓、岳荣守御。

二十一年三月六日，唆都领军回。十五日，江淮省所遣助唆都军万户忽都虎等至占城唆都旧制行省舒眉莲港，见营舍烧尽，始知官军已回。二十日，忽都虎令百户陈奎招其国主来降。二十七日，占城主遣王通事者来称纳降。忽都虎等谕令其父子奉表进献。国主遣文劳卬大巴南等来称，唆都除荡其国，贫无以献，来年当备礼物，令嫡子入朝。四月十二日，国主令其孙济目理勒蛰、文劳卬大巴南等奉表归款。

是年，命平章政事阿里海牙奉镇南王脱欢发兵，假道交趾伐占城，不果行。

暹国，当成宗元贞元年，进金字表，欲朝廷遣使至其国。比其表至，已先遣使，盖彼未之知也。赐来使素金符佩之，使急追诏使同往。以暹人与麻里予儿旧相仇杀，至是皆归顺，有旨谕暹人"勿伤麻里予儿，以践尔言"。

大德三年，暹国主上言，其父在位时，朝廷尝赐鞍辔、白马及金缕衣，乞循旧例以赐。帝以丞相完泽答剌罕言"彼小国而赐以马，恐其邻忻都辈讥议朝廷"，仍赐金缕衣，不赐以马。

爪哇，在海外，视占城益远。自泉南登舟海行者，先至占城，而后至其国。其风俗土产不可考，大率海外诸番国多出奇宝，取贵于中国，而其人则丑怪，情性语言与中国不能相通。世祖抚有四夷，其出师海外诸蕃者，惟爪哇之役为大。

至元二十九年二月，诏福建行省除史弼、亦黑迷失、高兴平章政事，征爪哇；会福建、江西、湖广三行省兵凡二万，设左右军都元帅府二、征行上万户四，发舟千艘，给粮一年，钞四万锭，降虎符十、金符四十、银符百、金衣段百端，用备功赏。亦黑迷失等陛辞。帝曰："卿等至爪哇，明告其军民，朝廷初与爪哇通使往来交好，后刺诏使孟右丞之面。以此进讨。"九月，军会庆元。弼、亦黑迷失领省事，赴泉州；兴率辎重自庆元登舟涉海。十一月，福建、江西、湖广三省军会泉州。十二月，自后渚启行。

三十年正月，至枸栏山议方略。二月，亦黑迷失、孙参政先领本省幕官并招谕爪哇等处宣慰司官曲出海牙、杨梓、全忠祖，万户张塔剌赤等五百余人，船十艘，先往招谕之。大军继进于吉利门。弼、兴进至爪哇之杜并足，与亦黑迷失等议，分军下岸，水陆并进。弼与孙参政帅都元帅那海、万户宁居仁等水军，自杜并足由戎牙路港口至八节涧。兴与亦黑迷失帅都元帅郑镇国、万户脱欢等马步军，自杜并足陆行。以万户申元为前锋。遣副元帅土虎登哥，万户褚怀远、李忠等乘钻锋船，由戎牙路，于麻喏巴歇浮梁前进，赴八节涧期会。

招谕爪哇宣抚司官言：爪哇主婿土罕必阇耶举国纳降，土罕必阇耶不能离军，先令杨梓、甘州不花、全忠祖引其宰相昔剌难答吒耶等五十余人来迎。三月一日，会军八节涧。涧上接杜马班王府，下通莆奔大海，乃爪哇咽喉必争之地。又其谋臣希宁官沿河泊舟，观望成败，再三招谕不降。行省于涧边设偃月营，留万户王天祥守河津，土虎登哥、李忠等领水军，郑镇国、省都镇抚伦信等领马步军水陆并进。希宁官惧，弃船宵遁，获鬼头大船百余艘。令都元帅那海、万户宁居仁、郑珪、高德诚、张受等镇八节涧海口。

大军方进，土罕必阇耶遣使来告，葛郎王追杀至麻喏巴歇，请官军救之。亦黑迷失、张参政先往安慰土罕必阇耶，郑镇国引军赴章孤接援。兴进至麻喏巴歇，却称葛郎兵未知远近，兴回八节涧。亦黑迷失寻报贼兵今夜当至，召兴赴麻喏巴歇。

七日，葛郎兵三路攻土罕必阇耶。八日黎明，亦黑迷失、孙参政率万户李明迎贼于西南，不遇。兴与脱欢由东南路与贼战，杀数百人，余奔溃山谷。日中，西南路贼又至，兴再战至晡，又败之。十五日，分军为三道伐葛郎，期十九日会答哈，听炮声接战。土虎登哥等水军溯流而上，亦黑迷失等由西道，兴等由东道进，土罕必阇耶军继其后。十九日，至答哈，葛郎国主以兵十余万交战，自卯至未，连三战，贼败奔溃，拥入河死者数万人，杀五千余人。国主入内城拒守，官军围之，且招其降。是夕，国主哈只葛当出降，抚谕令还。

四月二日，遣土罕必阇耶还其地，具入贡礼，以万户捏只不丁、甘州不花率兵二百护送。十九日，土罕必阇耶背叛逃去，留军拒战。捏只不丁、甘州不花、省掾冯祥皆遇害。二十四日，军还。得哈只葛当妻子官属百余人,及地图户籍、所上金字表以还。事见《史弼》、《高兴传》。

瑠求,在南海之东。漳、泉、兴、福四州界内彭湖诸岛,与瑠求相对,亦素不通。天气清明时,望之隐约若烟若雾,其远不知几千里也。西南北岸皆水,至彭湖渐低,近瑠求则谓之落漈,漈者,水趋下而不回也。凡西岸渔舟至彭湖已下,遇飓风发作,漂流落漈,回者百一。瑠求,在外夷最小而险者也。汉、唐以来,史所不载,近代诸蕃市舶不闻至其国。

世祖至元二十八年九月,海船副万户杨祥请以六千军往降之,不听命则遂伐之,朝廷从其请。继有书生吴志斗者上言生长福建,熟知海道利病,以为若欲收附,且就彭湖发船往谕,相水势地利,然后兴兵未晚也。冬十月,乃命杨祥充宣抚使,给金符,吴志斗礼部员外郎,阮鉴兵部员外郎,并给银符,往使瑠求。诏曰:

收抚江南已十七年,海外诸蕃罔不臣属。惟瑠求迩闽境,未曾归附。议者请即加兵。朕惟祖宗立法,凡不庭之国,先遣使招谕,来则按堵如故,否则必致征讨。今止其兵,命杨祥、阮鉴往谕汝国。果能慕义来朝,存尔国祀,保尔黎庶;若不效顺,自恃险阻,舟师奄及,恐贻后悔。尔其慎择之。

二十九年三月二十九日,自汀路尾澳舟行,至是日巳时,海洋中正东望见有山长而低者,约去五十里。祥称是瑠求国,鉴称不知的否。祥乘小舟至低山下,以其人众,不亲上,令军官刘闰等二百余人以小舟十一艘,载军器,领三屿人陈辉者登岸。岸上人众不晓三屿人语,为其杀死者三人,遂还。四月二日,至彭湖。祥责鉴、志斗“已至瑠求”文字,二人不从。明日,不见志斗踪迹,觅之无有也。先,志斗尝斥言祥生事要功,欲取富贵,其言诞妄难信,至是,疑祥害之。祥顾称志斗初言瑠求不可往,今祥已至瑠求而还,志斗惧罪逃去。志斗妻子诉于官。有旨,发祥、鉴还福建置对。后遇赦,不竟其事。

成宗元贞三年，福建省平章政事高兴言，今立省泉州，距瑠求为近，可伺其消息，或宜招宜伐，不必它调兵力，兴请就近试之。九月，高兴遣省都镇抚张浩、福州新军万户张进赴瑠求国，禽生口一百三十余人。

三屿国，近瑠求。世祖至元三十年，命选人招诱之。平章政事伯颜等言："臣等与识者议，此国之民不及二百户，时有至泉州为商贾者。去年入瑠求，军船过其国，国人饷以粮食，馆我将校，无它志也。乞不遣使。"帝从之。

海外诸蕃国，惟马八儿与俱蓝足以纲领诸国，而俱蓝又为马八儿后障，自泉州至其国约十万里。其国至阿不合大王城，水路得便风，约十五日可到，比余国最大。

世祖至元间，行中书省左丞唆都等奉玺书十通，招谕诸蕃。未几，占城、马八儿国俱奉表称藩，余俱蓝诸国未下。行省议遣使十五人往谕之。帝曰："非唆都等所可专也，若无朕命，不得擅遣使。"

十六年十二月，遣广东招讨司达鲁花赤杨庭璧招俱蓝。

十七年三月，至其国。国主必纳的令其弟肯那却不剌木省书回回字降表，附庭璧以进，言来岁遣使入贡。十月，授哈撒儿海牙俱蓝国宣慰使，偕庭璧再往招谕。

十八年正月，自泉州入海，行三月，抵僧伽耶山，舟人郑震等以阻风乏粮，劝往马八儿国，或可假陆路以达俱蓝国，从之。四月，至马八儿国新村马头，登岸。其国宰相马因的谓："官人此来甚善，本国船至泉州时官司亦尝慰劳，无以为报。今以何事至此？"庭璧等告其故，因及假道之事，马因的乃托以不通为辞。与其宰相不阿里相见，又言假道。不阿里亦以它事辞。五月，二人早至馆，屏人，令其官者为通情实："乞为达朝廷，我一心愿为皇帝奴，我使札马里丁入朝，我大必阇赤赴算弹华言国主也。告变，算弹籍我金银田产妻孥，又欲杀我，我诡辞得免。今算弹兄弟五人皆聚加一之地，议与俱蓝

交兵；及闻天使来，对众称本国贫陋。此是妄言。凡回回国金珠宝
贝尽出本国，其余回回尽来商贾。此间诸国皆有降心，若马八儿既
下，我使人持书招之，可使尽降。”时哈撒儿海牙与庭璧以阻风不至
俱蓝，遂还。哈撒儿海牙入朝计事，期以十一月俟北风再举。至期，
朝廷遣使令庭璧独往。

　　十九年二月，抵俱蓝国。国主及其相马合麻等迎拜玺书。三月，
遣其臣祝阿里沙忙里八的入贡。时也里可温兀咱儿撒里马及木速
蛮主马合麻等亦在其国，闻诏使至，皆相率来告愿纳岁币，遣使入
觐。会苏木达国亦遣人因俱蓝主乞降，庭璧皆从其请。四月，还至
那旺国。庭璧复说下其主忙昂比。至苏木都剌国，国主土汉八的迎
使者。庭璧因喻以大意，土汉八的即日纳款称藩，遣其臣哈散、速里
蛮二人入朝。

　　二十年，马八儿国遣僧撮及班入朝；五月，将至上京，帝即遣使
迓诸途。

　　二十三年，海外诸蕃国以杨庭璧奉诏招谕，至是皆来降。诸国
凡十：曰马八儿，曰须门那，曰僧急里，曰南无力，曰马兰丹，曰那
旺，曰丁呵儿，曰来来，曰急兰亦𫘪，曰苏木都剌，皆遣使贡方物。